Contraste insuffisant

NF Z **43**-120-14

LK 4622
A

HISTOIRE DE LA VILLE DE MARSEILLE,

CONTENANT

TOUT CE QUI S'Y EST PASSE' DE PLUS mémorable depuis sa fondation, durant le tems qu'elle a été République & sous la domination des Romains, Bourguignons, Visigots, Ostrogots, Rois de Bourgogne, Vicomtes de Marseille, Comtes de Provence & de nos Rois Tres-Chrêtiens.

RECUEILLIE DE PLUSIEURS AUTEURS Grecs, Latins, François, Italiens & Espagnols, & des Titres tirés des Archives de l'Hôtel de Ville, des Chapitres, Abaies & Maisons Religieuses de Marseille, & de divers lieux de Provence.

Par feu M. ANTOINE DE RUFFI.

SECONDE EDITION,

Reveuë, corrigée, augmentée & enrichie de quantité d'Inscriptions, Sceaux, Monnoies, Tombeaux & autres Pieces d'antiquité, par ledit Sieur DE RUFFI & par M. LOÜIS-ANTOINE DE RUFFI son Fils.

TOME PREMIER.

A MARSEILLE
Par HENRI MARTEL, Imprimeur-Libraire. 1696.
****
AVEC PRIVILEGE DU ROI.

AU ROI,

IRE,

L'HISTOIRE DE MARSEILLE
composée par un de ses plus dignes Citoïens, ne devoit être dediée qu'à son Au-

ã ij

EPITRE.

guste Maître, & par ceux que Vôtre MAJESTE' a agreés pour étre ses Magistrats. Cette Ville plus glorieuse d'étre soûmise à Vos Loix que d'avoir été la Sœur de Rome, & partagé avec elle les respects de l'Univers, demande de nous que nous ménagions toutes les occasions de marquer à Vôtre MAJESTE', sa Fidélité, sa Reconnoissance & son Amour; mais, SIRE, ces sentimens ne sont gueres moins mal-aisés à representer que les immortelles Vertus qu'ils ont pour objet: c'est aussi par ses actions, bien mieux que par nos paroles, qu'elle a toûjours taché de les exprimer. Dans le commencement d'une fameuse Guerre où toutes les Puissances de l'Europe ont vainement conspiré contre vôtre Gloire, elle a eu le bonheur de donner aux autres Villes, même à la Capitale du Roïaume, l'exemple du sacrifice de ses biens; & l'on a vû dans ces derniers tems ses Habitans prets à sacrifier leur vie, lors que des Flotes redoutables, mais impuissantes contre ce que Vous défendés, se sont presentées sur nos Côtes. Ils voudroient, SIRE,

EPITRE

que chaque moment de leur vie fut marqué par quelque action proportionnée au zéle qui les anime; & ce zéle ingenieux vient de leur inspirer de fonder pour chaque année un Eloge public de Vôtre MAJESTE', qui sera prononcé par l'un de nous, en cet heureux jour que la Bonté Divine Vous donna à la France; & de placer dans l'Hôtel destiné pour leurs Assemblées, une Héroïque representation de Vôtre Personne Sacrée, où la Figure de la Ville de Marseille prosternée à vos pieds, semble vous rendre un continuel hommage de leurs Cœurs : Ils chercheront dans la vûë de l'Auguste Image de LOUIS LE GRAND quelque adoucissement au malheur d'être éloignés de son Trône; & ils seront fiers en même-tems, de faire voir aux Etrangers qui abordent de toutes parts en cette Ville, que le Monarque qui y Regne, qui remplit leur Païs du bruit de ses Exploits, & qui leur fait souvent sentir le poids de sa Puissance, est né pour commander à toute la Terre. Agreés, SIRE, que l'Histoire que ce Peuple ose Vous presenter par nos

EPITRE.

mains, soit auffi un Monument de sa fidelité; il sera éternel, puis qu'il sera joint à un Nom pour lequel l'Immortalité est asseurée. Nous sommes avec un profond respect

S I R E

DE VOTRE MAJESTE

Les tres-humbles, tres-obeïssans & tres-fidéles Sujets & Serviteurs

Les Echevins & Assesseur de vôtre Ville de Marseille,

MATHIEU FABRE, HONORÉ GUINTRAND, DAVID MAGY, JEAN JOUVENE

ANGE TIMON Assesseur.

PREFACE.

CEUX qui n'eftiment pas les Hiftoires particulieres, pour avoir des bornes trop etroites, & ne pouvoir produire en un fi petit efpace beaucoup d'évenemens illuftres, dont l'agréable divérfité contente les efprits curieux, avoüéront pourtant en cette occafion, que l'Hiftoire de Marfeille a déquoi prendre & tenir le Lecteur par les merveilles de fa naiffance & de fon progrés, par les changemens mémorables de fon Etat & de fa Fortune ; par les victoires qu'elle a remportées fur diverfes Nations, qui ont été envieufes de fa gloire, ou ennémies de fon repos, & par les marques de grandeur qui la rendent comparable aux plus célébres Republiques de l'Europe. Elle a vaincu les Carthaginois, fecouru les Romains, planté des Colonies, poli les anciens Gaulois, enfeigné les bonnes Lettres à l'Italie ; & pour comble de bonheur elle eft la premiére de toute la France qui a reçû la Religion Chrétienne, l'aïant toûjours confervée avec tant de refpect, & cherie avec tant de zéle, que pour maintenir fa gloire elle a porté fes Armes outre mer, & a eu part à la fameufe conquête de la Terre-Sainte.

Mais bien qu'un fi noble fujet dût obliger les bons Efprits qu'elle a produit de tems en tems d'exercer leur plume à décrire de fi belles chofes, & d'informer la pofterité de ce qui étoit arrivé de remarquable dans leur patrie ; il n'en eft aucun qui ait voulu prendre la peine d'en recueillir l'Hiftoire ; à peine s'en eft-il trouvé quelques-uns qui ont laiffé quelques mémoires de ce qui s'étoit paffé de plus mémorable dans leur tems : il feroit mal aifé d'excufer cette nonchalance fi nous n'en donnions la faute à l'injure du tems, qui aïant enfeveli les plus beaux Ouvrages de l'antiquité, pourroit nous avoir ravi les écrits des anciens Marfeillois, & l'Hiftoire de leurs faits mémorables. Du moins nous fera-t-il permis de juger favorablement en cette occafion de nôtre Patrie ? & de croire que les Marfeillois ont aimé la vertu purément & pour elle-même, & qu'ils n'ont eu aucun deffein de tirer de la gloire de leurs actions, ou de fe rendre recommandables à la pofterité ; fi bien que le mémoire de ce qu'ils ont fait de plus remarquable s'eft tellement perduë, que fans les Auteurs étrangers qui par rencontre ou par affection, en ont confervé quelque chofe dans leurs écrits ; nous ferions entierement privés de la connoiffance de l'état paffé de la Ville de Marfeille. Il eft vrai qu'au fiecle dernier un Provençal a voulu faire quelque effort pour la gloire de cette Ville, & enfeigné par ce moïen aux Marfeillois ce qu'ils devoient faire : mais outre que cet Auteur n'a pas compofé une Hiftoire étenduë, il n'a obfervé ni l'ordre du tems, ni la fuite & la liaifon des fuccés & des évenemens ; auffi n'a-t-il donné à fon Livre que le titre d'Antiquité, comme n'étant qu'un recueil de l'ancien état Ariftocratique des Marfeillois, & des chofes les plus memorables qui arriverent depuis la fondation de Marfeille, jufqu'au tems qu'elle tomba fous la puiffance de Jules Céfar, car tout ce qui vient aprés eft entierement détaché & fans aucune fuite.

Ce fut infenfiblement que feu Antoine de Ruffi mon Pere, s'engagea à entreprendre cet Ouvrage, & il confidera plûtôt fon inclination que fes forces ; car il ne doutoit pas que plufieurs autres ne s'en fuffent mieux acquités que lui, néanmoins il eût fujet de croire que s'il ne reüffiffoit pas dans fon deffein, on attribueroit fa-

PREFACE.

cilement ſes fautes à l'affection qu'il avoit pour le lieu de ſa naiſſance, & qu'on auroit égard que ce ſujet (quoiqu'illuſtre de ſoi) ne laiſſe pas d'être fort ſterile & difficile à travailler, auſſi peut-être ne l'auroit-il pas entrepris s'il n'eût trouvé dans ſon cabinet un recueil d'une partie des titres qui ſont dans les Archives de l'Hôtel de Ville, & des memoires que mon Biſaïeul avoit fait de ce qui s'étoit paſſé de plus remarquable depuis l'an 1585. que la Ville tomba dans des grandes diviſions, juſqu'en l'an 1596. qu'elle fut reduite ſous l'obeïſſance du Roi. Ces inſtructions ſi fidéles l'obligerent auſſi-tôt d'en rechercher d'autres, & de conſulter ce qui reſtoit à voir des Archives, & de foüiller les titres & les cartulaires de l'Abaïe S. Victor, & de toutes les Egliſes & Maiſons Religieuſes de Marſeille ; il recueillit encore tout ce qu'il y avoit de rare dans les memoires manuſcrits, dont les uns avoient été tirés des écritures publiques, & les autres contenoient en forme de journal quelques obſervations curieuſes : enſuite il recouvra quelques chartres tirées de quelques Monaſteres de la Province, qu'il jugea pouvoir ſervir à ſon deſſein. Enfin il fit une exacte recherche des Hiſtoriens Geographes, & des autres Auteurs Grecs, Latins, François & Eſpagnols qui ont raporté quelque choſe de la Ville de Marſeille : aprés quoi il reünit toutes ces pieces diſperſées, & compoſa un diſcours & une narration auſſi ſuivie qu'il lui fut poſſible, & que les memoires lui pûrent permettre ; de ſorte que cette Hiſtoire eût le bonheur d'être aſſés bien reçuë, car elle devint rare en peu de tems. Ce favorable accueil lui donna lieu à commencer une ſeconde édition ; mais ſes affaires domeſtiques, ſon âge avancé joint à ſes incommodités naturelles qui ne lui donnoient preſque point de relâche, l'empêcherent de finir ſon deſſein, & auroient infailliblement privé le public des belles découvertes qu'il avoit faites, ſi la paſſion que j'ai toûjours euë de rendre ſervice à ma Patrie, en tirant de la pouſſiere les actions genereuſes de nos Peres, ne m'eût convié à le pourſuivre : pour donc y parvenir j'ai foüillé plus exactement qu'on n'avoit jamais fait les Archives de l'Abaïe Saint Victor qui ſont compoſées d'environ trois ou quatre mille pieces, ſans y comprendre les Cartulaires & le Bulletaire, dans leſquels j'ai puiſé tout ce qui reſtoit de curieux qui meritoit de voir le jour. J'en ai fait de même dans l'Hôtel de Ville, dans tous les Chapitres, auſſi bien que dans les Archives des Monaſteres de S. Sauveur, de Saint Antoine, des Trinitaires, de Sainte Claire, de Sion, des Carmes, des Auguſtins, des Obſervantins & dans les Hôpitaux, & autres Communautés nouvellement établies, où l'on m'a communiqué d'une maniere la plus obligeante ce qu'elles renfermoient de plus remarquable : enfin je n'ai rien laiſſé à foüiller pour contenter autant qu'il m'a été poſſible la curioſité du Lecteur. J'ai placé toutes ces découvertes dans les endroits, où elles avoient été omiſes, aïant confondu les deux éditions comme s'il n'y eût eu que celle-ci : mais quelque ſoin que nous aïons pris dans la compoſition de cet Ouvrage, on n'y trouvera pas cette politeſſe qu'on rencontre dans les Livres de ce tems, & dont on fait un ſi grand cas ; c'eſt un avantage que la nature nous a refuſé, & qu'elle ne nous permet d'acquerir qu'avec beaucoup d'aplication ; ſi bien que connoiſſant nos foibleſſes, nous avons plus fait de cas de la matiere que des paroles, & de la verité que du langage qui l'exprime : & comme nous ne ſommes pas éloignés du ſentiment de ceux qui croïent qu'en fait d'Hiſtoire les bonnes choſes ne ſont pas ravalées par la ſimplicité des termes, & que le recit du paſſé, quelque expreſſion qu'on lui donne, ne laiſſe pas d'être agréable ; de ſorte que nous n'avons eu autre but que de nous rendre intelligibles, & oſons neanmoins pretendre avec cela à l'honneur de plaire au Lecteur, aïant Pline pour garant de ce que nous avançons, puis qu'il nous aſſûre que l'Hiſtoire contente de quelque façon qu'elle ſoit écrite.

Cette nouvelle Hiſtoire étant venuë à la connoiſſance de Meſſieurs MATHIEU FABRE, HONORE' GUINTRAND, DAVID MAGI, JEAN JOUVENE, ANGE TIMON Echevins & Aſſeſſeur, Protecteurs & Défenſeurs des Privileges, Franchiſes & Immunités de cette Ville, faiſant les fonctions de Gouverneur en abſence, ils lui ont donné comme la vie en la faiſant mettre au jour d'une maniere digne de leurs ſentiments particuliers pour les intereſts de la reputation & de la gloire de la commune Patrie.

Voilà

PREFACE.

Voilà les motifs qui nous ont porté d'entreprendre, & de poursuivre cet Ouvrage, & les moïens dont nous nous sommes servis pour le composer; après quoi il est à propos pour en donner une entiere connoissance au Lecteur d'en dresser ici le plan, que nous divisons en quatorze Livres.

Le premier traite de la fondation de la Ville de Marseille, des guerres que ceux de cette Ville eurent avec leurs voisins dans la naissance même de leur Republique, de la forme de leur ancien Etat Aristocratique qui a été estimé le plus accompli de tout le monde, de leurs loix, mœurs, coûtumes & religion; des Colonies qu'ils envoïerent en diverses Provinces; de l'étroite confederation qu'ils eurent avec le Peuple Romain, & comme ils coururent même fortune, & perdirent en même-tems leur liberté par l'ambition de Jules César, qui se rendit maître de la Ville de Marseille, après un siége memorable.

On verra dans le second, que les Marseillois demeurerent jusqu'au cinquième siécle sous la domination des Romains, dont l'Empire fut démembré par une infinité de Nations étrangeres, qui des ruines de ce grand Colosse fonderent plusieurs Etats, & bien que la Ville de Marseille eût resisté au commencement avec beaucoup de valeur aux Armes des Visigots, lesquels sous la conduite d'Ataulphe s'éforcerent de la prendre, & qu'elle eut contraint ce Prince de garentir sa vie par la fuite, neanmoins elle fut forcée peu aprés de plier sous les armes des Bourguignons, & puis sous celles d'Euric Roi des Visigots: de ceux-ci elle passa sous le pouvoir des Ostrogots, & enfin sous celui des François qui la possedé jusqu'au tems de Charles le Chauve Empereur & Roi de France, qui conçût de si grandes affections pour Boson son beaufrere, qu'il lui donna le Roïaume de Provence, où étoit comprise la Ville de Marseille.

Le troisiéme livre represente comme quoi sous Rodolphe ou Conrad son fils, les Gouverneurs de Provence, qui portoient la qualité de Comte & dont l'autorité n'étoit que pour un certain tems & sous le bon plaisir de ceux qui les avoient creés, firent dessein de se rendre proprietaires de cet Etat & de le transmettre à leurs successeurs: & en effet, ils donnerent en Fief la Ville de Marseille à leurs Cadets sous le titre de Vicomté, & à la redevance des Chevauchées & de la Monnoïe: & bien que les Vicomtes aïent possedé cette Ville deux cens cinquante ans ou environ, qu'ils aïent eu des grands biens dans la Provence, qu'ils aïent fait des alliances tres-considerables, qu'ils aïent porté les armes jusqu'en Levant pour la défense de la Terre-Sainte, & que des Monasteres de ce Païs ou ailleurs, se soient ressentis de leurs liberalités; néanmoins leur memoire a demeuré tellement ensevelie, qu'à peine pourroit-on croire qu'ils aïent jamais été: de sorte que ce n'est pas un petit travail d'avoir dressé leur genealogie depuis leur établissement jusqu'à la fin de leur regne: cette piece n'avoit été connuë de personne & nous a reellement coûté à découvrir, que nous pouvons dire sans mentir, que nous nous sommes vûs souvent dans le desespoir de n'y pouvoir pas reüssir, parce que nous ne découvrions pas les titres qui nous étoient necessaires, & que nous trouvâmes ensuite. On verra sur la fin de ce Livre les grands secours que les Marseillois donnerent à la Terre-Sainte, & les recompenses qu'ils en reçûrent des Rois de Jerusalem.

Le quatrième décrit comme les Marseillois devenus riches & puissans par le moïen de leur commerce, acheterent la Seigneurie de leur Ville & formerent une Republique, composée d'un Podestat qui étoit étranger, d'un nombre certain de Conseillers, & de cent Chefs de Métiers.

Le cinquiéme fait mention des traités que ceux de Marseille firent avec Charles d'Anjou, à qui ils donnerent la Seigneurie de leur Ville sous des reserves contenuës dans une convention passée avec ce Prince: on y voit aussi son embarquement pour la conquête du Roïaume de Sicile, la délivrance de Charles le Boiteux son fils unique, qui fut fait prisonnier par le Roi d'Aragon. L'entrée de ce dernier en cette Ville; celles du Roi Robert, de la Reine Jeanne, de Jean Roi de France, du Pape Urbain V. & les ravages que firent en Provence l'Archiprêtre & le Comte d'Avelin, que les Marseillois repousserent vigoureusement.

Le sixième contient la venuë de Gregoire XI. l'entreprise que firent les Marseillois pour aller délivrer la Reine Jeanne que Charles de Duras detenoit en prison.

PREFACE.

De là on passe aux troubles que ce Seigneur excita en ce Païs, contre lesquels les Marseillois s'oposerent fortement; aprés quoi nous décrivons la venuë du Roi d'Aragon; de l'Antipape Benoît XIII. & de la Reine Yoland : nous continuöns par une veritable déduction des grands & signalés services que ceux de Marseille rendirent durant un siécle aux Princes de la Maison d'Anjou, & des témoignages illustres de leur zéle & de leur fidelité ; & ce qu'il y a de particulier à remarquer, c'est qu'en l'année 1423. pour assister le Roi Loüis III. au recouvrement du Roiaume de Naples, ils laisserent leur Ville tellement dépourvûë d'hommes courageux, qu'elle tomba sous le pouvoir d'Alphonce d'Aragon qui la mit à feu & à sang, y brûla quatre mille maisons, & pour comble de malheur il emporta le Corps de S. Loüis : nous finissons ce Livre par diverses entreprises que le Roi René fit sur le Roiaume de Naples, lesquelles échoüerent toutes malheureusement.

Le septième parle de la mort de ce bon Prince, des affaires de Marseille sous Charles du Maine son successeur; & sous les Rois Loüis XI. & Charles VIII. Nous décrivons ensuite les entrées de quelques Princes & grands Seigneurs ; le memorable siége de Bourbon, l'entrevûë de Clement VII. & du Roi François I. les solemnités du mariage du Dauphin son fils avec Catherine de Medicis : l'arrivée de l'Empereur Charles V. devant Marseille, où il courut hazard de sa vie ; enfin une entreprise faite sur cette Ville par l'Empereur.

Le huitième comprend l'entrée du Roi Charles IX. & de la Reine Catherine de Medicis, de la Reine Mere, de l'Imperatrice, du Roi d'Algers, & tout ce qui s'est passé de plus remarquable aux premiers & seconds troubles, jusqu'en l'année 1590.

Le neuviéme expose l'état auquel étoit la Ville de Marseille sous le pouvoir de Charles de Casaulx & son Compagnon, qui aprés en avoir usurpé le gouvernement absolu, la possederent jusqu'en l'année 1596. qu'elle fut reduite sous l'obeïssance du Roi par la generosité de Pierre de Libertat & des autres Fideles Sujets, qui exposerent leur vie pour le service de leur Prince, & pour la délivrance de leur Patrie. On y voit encore la surprise du Château d'If par les Florentins, l'arrivée de la Reine Marie de Medicis, quelques entreprises que l'Espagnol fit sur la Ville de Marseille, & un état de ce qui s'est passé en cette Ville jusqu'en l'an 1622. comme aussi la venuë du Roi Loüis XIII. de tres-glorieuse memoire, avec un recit des affaires du Commerce de Marseille, & la Naissance de nôtre tres-Auguste Monarque.

Le dixiéme fait voir l'établissement de la Religion Chrétienne, renferme un éloge des Evéques de Marseille, & parle de la fondation de toutes les Eglises qui sont aujourd'hui en état, & de celles qui sont venuës en ruine.

Le onziéme entretient le Lecteur de la fondation de l'Abäie S. Victor, de toutes les curiosités qu'on voit dans cette celebre maison, avec un éloge des Abés qui l'ont gouvernée, & un dénombrement de ses priviléges, & maisons Religieuses qui lui sont soûmises.

Je dois partant avertir le Lecteur que si en parlant des Eglises & maisons Religieuses qui sont dans Marseille, j'ai donné le dénombrement des Saintes Reliques qu'elles conservent, je n'ai fait que suivre mot à mot les titres de leurs Archives qui en font mention.

Le douziéme justifie de quelle maniere la justice a été autrefois & est maintenant administrée dans Marseille ; nous y avons joint un dénombrement des Viguiers, que nous avons dressé sur quantité de titres, avec toute l'exactitude qui nous a été possible ; aprés quoi nous produisons les divers Reglemens concernant la forme du Conseil, & l'élection des Officiers de Police que les Marseillois ont observé cinq ou six cens ans ou environ : de là nous passons au Gouvernement de Marseille, & nous faisons mention de ceux qui l'ont possedé de tems en tems.

Le treizième décrit la qualité du Terroir & des Mers de Marseille, donne connoissance de la Monnoïe, des Armoiries & de la Langue des Marseillois, & entretient le Lecteur des anciens Edifices qui sont en état & de ceux qui sont venus en ruïne, comme encore des vieux Monumens, Inscriptions & autres Pieces d'Antiquité.

Le quatorziéme & dernier Livre, fait l'éloge des Martyrs, des Generaux des Galeres, des Hommes illustres, & de ceux qui se sont distingués de leur Concitoïens.

PREFACE.

C'est dans ce Livre où l'on voit que Marseille a donné des Martyrs, des Prelats, des Instituteurs & Reformateurs d'Ordre, & des Saints Personnages à l'Eglise. Qu'elle a porté des Generaux d'Armées, des Gouverneurs de Province, d'excellens Jurisconsultes, Medecins, Philosophes, Orateurs, Poëtes, Geographes, Recteurs, Cosmographes, Voïageurs, Medaillistes, Astrologues, Genealogistes, Sculpteurs, Ecrivains & Peintres. On termine ce Livre par les Coûtumes que les Marseillois observoient anciennement à leurs Nôces & à leurs Funerailles; par la course du Bœuf de la Fête Dieu, du Cheval de S. Victor, & autres mélanges Historiques dont nous n'avons pas peu parler dans le corps de cette Histoire.

Pour donner plus de foi à tout cet Ouvrage, & afin de nous mettre à couvert de la malignité de la censure, nous avons été soigneux d'inserer à la marge le nom des Auteurs dont nous nous sommes servis à le composer; & à la fin de la premiere partie nous avons mis quelques Chartres qui nous ont servi à dresser la Genealogie de nos Vicomtes, comme étant des fideles garans de ce que nous avançons, & quoi que leur stile soit le plus souvent pû élegant & grossier, & qu'il y ait quantité de choses qui choquent les regles de la Grammaire, neanmoins nous n'y avons rien voulu alterer, les aïant mises de la maniere que nous les avons trouvées; parce que l'antiquité est venerable & digne de respect, en quelque façon qu'elle paroisse; & afin que cette Histoire ne fut pas privée des ornemens qui lui sont necessaires, nous avons pris soin de l'enrichir de quelques figures des Sceaux des Vicomtes de Marseille & des Comtes de Provence, qui n'avoient jamais parû; comme aussi des Tombeaux & d'autres Pieces d'antiquité, qui ne seront pas peut-être mal reçûës des Curieux.

Enfin nous prions le Lecteur de lire cette Histoire sans aucune prevention, & avec le même esprit qu'elle a été composée n'aïant eu autre but que de rechercher la verité & de la faire paroître dans son jour; & d'avoir égard aux fautes qui se sont glissées dans l'impression pendant mon absence.

EXTRAIT DE DEUX LETTRES
écrites à feu Monsieur de Ruffi sur la premiere édition de son Histoire de Marseille par Messieurs de Sainte Marthe, & par le R. P. Charles le Cointe Prêtre de l'Oratoire.

MONSIEUR, Nous avons reçû vôtre Histoire de Marseille, il nous est impossible d'avoir des paroles suffisantes pour vous remercier assés dignement de ce riche present dont il vous a plû de nous honorer : Nous en avons dèja lû une bonne partie, pour y aprendre bon nombre d'excellens & rares points de l'Histoire ancienne & moderne. Si cette grande & renommée Ville vous a donné la naissance temporelle, vous avés cet avantage sur elle, que par vos tres-éloquens & tres-doctes écrits, vous la rendés immortelle. Dans peu de mois vous ferons commencer la troisième impression de nôtre Histoire Genealogique de la Maison de France, en laquelle nous esperons faire mention de vos merites aux occasions qui s'en presenteront ; mais non pas si dignement qu'il seroit requis : & d'autant qu'avec l'Histoire seculiere vous touchés fort à propos l'Ecclesiastique, par le dénombrement des Evêques & Abés, nous esperons aussi faire mention de vous en l'Oeuvre Latin de la Gaule Chrétienne, &c.

Vos tres-humbles serviteurs,
SCEVOLE ET LOÜIS DE STE. MARTHE.

A Paris ce 26 Mars 1643.

MONSIEUR, J'ai lû fort attentivement vôtre Histoire de Marseille, l'ai estimée & admirée selon son merite. Je l'ai faite voir à plusieurs personnes qui en ont porté le même jugement, & entre-autres M. Menard l'un des plus sçavans hommes de nôtre siécle en ce qui concerne l'Histoire, comme vous avés pû voir par ses écrits & par les éloges qui lui ont donné les Messieurs de Sainte Marthe, Duchesne, Besly & toutes les meilleures plumes de nôtre tems : il est prêt de mettre sous la Presse l'Histoire d'Anjou en quatre volumes ; il n'oubliera pas vôtre éloge dans les rencontres où il se servira de vôtre Travail. Il m'a souvent dit qu'il desireroit trouver quelque occasion pour entrer en vôtre connoissance, & l'entretenir, comme il fait celle des plus sçavans hommes du Roïaume, & même celle de plusieurs Etrangers : il sera ravi d'aise quand je lui ferai sçavoir que je commence à avoir communication avec vous, il sera bon témoin que je n'ai jamais parlé de vos écrits qu'avec loüange. On ne sçauroit nier que vous n'aïés extremement obligé le public, en mettant au net avec les preuves authentiques la premiere race des Comtes de Provence, & vous avés fait revivre les Vicomtes de Marseille, dont la memoire étoit presque entierement éteinte. Le Catalogue que vous avés dressé des Evêques de Marseille est beaucoup plus ample que ceux que nous avions auparavant : ces trois pieces seules ne peuvent être assés estimées, outre tant de belles remarques de l'antiquité que vous avés ramassées dans la premiere partie de vôtre Ouvrage. Je suis, MONSIEUR,

Vôtre tres-humble serviteur,
CHARLES LE COINTE, Prêtre de l'Oratoire de JESUS.

A Vendôme ce 23 Septembre 1643.

ELOGE

ELOGE
DE FEU MONSIEUR DE RUFFI.

IL n'étoit pas extraordinaire parmi les anciens Romains de leur voir faire en public l'Eloge funebre de leurs Parens. J'eusse souhaité que cét usage se fut conservé dans Marseille, qui a eu la gloire d'être la sœur de la Maîtresse de l'Univers, j'aurois eu la consolation de rendre ce dernier devoir à la memoire de M. Antoine de Ruffi mon oncle, & j'eusse pû dire sans le flater que l'amour de la vertu & du merite, auroient eu autant de part que la nature aux loüanges que je lui aurois données; qu'il me soit du moins permis de rendre une partie de ce que je dois à la memoire d'un si illustre Parent, à la tête de cette seconde édition de l'Histoire de Marseille qu'il donna au public, n'étant encore âgé que de trente cinq ans.

Comme il avoit autant de discernement pour faire une critique judicieuse de tout ce qu'il rencontroit dans les Chartres, que de diligence & d'assiduité à rechercher les faits les plus curieux, on ne trouvera point dans cette Histoire ni dans celle des Comtes de Provence, ces faux brillants qui plaisent & qui imposent par le plaisir qu'on trouve dans les narrations fabuleuses; tout est verité & sincerité dans ses Ouvrages, aussi ces deux excellentes productions lui aquirent l'estime des grands, & des sçavans. Je ferois un volume plus grand que celui-ci, si je voulois publier toutes les Lettres, toutes les marques d'estime & de merite, & tous les Eloges qu'il a reçus de Honoré Prince de Monaco, de Mr. le Cardinal de Forbin de Janson, de M. de Simiane de Gordes Evêque & Duc de Langres, de Mr. de Suarés Evêque de Vaison, de M. Jules Mascaron Evêque & Comte d'Agen, d'Antoine Philipini General des Carmes, de Mr. le Marquis de Pianezze, de Mr. le Marquis de Gordes, de Mr. le Comte de Beringhen, de Mr. de Megrini premier President au Parlement de Provence, de Mr. de Vautorte Intendant de Justice en cette Province, & de divers Auteurs qui lui ont donné le titre d'illustre, de sçavant & de tres-intelligent Historien. *

Si j'y ajoûtois toutes les questions & toutes les réponses qui lui ont été faites par le R. P. le Cointe, par Messieurs de Peiresq, d'Hosier, Naudé, d'Herouval, Dupui, Dubouchet, de Sainte Marthe, de Guichenon, de Boissieu, le Laboureur que je puis appeller les Peres & les Astres de l'Histoire.

Son merite ne fut pas inconnu au Prince sous lequel il a eu le bonheur de vivre, il a reçû des marques de l'estime de Loüis le Grand, qui l'honora l'an 1654. d'une charge de Conseiller d'Etat, & ce Prince qui est le plus juste distributeur des loüanges, comme il en est le plus digne & le plus auguste sujet qui fut jamais, lui fait l'honneur de dire dans les lettres patentes de cette charge qu'il la lui a accordée comme un témoignage de l'estime qu'il fait de sa science & de son merite.

Mais ce qui me touche le plus sensiblement, & qui me rend sa memoire plus precieuse & plus venerable, c'est que son cœur & sa probité étoient encore au dessus de son esprit & de sa science, durant tant d'années que je l'ai étudié, je n'ai jamais vû dans ses paroles ni dans ses actions, l'ombre d'un mauvais sentiment, & j'en ai vû mille dignes des siécles heroïques, fidéle à son Prince, plein d'amour pour sa Patrie, ferme, solide & tendre dans ses amitiés; il a rempli éxactement tous les devoirs d'un bon sujet, d'un bon Citoïen, d'un bon ami, qu'il me soit permis d'ajoûter, d'un excellent Pere de famille; il a donné à ses Enfans mille sujets de le pleurer par ses bontés, mais il leur a laissé beaucoup d'exemples de vertu, de pieté, & de Religion à imiter.

Quelle aplication, quelle éxactitude, quel desinteressement, quelle integrité dans la fonction de sa charge qu'il a exercée durant vingt-quatre ans dans la Senéchaussée de Marseille, il n'est jamais monté sur le tribunal qu'il ne se soit rempli l'esprit de cette belle & Religieuse seance de Justice, dont le Prophete Roïal nous donne l'idée dans un de ses Pseaumes; Dieu s'est trouvé dans l'assemblée des Dieux, & étant au milieu d'eux il les a jugés, *stetit in Sinagoga Deorum, in medio autem Deos dijudicat*: plein des sentimens qu'une telle pensée peut inspirer, il pesoit tout au poids du Sanctuaire: les sentimens de la chair & du sang, les dangereuses seductions de l'amitié, la force de l'interet ne l'ont jamais fait écarter des sentiers de la Justice, il n'oublioit rien pour connoître la verité, sa fermeté à défendre l'innocence, & à punir le crime étoit aussi grande que sa penetration, & il n'a jamais dit son avis, ni prononcé de jugement qu'il n'ait serieusement examiné s'il pourroit le soûtenir au tribunal de ce Dieu severe, qui à la fin des tems doit juger les justices des hommes.

On peut juger de la délicatesse de sa conscience sur cette importante matiere par la restitution qu'il fit à une personne dont il avoit été le raporteur, il craignit de n'avoir pas donné assés de tems à l'examen de son procés, & d'avoir influé à sa perte par un peu de negligence, bien éloigné de chercher des excuses & des raisons dont l'amour propre ne manque jamais dans ces sortes d'examens, il se condamna severement lui-même, il fit restituër par un Prêtre de l'Oratoire la somme que cette personne avoit perduë, & peut être que la délicatesse du Juge fut plus favorable à ce plaideur, que ne l'eût été un examen plus rigoureux de son droit & de ses raisons: aussi une si grande probité fut autentiquement reconnuë par le Parlement de Provence dans un Arrêt qu'il rendit l'an 1655. à la requête de Monsieur le Procureur General du Roi.

C'étoit dans une foi vive, dans la méditation ordinaire des Stes. Ecritures, dans une soûmission à l'Eglise Catholique, dans une Religion sincere & sans fard qu'il puisoit tous ses sentimens, il les conserva & les augmenta toûjours durant une vie de quatre-vingt deux ans, il se prepara à sortir de la carriere qu'il avoit si glorieusement fournie par le détachement de toutes choses du monde, & sa fin fut une de ses morts que la pureté de la vie rend precieuse devant Dieu: car il s'y étoit preparé par la pratique de toutes les vertus Chrétiennes qui seules peuvent faire dans un disciple de JESUS-CHRIST ce que les inclinations naturelles n'ont fait que tres-imparfaitement dans les Aristides, & dans les Catons.

PIERRE-ANTOINE DE PASCAL,
Religieux dans l'Abaïe du Toronet.

* Antoine Dominici dans son ouvrage intitulé *Assertor Gallicus*, p. 219. 220. Les Freres de Ste. Marthe in *Gallia Christiana*. Le Chevalier de Guichenou in B. hist. Sebastiana, pag. 378. M. Jacq. Peissonel en son traité de l'hered. des Fiess. p. 106. 158. Bouche dans sa Preface de l'hist. de Provence. Nicolas Chorier en son hist. de Dauphiné p. 541. Gui Allard dans la Genealogie de la maison de Bonne page 202. Le P. Pagy dans la Preface des Sermons de St Antoine de Padouë.

NOBILI VIRO D. D.
LUDOV. ANTONIO DE RUFFI
ANTONII FILIO
IN SUAM NOVAM MASSILIÆ HISTORIAM
PROPEMPTICON.

PRæteritis veterum renovans monimenta ruinis
Eruta Phocaidum, mores, certamina, leges,
Atque reportatos diverso ex hoste triumphos
RUFFE doces, nostræ fuerit quæ gloria gentis,
Quod decus & robur: revocas primordia rerum
Ad nostros antiqua dies, miranda futuris
Temporibus, nostroque prius spectacula præbes
Vix credenda, manu cineres animante parentum
Invitâ quos morte facis juvenescere rursus
Felici calamo, & gelidos viviscere manes,
Quos rudis immemori clausit Libitina sepulchro
Exanimes, donasque tuis sit vita superstes
Arte nova, scriptis dans vivere nomen in annos.
   Te dignum multis vigilatum noctibus unum
Pandis opus, docto quondam sudore parentis
Inceptum, patrisque imitator filius æquis
Passibus assequeris, stimulis æqualibus ardens
Et paribus studiis patrem scribendo reponis.
Felices similis laurus quos una coronat!
Laudatique Patris fit mutua gloria Nato.
   Non Patris virtute minor, non viribus impar
RUFFE, tuis meritis in jura paterna receptus
Quod prius insomni totum fortasse labori
Aufugit, totum genio inspirante parentis,
Venturis scribens facies agnoscere saclis
Impiger, & totum laudans mirata nepotum
Posteritas, dicet mansuro encomia plausu.
Obscuram rerum per longa silentia famam
Detegis, Historiæ meliori luce retentans
Casuro non, RUFFE, sinis succumbere fato,
Novit amica manus sacris adscribere fastis
Massiliam, vigili te vindice gloria surget,
Te scriptore suum transmittet ad æthera nomen.
Inde novus veteris diceris conditor Urbis.
I Liber implevit prænuncia nominis Orbem
Fama tui, parto meritis fulgebis honore.
   I Liber ingredere audacter palatia Regum,
Magnatumque domos; pernix velocibus alis
I quocumque voles, populos invise remotos
I Liber æquorei tendas ad limina regni,
Aut lucet ignotas adeas cælo auspice terras
Notus eris, nullis gratus non gentibus hospes,
Omnis at interea vultu blanditus amico

Excipiet populus, patrem vidisse renatum.
Gaudebit, similis redivivo in sanguine nati.
  Præclarum durabit opus, properantia lapsu
Tempora præcipiti, nullo livore perosum
Servabunt, donec solvatur machina mundi,
Donec & igne ruens liquefactus decidat Orbis,
Aut interruptos peragant non sidera cursus.

        C. LION, Orat. Presb.

AUTRES LETTRES ECRITES A FEU Monsieur de Ruffi sur son Histoire de Marseille, par M. de Vautorte Intendant de Justice en Provence, & par M. Chorier Historiographe de Dauphiné.

MONSIEUR, Le present duquel il vous a plû me favoriser m'a été infiniment agréable, parce qu'il vient de vous, & parce qu'il est avantageux à un Peuple que j'honore & estime infiniment. La matiere en est belle & la forme ne l'est pas moins ; de sorte que vous êtes bien-heureux d'avoir un esprit capable de faire de beaux Ouvrages, & de l'avoir employé pour la gloire de vôtre Pais, la reputation duquel ne vivra desormais pas plus que la vôtre ; je souhaite que ce soit éternellement, & que vous me croïés toûjours

        Vôtre tres-humble serviteur,
        DE VAUTORTE.

A Toulon le 10 Août 1642.

MONSIEUR, J'ai lû ce bel Ouvrage avec une merveilleuse satisfaction, & j'avoüe que l'ingratitude est bien autorisée dans Marseille si vous étant obligée de toute sa gloire, elle ne travaille avantageusement pour la vôtre : Certes elle vous fairoit une injustice de ne pas reconnoître en vous que la race de ceux que l'on a autrefois nommés les Peres de leur Patrie, n'est pas entierement éteinte, & que vous en possedés, après ce sçavant Ouvrage, les qualités les plus éclatantes, & que ce n'est pas vous faire grace de ne vous en refuser point le nom, mais éviter une injustice. L'ordre y est judicieux, le recit sincere & fidéle, la diction pure, & sans cette affectation si ordinaire à ceux qui font consister l'art de bien écrire aux seules paroles & à tourner des periodes par une ignorance pleine de vanité & d'ostentation. Je suis, MONSIEUR,

        Vôtre tres-humble serviteur.
        CHORIER.

A Vienne le 3. de Novembre 1651.

PRIVILEGE DU ROI.

LOUIS par la grace de Dieu Roi de France & de Navarre : A nos amés & feaux les Gens tenans nos Cours de Parlement, Maître des Requêtes ordinaires de nôtre Hôtel, Grand Conseil, Baillifs, Senêchaux, Prevots, leurs Lieutenans & à tous autres nos Justiciers & Officiers qu'il apartiendra ; Salut. Nôtre bien Amé Loüis Antoine de Ruffi Nous a fait remontrer, que feu nôtre cher & bien Amé Antoine de Ruffi Conseiller en la Senêchaussée de Marseille son pere, avoit composé & fait imprimer l'Histoire de nôtre Ville de Marseille contenant tout ce qui s'y est passé de plus memorable depuis sa fondation, durant le temps qu'elle a été Republique & sous la domination des Romains, Bourguignons, Visigots, Ostrogots, Rois de Bourgogne, Vicomtes de Marseille, Comtes de Provence & des Rois nos Predecesseurs ; & dautant que les exemplaires de ladite Histoire se trouvent entierement debités à cause de l'excellence de l'Ouvrage, qui a été reçû & generalement approuvé de tous les Curieux, aïant été cité par nos plus celebres Historiens : l'Exposant pour l'amour qu'il porte à la memoire de son pere, aussibien qu'à sa Patrie, desireroit le faire reimprimer s'il en avoit nôtre permission ; ce qui l'a obligé d'avoir recours à Nous, & de Nous faire tres-humblement suplier de lui vouloir accorder nos Lettres de Privilege sur ce necessaires. A CES CAUSES voulant favorablement traiter ledit Exposant en consideration des longs services qui ont été rendus au feu Roi nôtre tres-honoré Seigneur & Pere, & à Nous par ledit Antoine de Ruffi lors de la reprise des Isles de Saint Honoré & de Sainte Marguerite, où il donna des preuves de sa probité, fidelité & experience, & aux occasions qui se sont presentées en la fonction de sa Charge, comme aussi par Pierre & Robert de Ruffi Pere & Aïeul dudit Antoine en la reduction de nôtre Ville de Marseille en 1596. où ils donnerent des marques de leur fidelité ; Nous lui avons permis & accordé, permettons & accordons par ces presentes, de faire imprimer, vendre & debiter en tous les lieux de nôtre Roïaume ladite Histoire, avec les augmentations que ledit exposant y a faites, en telle marge & caractere, & autant de fois que bon lui semblera, durant le tems de huit années consecutives, à compter du jour qu'il sera achevé d'imprimer pour la premiere fois ; pendant lequel tems Nous faisons tres-expresses défenses à tous Imprimeurs, Libraires & autres, d'imprimer, faire imprimer, vendre & distribuer ledit Livre, sous pretexte d'augmentation, correction, changement de titre, fausse marque ou autrement en quelle maniere que ce soit, & à tous Marchands étrangers d'en aporter ni distribuer en ce Roïaume d'autres impressions, que de celles qui auront été faites du consentement de l'Exposant, à peine de quinze cens livres d'amende par chacun des contrevenans, & aplicables un tiers à Nous, un tiers à l'Hôpital General de nôtre bonne Ville de Paris, & l'autre tiers à l'Exposant, ou à ceux qui auront droit de lui, de confiscation des exemplaires contrefaits, & à tous dépens, dommages & interêts ; à condition qu'il sera mis deux exemplaires dudit Livre dans nôtre Bibliotéque publique, un en celle de nôtre Cabinet de nos Livres en nôtre Château du Louvre, & un en celle de nôtre cher & Féal le Sieur Boucherat Chevalier Chancelier de France, avant que de l'exposer en vente : à la charge aussi que l'impression en sera faite dans le Roïaume, & que ledit Livre sera imprimé sur du beau & bon papier, & de belle impression, & ce suivant ce qui est porté par les Reglemens faits par la Librairie & Imprimerie és années 1618. & 1686. enregistrés en nôtre Cour de nôtre Parlement de Paris, à peine de nullité des presentes, lesquelles seront registrées dans les Registres de la Communauté des Imprimeurs & Libraires de nôtre bonne Ville de Paris, à peine de nullité des Presentes. SI NOUS MANDONS & enjoignons que le contenu en icelles vous fassiés joüir pleinement & paisiblement l'Exposant, ou ceux qui auront droit de lui, sans souffrir qu'il lui soit fait aucun empêchement. VOULONS aussi qu'en mettant au commencement, ou à la fin dudit Livre, une copie des Presentes ou extrait d'icelles, elles soient tenues pour bien & duëment signées, & que foi soit ajoûtée, & aux copies collationnées par l'un de nos Aîmés & Féaux Conseillers & Secretaires, comme à l'original. COMMANDONS au premier Huissier ou Sergent sur ce requis, de faire pour l'execution d'icelle tous exploits, saisies & actes necessaires, sans demander autre permission, nonobstant toute oposition, Clameur de Haro, Chartre Normande & Lettres à ce contraires ; CAR TEL EST NÔTRE PLAISIR. DONNÉ à Paris le neuviéme jour de Mai l'an de grace mil six cens quatre-vingts-onze. Et de nôtre Regne le quarante-huitiéme. Par le Roi en son Conseil, Signé, DESVIEUX. Avec parafe, & duëment scellées du Grand Scean en cire jaune ; & au dos, *Veu avec parafe.*

Registré sur le Livre de la Communauté des Libraires & Imprimeurs de Paris, le 11 Juin 1691. Ledit Sieur de Ruffi sera averti que l'Edit de Sa Majesté du mois d'Avût 1686. & les Arrêts de son Conseil concernant la Librairie, ordonne que le debit des Livres se fera seulement par un Libraire ou Imprimeur, Signé, P. AUBOUYN, Sindic.

Le Sieur de Ruffi a cedé & transporté son droit au Sieur Henri Martel, pour en joüir conformément à l'accord fait entre-eux, le 30. Mars 1691. S'étant aussi ledit Sieur de Ruffi departi en faveur dudit Sieur Martel du droit de la dedicace.

Achevé d'Imprimer pour la premiere fois le 15. Septembre 1696.

Les Exemplaires ont été fournis.

Aux Archives de la Senêchaussée.
Hist. de Provence de M. de Gaufridi, p. 826.
De M. Bouche, p. 818. 821.
Aux écritures publiques de Me. Baldoin.

HISTOIRE

TABLE GENEALOGIQUE DES VICOMTES DE MARSEILLE.

Honoré Evêque de Marseille.

Du premier lit, Pons Evêque de Marseille.
Fulco Vicomte de Marseille épousa Odile.

971. Guillaume I. Vicomte de Marseille, épousa en premières nôces Belielis, & en secondes Hermengarde.

1004. Guillaume II. Vicomte de Marseille dit le Gros, épousa en premières nôces Eustasine, & en secondes Etienneti.

Arnulphe.
Bilielis.

Du second lit, Astrude épousa Lambert.

Du premier lit, Guillaume III dit le jeune Vicomte de Marseille épousa Adalgarde.

Pons Evêque de Marseille.
Aicard.

Geofroi de Marseille, Vicomte de Marseille & d'Arles, épousa Rixendis.

Fulco mort jeune.

Garcende Abesse de S. Sauveur de Marseille.

Du second lit, 1056. Etienne Vicomte de Marseille, mort jeune.

Bertrand aussi mort jeune.

Pierre Vicomte de Marseille, dit Sausmada, épousa Odoara Thueri.

N.....épouse de Franco Vicomte de Frejus.

Pons de Marseille, Vicomte de Marseille dit Malnier, épousa Labant Burgondia.

Guillaume IV. Fulco de Marseille. Geofroi. Aicard.

1090. Geofroi. Aicard Archevêque d'Arles, Raimond Evêque de Marseille. Pierre Archevêque d'Aix.

Hugues Geofroi I. Vicomte de Marseille, épousa Douce.

Fulco Religieux à S. Victor.

Pons de Peinier Vicomte de Marseille, épousa en premieres nôces ...... en secondes nôces Guerrejade.

Adalaſis.

1090. Guillaume Amiel épousa Sardine.

Hugues de Pou épousa Garcine.

Geofroi Irat épousa Eugène.

Guillaume.
Fulco.

1150. Raimond Geofroi de Marseille II. Vicomte de Marseille, épousa Pontia.

Du premier lit, Aicard Prevot de Marseille.

Du second lit, Bertrand de Marseille, ou Bertrand Geofroi de Marseille, Prince de Marseille.

Bertrand.

Hugues Geofroi.

Pierre.
Geofroi.
Fulco.

Guillaume.

1165. Geofroi de Marseille Vicomte de Marseille, épousa Sarde.

Hugues Geofroi Sarde.

Hugues Geofroi Vicomte de Marseille & Seigneur de Trets, épousa Cecile.

Adalaſis Vicomtesse de Marseille, épousa Raimond de Baux.

Guillaume le Gros Vicomte de Marseille, épousa Laure ....

Barral Vicomte de Marseille, épousa ..... Marie de Montpelier.

Raimond Geofroi Vicomte de Marseille, Seigneur de Trets, épousa Marquise Ixmalie.

Geofroi Evêque de Beſiers.

Roncelin Comte ou Vicomte de Marseille, épousa en secondes nôces Adalais.

Geofroi de Marseille.

Hugues Geofroi Sarde.

Hugues Geofroi Vicomte de Marseille, Seigneur de Trets & de Toulon, épousa Sibile ....

Rouſlan d'Agout Seigneur de Trets & de Toulon, & Chanoine de Marseille.

Raimôd Geofroi.

Mabile Vicomtesse de Marseille, épousa Gerar Adamar Souverain de Monteil.

Barralle Vicomtesse de Marseille, épousa Hugues de Baux.

Geofroi Reforciat.

1240. Burgundion Vicomte de Marseille II. épousa Beatrix de Barras.

Iſnard d'Entrevenes Seigneur d'Ollieres, épousa en premieres nôces Alaſcia Anſelme, & en secondes nôces Mabile d'Agout, ou de Pontevès.

Dragonet Seigneur de Pouſſeur & de Porrieres.

Cecile femme de Gaucher fils du Comte de Forcalquier.

Beatrix Religieuse à S. Zacharie.

Raimond Gauſridi General des Freres Mineurs.

Briande.
Sance.
Dulceline.

Geofroi de Gauſridi, épousa Guillaume de Blacas.

Reforciat.

Blanche Ademar défendue par divers degrez de Gerar Ademar & de Mabile Vicomtesse de Marseille, épousa Gaſpar de Caſtellane Baron d'Entrecaſtaux d'où eſt iſſu Meſſire François Ademar de Caſtellane Comte de Grignan.

Du premier lit, Raimond de Roquefeuil, épousa Amelune.

Du second lit, Burgundion I. L. épousa Beatrix de Barras.

Iſnard d'Entrevenes Seigneur d'Ollieres, épousa Decanedeures.

Raimond Gauſridi Seigneur d'Ollieres, épousa Marguerite de Lerto.

Jean de Trets.

Agout Seigneur de Porrieres.

Iſnard Juriſconſulte.

Fimenſarde femme d'Iſnard Ferrand de Glandeves.

Sibile Dame de Toulon, épousa en prem. nôces Gilibert des Baux, & en secondes Boniface de Caſtelane.

Iſnard d'entre ennes.

Burgundion III. épousa ..... de l'oſſieri.
Burgundion IV.

Jacques d'Agout Seigneur d'Olieres, épousa Marguerite Perniſſole.

Iſnard d'Agout Seigneur d'Olieres, duquel deſcendent les Barons d'Olieres, les Seigneurs de Seillon & de Roquefeuil.

Jacques Religieux à S. Victor de Marseille.

Agout d'Ollieres.

Iſnard de Puiſoubier à épouſa Catherine de Pugeto, il reſta en 1357.

Sance. Philipone. Beatrix Religieuſes à la Celle.
Iſoarde épouſa Jean de Sabran.

HISTOIRE DE MARSEILLE

CHAPITRE I.
FONDATION DE LA VILLE DE MARSEILLE.

I. Marseille fondée par les Phocéens. Les Auteurs ne sont pas d'acord de l'Année de sa fondation. II. Les Phocéens abordent en la côte de Provence. III. Peranus épouse la Fille du Roi des Segoregiens. IV. Les Phocéens furent contraints d'abandonner leur Païs. V. Description de la Ville de Marseille. VI. De sa Situation. VII. De son Port. VIII. De l'Embouchure du Port. IX. Du Quay. X. De Portegalle. XI. L'Etymologie du nom de Marseille. XII. Passage de Plutarque servant à ce sujet. XIII. Les Phocéens ont abordé par deux fois en Provence.

A Ville de Marseille, qui étoit autrefois un membre de la Gaule Narbonoise, & qui est presentement enfermée dans la Provence, fût fondée par les Phocéens venus de Phocée Ville de l'Yonie Province de l'Asie mineure, & non pas de la Phocide en Grece; ils la bâtirent dans les terres des Commoviens, qui étoit un Peuple de la Gaule Narbonoise.

I.
Atheno. l. 3. c. 3. Iscr. in Archid A-gath de bel, Got,

Les Auteurs ne sont pas bien d'acord du tems de cette fondation: Solin, & Eustathius raportent que les Phocéens la bâtirent en la quarante-cinquième Olimpiade, dont la premiere année fût l'an 3365.

Claud. Salmal Plini exercit. in Solin.

Tome I.   A

aprés la creation du Monde : mais au calcul d'Eusebe, elle fût fondée
l'an du monde MMMM. DCI. 4601.

A celui de Jaques Philipe de Bergame MMMM. D. XCIX. 4599.
A celui de Funcius MMM. CCC. LXX. 3370.
A celui de Tevet MMM. CCC. XXXIX. 3339.
A celui de Munster MMM. CCC. LI. 3351.
A celui de Vignier MMM. D. XXX. 3530.
A celui de Vigenere MMM. CCC. LIII. 3353.
A celui de Genebrard, MMM. DC. LXX. 3670.
A celui de Dupleix, MMM. CCC. LXXXVIII. 3388.
A celui de Petau, MMM. CCCC. XLV. 3445.
A celui de la Peire, MMM. DC. III. 3603.
A celui de Duchêne, MMM. C. LXXXVI. 3186.
A celui de Gordon, MMM. CCCC. V. 3405.
A celui de D. Pierre de S. Romuald, MMM. CCCC. XI. 3411.
A celui de Gassarus, l'An D. LXXXXVII. avant J. Chrît, 597.
A celui de Philander, l'An D. XIII. 513.

Tom. 3.
A celui d'Hubert Golzius, l'An IV. de la XLVIII. Olimpiade, qui tomboit 176. ans aprés la fondation de Rome. Cét Auteur ajoute que cette année fût fort remarquable par une grande Eclipse de Soleil, qui arriva au commencement du signe du Belier, & qui avoit été prédite long-tems auparavant par Thales Milesius.

Eutrop. lib. 1. Cassiod. Chron.
Toutefois ils sont presque tous d'acord, que cette fondation fût faite au tems de Tarquin, surnommé Priscus, Roi des Romains. Voici comme elle est raportée par Justin.

II.
Just. lib. 43.
Les Phocéens habitoient dans un terroir si sterile, & de si petite étenduë, qu'ils ne s'amusoient guere à le cultiver; ils aimoient beaucoup mieux voyager sur la mer, & s'ocuper tantôt à la pêche, tantôt au trafic, & le plus souvent à faire la course. Et comme en ce tems-là cette sorte de vie étoit plus honorable & glorieuse, que digne de mépris; ils s'y adonerent si fort, qu'ils se rendirent des fameux pirates. Si bien qu'un jour ils aborderent avec quelques Vaisseaux à l'embouchûre du Rhône, où ayant remarqué curieusement la beauté & la fertilité du lieu, ils conçurent aussitôt le dessein d'y bâtir une Ville. En effet comme ils fûrent de retour chés eux, ils raconterent à leurs compatriotes les avantages que la nature avoit départi à ce païs : Desorte que sur leur raport, plusieurs resolûrent de changer de demeure & de climat ; & à ce dessein, ils équiperent une Flote pourvuë de tout ce qui pouvoit être necessaire à leur entreprise ; & ayant fait voile, soûs la conduite de Fu-

Sextius in Pontif. Arel. Sim. Barth. de Præsulib. Regi Eccle.
rius, & de Peranus, ils vinrent enfin moüiller heureusement en la terre des Saliens, où ils trouverent à propos de députer leurs chefs & conducteurs vers Senan Roi des Segoregiens (qui faisoit sa residence à Segoregium, qu'on croit être la Ville d'Arles, ou celle de Riés,) pour avoir de lui la permission de bâtir une Ville sur le bord de la mer, & aux extremités de son Royaume.

III.
Le Roi étoit alors heureusement ocupé aux aprets des nôces de sa Fille Giptis. C'étoit la mode en ce tems-là, lors qu'on vouloit marier

DE MARSEILLE Liv. I.

les filles d'assembler bonne compagnie, chacun selon sa qualité, la traiter magnifiquement, & pendant le festin, où étoient tous ceux qui recherchoient la fille en mariage, celui à qui elle donoit de l'eau, êtoit choisi pour son époux. Ces êtrangers étant conviés à cette fête, Giptis éprise de la gentillesse & de l'honêteté de Peranus, ne tint aucun conte de tous ceux de sa Nation, qui la recherchoient ; mais l'abordant lui dona de l'eau, le faisant par ce moyen gendre du Roi, duquel il obtint fort facilement, après les nôces acomplies, la permission de fonder une Ville, au lieu qu'ils avoient destiné. Athenée décrit presque de la même sorte la fondation de cette Ville ; mais il done d'autres noms aux Chefs des Phocéens, au Roi des Segoregiens, & à sa Fille, car il apelle Peranus, Euxenus, Senanus, Nanus ; sa Fille il l'apelle Peta, & après les nôces Aristoxena. Il dit que de ce mariage nâquit un fils qui s'apelloit Prothis, dont les Descendans sont apellés Prothidés dans Marseille. ^{Athenée l. 13. c. 13.}

Quelques auteurs anciens ont atribué cette illustre fondation à la faveur des Dieux qu'on adoroit de ce tems là ; & ils disent que les Phocéens ayant resolu d'abandoner leur païs ; comme ils furent sur le point de faire voile, leur Chef les âvertit qu'il faloit tenir la route que Diane leur enseigneroit. De sorte qu'étant arrivés à Ephese, ils se mirent en devoir de consulter la Déesse, & de recevoir d'elle les moyens qu'elle leur voudroit doner pour faire reüssir heureusement leur dessein ; & l'on dit que Diane se fit voir en songe à Aristarque, qui étoit une femme d'honeur de la Ville, lui commandant de prendre une de ses Statuës, & de s'en aller avec ces êtrangers ; ce qu'elle fit ; & comme la Ville fût bâtie, on dressa un Temple à l'honneur de cette Déesse, où cette Statuë fût mise, retenant le même habillement qu'elle portoit dans celui d'Ephese, & elle y fût servie par cette Aristarque en qualité de Prêtresse le reste de ses jours. D'autres ont crû que les Phocéens n'étoient pas sortis volontairement de leur païs, mais qu'ils y furent contraints par le mauvais traitement que leur faisoit Harpagus Lieutenant general de Cyrus, & Gouverneur de leur Province, ou par la violente tyrannie de Xerces Roi des Persans. Quelques uns ont écrit, qu'ils avoient été chassés par les Medes au tems de Darius fils d'Hidaspe ; Ce qui me paroît vrai-semblable, s'il est vrai ce qu'on raporte d'eux, que lors qu'ils eurent fait voile pour chercher une nouvelle demeure, ils firent un serment solemnel acompagné de grandes execrations, de ne retourner jamais en leur maisons, jusques à ce qu'une grosse masse de fer, qu'ils avoient jeté au fond de la mer, revint dessus les eaux, sans aucun artifice ; & delà est venu le proverbe *Phocensium execratio*. ^{IV.} ^{Strab. l. 4.}
^{Aul. Gellius lib. 10. c. 16 Am. Marcel Petavius de Doct. temp. Pet. Bizarra Hist. Persic. ubbon. Em. veter. græc. Eusta. Solin. Pausi. Phoc. lib. 10. Isocr. in Archida. Suidas. Agath, lib. 10. Herodot. li, 10. Petrus Best. Flor. Gall. Laur. Val. jos. Bondio, Lambin. Jac. Creq. in Horat.}

Voilà comme quoi cette Ville fût bâtie en un lieu raboteux, close de belles murailles, dont les trois quarts aboutissent à la mer, ayant un port qui regarde le midi, fait en forme de teatre ; que s'il est permis de la representer comme elle étoit avant qu'elle fût agrandie, ceux qui l'ont considerée atentivement, ont trouvé qu'elle étoit bâtie en forme d'une harpe, & sur une coline qui penche vers le midi ; qu'elle avoit une fort belle enceinte, qui contenoit presque une lieüe de circuit, sans y comprendre cette portion de Ville qui est de l'autre ^{V.}

côté du Port, & tous ses Fauxbourgs, qui rendoient son étenduë beaucoup plus grande & presque ronde. Mais depuis l'agrandissement, elle a changé de forme & de figure; car comme on a enfermé dans son enceinte & la plus grande partie de ses Fauxbourgs, & plusieurs terres joignantes; elle n'a plus ni la forme d'une harpe, ni la figure ronde.

VI. Elle est située à l'un des confins de la France, ayant à la droite l'Espagne, & à la gauche l'Italie, presque également distantes. Elle regarde encore de bien prés l'Affrique, & la Barbarie, où les bâtimens qui partent de cette Ville peuvent aborder dans deux où trois jours. Cette belle situation se trouve encore favorisée d'une excellente temperature de climat, qui fait respirer aux habitans un air doux & salutaire, & lui done tant d'avantage, qu'on peut dire sans mentir, que c'est par son moyen que le Roi désunit tous les Etats du Roi d'Espagne, & peut tenir soûmis tous les autres états voisins, & les reduire dans la necessité de rechercher & d'entretenir sa bienveillance avec les forces navales qu'il a ordinairement dans le port. En effet ces Puissances ont souvent éprouvé les profits qu'elles tirent, ou les hasards qu'elles courent, quand leurs Navires peuvent, ou ne peuvent pas aborder à Marseille. Car en tems de guerre ils sont contraints de passer toûjours en corps d'Armée, avec une dépense excessive, & comme ils ne peuvent pas moüiller, aussi sont ils souvent exposés au danger de faire naufrage; ou pour s'en pouvoir garantir de relâcher dans le Port, & par ce moyen tomber entre les mains de leurs Ennemis; parce que ce même vent qui sert à les conduire jusqu'en vûë de Marseille, leur est contraire lors qu'ils veulent continuer leur route, si bien qu'ils sont contraints d'en attendre un autre qui les favorise, pour poursuivre leur voyage.

VII.
Pompo. mel
de Scit. orb.
lib. 11. c. 5.

Son Port que Mela apelle Halycidon, où la nature a fait voir un de ses chefs-d'œuvre, est le plus assuré de la mer Mediterranée, soit pour son embouchure resserrée entre deux Rochers, & retressie par trois piliers bâtis dans la mer dépuis quelques siécles, d'où l'on tend une chaîne qui le ferme à clef; soit pour être tellement à l'abri des injures du tems, que les Galeres & autres Navires durant les plus grands orages y demeurent en assurance. Un excellent Historien qui écrivoit au comencement de ce siecle, parlant de Marseille, dit que son Port étoit le premier port du monde. On y void presentement quarante-deux Galeres tres-bien équipées, qui font éclater la gloire & la magnificence de nôtre invincible Monarque LOUIS LE GRAND: Elles donent de l'épouvente & de la terreur, non seulement aux puissances voisines, mais même à celles qui en sont beaucoup éloignées.

Math. Hist.
du regne
d'Henri 4.
liv. 4.

VIII. L'Embouchure du Port étoit ancienement toute ouverte & ne se fermoit qu'avec une grande chaîne de fer, qui prenoit depuis la Tour S. Jean, qui est du côté de la Ville, & alloit s'atacher à une autre Tour qu'on apelloit de S. Nicolas, qui étoit de l'autre côté du Port où est maintenant la Citadelle. Mais parce que cét espace étoit trop grand pour bien fermer le Port, on resolut de faire des piliers dans la

mer

DE MARSEILLE Liv. I.

mer, peu avant l'an 1380. auquel tems on en fit un tout de pierre de taille, & afin de le pouvoir conftruire on fit une caiffe de bois bien jointe avec du fer pour pouvoir égouter l'eau, & y bâtir cét ouvrage, qui fut achevé l'an 1381. & aux années fuivantes on fit les autres.

Ce Port a fubfifté long tems fans qu'il y eut aucun Quai réhauffé, comme nous le voyons aujourd'hui, il n'avoit qu'un gravier d'un côté & d'autre. Le Roi Louis XII. fut le premier qui cõmanda d'y faire un Quai du côté de la ville: & parce qu'on y travailloit fort lentement, Prejent de Bidous Capitaine general des Galéres en âvertit fa Majefté, qui par fa lettre datée de Blois, le 9. Avril de l'An 1511. enjoignit aux Confuls d'ufer de diligence: & l'année fuivante ce Prince dona ordre à Pierre Filholi Archevêque d'Aix de faire achever ce Quai, qui fut alors conftruit fur des paux, & tout de pierre de taille, & n'avoit que quatre pans de large; on y fit alors des paliffades, & on ne l'agrandit que long tems aprés, mais non pas de beaucoup; & parce qu'il étoit encore trop étroit, en l'an 1622. le Roi Louis XIII. de glorieufe memoire, étant à Marfeille, trouva à propos qu'il le faloit encore agrandir, fi bien que la même année on commança d'y travailler, & on continua depuis avec tant de diligence & d'exactitude, que l'an 1623. on le mit au même état où nous le voyons aux dêpens de la gabéle du port. La muraille qui foûtient le quai qui eft au delà du port depuis l'Arcenac jufqu'à la Citadelle, fut conftruite l'an 1511. aux dêpens de la comunauté; elle coûta quinze mil florins. Mais le quai ne fut conftruit que l'an 1566. le Roi Charles IX. étant venu alors en cette Ville trouva bon, de l'avis de quelques perfonnes éclairées, de le conftruire avec des paliffades. Il ordona auffi qu'on cureroit le port, & qu'on doneroit du fonds tant en cét endroit que du côté de la Ville. Il fit enfuite expedier des lettres patentes, portant permiffion aux Confuls de Marfeille de faire couper du bois en Provence, en Daufiné, & en Bourgogne jufques à la quantité de trois radeaux, & d'enlever de ces trois Provinces deux cens quintaux de fer pour en faire des engins neceffaires à curer le port, & à la conftruction du quai, avec exemption des droits jufqu'à la concurrence de quarante écus, dont il leur fit don, en payant raifonnablement le bois & le fer aux proprietaires.

Euftathius décrit non feulement la qualité de ce Port, mais encor de celui que nous apellons Portegalle, dont, fuivant quelques uns, les Phocéens fe fervirent à leur arrivée. Ils netteiérent celui qui regarde le midi, lequel n'étoit pour lors qu'un marécage, & le mirent en l'état qu'il eft à prefent. Mais il y a quelque chofe à dire à cette opinion, car Portegalle n'eft pas un port, mais plutôt une plage extremement batuë des vents, n'ayant que fort peu de fonds, rempli de petits rochers, & qui n'eft propre que pour des bateaux. Lorfque la Ville étoit divifée en inferieure & fuperieure, ainfi que nous dirons cyaprés, la fuperieure fe fervoit de ce port pour fon ufage, & dans une tranfaction qui fut faite entre les Vicomtes de Marfeille & l'E-

IX.

Aux Ecritures publiques. Riére. Me Soffin.

Archiv. de l'Hôtel de Ville

X.
In Coment. Djoñii.

Tome I. B

vêque, par laquelle il étoit permis aux habitans de la ville superieure de negocier au port de la ville inferieure; & dans plusieurs titres de ce même tems, le port de midi est apellé l'ancien: ce qui marque qu'on ne se servoit que depuis peu de l'autre, qui tire son nom d'une porte de la ville, située au même endroit, & au commencement de la ruë françoise, apellée dans des titres de 1153. *Porta Gallica*, & le port, *Portus de Portâ Gallicâ*: desorte qu'au lieu de l'apeller le port de la porte françoise, on l'apelloit & on l'apelle encore par corruption le port de portegalle.

XI.

Steph. Cælius Rhodigin. lib. 9.

Mais pour venir à l'origine du nom de Marseille, les opinions des auteurs sont fort differentes; car les uns tiennent qu'à l'arrivée des Phocéens le General de la Flote voyant un Pêcheur au bord de la mer, lui fit jéter le cable de son Navire, lui commandant de l'atacher à un pieu, que le mot de Μάσσαι parmi les Æoliens signifie lier, & ἁλιεὺς pêcheur. Si bien que joignant ces deux mots ils composerent celui de Μασσαλία, pour le doner à la Ville qu'ils étoient sur le point de fonder. Les autres le prenent de Μάσσαι Σάλιοι, qui signifie amenés les voiles, nous sommes en terre des Saliens. Ce qu'étant souvent repeté par les Phocéens en signe de joye, ils s'en servirent pour doner un nom à cette Ville. Isidore Archevêque de Seville dit que Marseille a pris son nom de celui du General des Phocéens.

Isidor. lib 15. orig. de civitatib. c. 1

XII.

Il y a dans Plutarque un passage expliqué diversement, dont on se veut servir pour tirer l'Etymologie du nom de cette Ville, ou de son Fondateur, le voici tout au long. Ἐμπορεῖα δὴ ᾗ δόξαν ἔσχεν οἰκειούμενοι τὰ βαρβαρικὰ, ᾗ προξενοῦντα φιλίας βασιλέων, ᾗ πραγμάτων, ἐμπείροις ποιοῦντα πολλῶν. ἔνιοι δέ ᾗ πόλεων οἰκισταὶ γεγόνασι μεγάλων, ὡς ὁ Μασσαλίας πρῶτος ὑπὸ Κελτῶν τῶν περὶ τὸν Ῥοδανὸν ἀγαπηθείς. C'est à dire, que la marchandise étoit une profession honnorable en ce tems là, parce qu'elle donoit le moyen de pratiquer avec les Nations étrangeres & barbares; d'acquerir l'amitié des Princes, avec l'experience de plusieurs choses: Tellement qu'il y a eu autrefois des Marchands, qui ont été fondateurs de grandes Villes, côme Massalias qui fonda premier Marseille, ayant contracté aliance avec les Gaulois qui habitoient prés du Rhône, d'autres veulent que le nom de Μασσαλία soit celuy de la Ville fondée: Et que Plutarque parlant de cette façon, ὡς ὁ Μασσαλίας πρῶτος ὑπὸ Κελτῶν supplée à ce mot de *Conditor*, tout ainsi comme le premier fondateur de Marseille parmi les Gaulois. Toutefois la premiere explication semble la meilleure, & plus conforme à la force de la langue Grecque, laquelle suprimant un sustantif aisé à entendre, a acoûtumé de mettre l'article du sustantif avant le genitif. Par exemple, s'il eut eu intention de nommer la Ville & non pas le fondateur, il auroit mis ὡς καὶ ὁ Μασσαλίας πρῶτος, entendant le mot οἰκιστής, qui veut dire fondateur: puisque l'Auteur en cét endroit nomme plusieurs insignes Marchands par leur nom propre; Et il y a grande aparence, que parlant d'une Ville bâtie en Gaule par un Marchand, il ait plutôt nommé le Marchand que la Ville; d'autant que nommant une Ville, il ne s'ensuit pas qu'un Marchand l'ait bâtie, comme il se peut inferer en nommant l'homme même par son nom propre. La troisième opinion est de ceux qui ont cru que ce mot πρῶτος étoit le nom propre du Fondateur, & qu'il faut lire dans Justin, Protus au lieu de Peranus ; ou comme d'autres, qu'il se nommoit Μασσαλίας πρῶτος. Et ceux qui sont dans ce sentiment reprenent Amiot, d'avoir équivoqué en sa version, ayant fait un adverbe de ce mot, au lieu d'en faire un nom propre.

Turnebus adverſ. l. 27. c. 26. Dupl. Memoir des Gaules. l. 2. c. 46.

Mais si ce que dit Plutarque est veritable, que Massalias ait été le premier fondateur de Marseille, il faut necessairement conclure que Furius & Peranus n'ont fait que la rebâtir. Aussi c'est l'opinion de plusieurs bons Auteurs : en effet, Vignier un des plus grands Historiens, & des plus exacts Chronologistes du siécle passé, tient formellement que les Phocéens ont abordé par deux fois en ce païs ; qu'à la premiere, Marseille fut fondée, & que cinquante-cinq ans aprés elle fut augmentée, & amplifiée. Voilà ce qu'on trouve touchant l'Etymologie du nom de Marseille, si ce n'est qu'on voulût dire, qu'elle l'ût pris des peuples de la Province, qu'on apelloit Saliens, ou Salassiens, & qu'on lui eut mis nom Μασσαλία, qui veut dire Chef des Saliens.

XIII.

Calepin. Carol. Stephan. Philander in Vitruvio. tom. 1. Bibl. Hist.

Dupl. Memor. des Gaul. l. 2.

CHAPITRE II.
Les Peuples voisins de Marseille conjurent contre elle, mais ils sont vaincus & subjugués.

I. Les Marseillois défont les Liguriens qui tirent avantage de leur malheur. II. Toutes les Gaules profitent de la vertu des Marseillois. III. Le Roi Coman se laisse persuader de leur faire la guerre. IV. Mais il est surpris dans sa propre embuscade, & taillé en piéces. V. Anciene coutume de faire bonne garde aux jours des fêtes. VI. Aliance des Marseillois avec les Romains & les Espagnols. VII. Minerve commande à Caramand de lever le siége qu'il avoit mis devant Marseille. VIII. Il obéït à cette Deesse, & fait amitié avec les Marseillois. IX. Ils envoyent des Ambassadeurs à Alexandre. X. Contension entre quelques Marseillois & quelques Atheniens, dont la cause fut plaidée par Demostene.

LA Ville de Marseille, s'acrût peu de tems aprés sa fondation : & dés sa naissance même par la bonne police qu'on y établit, par le courage des habitans, & par la faveur du Roi Senan, Elle s'éleva à un tel degré de puissance, de gloire, & de richesses, qu'elle s'attira l'envie de tous ses voisins, qui conjurerent son

I.

Just. l. 43.

entiere ruine. Et en effet les Liguriens faifoient des courfes à tout moment jufques aux portes de la Ville, tendoient des piéges à ces nouveaux venus, & ils tachoient par toute forte de moyens de les furprendre; mais comme ils ne penfoient qu'à la défenfive, & à s'opofer genereufement au danger, auffi ils taillerent en piéces leurs ennemis, conquirent une partie de leurs terres, & y dreflerent des colonies. Ce fut neanmoins plus de bonheur pour ces barbares, que s'ils euffent été victorieux; car par le commerce qu'ils avoient avec les Marfeillois, ils polirent leurs mœurs, ils aprirent à mener une vie douce, civile & vertueufe, à ceindre les Villes de murailles, à tailler la vigne, à planter des Oliviers, & à faire toute autre forte de menâge des chams : tellement qu'il fembloit que la Gaule eut été tranfportée dans la Grece, plutôt que la Grece dans la Gaule.

Cœl. Rhodig. lection. antiq. lib. 9. Livius deca. 4. libr. 7.

II. Ces peuples vaincus, tirerent non feulement du profit & de l'avantage de leur defaite, & de leur fujetion; mais encore toutes les Gaules: car les Marfeillois ont été les inftituteurs des Samotées, des Sarronides, des Baudes, des Druides, & des Eubages; qui furent les Prêtres, les Philofophes, les Poetes, & autres Sectes qui faifoient profeffion des Lettres parmi les Gaulois; bien que quelques Auteurs les veuillent faire defcendre des anciens Rois des Gaules, comme de Samothes, de Sarron, & de Drius, qui eft une origine extremement fabuleufe, puifqu'on n'a pas de connoiffance de ces gens là, que depuis le regne de Cyrus, & depuis la fondation de la Ville de Marfeille.

III. Peu de tems aprés, Senam Roi des Segoregiens étant decedé, Coman fon fils têmoigna qu'il n'avoit pas tant de bonne volonté pour les Marfeillois, puifqu'un certain Roitelet s'eforça de lui perfuader, que Marfeille feroit un jour la ruine des peuples voifins, qu'il le faloit reduire en poudre dés fa naiffance, de crainte qu'étant devenuë plus puiffante par fucceffion du tems, elle ne le dépouillât de fes Etats. Il y ajouta le recit de la fable d'une Chienne pleine, qui fur le point de faire fes petits, pria un Berger de l'acomoder d'un coin de fa maifon, ce qui lui étant acordé, comme elle fe fut déchargée, & qu'elle fe vit apuyée de fes Chiens devenus grands, elle refufa non feulement de fortir à la folicitation du Berger, mais encore elle s'empara entierement du logis, & en chaffa le Maître; il vouloit dire par là que ces étrangers profpereroient tellement, qu'ils chafferoient un jour de leurs terres ceux qui leur avoient doné retraite.

IV. Ce difcours ayant échaufé le courage de Coman, & de tous les Gaulois, qui nourriffoient deja dans leur ame une mortelle envie contre la profperité de cette Ville, affembla fecretement une bonne Armée, refolu de furprendre les Marfeillois au jour de la fête de la Déeffe Flora; & pour cét effet il envoya une troupe de gens d'élite & déterminés dans la Ville, ils étoient fi déguifés, qu'il étoit impoffible de connoître leur mauvais deffein : il en fit mettre dans des chariots couverts de feuilles, & il fe mit lui même en embufcade aux montaignes les plus prôches, attendant que ceux qui étoient

DE MARSEILLE Liv. I. 9

toient entrés dans la Ville, lui ouvriſſent les portes, ſans que les Habitans enſevelis dans le vin & dans le ſommeil, s'en aperçuſſent. L'entrepriſe eût ſans doute heureuſement réüſſi, n'eût été qu'une parente du Roi, qui aimoit uniquement un Marſeillois, parmi leurs embraſſemens lui découvrit le deſſein de ce Prince: Il en âvertit auſſi-tôt les principaux de la Ville; ſi bien que ceux qui étoient aux aguets furent ſaiſis & maſſacrés ſur le champ, & les Marſeillois ſortant après ſecretement, ſurprirent Coman, & le taillerent en pieces, laiſſans ſept mille des ſiens ſur le carreau.

V. Cela donna ſujet aux Marſeillois d'introduire la coûtume de faire bonne garde aux jours des Fêtes, & de fermer les portes de la Ville. Je ne crois pas neanmoins que ce qui ſe faiſoit encore il y a quelques années, de fermer les Portes les jours des Fêtes ſolemnelles, ait continué depuis ce tems-là, & que cela ſe faſſe dans le même deſſein; car il n'y a nul doute qu'on ne le faiſoit que par le ſeul reſpect dû à la ſaintété des jours, & pour les mieux celebrer. On ne voit plus auſſi obſerver dans Marſeille l'ancienne coûtume, qui ne permettoit point que perſonne entrât dans la Ville avec des Armes; on tenoit un hôme à la porte de la Ville pour les prendre de ceux qui entroient, & pour les leur rendre après, lors qu'ils en ſortoient.

Valere Max. liv. 2. ch. 1.

VI. Ce coup du Ciel ayant détourné l'orage qui venoit fondre ſur cette Ville, lui acquît beaucoup de réputation parmi ſes voiſins; mais il n'empêcha pas que les Liguriens & les Gaulois ne fiſſent ſouvent des partis pour la ruiner. Ils furent pourtant toûjours mis en déroute, & ils perdirent la plû-part de leurs terres. De ſorte que la gloire de tant de beaux faits étant venu à la connoiſſance du peuple Romain, il rechercha avec empreſſement l'union & l'étroite alliance avec une Ville ſi illuſtre; & même quand il ſçût qu'elle avoit vaincu ſouvent les Cartaginois en pluſieurs batailles navales; la naiſſance de la guerre étant venuë de ce que ceux-cy leurs avoient ôté leurs Barques à pêcher, & que cette grande Ville qui fut depuis la rivale de Rome, avoit été contrainte de demander la paix. Il y avoit encore dans Marſeille du tems de Strabon, des dépoüilles penduës, que les Marſeillois avoient remportées ſur leurs ennemis en divers combats de mer, marques glorieuſes & éternelles de leurs generoſités. Les Eſpagnols auſſi qui n'avoient pas moins de connoiſſance de leur vertu que les Romains, deſirerent de contracter des alliances avec eux.

Juſtin. lib. 43. Theucidid. in proem. Strabo.

Lib. 4.

VII. Il ſembloit que la fortune étoit laſſe de travailler les Marſeillois, bien que cela ne ſervît qu'à augmenter leur gloire; l'envie s'éleva encore contre leur vertu, & leur ſuſcita un Roitelet apelé Caramand, élû General d'une grande Armée que les Gaulois avoient mis ſur pied, lequel vint aſſieger Marſeille. Mais pendant la longueur de ce Siege, Caramand vit une nuit en ſonge une Déeſſe, qui témoignoit par ſon regard affreux être indignée contre lui, & ſembloit le menacer; ce qui fut cauſe qu'il rechercha la paix, & licencia ſon Armée.

L'An du monde 3740.

Juſtin. lib.

VIII. Le Siege étant levé, il pria les Marſeillois de lui permetre l'entrée de leur Ville, & d'y adorer leurs Dieux; ce qui lui étant acor-

Tome I.   **C**

dé, il visita le Temple de la Déesse Minerve : Mais ce qui est merveilleux, est qu'au même moment qu'il y fut entré, ayant découvert sa Statuë, il s'écria en même tems, que c'étoit la Déesse qu'il avoit vû en songe, qui lui avoit commandé de lever le Siege, & qu'il ne faloit plus douter que Marseille ne fut sous la singuliere protection des Dieux; ce qui le porta d'offrir un Carcan d'or à la Déesse, & de contracter au même tems une étroite alliance avec les Marseillois.

I X. Peu aprés ce Siege (suivant quelques-uns) Alexandre le Grand ayant ruiné l'Empire des Perses, la gloire de son nom, la réputation de son bonheur & de sa generosité, s'étendit jusques aux Provinces les plus éloignées; En telle sorte que les Marseillois lui députerent des Ambassadeurs pour le féliciter de tant de victoires. Ils trouverent ce Prince en Babilone, qui les reçût avec des témoignages d'une singuliere bienveillance, leur donna de beaux presens, & les renvoya chés eux entierement satisfaits : Mais quoi qu'on veüille dire, il y a sujet de croire que cela n'arriva que long-tems aprés; car suivant l'opinion des fideles Chronologistes, Caramand assiegea Marseille l'an 3740. du monde, & Alexandre ne défit Darius qu'en l'an 3889.

X. Je n'ai pû trouver dans les bons Auteurs, qu'il se soit passé rien autre de memorable durant ce siécle, que ce que je viens de raporter; mais quoi qu'il en soit, je crois que je ne dois pas oublier de faire le recit d'un diferend qui arriva entre Zenotheme Marseillois, Pilote d'un Navire, & Demon Aténien : car bien que le sujet n'en soit pas de soi fort recommandable, il merite pourtant de tenir rang dans cette Histoire, puisqu'il a servi de matiere à Demosthene, un des plus grands Orateurs que la Grece ait jamais porté, pour en composer une Oraison que le Lecteur curieux pourra voir dans ses Oeuvres.

Demost. exceptio adversùs Zenothemid.

Demon prêta de l'argent à un Marchand apelé Prothus, qui en acheta du bled à Siracuse, & qu'il fit charger sur le Vaisseau d'Hegestrate Marseillois. Ce Vaisseau étant parti de Siracuse, courut risque de faire naufrage, & n'arriva à Cephalonie qu'avec beaucoup de peine. Il n'eût pas plûtôt moüillé l'ancre, que Zenotheme & les Marseillois qui avoient fait le voyage avec lui, eurent diferend avec quelques Aténiens; les Marseillois disoient que le Navire devoit être conduit à Marseille où les Marchandises devoient être déchargées, & où le procés qu'on étoit sur le point d'intenter, devoit être jugé, puisque les principaux Officiers du Vaisseau & la plûpart des Interessés étoient Marseillois. Les Aténiens au contraire soutenoient qu'on devoit ramener ce Vaisseau au Port d'Aténes, qui étoit le lieu d'où il avoit fait voile pour faire le voyage. Le Senat de Cephalonie prononça en faveur des Aténiens; si bien qu'il falut conduire ce Vaisseau à Aténes. Il n'y fut pas plûtôt arrivé, que Zenotheme fit saisir le bled qui étoit dedans, prétendant qu'il lui apartenoit, comme étant creancier d'Hegestrate, & mit en cause Demon qui soûtenoit d'avoir droit & privilege sur ce bled, à cause que Pro-

DE MARSEILLE Liv. I.

thus l'avoit acheté des deniers qu'il lui avoit prêté. L'Orateur Demoſtene beau-frere de Demon, en l'Oraiſon qu'il fit pour lui, n'oublia rien de ſon Art pour rendre criminel Zenotheme : car il dit qu'il avoit concerté avec Segeſtrate de faire perir ce Vaiſſeau à deſſein de défrauder leurs Creanciers, aprés qu'ils eurent envoyé clandeſtinement à Marſeille tout l'argent qu'ils avoient pris à retour de voyage, & que pour cét effet deux ou trois jours aprés leur départ de Siracuſe, Segeſtrate deſcendit en pleine nuit au fonds du Navire, qu'il perça de telle ſorte en divers endroits, qu'il y entra auſſi-tôt une grande quantité d'eau : mais qu'ayant été ſurpris lors qu'il cometoit ce crime, preſſé du remord de ſa conſcience, qui lui fit aprehender d'être puni comme il le meritoit, il ſe mit en fuite ; & voulant ſe jetter dans l'eſquif pour ſe ſauver, il tomba dans la mer qui l'engloutit en même tems. Il y a toutefois grande aparance que cela ne ſe paſſa pas de la ſorte, mais que Demoſtene ne fit pas ſcrupule d'impoſer à la verité, pour rendre odieux ce Marſeillois, à deſſein de lui faire perdre ſa cauſe : car s'il eut été coupable comme il le figuroit, qui croira que Zenotheme eut été ſi éfronté que d'aller à Aténes plaider contre un Aténien ſi bien apuyé, & devant un Senat compoſé de Juges ſi illuſtres & ſi éclairés. Nous ſerions éclaircis de la verité, ſi l'oraiſon de celui qui plaida ſa cauſe eut été conſervée juſqu'aujourd'hui, ou plutôt la teneur du jugement que le Senat fit en cette cauſe, mais nous ne trouvons pas de qu'elle façon elle fut vuidée. Petrus Erodius ſe ſert de l'Ordonnance que les Cephaliens rendirent en ce procés, & dont nous avons parlé ci-devant pour prouver qu'on ne peut former aucune action, que le Navire n'ait été ramené au port d'où il étoit parti

De Lege Rhodiſ. de jactu.

CHAPITRE III.
De l'Etat politique des anciens Marseillois, de leurs Lois, de leurs Mœurs, de leurs Coûtumes, & de leur Religion.

I. Les Marseillois établissent l'Aristocratie. II. Ils écrivent leurs Lois sur des tables. III. Ils punissent severement les fautes des Magistrats : Exemple d'une parfaite amitié. IV. Des mœurs & des coûtumes de ce peuple. V. De la vertu des femmes de Marseille. VI. De l'Academie des Marseillois. VII. De leur frugalité. VIII. De leur Foi. IX. De leur Religion. X. De la coûtume de bruler les morts. XI. Eloges de la Ville de Marseille raportés par deux fameux Auteurs & par Saint Paulin.

I.

Strab. l. 4 Franc. Patrici.

Bodin l. 2. ch. 6. de sa Répub.

LEs Phocéens n'eurent pas plutôt bâti la Ville de Marseille, qu'ils resolurent d'y établir une excellente forme de reglement politique ; par lequel ils peussent maintenir la gloire & la grandeur de leur Ville naissante : à cét effet ils jugerent à propos de prendre l'Aristocratie, qui est une espece d'une parfaite Republique, où la moindre partie des Citoyens les plus vertueux commande à tout le general souverainement, & à chacun d'eux en particulier : de sorte qu'ils choisirent six cens des plus riches & des plus integres de la Ville, qu'ils nommerent *Timouchos*, c'est à dire gens honorés, qui pendant leur vie auroient le gouvernement en main : & que de ces six cens on en prendroit quinze pour vaquer aux affaires qui demanderoient une prompte expedition ; & de ces quinze on feroit choix de trois Presidens, qui auroient une autorité semblable à celle des Consuls Romains ; & que personne ne pourroit être *Timoucho*, qui n'eut des enfans, & ne fut originaire de la Ville, depuis son ayeul inclusivement. Cette Republique fut si bien ordonnée, qu'au sentiment des plus grands hommes elle étoit preferée à toutes les autres : Aristote admirant son excellence, composa un livre à sa louange, que le tems jaloux de nôtre bonheur nous a ravi.

II.

Strabo l. 4

On y établit aussi des lois semblables à celles des Yoniens, qu'ils firent écrire ou graver sur des tables, & ordonnerent qu'elles fussent affichées aux places publiques, afin que personne ne les pût ignorer, & qu'elles fussent si ponctuellement observées, que si quelqu'un étoit acusé & couvaincu de les avoir transgressées, il étoit puni avec severité.

III.

Lucian in Toxa.

Les Magistrats qui ne s'aquitoient pas dignement de leur charge, & qui s'écartoient de leur devoir, encouroient la note d'infamie, comme il arriva à Menecrate, homme tres-riche, qui s'étant laissé corrompre, fut declaré par les six cens incapable de jamais exercer aucune

cune charge publique, tous ses biens furent confisqués ; & toutefois parmi sa disgrace il rencontra du bonheur, & experimenta que l'étroite amitié qu'il avoit contracté avec Zenotheme, lui profitoit plus que les grandes richesses : car lors qu'il croyoit qu'étant privé de tous ses biens il n'eut pas le moyen de marier Cydimaque sa fille unique, qui étoit borgne, & extraordinairement laide ; neanmoins ce sien ami l'exorta de prendre courage, le secourut dans cette grande affliction de la moitié de ses biens, dont il lui fit present, & par un surcroit de bienfait il épousa sa fille, & il l'aima uniquement toute sa vie, nonobstant sa laideur : exemple d'une amitié la plus parfaite qui fut jamais, & d'une justice sans suport ; & aussi pour marque de leur severité, ils tenoient une épée pendue en un lieu public, toute roüillée, qu'on avoit conservé depuis la fondation de la Ville.

Hist. Perf. Petri Bifan.

Valer. Max. l. 2. cap. 1.

Les mœurs & les coûtumes de ce peuple, au raport des bons Auteurs, étoient acompagnées d'une vertu singuliére : car les Bateleurs, les Boufons & les Comediens n'avoient aucune entrée dans leur Ville ; de peur que la jeunesse s'acoûtumant à voir des exemples d'adultere, & d'autres saletés, ne se donât la licence de les commettre. On en chassoit aussi toute sorte de faineans, qui sous le voile d'une religion feinte, s'entretenoient dans l'oisiveté ; Cette vie molle & paresseuse leur étoit tellement odieuse, qu'ils n'avoient rien tant à cœur que de s'occuper à quelque travail honnête, les uns faisoient profession des lettres, les autres des armes, les uns s'adonoient aux arts & aux métiers, ausquels ils excelloient ; & les autres enfin continuerent la Navigation : ce qui rendit la Ville florissante. Et à l'exemple des Rhodiens dont les lois maritimes avoient eu l'aprobation & l'applaudissement de toute la terre : les Marseillois en établirent aussi de fort belles, & de tres-avantageuses pour la Navigation & le commerce. Si le tems les eut épargnées on y verroit les moyens dont il faloit se servir pour continuer à conserver la Ville de Marseille dans la même splendeur où elle étoit autrefois. Les Marseillois qui étoient lassés & ennuyés de vivre, trouvoient dans la coûtume le moyen de contenter leur desir : car après avoir declaré au Senat les raisons pour lesquelles ils desiroient de mourir, si on les jugeoit pertinentes, il leur étoit permis de prendre un breuvage de Cigüe, qui leur faisoit bientôt trouver la fin de leur peines. Ils avoient aussi acoûtumé de remettre en servitude par trois fois l'afranchi, qui avoit tout autant offensé son maitre, mais à la quatrième recheute il demeuroit impuni, & attribuoit-on à son Seigneur de s'être si souvent fié à un ingrat.

IV.

Iden. Plautus in Cass. Alexand. ab Alex. Celi. Rhod. Lection. Att. L. 9 Erasm. in Inst. princ. Christ.

Dupleix Memoir des Gaules. 46.

Joseph Gibalin de universf. rer. human. Neguot cap. 1. de Commerc. Marit. art. 5.

Valer. Max. lib. 2. cap. 1. joann. Guil. Stuk antiqu. convir. l. 1.

Les Ceremonies qu'on observoit aux Funerailles, se faisoient sans pleurs & gemissemens, & on tenoit deux biéres à l'entrée de la Ville, l'une pour les gens de libre condition, & l'autre pour les esclaves, qui servoient pour porter leurs corps à leur sepulture : le dueil finissoit le jour même par un sacrifice domestique & un festin, où assistoient les parens ; ne trouvant rien de si indecent, que de laisser abattre l'esprit à l'ennui & à la tristesse.

Leurs femmes n'étoient pas seulement compagnes de leur couche, mais encore de leur vertu ; car pour marque de leur chasteté, elles fai-

V.

Tome I. D

soient gloire de ne boire point de vin, en quelque âge que ce fut; & leurs maris avoient droit de les tuer, si elles tomboient dans cette faute.

VI.

L'Academie des Marseillois étoit si parfaite, qu'au raport des plus grands hommes de l'antiquité, elle a devancé toutes les autres : c'est pourquoi elle étoit apellée comunement *Athenopolis Massiliorum*; come si on vouloit dire, une seconde ville d'Atènes. En effet non seulement les Romains, mais toute l'Italie, ne faisoient plus d'estime de la Grece, accourans à l'envi à celle là pour être instruits à la vertu ; ce que témoigne fort bien le plus grand Orateur qui fut jamais. *Je ne t'oublierai pas Marseille*, dit-il, *dont la vertu est en un degré si éminent, que la plû-part des Nations te doivent ceder, & la Grece même ne doit pas se comparer à toi. Tu en es si éloignée, ton langage & ta discipline sont si differens du lieu de ta situation ; Tu n'as pour voisins que des Barbares, & neanmoins tu te conserves si bien en ton état Aristocratique, qu'il est plus facile de loüer tes lois que de les imiter.* L'eloge qu'en fait Titelive, est presque semblable. Tacite n'en dit pas moins, lorsqu'il loüe Agricola de ce qu'il ne se laissoit point emporter à la debauche, ne l'atribuant qu'au bonheur qu'il avoit eu d'avoir été instruit en l'ecole des Marseillois, école de vertu & de science. Cette Academie fut depuis apellée l'école du Ciel & de la terre, parce que chacun y venoit de tout côté. On y enseignoit la Grammaire, la Rhetorique, la Poësie, la Philosophie, la Medecine, la Jurisprudence, la Theologie, les Mathematiques, & l'Astrologie. Elle a produit de si grands Hômes, qu'à peine en peut-on trouver de semblables : Ceux qui ont excellé en éloquence sont Antonius Gnipho, Phavorin si cheri de l'Empereur Adrian, Oleus Pacatus, Victorin, Corvin, Trogue Pompée, Castor fils de Secundaire, qui avoit épousé la fille de Dejotarus Roi de Gallogrece, Claudius Marius Victor, Saint Cesaire Evêque d'Arles, Eucher Evêque de Lyon, Salvian Prêtre de Marseille, Avite Evêque de Vienne, en la Poësie Petronius Arbiter, en la Jurisprudence Menecrates, Carmoleus & Zenothême pere & fils, en la Medecine Crinas, Carmides & Demostene, en l'Astrologie Telon, Giareus freres, Lydarius Pytheas, Erastotenes, Eudimenes.

VII.

Le luxe n'avoit point d'entrée parmi eux, & l'épargne y étoit en grande recommandation. Leur habit étoit fort simple, n'excedant point la valeur de cinq écus ; il étoit commun à tous, soit pauvres ou riches, les Joyaux des femmes ne pouvoient pas valoir davantage, & le plus grand dot n'aloit qu'à cent écus.

VIII.

Pour sçavoir combien ils étoient religieux en l'observation de la Foi qu'ils avoient donné, il ne faut que faire reflexion à celle qu'ils ont conservée aux Romains en cette fatale guerre. Et non seulement Marseille garda sa Foi inviolable aux Romains durant la guerre Punique, auquel tems elle fut la seule Ville de toutes les Gaules qui persista dans cette fermeté : mais encore dans les guerres Civiles. Si bien que la grande constance qu'elle témoigna en cette conjoncture la mit à deux doits de sa ruine. Le sçavant & curieux Thevet n'a pas manqué de remarquer que les Marseillois ont toûjours êté fidéles à leur Souverain.

En ce qui regarde la religion des Marseillois, ils s'atachoient exactemét à celle qu'ils avoient reçûë des Phocéens leurs ancêtres, encore qu'elle fut execrable ; car ils avoient acoûtumé d'immoler à Diane d'Ephese des hommes au lieu des victimes, ce qu'ils aprirent à leurs voisins. Et en effet la Ville d'Arles à leur exemple, faisoit un sacrifice toutes les années de trois jeunes hommes qui fut pratiqué durant un fort long-tems, & jusqu'à ce que S. Trophime premier Archevêque d'Arles, qui avoit été Disciple de S. Paul abolit entierement cette horrible superstition. Lorsque Marseille étoit affligée de peste, un pauvre se presentoit pour être la victime du peuple, on le nourrissoit quelque tems aux dépens du public des viandes les plus delicates, après on l'habilloit splendidement, & de cette façon faisant le tour de la Ville, on le mettoit dehors ; chacun le maudissoit, & souhaitoit que tous les maux qui devoient arriver à la Ville, tombassent sur lui. Ils faisoient encore d'autres sacrifices dans un bois proche de la Ville, si touffu que le Soleil n'y pouvoit pas penetrer, & là ils immoloient des hommes aux Dieux inconnus. Ils avoient aussi une grande devotion à Apollon ; pour marque de laquelle, ils envoyerent à Delphes une statuë d'airain, qui fut mise au Temple de Minerve. Les Romains à leur imitation, avoient aussi du respect pour la Diane d'Ephese ; & en effet ils logerent une statuë de cette Déesse, que les Marseillois leur avoient donné, dans un Temple qui étoit sur le mont Aventin. Jupiter étoit encor une Divinité qu'ils adoroient. Cela est si vrai, que Saint Victor lors de son martyre foula aux piés une de ces Idoles, & refusa d'y donner de l'encens.

IX.

Strab. l. 4. Val. Maxim parad. antiq. de Bourgog.

Lucan. l. 3.

pausan. Phoc. l. 10. Strab. l. 4.

Ils observerent encor la coûtume de brûler les corps, dont ils renfermoient les cendres, & le reste des ossemens dans des urnes de verre murrin ou de brique ; ils y mettoient aussi des larmoirs, ou des vases remplis de quelques liqueurs. On dêterra un bon nombre de ces urnes pleines de cendres & d'ossemens brûlés, lorsqu'on creusa les fondemens de la Darce.

X.

C'est tout ce que je puis dire de l'état politique, des lois, des mœurs, des coûtumes & de la religion des Marseillois. Il est vrai que je pourrois inserer en cét endroit les Éloges & les Titres d'honneur que plusieurs grands hommes ont donné à la Ville de Marseille ; mais pour n'ennuyer pas le lecteur, je raporterai seulement ce que disent Jean Paludan & Louis Dorleans ; celui là atribuë à Marseille la gloire d'avoir produit elle seule, ce que Rome, la Grece, & Sparte n'ont peu faire que toutes ensemble, c'est à dire des courages genereux, d'eloquens personnages & d'hommes signalés en moderation & en frugalité. L'eloge du dernier ne doit rien à celui là ; car il dit que Marseille étoit anciennement une noble Ville des Gaules, qu'elle est aujourd'hui l'une des Fleurs de Lis de la France, dont la verdeur durera eternellement : mais que c'est une fleur entiere & sans tâche, qu'elle a été tres memorable & tres celebre parmi les Grecs & les Latins, qu'elle a été toujours heureuse, & singulierement lors qu'elle a embrassé la foi de Jesus Christ : qu'il n'y a point de Ville qui ait jamais eu plus de droit de tirer de la gloire pour l'integrité de ses mœurs, & pour l'ardent amour qu'elle a pour la Foi Catholique, que Marseille.

XI.

Joann. Paludanus. Fortes Roma dedit, & laudata diserte Græcia, frugales inclyta Sparta dedit. Massilia integros dedit. Lud. Dorleans in Tacit. lib. 4. Massilia urbs Galliæ nobilis & hodie in æternum re manitia Galliæ Lilia, flos illibatus, memorata Græcis & Latinis magnâ celebritate ; sed Massilia Græci vocant nos Massiliam solis civitatis semper, præsertim ubi Christianam re...

HISTOIRE

doit, aut alia nisquam. De majori meriti integritate & in fidem Catholicam secuti a mores gloriari potest.
S. Paulinus. Posita Gallyæ sola Massilia, Græcæ filiæ alumna, sanctæ Civitas Ecclesiæ.

C'est à juste titre qu'on doit joindre à ces Eloges celui de S. Paulin Evêque de Nole. Ce grand Prélat louë Marseille pour s'être toûjours nourrie dans le sein de la Sainte Eglise; les paroles de ces Auteurs sont si belles, que j'ai crû être obligé de les raporter en marge. Enfin l'Eloge que fit Henry d'Angoulême Grand Prieur de France, & Gouverneur de Provence dans l'Hôtel de Ville, merite de n'être pas passé sous silence. Il dit *que Marseille étoit une des plus prétieuses perles de cette Couronne, & qu'on la pourroit dire Fille aînée de France, si elle en pouvoit avoir deux.*

CHAPITRE IV.

Des Colonies plantées par les Marseillois. Etenduë de leur Etat. Bienfaits reciproques entre eux & les Romains.

I. Les Marseillois fondent une Ville en Corsegue. II. Et plusieurs au païs des Saliens, & en d'autres Provinces. III. Fondation d'Empurias en Espagne. IV. De trois autres Villes, & de deux Colonies. V. Etenduë de leur Seigneurie. VI. Ils envoyent quantité d'Or aux Romains pour se redimer des Gaulois. VII. Reconnoissance des Romains. VIII. Bienfaits des Marseillois envers les Romains, qui s'en revenchent aussi.

I. Es Marseillois ne se sont pas seulement rendus celebres par leur excelente Police, par leurs bonnes mœurs, par leurs Coûtumes, par leur parfaite Academie & instruction de la jeunesse à la vertu, & par leur courage intrepide, mais encore par les Colonies qu'ils ont planté en diverses Provinces du monde. Aprés qu'ils se furent rendus Maîtres de l'île de Corsegue, ils fonderent la fameuse Ville de Calari, & la possederent jusqu'à ce qu'ils en furent chassés par les Tyrreniens; de cette Ville il n'en reste que le nom dans les vieux Auteurs; le tems l'a tellement détruite, qu'il n'en paroît aujourd'huy aucune masure ni vestige, pour juger en quel endroit de l'Ile elle avoit été bâtie. Quelques Auteurs tiennent qu'elle ne fut pas fondée par les Marseillois, mais par les Phocéens leurs Fondateurs; & cela pourroit être, si les Phocéens, avant que de venir fonder Marseille, aborderent en l'île de Corsegue, & y firent quelque séjour, pendant lequel ils pourroient avoir bâti Calari; ce qui n'a pourtant nulle aparence, car ils s'y seroient établis, & ils n'auroient pas si tôt quité ce lieu pour venir fonder Marseille. Et ainsi il y a sujet de suivre le sentiment de ceux qui ont écrit que Calari a été bâti par les Marseillois.

Senec. conſt lat.adHelviam.

II. En la Terre des Saliens les Marseillois fonderent Toulon, Yeres, Antibe, & Nice, qui veut dire victoire. Ils la bâtirent aprés qu'ils eurent

DE MARSEILLE Liv. I. 17

rent vaincu les Liguriens, & qu'ils se furent rendus maîtres de ce païs ; & la nommerent de la sorte, pour laisser à la posterité un illustre monument de la gloire qu'ils s'étoient acquise en subjuguant ces peuples : Il y a sujet de croire qu'ils bâtirent alors la Tour de la Turbie, puisque quelques-uns disent que c'est un Edifice des Marseillois, quoique d'autres assûrent qu'Auguste la fit construire. Nice, Mourgues, la Turbie ont demeuré long-tems sous le pouvoir des anciens Marseillois, ils tenoient à Nice un Préfet qui y faisoit sa demeure, & avoit le gouvernement de tout ce païs, comme on peut voir par cette Inscription.

La Coron-Royal di Savoy. de la Chieti.

C. MEMMIO
MACRINO
Q̄N VIR. MASSIL.
Q. II VI. R̄Q̄Q̄. ITEM
PRÆFECTO
PRO. IIVIRO Q̄Q̄.
AGONOTHETÆ
EPISCOPO
NICÆNSIUM
AMICI

Ceux qui liront cette Inscription, s'imagineront peut-être qu'elle est Chrétienne, à cause que cét Officier de la Republique de Marseille portoit le titre d'Evêque ; mais s'ils ont la curiosité de lire l'Histoire de Nice, ils seront sans doute contraints d'avoüer que cette Inscription est payene, que le titre d'Evêque étoit donné anciennement à des Magistrats du Prétoire, & qu'il est tiré du mot grec ἐπὶ & σκοπὸς, qui veut dire Sur-Intendant. Outre ces Villes dont nous venons de parler, nous trouvons aussi que Turin étoit une Colonie des Marseillois, bien que quelques-uns ayent crû qu'elle devoit sa fondation aux Phocéens. Mais les meilleurs Auteurs nous aprennent qu'elle l'a tirée des Marseillois, & qu'on lui donna le nom de *Taurinum*, parce que les Marseillois portoient un Taureau dans leurs Armes. L'on y a âjoûté encore Agde, dont l'ancien nom étoit Agathé, qui signifie bonne ; Marseillans & Marseillargues qui sont aussi dans le Languedoc, ont été bâties par les Marseillois, suivant l'opinion commune. Et il est à croire que ce fut au tems qu'ils frequentoient cette Province, à cause du grand commerce qu'ils y faisoient. Festus Avienus en son Poëme intitulé, *Ora maritima*, fait mention d'une Ville située en la côte de Languedoc, apelée *Latera Civitas*, où les Marseillois negocioient.

Pierre Jossfredi.

Alphons. Morales adversùs hæreses. Henriques in summâ Theol.

Strabo l.4. Cluverius Plinius. Paradin Hist. de Savoye. Steph. Grāmat. Pingon August. Taurin. Joachin Vald. Helv.

In sordiceni cespitis confinio
Quondam Pyrene, Latera Civitas ditis Laris
Stetisse fertur : hicque Massiliæ Incolæ
Negotiorum sæpe versabant vices.

Tome I.   E

III.

Strabo
Ælius. An-
ton. Nebriff.
Ambrof.
Moral. Lud.
Noni Chrô.
d'Efpagne.
d'Ant. Bail.

Ils ont été auſſi les Fondateurs d'Empurias, Ville d'un grand nom, extrémement celebre, & recommandable pour avoir conſervé depuis ſa fondation la pureté de ſes mœurs & de ſon langage, parmi la corruption des peuples qui l'environnoient, juſques au tems qu'elle tomba en la puiſſance des Romains: ainſi qu'on peut juger par l'Inſcription ſuivante, qui fut trouvée parmi des ruines ſur une vieille colomne.

EMPORITANI POPULI GRÆCI HOC TEMPLUM
SUB NOMINE DIANÆ EPHESIÆ EO SÆCULO
CONDIDERE, QUO NEC RELICTA GRÆCORUM
LINGUA, NEC IDIOMATE PATRIÆ IBERÆ
RECEPTO, IN MORES, IN LINGUAM,
IN JURA, IN DITIONEM CESSERE
ROMANAM.
M. CETECO,
ET L. APRONIO COSS.

Par là on voit clairement la verité de ce que nous avons dit : même que ce peuple avoit des reſpects pour la Diane d'Epheſe, Protectrice de leurs Fondateurs. Auſſi la communication étoit grande entre ces deux Villes par le moyen du commerce. Et nous liſons dans la Chronique generale d'Eſpagne, qu'après un tremblement de terre, l'on découvrit dans les Monts Pirenées des mines d'argent, dont on en porta grande quantité à Empurias, au même tems que quelques Marſeillois y étoient arrivés avec leurs Vaiſſeaux, qui troquerent leurs marchandiſes pour des lingots, & vinrent à Marſeille chargés de grandes richeſſes.

Ariſtot. lib.
de mirabil.
auſcultatio.

Mais les Marſeillois firent en cette conjoncture un grand profit par le moyen de cét argent qu'on avoit tiré des Pirenées; La decouverte en fut faite enſuite d'un embraſement d'un Bois qui étoit en ces Montagnes, qui arriva par la faute de quelques Bergers qui y porterent le feu, lequel continuant de brûler durant pluſieurs jours, les veines de la terre en furent tellement émuës & échauffées par la grande chaleur,

Diodor.
Sicil.

que l'argent fondu couloit par ruiſſeaux : Et quoique les Phæniciens profitaſſent beaucoup de cét argent, il en fut auſſi porté une grande partie à Marſeille.

IV.

Ant. Bail.
Chroniq.
d'Eſpagne,
ch. 13.

Mais Empurias n'eſt pas la ſeule Colonie que les Marſeillois ont eu en Eſpagne. Car entre Carthage & le Fleuve Sucron, qu'on apelle aujourd'hui Zuccar, ils en fonderent trois, qui pour ne s'être pû garantir de l'injure du tems, ſe trouvent maintenant reduites dans un pitoyable état. La premiere apellée *Hemereſcopium* fut autrefois le ſejour de Sertorius, dont il ſe ſervit à l'avancement de ſes deſſeins. Les Marſeillois bâtirent la ſeconde avec la permiſſion des Saguntins, & lui donnerent le nom d'*Arthemiſe*, elle n'eſt plus qu'un petit Château qu'on nomme *Atheimus*. Et la troiſiême qu'ils apellent *Iove* n'eſt auſſi qu'une Tour dite *La Tour de Joſſe* ou de *Joſeph*. Ces Villes obſerverent long-tems

Antiq. de
Niſme de
d'Ayron.

les Loix de leurs Fondateurs. Et bien que la Ville de Nîmes n'ait pas été fondée par les Marſeillois, elle a été neanmoins une de leurs Colonies;

DE MARSEILLE. Liv. I.   19

car les Marseillois envoyerent de leur Ville à Nîmes l'an 3405. de la Creation du Monde, une peuplade Greque des Phocéens : & pour marque de cette verité, c'est qu'outre que Nîmes a porté long-tems les mêmes Armes que Marseille, qui étoit un Taureau d'or, elle a été aussi soûmise à sa domination durant plusieurs siecles, & a gardé la même forme de Gouvernement que Marseille observoit. Narbonne a été encore en partie une Colonie des Marseillois : En éfet au tems que Fabius Maximus passa en Gaule sous-pretexte de secourir la ville de Marseille, les Romains & les Marseillois envoyerent une Colonie à Narbonne.

Quant à la domination des Marseillois, elle s'étendoit bien loin, & sur la mer & sur la terre ; Ils possedoient sur la mer les Iles qui sont à une lieuë de leur Ville, entre Ponent & Labech. La premiere étoit apellée (*Prote*) maintenant Protoneau ou Rotoneau, & il y a environ cinq cens ans qu'on la nommoit l'Ile de S.Etienne, & son Port (*Portus Rotoneli*) il étoit défendu par Statut exprés, à peine de cinq cens livres de Coronat, d'y tenir aucun Navire depuis S. Michel, jusques à Pâques, à cause du danger qu'on y pouvoit courir. Vers le milieu du quatorziéme siécle il y avoit dans cette Ile un Palais, comme je ferai voir dans la suite de cette Histoire sous l'année 1376. La seconde de ces Iles étoit apellée *Mese* ou *Pomponiana*, qu'on dit à present Poumegues ; Et la troisiême *Hypea*, ou *Hypata*, qui est la plus proche de terre. Les grandes guerres que le Roi François I. eût contre l'Empereur Charles-Quint le firent resoudre à fortifier cette Ile. Il ordonna au Comte Pierre de Navarre, qui le servoit, de se porter sur le lieu, & de considerer si cette fortification seroit utile à son service & à ses Etats. Ce Capitaine Espagnol, qui de simple soldat, & par les actions heroïques qu'il avoit rendu, s'étoit élevé à un eminent degré de gloire & d'autorité, aïant été maltraité de l'Empereur, se retira en France où il eut de l'emploi, écrivit au Roi François I. que ce travail étoit necessaire : mais comme les finances de ce Prince étoient beaucoup épuisées, cette Tour fut construite en partie des pierres qu'on tira de la démolition du Convent des Freres Mineurs, & en partie des deniers de Bernardin de Baux Commandeur de l'Ordre de S. Jean de Jerusalem, qui ordonna par son dernier Testament qu'on exposât en vente vingt-cinq bales de camelot, qu'il avoit au Château de Baux, & que du prix qui en proviendroit, on en feroit bâtir une Tour à cette Ile, aïant par le même testament chargé le sieur Dupui S. Martin Lieutenant du Roi en Provence, & les Consuls de Marseille d'en prendre le soin : Ce qui fut cause qu'en l'année 1529. on fit porter dans l'Ile tous les materiaux necessaires. Mais on n'eut pas plûtôt posé les fondemens de cette Tour, qu'André Doria un des premiers Capitaines de mer de ce siecle, qui avoit quité les interêts de la France, pour embrasser ceux de l'Empereur, ayant consideré que cét ouvrage seroit un obstacle aux desseins de son Maître, à cause qu'il étoit souvent obligé de faire passer par là ses Armées Navales : il se rendit au-devant de l'Ile, où il fit descente, & commanda à ses Soldats de jetter dans la Mer tous les materiaux ; ce qui fut à l'instant executé ; néanmoins ce travail fut continué par ordre du Roi. Il en donna

V.

Plin. lib. 3. ch. 5.

Arch. de l'Hôtel de Ville.

Aux Ecritures de Massateli Notaire de Marseille, à present Me Fabrou.

la conduite à Loüis Fornilhon, qui en l'année 1535.eut soin de faire venir de Romans un radeau, cinq cens quintaux de fer, & mille charges de charbon, pour être employé à la construction de la Tour, à laquelle on donna le nom de Château-d'If, à cause que cette Ile étoit peuplée d'arbres qui portoient ce nom, ainsi qu'il étoit exprimé par quelques vers François composés en ce tems-là, & gravés sur une pierre attachée à la muraille du Donjon du Château, qui se trouvent entierement éfacés par l'injure de l'air. Nous avons vû de nos jours qu'on a encore mieux fortifié cette Ile à cause de son importance. Outre ces trois Iles, les Marseillois possedoient aussi les Iles Staëchades, que nous apellons aujourd'hui les Iles d'Or, ou d'Hieres, (qui portent le titre de Marquisat;) ils les cultivoient avec beaucoup de soin, & se servoient de leurs ports, pour se garantir des courses des Pirates. L'Ile fameuse de Lerins, pepiniere feconde d'un prodigieux nombre de grands Personages qui ont édifié l'Eglise par leur doctrine, & par la sainteté de leur vie, étoit encore sujete aux Marseillois, aussi bien que l'Ile voisine que nous apellons aujourd'hui de Sainte Marguerite: Comme encore l'île de Camargue à l'embouchure du Rhône, que les Espagnols apelloient pour ce sujet, *Massalioticum*, où ils avoient fait construire des Tours, pour servir de signal à ceux qui navigeoient. Ils avoient aussi fait bâtir dans une Ile voisine, un Temple qu'ils avoient dedié à Diane d'Ephese. Ils exigeoient sur ce Fleuve du Rhône des peages, dont le revenu leur donnoit des sommes immenses: Caius Marius leur fit present de cette Ile de Camargue, & de la côte de mer voisine du Rhône, pour reconoître le grand service qu'ils lui avoient rendu & à toute la Republique Romaine, au tems que les Ambrons, les Teutons, & les Tigurins passerent en Provence pour descendre en Italie, à dessein de détruire Rome. La gloire de la défaite de ces Barbares, & du gain de deux batailles gagnées contr'eux par ce genereux Capitaine, est attribuée à l'assistance que les Marseillois lui donnerent. Cette victoire fut si memorable, qu'il y eut deux cens mille hommes taillés en pieces, & quatre-vingts-dix mille faits prisonniers. Je ne dois pas oublier de dire en cét endroit, que Strabon remarque que la mer Mediterranée portoit le nom de mer de Marseille; ce qui fait juger que les Marseillois étoient bien puissans sur cette mer, puis qu'elle portoit le nom de leur Ville. Mais l'étenduë de la domination de Marseille étoit bien plus grande du côté de la terre, car elle étoit la Capitale d'une Province. Cét honneur lui fut attribué par l'Empereur Adrien, qui ayant divisé les cinq Provinces generales des Gaules; sçavoir la premiere, & seconde Narbonnoise, la Viennoise, la Province des Alpes Pennines, ou Gregeoises, & la Province des Alpes maritimes, en seize Gouvernemens, auxquels il laissa le nom de Province pour leur donner plus d'éclat, plaça la Province de Marseille la seconde immediatement aprés la Province des Alpes maritimes. Je crois que Marseille joüit encore de cette dignité environ quatre cens ans, puisque Gregoire de Tours, qui vivoit dans le sixiéme Siecle, fait mention de la Province de Marseille dont cette Ville étoit encore la Capitale, ainsi que je ferai voir plus amplement dans le Chapitre des Evêques, & dans l'éloge de Proculus.

Les

Les Marseillois étoient encore les maîtres de la Ville de Roses dans la Catalogne, qui est une colonie de celle de Rhodes celebre par cét épouvantable Colosse, une des merveilles du monde. Ils possedoient d'ailleurs toute cette côte de mer, qui s'étend depuis leur Ville jusqu'à Genes, dont une partie leur appartenoit par conquêtes, & l'autre leur avoit êté donnée par les Romains, que les Marseillois avoient appellés à leurs secours, pour se garantir de l'opression de ces peuples maritimes, ainsi que nous dirons cy-aprés, une partie de cette Contrée qui va aboutir aux Alpes, étoit encore sujete à leur authorité, dont ils s'étoient rendus maîtres aprés leur fondation. Les terres des Volsques, Arecomiques & Helviens leur avoient êté données par Pompée; & Cesar ayant encheri sur cette liberalité, voulut que la ville de Lyon servit de borne à leur puissance du côté du Nord. Lib. 1. de Bell. civil.

VI.

Cette grande magnificence fut justement exercée en faveur d'une Ville, qui avoit si bien merité de la Republique Romaine, puis qu'elle avoit employé toutes ses forces pour la secourir en de dangereuses conjonctures, & dans leurs plus grandes adversités, & même que par une generosité extraordinaire, elle avoit commencé de l'obliger sensiblement en un tems, où il n'y avoit encore aucune alliance ni confederation entr'elles: car nous lisons qu'aprés que les Gaulois, soûs la conduite de Brennus, eurent pris & saccagé la ville de Rome, dont il ne demeuroit aux Romains que le Capitole, les Marseillois ordonnerent un deüil public, & par un surcroit de bien-veillance, ils leur envoyerent quantité d'or & d'argent, pour s'en servir dans cette necessité. J'ai aussi remarqué cy-devant, que les Marseillois furent les seuls de toutes les Gaules, qui perseverrerent dans l'étroite amitié, dont ils étoient liés avec les Romains, pendant la guerre qu'ils eurent avec les Cartaginois; & leur constance fut si grande, ainsi que nous verrons ensuite, qu'au tems des guerres civiles, ils aimerent mieux s'exposer à une ruine entiere, que de la violer. Justin.L.4. Fulgof. lib. 6. ch. 8. Theat. vitæ human.

Sabelic. Enead. 2. lib. 5.

VII.

Il est vrai que les Romains n'en furent pas méconnoissans; car en memoire de ce signalé bien-fait, ils declarerent les Marseillois exempts de toutes charges & subsides, leur donnerent rang parmi les Senateurs dans les Theâtres & aux Jeux publics, & firent alliance avec eux à conditions égales. Et bien qu'un certain Auteur ait voulu ternir en quelque façon leur gloire, en disant que la liberté leur fut donnée par les Romains en reconnoissance d'une action si obligeante; il n'est neanmoins suivi de personne; au contraire il y en a grand nombre de ceux dont l'authorité & le témoignage meritent une entiere foy, qui nous assurent qu'ils l'ont conservée plus long-tems que les Romains. Mais ce n'est pas en cette occasion seulement, que Rome a tiré des fruits & des avantages de cette alliance, elle n'auroit jamais triomphé des peuples de deça les monts, sans le secours qu'elle lui donna; Et lors qu'Annibal son ennemi mortel, passa les Alpes avec une armée si éfroyable, resolu de porter les armes dans le sein de l'Italie, les Marseillois en donnerent les premiers avis aux Romains, leur envoyerent des forces, firent prendre les armes aux Saliens & aux Vocontiens leurs Sujets, Blond. Ital. Illust. Velle pater.

Quiquer. de laudib. Provinc.

Tome I.   F

& repousserent ce grand Capitaine, qui étoit venu fondre sur leurs terres. Et ne lisons-nous pas que Marcus Julius Silanus, & Cnæus Fabius, allant en Espagne en divers tems, furent reçûs par les Marseillois avec toute sorte d'honneur? Il est vrai que celui-cy mourut dans leur Ville: mais Silanus fut escorté par quatre de leurs Galeres. Ils reçûrent pareillement Gneus Domitius, qui ayant pris prisonnier Bituit Roy des Auvergnats, le conduisit à Marseille, où il le fit embarquer, & l'emmena à Rome. Et quelques années aprés Quintus Cæpio Consul Romain, fit traduire dans Marseille les tresors qu'il avoit enlevez du Temple d'Apollon de Toulouse, & de-là les fit porter à Rome. Ce fut par les remontrances & persuasions des Marseillois, que les Saguntins s'unirent avec les Romains, qui recherchoient passionement leur alliance, pour le bien de leurs affaires. Aussi les Romains avoient eû la ville de Marseille en si grande estime depuis long-tems, & avant même ces derniers évenemens que je viens de raporter, que comme Lucius Bæbius Preteur Romain, eût été poursuivi dans la Ligurie par les gens du Païs, qui taillerent en pieces la plus grande partie de ceux qui l'accompagnoient, & s'étant sauvé avec peine de leur furie, il ne voulut arrêter en aucune part, qu'il ne fut arrivé à Marseille, où il étoit assuré de trouver une entiere seureté, & y étant arrivé, mourut quelques jours aprés de ses blessures; dequoi les Marseillois en eurent un extrême regret, & en donnerent avis au Senat. Tout le monde sçait que tout le bon-heur des relegués consistoit à obtenir que Marseille fût le sejour de leur bannissement, comme un lieu où ils ne trouvoient pas moins de consolation & de plaisir, qu'en celui de leur patrie: Et en effet dans la lettre que Catilina écrivit au Senat, aprés que sa conjuration fut découverte, il leur temoignoit qu'il étoit content de quitter Rome & l'Italie, pourveu qu'on lui permit d'aller à Marseille. Antonius petit fils de la sœur d'Auguste y finit ses jours, durant son secret bannissement, qu'on couvroit de pretexte de ses études. Et Volcatius Moschus chassé de son païs, la laissa heritiere de tous ses biens, comme si c'eût été sa patrie. Milon aprés le meurtre de Clodius y fut relegué: Et ce celebre Rhetoricien Apollodore de Pergame, ayant été convaincu d'empoisonnement & de sortilege, & condamné à être banni, quoy qu'Asinius Pollio eût pris sa défense, se retira à Marseille, où il s'occupa à enseigner les belles Lettres.

VIII. Les Romains (comme nous avons veu) ne voulurent pas qu'on leur attribuât, que de si grands bien-faits fussent suivis d'ingratitude; car dans les occasions, ils temoignerent de s'en vouloir ressentir. Les glorieux titres & les grands éloges qu'ils donnerent à la ville de Marseille, l'apelant *leur sœur, leur bonne alliée, trés-fidelle & trés-genereuse*, sont des marques évidentes de ce sentiment; comme aussi d'avoir passé les Monts à main armée, soûs la conduite de Lucius Opimius un de leurs Consuls, pour les secourir contre les Liguriens, les Oxibiens & les Deceates, qui aprés avoir couru une partie de leur Etat, avoient bien eû le cœur d'assieger les villes d'Antibe & de Nice, qui en étoient dependantes: Ce fut en cette rencontre que le domaine

Papon. tom. 3. des Not. titre des lettres de Nat. Oros. lib. 5. chap. 14.
Chroniq. general d'Espagne.

Livius. lib. 37. Orosi.

Ludo. d'Orl. in Tacit.

Cicero pro Mar. Font.
L. Florus. obsequens polib.

DE MARSEILLE Liv. I.

des Marseillois, dont nous avons parlé, fut augmenté ; car comme ce Capitaine Romain eût défait ces peuples en bataille rangée, & se fut rendu maître de leurs terres, il leur en donna une partie. Ce bienfait fut quelque tems après suivi d'un autre ; car les Saliens & les Falanes autres peuples de la Provence, qui avoient fait ligue avec les Auvergnats & les Dauphinois, s'étant jettés dans leurs terres, à dessein de s'en emparer, les Marseillois implorerent de nouveau le secours des Romains, qui leur envoyerent aussi-tôt Fulvius Flaccus, qui suivant l'opinion de quelques Auteurs, ne fit rien de memorable, si bien qu'environ un an ou deux aprés, Caius Sextius, qui avoit été Consul l'année precedente, s'y achemina par ordre du Senat, vainquit & subjugua entierement ces peuples ; & aprés sa victoire, il donna leurs terres aux Marseillois, & fonda la ville d'Aix : Enfin les Romains eurent une si grande affection pour les Marseillois, & ils défererent si fort à leurs prieres, qu'à leur seule consideration, ils pardonnerent aux Phocéens leurs fondateurs, qui avoient favorisé les armes d'Aristonicus leur ennemi. Et au raport de Ciceron, Sylla donna le droit de Bourgeoisie à Ariston Marseillois.

Florus obsequens Orosius. Bloondus Ital. Illust.

Justin. lib. 37.

n du *oade* *o 5.*

CHAPITRE V.

Siége & prise de Marseille par Jules Cesar.

I. Vicissitude des Etats du monde ; ambition de Pompée & de Cesar. II. Il tâche d'attirer Marseille à son parti. III. Mais en vain. IV. Domitius avec son Armée de mer arrive à Marseille. V. Cesar assiége cette Ville avec trois Legions. VI. Les Marseillois perdent la bataille Navale. VII. Se défendent genereusement contre l'Armée de terre. VIII. Sont défaits sur la mer pour la seconde fois. IX. Implorent la clemence de Trebonius. X. Ils font une sortie, & brûlent tous les engins des ennemis. XI. Invention d'une nouvelle machine pour battre la Ville. XII. Marseille se rend à la discretion de Cesar : Il lui impose des dures conditions. XIII. Il fait porter son Image en triomphe,

I.

Jusqu'ici les Marseillois avoient paru avec tant d'éclat, & avoient établi leur puissance sur des fondemens si solides, que tout le monde esperoit que leur état seroit de longue durée. Ils avoient contracté une étroite amitié avec les Romains ; la plû-part de leurs voisins étoient devenus leurs sujets, soit par leur conquête, soit par les bien-faits de Pompée, de Cesar & de quelques autres grands Capitaines Romains, ainsi que nous avons vû. Mais comme toutes choses sont sujettes au revers de la fortune, ou pour parler chrétiennement, à la providence de Dieu ; la même tempête qui ruina la Republique Romaine, causa la décadence de cette Ville si florissante. Pompée & Cesar étoient alors les deux plus puissans Princes du monde ; & comme c'étoient deux esprits également ambitieux, ils resolurent de se ruiner l'un l'autre. Le parti de Pompée étoit apuyé de la faveur du Senat, & celui de Cesar n'avoit que la fortune de son côté ; ils tâchoient tous deux de se fortifier d'amis & d'intelligence.

II. Cesar n'eût pas plûtôt passé les Alpes, que toutes les Nations de la terre en prirent l'épouvante, à la reserve des Marseillois, qui ne rabatirent rien de leur valeur & de leur fermeté. Il ne manqua pas de les faire solliciter vivement d'embrasser ses interets : Mais parce qu'ils voyoient bien qu'il n'avoit d'autre intention, que d'oprimer la liberté de leur Patrie & de s'en rendre le maître ; ils crurent que leur fidelité les obligeoit à se declarer plûtôt pour Pompée, qui aparemment en étoit le Protecteur, & qui étoit suivi des plus gens de bien. De sorte qu'après avoir fait entrer dans la Ville quelques Montagnards du Païs, resserré tout le bled de la Campagne & des Châteaux voisins, établi des attelliers pour forger des armes, fait radouber les Navires, & reparer les avenuës, les breches & les murailles, ils fermerent les portes à Cesar.

Orof. ch. 13. lib. 6.

III Cependant comme il avoit grande passion de les gagner, il manda quinze des principaux, pour conferer avec eux ; il n'oublia rien de son éloquence pour les attirer à son parti, & les conjura de ne se laisser pas vaincre aux persuasions de Pompée. Aprés leur retour dans la Ville, ils donnerent cette reponse : qu'étant depuis long-tems intimes amis, & trés-fidelles alliés du peuple Romain, ils n'avoient à faire de s'informer avec soin, lequel des deux ou lui ou Pompée, avoit meilleure cause ; que si tous deux vouloient venir dans leur Ville sans armes, qu'ils les recevroient agreablement, & avec toute sorte d'honneur, mais que s'ils se presentoient armés, ils leur fermeroient les portes.

Comment. de Cef.

Nous trouvons dans Lucain, la harangue que les Marseillois firent à Cesar en cette rencontre ; elle est si belle, que je crois en devoir raporter ici la substance! Les Marseillois representerent à Cesar, qu'ils avoient donné de tout tems aux Romains, des preuves de leur affection & de leur fidelité ; puis qu'ils avoient toûjours épousé leur parti, lorsque la Republique Romaine avoit guerre avec les Etrangers : Que les histoires & les annales d'Italie, n'avoient pas oublié de remarquer de si glorieuses actions : Que s'il étoit dans la volonté d'aller chercher des nouveaux triomphes, hors des limites de cét illustre Etat ; qu'ils n'avoient pas moins de courage & de fidelité, pour l'assister en une si genereuse entreprise ; qu'ils en avoient eu toutes les fois que la ville de Rome avoit eû besoin de leur service. Mais que si les querelles particulieres avoient tellement échauffé les esprits des Citoyens les uns contre les autres, qu'ils eussent fait resolution d'en venir à un Combat ; qu'ils le prioient bien-fort de leur laisser regreter le mal-heur de cette division, & de permettre qu'ils servissent de refuge, à ceux qui ne voudroient pas prendre les armes en cette conjoncture ; qu'ils se garderoient bien de tremper leurs épées dans le sang des Citoyens Romains, puis qu'elles n'étoient que pour leur service. Qu'il étoit à souhaiter

haiter qu'aucun Etranger n'eut la pensée de favoriser l'un ou l'autre parti ; car par ce moyen les divisions Civiles cesseroient, parce qu'il n'y auroit personne qui ne tremblât, de se voir obligé de tourner ses armes & contre son Pere & contre ses Freres. Que Marseille se conservant exempte de crime, devoit être une retraite assurée pour Pompée & pour Cesar, & un lieu où l'un & l'autre se peussent trouver sans armes, & en toute seureté : Que puisque Cesar avoit resolu de passer en Espagne, il ne devoit point retarder son dessein, pour chercher du secours dans une Ville, dont sa conquête n'augmenteroit pas beaucoup ses victoires ; que s'il ne vouloit pas se laisser flechir, & qu'il eut resolu de les assiéger & d'entrer dans leur Ville, qu'ils étoient prêts de repousser genereusement les feux & les fleches ; & qu'en cas même qu'il voulut divertir le cours de leurs fontaines, pour les faire mourir d'une cruelle soif, qu'ils n'avoient pas moins de patience pour en chercher dans les entrailles de la terre, que de constance à manger des viandes, dont la corruption pourroit causer celle de leurs corps, s'ils se trouvoient reduits dans une extrême dizette ; que rien ne ramolliroit leur courage dans une si belle entreprise, & qu'ils n'aprehendoient point de souffrir pour la liberté, les mêmes tourmens que souffrirent les Saguntins, lors qu'ils furent assiégés par les Carthaginois ; & qu'enfin les petits enfans affamés à la mamelle seroient precipités dans le feu ; que la femme chercheroit plûtôt la mort dans la main de son cher époux, & plûtôt les freres ôteroient la vie à leurs freres, que de se laisser porter à prendre les armes en cette occasion, pour en faire une autre guerre Civile. Cette harangue ne fit aucune impression sur l'esprit de Cesar, qui bien loin de laisser la ville de Marseille en repos, s'opiniatra davantage dans le dessein qu'il avoit conçû de s'en rendre maitre.

IV. Pendant cette conference, Domitius Enobarbus à qui le Senat avoit decerné le gouvernement des Gaules, arriva au Port avec un escadre de Vaisseaux, pourveus d'un bon nombre de ses esclaves & de fermiers, en défaut de gens de guerre. Il fut reçû par les Marseillois avec une grande joye, s'imaginant que par son moyen ils pourroient détourner l'orage qui les menaçoit, & conserver leur liberté entiere que Cesar vouloit oprimer : C'est pourquoi ils lui donnerent d'abord la conduite generale de leurs affaires, & envoyerent soûs son commandement leur armée de mer faire des courses tout le long de la côte, pour se saisir des Vaisseaux qu'ils rencontreroient. En effet ils en prirent quelques uns, qu'ils amenerent dans le Port, où ayant mis en état ceux qui étoient propres pour la Navigation, ils se servirent des clous, du bois & des agrez de ceux qui étoient inutiles, pour en faire des neufs. Et ensuite tout le bled & toutes les munitions necessaires, qui se trouverent à la Ville, furent serrés dans les Magasins publics, & reservés en cas de siége.

V. Ce procedé offença si vivement Cesar, qu'il assiégea la Ville avec trois Legions. Et pour mettre toutes ses troupes à couvert, il fit aplanir une petite éminence qu'il y avoit, la disposa en forme de terrasse,

Tome I. G

& la fortifia tout à l'entour d'un gros boulevart; & aprés il enferma tout l'endroit de la Ville, qui se joint à la terre ferme, par le moyen d'un grand fossé, qu'il fit creuser jusqu'au bord de la mer, ayant coupé les eaux douces qui couloient dans la Ville : Il fit aussi dresser plusieurs petites Tours, composées de bois vert avec d'herbes marecageuses, liées avec du ciment, qu'il fortifia avec de grandes poûtres, que l'on tira d'un bois situé prés de la Ville, consacré aux Dieux de ce tems-là ; & pour exciter ses Soldats à couper les vieux arbres, venerables par leur vieillesse, il prit lui-même une coignée, & la planta dans un gros chaîne : De ce bois ainsi abatu, il en fit construire quantité de differentes machines, pour battre la Ville. Il donna ordre aussi de faire douze Galeres à Arles, qui furent achevées trente jours aprés que le bois fut coupé, & les fit conduire devant Marseille, soûs la charge de Decimus Brutus, à qui il donna la direction de l'armée Navale, & à Caius Trebonius le commandement de celle de terre, aussi-bien que la conduite entiére de ce Siége ; & aprés il s'en alla en Espagne contre Afranius & Petreius Lieutenans de Pompée.

VI. La diligence dont ce grand Capitaine avoit usé, pour faire preparer les machines pour battre la Ville, & l'armée Navale qu'il avoit aussi équipée dans peu de tems, n'etonnerent point les Marseillois; car méprisans une si petite Flotte, ils sortirent de leur Port avec dix-sept Galeres, dont il y en avoit onze qui étoient couvertes, outre force petits Vaisseaux qu'ils entremêlerent, pour donner l'éfroi à leur ennemi. Domitius embarqua aussi ses gens sur quelques Vaisseaux, & ils voguerent tous ensemble contre l'armée de Cesar, qui étoit à l'ancre à l'Ile de Pomegues, elle étoit moindre en nombre de Navires ; mais elle surpassoit celle des Marseillois en la valeur & experience des Soldats, qui étoient tous gens d'élite : Neanmoins le combat fut donné avec tant de courage & d'opiniâtreté, que la victoire balança quelque tems; mais enfin les Cesariens ayans acroché les Vaisseaux des Marseillois, & de Domitius, taillerent en pieces un grand nombre de ses esclaves, & des Albiciens, qui ne moururent pas sans avoir vendu cherement leur vie. La perte fut grande pour les Marseillois ; car ils perdirent six Galeres, & on leur coula à fond neuf Vaisseaux, sur lesquels perirent quelques-uns de leurs Citoyens, & des plus courageux, entr'autres Telon grand Pilote, qui avoit une si parfaite connoissance de l'Astrologie, qu'il jugeoit avec une grande certitude, à l'aspect du Soleil & de la Lune, si le jour suivant devoit être serain ou couvert : Aussi-tôt qu'il fut blessé, son Vaisseau se renversa, & Cyareus son intime ami le voulant secourir, fut tué à coups de traits sur la poupe.

VII. En même tems Caius Trebonius pressoit vivement le Siége par terre, il avoit fait les aproches, à la faveur des Tours dont nous avons parlé cy-dessus, & des mantellets qu'il avoit fait construire; & pour mettre plûtôt toutes choses dans leur perfection, il s'étoit pourvû d'un grand nombre de chevaux & d'ouvriers, qu'il avoit fait venir de toute la Province. Il avoit encore fait porter dans le Camp quantité de bois & d'ozier, dont il fit dresser une terrasse ou batterie, qui avoit

DE MARSEILLE. Liv. I. 27

quatre-vingts pieds de haut. Mais comme les assiégés avoient depuis long-tems, tout ce qui étoit necessaire à leur défense, ils mirent en piéces les travaux des assiégeans, par le moyen des machines ; car elles lançoient des pieces de bois de douze pieds de long, armées par le bout de pointes de fer, qui perçoient quatre rangs de clayes, & s'enfonçoient dans la terre : Trebonius jugeant qu'il étoit necessaire de se remparer contre l'effort de ces machines, fit construire des galeries couvertes d'un pied d'épaisseur, à la faveur desquelles on couloit de main en main les materiaux dont on avoit besoin, pour le bâtiment de la terrasse ; & pour aplanir le lieu où elle devoit être dressée, on faisoit aprocher une tortuë, ou un grand mantelet de soixante pieds, qu'on avoit fait d'un bois fort & épais, & couvert de tout ce qu'on avoit estimé resister à la violence des pierres & du feu. Mais le progrés qu'on esperoit de faire de tous ces travaux, se trouva retardé par la grandeur de l'ouvrage, par la hauteur des Tours & des murailles de la Ville, & par les continuelles sorties des Albiciens, qui portoient le feu par tout ; & quoi qu'ils fussent souvent repoussés avec perte, ils ne donnoient pourtant nul repos aux assiégés, qu'ils incommodoient encore par leurs Arbalêtes, & par leurs Frondes. Vitruve parlant de ce Siége, au raport de Vigenere, nous represente fort bien l'adresse avec laquelle les Marseillois travailloient à détruire les inventions de leurs ennemis ; car ayant pris garde qu'ils s'occupoient à faire des mines, pour renverser leurs murailles, & se donner entrée dans leur Ville, ils les rendirent toutes inutiles, soit par le moyen de leurs fossés, qu'ils creusoient plus bas qu'ils n'étoient auparavant, soit encore par des tranchées longues & larges en façon de canaux, qu'ils remplirent tant de l'eau des puits, que de celle du port ; tellement que comme les ouvertures des mines furent faites, l'eau entra tout à coup au travers des caves, emporta les étençons de la voûte, & fit perir tous ceux qui étoient dedans ; car la terre s'étant éboulée, les accabla tout à coup. Aprés quoi les assiégeans ayant fait un Fort, composé de plusieurs arbres qu'ils avoient coupé, les assiégés y lancerent avec leurs engins, tant de barreaux de fer ardent, que tout l'ouvrage en fut consommé, ils ruinerent aussi une tortuë faite en façon de belier ; & dés que les ennemis l'eurent aprochée des murailles, ils y jetterent à l'entour un cordeau, qui ayant empoigné la tête de cette machine, l'arrêta de telle sorte qu'il la rendit immobile, & en même tems à grand coups d'Arbalêtes, qui jettoient des pierres d'une prodigieuse grosseur, ils la mirent en mille pieces : C'est ainsi que les Marseillois se défendoient genereusement. Il y en a qui raportent, que n'ayant point de cordes pour leurs Arcs, les femmes & les filles couperent leurs cheveux, pour supléer à ce défaut ; quoi qu'on estime que ce ne fut pas en cette conjoncture, mais lorsque Caramand assiégea Marseille. *Fulgos. Fron.Strat. lib. 10. ch. 7 Sabellic. lib. 6. Enead.*

Cependant Nazidius par ordre de Pompée, qui avoit été averti de VIII l'état où les Marseillois se trouvoient, & de la perte de leur bataille Navale, se prepara de les aller secourir avec une Flotte, composée de seize Galeres, dont quelques-unes avoient la proüe d'airain : Comme il étoit en chemin, il envoya porter la nouvelle de sa venuë aux Marseillois, & les fit solliciter d'avoir bon courage, & de se resoudre à combattre encore une fois l'armée de Brutus. Ils avoient eû loisir non seulement de reparer leur perte, mais ils avoient encore grossi leurs forces Navales de quelques Barques des Pêcheurs, qu'ils avoient remplies d'archers & de machines munies de parapets, pour défendre la Chiourme contre les coups des traits; & comme ils avoient quantité de Forçats, de Matelots, & tout ce qui étoit necessaire pour l'équipage des Navires, aussi mirent-ils bien-tôt en bon état leur armée; & en même tems qu'elle fut prête, ils s'embarquerent avec autant de cœur & de resolution, que la premiere fois qu'ils avoient combatu. Ils étoient animés par les cris des femmes, des vieillards, & des enfans, qui les prioient fortement de défendre leur Ville, dans l'extremité où elle étoit reduite; & par le secours que leur amenoit Nazidius, qui leur faisoit concevoir de grandes esperances, de pouvoir être victorieux : Et comme ils furent avertis qu'il aprochoit, ils firent voile avec un vent favorable, & allerent à sa rencontre prés de Toulon, où après avoir conferé avec lui, ils se joignirent ensemble; Nazidius eut l'aîle gauche, & les Marseillois la droite. Brutus sortit du port de Toulon, & alla au devant d'eux avec son armée Navale, augmentée de six Galeres, qu'il avoit prises sur les Marseillois au combat precedent, qu'il avoit fort bien équipées. Ces armées s'étant aprochées, s'attaquerent avec une grande hardiesse, & combatirent avec tant de fureur & d'obstination, qu'on ne sçavoit sur qui tomberoit la victoire. Les Marseillois étoient d'autant plus échauffés, qu'ils ne voyoient plus de resource à leurs affaires, s'ils venoient à perdre la bataille, au lieu que la victoire en assuroit entierement le salut: Aussi tout ce qui étoit resté dans la Ville, n'étoit occupé qu'à prier les Dieux, de leur être favorables; dans la chaleur du combat, deux Galeres de Marseille investirent l'Admirale des Romains, qui étoit aisée à reconnoître à son Pavillon; mais elle esquiva si adroitement, qu'elles s'entre-heurterent pour avoir failli d'atteinte, dont l'une eut la proüe fracassée; & toutes deux furent entr'ouvertes, de sorte que les Vaisseaux qui étoient prés d'elles, les coulerent aisément à fond. Nazidius se porta avec tant de lâcheté, qu'il s'en fuit presque dés le commencement du combat; & avec sa Flotte qui demeura toute entiere, & une Galere de Marseille qui se joignit à lui, cinglerent vers la côte d'Espagne: ce qui ébranla tellement le courage des Marseillois, qu'ils ne purent pas éviter d'être entierement rompus, cinq de leurs Vaisseaux ayant été coulés à fond & quatre pris; le reste se sauva avec beaucoup de peine, & porta cette funeste nouvelle, qui mit la desolation dans la Ville. Les Marseillois neanmoins se r'asseurerent peu après, & se preparerent encore à la resistance, & à soutenir le Siége avec presque autant de vigueur qu'auparavant: mais ils ne furent pas plus heureux en terre qu'en mer; parce que Trebonius, qui n'oublioit rien de son devoir, fit construire une Tour quarrée, pour arrêter leurs frequentes sorties; Cette Tour avoit trente pieds de face & cinq d'épaisseur, & après qu'il l'eut fait

Comm. de Cesar.

élever

DE MARSEILLE. Liv. I.

élever à la hauteur d'un étage, il mit un plancher dessus, dont les poûtres & les solives étoient cachées dans le bâtiment, de peur qu'on n'y mit le feu; il fit ensuite achever la muraille jusqu'à la hauteur des mantelets, soûs lesquels les Soldats travailloient à couvert, & fit mettre dessus deux poûtres en croix, qui tenoient le toict suspendu, pour servir d'abri & de couverture à l'ouvrage; & pour resister aux coups de pierres, & de traits lancés par les machines, & encore au feu qu'on y pouvoit jetter, on avoit composé le toict de cette Tour de solives & chevrons liés ensemble, avec des ais en travers couverts de mortier & de brique; & par dessus de feutres & de matelats, ils attachoient aprés au bout des solives ou chevrons qui debordoient des rideaux faits de gros cables, aux trois côtés qui étoient en butte à l'ennemi, pour pouvoir continuer à couvert la muraille; ils avoient experimenté aux autres Siéges, qu'il n'y avoit que cela qui fut à l'épreuve des machines : La chose ainsi faite, ils transporterent leurs mantelets autre part, & par des instrumens, ils porterent le toict jusqu'à la hauteur de quatre pieds, qui étoit celle du tissu de corde; la muraille ainsi faite, ils éleverent encore le toict une autre fois, jusqu'à ce qu'il falut poser le second étage, qu'ils firent de la même façon que le premier, & tous les autres ensuite avec le même artifice; si bien que sans nul danger, ils bâtirent une Tour de six étages, y laissant des fenêtres par tout, pour servir d'embraseure aux machines. Aprés que la Tour fut achevée, & en état de pouvoir défendre tous les ouvrages qu'on avoit dessein de faire aux environs, on fit une galerie de soixante pieds de long, pour conduire à couvert de la Tour jusqu'à la muraille de la Ville; on étendit pour cela par terre deux poûtres de même longueur vis-à-vis l'une de l'autre, à quatre pieds de distance, & l'on mit dessus des pôteaux de bout, chacun de cinq pieds de haut, qui les lioient ensemble, & qui soutenoient le toict de la machine, lequel étoit composé de chevrons couverts de lattes quarrées de quatre doits d'epaisseur, enduites de mortier & de brique, pour les garantir du feu; on y avoit mis encore du cuir par dessus, afin que le mortier ne fut detrempé si on venoit à y verser de l'eau, & afin que le cuir ne peût être gâté par les pierres & par le feu, on le couvrit de feutre & de matelats : Cét ouvrage fut fait au pied de la Tour, à couvert des mantelets, puis tout à coup on roula la machine sur des pieces de bois jusqu'au mur, de la même sorte qu'on fait les Vaisseaux, lors qu'on les veut mettre en mer. Les Marseillois en ayant pris l'épouvante, se mirent en devoir d'ébranler cette machine, par le moyen des leviers de gros cartiers de pierres, qu'ils tenoient tous prêts sur le rempart; mais le bois qui avoit deux pieds d'epaisseur étoit si fort, qu'il resistoit aux coups, outre que la disposition du toict qui étoit fait en pente, les rendoient inutiles : Comme ils virent que cela faisoit si peu d'éfet, ils mirent le feu à des tonneaux de poix & de resine, & les jetterent tous brûlans, mais ils ne causerent non plus aucun dommage aux Romains, à cause du toict qui étoit fait en pente, comme je viens de dire, outre qu'on les détourna avec des fourches & des perches;

Tome I. H

si bien que les Soldats étant à couvert soûs cette galerie eurent le tems, & le moyen de sapper les fondemens d'une grosse Tour, qui vint en partie en ruine avant qu'ils y prissent garde, & le peu qui restoit en son entier menaçoit aussi de tomber, & par ce moyen de donner entrée dans la Ville aux ennemis.

IX. Les Marseillois prirent une telle épouvante, de se voir exposés en un si éminent peril, qu'ils sortirent promptement sans armes, ayans des mîtres sur leurs têtes, joignant leurs mains, ils se prosternerent aux pieds des assiégeans, s'eforcerent de les toucher par leurs larmes, & de leur persuader de suspendre toutes choses jusqu'à l'arrivée de Cesar. Et dans ce deplorable état, leur representerent que leurs murailles étoient tout à fait ruinées, que la plû-part de leurs bons Soldats avoient peri dans les sorties; & que ceux qui restoient encore en vie, n'avoient que l'apparence d'hommes, & n'étoient pas en état de soûtenir un assaut, quand ils en auroient envie: Qu'ils tinssent pour assuré que leur Ville étoit prise, & qu'aussi-tôt que Cesar seroit arrivé, ils lui ouvriroient les portes, & se soumettroient à sa volonté; ils leur dirent encore plusieurs autres choses, avec tant d'éloquence & de persuasion, que Trebonius s'y rendit: ce qui joint au commandement qu'il avoit reçû de Cesar, de ne point forcer la Ville, s'il pouvoit s'en rendre le maître par un moyen moins violent, le porta à ordonner une cessation d'armes, qui fut comme une espece de tréve entre son armée & la Ville assiégée, jusqu'à ce que Cesar fut arrivé.

X. Mais les Marseillois offencés de ce que Cesar les vouloit violenter, & contraindre de suivre son parti, bien qu'ils fussent libres, & dans une aliance égale avec le peuple Romain, resolurent de se venger, nonobstant la suspension d'armes qu'ils avoient demandée avec tant d'instance: Et en effet ayant pris garde que depuis cette tréve, les ennemis étoient nonchalans à se garder, ils sortirent brusquement, & avec tant de hardiesse sur eux, qu'en ayant tué un bon nombre, ils mirent le feu à toutes les machines, qui consomma en un moment l'ouvrage de tant de jours. Les Romains chaudement alarmés de cét accident si inopiné, coururent aux armes, & les repousserent avec beaucoup de peine dans la Ville; & comme ils se mettoient en devoir d'entrer pêle & mêle avec eux, ils furent empêchés par les traits & par les pierres, que leur jettoient ceux qu'on avoit logés sur les murailles, pour favoriser la retraite de leurs compagnons. Le lendemain les Marseillois sortirent encore, esperans de surprendre les Romains, comme ils avoient fait le jour precedent; mais les ayant trouvés sur leurs gardes, ils se retirerent sans rien faire.

XI. Trebonius piqué jusqu'au vif d'avoir été trompé par les assiégés, qui croyoient neanmoins n'avoir rien fait qui ne leur fut permis, puisqu'on vouloit oprimer leur liberté, occupa aussi-tôt son armée à faire des nouveaux engins de batterie: mais parce qu'il ne trouvoit plus de bois, tout celui d'alentour ayant été occupé pour fabriquer ceux qui avoient été brûlés, il inventa une nouvelle sorte d'édifice de brique, dans lequel le Soldat étoit plus à couvert, & moins exposé aux coups;

car il fit construire deux murs de brique, de six pieds d'épaisseur à quelque distance l'un de l'autre, & presque de la hauteur du bâtiment qui avoit été ruiné, & les fit couvrir de perches & de grosses clayes, qu'il fit enduire de mortier, pour les garantir du feu, aprés les avoir soutenuës avec des piliers de pierre, & des pieces de bois qu'il fit mettre en travers, & aux lieux les plus foibles, ou qui avoient trop de portée : On laissa à cét édifice des portes, aux endroits les plus commodes, pour faire des sorties. Le Soldat qui étoit là-dessous, à couvert & défendu par un mur de part & d'autre, & par un parapet sur le devant, portoit sans danger tout ce qui étoit necessaire à l'ouvrage, qui par ce moyen fut refait dans peu de tems, & plûtôt achevé que les Marseillois ne croyoient pas ; ce qui les fit penser à eux, & considerer que la tréve qu'ils avoient rompuë par la sortie, & en brûlant les machines des Romains, ne leur profitoit de rien, puis qu'ils se voyoient encore reduits au dernier point, & à l'extrême necessité, étans affligés de deux fleaux, outre celui de la guerre ; car la peste & la famine les accabloient, n'ayant nulle autre chose pour manger, que de l'orge gâté & du vieux millet ; de sorte qu'ils ne voyoient point d'esperance de salut pour leurs affaires, qui ne pouvoient avoir qu'un succés mal-heureux, parce que s'ils persistoient dans leur obstination, le sac & la desolation de leur Ville étoient inévitables.

XII. Cesar ayant heureusement fini la guerre d'Espagne, arriva par terre à Marseille ; les Marseillois qui n'esperoient plus qu'en sa clemence, se soumirent entierement à sa discretion : En éfet il leur pardonna, à la charge qu'ils porteroient dans son camp, toutes les armes & toutes les machines de guerre, qu'ils lui delivreroient tout l'argent qu'ils avoient au trésor public, & retireroient tous les Vaisseaux de leur Port. Domitius ne fut pas compris dans ce traité, parce qu'il avoit fui par mer peu auparavant, avec beaucoup de danger & de peine, Brutus lui ayant donné la chasse.

XIII. Les conditions imposées par Cesar furent bien rudes, à un peuple qui avoit une si étroite aliance avec Rome, & qui avoit vêcu avec tant de gloire & de liberté ; neanmoins il falut obeir à ces conditions, ce qui fut accompli avec autant de diligence que de fidelité & par un surcroit de mal-heur, deux legions furent mises dans la Ville : Mais parmi toutes ces disgraces, il n'arriva rien aux Marseillois de si accablant, que la honte que Cesar leur fit souffrir, ayant fait porter en triomphe l'Image de Marseille, & fait servir à sa pompe & à sa vanité, celle qui avoit été la sœur & la fidelle amie de la Republique Romaine : Cette Ville ayant été ainsi contrainte de plier sous les armes de Cesar, fut entiérement depoüillée ; elle perdit tout l'honneur qu'elle avoit auparavant, & ne conserva que la liberté. Toutes les Villes qui étoient sous sa domination, dont une partie lui avoit été acquise par droit de conqueste, & l'autre partie par la liberalité des Romains : toutes ces Villes dis-je subirent la loi du vainqueur ; de sorte que Marseille fut privée en cette fatale conjonéture de tous les avantages qu'elle avoit possedé jusqu'alors ; il est vrai que par une espece de consolation, il fut permis aux

Robert.
Valtur.
lib. 2. c. 15
de re. milit.

32 HISTOIRE

vaincus de vivre suivant les Loix que leurs Peres avoient aporté de la Phocée, & qu'ils avoient jusqu'a lors inviolablement observées. Toutefois Cesar & les autres principaux de son parti, en memoire de l'ancienne amitié qui avoit été entre cette Ville & celle de Rome, ne la traiterent pas avec tant de rigueur ; car elle & ses sujets ne furent jamais contraints d'obeir aux Lieutenans des Provinces : si bien qu'il faut conclurre necessairement que Cesar laissa aux Marseillois une partie de leur état, & ce qui marque encore clairement que la desolation que cette Ville souffrit ne fut pas si grande, est que ses murailles furent rebâties par Crinas un de ses Citoyens, qui laissa une somme trés-considerable pour ce sujet. Les sciences s'y conserverent encore quelques siécles ; & en effet Auguste y envoya Lucius Antonius petit fils de sa sœur pour y faire ses études, ce qui est un temoignage certain que son Academie étoit encore florissante, puisque ces grands Hommes la choisirent pour y faire élever leurs enfans.

Tacit. annal. lib. 4. c. 10.
Forcatul. lib. 6. Elias Vinet. in Auson.

HISTOIRE

HISTOIRE DE MARSEILLE.
LIVRE SECOND.

CHAPITRE I.
Etat de la ville de Marseille durant quatre Siécles.

I. Abregé de ce qui est arrivé de plus remarquable durant trois cens ans. II. Maximian se refugie à Marseille. III. Marseille attaquée par Constantin le Grand. IV. Maximian entreprend de le faire mourir. V. Cette entreprise lui coute la vie. VI. Découverte du Tombeau de cét Empereur. VII. Gouverneurs particuliers établis à Marseille soûs les Empereurs.

Arseille ayant été soûmise par les Romains, comme nous venons de voir, ils la possederent paisiblement durant quatre Siécles, ou environ, sans qu'elle soit tombée soûs la domination d'aucune autre Puissance, ni que les habitans se soient éforcés d'en secoüer le joug, & de recouvrer leur premiere liberté. Il est vrai qu'aprés la mort de Cesar, les Marseillois députerent à Rome, pour demander tout ce qu'il leur avoit ôté : Ils furent apuyés puissamment par Ciceron ; mais loin que leur dessein eût un succés favorable, ils furent traités fort rigoureusement par un Senateur apellé Fulvius ; nous ne sçavons pas le sujet de cette haine, mais il y a aparence qu'elle n'étoit pas bien fondée, puis

I.

Maturan. in Philip. octav. Cill.

Cic. Philip. octav. & 13.

que cét excellent Orateur declame vivement contre lui, & aprés avoir exageré son action, il ajoûte qu'il étoit impossible d'aimer la ville de Rome, & de demeurer en même tems ennemi de Marseille. Marc-Antoine n'eût gueres moins d'aversion pour les Marseillois que Fulvius, aussi ce grand Orateur n'oublia rien pour le reprendre, du tort qu'il avoit d'haïr une Ville si renommée. Ce fut alors que le jeune Pompée sejourna quelque tems à Marseille avec son Armée de mer, pour y attendre le succés des affaires de Rome ; & nous lisons que soûs l'Empire d'Auguste, Tarius ayant decouvert que son fils attentoit sur sa vie, le relegua à Marseille, ce qui faisoit dire pour lors que la peine étoit trop legere, pour expier l'horreur d'un crime si detestable : Et ce fut soûs ce même Prince qu'Apollodore de Pergame, qui avoit été autrefois son Precepteur durant le sejour qu'il fit à Apollonie, se retira à Marseille. Quelque tems aprés, & du regne de Tibere, les Marseillois furent accusés d'avoir donné le droit de Bourgeoisie à Vulcatius Moschus, relegué dans leur Ville : Mais comme ils eurent representé dans le Senat l'exemple de Publius Rutilius, que ceux de Smire avoient reçû au nombre de leur Citoyens, bien qu'il eût été banni de Rome, ils furent absoûs & renvoyés. Ils virent encore quelques effets de la cruauté de Neron en la personne de Sylla, qui ayant été relegué à Marseille, fut massacré par le commandement de ce Prince, aussi bien que par la persuasion de Tegellin. Et nous lisons qu'avant que Severe parvint à l'Empire, il prit le commandement de la quatriéme legion Scythique aux environs de Marseille.

Ciceron.

Ann. Senec. de Clement. Tacit. lib. 4. c. 10. Ann.

Idem Ann. lib. 13. c. 11.

Spartia in Sever.

II. C'est tout ce que les anciens Auteurs nous aprennent de la ville de Marseille, durant les trois premiers Siécles qui suivirent sa prise : Mais au commencement du quatriéme Siécle, elle se vit sur le bord de sa ruine ; car Maximian Herculien, que l'ambition avoit porté à sortir de sa solitude, pour reprendre l'Empire dont il s'étoit demis, s'imaginant que Constantin son gendre faisoit obstacle à son dessein, resolut de le faire mourir ; mais sa trahison étant découverte par sa fille, qui aimoit plus cherement son mari que son pere, de peur de tomber entre les mains des Soldats, indignés de cette action perfide, se retira à Marseille comme un lieu d'assurance.

Eutropi. in colat. Orof. lib. 7.

III. Cette Ville étoit alors fermée de bonnes & hautes murailles, & de fortes Tours : Et neanmoins dés que cette trahison eût été publiée dans l'armée de Constantin, qui étoit dans les Gaules, elle se mit à poursuivre Maximian, avec un si ardent desir de le châtier d'une mechanceté si horrible, qu'il fut impossible à l'Empereur d'arrêter tant soit peu leur poursuite, & nonobstant toutes les longueurs & les difficultés du chemin, l'armée arriva dans peu de tems à Marseille, dont Maximian ayant fait fermer les portes, les Soldats se mirent en devoir de forcer la Ville par escalade ; & bien que les échelles se trouvassent courtes, leur furie étoit si grande, que sans doute ils l'auroient emportée d'assaut, si Constantin, à qui l'on donna en même tems nouvelles de la mort de son ennemi, qui s'étoit lui-même étranglé, n'eût fait sonner la retraite, & par ce moyen empêché le sac & le pillage d'une Ville

Joan. Bap. Egnat. de vita & mor. Imp. Panegyr. Const. Sigon. de Imper. occ. Cedren. Petrarch. Baron. tom. 9. Epit. Victor.

si renommée. Toutefois Lactance raporte la mort de cét Empereur d'une différente maniére ; il dit que Constantin s'étant aproché de Marseille trouva les portes fermées, & confera avec Maximian qui étoit sur les rempars de la Ville ; il lui demanda avec douceur qu'est-ce qu'il pretendoit faire, pour quel sujet il le vouloit surprendre, & que tout ce qu'il faisoit étoit indigne du rang qu'il tenoit : Maximian s'emporta tellement sûr ce discours qu'il ne repondit que par des injures ; mais en même tems les portes de la Ville furent ouvertes, & les troupes de Constantin y étant entrées prirent Maximian, le depoüillerent de la pourpre Imperiale, & le menerent par force aux pieds de Constantin, qui lui reprocha son infidelité, en lui laissant neanmoins la vie par compassion.

Baluf. in Lactñ. firm. ad desat, cõ-fess.de mort. persecut.

IV.

Mais bien que Maximian fut par ce moyen obligé de se contenir, comme il ne pouvoit suporter l'état de sa mauvaise fortune, il dressa des nouvelles embûches contre son gendre ; car il sollicita Fausta sa fille, tantôt par des grandes prieres, & tantôt par des flatteries pour trahir Constantin son Epoux, avec promesse de lui en donner un autre qui eût plus de merite : Or pour venir à bout de son dessein, il lui ordonne de laisser sa chambre ouverte, & de faire ensorte qu'on lui fit la garde avec un peu de negligence ; cette Princesse fit semblant de lui promettre qu'elle le feroit ainsi ; & neanmoins elle declara dabord à son mari tout ce que son pere lui avoit proposé, & afin de convaincre Maximian dans le flagrant delit, on suposa à la place de Constantin un chetif eunuque, afin que par sa mort on sauvât la vie à cét Empereur.

V.

Maximian croyant que toutes choses favorisoient son horrible dessein, puis qu'il y avoit fort peu de garde à la chambre de Constantin, se leve dans le silence de la nuit, & parlant aux gardes, leur dit qu'il avoit fait un songe qu'il vouloit raconter à son fils ; il entre donc armé dans la chambre, & après avoir assassiné l'eunuque, il en sort tout glorieux, & tressaillant de joye, publie hautement ce qu'il venoit de faire : Mais tout à coup Constantin parut, & se fit voir d'un autre côté avec une troupe de gens armés : On tire de la chambre le corps de l'eunuque qui avoit été massacré, & l'homicide s'arrête tout court, se voyant convaincu & decouvert, il demeure muët & stupide ; on lui reproche sa felonie, & enfin on lui donne le choix de prendre tel genre de mort que bon lui sembleroit ; ayant alors attaché une corde à une poûtre, il s'étrangla lui-même : C'est ainsi que mourut cét Empereur Romain, qui avoit tenu l'Empire long-tems, & qui durant vingt années environé de gloire & de grandeur, avoit reçû les hommages de tout l'Univers ; il finit ainsi sa detestable vie par une infame mort, s'étant lui-même rompu & froissé le gosier, qui s'étoit si souvent dilaté par des discours orgueilleux. Ceux qui ont écrit que Maximian mourut à Tharse & non pas à Marseille, prenent Maximianus Galerius pour Herculius, & la conformité de ce nom a causé cette équivoque

VI,

Au témoignage des celebres Auteurs que j'allegue en marge, pour preuve que Maximian mourut à Marseille, j'ai crû devoir ajoûter que quelques années aprés le milieu du onziéme Siécle, le tombeau de ce

Prince fut trouvé dans cette Ville, & reconnu à l'inscription qui étoit gravée sur le marbre dont il étoit fait, elle étoit en caractere & en langue Romaine : Ce tombeau de marbre enfermoit un coffre de plomb où étoit le corps de cét Empereur, qui s'étoit conservé tout entier, par la vertu d'une liqueur odorante dont il avoit été oint en dehors, & rempli en dedans : L'Historien qui le raporte, dit que c'étoit du Baume, & qu'on y trouva encore auprés de sa tête deux coupes d'or toutes remplies de cette liqueur ; il remarque que ce Prince avoit la chair blanche, que ses cheveux étoient fort noirs, & que sa barbe étoit épaisse & longue : Rayambaud Archevêque d'Arles fit jetter ce corps dans la mer, au raport de cét Auteur, qui dit aussi qu'à l'endroit où l'on le jetta, on y vit long-tems les flots bouillonner, & jetter extraordinairement de la fumée, & même que des flâmes s'y élevoient nuit & jour ; ce qui causa de l'étonnement à tous ceux qui le virent.

Chronicon novalicense. lib. 5. apud Andreã du Chêne hist. Franc. de sepulchro Maximiani.

VII. Mais pour continuer l'histoire de Marseille, nous trouvons que dans le même Siécle que Maximian mourut, qui étoit le quatriéme aprés la naissance de Jesus-Christ, la ville de Marseille étoit regie par des Gouverneurs qui portoient le nom de Consul ou de Comte, parmi lesquels a été le celebre Poëte Prudence, soûs l'Empire de Gratian, de Maxime, & de Theodose.

CHAPITRE II.

Les Visigots sont repoussés devant Marseille : Prise & ruine de cette Ville par les Bourguignons, & par les Visigots.

I. Démembrement de l'Empire Romain. II. Alaric ravage l'Italie. III. Ataulphe entre dans les Gaules. IV. Il est blessé devant Marseille, & s'éforce de la prendre. V. Les Bourguignons prenent Marseille & la saccagent. VI. Marseille tombe entre les mains d'Euric. VII. Il rend l'Evêque de Marseille suffragant de celui d'Arles.

I. L'Inconstance des choses de ce monde est si grande, que tout ce qui semble être parvenu au dernier point de son élevation, par une suite de vicissitude necessaire, est à la veille de sa chûte : Et comme il n'y eut jamais de grandeur pareille à celle de l'Empire Romain, aussi n'a-t'on jamais vû de plus illustre exemple de cette vicissitude, que la destruction de cette Monarchie, qui sembloit être établie si puissamment ; car aprés qu'elle eût été ébranlée par le partage d'Arcadius & d'Honorius, les nations qui s'éleverent contre elle, la heurterent avec tant de violence, qu'elle fut le jouët de ceux qui auparavant se faisoient honneur d'être ses esclaves & ses tributaires.

II. Ceux

DE MARSEILLE. Liv. II.

Ceux qui l'attaquerent des premiers furent les Visigots, qui soûs la conduite de leur Roi Alaric entrerent en Italie, & demanderent à Honorius de partager l'Empire avec lui : Ce Prince pour divertir cette tempête, qui menaçoit son Empire d'une entiére desolation, leur accorda les Gaules & les Espagnes, par le conseil de Stilicon son tuteur ; & comme ce peuple s'y acheminoit de bonne foi, il fut attaqué par une armée qui le suivoit pas à pas, pour empêcher qu'il ne ravageât l'Italie, avec commandement secret de donner sur les Goths, & de les tailler en piéces, lors qu'ils seroient embarrassés au passage des Alpes : Mais les Goths s'étans aperçûs de cette trahison, se défendirent avec tant de valeur, qu'ils défirent entiérement l'armée Imperiale ; & au lieu de poursuivre leur route, ils rebrousserent chemin, & touchés d'un furieux ressentiment, pour une action si perfide, ruinerent une bonne partie de l'Italie, ravagerent & mirent à sac la ville de Rome, n'ayant épargné que les lieux saints. Aprés cela Alaric continua de courir jusqu'aux extremitez de l'Italie, & revenant à Rome, mourut soudainement prés de Cossence, & fut enseveli dans la riviére de Barsente, qui fut divertie à cét effet, & puis remise dans son lit.

II. Paul. Diac. in arcad. & honor.

Aprés cette mort, Ataulphe parent d'Alaric, homme vaillant & consideré, fut élû Roi par les Visigots : Ce Prince ayant ramené l'armée à Rome, acheva de ruiner & de détruire ce qu'on avoit sauvé du premier sac. Toutefois ayant épousé Placidia Galla sœur de l'Empereur Honorius, qu'il aimoit éperdûment, la compagnie de cette Dame adoucit les aigreurs de son esprit, & lui persuada de se contenter des Gaules qui avoient été assignées à son predecesseur : Ataulphe gaigné par les priéres de cette femme, quitta la ville de Rome & l'Italie, pour aller prendre possession des Gaules, l'an cinquiéme de son régne, suivant le raport d'Isidore : Neanmoins Cassiodore remarque que ce fut l'an troisiéme ; car Rome fut prise par Alaric pendant le Consulat de Flavius Vararus & de Tertullus : Et trois ans aprés, Honorius étant Consul pour la neuviéme fois, & Theodose pour la cinquiéme, ce Prince avec ses troupes entra dans les Gaules.

III. Cassiodore en ses Fastes.

A son arrivée, il voulut s'emparer de la ville de Marseille, jugeant trés-bien que cette Place lui étoit extremement importante, pour le dessein qu'il avoit d'établir sa Monarchie : Mais le Comte Boniface, qui la tenoit pour les Romains, ayant découvert ses intentions, la défendit si vigoureusement, qu'Ataulphe ayant été griévement blessé, eut toutes les peines du monde de garantir sa vie, & fut contraint de chercher son salut en sa fuite.

IV. Olimpio. Photi. in Bibliot.

L'an de Grace 412.

Depuis cette retraite, les Bourguignons étendirent tellement leur Royaume, dont ils avoient jetté les fondemens, soûs la conduite de leur Roi Gondioch, qu'ils penetrerent depuis Lyon jusqu'à Marseille, & conquirent le Dauphiné & le païs de Maurienne. Il y en a qui ont écrit qu'ils se rendirent maîtres de Marseille, qu'ils la pillerent entiérement, & emporterent jusqu'aux saintes Reliques ; & en effet Salvian, qui vivoit en ce tems-là, dit que Marseille étoit si fort ruinée, qu'il ne lui restoit presque rien que le nom : Et bien qu'il ne marque pas par qui

V. Blód. Parad. histoire de Bourg. Duchaine. Albert. Krantz. Paul. Jovio. Bellofor. Nostrad. Du Vair. Petr. Gassia.

Tome I. K

elle avoit été defolée de la forte ; neanmoins on connoît clairement qu'il entend parler des Bourguignons, parce que ce furent eux les premiers qui la prirent fur les Romains, & qu'un peu auparavant elle avoit refifté aux armes victorieufes des Goths, qui n'y avoient gagné que des coups, comme nous avons dit. Marque indubitable que c'étoit une bonne Place, & que c'étoit eux qui l'avoient ainfi ruinée : Et pour une preuve certaine qu'elle a été foûs la puiffance des Bourguignons, c'eft que nous lifons dans Gregoire de Tours, que Godegefile & Gondebaut freres, Rois de Bourgogne, petits fils de Gondioch, étoient maîtres de toutes les Places à l'entour du Rhône, & tenoient la Province de Marfeille.

VI. Quelque tems aprés Euric Roi des Vifigots, Prince magnanime & fort ambitieux, brûlant du defir de porter plus loin les bornes de fon Royaume, mit fur pied une puiffante Armée, courut & ravagea toute l'Aquitaine, defola l'Auvergne ; & ayant paffé le Rhône, s'empara de toute la Provence. Marfeille à cette fois, foit qu'elle ne fut pas défenduë par un fi brave chef que Boniface, ou qu'elle ne fut pas fi bien pourvûë des munitions neceffaires à fa défence, ou que les forces d'Euric fuffent plus grandes que celles d'Ataulphe, ceda comme les autres Villes à la puiffance de ce Prince : Quelques Auteurs raportent qu'au tems qu'elle fut prife, elle étoit poffedée par les Romains ; & en ce cas, il faut neceffairement que Ætius Patrice Romain, qui retrancha une partie de la conquête des Bourguignons, l'eut prife fur cette Nation, ou qu'elle eut été tirée de leurs mains par l'Empereur Majorian, qui vint dans les Gaules l'an 456. & fubjugua une bonne partie de la Province Lyonnoife, poffedée par les Bourguignons,

L'an de Chrift. 464.

Baron. Chron. Ifid. Jornand. Sigebert. Rod. Tol. Chr. Got. Vict. Tunc. Luc. Tud. Vigni. Bibliot. hift.

Dupl. Hiftoire de France.

VII. Quant à Euric, qui pour la commodité de fes Etats faifoit fon fejour à Arles ; le docte Savaron nous aprend qu'il dépoüilla l'Eglife de Marfeille de ce qu'elle poffedoit de plus éminent ; car au tems qu'il s'en rendit le maître, elle étoit la Metropolitaine de la feconde Narbonnoife, & les Evêques de ces Provinces reconnoiffoient celui de Marfeille comme leur Primat : Mais Euric lui ôta cette prerogative, & rendit cette Eglife fuffragante de celle d'Arles.

Savar. infidon. Apol. Epift. 7. l. 7.

CHAPITRE III.

Les Ostrogots se rendent maîtres de Marseille, la donnent quelque tems aprés aux François, pour aquerir leur alliance.

I. Horrible mort d'Euric. II. Alaric lui succede. III. Guerre entre les François & les Visigots. IV. Ceux-cy sont vaincus, & Alaric leur Roi est tué de la main de Clovis. V. Seconde defaite des Visigots. VI. Theodoric subjugue Marseille, y met pour Gouverneur Maragde. VII. Il soulage cette Ville des tailles. VIII. Tolom Gouverneur de Provence. IX. Les Visigots & les Ostrogots partagent la Provence. X. Belisaire entre en Italie, & fait la guerre aux Gots. XI. Les Ostrogots donnent Marseille aux François pour être secourus. XII. L'Empereur Justinian leur confirme cette donnation.

Euric devenu maître de Marseille, la posseda souverainement, & tout le reste de la Province, durant quinze ou vingt années qu'il vêcut encore: C'étoit un Prince si genereux, qu'il étoit redouté de tous ses voisins; mais l'heresie Arrienne, dont il étoit soüillé, & la persecution des fidelles, contre lesquels il étoit extremement animé, ternissoient le lustre d'une si éminente vertu, & attirerent enfin la vengeance de Dieu sur sa tête; car Gregoire de Tours nous aprend qu'il mourut frapé de la main de Dieu.

I.

Greg. de Tours. l. 2. ch. 25.

Alaric son fils étant à Toulouse, lorsque les nouvelles de cette mort lui furent données, fut aussi-tôt declaré Roi des Gots; & dés son avenement à la Couronne, il témoigna qu'il vouloit suivre les traces de son Pere, & faire voir qu'il étoit aussi bien successeur de la haine qu'il portoit à l'Eglise, que de ses Etats: Il commença par exercer sa cruauté sur les Catholiques, bannissant les uns, faisant mourir les autres, ce qui fut cause de sa ruine; car Dieu suscita Clovis Roi des François, Prince ambitieux, & plein de generosité, qui ayant depuis peu ruiné le Royaume des Bourguignons, enflé de cét heureux succés, ne demandoit qu'un plausible pretexte pour s'emparer de celui des Visigots, qui à cause du voisinage, étoit extremement à sa bien-seance.

II.

Alaric sans considerer qu'il étoit trés-dangereux de desobliger un si puissant Monarque, donnoit retraite dans sa Cour aux criminels du Royaume de son voisin, & y nourrissant la sedition, debauchoit du service de leur Prince les fidelles sujets. Clovis piqué jusqu'au cœur de se voir traitté si indignement par un Heretique, mit sur pied une puissante armée, & en même tems declara la guerre à son ennemi.

III.

Gregoire de Tours. l. 2. ch. 35. 36. 37.
Aimon. l. 1. ch. 2.

HISTOIRE

IV.

Cassiod. l. 4. Epist. 3.

Ann. d'A-quit. de du Bouch.

Gregoire de Tours, l. 7. ch. 37.

Theodoric Roi d'Italie, prevoyant alors l'orage qui venoit fondre sur son gendre, lui conseilla de contenter les François à quelque prix que ce fut; & lui-même de son côté se portant pour mediateur, fit tout son possible pour les accorder : Mais n'ayant rien pû avancer, Clovis porta en même tems ses armes dans les terres de son ennemi; qui au lieu de l'attendre de pied ferme, & de tâcher de le repousser, sortit de Poitiers, & commença de reculer pour gagner Toulouse, en intention d'y attendre le secours de son Beau-pere : Mais l'armée Françoise qui le serroit de prés, le contraignit de recevoir la bataille, où son malheur fut si grand, que la plûpart de ses gens ayans été taillés en piéces, lui-même y fut tué de la main propre de Clovis.

V.

Gregoire de Tours, Paul. Emil. Ann. d'Aquit.

Par cette défaite les terres que les Visigots possedoient en France, tomberent sous la puissance du victorieux, excepté une partie du Languedoc & de la Provence, Marseille y étant comprise, dont Geselic bâtard d'Alaric s'empara, pendant qu'une partie des Gots échapés de la journée de Civaux, joint à ceux d'Aquitaine, ayant fait un gros d'armée, fit mine de se vouloir revencher de la perte passée, & tenter pour une seconde fois le sort des armes; mais ils furent battus de nouveau avec tant de carnage, que tout le champ de bataille fut couvert de morts : Aprés cela le Languedoc, Provence, & Marseille, se soumirent aux François victorieux.

VI.

Cassiod. l. 3. Epist. 34. Duplex. Viguier.

En ces entrefaites Theodoric Roi des Ostrogots, à qui la ruine de son gendre faisoit apprehender une pareille infortune, suscita tous ses Confederez pour les interesser en cette cause, & les faire liguer contre la France : En effet, ses persuasions ayant obtenu quelque secours, il leva une armée de quatre-vingt mil hommes, avec laquelle étant entré en ce Royaume, il reduisit d'abord sous son pouvoir toute la Provence, & ensuite le Languedoc : Marseille fut une de ses conquêtes, dans laquelle il mit pour Gouverneur Maragde, ou Marabode, & aprés ne voyant point d'ennemi qui lui fit tête, il reprit le chemin de l'Italie, aprehendant qu'il ne s'élevât dans cét Etat quelques troubles durant son absence; aprés avoir declaré neanmoins qu'il vouloit tenir le Languedoc au nom, & comme tuteur d'Amauri Roi des Visigots son petit fils, se reservant la Provence, Marseille pour sa dépense, & la peine qu'il avoit pris, à dessein de la joindre à son Royaume d'Italie.

Cassiod.

Ce Prince eut en si grande estime la ville de Marseille, qu'il la destina pour être le grenier de toute la Province, y ayant dressé un grand nombre de magasins remplis de toute sorte de grains, necessaires à l'entretien des troupes qu'il étoit obligé de tenir sur pied, pour la conservation de ses conquêtes.

VII.

Aprés que Theodoric se fut retiré, les François retournerent en Provence, & mirent le siége aux plus importantes Villes; mais elles étoient si bien fortifiées, & furent si bien défenduës, qu'on les contraignit de s'en retourner, & principalement sur la nouvelle qu'ils eurent de la venuë d'une armée de Gepides, que Theodoric envoyoit sous la conduite de Veran, pour empêcher la desolation dont cette Province étoit menacée. La Provence, & Marseille, pour avoir resisté

Cassiod. l. 4. Epist. 26.

gene-

genereusement aux François, furent alors soulagées des tributs ordinaires par Theodoric; comme en fait foi la lettre qu'il en écrivit aux Marseillois, dans laquelle il louë hautement leur fidelité, & leur accorde une exemption des tailles & d'impots pour cette année.

VIII.
Idem l. 8.
Epist. 10.

Aprés la mort de Theodoric, Athalaric son petit fils, & fils de sa fille Amalasuinthe recueillit l'Italie ; il eut un soin particulier de conserver Marseille & la Provence, où il envoya Tolom, ou Tolomne excellent Capitaine, avec une bonne armée, qui n'empêcha pas seulement les desseins que les François y pouvoient faire, mais acquit à son maître une partie des terres des Bourguignons.

IX.

En ce même tems Amauri Roi des Visigots, étant parvenu à sa majorité, aprehendant les forces des François, dont ses devanciers avoient ressenti les effets à leur trés-grand dommage, se voulut fortifier d'alliances ; & pour cét effet il épousa la sœur de Theodebert, & partagea avec les Ostrogots les terres que ces deux Nations possedoient en Gaule ; de sorte que cette partie de la Provence qui est environnée de mer, demeura avec Marseille à la puissance des Ostrogots, qui en échange rendirent à Amauri les Provinces qui étoient dans l'Espagne, que Theodoric avoit possedées en qualité de son tuteur.

Procop. de bello Goth.

X.

Theodate ayant été élû Roi des Ostrogots aprés la mort d'Athalaric, qui ne regna que huit ans, l'Empereur Justinian qui pretendoit que l'Italie lui avoit été usurpée, resolut d'en chasser cette Nation, & de la reünir à ses Etats ; & pour ce sujet il y envoya Belisaire trés-excellent Capitaine, qui se rendit maître en peu de tems de la Sicile, & entra victorieux en Italie. Ce qui fit prendre tellement l'épouvante à Theodate, qu'il s'étoit resolu de resigner sa Couronne entre les mains de l'Empereur : Mais ses sujets honteux d'avoir un tel Roi, lui arracherent le Sceptre des mains, & élûrent en sa place Vitiges grand Capitaine, bien qu'il ne fut pas de condition relevée, preferans en cette occasion si urgente, la grandeur de courage à la Noblesse du sang.

Idem l. 1.
c. 44.

XI.

Ce nouveau Prince, qui vouloit obliger ses sujets à ne se pas repentir de leur élection, commença de prendre un soin extraordinaire pour la défense de l'Italie, & reconnoissant qu'il étoit necessaire d'être en paix avec les François, parce qu'il lui étoit impossible de resister en même tems à deux Nations si belliqueuses, prit resolution d'acheter leur alliance, moyennant une bonne somme d'argent qu'il leur donna : Et par dessus cela leur remit encore la Provence, & la ville de Marseille, qui avoit toûjours demeuré au pouvoir des Ostrogots depuis que Theodoric s'en étoit rendu maître. Les François en échange promirent de lui envoyer du secours, non pas de leur nation, mais de leurs alliez : En effet Theodebert Roi de Mets, pour s'acquiter de sa promesse, lui envoya douze mille Bourguignons.

Idem l. 7.
cap. 54.
Baron.
tom. 7.

XII.

Procope écrit que les François craignans que la possession de la Provence & de Marseille ne leur fut disputée, s'ils n'avoient une expresse confirmation de l'Empereur, ils la demanderent à Justinian, qui la leur accorda facilement : Et c'est depuis ce tems-là (dit cét Auteur)

Tome I. L

42 HISTOIRE

que les François commencerent à posseder Marseille Colonie des Phocéens, & tous les environs de cette mer. Ce qui a donné sujet à Baronius d'écrire, qu'il n'y avoit rien que les François possedassent plus justement que Marseille & le reste de la Provence, puis qu'ils les tenoient à double titre; c'est à dire par la resignation des Ostrogots, & par la cession & confirmation de l'Empereur.

CHAPITRE IV.

Les Rois Childebert & Gontran entrent en querelle, pour la possession de la ville de Marseille. Theodore Evêque de cette ville est plusieurs fois persecuté par Gontran & ses Lieutenans.

I. Les François partagent les terres que les Ostrogots leurs avoient données. II. Marseille possedée par indivis par Childebert & Gontran. III. Les Lombards saccagent la Provence. IV. Ils saccagent Marseille. V. Gontran s'empare d'une portion de Marseille sur Childebert. VI. L'Evêque Theodore est traité indignement par Dinamius, & par son Clergé. VII. Childebert envoye Gundulphe à Marseille. VIII. Il se rend maître de cette Ville. IX. Et retablit Theodore en son Evêché. X. Gundulphe tourne le dos à Childebert. XI. Theodore tombe dans les piéges qu'on lui avoit dressés. XII. Gontran rend à son neveu sa portion de la ville de Marseille. XIII. Theodore emprisonné par le commandement de Gontran, pour avoir reçu chez soi Gundebalde bâtard de Clotaire. XIV. Et quoi qu'innocent, il est battu rudement. XV. Ratharius Gouverneur de Marseille persecute encore ce Prelat. XVI. Childebert intercede pour lui. XVII. Theodore se sauve à Marseille, cette Ville ne tarda pas d'être travaillée de la maladie contagieuse. XVIII. Nicetius est fait Gouverneur de Marseille, laquelle est affligée de peste. XIX. De Bodegile Duc de Marseille.

I.

Dupleix. Histoire de France.

Blond. lib. deca. 1. Albert Kran.

MArseille, la Provence, & les deniers que les Ostrogots donnerent aux Rois des François, furent partagés entr'eux, la Provence & Marseille demeurerent à Theodebert seul; Childebert son oncle qui l'avoit déja institué son heritier l'agréant ainsi, & Clotaire ne l'osant empêcher. La Provence en ce tems-là étoit encore apellée la Province des Romains, & Marseille en étoit la Capitale: Childebert & Theodebert étans peu après decedés sans mâles, la Provence & Marseille tomberent sous la puissance de Clotaire, comme toute la France.

DE MARSEILLE. Liv. II. 43

Aprés la mort de Clotaire, la France fut divisée pour la seconde fois en quatre portions égales: Cherebert & Chilperic eurent la Neustrie, Gontran Roi d'Orleans eut la Provence; & Marseille, comme beaucoup d'autres Villes de France, vint à Sigebert & à Gontran également. Sigebert étant devenu maître d'une partie de Marseille, envoya un Gouverneur en cette Ville apellé Hecca, qui étoit un des principaux de son Palais, & y fit battre de monnoye d'or: Il y a aparence que Cherebert eut aussi quelque portion de Marseille; car on trouve diverses monnoyes qu'il y avoit fait fraper, où le portrait & le nom de ce Prince se trouvent empreints. Aprés sa mort Theodegilde, l'une de ses femmes, eut l'éfronterie de s'offrir en mariage à Gontran son beau-frere; mais il la fit confiner dans un Monastere d'Arles, & non point à Marseille, comme le raporte le Sr. de Mezeray.

II.

Vie de Ste. Consorce, raportée dans le 2. tome de Duchene.

Gregoire de Tours.

En ce tems-là, les Lombards qui peu auparavant avoient ravagé une partie de l'Italie, vinrent en Provence: Amat qui en étoit le Gouverneur pour le Roi Gontran, voulut s'opposer à leur passage; mais la fortune lui fut si contraire qu'il fut tué, & son armée entierement défaite. L'année suivante, les Lombards étans entrés pour la seconde fois en Provence avec une belle armée, ils furent vaincus par Ennius, surnommé Mummol, qui les chargea si à propos, qu'il en fit une trés-grande boucherie, & contraignit ceux qui resterent de passer les Alpes, pour sauver leur vie.

III.

L'an de Christ 575.

Une si grande perte devoit contenir les Lombards pour quelque tems de-là les Monts; neanmoins un an aprés ils mirent sur pied de trés-grandes forces, & ils entrerent en France pour la troisiéme fois, soûs la conduite d'Amon, de Zaban & de Rhodan, trois de leurs principaux Capitaines: Amon courut entiérement toute la Province d'Arles, pilla & ravagea la ville de Marseille, selon Paul Æmille; bien que Paul Diacre qui vivoit deux cens ans aprés, & qui a écrit l'histoire des Lombards n'en parle point: Ce qui m'oblige à n'ajoûter pas beaucoup de foi à Paul Æmille en cette rencontre; car il n'y a pas aparence que Paul Diacre eut oublié une action si remarquable, & avantageuse à la gloire de sa Nation; outre que Gregoire de Tours n'en parle pas, quoi qu'il s'étende amplement sur la venuë des Lombards en ce païs.

IV.

576.

Paul Æmil. Paul Diacre.

Peu aprés Sigebert ayant été assassiné par les artifices de Chilperic, & de Fredegonde, Childebert son fils unique recueillit sa succession; & par ce moyen la moitié de la ville de Marseille. Son oncle Gontran ayant perdu tous ses enfans, & n'esperant plus d'en avoir, jetta les yeux sur lui & le designa son heritier: Cét insigne temoignage d'affection, fut cause qu'ils jurerent ensemble une étroite alliance, & firent une ligue offensive & deffensive: Toutefois elle ne dura guere; car Childebert outré de ce que Gontran lui retenoit sa portion de la ville de Marseille, rompit avec lui.

V.

Theodore étoit alors Evêque de Marseille, & parce qu'il tenoit le parti du neveu, Dinamius Gouverneur de Provence soûs Gontran, le traita à ce sujet si cruellement qu'il le fit emprisonner: Ce bon Prelat ayant trouvé moyen de sortir de prison, resolut de se retirer vers

VI.

Aimon.

Childebert; mais comme il s'y acheminoit, il fut arrêté avec Iovin Lieutenant de Prefect, par le commandement de Gontran. La plûpart de ceux du Clergé, qui le haïssoient à mort, & qui souhaitoient qu'il ne retournât jamais, s'emparerent de tous ses biens, pillerent ses meubles, se saisirent des ornemens Ecclesiastiques, & pour couvrir leur méchanceté d'un specieux pretexte, ils n'eurent pas honte d'imposer des crimes execrables à leur Pasteur.

VII. *Idem.* Childebert fâché de l'oppression de son ami, & qui desiroit de recouvrer son bien, envoya des Ambassadeurs à Gontran, pour le persuader de lui restituer sa moitié de la ville de Marseille, qu'il lui avoit mise entre les mains aprés la mort de son pere; mais ils ne pûrent rien avancer avec ce Prince. Ce qui fut cause qu'il commanda à Gundulphe son domestique & Lieutenant de ses armées de s'acheminer à Marseille, & de s'en rendre le maître. Gontran qui desiroit conserver cette Place, en faisoit garder toutes les avenües : Toutesfois Gundulphe passant par la ville de Tours, il y fut reçû honnêtement & regalé par S. Gregoire; son petit neveu se rendit peu aprés à Marseille, le plus secretement qu'il lui fut possible.

VIII. *Idem.* Ayant rencontré en chemin l'Evêque Theodore, qui s'étoit sauvé de prison pour la seconde fois, & se retiroit vers Childebert; ce Prelat se joignit à lui, & comme ils furent aux portes de la Ville, l'entrée leur en fut refusée à tous deux : Mais Gundulphe qui desiroit s'en saisir à quelque prix que ce fût, persuada Dinamius de venir en conference avec lui en l'Eglise S. Etienne qui étoit hors la Ville, qu'on apelle aujourd'hui Nôtre-Dame du Mont, & cependant donna ordre à ses gens, que dés que le Gouverneur seroit entré dans l'Eglise ils fermassent la porte à tous ceux qui l'accompagneroient : L'affaire ayant réussi, & Dinamius se trouvant pris au piége, se jetta aux pieds de Gundulphe, & aprés avoir supplié trés-humblement l'Evêque de lui pardonner, promit de remettre la Ville en la puissance de Childebert.

IX. *Idem.* Soûs cette assurance il fut relâché, & étant entré dans la Ville, il fit ouvrir les portes, & reçût en même tems Gundulphe & Theodore, avec un merveilleux aplaudissement du peuple. L'Abbé Anastase & le Prêtre Procule chefs de ceux du Clergé, qui avoient commis tant de desordres, & calomnié leur Evêque, se sauverent avec la plûpart de leurs compagnons dans la maison de Dinamius, comme dans un azile, demandant sa protection, puisque c'étoit lui qui les avoit porté à traiter si indignement Theodore : Il fut permis neanmoins à plusieurs de ceux-là de paroître en public, en donnant caution de s'aller presenter devant Childebert, & de se purger des indignitez qu'ils avoiét commises à l'endroit de leur Pasteur. Aprés cela, Gundulphe reduisit cette Ville soûs l'obeissance de Childebert, à qui Dinamius préta serment de fidelité; & ayant rétabli Theodore en son Evêché, il s'en retourna vers le Roi, pour lui rendre compte du succez de son voyage.

X. En même tems que Gundulphe fut parti, Dinamius qui haïssoit mortellement l'Evêque, ne faisant pas conscience de rompre la foi, ni de violer son serment, écrivit à Gontran, que bien loin qu'il peut à

l'avenir

l'avenir posseder entiérement la ville Marseille, il ne seroit pas même en sa puissance de r'avoir la portion que l'Evêque tenoit de lui; & que le seul moyen de recouvrer tout étoit de le chasser. Nous pouvons juger par là que l'Evêque étoit Seigneur temporel de cette Ville, ou en tout cas d'une partie, qu'il tenoit à foi & hommage des Rois de France : Cét avis donné à Gontran, le mit en mauvaise humeur contre ce Prelat, & fut cause qu'il donna ordre à Dinamius de le surprendre, & de le lui envoyer pieds & poings liés, avec dessein de le bannir de son Evêché.

XI. Theodore ayant eu quelque vent du dessein du Roi, se tenoit sur ses gardes, n'osant sortir de la Ville, pour ne tomber pas dans les piéges qu'on lui avoit dressés; mais il fut forcé de s'exposer à ce danger, pour consacrer une Eglise qui étoit hors la Ville : De sorte que comme il y alloit, une troupe de gens armés sortant inopinement de leur embuscade, se jetterent sur lui, & l'ayant demonté de son cheval, lui donnerent en échange une mauvaise jument, aprés avoir mis en fuite tous ceux qui l'accompagnoient ; & en cét équipage, ils le conduisirent vers Gontran. Comme il passoit à Aix, Piencus Evêque de la Ville, touché de la disgrace de son ami, le pourvut de tout ce qui lui étoit necessaire : Cependant ceux du Clergé, qui l'avoient si mal traité durant sa premiére disgrace, se prevalans encore de sa mauvaise fortune, tomberent pour la seconde fois dans la même faute, & commirent les mêmes insolences : Mais l'Evêque étant arrivé vers Gontran, se justifia facilement des crimes dont on l'accusoit ; & il lui fut permis de s'en retourner dans son Evêché, où il fut reçû par le peuple de Marseille avec une joye incroyable.

Gregoire de Tours.

XII. Gontran s'obstinoit toûjours de retenir injustement la portion de la ville de Marseille, qui apartenoit à son neveu, & donnant retraite à tous les seditieux & les criminels de son Royaume, obligea Childebert de se joindre avec Chilperic, pour recouvrer cette bonne Ville. Ces Princes ayans mis sur pied de part & d'autre de puissantes armées ; comme ils étoient sur le point d'en venir aux mains, Dieu permit que cette grande levée des boucliers, qui menaçoit la ruine infaillible des uns ou des autres, se termina en une bonne paix. Gontran ayant accordé de rendre à son neveu sa portion de la ville de Marseille, qu'il lui detenoit, le separa par ce moyen entiérement des interêts & de l'amitié de Chilperic.

Greg. Tur. l. 6. c. 31.

XIII. L'Evêque Theodore, qui ne faisoit que de sortir des traverses qu'il avoit essuyées, tomba encore dans un malheur, qui le mit à deux doigts de sa perte ; car comme Gundebalde, qui se disoit fils du Roi Clotaire, qui neanmoins l'avoit desavoué, ayant été contraint par les mauvais traitemens que ce Prince lui faisoit de quitter la France, s'étoit retiré à Constantinople, où il s'étoit marié depuis, par les persuasions de Gontran Boson, qui lui donnoit des esperances de pouvoir obtenir une portion du Royaume de son pere, il se resolut de venir en France ; & en effet, s'étant mis sur mer, il arriva à Marseille. L'Evêque qui avoit ordre des principaux serviteurs de Childebert

Aimon. Greg. Tur.

Tome I. M

de le recevoir honnêtement, lui fit un accueil le plus obligeant du monde; car il lui fournit des chevaux pour se retirer vers Mummol, qui étoit alors à Avignon: Ces caresses donnerent de si grands ombrages à Gontran, qu'il le fit mettre en prison. Et Gregoire de Tours raporte qu'une nuit, pendant que l'Evêque étoit en priéres, celui qui le gardoit vit une grande clarté dans sa chambre, qui l'étonna beaucoup, & s'étant aproché pour connoître ce que c'étoit, il vit ce S. Prelat environné d'une grande lumiére, qui dura plus de deux heures, & le lendemain cét homme racontoit publiquement la merveille qu'il avoit vû.

XIV.
Idem.

Theodore étant arrivé devant le Roi avec l'Evêque Epiphanius, qui craignant la furie des Lombards s'étoit retiré à Marseille, fut interrogé pourquoi il avoit osé recevoir Gundebalde sans sa permission. Il fut fort aisé à ce grand Personnage de montrer l'innocence de son procedé, & de faire voir que ce qu'il en avoit fait, étoit par ordre exprés des principaux serviteurs de Childebert, dont il exhiba les lettres: Sa justification neanmoins lui servit de peu; car bien loin qu'on l'élargît, au contraire on le serra davantage, & on les traita tous deux avec tant d'inhumanité, qu'Epiphanius y perdit la vie, & Theodore aprés une longue prison, fut enfin élargi & renvoyé à son Evêché.

L'an de Christ 581.

XV.
Idem.

Il est vrai que ces maux ne finirent pas là, puis qu'il se vit encore persecuté par Ratharius Gouverneur de Marseille, soûs les Rois Gontran & Childebert: Ce méchant homme abusa insolemment de sa charge; car ayant fait arrêter ce Prelat, il le fit conduire vers Gontran, qui étoit alors à Mâcon, où tous les Evêques de France se rendirent pour tenir un Synode: Il avoit dessein de faire agir le Roi dans l'assemblée, pour faire condamner ce saint homme; mais Dieu qui protege toûjours ses serviteurs, voyant que Ratharius ne se contentoit pas d'avoir commis ce crime, mais encore s'étoit emparé des biens de l'Eglise, le punit severement en la personne de ses domestiques, qui moururent la plûpart de fiévre ardente, & pour comble de malheur, son fils qu'il aimoit uniquement, lui fut enlevé par ce même mal: Ce qui le desola si fort, qu'aprés l'avoir fait ensevelir aux fauxbourgs de Marseille, il eut toutes les peines du monde de s'en retourner, tant il étoit affligé de cette perte.

XVI.
Idem.

Cependant Childebert ayant eu nouvelles de la detention de Theodore, fit defenses à tous les Evêques de son Royaume d'aller au Synode: Gontran n'en fut pas plûtôt averti, qu'il deputa vers lui Felix son Ambassadeur, pour sçavoir la cause de cette défense, & pour découvrir si son neveu étoit mal content de lui. Gregoire de Tours, qui porta la parole, protesta au nom du Roi, qu'il desiroit d'honorer Gontran comme son pere, & de l'assister envers tous, & contre tous: Mais en particulier, Childebert lui-même, pria Felix de conjurer de sa part son oncle, de ne faire aucun déplaisir à l'Evêque Theodore; parce que ce seroit le seul moyen de ruiner les fondemens de cette étroite amitié dont ils étoient liés.

XVII. Gontran étant assuré par son Ambassadeur de l'affection que son neveu portoit à Theodore, n'osa plus le traiter rudement, de peur de l'irriter; il le faisoit neanmoins toûjours garder, & à peine auroit-il pû éviter un bannissement, si le Roi n'eut été affligé par la providence de Dieu d'une rude maladie, qui lui donna moyen de se sauver à Marseille, où il fut reçû par le peuple avec de grandes acclamations. Dans ce tems-là la ville de Marseille fut fort tourmentée de la maladie contagieuse, elle s'étendit si avant qu'elle penetra dans peu de tems jusqu'à un Bourg du Lyonois apellé Octave: Ce fleau de Dieu fut cause que le Roy Gontran Prince fort pieux & charitable envers son peuple, ordonna quantité de prieres publiques, & des processions pour flechir la colere de Dieu, & fit donner des aumônes pendant trois jours plus largement qu'il n'avoit de coutume de faire; il obligea encore le peuple de jeûner au pain & à l'eau, & de ne manger que du pain d'orge.

Greg. Tur.

XVIII Le Patrice Nicetius succeda à Rathare au gouvernement de la Province de Marseille, qui lui fut donné par Childebert: C'étoit un homme malicieux & tout-à-fait corrompu, aussi ne prit-il pas exemple au malheur de son devancier; car son insolence alla jusqu'à ce point, qu'il contraignit Theodore d'aller en personne porter ses plaintes au Roi; mais n'en ayant pas eu toute la satisfaction qu'il s'étoit promis, il resolut de s'en retourner. Pendant son absence, de Marchands Espagnols étant venus moüiller en ce Port avec leurs Vaisseaux, n'y eurent pas plûtôt debité leurs marchandises, dont quelques-unes avoient été malicieusement infectées, que la Ville fut encore affligée de peste, au commancement elle ne fit pas de grands progrés, n'ayant emporté que huit personnes; de sorte que les habitans croyoient d'en être delivrez, mais elle se r'alluma quelque tems après si furieusement, que la Ville en fut presque abandonnée. Theodore Evêque de Marseille sur ces entre-faites, étant de retour de son voyage, fut contraint de se retirer dans le Monastere S. Victor, où se rendirent tous ceux qui étoient échapés de ce danger, implorant continuellement la misericorde de Dieu pour ce pauvre peuple: Enfin le mal fit quelque treve, & sembloit être entierement appaisé, ce qui donna lieu aux habitans de revenir dans leurs maisons; mais deux mois après cette maladie contagieuse, qui avoit encore quelques racines dans la Ville, y fit son dernier ravage, & emporta une grande partie de ceux qui étoient restez du premier embrasement. L'on remarque que depuis ce tems-là Marseille a été souvent atteinte de peste.

Greg. Tur.

XIX Le Patrice Nicetius, aprés avoir gouverné Marseille quelque tems, fut r'apellé par le Roi, qui lui subrogea Bodegile, qui prit la qualité de Duc de Marseille: Il s'aquita dignement de sa charge, aquit l'affection du peuple; & l'étroite amitié qu'il avoit avec Fortunat Evêque de Poitiers, n'est pas une petite marque de son merite.

Fortun. l. 6. Savar. in sied.

HISTOIRE

CHAPITRE V.

Etat de la ville de Marseille soûs divers Princes.

I. Grêles au terroir de Marseille. II. Mort de Thierri & de ses enfans. Gouverneurs particuliers établis à Marseille. III. Les Sarrazins sont défaits aux plaines de Tours. IV. Ils prennent Avignon par la trahison de Mauront Duc ou Comte de Marseille. V. Ils s'emparent d'Arles & de Marseille, mais ils sont contraints de sortir du païs: veritable cause de leur venuë en Provence. VI. Marseille soûs la maison de Charlemagne. VII. Boson Roi de Provence, & Seigneur de Marseille, & de ses Successeurs. IX. Boson s'arme contre les Sarrazins. X. Bataille navale en laquelle les Sarrazins sont défaits. XI. Boson blessé se retire à Marseille où il meurt. XII. Ouvriers en vaisselle d'argent à Marseille.

I.

Greg. Tur. lib.11.c.11.

LE Roi Gontran étant decedé, Childebert son neveu prit possession de son Royaume : Mais il n'eut pas le loisir d'en joüir long-tems ; car il mourut quatre ans aprés que son oncle fut decedé, ayant laissé pour successeur de ses Etats Thierri & Theodebert ses enfans. Theodebert eut en partage l'Austrasie, dont la ville de Mets étoit la capitale. Thierri eut pour sa part le Royaume de Gontran ; & Marseille qui étoit auparavant Ville commune, apartint entierement à celui-ci. Les Historiens remarquent qu'en la quatriéme année de son regne, il tomba dans le terroir de Marseille & aux lieux circonvoisins, une si grande quantité de grêle, qu'elle y causa des domages inestimables.

II.

Marcul. Savar. iu Sidon. Lanovius de sanctis Franciæ Cancell. Yepes chr. de saint Ben. Maraud. Sa. vas. Eb. de Ger. de Feud. Sigeb. antiq. de Ni e. Brodero.

Thierri ayant regné seize ou dix-sept ans presque toûjours en guerre, soit contre Clotaire son cousin, ou contre son frere Theodebert, fut enfin perfidement empoisonné par les artifices de Brunehault son ayeule, qui lui fit donner un breuvage mortel en sortant du bain : Il laissa quatre bâtards qui perirent tous malheureusement, & par ce moyen Clotaire demeura seul Roi de France ; Marseille comme tout le reste tomba soûs la domination de ce Prince. Clotaire étant mort, d'abord son fils aîné posseda cette Ville durant sa vie, & y établit des Gouverneurs particuliers, qu'on apelloit Patrices, Prefets, Ducs, Comtes, Juges & Recteurs, qui ne signifioient qu'une même chose, entr'autres Siagrius, Didier & Elonus ; Saint Bonnet fut aussi fait Prefet & Juge de Marseille, qui en ce tems-là étoit la capitale de cette Province, & la Provence ne portoit autre nom que la Province de Marseille : Ce saint Personnage fut Chancelier de France, il défendit la vente des esclaves qui étoit alors en usage en Provence ; l'Ordre de saint Benoît solemnise sa Fête, & sa vie est raportée dans le premier volume de l'année Benedictine.

DE MARSEILLE. Liv. II. 49

dictine. Aprés ce Gouvernement Loup succeda à S. Bonnet, & prit la qualité de Duc de Marseille, tant qu'il fut en possession de cette dignité : Mais depuis ce tems-là jusqu'à celui de Charles-Martel, nous ne lisons rien de considerable de Marseille, si ce n'est que Hector en fut Patrice soûs Childeric II. & qu'il avoit épousé la fille unique d'une Dame veuve apellée Claudia : Ce Prince le fit mourir, selon quelques-uns, pour les grandes injustices qu'il avoit commises, & même pour avoir pillé quelques Eglises d'Auvergne. Il y en a qui raportent la mort de ce Seigneur d'une maniere differente ; ils disent que Hector s'achemina à Autun, pour suplier Leger Evêque de ladite Ville, de le vouloir recommander auprés de Childeric, qui s'y étoit rendu depuis quelques jours, pour celebrer la Fête de Pâques ; & comme on persuada à ce Prince que Leger & Hector n'avoient autre dessein que de tramer côtre lui, aussi la veille de Pâques Childeric enflamé de colere & chargé de vin, entra dans le Baptistere pour le tuer : Ce Prelat & Hector firent tout leur possible pour chercher leur salut dans la fuite ; mais ayans été surpris, Hector fut tué en chemin, & l'Evêque ramené au Roi, qui le confina dans le Monastere de Luxeu.

Durant le regne de Thierri IV. du nom, Charles-Martel possedant **III.**
soûs lui toute l'autorité, les Sarrazins qui s'étoient emparés presque de
toute l'Espagne, & avoient ruiné l'Etat des Visigots, voulurent éten- *L'an de Christ, 716.*
dre leurs conquêtes dans la France ; ils y entrerent donc avec une effroyable armée pour la subjuguer : Mais Martel s'étant genereusement opposé à leurs desseins, la bataille fut donnée aux plaines de Tours, dont le succés fut si heureux pour les François, qu'il y demeura trois cens soixante quinze mille des ennemis étendus sur la place, avec leur Roi Abderame. Charles aprés avoir remporté une victoire si glorieuse, recouvra tout ce que les Sarrazins avoient pris en France ; & il y établit ensuite des Juges & des Gouverneurs depuis Lyon jusqu'à Marseille : Mauronte fut alors fait Gouverneur de Marseille & d'Avignon, il prit le titre de Comte & de Duc de ces deux Villes.

Les Sarrazins se voulant venger de la perte passée, descendirent en- **IV.**
core en Provence, où ils firent des trés-grands ravages ; ils ruinerent *Chronic. Hildesheimense.*
le Monastere de Lerins, & massacrerent saint Porcaire qui en étoit Abé *Année Ben. Suplemét de*
avec cinq cens Religieux, qui vivoient soûs sa discipline dans cette Ab- *Greg. Incertus author.*
baye ; ensuite ils prirent la ville d'Avignon, par la trahison de Mau- *Petri pithoel. Ado. Regin.*
ront Duc ou Comte de Marseille, ainsi que nous venons de dire. Aussi- *Paul Æmill. Vignier Du-*
tôt que Charles en eut eu avis, il envoya en Provence son frere Chil- *chesne. Paradin. Blon-*
debrand, qui alla mettre le siége devant Avignon, & lui-même peu *dus, Genebrard. Cro-*
aprés s'y rendit : Il fit faire de grandes machines, & toute sorte de *nolog. Annales Franc.*
batterie pour ruiner les murailles de la Ville ; aprés quoi il fit donner *Metens.*
un si furieux assaut, qu'il la prit & en fit brûler une partie. Athime un des Rois Mores qui étoit dans cette Place, ayant prevû qu'elle ne pouvoit pas resister aux forces de ce Prince, s'embarqua sur le Rhône, & s'enfuit à Narbonne. Charles courut tout le Languedoc pour en chasser ces barbares, & sa bonne fortune fut si grande, qu'il les défit encore avec tant de carnage, que cette victoire est estimée par plusieurs

Tome I. N

Auteurs aussi glorieuse que celle de Tours : Et aprés avoir conquis tout le Languedoc, il passa en Provence à dessein de punir rigoureusement la perfidie de Mauronte ; mais le traitre travaillé du remors de sa conscience, qui lui donnoit de grandes aprehensions, s'enfuit vers la mer, & se cacha en des lieux inaccessibles. Charles se saisit de Marseille, reprit la ville d'Arles sur les Sarrazins, & s'assujetit le reste de la Province : On remarque que la Provence étoit alors nommée la Province de Marseille, ou la Province des Phocéens.

Paul. Æmill.

735.

V. Quelque tems aprés les Sarrazins rentrerent dans la Provence, & ils s'emparerent encore d'Arles & de Marseille : Charles en ayant été averti, il envoya de nouveau son frere Childebrand avec une grande armée, & ensuite y alla lui-même, & apella à son secours Luitprand Roi des Lombards son intime ami, qui ne manqua pas de l'aller trouver ; & comme ils eurent joint leurs forces, ils chargerent les Sarrazins si vertement, qu'ils les contraignirent de sortir du païs, & par leur fuite, toute la Provence fut soumise aux François. Ce debordement des Sarrazins fut une punition du Seigneur, que les Provençaux s'étoient attirés par les pechez d'impureté, qui étoient fort frequents parmi eux comme à tout le reste de la France : Ce qui obligea saint Boniface Archevêque de Mayence d'en écrire à Eschedobald son Prince naturel, que quelques-uns apellent Etobald, un des Rois d'Angleterre qui regnoit sur les Merciens, lequel étoit adonné à ces saletés ; pour tâcher donc de le redresser, il lui representa le malheur que ce peché avoit causé aux Provençaux : Cette remontrance fit tant d'impression sur l'esprit d'Eschedobald, qu'il pleura ses pechez, & vécut le reste de ses jours dans une grande moderation.

Vignier Bibliot. histor.

Paul. Diac. liv.6.ch.15.

Duchesne. hist. d'Angl.

Distinct. 56. Capite Agens Anglorum.

VI. Charles-Martel étant decedé, Pepin son fils fut élu Roi des François du consentement des Etats, Childeric le feneant ayant été tondu & confiné dans un Cloître. Torocomacus écrit que le Roi des Sarrazins recherchoit l'amitié de ce Prince ; & en effet il lui envoya des Ambassadeurs qui arriverent à Marseille, & de-là furent conduits au Château de Celles sur la riviere de Loire, où le Roi étoit alors : Il les reçût avec beaucoup de caresses, & les ayant chargés de riches presens, les fit aprés conduire à Marseille. Soûs ce regne, les Ambassadeurs de l'Empereur Constantin Copronime arriverent en cette Ville, avec un Ageant du Pape Etienne III. & comme leur ambassade n'étoit à autre dessein que pour empêcher que le Roi de France ne mit entre les mains de sa Sainteté l'Exarchat de Ravenne, pour en faire gratifier leur maître, ils n'oublierent rien de leur adresse, pour retenir à Marseille l'Ageant du Pape. Quelques années aprés Adrian qui étoit assis sur la Chaire de l'Eglise, se voyant oppressé par les Lombards, envoya au même Prince un Ambassadeur nommé Pierre ; il arriva ici par mer, & de-là s'en alla à Thionville trouver le Roi, pour implorer son assistance contre cette nation. A Pepin succeda Charlemagne, lequel eut pour successeur Loüis le Debonnaire, qui laissa en mourant trois enfans, Lothaire, Charles & Loüis, lesquels portés d'une haine mortelle les uns entre les autres, dechirerent l'Empire François

Anast. bibl.

Ans de J. Christ. 756.

Adelmus. annal. Franc. Bertini.

773.

Parod. annal. de Bourg.

par des grandes guerres qu'ils eurent ensemble; enfin leur different ayant été vuidé par l'entremise de quatre-vingts Gentils-Hommes, Lothaire eut en partage l'Empire, la Bourgogne, le Dauphiné, la Savoye, la Provence & Marseille.

VII. Lothaire disant adieu au monde, & s'enfermant dans un Cloître, partagea ses Etats à Loüis, à Lothaire & à Charles ses enfans: Charles eut le Royaume de Bourgogne, qui ne comprenoit alors que Lyon, le Dauphiné, la Savoye, la Provence & Marseille; parce que la Comté demeuroit à son frere Lothaire, & le Duché étoit uni au Royaume de France. Charles n'ayant survécu à son frere que fort peu de tems, son Royaume fut partagé par Loüis second Empereur & Roi d'Italie, & par Lothaire Roi de Lorraine ses freres. La Provence, le Viennois & la Savoye tomberent à l'Empereur, qui leur donna le titre de Royaume, & la Provence depuis lors porta le titre de Royaume de Provence: L'Empereur n'en joüit pas long-tems; car soit qu'il ne prit pas soin de la conserver, ou qu'il crut qu'il étoit plus necessaire de défendre l'Italie contre les Grecs & les Sarrazins, il souffrit que Charles le Chauve son oncle lui enlevât cette belle Province: Il en donna le gouvernement au Comte Boson, dont il avoit épousé la sœur apellée Richilde. Aprés la mort de Charles le Chauve, Boson qui avoit été élevé aux plus hautes charges de l'Empire, eut le courage non seulement de ravir la Princesse Hermengarde fille de l'Empereur Loüis, mais encore d'usurper le Royaume de Provence; il s'en fit couronner Roi à Mantale maison royale du Dauphiné, par la plûpart des Evêques, des Prelats, des Barons & des Seigneurs, tant du Lyonnois, de Dauphiné, de Provence, que des Duchés & Comtés de Bourgogne & de Savoye.

An de J. Christ, 876.

VIII. Boson étant decedé Loüis son fils lui succeda, & tint tant qu'il vêcut Marseille & le Royaume de Provence: Il porta le surnom d'aveugle, à cause qu'aprés qu'il fut descendu en Italie, & qu'il se fut fait couronner Empereur, il se laissa surprendre au Roi Berenger, qu'il avoit défait en plusieurs rencontres, qui le depoüilla du Royaume d'Italie, & lui fit crever les yeux. Aprés la mort de ce Prince, Charles Constantin son fils unique s'éforçant de recueillir sa succession, Hugues fils de Thibaud, qu'on croit avoir été Gouverneur de Provence aprés la mort de Boson, lui usurpa la plûpart de ses Etats, & le contraignit de se contenter de la Principauté de Vienne: Mais cét Usurpateur n'en joüit pas long-tems; car il fut forcé de ceder le Royaume de Provence à Rodolphe II. Roi de Bourgogne, qui le possseda durant sa vie, aprés lequel Conrad son fils fut reconnu Roi d'Allemagne, de Bourgogne & de Provence; celui-ci gouverna tant qu'il vêcut tous ses Royaumes fort paisiblement: Et ce fut soûs ce Prince, ou du tems de son pere ou de son fils, que les Gouverneurs des Provinces, ou des bonnes Villes qui portoient la qualité de Comte ou de Vicomte, formerent le dessein de rendre leurs Gouvernemens hereditaires, comme nous verrons au chapitre suivant. Conrad ne laissa qu'un fils de sa femme Mathilde fille de Lothaire Roi de France: Sçavoir, Rodolphe III. surnommé le Lâche ou le Faineant, pour le peu de sentiment qu'il témoigna de la rebellion de ses sujets, & qui aprés avoir regné trente-huit ans, mourut sans enfans, ayant institué ses heritiers l'Empereur Constantin dit le Salique, mari de Giselle sa niéce, & Henri III. son fils. Quelques-uns pourtant ont écrit, que Conrad eut un autre enfant apellé Boson, qui fut Roi d'Arles, & qui gagna une bataille navale sur les Sarrazins qui occupoient la Corsegue & la Sardaigne: Neanmoins Herman Contract, Thomassin, Vignier, Duchaîne, & plusieurs autres Auteurs de grand poix, assurent que Conrad ne laissa que Rodolphe. Et je puis dire avec verité, que bien que j'aye fait une exacte recherche des tîtres des années 993. que Boson commença de regner, jusqu'en l'an 1000. qu'il mourut, je n'en ai point trouvé où il soit fait aucune mention de lui: Et toutes fois les anciens avoient accoûtumé d'inserer à la fin de leurs actes, les noms des Princes qui regnoient alors ; mais parce que comme j'ai dit, il y en a quelques-uns qui parlent de lui, je veux raporter ce qu'ils en écrivent, pour la satisfaction du Lecteur curieux, à qui je laisse la liberté de croire ce que bon lui semblera, quoique je ne crois nullement à ce point d'histoire.

Memoire de Thomassin.

IX. Durant le regne de Boson, disent-ils, le Pape Silvestre ne pouvant souffrir que les Sarrazins occupassent la Sardaigne & la Corsegue, exorta les Princes Chrétiens de porter leurs armes contre ces infideles, declarant qu'il donnoit ces Iles à ceux qui les en chasseroient. Boson jeune Prince extremement magnanime, à la solicitation des Pisans & des Genois, embrassa courageusement cette occasion si importante pour le repos de toute l'Italie, que cette nation incommodoit par ses frequentes courses : A cet effet il mit sur pied une puissante armée trés-bien équipée, soit d'hommes de marine & de rame, soit encore des meilleurs Soldats qui fussent dans son Royaume.

X. Toutes choses étant prêtes, Boson sortit du port de Marseille, & arrivant à Vingtimille se joignit aux Pisans & aux Genois. Cependant Musaque Roi des Sarrazins qui avoit apris cette entreprise, ramassa autant de forces qui lui fut possible, & voulant éloigner la guerre de son païs, s'avança contre les Chrétiens, qui étoient rangés de cette sorte : Les Pisans avoient la pointe droite, les Genois la gauche, & Boson le milieu. Comme les deux armées furent en vûë l'une de l'autre, selon le desir violent qu'elles avoient de combatre, elles firent leurs aproches avec tant de vitesse, & se chargerent si brusquement, que la victoire demeura long-tems en balance. Boson combatoit pour la gloire ; les Pisans & les Genois pour la seureté de leur païs. Les Sarrazins aimoient mieux mourir que d'être vaincus, parce qu'ils étoient assurez qu'outre la perte de leurs biens, ils souffriroient encore une fâcheuse & perpetuelle servitude ; ainsi chacun s'éforçoit d'avoir l'avantage sur son ennemi. Mais enfin les Chrétiens firent une recharge si furieuse, qu'ils emporterent la victoire, mirent les ennemis en fuite, & prirent vingt de leurs Galeres ; la nuit les empêcha de donner la chasse aux Sarrazins, & de les poursuivre jusqu'en Corsegue & en Sardaigne.

Delben. de Reg. Burg. transju. l. 3.

XI. Les nouvelles du gain de cette bataille, où Boson avoit été blessé legerement

legerement d'un coup de fleche, ayant été portées à Marseille par un Brigantin que le Roi dépêcha expressement, toute la Ville en ressentit une joye extraordinaire; & le lendemain de cette victoire, l'armée prit la route de Vingtimille, où Boson donna toutes les dépoüilles des ennemis aux Pisans & aux Genois, ne se reservant rien pour lui. Et aprés à cause de sa blessure, il se retira à Marseille, ayant laissé son armée à ses alliez, sous le commandement de Seissel, pour aller attaquer la Sardaigne & la Corsegue: Ce Prince demeura quelques jours dans Marseille pour se faire penser; mais au lieu d'aporter les soins necessaires à sa guerison, il s'abandonna tellement aux excès & aux débauches, qu'une fievre continuë l'ayant saisi, il mourut quelques jours après, avec un regret extreme de tous ses sujets, qui le cherissoient tendrement, pour les belles vertus qui reluisoient en sa personne. Paradin & quelques autres Auteurs se sont beaucoup mécontés, suivant l'opinion d'Alphonse d'Elbene, en ce qu'ils ont écrit que cette bataille fut donnée entre Boson & les Genois; car, dit-il, on ne trouvera point dans les annales de Genes, que les Genois ayent jamais rompu avec Boson, mais il est certain qu'ils ont eu guerre avec les Sarrazins: Et pour confirmer son opinion, il allegue l'authorité d'Humbert Folieta, qui a décrit cette bataille plus amplement qu'aucun autre.

<small>Parad. hist. de Savoye, lib. 2. ch. 9.</small>

<small>Hub. Foliet. hist. de Sav.</small>

XI. Il y avoit en ce siecle des Orphévres qui travailloient si artistement dans Marseille, que Leodebode Abé de Fleuri, fit legat à l'Abaye de S. Pierre de Fleuri d'onze écuelles d'argent sur-dorées, façonnées avec de Croix blanches, qu'on lui avoit aportées de cette Ville. L'importance de ce meuble fait connoître la magnificence du tems, qui semble en quelque façon remarquable, d'autant mieux que les metaux étoient alors assez rares, puisque les Indes ne furent découvertes que quelques siecles après.

GENEALOGIE
DES
VICOMTES
DE
MARSEILLE.

HISTOIRE DE MARSEILLE,
LIVRE TROISIEME.

CHAPITRE I.
Genealogie des Vicomtes de Marseille. De Guillaume I. & de ses Enfans.

I. Origine des Vicomtes de Marseille fort obscure. II. De leur puissance & de leur authorité. III. Ils procurent à leurs enfans les dignités Ecclesiastiques. IV. De leurs Armoiries. V. Les Comtes se rendent proprietaires de leur Gouvernement. Boson fut le premier Comte de Provence. VI. Pons I. Vicomte de Marseille. Sa mort. VII. De Guillaume I. VIII. De Guillaume II. & de Fulco ses enfans. Ils partagent l'heritage de leur pere. IX. Guillaume & Fulco font diverses donations au Monastere S. Victor. X. Liberalités des Vicomtes envers plusieurs autres Monasteres. XI. Donnation de la terre de Caravillan. XII. Les Religieux de S. Victor en poursuivent la restitution contre les Usurpateurs. XIII. Féme parjure punie du feu du Ciel. Les Reliques de S. Victor sont portées au devant des murailles de Marseille. Trois sortes d'épreuves en affaires douteuses. XIV. Mœurs, conditions & qualités des Vicomtes. XV. Bilielis donne quelques terres au Monastere S. Victor.

LA ville de Marseille étoit autre-fois soûs le pouvoir des Vicomtes : Quelques-uns de ceux qui l'ont possedée en cette qualité, ont porté indifferemment le titre de Vicomte, de Comte, & de Prince de Marseille ; ce qui fortifie le témoignage de Froissart & d'autres bons Auteurs, qui ne mettent presque point de difference entre les Comtes & les Vicomtes, ayant souvent qualifié Comtes ceux qui n'étoient que Vicom-

I.

tes. L'origine de nos Vicomtes est si obscure, qu'on a peine de voir un peu de jour parmi ces tenebres, parce qu'on ne trouve aucun Auteur ancien ni moderne qui en ait parlé : Que si le tems nous eut ravi les vieilles Chartres qui sont dans les archives des bonnes Villes & des anciens Monasteres, la memoire de ces Princes demeureroit tellement ensevelie, qu'on seroit bien en peine de sçavoir s'ils ont été ; & ce n'est que par presomption qu'on avance qu'ils sont issus des anciens Comtes de Provence, & que cette Ville en fut démembrée en faveur des puis-nés.

II. La puissance, l'authorité, & les richesses de nos Vicomtes étoient assés considerables ; ils étoient Seigneurs de Marseille, & d'une bonne partie de la Province, ayant même porté quelque fois la qualité de Vicomte d'Arles : Et bien qu'ils fussent tenus de rendre quelques devoirs aux Comtes de Provence, c'étoit neanmoins peu de chose, puis qu'ils n'étoient obligés qu'aux Chevauchées ; en effet, pour marque d'une espece de souveraineté, ils mettoient dans leurs titres (*Par la grace de Dieu Vicomtes de Marseille*) Ce qui fut défendu par nos Rois Charles VII. & Loüis XI. au Duc de Bretagne, & au Comte d'Armagnac, qui avoient ôsé prendre cette qualité, étant une acte d'independance, & une prerogative qui n'apartient proprement qu'à ceux qui relevent immediatement de Dieu & de leur épée. Le droit de proprieté qu'ils avoient sur tout le Sel qui se formoit aux environs de Marseille, est aussi une marque de souveraineté, bien qu'ils n'y eussent établi aucune imposition. La Gabelle étoit encore en ce tems-là inconnue par toute la France, n'ayant été introduite que 350. ans aprés, comme nous l'aprenons des historiens, qui en attribuent l'invention à Philipe le Bel, ou à Philipe de Valois.

Contin. de Nangis,Gag. Paul. Æmil. liv. 9.

III. Nos Vicomtes ont encore laissé des marques évidentes de leur pouvoir en la personne de leurs fils ; car ils leur procuroient les dignités les plus éminentes de l'Eglise, comme l'Archevêché d'Arles, celui d'Aix, l'Evêché de Marseille & de Besiers : Enfin les sceaux de plomb attachés aux Chartres de ces Princes, sur lesquels est representé un homme à cheval, armé de toutes pieces, tenant une épée nuë à la main, sont d'illustres témoignages de la grandeur de leur maison.

IV. Quant à leurs Armoiries, il est certain qu'ils portoient de geules à la croix clechée & pommetée d'or comme les Comtes de Provence & de Forcalquier ; ce qui marque que tous ces Princes n'avoient qu'une même origine.

Et si les Comtes de Toulouse l'ont aussi portée, ce n'a été que depuis le mariage de Guillaume Comte de Toulouse avec Eme fille de Rotbold

Comte

DE MARSEILLE. Liv. III. 57

Comte de Forcalquier, & qu'il eut pris les armes de sa femme qu'il transmit à ses descendans.

Monsieur du Cange parlant de cette Croix, dit qu'elle est semblable à celle qui aparut à l'Empereur Constantin le Grand, lors qu'il se preparoit à combatre contre Maxence, & qu'il fit ensuite élever dans le marché de Constantinople. Nos Rois de la premiere race, qui avoient eu la Provence & Marseille en partage, firent fraper dans cette Ville quelques monoyes d'argent, sur lesquelles il y avoit une Croix, qui étoit fort peu differente de celle que les Comtes de Provence & nos Vicomtes avoient porté dans leur écu. La voici de la maniere que Monsieur Bouterove l'a representée dans la quatrieme

Dissert. 18 sur l'histoire de S. Louis par Joinvil.

Tome I. P

planche de son ouvrage, intitulé ; *Recherches curieuses des monoyes de France, depuis le commencement de la Monarchie*, Imprimé à Paris en 1666.

Je ne sçai si les Comtes de Provence de la premiere race, d'où nos Vicomtes descendoient, auroient pris cette Croix pour Symbole, en memoire de ce que les Rois de France de la premiere race, qui étoient maîtres de Provence, l'avoient portée dans leur monoye, ou s'il y auroit eu quelque alliance parmi ces deux familles ; ce qui seroit bien difficile à resoudre dans une si longue antiquité. Cependant comme la Famille de nos Vicomtes se multiplia en plusieurs branches, elles se distinguerent non seulement par la possession des terres, mais encore par le blason. Guillaume le Gros, Raimond Geofroi, Roncelin, Sibile Dame de Toulon fille de Gaufridet Reforciat ont porté la Croix. On la voit gravée sur une grande pierre qui étoit autre-fois au Tombeau de Sibile, & qui est aujourd'hui enchassée dans la muraille de la façade de l'Eglise Cathedrale de Toulon, & tout proche de la porte. Elle paroît encore dans l'Eglise de l'Abaye saint Victor, au dessous d'un vieux Crucifix à la Greque, attaché contre le pillier qui est au milieu de la Nef, vers la petite porte. Barral des Baux à cause de Barralle sa mere, fille du Vicomte Barral, portoit aussi la Croix dans son sceau. Raimond Geofroi outre la Croix qu'il avoit porté, & Barral son frere, chargerent tous deux leur écu d'un Symbole tout-à-fait different de ceux des autres Vicomtes : Celui-là portoit un Pal qui divisoit l'écusson en trois parties égales, & celui-ci portoit un Vase apellé vulgairement Barral, dont les Laboureurs & les Pastres se servent. Monsieur de Peiresq avoit remarqué que Raimond Geofroi, par le Pal qu'il avoit pris, faisoit allusion au nom de la terre de Trets qui lui apartenoit ; car le mot de *Trets* vulgairement pris, veut dire trois en François. Aussi ceux qui ont curieusement recherché l'origine des Armoiries, ont cru que plusieurs avoient composé leur blason des choses qui avoient du raport aux noms, aux sobriquets, & aux terres dont ils étoient Seigneurs : Et pour un plus grand éclaircissement de cette matiere, je donnerai ci-dessous les differentes representations des sceaux de ces Princes, qui me sont tombés entre les mains.

Meser hist. de Franc.

V. Il y a donc grande aparence que les Vicomtes de Marseille soient descendus des Comtes d'Arles & de Provence ; mais il est necessaire de faire voir de quelle maniere ils furent établis : Et pour cet effet, il faut remarquer que les Comtes n'étoient anciennement que Gouverneurs des Provinces & des bonnes Villes, leur authorité n'étant que pour un certain tems, & sous le bon plaisir des Princes qui les avoient creez ; ce qui dura de la sorte jusqu'au regne de quelques-uns

DE MARSEILLE. Liv. III. 59

des Rois qui posséderent les Etats de Charlemagne, qui ayant degeneré de la bravoure de ce grand Empereur, souffrirent lâchement que les Comtes & les Vicomtes se rendissent proprietaires de leur Gouvernement, ne reconnoissant la Majesté Royale que par quelque leger homage. Cela est si veritable, que ceux qui gouvernerent la Provence au tems qu'elle étoit un membre du grand Royaume de Bourgogne, ne laisserent pas perdre l'occasion de s'en emparer : Et ce fut sous Rodolphe II. ou Conrad son fils Rois de Bourgogne, que les Comtes tenterent secretement de se rendre hereditaires, ou sous le regne de Rodolphe III. fils de Conrad, surnommé le Lâche ou le Faineant. Le premier qui fut Gouverneur de Provence sous le titre de Comte avoit nom Boson; ce Prince est la souche de la premiere race des Comtes de Provence : Il laissa en mourant, selon la commune opinion des Historiens, trois fils qui se partagerent la Provence. Le premier apellé Guillaume eut en partage la Comté de Provence, que ses descendans possederent successivement jusqu'à Bertrand mari de Mathilde, qui étoit fille, à ce qu'on croit, de Roger II. Comte de Sicile, & sœur de Basile femme d'Alain Roi d'Hongrie, & d'Eme femme de Raimond III. Comte d'Auvergne. Toutefois bien que je n'avance point des titres formels pour justifier cette alliance, & que les Auteurs qui ont parlé de Mathilde, lui donnent pour époux Raimond Comte de Provence ou de saint Gilles, neanmoins il y a plûtôt lieu de croire qu'elle fut mariée à Bertrand qu'à Raimond, puis qu'il se trouve des Chartres qui justifient que Bertrand avoit épousé Mathilde, joint aussi que les bons Auteurs assurent que Raimond de saint Gilles avoit été marié à Elvire ou Gisloire fille d'Alphonce Roi de Galice, & non point à Mathilde ; & ce qui peut avoir trompé ceux qui ont cru que Mathilde fut mariée à Raimond, c'est qu'ils auront trouvé quelque Chartre ou manuscrit, où le nom de ce Prince n'aura été marqué que par une lettre capitale, ce qui est fort frequent dans les titres, & auront pris un R. pour un B. de sorte qu'ils auront confondu le nom de ces deux Princes, & au lieu de lire Bertrand, ils auront lû Raimond : Mais quoi qu'il en soit, Bertrand mourut sans enfans vers l'an 1090. tellement que la Provence fut acquise à Gerberge sa sœur, qui fut conjointe en mariage à Gilbert fils de Berenger I. Vicomte de Rhodés & de Carlat & d'Adile, & frere de Richar II. Comte de Rhodés & Vicomte de Carlat. Depuis cette alliance il devint Comte de Provence, & ne laissa en mourant que deux filles, qui porterent le nom de leur Ayeule maternelle, femme du Comte Geofroi, dont l'une fut apellée Douce, & l'autre Estiennete ; celle-ci épousa Raimond de Baux, & lui porta en dot quantité de terres scituées dans la Provence, qui furent apellées dans la suite les terres Baussenques. L'ainée fut donnée en mariage l'an 1112. à Raimond Comte de Barcelone, sous la constitution de tous les biens que Gerberge sa mere avoit recueilli dans les Comtés de Provence, de Givaudan, de Rhodés & de Carlades, tant du chef de ses parens que de Gilbert son mari. Si bien que par ce mariage la Provence passa dans une Maison étran-

Histoire des Conq. des Nor. Franc. de Dumoul. justel, hist. de la Tour d'Auvergne.

Cat. hist. des Comtes de Toulouse

gere, où elle demeura jusqu'en l'an 1245. que Beatrix quatrieme fille de Raimond Berenger Roi d'Aragon & Comte de Barcelone, l'aporta en dot avec la Comté de Forcalquier à Charles d'Anjou, fils de Loüis VIII. Roi de France, & de Blanche Castille.

VI. Les autres enfans de Boson avoient nom Rotbold & Pons; celui-là eut pour sa part la Comté de Forcalquier, qui fut enfin reünie à la Comté de Provence l'an 1193. par le mariage de Garsenne Comtesse de Forcalquier avec Idelfons Roi d'Aragon, Comte de Barcelone & de Provence. Pons eut dans son partage le Vicomté de Marseille avec ses apartenances, qui étoient Toulon, Ollieules, Sixfours, Olieres, Bulcodenes, Trets, Cireste, Porcieus, Peinier, Peiloubier, Tourves, la Cadiere, Aubagne, Alauch, Souliers, Oriol, Cuges, Signe, Fos, Cuers, Roquefueil, Jullians, Rosset, Porrieres, Greasque, Bougencier, Rougies, Cogoulin, le Castellar, Campagne, Almes & autres, à condition de relever de son aîné. Nous n'avons point des titres formels pour prouver en quel tems il eut tout cela en partage, ni qu'il soit frere ou fils de Boson, ni qu'il soit la souche des Vicomtes de Marseille, parce que je n'ai veu aucun acte où il ait pris cette qualité; car dans la Chartre qui a paru dans la premiere édition de cet Ouvrage, qui fait mention d'un Seigneur apellé Pons, il n'est qualifié simplement que Vicomte, sans designer qu'elle étoit la Ville qu'il possedoit en titre de Vicomté, d'ailleurs il y avoit d'autres Vicomtes dans la Province, outre ceux de Marseille en l'an 1035. & 1047. Berenger & Miro étoient Vicomtes de Sisteron, & en l'an 1067. Franco & Berenger étoient Vicomtes de Frejus, qui n'étoient pas si anciens que ceux de Marseille. Il est vrai que deux Auteurs de l'histoire de Provence ont produit une chartre, pour prouver que Pons étoit fils de Boson, elle est tirée des archives de Montmajour, & conçûe en ces termes: *Boso Comes, & uxor sua constantia firmaverunt illorum filij similiter, Vvillelmus Comes, Rotbaldus Comes, Pontius juvenis firmavit*. Ils veulent par ce mot de *juvenis* conclurre que ce Pons étoit le troisieme, & le plus jeune des fils de Boson: Mais cette preuve ne peut pas être incontestablement reçûë, puis qu'on trouve dans ces mêmes archives un titre de ce tems-là d'un *Pontius juvenis*, de sa femme *Profecta*, & de ses deux fils Hugues & Geofroi, qui n'ont jamais été Vicomtes de Marseille, puisque cette Ville étoit gouvernée l'an 972. par le Vicomte Guillaume. Et si on fait reflection à la premiere chartre sur laquelle on s'étoit fondé, pour prouver presomptivement que Pons étoit frere puis-né de Boson, on trouvera qu'on en a pas fait une juste aplication, d'autant que cet acte est un jugement fait à la poursuite de saint Honoré Evêque de Marseille, qu'on dit être fils du Vicomte Pons, contre Boson Comte de Provence, qui fut vuidé par Pons, qui étoit un des Juges qui termina ce different. De sorte que si Pons eut été frere de Boson & pere d'Honoré, il s'en suivroit qu'il auroit été Juge necessaire des affaires d'entre son frere & son fils, ce qui est tout-à-fait impossible, d'autant mieux qu'il est parlé sur la fin de cette chartre & du frere & du fils de Boson: Et si Pons eut été

Histoire de Provence de Mr. Gaufrid. & de Bouch.

dans

dans cette proximité, il auroit été placé conjointement avec eux, & non point avec les Juges ; de sorte que ce n'est que par presomption que nous pouvons croire que Pons en a été le premier Vicomte. Mais comme quelques-uns de la famille des Vicomtes ont porté le nom de Pons, ce n'est pas un petit indice pour nous persuader que ce Vicomte en soit le tronc & la tige, parce qu'en ce tems-là on conservoit dans les familles desnoms particuliers, qu'on faisoit porter aux descendans, joint aussi le grand nombre des terres que les Vicomtes de Marseille possederent, qui ne leur pouvoient apartenir qu'en suite du partage dont nous avons parlé cy-dessus. Ces deux presomptions sont encore fortifiées par la Croix clechée & pommetée, que nos Vicomtes avoient porté dans leurs Armoiries, de la même maniere que les Comtes de Provence & de Forcalquier l'avoient portée dans leur écusson. Je n'ai rien pû aprendre de la vie & des actions du Vicomte Pons, ni du tems de sa mort, je crois qu'elle arriva l'an 970. le nom de sa femme m'a demeuré inconnu jusqu'aujourd'hui, aussi bien que celui de ses enfans : il est vrai que comme nous trouvons que peu après sa mort, la ville de Marseille étoit regie par un Vicomte nommé Guillaume, qui avoit un frere apellé Honoré Evêque de cette Ville, il y a aparence qu'ils étoient tous deux enfans de Pons, & que l'aîné avoit succedé aux Etats de son pere. Presque tous ces points d'histoires se trouveroient éclaircis, s'il y avoit lieu d'ajouter foi à quelques fragmens de chartres, qui furent trouvés (au raport du curieux Monsieur l'Abé de Briançon, qui me les a communiqués) dans l'Abaye de S. Victor en l'an 1640. car elles disent que Pons avoit été Vicomte de Marseille, & que de sa femme Iditte fille d'A...... Comte de Bretagne, il eut Guillaume qui épousa Bilielde fille d'Eagar Prince d'Angleterre, & que de ce mariage sortit trois fils, Pons Évêque de Marseille, Guillaume & Fulco : Mais comme ces titres ne sont jamais tombés entre nos mains, quelque recherche que feu mon Pere & moi ayons fait dans le chartrier de ladite Abaye, avant l'an 1640. & depuis environ dix ou douze ans, je suspens mon opinion jusqu'à ce qu'on découvre les originaux, ou quelque piece qui leur soit relative, d'autant mieux que cette Idette, que les histoires de Bretagne & de Normandie apellent Juditte, ou Juette, fut mariée l'an 1017. avec Richard II. du nom Duc de Normandie ; de sorte qu'il faudroit necessairement que cette Princesse eut épousé en premieres nôces Pons Vicomte de Marseille, puisque Guillaume Vicomte de la même Ville son fils, mourut l'an 1004. & qu'elle se fut remariée treize ans après la mort de son fils. Celle d'Angleterre ne s'accorde pas non plus avec la chartre de Belielde, car elle ne donne point de filles à Eadgar Roi d'Angleterre, qui mourut vers l'an 975.

Hist. de Bretag. de Pierre de Baud. hist. de Nor. de Dumoul. hist. d'Angl. deDuchêne.

Mais pour revenir aux titres que j'ai veu, je trouve que Guillaume I. étoit Vicomte de Marseille, au tems que Guillaume I. Comte de Provence, chassa les Sarrazins du fort de Fraxinet & de quelques terres de la Provence, dont ils s'étoient emparés, ce qui arriva l'an 972. Ce Vicomte étoit un Prince fort zelé envers l'Eglise, il contribua beaucoup à la restauration du Monastere saint Victor, qui avoit été ruiné

VII.

Tome I. Q

au neuvieme siecle par les Normans ; & de plus, il augmenta le domaine de cette maison par la donation qu'il lui fit l'an 1001. avec sa femme Hermengarde, Pons Evêque de Marseille leur fils, & les Chanoines de l'Eglise Cathedrale, d'un lieu que la chartre apelle *Almes* : Et pour plus de validité, le donateur fit souscrire cette donation à ses trois fils, & à Astrude sa fille, selon l'usage de ce tems-là, qui étoit que les peres étoient obligés de faire souscrire à leurs enfans les donations qu'ils faisoient, quoi qu'ils fussent encore à la mamelle, & de se faire donner leur consentement ; autrement il leur étoit permis de vendiquer les biens que leurs peres avoient donné. J'ai inferé dans les preuves une chartre de l'an 1056. qui justifie que Pierre Saumade un de nos Vicomtes, avec deux de ses fils, qui n'étoient point encore regenerés des eaux salutaires du Batême, fit present à l'Abaye saint Victor d'un Aleu, scitué dans le terroir de Ramatuelle. Nôtre Guillaume donna l'an 1004. à l'Abaye saint Victor la moitié d'un Bourg apellé Campagne, qui étoit entre Bouc, Cabries & les Pennes, qui n'est pas en état aujourd'hui ; & qui a laissé son nom au terroir où il étoit scitué ; il lui fit don aussi d'une portion du lieu de Cuges, & de la moitié du fief de Castellar : Ce Prince vêcut jusqu'en l'an 1004. que se voyant atteint d'une dangereuse maladie, qui ne lui donnoit pas esperance d'en relever, il ne voulut être entretenu que des discours qui regardoient le salut de son ame ; & pour faire la fin d'un parfait Chrétien, il se fit couper les Cheveux, & prit l'habit de saint Benoît des mains d'Uvifret Prieur du Monastere S. Victor, du vivant même de sa femme ; & en cet état, il rendit l'ame à son Createur, finissant par une belle mort une bonne vie. Guillaume fut marié deux fois ; de sa premiere femme nommée Billielis, il eut quatre fils & une fille, sçavoir, Pons qui succeda du vivant de son pere à Honoré son oncle en l'Evêché de Marseille, Guillaume, Fulco, Arnulphe, & Billielis qui porta le même nom que sa mere : En secondes nôces, il épousa Hermengarde, qui ne m'est pas plus connue que l'autre, à laquelle il fit present du lieu de la Cadiere ; cette Princesse ne fit qu'une fille apellée Astrude, qui fut mariée à un Seigneur apellé Lambert. Fulco & sa femme Odile leur firent don de la terre de Tourves, & d'une autre apellée *Ascolaren*, scituée dans le Diocese de Frejus, comme encore d'un fief nommé *Matalicas* : Cette donation fut faite à Toulon, dont la date merite d'être remarquée, puis qu'elle dit en termes exprés que l'acte fut passé regnant nôtre Seigneur Jesus-Christ. Cette clause n'a pas été introduite, comme quelques-uns veulent croire, depuis que le Pape Urbain II. eut excommunié Philipes I. à cause qu'il avoit repudié Berthe d'Hollande, pour épouser Bertrade de Monfort sa parente, & que ce fut pour lors qu'on commença de taire dans les actes le regne de ce Prince, & d'y aposer *Regnant Jesus-Christ* : Mais ceux-là sont tombés dans une manifeste erreur ; car outre que la chartre, que je viens de citer, est long-tems avant l'excommunication de ce Prince, j'en ai rencontré deux autres, dont l'une fait mention conjointement & du regne de Philipes & de la clause Regnant Jesus-Christ,

& la derniere fut passée dans la Catalogne; elles sont conçûës en ces termes : *Anno ab Incarnatione Domini millesimo LXV. Indictione III. regnante in Francia Philippo Rege, imperante verò ubique Domino nostro Jesu Christo. Facta est igitur hæc carta anno ab Incarnatione 1101. Indictione VIII. VIII. Kalendas Februarij feria sexta, in urbe Barbastrensi regnante Jesu Christo in cælo & in terra, & Petro Sancij Rege in Pampilone & in Aragone.* Joint encore que Mr. de Besly prouve par un bon nombre de chartres tirées de divers cartulaires, qu'on avoit observé cette coûtume huit cens ans avant la naissance de ce Prince, & qu'elle avoit continué environ cent cinquante ans après sa mort : Ce qui oblige quelques-uns de croire que cette clause est une marque certaine, que les Princes qui regnoient dans les païs où ces actes ont été passés professoient la Foi de Jesus-Christ, ou bien pour témoigner qu'ils reconnoissoient Jesus-Christ pour le Roi des Rois.

Arch. de S. Victor. Arm. d'Arles n. 5.

Au grand Cart. fol. 104. Hist. des Comtes de Poitou.

Marca hist. de Bearn.

Ans de J. Christ 1005.

Aussi-tôt après le decés de Guillaume I. ses enfans partagerent son heritage; l'Evêque Pons & sa sœur Billielis eurent quelques places dans la Province; Marseille & le restant du bien vint à Guillaume & à Fulco, qui le diviserent également; Arnulphe mourut aparemment avant son pere, puisque nous ne trouvons pas qu'il eut aucune part à son heritage. Fulco se maria en l'an 1005. avec une Dame apellée Odile, dont le frere étoit un Seigneur apellé Lambert : Son mariage est trés-curieux, soit par les termes dont il est conçû, ou parce qu'il fut écrit par l'ordre de Deodé Chancelier de Marseille; en effet, il est expressément porté qu'il fit donation à sa femme pour le premier baiser de tout ce qu'il avoit sur les terres de Sixfours, de Soliers, de Cireste, de Cuges & d'Olieres. Guillaume & Fulco furent imitateurs de la pieté de leur pere, & ce seroit trahir leur vertu, que de dissimuler les liberalités qu'ils exercerent envers le Monastere saint Victor.

VIII.

En l'an 1014. Guillaume & Fulco firent donation à l'Abé Uvifret, & aux Religieux de saint Victor, des Eglises de saint Mitre, S. Martin & S. Laurens, qu'ils possedoient au terroir d'Aubagne, comme aussi des portions qu'ils avoient sur la jurisdiction, & les droits Seigneuriaux aux lieux de Pourssioux, de Peinier, d'Olieres, de saint Andiol & de la Mole, afin de pouvoir obtenir par leur intercession le pardon de leurs fautes; aux années suivantes, ils donnerent pareillement l'Eglise saint Martin, scituée au terroir de Manosque, la huitieme partie du Bourg de la Cadiere, la quatrieme de Bulcodenos,

IX.

1019.
1020.

& la moitié du lieu de Cireste : Cette Eglise eut aussi en don de ces deux freres, de leurs femmes & de leurs enfans, un Moulin qui étoit sur la petite riviere d'Huveaune, au lieu où elle reçoit les eaux d'un ruisseau nommé Jarret, qui est encore aujourd'hui possedé par le Monastere, comme aussi un droit de pêche dans cette riviere, depuis ce Moulin jusqu'à la mer : Ils lui firent encore plusieurs autres donations, même des lieux de Cireste, de Cuges & du Castellar, des Eglises saint Pancrasse & saint Pons, & du lieu de Pignans ; en l'an 1044. Fulco lui fit present de la troisieme partie des Châteaux de Peinier, de Pourssioux, de la quatrieme partie du lieu de Puilobier &

Arch. de S. Vict. Arm. de Frejus. n. 260.

de Bulcodenos, de deux parties de Sixfours, de quelques terres scituées dans le terroir d'Olieules, de la moitié du Château & de la terre de Soliers, de Baumetes, ou autrement de Bougencier, de deux mans de terre scitués au lieu que la chartre apelle *Matalicas*, de la moitié de la terre de Rogier, des Salines de Marseille scituées au delà du port, & de quelques enceintes de poisson; & en l'an 1056. de l'Eglise saint Tropés dans la Comté de Frejus, & au terroir de Fraxinet; sa femme Odile lui donna aussi la quatrieme partie du lieu Rogier.

X.

Archives de Montmaj.

Ces Princes n'exercerent pas seulement leur liberalité envers le Monastere S. Victor, mais encore envers plusieurs autres de la Province; celui de Montmajour s'en ressentit aussi par le present qu'ils lui firent en l'an 1045. de l'Ile de Cotignac sur le Rhône, autrement apellée Roquelongue, & voisine d'Arles; le Monastere de Lerins, celui de saint André lez-Avignon; & les Religieuses de saint Sauveur de Marseille se prevalurent pareillement de la pieté de ces Princes.

XI. Mais ils ne se contenterent pas de faire de grands dons au Monastere saint Victor, ils eurent encore le soin de faire restituer les biens qui en avoient été distraits, & qui lui avoient été injustement usurpés; voici un exemple qui merite d'être inseré dans cette Histoire. Ce fut en la premiere année de l'Empire de Lothaire, qu'un Seigneur apellé Sifroi, qui avoit le Gouvernement de cette Province, & sa femme Exlemba, donnerent aux Religieux de cette Abaye une maison aux champs apellée Caravillan (dont les masures paroissent encore joignant la Chapelle saint Tronc) avec ses terres cultes ou incultes, qui étoient de sa dépendance, & scituées au terroir de cette Ville, qu'ils possederent durant quelque tems; mais le Monastere ayant été ruiné, elles furent usurpées par des particuliers.

XII. Cette usurpation dura jusqu'au regne de Guillaume & de Fulco, qui durant le saint tems de Carême s'étant retirés, pour servir Dieu avec plus de quietude, l'un proche de l'Eglise Majeur, & l'autre dans le Monastere saint Victor, quelques Religieux de cette Abaye se resolurent de ne pas perdre une si favorable occasion de recouvrer les terres de Caravillan, qu'on leur detenoit injustement; en effet, ils s'adresserent à ces Princes, leur exhiberent les titres en vertu desquels le bien leur apartenoit, & ils leur demanderent justice; les Vicomtes & leurs femmes ayant lû la chartre dans laquelle la donation de Sifroi étoit inserée, aprés avoir loüé hautement la magnificence de ce Seigneur & la grandeur de son bien-fait, promirent de leur faire donner satisfaction, & obligerent les possesseurs de donner caution, de rendre ce qu'ils usurpoient le jour de S. Pierre, sauf s'ils faisoient aparoître qu'il leur apartint legitimement.

XIII. Le terme étant expiré, ils demanderent encore un delai, qui étant écheu, ces possesseurs produisirent une femmelete, qui jura que ce bien étoit à eux à juste titre; mais Dieu permit en punition du faux serment qu'elle avoit fait, que sa main fut d'abord embrasée du feu du Ciel : Ce miracle ne fit aucune impression sur l'esprit de ces obstinés, ce qui obligea les Religieux de porter les Reliques de S. Victor

sur

sur la terre contentieuse, où ils demeurerent trois jours & trois nuits, faisant dessein de n'en bouger que jusqu'à ce qu'on leur eut fait justice. L'Evêque de Marseille ayant apris leur resolution, leur persuada de raporter ces Reliques dans le Monastere, & leur donna parole de la part des Vicomtes Guillaume & Fulco, qu'on termineroit dans peu ce different, aprés cela ils se retirerent dans l'Abaye.

La fête de la Nativité de Nôtre-Dame étant expirée, les Religieux **XIV.** s'adresserent encore aux Vicomtes, qui ayant fait venir par devant eux leurs parties adverses, leur commanderent ou de vuider le bien, ou d'alleguer les raisons de leur possession. Quelques-uns de ceux-là connoissant qu'ils n'avoient point de droit, le restituerent à l'Abé; mais les autres differerent jusqu'au jour suivant, qui ne fut pas plûtôt venu, que les Religieux aprés avoir dit Matines, prirent encore la Chasse de S. Victor, & la porterent au milieu d'un pré proche des murailles de la Ville, où tout le peuple s'assembla; le Vicomte Guillaume y étant venu avec sa femme Estiennete & Odile sa belle-sœur, tenoit l'Etandart de saint Victor, suivant l'ancienne coûtume de ce tems-là; car les Monasteres avoient des bannieres que leurs défenseurs portoient ordinairement aux occasions où il s'agissoit de leur faire restituer les biens qu'on leur avoit usurpé: Ce Prince exhorta les occupateurs de ne point retenir aux Religieux un bien qui leur apartenoit si legitimement; mais soit qu'ils fussent émus par la remontrance de leur Prince, ou que l'aprehension des châtimens de Dieu les eut touchés, ils s'aprocherent en tremblant des Reliques de S. Victor, & ils rendirent au Monastere ce qu'ils leur detenoient injustement. Il y en eut deux seulement parmi eux, qui n'ayans peu être gagnés par l'exemple des autres, voulurent faire l'essai de l'eau froide, & observer la coûtume qu'on pratiquoit anciennement en des affaires douteuses & importantes, ce qui se faisoit en trois façons, avec le fer ardent, avec l'eau boüillante, ou avec de l'eau froide. Ceux qui seront curieux d'en aprendre davantage, pourront s'en instruire dans Hincmar Archevêque de Reims, au traité du divorce du Roi Lothaire, ou dans Avantin, qui raportent les ceremonies dont on se servoit en semblable rencontre: Ces deux hommes donc prirent un enfant, & lui ayant lié les pieds & les mains, le jetterent dans l'eau; mais voyant qu'il surnageoit, Dieu le permettant ainsi pour flechir leurs cœurs obstinés, ils firent enfin comme leurs compagnons, & même l'Evêque de Marseille qui possedoit une partie de ces terres de Caravillan, les rendit au Monastere.

Glossr. Du Cange. Verbo auri flamma.

Hincmar. Avant ann. Boior.

Avant. l. 4.

Nous en avons assés dit, pour faire voir que les Vicomtes furent des **XV.** Princes aussi Religieux que charitables; & pour preuve de leur parfaite vertu, nous recueillons dans le titre qui m'a fourni ce point d'histoire, qu'ils faisoient retraite pendant le Carême, l'un dans ladite Abaye, & l'autre tout auprés de l'Eglise Catedrale; c'étoit en vûë de garder la continence, car le sçavant pere Thomassin a fait voir que la continence étoit gardée autre-fois pendant le Carême, & à quelques autres jours des jeûnes, s'étant apuyé sur quelques Conciles, & en-

Thomassin en son traité des jeûnes.

tr'autres fur celui de l'an 1092. qui marque que Robert Comte de Flandres fe retiroit pendant le Carême dans le Monaftere de S. Bertin, pour y vivre dans la continence & dans la priere : Enfin ces deux Princes regnerent long-tems dans une profonde paix, & dans une intelligence trés-rare parmi des freres qui ont une égale authorité. Nous aprenons neanmoins que Fulco eut une fois en fa vie quelque different à demeler avec certains Seigneurs de la Province, & qu'il entra dans fes terres à main armée; mais comme il vouloit forcer leurs Châteaux, il reçut des grands coups de traits dont les bleffures ne furent pas mortelles, puis qu'il vêcut encore feize ou dix-fept ans, & ne deceda qu'en l'année 1069. fans aucuns enfans, n'ayant point eu d'autre femme qu'Odile. Guillaume fon frere qui mourut long-tems avant lui & en l'année 1047. porta le fobriquet ou le furnom de Gros, parce qu'il étoit beaucoup chargé de chair : Il époufa en premieres nôces Eiffalene, qui eut parmi fes droits la terre de Cabace, fcituée dans le Diocefe de Frejus, & en eut Guillaume troifieme, Bertrand & Pierre, qui à l'imitation de leur pere, firent prefent au Monaftere de Montmajour de l'île de Cotignac, de Caftellar & de Roquelongue avec toutes leurs dépendances : Guillaume le Gros eut encore deux filles, dont l'une apellée Garcende étoit en l'an 1077. Abeffe de faint Sauveur de Marfeille, & l'autre que les chartres ne nomment point, fut mariée à Franco Vicomte de Frejus, je n'ai peu trouver s'il l'avoit eu d'Eiffalene ou d'Eftiennete; tant y-a que Guillaume le jeune fils de Guillaume le Gros, donne à Franco la qualité de *Sororius meus*. Eftiennete furvequit à Guillaume, & aprés fa mort, elle fit beaucoup de biens aux Eglifes & Monafteres de Marfeille, pour faire prier Dieu pour l'ame de fon mari.

XVI. Et comme nous n'avons parlé cy-deffus que fort fuccintement de Bilielis foeur de Guillaume II. & de Fulco ; j'ai cru que ce feroit lui faire tort, que de ne dire pas qu'elle donna au Monaftere S. Victor la troifieme partie du Château de Pourffioux, la quatrieme de celui d'Olieres, la moitié du lieu de Cogolin, & tout ce qu'elle poffedoit au fief de Bulcodenos & à la vallée de Trets; elle comprenoit dans cette liberalité non feulement les droits Seigneuriaux, mais même toutes les terres tant cultes qu'incultes qui lui apartenoient.

CHAPITRE II.

De Guillaume III. & de Geofroi I. du nom Vicomtes de Marseille, & de leur posterité.

I. De Pierre Saumada. II. De sa posterité. III. De Guillaume & de Geofroi I. du nom. Ils font diverses donations à l'Abaye S. Victor. IV. Ils lui donnent la riviere d'Huveaune. V. De Fulco & de Pierre. VI. Diverses donations à cette Abaye par les Vicomtes. VII. Mort de Geofroi I. VIII. D'Hugues Geofroi I. & de Pons de Peinier. IX. Des enfans d'Hugues Geofroi I. X. De Raimond Geofroi & de sa femme Pontia. XI. D'Hugues Geofroi II.

APrés la mort de Guillaume II. Guillaume III. qu'on apelloit Guillaume le jeune & Geofroi I. du nom ses fils succederent à la Vicomté de Marseille, les autres n'y eurent point de part. Pons durant la vie de son pere fut élû Evêque de Marseille à la place de son oncle. Etienne, Bertrand & Fulco decederent avant leur pere. Aicard le suivit de bien prés, & il ne laissa qu'une fille dont nous ne trouvons pas le nom. En l'an 1030. il fit present au Monastere S. Victor d'une terre scituée dans le lieu de Cuers. Pierre le dernier de tous, qui fut surnommé Saumada sans que nous en sçachions la raison, eut en partage quelques places dans la Provence. Il donna en 1055. au Monastere S. Victor avec sa mere, sa femme & ses fils, l'Eglise S. Tropés, & l'année suivante une terre franche de toute redevance, scituée dans le terroir de Ramatuelle, avec l'Eglise de saint Jean de Salegontard, pour faire prier Dieu pour l'ame de son frere ; & dix ans aprés tous ces Princes lui firent present du bourg de Bougencier, & afin que les Religieux ne fussent pas troublés en la possession de ce fief, Pierre confessa d'en avoir reçû réellement deux cens livres royales. I.

Pierre Saumada épousa une Dame apellée Odoara Thucia, qui lui engendra cinq fils ; Guillaume Amiel, qui étoit l'aîné, épousa Sarcine, Hugues de Pui Garcine, & fut pere de Pierre, de Geofroi & de Fulco. La femme de Geofroi Irat s'apelloit Aigline ; il sortit de ce mariage un fils apellé Guillaume : Les autres enfans de Pierre Saumada étoient Fulco & Bertrand. II.

Quant à Guillaume III. & à Geofroi I. du nom, qui furent Vicomtes de Marseille, nous trouvons qu'ils regnerent long-tems, & qu'ils gouvernerent leur Etat dans une parfaite correspondance: Ils ne degenererent point de la pieté qu'on avoit vû reluire en la personne de leurs parens ; car ils eurent grande inclination à faire du bien aux Eglises, & principalement au Monastere saint Victor, auquel ils firent des III.

grandes largesses en l'an 1035. Guillaume du vivant même de son pere, sa femme Adalgarde, & deux de ses fils Guillaume & Fulco lui donnerent la sixiéme partie du lieu de Greasque. En l'an 1055. l'Eglise de saint Tropés ; & dix ans aprés ces deux Princes & leur niece fille d'Aicard leur frere lui firent present du Château de Baide autrement dit Gandalbert, de l'Eglise N. Dame de la Salle au terroir de Porrieres, & de celle de S. Martin de Cuers. A deux ans delà Guillaume lui donna encore la quatriéme partie du lieu que la chartre apelle *Burnis*, avec toutes ses dependences & de la même maniere que Franco Vicomte de Frejus son beau-frere l'avoit donnée à ce Monastere enfin en l'an 1081. Geofroi lui fit encore donation de la moitié du Château de Grimaud.

IV. Outre ces liberalités ils en firent encore d'autres. Cella est si vrai qu'ils donnerent a ces Religieux la petite Riviere d'Huveaune, & toutes les sources qui se déchargent dans ce ruisseau depuis la Chapelle S. Melne, vulgairement dit S. Menné jusqu'à la mer avec ce privilege que personne ne pourroit divertir cette eau pour en faire des engins, ni empecher ou retarder en quelque façon que ce fut le cours de cette Riviere : Cette donation fut faite au Monastere l'an 1079. en presence de l'Archevêque d'Arles, de plusieurs Evêques, Abbés, Religieux & Prêtres qu'on avoit assemblé de diverses Provinces, & d'un bon nombre de personnes Seculieres.

L'an de Chris. 1079

V. En cette même année Fulco, & Pierre ayant pris l'habit de saint Benoît dans le Monastere S. Victor, Geofroi leur Pere donna à cette Abaye le lieu de Sixfours, avec ses terres cultes, ou incultes, pour la portion hereditaire qui leur auroit conpeté sur ses biens. Il permit aussi qu'un de ses fils nommé Raimond lui fit donation de toutes les Eglises scituées dans le lieu de Pourssieus, sçavoir les Eglises S. Victor, S. Martin, S. Sauveur, & Ste Perpetue avec tous leurs droits & appartenances soit decimes, quartes funeraires, & autres.

VI. L'Abaye S. Victor ne fut pas la seule maison qui profita de la piete de ces Princes. En effet l'an 1052. Guillaume fit present à l'Eglise S. Etienne d'Arles ou étoit le Tombeau de S. Trophime, d'une Eglise sous le titre de N. Dame de Galignan qui étoit scituée aux Fauxbourgs de cette Ville ensemble d'un Fief scitué prés du Rhône apellé *Palud Mariane*, ou de Marius. Cette liberalité fut faite en presence de Rayambaud Archevêque d'Arles, à condition que les Chanoines vivroient en commun & observeroient la regle que ce Prelat leur avoit prescritte. L'Abaye S. Honoré de Lerins & l'Eglise de sainte Maxime eurent aussi en don de ce Prince, de sa femme & de ses enfans tout ce qu'ils possedoient dans la Vallée de la Napoulle scituée tout proche de Roquebrune & de Villepeix. Guillaume mourut vers l'an 1085. il fut apellé par Sobriquet Guillaume le jeune à la difference de son pere qui avoit même nom que lui : Il eut de sa femme Adalgarde Guillaume, Fulco de Marseille, Geofroi, Pons surnommé Malnier, & Aicard apellé le jeune, ce Prince ayant fait dessein de se revetir des livrées de la penitence dans l'Abaye S. Victor, lui fit donation l'an 1069. de la

Mem. de Mr. Peiretq.

1085.

Arch. de S. Vict. Dioc. de Frejus no. 28.

moitié

moitié du Château de Vidauban. Mais parce que cette portion de Seigneurie étoit de la bien-séance de Pons son frere, celui-ci pria instamment les Religieux de s'en vouloir départir en sa faveur leur offrant de leur donner en échange le Château & la terre de Grimaud. A quoi les Religieux ayant consenti, ils reçûrent de Pons la terre de Grimaud avec pouvoir de posseder en franc aleu la moitié de son terroir. Pons fut le seul de tous ses freres qui se maria; il eut pour femme une Dame nommée Salomé & surnommée Burgondia, dont il eut deux fils Guillaume & Fulco qui ne laisserent point de posterité, j'estime qu'ils moururent avant leur pere ou fort peu aprés sa mort, si bien que le Vicomté de Marseille demeura entierement au pouvoir de Geofroi premier & de ses enfans.

VII. Geofroi prit quelquefois le tître de Vicomte d'Arles, & le surnom de Marseille. Il mourut l'an 1090. laissant de sa femme Rixende sept fils & une fille, Geofroi, Aicard, Hugues, Raimond, Pons, Fulco, Pierre, & Adalaïsa; Aicard de moîne de S. Victor fut éleu Archevêque d'Arles aprés la mort de Rayambaud son parent. Nous parlerons amplement de lui au Chapitre des hommes illustres. Raymond fut Evêque de Marseille aprés la mort de son oncle Pons, Fulco & Pierre furent Religieux de S. Benoît comme nous avons déja dit, & le dernier ayant été éleu Archevêque d'Aix confirma tous les privileges que ses devanciers avoient fait au Monastere S. Victor, lui donna les Eglises S. Jacques d'Esparron, & de Ste Foï d'Artignac, permit aux Religieux de bâtir une Eglise à Malemort & leur fit encore plusieurs autres dons importans. Il y a aparence que Geofroi mourut avant son pere puis que Hugues & Pons ses freres recueillirent sa succession.

VIII. Hugues fut le premier qui joignit son nom avec celui de son pere & se fit nommer Hugues Geofroi. Nous verrons par la suite de cette Genealogie que tous ses successeurs pratiquerent la même chose. Hyerôme Blanca raporte que les noms patronomiques derivez des noms des peres & des ayeuls étoient fort en usage en Espagne. Ce Prince se croisa contre les infideles; mais avant que de faire le voyage il restitua aux Religieux de S. Victor la troisiéme partie du lieu de Sixfours qu'il detenoit injustement, & au prejudice de la donation que Geofroi son pere en avoit faite au Monastere: Il partagea avec Pons son frere le Vicomté de Marseille, & le reste de l'heritage de leur pere. Pons II. porta le tître de Pons de Peinier, parce que cette place vint à sa part. Le Pape l'excommunia à cause qu'il détenoit injustement le bien de l'Eglise: Mais l'ayant restitué il fut absous par Bertrand Evêque de Marseille que sa Sainteté avoit delegué pour ce sujet. Ce Seigneur étant sur le point d'aller à Rome pour visiter l'Eglise des Princes des Apôtres fit present au Monastere Saint Victor de la quatriéme partie du Château de Cuers, & à l'Eglise Cathedrale de la troisiéme partie de tout ce qu'il possedoit dans le Diocese de Marseille, & partagea également tout ce qu'il avoit au Diocese de Toulon entre le Monastere S. Victor, & les Eglises Cathedrales de Marseille & de Toulon, & voulut encore que les pauvres & le Clergé de ces

Blanca 2. part. des cóment. d'Aragon.

Tome I. S

deux Villes en eussent une partie ; il fut marié deux fois, il eut de sa premiere femme dont je n'ai peu sçavoir le nom un fils apellé Aicard qui fut prevôt de l'Eglise Cathedrale, nous en dirons davantage sur la fin du Chapitre des Evêques de Marseille en parlant des Prevôts de l'Eglise Majeur ; de Guerrejade sa seconde épouse il laissa Geofroi II. de Marseille qui portoit la qualité de *Prince* de Marseille, Hugues Geofroi, & Bertrand qui firent du bien à l'Eglise Majeur. Ils desemparerent en 1150. à Raimond Evêque de Marseille, entre les mains de Raimond Archevêque d'Arles en presence de Raimond Evêque de Carpentras & de Guillaume Evêque de Toulon le Port de Portegalle, & lui confirmerent le peage d'Alauch que leur pere avoit donné à cette Eglise avec leur fils Aicard, Geofroi II. fit deux hommages à l'Archevêque d'Arles, l'un en l'an 1132. & l'autre en l'an 1154. & mourut l'an 1160. Hugues Geofroi se maria ; je n'ay peu sçavoir le nom de sa femme ; car dans l'hommage qu'il préta à l'Archevêque d'Arles, il est dit qu'il fut fait en presence de B. Prevôt de Montpelier son beau-frere.

IX. Mais remontant à Hugues Geofroi nous aprenons dans des titres qu'il épousa Douce, ou Dulceline, dont vint Raimond Geofroi de Marseille I. du nom qui eut grande contestation avec le Monastere S. Victor pour la troisiéme partie du lieu de Sixfours. Les Religieux disoient qu'elle leur étoit injustement detenuë par le Vicomte, nonobstant la donation qui lui en avoit été faite par Geofroi son ayeul, & que son pere qui l'avoit possedée pendant quelques années par usurpation, étant sur son départ pour la terre sainte touché de repentir d'une telle injustice, l'avoit restituée au Monastere. Cette affaire ayant été portée à la Cour de Raimond Berenger Comte de Barcelone fut remise à Rostang de Tarascon, Hugues Sacristain, & Berenger Bertrand, ces trois arbitres les mirent d'accord, & par la transaction qui en fut passée Raimond Geofroi leur restitua tout ce qu'il possedoit dans Sixfours, & en échange les Moines lui remirent tout ce que le Monastere possedoit aux lieux & Châteaux d'Olieres, de Pourssieus, & de Castelar, du Bausset & de Bulcodenos. Pierre Evêque de Frejus, Guiran de Simiane, & plusieurs autres assisterent à cét acte qui fut fait l'an 1156.

G. Cart. S. Victor.

X. Raimond Geofroi eut de sa femme Pontia trois fils Hugues Geofroi II. du nom, Bertrand Geofroi ou Bertrand de Marseille, & Geofroi III. de Marseille qui furent tous trois Vicomtes de cette Ville ; les deux premiers qui étoient aussi Seigneurs de Trés, & Hugues Geofroi leur neveu fils de Geofroi III. leur frere transigerent avec Pierre Evêque de Marseille en 1165. pour raison de la ville superieure par l'entremise de Raimond Archevêque d'Arles, & Raimond Evêque de Carpentras. Cette transaction fut confirmée en 1209. par Raimond Geofroi Vicomte de Marseille & Seigneur de Trés, fils d'Hugues Geofroi II. & en l'an 1215. par Gerar Ademar, & Hugues des Baux maris de Mabile, & Barrale Vicomtesses de Marseille.

Hugues Geofroi II. continua la posterité comme nous verrons

dans la premiere section du Chapitre suivant. La femme & les enfans de Bertrand Geofroi ou de Bertrand de Marseille, nous sont tout-à-fait inconnus. Geofroi III. de Marseille en laissa deux de Sarde son épouse, sçavoir Geofroi de Marseille, & Hugues Geofroi Sarde. Geofroi fit hommage l'an 1177. à l'Eglise Cathedrale des terres de Cuges, de Roquefort, de Julians, & de Gemenos comme mouvantes de la Baronie d'Aubagne; dans cét acte il se qualifie fils de Sarde. Ses deux freres ne laisserent point d'enfans, ou du moins les titres n'en parlent pas: de sorte que je suis obligé de continuer cette Genealogie en la personne d'Hugues Geofroi II.

CHAPITRE III.

Continuation de la Genealogie des Vicomtes.

I. d'Hugues Geofroi II. II. D'Hugues Geofroi III. III. De Rostang d'Agout Raimond Geofroi & Gaufridet. IV. De la femme & des enfans de Gaufridet. De leur épitaphe. V. Si Rostang d'Agout & Gaufridet ont été veritablement Chanoines. VI. De Sibille de Toulon VII. De Guillaume le Gros. VIII. De Barral, de Marie de Montpelier son épouse & de Barale leur fille. IX. De Raimond Geofroi II. X. De sa femme & de sa posterité. XI. De Raimond de Roquefueil. XII. De Burgondion II. XIII. d'Isnard d'entrevenes. XIV. De Raimond Geofroi. XV. De Roncelin. XVI. Il est absous XVII. Son départ pour Rome. XVIII. Il partage avec Hugues de Baux & Gerar Ademar. XIX. Il vend la terre de Jullians. XX. d'Hugues de Baux. XXI. De Gerar Ademar, de Mabile son épouse & de leurs enfans XXII. De la posterité du fils de Gerar Ademar, & de celle de Blanche d'Ademar. XXIII. des Sceaux de la maison de Baux & d'Ademar.

P Uisqu'il est necessaire de poursuivre la Genealogie des Vicomtes de Marseille je la reprendrai depuis Hugues Geofroi II. du nom fils aîné de Raimond Geofroi & de Pontia: Les titres m'aprenent qu'il étoit Seigneur de Trés & qu'il épousa Cecile de laquelle il eut Hugues Geofroi III. du nom Guillaume le Gros, Barral, Raimond Geofroi surnommé Barral, Geofroi de Marseille qui fut Evêque de Besiers vers l'an 1183. & qui mourut le 13. Mai de l'an 1196. & Roncelin. Ces Princes à la reserve de ce Prelat commencerent à regner environ l'an 1170. huit ans après Raimond Berenger frere d'Idelfons Comte de Provence declara par instrument public fait en la Ville d'Aix en faveur de Bertrand de Marseille, de Guillaume le Gros, de Barral, d'Hugues Geofroi & de Raimond Geofroi qu'ils n'étoient

I.

point obligés de payer aucun droit pour les biens qu'ils poſſedoient dans l'état de Provence, qu'il ne fairoit jamais deſſein de les acquerir ſoit par achapt, échange, obligation, donation ni par quelque autre moyen que ce fut, ſe reſervant toute-fois le droit de chevauchées auſquelles les Vicomtes étoient obligés pour redevance de leur Fiefs. En la même année le Roi de Maïorque prit & ſaccagea la Ville de Toulon. Hugues Geofroi Vicomte de Marſeille s'y étant trouvé avec un de ſes neveux, ils furent amenés à Maïorque avec quantité de perſonnes de ladite Ville. Cette Iſle étoit alors entre les mains des Mores, & ce furent eux qui firent cét exploit quoyque la Chronique de S. Victor qui m'a fourni ce trait d'hiſtoire ne le die pas. L'Autheur s'étant contenté de parler en termes generaux de la priſe de Toulon par le Roi de Maïorque ſans ſpecifier de quelle creance il étoit.

Chronicon S. Victoris.

II.

Arch. de l'Hôtel de Ville

Hugues Geofroi III. du nom fils de Hugues Geofroi II. fut Seigneur de Trés, de Toulon, & d'Aubagne, & d'une portion du Vicomté de Marſeille, il engagea à Guillaume Vivaud, & à Botin Juif la quatriéme partie du port de la dite Ville pour vingt mille ſols royaux corones, qu'ils avoient payé pour lui, leur donnant pouvoir d'en retirer les droits ordinaires, qui tiendroient lieu de l'interêt de cette ſomme, & de mettre des doüaniers & autres perſonnes qui en fairoient l'exaction : Et afin qu'ils ne fuſſent point troublés en la joüiſſance de cét engagement, il donna pour caution Roux Seigneur de Chateau-neuf, & Guillaume de Montolieu. Hugues épouſa Sibille dont il laiſſa trois fils Roſtang d'Agout, Raimond Geofroi & Geofroi apellé par ſobriquet Gaufridet, & une fille nómée Adalaſia ou Aladaſia qui épouſa Raimond de Baux fils de Bertrand Prince d'Orange, & neveu de Guillaume auſſi Prince d'Orange & de Hugues Vicomte de Marſeille. Adalaſia porta en dot à Raimond de Baux la portion que ſon Pere avoit eu au Vicomté de Marſeille, qu'elle & ſon mari vendirent aux Marſeillois comme nous verrons cy-aprés.

III.

Arch. de la Chart. de Chontrieu.

Ach. de la grand-egliſ. de Toulon.

Roſtang d'Agout, Raimond Geofroi, & Gaufridet de Trés furent tous trois Seigneurs de Toulon & en partie de Trés. Les deux derniers permirent l'an 1212. aux Chartreux de Montrieu de faire paſſer du bled, du vin, & de l'huile dans les terres de leur dependance ſans payer aucun droit. Ces trois freres donnerent permiſſion aux templiers l'an 1224. de faire conſtruire de maiſons dans Toulon, prés du rivage de la mer affin que leurs Vaiſſeaux & leurs Galeres puſſent charger tout ce qui leur ſeroit neceſſaire ſans payer aucun droit aux Seigneurs de Toulon. Ils dechargerent par le même titre les Templiers de tout peage, & leude, & leur permirent encore de recevoir dans leur Navires des Marchands avec leur marchandiſes en payant toute-fois l'ancien droit. Roſtang d'Agout mourut le 16. de Septembre de l'an 1261. Raimond Geofroi laiſſa deux fils Iſnard d'Entrevenes, & Reforciat qui firent un échange au mois de Decembre de l'an 1262. avec Charles d'Anjou Comte de Provence & Beatrix ſon épouſe. Ces Seigneurs leur remirent la portion qu'ils poſſedoient dans la Ville de Toulon qu'ils avoient recueilli de l'heritage de Roſtang d'Agout leur

DE MARSEILLE. Liv. III.

oncle. Et Charles d'Anjou leur defempara tout ce qu'il avoit au lieu de Trés, dont il s'etoit prevalu par le Teftament de Sibille Dame de Trés fille de Gaufridet de Trés; comme encore une portion des lieux des Pennes de Cuers, & tout ce que Bertrand de Mifon, & Laure fon époufe poffedoient dans Cuers enfemble une portion de la Garde qui apartenoit à Bertrand de Fos.

Geofroi dit Gaufridet troifiéme fils de Hugues Geofroi III. du nom prit la qualité de Vicomte de Marfeille : Il fut marié à Guillaumete de Blaceas qui lui porta en dot la fomme de quinze mille fols royaux corones avec la moitié de la terre d'Aups. Il vendit l'an 1219. à l'Archevêque d'Aix la quatriéme partie de Jouques moyenant feize mille fols royaux corones. Guillaumete fon époufe fit fon teftament l'an 1224. par lequel elle ordonna d'être enfevelie au Monaftere de la Celle, fit quelques legats à l'Abaye du Toronet, aux Abayes des Religieufes d'Almanarre & de S. Pons, & laiffa le refte de fes biens à fa fille Sibille. Cette Dame ne tarda pas de mourir ; mais Gaufridet la furvecut de quelques ans, car il ne deceda qu'au mois de Juillet de l'an 1230. ainfi qu'il eft clairement juftifié par l'infcription fuivante gravée fur la pierre qui avoit fervi à fon tombeau ; on voit encore cette pierre fur la façade de la Grand-Eglife de Toulon. Sibille fa fille avoit fait conftruire ce monument, fur lequel on voit deux croix clechées & pommetées qui font les Armes qu'elle portoit. Cette épitaphe parle de lui, de fa femme, & de Gilbert de Baux.

IV.

Qui Tumulum cernis, cur non mortalia spernis
Anno incarnationis Dñi M CC XXX.
Nono Nonas Julij obiit Dñs Gaufride-
tus Dñs de Tritis, & Tholoni in pace
ejus anima requiefcat. Item obiit Dña
Guillelma uxor Dñi Gaufrideti. Anno
Dñi millefimo CC trigefimo quarto de-
cimo Kal Septembris Obiit Dñs Gisber-
tus de Baucio. Sit notum cunctis quod
Dña Sibilia fecit fieri hoc Sepulchrum.
Ave Maria.

Gaufridet & Roftang d'Agout font qualifiés en quelques actes Chanoines de la Grand-Eglife de Toulon, & de Marfeille, ce n'eft pas qu'ils le fuffent effectivement ; mais ils l'étoient en qualité de Chanoines laïques : Car il étoit permis aux Chanoines d'affocier les laïques à leur compagnie. Cette coutûme fut abolie au Concile de Montpelier

V.

Difcipli de l'Eglif. du P. Thomaf.

tenu l'an 1214. & par celui de Besiers de l'an 1233. ou bien ils l'étoient en qualité de Seigneurs de ces deux Villes parce qu'anciennement les Princes étoient au nombre des Chanoines des Eglises dont ils étoient les fondateurs, ou les bien-facteurs; ils étoient écrits dans le Catalogue des Chanoines: Ils se vêtoient le surplis & prenoient place avec eux dans le Chœur pour y faire le Service Divin, ils avoient même part aux distributions manuelles & aux fruits de leur Prebande. On trouve quantité d'exemples dans l'Histoire de France où nos Rois faisoient la même chose & quoyque les Conciles que je viens de citer eussent deffendu cét usage neanmoins il continua encore en Provence puisque les titres nous aprenent que le 19. Decembre de l'an 1437. le Roi René fut reçû Chanoine dans l'Eglise Metropolitaine d'Aix avec l'habit de Chanoine.

Glossar. Du Cange. In verbo Canonicus.

Registres Capitulares de S. Martin de Tours, d'Angers & du Mans.

Histoire de Provenc.

VI. Gaufridet & Guillaumete de Blacas ne laisserent qu'une fille apellée Sibille comme nous avons vû cy-dessus. Elle fut mariée en premieres nôces avec Gilbert de Baux son cousin remué de germain fils d'Hugues de Baux & de Barralle Vicomtesse de Marseille. Gilbert de Baux, laissa par son testament à Sibille son épouse toute sa terre (sans s'expliquer quelle terre c'étoit) & tous les droits qui lui étoient dûs sur les biens de son pere, & de sa mere à condition qu'elle ne se remarieroit plus, que si Elle venoit à passer à de secondes nôces, il revoquoit ce legat, & ne lui laissoit que six mille sols royaux corones avec ses coffres, bagues & joyaux, tous les meubles de sa maison tout le bled & le vin qui y étoit, & tout son bétail à la reserve des Armes qu'il portoit & de son cheval. Toute-fois Sibille ne garda pas la viduité; Elle se remaria avec Boniface Seigneur de Castellane & de Ries: En effet l'an 1252. avec l'authorisation de Boniface de Castellane son mari, elle accorda quelques privileges à la Ville de Toulon. Elle se qualifioit Dame de Toulon, de Trés, de Castellane, & de la moitié de la terre d'Aups qu'elle avoit recueilli de l'heritage de sa mere, à qui cette portion avoit été donnée en dot. Sibille mourut sans enfans & par son testament de l'an 1261. Elle voulut être ensevelie dans le cemetiere de la Grand-Eglise de Toulon, ayant institué son heritier Charles d'Anjou Comte de Provence, aprés avoir legué cinquante trois mille sols à diverses personnes, & à quelques Monasteres de la Province; Et entr'autres Elle fit legat à la Chartreuse de Montrieu du Château du Revest avec toutes ses apartenances, & à celle de la Verne de cinq cens sols pour construire de cellules à la charge que les Chartreux de Montrieu depenseroient toutes les années dix livres le jour de son decés & que les Chartreux de la Verne écriroient son nom parmi ceux de leur bien-facteurs. Quelques Historiens ont cru que cette Sibille avoit été mariée en premieres nôces avec Cassien Gentil-homme de Marseille; mais comme ils n'ont eu autres preuves que celle d'un poëte Provençal; je n'ai pû me resoudre à suivre cette opinion parce que tous les titres que j'ai vû qui parlent de Sibille Dame de Toulon, ne font point mention de Cassien: Je n'ay pas

Arch. du Roi en Provence.

DE MARSEILLE. Liv. III.

voulu partant suprimer les stances de ce poëte pour conserver les ouvrages de nos anciens troubadours.

VII. Guillaume III. second fils d'Hugues Geofroi II. porta le même Sobriquet que Guillaume II. & fut surnommé le Gros. Il donna l'an 1185. avec Raimond Geofroi son frere à la Chartreuse de Durbon la franchise dans toutes ses terres d'un droit apellé *Usaticum*, en ce tems-là, Ils firent aussi du bien à la Chartreuse de Montrieu, & à l'Abaye du Toronet. Et Guillaume ne laissa qu'une fille apellée Mabile qui fut mariée à Gerar Ademar un des plus puissants Seigneurs de la Province & Souverain de Monteil, & Seigneur de Grignan, il l'avoit eu aparemment d'une Dame apellée Laure; car dans le mariage d'Eldeïarde Ademar fille de Gerar Ademar & de Mabile, il est porté que Laure avoit fait donation à Mabile lorsqu'elle fut mariée avec Gerar Ademar des terres de S. Julien, d'Artigues, de Vinon, de Geneservi, de Rians, de Porcils, de Porrieres de Rosset, de Manosque, & de Cereste. Guillaume le Gros venant à mourir fit un legat au Monastere S. Victor de mille sols royaux à condition que cette somme seroit employée à l'achapt, ou au rachapt des biens alienés, & que tous les ans le dernier jour du mois de Mai, les Religieux celebreroient dans leur Eglise un anniversaire pour son ame, & pour celle de ses parents, avec la même solemnité qu'on avoit accoutûmé de faire aux anniversaires des Abés. Il mourut le dernier Mai de l'an 1188. c'est tout ce que j'ai pû trouver de la vie de ce Prince dans les Chartres, ausquels son Sçeau est attaché. Voici la figure de tous ceux que j'ai pû rencontrer.

VIII. Barral fut Gouverneur de Provence sous Idelfons I. du nom Roi d'Aragon, Comte de Barcelone, & de Provence. Il assista en cette qualité l'an mil cent quatre-vings-dix à la vente que fit Guillaume des Pennes aux Religieuses de la Celle, de la moitié du lieu des Pennes, & de la troisiéme partie de l'autre moitié pour le prix de vingt mille sols neufs. L'année suivante Barral déchargea en faveur du Monastere S. Victor le Château de Cireste de toute sorte de devoirs, excepté celui des chevauchées & le droit d'établir les Officiers pour la punition des crimes. J'ai vû des titres qui m'ont été communiqués par feu Mr. le Conseiller de Rignac de Montpelier qui m'obligent de croire que Barral fut marié avec Marie de Montpelier fille de Guillaume Seigneur de Montpelier, & de Greque niéce d'Emanuël Empereur de Constantinople. Elle étoit d'une si grande pieté, qu'étant morte

Histoire d'Espagn. de Mayer. Turq.
Guil. de Puilaur.

à Rome Elle fut ensevelie au Vatican dans l'Eglise du Prince des Apôtres & tout proche du Tombeau de Sainte Petronille; & suivant le raport des Historiens Elle fut écrite dans les Tables Sacrées. Mais pour revenir à ces titres je trouve dans le Contrat de mariage qui fut passé l'an 1197. entre Marie de Montpelier & Bertrand Comte de Cominge, qu'elle se qualifie veuve de Barral. Le testament de Guillaume de Montpelier son pere porte expressément que Roncelin avoit été garant pour Barral des conventions inserées dans le Contrat de mariage de Barral avec Marie de Montpelier. Mais ce qui est decisif c'est que le Pape Celestin III. l'An IV. de son Pontificat, à la priere de Guillaume de Montpelier écrivit aux Archevêques de Narbone, & d'Arles d'exhorter l'Évêque de Besiers & Roncelin freres de Barral de payer à Marie de Montpelier sa veuve cinq cens marcs d'argent que Barral avoit reconnu à son épouse par son Contrat de mariage, avec ses robes bagues, & joyaux & ornement de Chambre que Barral lui avoit legué dans son dernier Testament; autrement de les y contraindre par censures Ecclesiastiques qu'ils lanceroient dans Marseille. Ce mariage de Marie de Montpelier avec le Comte de Cominge ayant été dissolu par l'Eglise Elle se remaria l'an 1204. avec Pierre II. Roi d'Aragon qui fut tué par le Comte de Montfort devant Muret. Ce Prince eut de Marie de Montpelier un fils apellé Jacques qui institua l'Ordre des Chevaliers de Nôtre-Dame de la Merci conjointement avec S. Pierre Nolasque. Dans la teneur du Contrat de mariage Roncelin Vicomte de Marseille se rend garant pour le Roi envers Marie de Montpelier de ce que ce Prince lui promit. Mais revenons à Barral il mourut l'an 1192. suivant la Chronique de S. Victor. Il ne laissa qu'une seule fille apellée Barrale qui fut mariée à Hugues de l'illustre Maison de Baux fils de Bertrand de Baux & de Tiburge d'Orange, & frere de Guillaume Prince d'Orange. Et quoyque je n'aye point de titre pour prouver que Barrale étoit fille de Marie de Montpelier, il y a partant des conjectures suffisantes qui m'obligent d'être de ce sentiment: Puisque dans le Contrat de mariage de Marie de Montpelier avec le Roi d'Aragon, Hugues de Baux mari de Barrale, Guillaume son frere & Roncelin Vicomte de Marseille cautionerent pour Elle envers le Roi d'Aragon; de sorte que si Marie de Montpelier n'eut pas été mere de Barrale, Roncelin frere de Barral son premier mari, Hugues de Baux mari de Barrale, & Guillaume de Baux son frere n'auroient pas été ses cautions. D'ailleurs Barral de Baux fils de cette Barrale prit en sa sauvegarde l'an 1254. les Consuls de Montpelier, leur promit de les mettre d'accord avec les Consuls de Marseille, & qu'il travailleroit fortement à faire executer les conventions que leur Communauté avoit passée avec Charles d'Anjou Comte de Provence, sans prejudice des droits que les Comtes de Provence, de Toulouse, & lui avoient dans la Ville de Montpelier, qu'il ne pouvoit avoir recueilli d'autre personne que de Barrale sa mere, comme fille de Marie de Montpelier. J'ai inseré en cét endroit la figure du Sceau de Barral qui est extremement curieux, on y voit d'un côté ce Prince à cheval

Memoir. du Lang. de Cattel.

l'épée

DE MARSEILLE. Liv. III.

l'épée nuë à la main, & de l'autre la figure d'un vase apellé vulgairement *Barrau*, dont j'ai parlé ci-devant ; ce Sceau est attaché en plomb à des Chartres qui sont en Provence & dans l'Abaïe de Granselve, où Barral lui avoit fait present l'an 1192. de vingt livres de poivre à prendre sur le Port de Marseille, ainsi que j'ai vû par la donation qui m'a été communiquée par le curieux M. le Baron du Puget de S. Alban de Toulouse.

Raimond Geofroi II. surnommé Barral quatrième fils d'Hugues Geofroi II. étoit Vicomte de Marseille & Seigneur de Trets : Sa pieté nous est connuë par les bien-faits qu'il départit aux Ordres Religieux qui florissoient alors, aïant accordé à l'Ordre de Citeaux une exemption de tous les droits qu'il exigeoit tant à Marseille qu'aux terres de son obeïssance, pour participer à leurs bonnes œuvres & pour les obliger de prier Dieu pour l'ame de Guillaume le Gros son frere; ce privilege fut suivi d'une semblable grace qu'il fit à l'Ordre des Peres Chartreux, pour avoir aussi participatió dans leurs prieres. Le sceau de ce Prince que j'ai vû attaché à une Chartre de l'an 1209. merite bien qu'on en dóné ici la representation; car on voit d'un côté un hôme à cheval armé d'un écu l'épée à la main, & de l'autre un pal qui divise l'écusson en 3. parties égales.

IX.

Christom. Henriq. aux priv. de l'ordre des Citeaux.

Arch. des Chartreux de Montrieu de Durbon.

Et comme il étoit surnommé Barral il avoit porté quelquefois une Barrique, que nous apellons en Provençal *un Barrau*. La diversité des Sceaux de ce Prince est une preuve certaine que les Armes n'étoient pas encore fixes dans les familles, puis que dans tous ses Cachets il ne portoit pas constamment le même simbole.

78   HISTOIRE

X.   Raimond Geofroi eut de sa femme Marquise Ixmille deux fils, Geofroi Reforciat, & Burgondion I. qui furent Vicomtes de Marseille & Seigneurs de Trets & d'Olieres : Nous verrons ci-aprés que Raimond Geofroi vendit aux Marseillois la portion qu'il avoit au Vicomté, excepté la Tour qu'il se reserva, qui étoit la maison de sa demeure. Or il faut remarquer que tous les Vicomtes avoient leur Palais dans Marseille faits en forme de Tour. Geofroi Reforciat fils aîné de Raimond Geofroi ne laissa point d'enfans ; mais bien Burgondion son autre fils qui fut Seigneur de Trets & d'Olieres, ce qui est justifié par son testament de l'an 1246. dans lequel il conste qu'il avoit épousé deux femmes, de la premiere apellée Alazazie fille d'Anselme grand Seigneur à Marseille, il n'en eut que Raimond de Roquefueil qu'il institua heritier des trois parties de la terre de Puilobier ; & de la derniere apellée Mabile il eût quatre fils & cinq filles, Burgondion II. qui fut heritier d'une portion de Trets & de Roquefueil, Isnard d'Entrevenes qui herita de la terre d'Olieres, Dragonet de celle de Porcils & de Pourrieres, & Raimond Geofroi qui fut Seigneur de Rosset & de Bulcodenes ; mais il ne les posseda pas long-tems, puis qu'il quitta le monde pour embrasser la Regle de S. François : nous parlerons plus amplement de lui dans le Chapitre des Hommes illustres. Les filles étoient Beatrix Religieuse à S. Zacharie, Dulceline, Cecile qui épousa Gaucher fils de Guillaume Comte de Forcalquier, à laquelle il legua vingt mille sols Raimondins par dessus les cinq mille sols qu'il lui avoit constitué en dot, Briande & Sance qui furent legataires de dix mille sols chacunes.

Burgondion voulut être enseveli dans le Cimetiere de S. Victor de cette Ville & lui fit quelques legs, aussi-bien qu'à quelques autres Maisons religieuses de Provence ; enfin Burgondion fit present aux Chartreux de Montrieu l'an 1242. d'un pasturage scitué dans le terroir de Mazaugues avec les mêmes droits & privileges que Mabile d'Agout de Ponteves sa femme Dame de Mazaugues leur avoit donné autrefois. Et comme les premiers degrés de l'illustre & ancienne Famille de Ponteves qui finit à Dulceline de Ponteves épouse d'Isnard d'Agout Seigneur de Sault, avoient été inconnus jusques aujourd'hui, les curieux seront sans doute bien aises de sçavoir qu'Albert Seigneur de Barjols en étoit la tige. Il donna l'an 1021. à l'Abaïe S. Victor la portion qu'il avoit sur cette terre ; & laissa de sa femme Adalgarde, Pons, Geofroi, Augier, Hugues qui épousa une Dame apellée India, Fulco ou Fouquet. Celui-ci commença le premier de prendre le nom de Ponteves qui est une terre dans la Viguerie de Barjols. Il eût d'Aurosa son épouse, Adalbert, Pierre, Pons & Fouquet, qui en l'an 1075. restituerent conjointement avec leur pere au Monastere S. Victor le lieu & l'Eglise de Barjols, dont Arbert leur aïeul lui avoit fait présent, & lui donnerent encore la terre de Silans.

XI.   Raimond de Roquefueïl fils aîné de Burgondion I. épousa une Dame apellée Ameliane, de laquelle il eût Burgondion III. qui fut Seigneur de Roquefueïl & qui se maria avec Beatrix ou Cecile de Fossis. Il eut de son mariage entre-autres enfans Burgondion IV. de Puilobier qui fit son testament l'an 1350. par lequel il paroit qu'il ne laissa que Isnard de Roquefueïl Seigneur des trois parties de Puilobier, qui épousa Catherine de Puget de Albanesio, dont vinrent quatre filles Sance & Philipone Religieuses à la Celle, Beatrix de Roquefueïl & Isoarde de Roquefueïl qui fut mariée avec Jean de Sabran Baron d'Ansoüis auquel elle porta la Seigneurie de Puilobier.

XII. Burgondion II. autre fils de Burgondion I. fut Seigneur de Roquefueïl & de Trés, il n'eut de Beatrix de Barras de S. Julien son épouse que trois filles, sçavoir Mabille, Beatrix qui fut mariée avec Barras de Barras Seigneur de S. Etienne & Brunde de Trés Religieuse à S. Zacharie.

XIII. Isnard d'Entrevenes troisiéme fils de Burgondion & de Mabile de Ponteves ou d'Agout, fut Seigneur d'Olieres. Il épousa Decane d'Usés, & il en eut quatre fils & une fille, Raimond Geofroi, Reforciat, Agout qui fut heritier des châteaux de Porrieres & de Mimet, Isnard Jurisconsulte & Esmenjarde qui fut mariée à Isnard Feraud Sgr. de Glandeves, qui par ce mariage recueillit la terre de Porrieres.

XIV. Raimond Geofroi son fils aîné eut de Maragde de Lerto fille du Sgr. de Montfrin son épouse deux fils, Jaques d'Olieres & Jean de Trés & trois filles. Jaques d'Olieres commença de prendre le nom & les armes d'Agout à cause des droits de Mabile d'Agout sa bisayeule, dont nous avons parlé ci-dessus, & les transmit à tous ses descendans. Il laissa de Marguerite Pernissole son épouse Isnard d'Agout Seigneur d'Olieres, Jaques Moine à S. Victor & Agout d'Olieres. C'est de cét Isnard d'Agout Seigneur d'Olieres que descendent en ligne directe les Barons d'Olieres, les Sgrs. de Seillons & de Roquefueïl conus sous le nom d'Agout.

XV. Roncelin dernier fils d'Hugues Geofroi II, eut sa portion du Vicomté de Marseille, avec quelques autres terres dans la Provence; il se qualifioit quelquefois Comte de Marseille : c'étoit un Seigneur fort volage & inconstant dans ses resolutions; car aprés avoir porté durant quelque tems l'Habit de S. Benoît dans le Monastere S. Victor par une legereté indigne d'un homme de son rang, il quitta le Cloître, rentra dans la possession de ses biens, & se maria avec Adalazia sa niéce. Innocent III. en fut si indigné qu'il l'excommunia, & outre cela il delegua l'Evêque de Riés, & Milon son Notaire qu'il envoïa en France pour ramener le Comte de Toulouse entaché d'Heresie, & leur donna commission d'excommunier aussi les Marseillois, & d'emploïer les Censures Ecclesiastiques pour les détourner de l'obeïssance de Roncelin.

XVI. Mais ce Prince aïant enfin reconnu le precipice où il étoit tombé, quitta sa femme reprit dans le Cloître l'habit qu'il avoit quitté, & demanda avec grande soûmission à l'Evêque d'Usés le pardon de ses fautes. Ce Prelat le remit au giron de l'Eglise aprés avoir exigé de lui des asseurances qu'il ne retomberoit plus dans son peché. Il lui ordonna néanmoins d'aller à Rome se presenter au Pape & lui demander l'absolution de ses crimes, ou d'y envoïer de sa part en cas qu'il eut quelque legitime empêchement pour n'y pas aller lui-même.

XVII. Ce Seigneur touché d'un veritable repentir se mit aussi-tôt en devoir d'accomplir sa penitence, & en effet, il s'achemina en Italie ; mais étant fatigué du chemin il tomba malade à Pife, ce qui l'obligea d'envoïer à Innocent, Pierre de Montlaur Archidiacre d'Aix & Cellerier du Monastere S. Victor, & Guillaume Chanoine de Marseille ses Procureurs, pour le suplier tres-humblement de le vouloir absoudre & lui permettre la conduite de son patrimoine. Sa Sainteté aïant fait reflection qu'il étoit fort endetté, que si on ne lui accordoit de rentrer dans son bien il etoit à craindre que la plûpart de ses Creanciers ne souffrissent la perte de leurs dettes, & persuadé encore par les prieres de l'Evêque d'Uses, de l'Evêque de Marseille, du Chapitre, de la Noblesse, de tout le Peuple de cette Ville, & de plusieurs autres Prelats, cômit l'Archevêque de Pise pour lui donner l'absolution & le pouvoir de regir son bien, à condition qu'il partageroit avec ses parens les droits qu'il avoit dans Marseille, & dans les autres terres de la Province, & que sur sa portion il en seroit pris une partie pour le Monastere, & le reste seroit emploïé au païement de ses dettes.

XVIII. Ensuite de cette Ordonnance Roncelin partagea avec Hugues de Baux & Gerar Ademar, maris de Barrale & de Mabile Vicomtesses de Marseille ses niéces les terres qui étoient dans la Province, & qui étoient auparavant possedées par indivis. A Hugues de Baux vint le Castellet, la Cadiere, Cireste, Seillons, avec la troisiéme partie d'Aubagne, & de la Tour Seigneuriale. A Roncelin les Châteaux de S. Marcel, de Iulhans, de Roquefort, de Châteauvrei, & de Mazaugues, & la troisiéme partie d'Aubagne avec une portion de la Tour; à Gerar Ademar vint Gardane, Roquevaïre, Gemenos, la portion qui restoit d'Aubagne & de la Tour Seigneuriale. Par cét acte il est expressément porté qu'aucun de ces Seigneurs ou de leurs Successeurs, ne pourroit faire des fours, ni des moulins dans Aubagne sans le consentement des autres.

XIX. En la méme année Roncelin vendit le Château de Iulhans au Monastere S. Victor pour le prix de cent livres roïales couronnées : Qui furent emploïées au païement d'une partie de ses dettes. Il engagea à Guillaume Ancelme Gentil-homme de Marseille une portion du Port pour vingt-cinq mille sols roïaux lui permettant d'en exiger les droits ordinaires, & fit present au Monastere S. Victor de tout ce qu'il possedoit au Vicomté de Marseille, consistant en la troisiéme partie du Palais Seigneurial & en la sixiéme de la Seigneurie du Port de Marseille qui étoit possedée par indivis, ne se reservant que les censives & droits de leudes, & sa portion du Château Babon pour en païer ses creanciers. Cette donation fut faite si secretement que les Marseillois n'en eurent aucune connoissance qu'aprés qu'ils eurent acheté de Roncelin la méme portion du Vicomté qu'il avoit déja donnée au Monastere; ce qui causa de grands desordres (ainsi que nous verrons ci-aprés.) Ce Prince mourut environ l'an 1216. chargé de grandes dettes qu'il avoit contractées par ses débauches. Voici la figure de son Seau qui paroit dans quelques uns de ses actes.

DE MARSEILLE. Liv. III. 81

Mais comme Hugues de Baux, & Gerar Ademar avoient eu une XX. portion du Vicomté de cette Ville comme maris de Barrale, & de Mabile Vicomteſſes de Marſeille, & qu'ils en avoient porté la qualité, il ne ſeroit pas juſte de les laiſſer dans l'oubli. Hugues de Baux étoit un Prince dont la naiſſance trés-illuſtre relevoit encore ſa pieté. Il en fit reſſentir les effets à diverſes Maiſons Religieuſes du Dauphiné, & de Provence, les aïant priſes ſous ſa ſauvegarde, ou les aïant affranchies de toute ſorte de droits dans les terres de ſa dépendance. Il laiſſa de Barrale ſon épouſe Barral de Baux dont nous parlerons au Chap. des hômes illuſtres, Gilbert de Baux dont nous avons déja fait mention, & Aloyſia, ou Alazazia de Baux.

Quant à Gerar Ademar, nous verrons ci-aprés comme il vendit aux XXI. Marſeillois la portion que Mabile ſon épouſe avoit ſur la Vicomté de Marſeille. Il eût de ſadite épouſe entre-autres enfans Gerar Ademar que nous apellerons ici Gerar Ademar II. & deux filles, Gerarde Ademar & Eldejarde Ademar : la premiere fut mariée à Guillaume Ancelme grand Seigneur à Marſeille, à qui Roncelin avoit engagé une partie du Port de cette Ville, & l'autre épouſa Bertrand de Baux fils de Raimond Seigneur de Mairargue, duquel mariage Lambert Seigneur de Monteil fut caution pour Gerar Ademar en faveur de Raimond de Baux.

Gerar Ademar II. fut pere d'Aimar Ademar & de Gerar Ademar III. Un de ces Seigneurs fit homage volontaire l'an 1257. à Charles d'Anjou I. Comte Provence & à Beatrix ſon épouſe, de la Baronie de Grignan : en reconnoiſſance de cette ceſſion ce Prince lui permit de continuer de créer des Notaires, de mettre des impots ſur les Vaſſaux de Grignan, & lui aſſigna une penſion perpetuelle de cinquante livres à prendre ſur le domaine de Marſeille, de laquelle les Seigneurs de Grignan ont toûjours joüi & joüiſſent encore, en aïant même eu une confirmation expreſſe du Roi à preſent Regnant.

Gerar Ademar III. & Raimbaud Ademar ſon fils poſſederent la Prin- XXII. cipauté d'Orange conjointement avec leurs autres terres : leur poſterité continua de ſiécle en ſiécle juſqu'en l'an 1557. qu'elle finit en la perſonne de Loüis Ademar de Monteil Comte de Grignan Chevalier de l'Ordre du Roi, Chevalier d'Honneur de la Dauphine de France, Ambaſſadeur à Rome & aux Diettes de l'Empire, Lieutenant de Roi, & enſuite Gouverneur de Provence, des Provinces du Lionnois, Forêts, Baujelois & Bourbonois, qui avoit recueilli les droits de Diane de Montfort ſon Aïeule ſur le Duché de Termoli, & le Comté de Campo Baſſo dans le Roïaume de Naples.

Mais comme ce Sgr. ne laiſſa point d'enfans d'Anne de S. Chamont ſon épouſe, Blanche Ademar ſa ſœur recueillit les droits de ſa Maiſon, & les tranſporta à Gaſpar de Caſtellane ſon époux Baron d'Entrecaſteoux, iſſu de l'une des plus illuſtres & anciennes familles de la Province, qui vrai-ſemblablement a donné ſon nom à la Ville de Caſtellane; car j'ai vû dans des titres des Archives de l'Abaïe S. Victor du commencement du ſiécle de l'an 1000. que la Ville de Caſtellane étoit apellée anciennement *Ducelia ſive Simiranis*, de ſorte que le changement du nom de *Ducelia ſeu Simiranis* en celui de Caſtellane, ne peut être pro-

T 3

venu que ceux de cette famille, puis qu'ils ont possedé souverainement cette Ville avec ses dépendances, depuis Rodolphe le lâche jusqu'en l'an 1185. que Boniface de Castellane fut contraint par guerre d'en faire homage à Idelfons Roi d'Aragon & Comte de Provence.

Du mariage de Gaspar de Castellane, & de Blanche Ademar en sortit Gaspar Ademar de Castellane, qui d'Anne de Tournon son épouse fut pere de Loüis Ademar de Castellane Lieutenant General en Provence, Senêchal du Valentinois, Gouverneur de Sisteron & Chevalier de l'Ordre du S. Esprit, qui épousa Elisabet de Ponteves de Carces, dont vint Loüis-François Ademar de Castellane, qui prit alliance avec Ieanne d'Ancesune de Caderousse, de laquelle il laissa Loüis Gaucher Ademar de Castellane, François Ademar de Castellane Archevêque d'Arles, & Iacques Ademar de Castellane Evêque d'Uses.

Loüis-Gaucher Ademar de Castellane s'étant marié avec Marguerite d'Ornano petite fille d'Alphonce d'Ornano Maréchal de France, il en eut plusieurs enfans, entre-autres François Ademar de Monteil de Castellane d'Ornano Comte de Grignan, Duc de Termoli & de Campobasso, Marquis d'Entrecasteoux, Seigneur de plusieurs terres en Provence, Dauphiné, Languedoc, Bourgogne, il a été Colonel du Regiment de Champagne, Capitaine des Chevaux Legers de la Reine-Mere, Commandant la Gendarmerie és Armées de Flandres & de Catalogne, & Lieutenant General en Languedoc, à present Chevalier des Ordres du Roi, Lieutenant General de ses Armées, Commandant & Lieutenant General de Sa Majesté en Provence. Il a été marié trois fois, 1. avec Angelique-Clerice d'Agennes de Rambouïllet, 2. avec Angelique de Champagne Pui-du-Fou, & 3. avec Françoise-Marguerite de Sevigné; il est frere de Iean-Baptiste de Grignan Archevêque d'Arles, de Loüis-Ioseph de Grignan Lieutenant General des Armées du Roi, l'un des six Seigneurs que Sa Majesté choisit pour être auprès de Monseigneur le Dauphin, & de Loüis de Grignan Evêque de Carcassonne.

XXIII   I'ai trouvé à propos de donner ici la figure du Sceau de Hugues de Baux, aussi-bien que ceux de Lambert, de Gerar Ademar & de Mabile son épouse, & de Boniface de Castellane, qui se trouvent attachés à des vieux titres : ceux de Gerar Ademar & de son épouse, ont été tirés de l'Abaïe de Granselve à laquelle ils avoient fait du bien, & m'ont été communiqués par M. le Baron du Puget de S. Alban de Toulouse.

DE MARSEILLE. Liv. III.

CHAPITRE IV.

De la Maison de Marseille, de Fos, de Signe, & de Geofroi de Trets, & de Porrieres.

I. Il est necessaire de faire mention de la Maison de Marseille, de Fos, de Signe & de Geofroi de Trets. II. De la Maison de Marseille. De Bertrand de Marseille Seigneur d'Ollioules. III. De Sibile de Marseille & de sa posterité, dont les descendans subsistent en la personne des Seigneurs de Vintimille. IV. De la Maison de Fos. V. De divers degrés de cette Maison. VI. Des Marquis d'Hieres, de leurs Armes. VII. De la Maison de Signe divisée en plusieurs branches. VIII. De la branche de Melne & de Valbelle. IX. De la branche de Châteauvieux, Neaules, de Rogiers & d'Evenes. X. De la Terre de Signe. XI. De la Maison de Geofroi de Trets, & Porrieres. XII. De ses Armes.

I. Aprés avoir déduit la Genealogie des Vicomtes de Marseille avec les branches desquelles j'ai pû trouver la jonction, j'ai trouvé bon de parler des Maisons du nom de Marseille, de Fos, de Signe, & de Geofroi de Trets, & de Porrieres, qui sont toutes de branches sorties de ce Tronc. Je ne pretens pas de donner une Genéalogie reglée de toutes ces Maisons, parce qu'elles se multiplierent en tant de rameaux qu'il seroit presque impossible de les rejoindre, dautant mieux que je n'ai pas vû tous les titres qui seroient necessaires pour cela : Ainsi je me contenterai d'en donner une connoissance generale & de faire remarquer les principales branches qu'elles avoient formées.

II. La premiere qui se presente, c'est celle qui porta le surnom de Marseille. Je conviens que tous nos Vicomtes avoient tous également droit de porter ce nom; mais comme les noms n'étoient pas encore fixes au tems que ces Princes regnoient, chacun d'eux suivoit son inclination en se faisant surnommer tantôt du nom de leur pere, & tantôt de quelqu'une des terres qui leur étoient échûës en partage, comme nous venons de voir dans les precedens Chapitres. Plusieurs de nos Vicomtes cependant ont pris plaisir en divers tems de porter le surnom de Marseille, parce que cette Ville étant la capitale de leur Domaine, c'étoit aussi leur distinction la plus honorable ; tels ont été Geofroi I. Pons & Fulco fils de Guillaume III. Geofroi fils de Pons de Peinier, Geofroi & Bertrand fils de Raimond Geofroi & de Pontia, tous lesquels ont preferé ce nom de Marseille, à celui de leur pere, & des terres qui leur étoient tombées en partage. Ce Bertrand fils de Raimond Geofroi & de Pontia, est apellé dans un titre de l'an 1165. Bertrand Geofroi, & dans un autre de 1184. Bertrand de Marseille. Sance Comte de

Provence

DE MARSEILLE. Liv. III. 85

Provence le nomme ainsi dans un Privilege qu'il lui accorda en la même année, en presence de Raimond Gantelmi, de Gui de Fos, de Pierre Geofroi de Tréts, de N. de la maison de Candolle si connuë à Naples & en Provence, de Raimond de Porrieres, & de plusieurs autres.

En ce même tems vivoit aussi Bertrand de Marseille Seigneur d'Ollioules, il décendoit de Guillaume II. Vicomte de Marseille, dont les enfans recüeillirent l'heritage de Fulco leur oncle Vicomte de la même Ville & Seigneur d'Ollioules, il laissa d'Alasie de Monfrin son épouse, Cecile de Marseille qui fut mariée avec Guillaume de Signe d'une branche issuë de nos Vicomtes, de laquelle il eût deux enfans mâles, Guillaume de Signe Conseigneur d'Ollioules & Bertrand de Marseille qui prît le surnom de sa mere, & qui ne laissa point d'enfans; mais Guillaume en eût quatre d'Augeria de Mari; sçavoir Guillaume de Signe Conseigneur d'Ollioules, Guillaume de Signe le jeune, Bertrand de Marseille & Rostain de Signe, Guillaume de Signe qu'on apelloit Guillaume l'aîné, pour le distinguer de son frere qui avoit même nom que lui, épousa premierement Beatrix de Vintimille, & en secondes nôces Mabile de Calian; de la premiere vint Bertrand de Marseille Seigneur d'Ollioules & d'Evenes Vice-Senéchal de Provence, Sibile d'Evenes & Isoarde Abesse de S. Sauveur de Marseille, & du second lit il fut pere de Guillaume de Signe, de Garcende & de Sance. Guillaume le jeune se maria à Daufine de Barras fille de Barras de Barras Seigneur de S. Estienne, & il ne sortit de ce mariage que deux filles, Daufine de Signe épouse de S. Elzear Comte d'Arrian de la maison de Sabran, & Petronillete.

III. Bertrand de Marseille Vice-Senéchal de Provence fut Seigneur d'Ollioules & d'Evenes, il épousa Beatrix de Sabran; mais comme il n'en eut point d'enfans, il fit heritier Bertrand de Vintimille petit fils de Sibile d'Evenes sa sœur. Cette Dame avoit été mariée en 1260. à Manuel de Vintimille Seigneur de la Verdiere, lequel décendoit de Gui Comte Souverain de Vintimille, Marquis des Alpes maritimes, & de la Vallée de Lusane qui vivoit en 950. & qui selon quelques Genealogistes, étoit fils de Berenger II. Marquis d'Yvrée & Roi d'Italie. Sibile fût mere de Boniface de Vintimille Seigneur de la Verdiere, dont le fils apellé Bertrand de Vintimille fut heritier de Bertrand de Marseille Seigneur d'Ollioules & d'Evenes son grand oncle, & frere de Sibile d'Evenes son ayeule, à condition qu'il porteroit son nom & ses armes : en consequence de cét heritage Bertrand de Vintimille prît le surnom de Marseille, & brisa ses armes de celles de Marseille.

Ainſi il porta de gueules au Chef d'or, qui eſt de Vintimille briſé d'un Lyon couronné d'or ſur gueules, qui eſt de la maiſon de Marſeille, & dans la ſuite du tems ſes décendants écartelerent de Vintimille & de Marſeille, & changerent encore l'ordre des noms. Car les uns ſe dirent de Marſeille des Comtes de Vintimille, & les autres de Vintimille des Comtes de Marſeille, plutôt que des Vicomtes de Marſeille. Confondans ainſi la qualité de Comte avec celle de Vicomte, à l'exemple du Vicomte Roncelin dont nous avons parlé ci-deſſus; & comme faiſoient auſſi quelques autres de ces Vicomtes, leſquels quoi qu'ils ne priſſent ordinairement que la qualité de Vicomte, ils donnoient toûjours le tître de Comté à la Ville de Marſeille, auſſi bien que les Empereurs qui vivoient au neuviéme & dixiéme ſiecle & les Comtes de Provence de la premiere race. D'ailleurs nous avons vû ci-deſſus que Geofroi de Marſeille qui étoit auſſi Vicomte de la même Ville, avoit porté la qualité de Prince de Marſeille, qui eſt une qualité bien plus relevée que celle de Comte. Toutefois ceux qui ſe diſoient de Marſeille des Comtes de Vintimille donnoient mieux à connoître l'origine de leur maiſon: car par le nom de Marſeille ils faiſoient voir qu'ils avoient herité de la Terre d'Ollioules, qui avoit apartenu à la maiſon de Marſeille, dont ils décendoient du côté des femmes; & en ajoutant des Comtes de Vintimille, ils montroient leur origine paternelle. Les décendants de Manuel de Vintimille, & de Sibille de Marſeille, ou d'Evenes ſubſiſtent aujourd'hui en trois branches, ſavoir des Seigneurs d'Ollioules, des Seigneurs de Figanieres, & des Seigneurs Marquis du Luc. Celle-ci reſide en la perſonne de Meſſire François Charles de Vintimille Marquis du Luc, Lieutenant de Roi de Provence dans le département de Marſeille, Capitaine d'une des Galeres de Sa Majeſté, & Commandeur de l'Ordre de Saint Loüis; & en la perſonne de Meſſire Charles Gaſpar Guillaume de Vintimille ſon frere Evêque de Marſeille.

IV. C'eſt la commune opinion que la Terre de Fos prés du Martigues avoit donné le nom à la maiſon de Fos, apellée dans les Actes Latins, *de Fosſis, de Foſſo & de Fos*. Et comme cette Seigneurie avoit été dans le domaine de Pons I. Vicomte de Marſeille, on a crû que c'étoit une branche iſſuë de ce tronc. Si cette preſomption eſt veritable, la ſeparation doit avoir été faite aux premiers degrés. Car Pons de Fos qui ſelon les aparences en eſt la ſouche vivoit ſur la fin du dixiéme ſiécle. Il eſt fait mention de lui, & de Guillaume I. Vicomte de Marſeille dans une chartre anterieure au mariage de ce Prince avec Hermengarde ſa ſeconde épouſe: de ſorte que ſuivant la Cronologie il ne peut être fils que de Pons I. Vicomte de Marſeille, duquel il eût aparemment pour ſon partage la terre de Fos.

G. Cart. de S. Victor.

V. Le nom de Pons, & le ſurnom de Fos ſont des indices aſſés forts pour nous perſuader que ceux dont je parlerai ci-deſſous, doivent être décendus de lui, & qu'il eſt le tronc de tous ceux qui les ont porté. En effet dans les ſiécles paſſés on repetoit de tems en tems les noms des ancêtres: delà vient que je ne ferai pas difficulté d'avancer que Pons de Fos eût un fils apellé Gui de Fos, qui fut pere de Pons, de Gui, d'Amiel, & de Rostain de Fos Archevêque d'Aix : en 1060. Amiel épousa une Dame apellée Garcias, & il y en a qui lui donnent Bilielde pour seconde épouse; de laquelle il eut Pons de Fos III. Bertrand & Geofroi, qui firent tous trois branches. Pons de Fos III. fit la branche des Seigneurs de Borme. Sa posterité continua de siécle en siécle, & se divisa en deux branches vers l'an 1400. en la personne de deux freres apellés Rossolin de Fos, mais qui ne tarderent pas de finir. Les biens de Rossolin de Fos l'ainé, ou le majeur, furent transportés aux Seigneurs du Bar de la maison de Grasse, parmi lesquels il y avoit la terre de Bormes. Rossolin le mineur eût un fils apellé Iaques de Fos & deux filles, Alamane mariée avec Loüis de Glandeves Seigneur de Faucon, & Batrone femme de Iean de Boniface ; mais comme Iaques de Fos ne laissa point d'enfans de Delfine d'Agout, les terres de la Molle & de Collobrieres passerent dans la maison de Boniface, ensuite d'une transaction de l'an 1424.

Bertrand de Fos second fils d'Amiel fit une branche qui finit en la personne de son petit-fils, car Amiel de Fos son fils fut pere de Gui de Fos, qui ne laissa point d'enfans de Guillaume son épouse niéce de Blacas.

VI. De la branche de Geofroi de Fos Marquis de Fos & d'Hieres dernier fils d'Amiel de Fos, sortirent Gui de Fos qui fut Archevêque d'Aix l'an 1188. & Pons de Fos, qui fut pere de Raimond Geofroi, de Geofroi Irat, de Gui Camarlenc, de Guillaume de la Garde & de Pons de Fos. Nous verrons ci-aprés comme ils vendirent à la Communauté de Marseille les Conseigneuries d'Hieres, de Bregançon & autres places. Raimond Geofroi épousa une Dame apellée Sibioude Sacristane dont vinrent Rostain de Fos, Geofroi Irat & Guillelmete, qui fut mariée à Obert Comte de Vintimille. La maison de Fos portoit pour armes un Lion ; on le voit dans divers monumens, & sur tout dans les Seaux de Raimond Geofroi, où d'un côté il y a un Lion, & de l'autre une Etoile à huit raïons, avec cette legende ; *Sigillum Dominorum Arearum*. Arch. de la Maison de Ville.

VII. Quant à la famille de Signe, il est certain qu'elle avoit pris son nom de la terre de Signe située dans le Diocese de Marseille, & outre qu'elle étoit du domaine de nos anciens Vicomtes, nous trouvons que Bilielis fille de Guillaume I. Vicomte de Marseille, donne la qualité de néveu à Geofroi de Signe. Dans le même tems vivoient Rostain & Pons de Signe. Le premier fut témoin avec les Vicomtes de cette Ville à une donation, qui fut faite à l'Abaïe S. Victor l'an 1034. ils sont sans doute la tige de tous les Seigneurs de Signe, qui suivant les titres & les tables Genealogiques de feu M. de Peiresq, se diviserent en plusieurs branches, & se distinguerent par les noms des terres dont ils étoient Seigneurs. Et G. Cart de S. Victor.

comme ils poſſedoient la terre de Signe la blanche & la Bareirenque, de Neaules, de Puimichel, de Châteauvieux, de Rogiers, de la Molle, de Melne & de Valbelle, ils en prirent le nom.

VIII. La branche de Melne étoit déja formée en 1055. car en ce tems-là vivoit Lambert de Melne. Fulco de Melne qui étoit un de ſes ſucceſſeurs, & Agnes ſon épouſe avec leurs fils Vv. Geofroi, Gui & Bertrand, firent un acte l'an 1140. avec les Chartreux de Montrieu. Lambert de Melne II. étoit Seigneur de la Garde & de Valbelle. Comme cette derniere terre qui eſt ſituée proche de celle de Signe faiſoit la principale partie de ſon domaine, Drogon & Guillaume ſes fils & d'Elerende ſon épouſe, en prirent le nom enſuite d'un partage qu'ils en firent l'an 1150. en preſence de Geofroi & de Guillaume de Signe, & le tranſmirent à leurs deſcendans. La poſterité de Drogon de Valbelle m'eſt inconnuë, mais Guillaume de Valbelle eſt la ſouche de cette famille; ainſi que je l'avois remarqué l'an 1642. lors de la premiere édition de cette Hiſtoire en la page 327. & ſous l'éloge de Fulco Evêque de cette Ville, où j'avois raporté ces paroles que je trouve bon de repeter ici, pour preuve de ce que j'avance, quoi qu'elles ſoient inſerées ci-deſſous dans le livre 10. chapitre 1. ſection XLVII. de cette ſeconde édition, en parlant de ce même Prelat. *Fulco ratifia une ſentence avec les Chartreux de Montrieu. Cet acte qui fut fait l'an 1174. ſe trouve ſouſcrit par Bertrand de Marſeille, Geofroi de Alimes, Gui de Meunes, Bertrand de Olioules Guillaume de Valbelle ſouche de cette famille.* Cette ſentence & divers autres titres qui ſont tout au long dans le Cartulaire de Montrieu, furent juridiquement inſerés l'an 1600. dans les regiſtres publics de cette Ville par Barthelemi de Valbelle Seigneur de Cadarache, dont les petits-fils & les néveus forment diverſes branches, connuës aujourd'hui ſous les noms des Marquis de Valbelle Grand Senêchal de Marſeille, de Meirargues & de Rians, des Comtes de Ribiers, Marquis de Montfuron, & des Marquis de Toürves.

Aux Arch. de la Chartreuſe de Montrieu. Voyés les preuves ſur la fin.

IX. La branche de Châteauvieux produit celle de Neaules. Celle des Seigneurs de Rogiers & d'Evenes tomba dans la maiſon de Vintimille, comme nous avons dit au commencement de ce chapitre. De la branche de Puimichel, en ſortit l'illuſtre Sainte Dauphine Epouſe de Saint Elzear Comte d'Ariam.

X. La terre de Signe, ſous le nom de laquelle cette famille avoit été connuë, paſſa dans le domaine des Evêques de Marſeille, par diverſes aquiſitions qu'ils firent en 1257. 64. 84. 1325. & 1362. de la maiſon de Signe auſſi bien que de Bertrand Porcelet Seigneur de Cabries fils de Guiran d'Agout & d'Hugues Candolle.

XI. La quatriéme de ces maiſons, eſt celle de Geofroi de Trets, & de Porrieres. Elle prouve ſa deſcendance depuis Pierre Geofroi fils de Berenger de Trets Conſeigneur de Porrieres en 1230. lequel vrai-ſemblablement étoit fils de Pierre Geofroi de Trets, qui vivoit en l'an 1182. Quelques Hiſtoriens ont crû que celui-ci étoit fils de Geofroi de Marſeille, dont le pere apellé Pons de Peinier étoit Vicomte de cette Ville. Les conjectures que l'on a pour lui donner cette origine ſont ſi bien

DE MARSEILLE. Liv. III. 89

apuïées, qu'on n'en sçauroit trouver de plus fortes. Je tire la premiere du surnom de Geofroi, qui dans sa source n'étoit qu'un nom patronomique. Geofroi Vicomte de Marseille & d'Arles, fut le premier qui le porta tout seul; depuis lors plusieurs de ses descendans le joignirent à leur nom de batême: on le trouve dans toutes les branches qui descendent de lui, & specialement dans celle des Seigneurs de Toulon, de Trets & d'Olieres. Quant à celui de Trets, il a été porté sans doute à cause du Domaine que cette famille possedoit dans cette terre, & comme elle avoit toûjours été dans la maison des Vicomtes de Marseille, depuis même son établissement, il y a lieu de croire qu'elle passa dans la la famille des Geofroi, Seigneurs de Porrieres, de la même maniere qu'elle fut demembrée en faveur des Geofroi Seigneurs de Toulon, & d'Olieres, de sorte qu'il y a aparence que cette terre fut divisée en trois portions, dont l'une entra dans la maison des Geofroi Seigneurs de Toulon, l'autre dans celle des Geofroi Seigneurs d'Olieres, & la derniere apartient aux Geofroi Seigneurs de Pourrieres.

La terre de Porrieres dont Berenger de Trets étoit Conseigneur l'an 1234. nous fortifie toûjours dans ce sentiment: car n'aparoissant pas qu'elle soit entrée dans sa famille du côté des femmes, & aïant des preuves qu'elle étoit du domaine des premiers Vicomtes de Marseille, & que dailleurs l'autre partie étoit possedée par les Geofroi Seigneurs d'Olieres, on ne peut conclure autre chose, si ce n'est que ces deux portions n'avoient qu'une même source. Cette Seigneurie resta dans cette maison plus d'un siécle & demi, & fut possedée successivement jusqu'à Pierre Gaufridi qui vivoit en 1362. comme on verra plus amplement à chaque degré de cette Genealogie.

Pierre Geofroi de Trets fut témoin au privilege, que Sance Comte de Provence accorda l'an 1184. aux Vicomtes de Marseille, dont j'ai fait mention ci-devant en parlant de la famille de Marseille. *Arch. de l'Hôtel de Ville.*

Berenger de Trets Chevalier Conseigneur de Porrieres, vivoit en l'an 1234. il fut pere de Pierre Geofroi Chevalier & Conseigneur de Porrieres qui d'Alazazie son épouse, eût un fils apellé Berenger de Trets, qui étoit Conseigneur de Porrieres en 1289. Il vendit en 1291. avec le consentement d'Alazazie sa mere, à Isnard d'Entrevenes Seigneur d'Olieres, les droits qu'il avoit sur un Molin de Porrieres. Bertrand de Baux pour reconnoître les services qu'il lui avoit rendu, lui fit donation l'an 1284. d'une Bastide noble qu'il avoit au terroir d'Alauch, & qui a demeuré long-tems dans sa famille. Il fit son testament le 13. d'Octobre de l'an 1338. par lequel il ordonna qu'en cas qu'il mourut à Marseille, à Aix, ou à sa Bastide d'Alauch, d'être enterré dans l'Eglise des Carmes d'une de ces deux Villes, & s'il venoit à mourir dans le Château de Porrieres, il vouloit être enseveli dans l'Eglise des Dominicains de S. Maximin: & institua heritiers ses deux fils; sçavoir Captit de Trets en sa Bastide d'Alauch, & Pierre Gaufridi en la Conseigneurie de Porrieres. *Aux Ecrit. publiq. de Pons Marin Notaire à Marseille. Archive l'Hôtel de Ville. De l'Eglise Cathedrale. Aux Ecrit. d'Hugues Gamel Not. de Porrieres.*

Pierre Gaufridi Damoiseau recueillit de son pere la Conseigneurie de Porrieres, il laissa un fils apellé Berenger de Trets Seigneur en partie

V iij

HISTOIRE

de Porrieres, qui de Mabile de Conchis son épouse eût Pierre Gaufridi, qui se maria le 15. Mars de l'an 1363. avec Alamane de Quolongue, fille d'Hugues de Quolongue Seigneur dudit lieu, & d'Alamane de Boniface. Cette Damoiselle lui porta en dot la terre de Quolongue, & une partie de celles de Venel & de Gardane. Il prêta hommage de celle de Quolongue au nom d'Urbain Gaufridi son fils, dans la Ville d'Avignon le 4. Août de l'an 1385. en la personne de Marie de Blois Comtesse de Provence, & Tutrice de Loüis II. son fils, en présence de deux Cardinaux, de Jean Evêque de Chartres Chancelier d'Anjou, & de quelques Seigneurs de la Cour de ce Prince. Ce Pierre Gaufridi prit constamment le nom de Gaufridi & le transmit à tous ses descendans, sans le joindre avec celui de Trets, que ses predecesseurs avoient alternativement porté. Il étoit sixième Aïeul de M° Iean-François de Gaufridi Conseiller au Parlement d'Aix, qui a composé l'Histoire de Provence si estimée des Curieux.

Aux écrit. d'Etienne Venaissini Notaire de Marseille.

Arch. du Roi en Provence.

XII. Les Armes de cette Maison sont tranché d'Argent & de Gueules, leur simplicité donne lieu de croire, qu'elles s'établirent dans le siécle où l'usage du Blason fut introduit ; en effet, Messire Claude de Villeneuve Marquis de Trans déposa dans une enquête qui se fit en 1560. en faveur de Guillaume Gaufridi, grand oncle de Monsieur le Conseiller Gaufridi, que la Maison de Gaufridi portoit pour Armes, *un Champ miparti en écharpe partie de rouge & partie de blanc*, & qu'elles étoient au Château de Trans depuis plus de trois siécles. De sorte que selon le témoignage de ce Seigneur elles auroient plus de quatre cens trente-ans d'ancienneté.

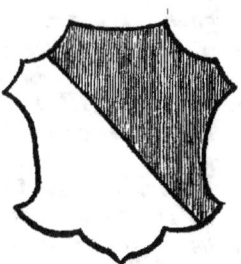

CHAPITRE V.

Les Marseillois se croisent, & font divers voyages en la Terre Sainte. Ils rendent des grands services aux Rois de Jerusalem, qui en revanche leur accordent des beaux Privileges.

I. Les Marseillois se croisent pour la Terre Sainte, & se trouvent à la prise de Jerusalem. II. Godefroy de Boüillon est éleu Roy de Jerusalem, sa mort. III. Les Marseillois assistent Baudoin Comte d'Edesse son successeur. IV. Baudoin du Bourg succede à Baudoin. I. V. Fouques & Melisende Rois & Reine de Jerusalem sont assistés des Marseillois, reconnoissance de ces Princes confirmée par Innocent. IV. VI. Grands services rendus par les Marseillois à Baudoin III. qui s'en revanche. VII. Les Marseillois prétent de l'argent à l'Evêque de Betléem. VIII. Baudoin IV. fils d'Aimeric succede au Royaume de Jerusalem. IX. Baudoin Roi de Ierusalem son successeur meurt de poison, Gui de Lusignan est élû Roy de Ierusalem. X. Le Pape Gregoire VIII. exhorte les Marseillois à se croiser & les prend sous sa protection. Les Marseillois assistent le Marquis de Monferrat. XI. Diverses armées Navales au port de Marseille. Les Marseillois secourent Gui de Lusignan. Il s'en revanche. XII. ce Prince achéte le Roiaume de Chipres. XIII. Services rendus par les Marseillois, aux Princes de la Terre Sainte, ils leur accordent des Privileges & leur font present d'un Château. XIV. Henri Roy de Chipres, & le Comte de Tir leur accordent des exemptions. XV. Iean de Brienne couronné Roy de Jerusalem, accorde aux Marseillois la possession d'une ruë en la Ville d'Acre. XVI. Le Comte de Provence fait Ligue avec les Marseillois. XVII. Alliance entre la Ville de Marseille, & Gaïette. Les Marseillois & les Pisans font une Ligue offensive & deffensive. Ceux de Marseille députent à Gennes.

LE Pape Urbain II. ayant fait resoudre au Concile de Clermont en Auvergne, le voyage d'outre-mer pour le récouvrement de la Terre Sainte, toute la Chrétienté se remua pour une si sainte entreprise. La plûpart des Princes, Seigneurs & Gentil-hommes de l'Occident se croiserent. Les Marseillois eurent bonne part à cette croisade : car ils se trouverent à la prise de Jerusalem, & des plus importantes Villes de la Palestine. Entr'autres Aicard de Marseille petit fils du Vicomte Geofroi, & Pierre Bartlemi Prêtre

I.
Baron. vil.
Tyr.

Rob. Mon.
L. 2. Rai.
d'Agil. L. 1.

Marſeillois, dont nous parlerons amplement au chapitre des hommes Illuſtres. Aprés une ſi glorieuſe conquête, les Chrétiens qui deſiroient de la conſerver, s'aſſemblerent pour élire un Roi, qui eut toutes les qualités neceſſaires à la conduite de ce nouvel Etat, & pour les deffendre contre l'attaque des Infidéles, dont les efforts étoient encore à craindre. Godefroi de Boüillon qui étoit le Prince le plus accompli de ſon ſiécle, fut élû par la pluralité des ſuffrages : mais la joïe de de ſon élection, fut bien-tôt ſuivie du regret que ſa mort fit reſſentir à tous les Chrétiens. Car il ne regna que treize mois, & élût Baudoüin Comte d'Edeſſe ſon frere pour ſucceſſeur ; celui-ci durant les dix-huit mois de ſon regne, deffendit & acrut le Roïaume de Ieruſalem avec beaucoup de ſoin & de generoſité. Ce Prince fut puiſſamment aſſiſté des Marſeillois, qui ſe croiſerent encore ſous la conduite de Hugues Geofroi leur Vicomte.

III. Aprés la mort de Baudoüin I. Baudoüin du Bourg fils de Hugues Comte de Rethel, & couſin germain des deux Rois dont nous venons de parler, fut aſſis ſur le Trône en conſideration de ſon merite. Il eût pendant ſon regne des guerres continuelles contre les Sarraſins, & les Egiptiens, ſur leſquels il fit quelques conquêtes, mais la fortune lui aïant tourné le dos, il fut fait priſonnier des Sarraſins, & n'obtint ſa délivrance, que moïennant une grande ſomme qu'il leur païa dix-huit mois aprés qu'il eût été pris : Ce Prince mourut enfin l'an mile cent trente-un.

IV. Fouques Comte d'Anjou & du Mans ſon gendre, mari de Miliſende ſa fille fut reconnu Roi de Ieruſalem aprés la mort de Baudoüin, & parce qu'il fut beaucoup aſſiſté par les Marſeillois, & par Mer & par Terre, il leur accorda en recompenſe de ce bienfait, une decharge & une franchiſe perpetuelle, de toute ſorte de droits & *Archive de l'Hôtel de Ville.* d'impoſitions, par tous ſes états. Ce privilege fut confirmé par Bulle expreſſe d'Innocent IV. dans laquelle ſa Sainteté excommunie tous ceux qui oſeront troubler les Marſeillois en la joüiſſance de ces Franchiſes : Et par une autre Bulle ſuivante il declare trés-expreſſement qu'il prenoit ſous ſa protection, & du S. Siege Apoſtolique la Ville de Marſeille, & ſes Habitans, & generalement leurs biens & leurs perſonnes.

V. Fouques mourut d'une chûte de cheval, deux ans aprés avoir commencé de regner, il laiſſa deux fils, l'aîné apellé Baudoüin troiſiéme du nom, & l'autre Almaric, Amaurri ou Aimeric ; & d'autant que Baudoüin n'avoit alors que treize-ans, il demeura ſous la regence de la Reine ſa mere. Ce Prince regna vingt-ans, pendant leſquels il eut preſque toûjours la guerre avec les Sarraſins, les ennemis de l'Egliſe prirent la Ville d'Edeſſe, & firent d'autres conquêtes ſur ſes Etats ; enſorte que les Chrétiens d'Occident ſe croiſerent paſſerent la Mer à ſon ſecours. Les Marſeillois ne furent pas des derniers, ils ſecoururent puiſſamment ce Prince & par Mer & par Terre, & lui firent encore preſent de trois mille Beſans Sarraſins, pour empécher que l'ennemi ne ſe rendit pas maître des Villes d'Aſcalon,

&

DE MARSEILLE. Liv. III.

de Japhe. Baudoüin qui avoit conquis Afcalon fur les Sarrafins, n'oublioit rien pour fe la conferver, & pour faire échoüer toutes les entreprifes qu'on faifoit fur cette place : Et pour reconnoître le grand fervice que les Marfeillois lui avoient rendu, il leur donna en recompenfe une grande maifon apellée Rame avec tous les meubles qui y étoient, & tous les Beftiaux encore, & afin qu'ils ne fuffent point troublés aprés fa mort en la poffeffion de ce don, il déclara qu'il veut qu'ils joüiffent de l'éfet & du fruit du jugement que Gibelin Legat de fa Sainteté, & Rodulfe Evêque de Bethleem, & encore tous les autres Prélats du Roïaume avoient rendu en fa faveur. Ce jugement portoit que tous ceux qui troubleroient les poffeffeurs des biens qu'il avoit donnés, & des dons qu'il avoit faits encourroient les cenfures Ecclefiaftiques : dans ces Lettres Patentes il eft porté expreffement qu'en confideration de ce que les Marfeillois avoient fecouru de leurs biens & de leurs perfonnes, & par mer & par terre les Rois fes predeceffeurs, en la Conquête de Ierufalem & de Tripoli ; Sa Majefté déclare, qu'il veut que les Marfeillois aïent en Ierufalem, en Acre & en toutes les Villes maritimes, qui feront foûmifes à fon Empire, une Eglife, un four & une ruë avec toutes les Maifons qui y feront fituées & leur en fait donation, avec pouvoir d'en difpofer: & qu'ils feront francs de tous droits dans fes Etats : Mais pour une plus grande confirmation de fa reconnoiffance il fit attefter le tître, qui fut expedié en Ierufalem l'an 1152. & foufcrit par Rodulfe Chancelier du Roïaume, Aimeric frere du Roi, Philipe Neapolitain, Raimond Comte de Tripoli, Roardus, Baudoüin de l'Ifle, Rainaud de Sidon, Urric Vicomte de Naples, Baudoüin fon fils, Boemond & fon frere Conftantin, Pierre de Soppe, Ioffelin de Sanfac, André de Miradel, Iaques de Mont-Gifac, Gautier de Caimont, & par plufieurs autres Seigneurs. Ces Patentes furent confirmées par Clement III. à Viterbe, l'an 3. de fon Pontificat & à Lion par Innocent IV. fept ans aprés qu'il eut été élevé fur le Trône de S. Pierre.

Aux Archi. de l'Hôtel de Ville de Marfeille.

VI. Baudoüin mourut fans enfans en l'an 1163. En la même année Rodulfe Evêque de Bethleem fe trouvant en neceffité d'argent du confentement de tout fon chapitre reçut en prêt des Marfeillois deux mille deux cens & huit Befans farrafins, ce Prélat leur donna en engagement un Château apellé Romadet, & les Maifons que lui & fon Chapitre poffedoient en la Ville d'Acre auprés du Temple, avec ce pacte que fi cette fomme n'étoit païée aux Marfeillois lors qu'ils la demanderoient, qu'il leur feroit permis de faire vendre ce bien pour leur païement.

Aux Archi. de l'Hôtel de Ville.

VII. Aimeric Comte de Iaphe & d'Afcalon, fucceda à Baudoüin fon frere, il regna onze ans, aprés lefquels il déceda. Baudoüin IV. fon fils recueillit fa fucceffion ; mais à caufe qu'il étoit couvert de lepre il ne fe maria jamais ; & fur les dernieres années de fon regne dans le deffein de fe foulager, il donna la regence du Roïaume à Gui de Luzignan fon beau frere, que Sibille fœur de ce Prince avoit époufé en feconde nôces aprés la mort de Guillaume Longue-Efpée, Marquis de

Montferrat son prèmier mari, & dont elle avoit eu un fils apellé Baudoüin.

VIII.

Gui. de Tyr.

Gui de Luzignan qui étoit un Seigneur François au lieu de se bien conduire en la regence de cét état, que le Roi Baudoüin son beau frere lui avoit confié, agit avec tant de hauteur qu'il donna sujet de plainte à tout le monde ; si bien que le Roi l'aïant destitué, il fit couronner de son vivant Baudoüin son neveu fils de sa sœur Sibile comme j'ai dit, quoique ce Prince n'eût que cinq ans, & le mit soûs la conduite du Comte de Tripoli. Cependant son mal augmenta, de sorte qu'il en mourut peu de mois après n'aïant vécu que vingt-cinq ans.

IX.

Baudoüin V. son neveu & son successeur ne regna que huit mois après lui, étant mort du poison que Sibile sa Mere lui fit donner dans le dessein d'élever sur le Trône Gui de Luzignan son second mari. Ce Prince fut en éfet reconnu Roi par la faveur des Templiers, qu'il avoit gagné par argent : il est vrai qu'il fut beaucoup traversé par le Comte de Tripoli, qui s'oposa à sa création, soûs ce pretexte que la conduite du Roïaume lui avoit été confiée par Baudoüin IV. ainsi que j'ai dit. Et la mésintelligence de ces deux Princes fut cause que en l'an 1187. Saladin se rendit maître de Ierusalem & de quantité d'autres Villes encore.

X.

Archiv. de l'Hôtel de Ville.

Le Pape Gregoire VIII. qui aprehendoit ce malheur, & qui ne siégea que deux mois, fit pendant ce peu de tems tous les éforts possibles pour persuader les Princes Occidentaux d'y envoïer du secours : & pour donner courage aux Marseillois d'y aller en personne, il les prit soûs sa protection & écrivit à l'Archevêque de Narbonne, & aux Evêques de Toulon & d'Antibe de lancer les foudres d'excommunication contre ceux qui les vexeroient par procés. Pendant leur absence quantité de Princes, Seigneurs, & Gentils-Hommes se croiserent alors pour secourir la Terre-Sainte. Conrad Marquis de Monferrat frere de Guillaume Longue-Espée fut l'un de ceux-là. Il acquit alors le Comté de Tyr : & parce qu'il fut assisté par les Marseillois en la défence de cette place contre les Sarrasins ; pour leur donner quelques témoignages de sa gratitude de l'avis du grand Maître des Templiers, leur fit expedier l'an 1187. des lettres patentes, portant permission aux Marseillois de négocier en la Ville de Tyr sans païer aucun droit, avec pouvoir d'y établir un Consul pour leur administrer la justice.

Archiv. de l'Hôtel de Ville.

XI.

En l'an 1190. Robert Comte de Dreux, & Philippes Evêque de Beauvais freres, Thibaud Comte de Chartre, Estienne Comte de Sancerre son frere, Raoul Comte de Clermont en Beauvoisis, Thibaud Comte de Bar, Erar Comte de Brienne & André son frere, Guillaume Comte de Châlon sur Saone, Geofroi de Ioinville Sénéchal de Champagne, Gui de Dampierre, Ancerri de Montreal, Manasses de Garlande, Gui & Gautier de Châtillon sur Marne freres, Iaques Seigneur de Lavesnes & Duc de Guise, & plusieurs autres Princes & Seigneurs François s'étant croisés pour la Terre-Sainte vinrent en cette Ville avec dix mille hommes, ils y firent équiper un bon nombre de Vaisseaux avec lesquels ils arrivèrent en trente-cinq jours à la rade de Ptolemaïs. En même tems que cette armée Navale fit voile de Marseille, il en partit une autre composée des Templiers & des Allemans, dont le chef étoit le Duc de Gueldres, & des Catalans encore qui s'étoient venus joindre à cette flotte dans le port de Marseille. Ce fut en ce même tems que Gui de Luzignan assiégea la Ville, dont les Sarrasins s'étoient emparés; Les Marseillois qui lui avoient rendu des grands services & à toute la Chrêtienté pendant ce siége, entre autres Bertrand Sarde, Anselme de Marseille, Estienne Iean, Raimond de Posqueres, Raimond de Saone, Hugues Fer neveu d'Anselme Fer, Pierre Anuda, Gautier Anglic, Guillaume & Berard Gati, Bertrand Caminal, Guillaume de Posqueres, Pons du Revest, Berenguier & Fulco Rostang, & Bertrand Anuda reçurent de ce Prince, tant pour eux que pour tous les autres Marseillois, à l'avenir & à toûjours, qui habiteroient dans la Ville d'Acre & à une lieuë loin, la liberté d'y négocier, aussi bien que dans toutes les terres du Roïaume qui étoient soûs sa puissance, tant par mer que par terre, sans païer aucun droit d'entrée ni de sortie, à la reserve d'un Bezan pour chaque centêne de Bezan pour les choses qui viendroient de la mer; leur permettant aussi de faire des Bâtimens de mer, & les radouber, & de les conduire où ils voudroient sans rien païer; d'avoir dans Acre des Consuls ou Vicomtes de leur Nation pour leur administrer la Iustice, qui seroient obligés de prêter serment entre les mains du Roi, avec pouvoir de connoître de toutes leurs causes, tant civiles que criminelles, (excepté des crimes de vol, rapt, homicide, fausse monoie & trahison) Les lettres patentes contenant ce que je viens de dire furent expediées au siége d'Acre & souscrites par Iosselin & Aimeric; celui-là Senechal, & celui-ci Connêtable de Ierusalem, & scellées par Pierre Chancelier, & Archidiacre de Tripoli. Le siége d'Acre fut fort long, & cette Ville n'auroit pas été reprise, sans l'arrivée de Philipe Auguste Roi de France, de Richard Roi d'Angleterre, & d'Henri Comte de Champagne, qui s'étoient embarqués à Marseille suivant quelques Auteurs, ou à Gennes suivant d'autres.

Idem, Armoire 2. Cassette 17. num. 101, lac R.

XII. Trois ans après Gui de Luzignan voïant que par la mort de son Epouse tous les droits de la Couronne de Ierusalem étoient écheus à Isabelle sœur de sa femme, acheta des Templiers, ou de Richard Roi d'Angleterre l'Isle de Chipre pour le prix de cent mille écus, & s'en fit couronner Roi. Il posseda cét Etat jusqu'à sa mort, qui arriva l'an 1196. sans laisser des enfans.

XIII. Aimeric son frere lui succeda & fut reconnu Roi de Chipre; Il épousa l'année suivante Isabelle Reine de Ierusalem, dont nous venons de parler. Cette Princesse avoit eu déja trois maris; le premier étoit Enfrede, ou Wifrede, ou Aufroi de Thoren Roi d'Armenie, l'autre Conrad Marquis de Montferrat, duquel elle eut une fille apellée Marie, & le troisiéme étoit Henri Comte de Champagne qui mourut de mort violente en la Ville de Ptolemaïs. Ce Prince à qui les Marseillois avoient donné du secours, & lui avoient fait present de mille huit cens besans sarrasins, aprés leur avoir confirmé tous les dons, octrois & concessions que ses devanciers Rois de Jerusalem leur avoient faits ; leur accorda aussi le privilege de pouvoir négocier au Roïaume de Chipre avec toutes libertés, sans être obligés de païer aucun droit; & leur fit present d'un Château apellé Flacci avec tous les meubles, & Bestiaux qui y étoient.

Aux Archi. de l'Hôtel de Ville, Armoire 2. Cassette 17. nu. 95. sac I

XIV. Quelque tems aprés & en l'an 1236. Henri I. Roi de Chipre, petit fils de ce Prince accorda aux Marseillois, aux Provençaux, & à ceux de Montpelier, quelques exemptions, qui concernoient le commerce. Mais ce qu'il y a de plus remarquable aux Patentes qu'il leur fit expedier, est, qu'elles sont conçuës en langage François, assés bon pour le tems : Ce qui fait voir que les Rois de ce Païs-là, comme ils étoient originairement François, avoient voulu conserver cette Langue, quoi que differente de celle de leurs Etats. Il est vrai que les Patentes que les Rois de Ierusalem firent expedier aux Marseillois, & dont nous avons parlé ci-dessus, sont en langue Latine, bien que ces Princes fussent François d'origine. Et non seulement les Rois de Chipre, mais encore les autres Princes particuliers de la Terre-Sainte, qui étoient originaires de France faisoient expedier leurs Patentes en langue Françoise; Philipe de Montfort, Seigneur de Tyr l'un des Seigneurs François qui s'étoient croisés, décendant de celui-là, fit expedier aux Marseillois des Lettres patentes en langue Françoise, en presence de Gilles Archevêque de Tyr, & de Hugues Revel grand Commandeur de l'Hôpital de S. Iean de Ierusalem, elles portent confirmation des franchises, que les Marseillois avoient à Tyr.

Armoire 2. Cassette 14. num.35.sac A

Armoire 2. Cassette 17. num.100. sac N

XV. Mais pour reprendre le fil de la narration des affaires de la Terre-Sainte, comme elles étoient dans un état pitoïable, le Pape & les Princes Chrêtiens jetterent les yeux sur un Seigneur François, afin que par sa vertu & par sa générosité, il les pût rétablir. Ce fut Iean de Brienne fils d'Erard Comte de Brienne, & frere de Gautier de Brienne, qui avoit conquis la Sicille. Iean de Brienne donc fut créé Roi de Ierusalem en l'an 1211. On lui donna en mariage Marie fille de Conrad Marquis de Montferrat & de la Reine Isabelle, fille d'Amaurri Roi de Ierusalem, & femme en dernieres nôces, d'Aimeri Roi de Chipre, nous avons parlé d'elle assés amplement ci-devant. Iean de Brienne fut couronné Roi de Ierusalem dans la Ville d'Acre en l'année 1211.

XVI. L'année suivante les Consuls des Marseillois, qui étoient en ce Païs-là se presenterent devant ce Prince, & le prierent de les faire mettre en possession d'une ruë située en la même Ville d'Acre, qui leur avoit été accordée par ses dévanciers Rois de Ierusalem. Mais comme il ne vouloit pas déferer à leur dire, il les chargea de lui faire voir les titres en vertu desquels ils disoient que cela leur apartenoit. Et comme ces titres s'étoient égarés par la confusion des affaires de la Terre-Sainte, le Roi fut obligé d'oüir les plus âgés Habitans de la Ville d'Acre, qui montrerent que l'endroit où étoit située la ruë, étoit aux environs de l'Eglise S. Demetrius. Aprés ce témoignage ce Prince du consentement de la Reine Marie sa femme leur en fit expedier des

Aux Archi. Hôtel Cassette 1212.

DE MARSEILLE. Liv. III. 97

Patentes, qui leur confirmoient la possession de cette ruë. Elles furent souscrites par Iean de Ibelin, par Gui de Montfort, & par Iaques de Durmai Maréchal du Roïaume, & par quelques autres; C'est tout ce que j'avois à dire, des affaires & des autres choses qui regardent la Terre-Sainte, ausquelles les Marseillois s'étoient interessés.

Armoire 2. Cassete 14. num. 44. lac E

Pendant que les Marseillois rendoient de grands services aux Rois de Ierusalem, Sance Comte de Provence, Procureur du Roi d'Arragon & Comte de Barcelone, fit en l'an 1183. Ligue offensive & défensive avec Guillaume Vivaud Surleon de la Cieutat, & Salomon Iuge Procureurs & Recteurs de la communauté de Marseille, soûs les conditions que le Comte assisteroit la Ville envers tous & contre tous, qu'il ne feroit ni paix ni trêve avec ses énemis sans son consentement, & que de même la Ville donneroit secours au Comte envers tous & contre tous, & ne pourroit point traiter avec les énemis du Comte que de son aveu.

XVII.

Les richesses que les Marseillois avoient aquises en ce treiziéme siecle par le moïen de leur commerce étoient si grandes que plusieurs bonnes

XVIII.

98 HISTOIRE

Archiv. de l'Hôtel de Ville.

Villes sous esperance de profiter de leur alliance la rechercherent avec beaucoup de soin. La Ville de Gajette fut l'une des premieres; la confederation en fut concluë avec Marseille en 1168. deux ans après les Marseillois & les Pisans firent une ligue offensive & défensive. Environ ce même tems ceux de Marseille aïant eu quelque different avec les Genois à cause d'un Vaisseau qui avoit été detenu: cela donna lieu à une nouvelle alliance qui fut traitée entre ces deux Villes par le Vicomte Hugues de Baux, qui alla en personne à Gennes, accompagné des plus qualifiés Gentils-Hommes de Marseille.

HISTOIRE
DE MARSEILLE,
LIVRE QUATRIEME.

CHAPITRE I.

Les Marseillois achetent des Vicomtes la Seigneurie de leur Ville. Le Comte d'Empurias & la Ville de Nice recherchent leur alliance. Differend entre le Monastere S. Victor & Marseille, pour une portion de la Seigneurie.

I. Les Marseillois rembourcent Guillaume Ancelme acheteur d'une portion de la Seigneurie. II. Ils achetent du Vicomte Roncelin tous ses droits. III. Raimond Geofroi leur vend aussi sa portion. IV. & Raimond de Baux la sienne. V. Convention entre Marseille & Arles. VI. Hugues de Baux cede à la Ville les droits qu'il avoit sur la Seigneurie. Gerar Adhemar chassé de Marseille. VII. traité entre Sance Comte de Provence & les Marseillois. VIII. ils prenent les interets du Comte de Toulouse. IX. le Comte d'Empurias fait alliance avec elle. X. teneur des Articles. XI. ceux de Nice s'alient de nouveau avec les Marseillois. XII. ils avoient en ce tems-là un Camp dans la Ville de Bugie. XIII. le Comte Berenger & les Marseillois prenent le lieu de Lambesc. XIV. differend entre le Monastere S. Victor & Marseille. XV. Honoré III. député des Commissaires pour faire joüir le Monastere de ses droits. XVI. ils executent leur commission. XVII. accord entre la Ville & le Monastere. XVIII. sa teneur. XIX. action charitable des Marseillois.

I.

LES Marseillois apuiés de l'amitié de leurs voisins, & se confians de leurs grandes richesses, porterent enfin leurs pensées à secoüer le joug des Vicomtes. Et pour cét éfet ils resolurent d'aquerir par argent, & à quelque prix que ce fut la Seigneurie de leur Ville; Ce qui ne leur fut pas beaucoup difficile : car ils avoient à faire à plusieurs petits Princes, qui ne possedans chacun qu'une portion du Vicomté, ne pouvoient qu'avec beaucoup de peine maintenir le rang de leur naissance: d'autant mieux que la division s'étant glissée parmi eux, les avoit extrêmement affoiblis, au grand avantage de leurs sujets, & au mépris de leur authorité. Le Vicomte Roncelin avoit peu auparavant vendu à Guillaume Ancelme Gentilhomme de Marseille, une portion de la Seigneurie qui consistoit aux droits d'une partie du port, & d'une huitiéme des leudes. Cette alienation qui témoignoit clairement à quelle extremité ce Prince étoit reduit, échauffa le peuple, & servit de planche à l'aquisition de sa liberté, car les Sindics (les Magistrats politiques étoient alors apellés Sindics, Recteurs, & Administrateurs de la Communauté) rembourserent au nom du corps de la Ville ce nouveau acquereur en l'an 1211. & lui païerent comptant mille livres Coronées.

Archiv. de l'Hôtel de Ville.

Ans de Jesus-Christ 1211.

II. Deux ans aprés Roncelin vendit tous les droits qui lui restoient encore de son heritage sur cette Ville, & ceux qu'il avoit acquis de Raimond Geofroy, & possedé depuis trente ans. Le prix fut accordé à six cens livres Roïales Coronées, par Pierre de S. Jaques, Guillaume Vivaud, Simon Berard, & Raimond Sarraset, Recteurs & Administrateurs de la communauté.

III. Raimond Geofroy Seigneur de Trets, vendit par aprés aux mêmes Recteurs tout ce qu'il possedoit en la Ville de Marseille, son terroir & Jurisdition, tant civile que criminelle, censives, trezains, chevauchées, leudes, ports, eaux, terres, montagnes, rivage, pesche, isles, chasse, & généralement tous autres droits, pour le prix de cent quarante-trois mille sols Roïaux païés comptant, cette vente fut confirmée par Ixmille femme de ce Prince, & par Geofroy Reforciat, & Burgundion ses fils qui assisterent au contract.

IV. En la même année Raimond de Baux vendit aussi sa portion, il en retira quatre-vingts mille sols Roïaux Coronés, des mêmes Recteurs, qui pour leur plus grande sureté voulurent que Hugues de Baux leur fut tenu d'éviction, & que Adalasie sa femme, (à qui la Seigneurie apartenoit en propre) assistat au contract de vente, avec Rostang d'Agout son frere: ce qu'elle fit à la priere de son mari, & à condition que les Recteurs lui donneroient pour ses épingles douze mille sols Roïaux Coronés, qui lui furent délivrés en passant le contract.

V. Ce peuple aïant acquis de la sorte une grande partie de la Seigneurie avec esperance d'avoir le reste dans peu de tems: craignant que quelque grande puissance ne fit dessein de le traverser, & de s'oposer au progrés de sa Republique naissante, jugea qu'il étoit à propos de faire une étroite alliance avec la Ville d'Arles, pour en tirer du secours en cas de necessité. Et pour cét éfet, les Recteurs & Administrateurs de ces deux Villes s'assemblerent à Marseille, où les Articles de cette confederation furent accordés & conclus; par l'un desquels les Administrateurs de la Ville de Marseille promettent d'emploïer tout leur pouvoir pour empêcher que les Vicomtes & Vicomtesses qui possedoient encore quelque portion de leur Ville, n'éxigeassent à l'avenir des

Ans de Jesus-Christ 1214.

Archiv. de l'Hôtel de Ville.

DE MARSEILLE. Liv. IV.

des citoïens d'Arles le droit de 25. qu'ils avoient imposé : & par le même acte, les Recteurs de la Ville d'Arles rendirent nos habitans francs du même droit, & de plusieurs autres.

VI. Les Marseillois qui depuis quelques années avoient formé le dessein d'acquerir leur liberté, avoient prêté à diverses fois de grandes sommes à Hugues de Baux l'un de leurs Vicomtes, sous cette esperance, que lors que la debte auroit extraordinairement grossi, Hugues de Baux n'aïant pas des deniers en main pour l'acquiter, seroit contraint de leur donner en païement la portion qu'il avoit en la Seigneurie du chef de Barrale sa femme : la chose aïant reüssi comme ils l'avoient esperé, Hugues donna en l'an 1214. à la Communauté de Marseille cette portion en païement des sommes qu'il lui devoit. De sorte qu'il ne restoit plus à acquerir que celle que Gerar Adhemar possedoit, comme mari de Mabile, fille de Guillaume le Gros. Les Marseillois desirant de se voir dans une entiere liberté emploïerent envers lui les offres, les prieres & même les menaces sans rien avancer ; & bien qu'on lui mit devant les yeux l'exemple des autres Vicomtes, & qu'on lui representat qu'il auroit de la peine de se conserver contre le gré de ce peuple si amoureux de sa liberté, avec lequel il auroit des prises chaque jour, & que même il seroit dans un continuel danger de sa vie : toutes ces raisons ne furent pas capables de faire impression sur son esprit, parce qu'il n'agissoit que par le mouvement de sa femme, qui ne pouvoit souffrir qu'on parlât de vendre son heritage. Cependant les Marseillois qui possedoient tout, excepté cette petite piece, se moquerent de son opiniatreté, le chasserent de la Ville, & le priverent des rentes qu'il y possedoit pour le contraindre par ce moïen à leur accorder par force ce qu'il devoit faire volontairement. A quoi ils ne s'abuserent pas, car dans quelque tems Gerar & sa femme vendirent à la Communauté la portion qu'ils avoient au Vicomté pour le prix de cinq mil sols roïaux coronés, & cent livres de pension païable annuellement à perpetuité le jour de S. André.

Ans de Jesus-Christ 1214.

VII. Cette action que Marseille venoit de rendre en se tirant dessous la domination des Vicomtes, lui acquit tant de gloire & de nom, que Sance Comte de Provence & Procureur du Roi d'Aragon voulut faire dans son Camp prés de Balaguet une convention, & un traité avec Guillaume Vivaud, Surleon de la Cioutat, & Salomon Juge, deputés de la Ville. Il contenoit entre autres choses que le Comte aideroit les Marseillois contre qui que ce fut de Provence, qui voudroit les offenser ou leur faire la guerre, & en cas que ceux-là ne voulussent pas subir la justice du Comte, qu'il ne feroit aucune paix ni trêve avec ses ennemis & ceux des Marseillois., que de leur volonté & de leur consentement. Les Marseillois aussi de leur part promirent au Comte toute aide & secours contre ceux de Provence qui lui voudroient porter prejudice, ou lui faire la guerre, & qu'ils ne feroient pas la paix avec eux que du consentement du Comte & de sa volonté, sauf pour le tout, le droit & jurisdiction du Comte de Provence. Cette convention fut jurée par le Comte & par les Deputés de Marseille.

Archiv. de l'Hôtel de Ville.

Tome I.   Y

VIII. En l'année 1217. les Marseillois s'engagerent dans les intérêts de Raimond VI. Comte de Toulouse contre le Comte de Montfort, car s'étant joints avec les Villes d'Avignon & de Tarascon, ils furent cause que Raimond dernier du nom son fils s'étant sauvé en Provence s'empara de toutes les Villes qui étoient deçà le Rhône, & assiegea même la Ville de Beaucaire. Le Pape Honoré III. en fut tellement aigri qu'il ordonna au Cardinal Bertrand son Legat de les excommunier, il y a aparence que cette excommunication ne fut pas fulminée, car je trouve qu'en l'an 1230. les Marseillois étoient de bonne intelligence avec le Pape Gregoire IX. son successeur.

Odoriens, Rainaldus, Tarusinus, Conti. Baron. Catel. Hist. des Comt. de Toulouse.

IX. L'année suivante Hugues Comte d'Empurias envoïa une ambassade aux Marseillois pour leur témoigner le desir qu'il avoit de contracter une reciproque alliance pour le bien & l'avantage commun. Les Marseillois connoissans le profit qu'ils en recevroient à cause de leur commerce, y entendirent très-volontiers, & leur confederation fut solemnellement concluë, dont voici les principaux articles.

X. Qu'il seroit permis aux Marseillois d'aller librement negocier à Empurias, & d'en sortir les marchandises que bon leur sembleroient, sans n'être tenus qu'au païement de l'ancien droit, qu'en cas qu'ils vinsent à faire naufrage, le Comte promit & s'obligea de les assister au recouvrement de leurs marchandises, & se départit en leur faveur du droit de debris & de naufrage qui lui apartenoit.

Arch. Jesu Chr. 1218.

XI. Peu après la Ville de Nice, qui bien qu'alliée depuis long-tems avec les Marseillois, voulant neanmoins renouveller ce nœud & l'affermir par un nouveau traité, envoïa ses deputés avec ample pouvoir de conclurre cette nouvelle alliance. Elle fut solemnellement Jurée, & contractée beaucoup plus étroitement que la premiere. Et j'ai remarqué dans la narrative de l'acte ; ces belles paroles, qui montrent clairement combien l'acquisition de leur liberté leur avoit donné de reputation & de gloire. *EN TOUS NOS CONSEILS, & en toutes nos actions procedant avec zele, Nous avons mis nôtre Ville en liberté, c'est par ce moïen que Nous avons beaucoup accreu la splendeur, l'autorité & les biens de nôtre Republique, que nous la conservons en paix, & que nous esperons par la grace de Dieu de la maintenir au même état; c'est pourquoi nous Recteurs avec son assistance, voulant pourvoir au bien & à l'avancement des affaires, après avoir assemblé au son de la cloche nôtre Conseil composé des Conseilliers ordinaires, & des cent chef de Métier, &c.*

Aux Archives de l'Hôtel de Ville.

XII. Les Marseillois avoient en ce tems-là dans la Ville de Bugie en Affrique un quartier de ladite Ville, où les Marchands qui y negotioient faisoient leur demeure. Un semblable lieu est aujourd'hui apellé un *Camp*, qu'on apelloit en ce tems-là un *Fundigue*, les Marseillois firent alors tout leur possible pour faire subsister ce *Camp*, à cause du besoin qu'ils en avoient.

1220.

Le fragment de la Chronique de S. Victor nous aprend qu'à deux ans de là, le lieu de Lambesc fut pris & entierement ruiné par Raimond Berenger Comte de Provence & par les Marseillois ; & qu'en

1222.

la même année ces deux Puissances prirent le Château de Roquemartine. Il seroit à souhaiter que l'Auteur de cét ouvrage se fut plus étendu, & nous eut donné connoissance du mouvement qui les obligea à cela; nous verrons ci-après que ce Prince & ce peuple firent entre eux ligue offensive & défensive, qui est un témoignage de l'estime en laquelle les Marseillois s'étoient mis.

XIV. Nous avons vû au chapitre precedent que le Vicomte Roncelin aïant donné à l'Abé Guillaume tous ses biens sous la reserve seulement de quelques directes, & du Château Babon pour en païer ses creanciers: cette donation fut faite si secretement, que les Administrateurs n'en aïant eu aucune connoissance, ne firent point de dificulté de traiter avec ce Prince, & d'acheter ce domaine, ce fut là le sujet du grand differend qui nâquit entre la Ville & le Monastere: l'Abé soutenoit que la vente n'avoit pas peu être faite au prejudice du droit qui lui étoit acquis par la donation; & ainsi qu'on ne pouvoit point lui en refuser la jouissance; au contraire les Marseillois disoient que cette donation étoit frauduleuse, & n'avoit été faite à autre dessein que pour les abuser, & qu'aïant acheté legitimement & de bonne foi cette portion de Seigneurie, ils étoient resolus de la conserver au peril de leurs vies: & neanmoins pour témoigner qu'ils ne desiroient rien tant que de vivre en bonne intelligence avec le Monastere, ils offroient de l'indemniser & de lui en païer le prix.

XV. Ce parti si raisonnable mettant l'Abé, & les Religieux hors d'interêt les devoit porter à un accommodement, mais le desir de posseder une portion de la Seigneurie d'une Ville si renommée leur fit refuser avec attachement ce qu'ils devoient accepter, & considerer qu'en ne relâchant pas ils seroient perpetuellement en trouble avec ce peuple si passionné pour sa liberté, & qui avoit en horreur la sujetion, dont il ne faisoit que de sortir: l'Abé rejettant donc cette voie de douceur recourut au S. Siége, & l'y porta sa plainte. Honoré troisiéme étoit alors assis en la chaire de S. Pierre, ce Pape voulant soutenir les droits de l'Eglise deputa Hugues Evêque de Riés, B. Evêque d'Antibe, & Guillaume Abé du Toronet avec ordre de faire jouir le Monastere des biens donnés par Roncelin, & du reste du patrimoine de ce Prince en acquitter ses dettes, leur donnant pouvoir d'excommunier ceux qui s'oposeroient à l'execution de ce decret.

Au petit Cartulere de S. Victor fol. 8. 49. & 89.

XVI. Ces deputez procedans au fait de leur charge mirent en possession l'Abé, & les Religieux de cette portion de Seigneurie qu'ils declarerent consister en la troisiéme partie du Palais Seigneurial, en la sixiéme du Domaine de la Ville Vicecomitale, & au fief de S. Marcel, ce qui fut executé avec grande solemnité. Car les Commissaires suivis de l'Abé en presence de tous les Religieux qui étoient sortis du Monastere & s'étoient logés prés la Chapelle S. Ferreol s'embarquerent dans un bateau, & aïant traversé le Port d'un bout à l'autre décendirent à la tour de l'Hôpital, qui étoit alors à ce que j'estime au delà du Port vers le bout du Quai, où est aujourd'hui l'Hôpital des Forçats, de là ils se rendirent à la porte de la Ville, & en même tems pour marquer

Archives de S. Victor.

qu'ils les mettoient en poſſeſſion, firent élever au lieu le plus éminent de la tour du Tholonée qui étoit le Palais Seigneurial une Banniere, où d'un côté étoit depeinte la Croix, & de l'autre les armes de Saint Victor.

Le lendemain ils allerent à S. Marcel, où ils ne trouverent perſonne, la plus grande partie des Habitans qui s'étoient retirez avoient fermé les portes du Château, de ſorte que les Commiſſaires ne pouvans entrer pour le mettre au pouvoir de l'Abé furent contraints de s'arrêter devant l'Egliſe N. Dame, & d'executer leur commiſſion en preſence de quelques Habitans, à qui ils enjoignirent expreſſément d'obeïr au Decret du Pape, & d'exhorter ceux qui s'étoient abſentez d'en faire de même ; & à cét éfet reconnoître pour Seigneurs temporels l'Abé & le Monaſtere ſur peine d'excommunication.

XVII. Les Religieux ne tirerent pas grand profit de ce Decret, qu'on n'executa qu'en ſa formalité : Car les Marſeillois n'y voulurent point defferer, bien que leur Evêque fît ſon poſſible pour les porter à l'obéïſſance, & qu'en l'année 1218. Raimond Berenger comme ſouverain eut aprouvé & ratifié la donation que Roncelin avoit fait au Monaſtere, reçu l'Abé à lui faire hommage, à lui prêter ſerment de fidelité, & retiré de lui trois mille ſols roïaux pour le droit d'inveſtiture, aïant même confirmé la procedure des commiſſaires : neanmoins ce peuple tint ferme, & ne voulut rien relâcher du commencement quoi qu'on l'eut excommunié. Enfin le tems aïant adouci l'aigreur des uns & des autres, & diſpoſé leurs eſprits à la paix, ils terminerent leur differend par une tranſaction, dont j'ai trouvé bon d'inſerer ici la teneur.

Archives de S. Victor Dioceſe de Marſ. n. 71.

XVIII Que l'Abé & les Religieux affermeroient à la communauté pour ſix années la portion de Seigneurie & Juriſdiction qu'ils pretendoient d'avoir ſur la Ville, en vertu de la donation de Roncelin, & le fief de Saint Marcel, pour le prix de cinq cens ſols roïaux coronés païables châque année à la fête de S. Victor, avec condition neanmoins que le terme étant expiré la ville les reſtitueroit au Monaſtere. C'ét ainſi que ces troubles furent adoucis, mais non pas entierement apaiſés, car dans peu de tems nous les verrons renaître avec plus de violence.

XIX. Trois ans avant cét accord les Marſeillois avoient exercé une inſigne charité envers l'un des plus aparens de leurs Citoïens, apellé Bertrand Bonafoſſus, qui étoit eſclave à Bugie. Ce pauvre captif étoit lié de parenté, ou d'amitié avec les principaux de la Ville qui étoient extremement touchés de ſon malheur ; & parce qu'il n'avoit pas aſſés de biens de fortune pour païer ſa rançon, par deliberation du Conſeil général qui fut aſſemblé pour ce ſujet, il obtint de la Communauté le Camp de Bugie pour quatre années, & tous les droits qu'elle avoit accoûtumé d'en retirer. Mais étant traverſé en la poſſeſſion de ce don par deux Marſeillois, qui avoient quelque accés prés de Boabdalé Benxamor Roi de Bugie ; le peuple de Marſeille qui avoit une étroite alliance avec ce Prince lui écrivit par deux diverſes fois, le ſupliant d'interpoſer ſon authorité afin que Bonafoſſus peut joüir paiſiblement du don qu'on lui avoit fait, & amasser par ce moïen le prix de sa liberté. Ce Prince fit tant de cas de la recommandation des Marseillois, qu'il leur accorda tout ce qu'ils lui demanderent en faveur de cét esclave, qui par ce moïen eut dequoi se tirer de sa captivité.

CHAPITRE II.

Les Vicomtes êtans devenus personnes privées sont exclus avec leur posterité par deliberation de tout le peuple du Gouvernement, & des charges publiques.

I. Privileges donnés aux Marseillois par le Seigneur de Berithe. II. Le Podestat de Marseille offense la Republique de Gennes. III. Les Vicomtes declarés incapables des charges publiques. IV. La Ville de Marseille achete les Châteaux d'Ieres, & de Bregançon. V. Le Comte de Provence en donne l'investiture. VI. Traité de paix entre Raimond de Baux & les Marseillois. VII Confirmation de ce traité par Alazazie femme de Raimond de Baux, & par ses enfans. VIII. Elle aquiert encore la Seigneurie, & le Château de Roquevaire.

An de Jesus-Christ 1223.

LEs Marseillois étoient si fort adonnés au negoce qu'ils frequentoient les Ports les plus celebres de la mer Mediterranée, où tous les Princes tâchoient de les attirer par des grandes exemptions & franchises, & entre autres Jean de Ibelin Seigneur de Berithe, décendu de ce brave Heros à qui cette Ville fut donnée en recompense des grands services qu'il avoit rendu en la conquête de la Terre-Sainte, voulant obliger un peuple si renommé, lui accorda de beaux privileges qui concernoient le fait du negoce; car il exemta dans ses terres les Marchands de Marseille de toute sorte de droits, tant d'entrée que de sortie, leur permit d'avoir des Consuls pour la decision de toute sorte de differends qui pourroient naître entr'eux, ne se reservant que la connoissance du sang & de l'homicide. Ces privileges furent confirmés par le Pape Gregoire IX. l'an troisiéme de son Pontificat.

I.

Archiv. de l'Hôtel de Ville.

En ce même tems Jaques Carnevalé Milanois Podestat de Marseille fut cause de quelque broüillerie qui arriva entre les Marseillois & les Genois, dont je deduirai le sujet en peu de paroles. Cid Bulaolé Roi de Tunis, aïant chargé une grosse somme d'argent sur le Vaisseau de Raimond Archanto Marchand Genois avec ordre de le porter en la Barbarie du Ponent, Carnevalé voulant mettre la main sur ces deniers fit emprisonner le Capitaine. Les Genois en aïant été avertis envoïe-

II.

Instin. anna de Genes.

rent demander justice aux Marseillois, mais soit que cette action eut été faite de l'aveu de tout le peuple, ou des plus aparens, elle fut avoüée, & le Podestat continua de travailler les Genois en toutes occasions. Ce qui offensa tellement la Republique de Genes, qu'elle donna permission à ceux de Vingtimille (qui depuis peu s'étoient reduits soûs son obeïssance) de courir sur les Marseillois. En éfet, avec deux galeres équipées pour ce sujet, ils prirent un Vaisseau qui portoit l'Ambassadeur que les Marseillois envoïoient au Roi de Tunis pour s'excuser de la prise de son argent; mais ce ne fut pas tout, car le Podestat aprés sa charge finie s'en retournant à Milan fut pris au détroit d'Albengue, mené à Genes & emprisonné, de sorte qu'il fut contraint de donner aux Genois la satisfaction qu'ils demanderent, & ne fut tiré de prison qu'à l'instante priere des Marseillois & des Milanois.

III. Ce n'étoit pas assez aux Marseillois d'avoir secoüé le joug de l'obeïssance, & reduit leur Ville en Republique, car il faloit songer à se maintenir en cét état, aussi cette pensée les rendoit extrémement soigneux de tout ce qui pouvoit servir à l'affermissement & à la conservation de leur liberté. Ils aprehendoient que les Vicomtes qui depuis la vente de leur Seigneurie n'étoient considerez que comme personnes privées ne vinsent à se laisser chatoüiller du souvenir de leur premiere condition, & que le regret d'avoir perdu cette authorité ne leur fit venir l'envie, & rechercher les moïens de la recouvrer; ils s'aviserent pour leur en ôter toute esperance, de faire une déliberation solemnelle qui fut redigée en forme de statut, portant que aucun des Vicomtes ou leurs décendans ne fussent jamais admis à aucunes charges publiques, ni à l'administration & gouvernement de la Ville. Et afin que cela fut observé inviolablement & à perpetuité, ils ordonnerent que tous les Citoïens, tant en général qu'en particulier, prêteroient par trois fois le serment de n'y contrevenir jamais.

Ans de Jesus-Christ 1223.

IV. Nous voïons dans cette déliberation, que les Marseillois n'avoient pas seulement acquis la Seigneurie de leur Ville, mais encore quelques places dans la Province; car en l'an 1217. ils acheterent de Raimond Geofroy Seigneur d'Ieres fils à feu Pons de Fos la portion qu'il possedoit des Châteaux & Seigneuries d'Ieres, & Breganson, des salines des Isles d'or, avec tous les droits qui lui étoient échûs de l'heritage de sa mere, dont ils païerent contant dix-huit mille sols Roïaux. Le reste de ces deux places leur fut vendu deux ans aprés par Amiel de Fos pour le prix de cinq mille sols Roïaux; & Roger, Roncelin, Geofroy, Gui & Bertrand fils du vendeur suivant la coûtume du tems, ensemble les Habitans d'Ieres ratifierent la vente: Et afin que les Marseillois ne fussent jamais troublés en la possession de ces terres, Geofroy Irat, Gui Camerlenc, Guillaume de la Garde, & Pons de Fos freres fils à feu Pons de Fos, confirmerent quatre ans aprés cette alienation, la Ville leur donna pour ce sujet huit mille sols Roïaux: En la même année Geofroy Irat & Guillaume de la Garde vendirent à la Communauté les droits qu'ils avoient au lieu de Breganson.

Archiv. de l'Hôtel de Ville.

Idem.

1219.

1223.

1223.

Archiv. de l'Hôtel de Ville.

V. Mais parce que ces terres nouvellement acquises dans la Province

DE MARSEILLE. Liv. IV.

relevoient de Raimond Berenger Comte de Provence, les Marseillois lui en demanderent l'investiture qui leur fut accordée, ce Prince prit la peine lui-même de mettre en possession de ces fiefs la communauté de Marseille en la personne du Podestat, aprés avoir reçu trois cens livres pour ses droits de lods, & promis de la maintenir & défendre envers tous & contre tous. Cette action de Berenger est un témoignage évident de la simplicité du siecle, & fait bien voir que ce Prince n'avoit pas beaucoup d'ambition, ou qu'il manquoit d'experience pour les affaires, car au lieu d'unir ces terres à son Domaine par droit de prelation ou bien-séance, il en donna librement l'investiture aux Marseillois, sans considerer que la premiere maxime de la raison d'Estat, enseigne aux Princes de s'oposer toûjours à l'agrandissement de leurs voisins.

VI.

Quelques années aprés Raimond de Baux fit la paix avec les Marseillois. La teneur de ce traité fait voir qu'il y avoit eu guerre ouverte entre-eux, & bien que le sujet ni soit pas exprimé, on recueille neanmoins que la vente de cette portion de la Seigneurie de Marseille, qu'il leur avoit faite en étoit le veritable motif, il s'imaginoit d'avoir été fort lesé, & chercheroit quelque voie pour se reparer, cela donna lieu à cette rupture, qui causa de grands dommages de part & d'autre, mais enfin elle se termina en un accord, dont voici les conditions.

Que les parties se quittent de tous les dommages soufferts durant la guerre.

Aux Archi. de l'Hôtel de Ville.

Que Raimond de Baux cederoit à la Communauté, tant pour soi que pour sa femme & ses enfans le droit qu'ils avoient sur le Vicomté de Marseille.

Qu'ils défendroient les Marseillois, contre ceux qui auroient guerre avec eux

Qu'il feroit la paix & la guerre, suivant la volonté des Marseillois.

Que les parties feroient élection de deux Marseillois, qui decideroient, ce qu'on avoit pris durant la paix & durant la guerre, & qu'elles rendroient, ce qu'on declareroit le devoir être.

Que Raimond de Baux, prometroit de remettre entre les mains de deux personnes de probité de la Ville de Marseille, son Château de Vitroles, pour asseurance de ses promesses, qu'ils le garderoient durant trois ans, & aprés le lui rendroient, que pour plus grande asseurance de ses promesses il obligeroit encore tous ses biens qu'il ne recevroit aucun Marseillois dans ses terres contre le gré de la Ville de Marseille.

Que les Marseillois seroient francs de toutes impositions dans toutes les terres de Raimond de Baux.

Que s'il arrivoit quelque different pour raison de la paix entre Raimond de Baux, & la Communauté de Marseille, que les parties prendroient chacun un Citoïen de la Ville à qui elles remetroient leurs differents, & ceux-là les vuideroient par voie d'arbitrage.

Que si Raimond de Baux ne vouloit defferer au jugement qu'ils en feroient, les terres de Vitroles, & de Château-neuf tomberoient en commis, & demeureroient aux Marseillois.

Que Raimond de Baux & ses enfans seroient Citoïens de Marseille, laquelle lui païeroit annuellement & à perpetuité à la Fête S. André trois mille sols Roïaux.

Qu'elle lui donneroit une Maison de la valeur de dix mille sols.

Que Marseille assisteroit Raimond de Baux, contre tous ceux qui lui feroient la guerre & contre ceux à qui il la feroit, pourveu qu'il denonçat la guerre du consentement des Marseillois, autrement ils ne seroient pas tenus de l'assister.

Que s'il arrivoit quelque contention, pour raison de ce traité que les parties feroient élection de deux Citoïens de Marseille gens de probité, qui vuideroient le different par voie d'arbitrage, & la Ville seroit obligée de defferer à ce jugement à peine de deux mille marcs d'argent.

VII. Ce traité fut confirmé dans Marseille la même année, & la suivante par Alazazie femme de Raimond de Baux, & par Raimond, Guillaume, Bertrand, & Alazazie de Baux ses enfans.

VIII. Outre les acquisitions dont j'ai fait mention ci-dessus Pierre de Temple, Guillaume Ancelme Sindics, acquirent encore au nom de la Ville le Château, & la Seigneurie de Roquevaire, que Raimond de Baux leur vendit avec les droits que Audoarde femme de Bertrand de Baux son fils, Gerard Adhemar & Mabile sa femme avoient sur cette place; le prix en fut accordé à dix-huit mille sols Roïaux, qui furent païés contant. Et bien que cette vente n'ait été faite qu'en l'an 1228. neanmoins la liaison de la matiere m'oblige de la raporter en cét endroit.

CHAPITRE

CHAPITRE III.

Ligue entre Raimond Berenger Comte de Provence & la Ville de Marseille. Querelle entre Hugues de Baux & les Marseillois, pour une portion de la Seigneurie.

I. Berenger recherche l'amitié des Marseillois. II. Conditions de leur traité fort avantageuses. III. Berenger & les Marseillois compromettent de tous leurs differens. IV. Pretentions de ce Prince. V. Pretentions des Marseillois. VI. Sentence qui s'en ensuit. VII. Marseille & Avignon confirment leur alliance. VIII. Hugues de Baux veut recouvrer sa portion de Seigneurie. IX. S'adresse à Berenger qui n'en tient point de conte. X. Recourt à l'Empereur Federic. XI. Qui commande à la Ville de contenter ce Seigneur. XII. Elle depute deux Gentils-hommes vers Federic qui les fait emprisonner. XIII. Les Marseillois emploient la faveur du Comte de Savoye. XIV. Assistent le Roi d'Aragon à la prise des Isles de Maiorque. XV. Le Cardinal S. Ange veut mettre d'accord la Ville de Marseille & Hugues de Baux. XVI. Il s'y dispose avec peine. XVII. Enfin il y consent. XVIII. Teneur de l'accord. XIX. Le Cardinal S. Ange termine encore un different entre la Ville Episcopale & la Ville Vicecomitale. XX. Bulle du Pape Honoré III. en faveur des Marseillois.

I. LA puissance à laquelle les Marseillois s'étoient élevés les rendit si considerables, que Berenger dernier du nom Comte de Provence, fut bien aise de traiter avec eux ligue offensive & défensive. En éfet, étant venu à Marseille elle y fut concluë solemnellement.

II. Par ce traité le Comte promit pour lui & les siens de faire jouir la Ville d'une heureuse & profonde paix, de la proteger & défendre envers tous & contre tous, & que s'il arrivoit que les Habitans fussent outragés, & receussent quelque dommage en général & en particulier, aprés avoir representé à ceux qui l'auroient commis d'en faire la satisfaction, il s'obligeoit en cas de refus de s'interesser en leur cause, & de les secourir avec cent hommes d'armes, & de cinq cens cinquante hommes de pied, entretenus à ses dépens durant deux mois de chaque année. Et pour plus grande asseurance des promesses de ce Prince, Eustache & Raimond Gantelmi, Audibert, & Isnard de Forcalquier,

& Raimond de Mora, Gentilshommes de Provence qui assistoient à ce traité, s'obligerent en leur propre de le faire exactement observer, Ricaut & Pierre Bonvin Sindics au nom de la Ville & suivant le pouvoir exprés qu'on leur avoit donné, promirent de faire entretenir la paix ferme & inviolable avec le Comte, sous les mêmes conditions que si lui ou ses sujets venoient à recevoir quelque offense: les Marseillois aprés avoir exhorté l'agresseur à la reparation de l'injure, seroient obligés de les assister avec cinquante hommes d'armes, dont les vingt-cinq auroient chevaux armés, & deux cens hommes de pied païés pour deux mois de châque année, à leurs frais & dépens. Et pour montrer qu'ils desiroient de garder inviolablement cét accord, ils s'obligerent d'en faire prêter serment tous les ans à leurs nouveaux Sindics & Recteurs à l'entrée de leurs charge; & eux-même alors avec Spinus de Sorezina leur Podestat, qui l'étoit en même tems de la Ville d'Avignon, Pierre Vetuli, Tortel, & Jaques Guillaume Clavaires de la Communauté en jurerent publiquement l'observation. Ce traité fut fait dans une maison qui étoit prés de l'Eglise des Acoules, où le Conseil général de la Ville fut assemblé pour cét éfet, dont les articles furent publiés en presence de Raimond & Bertrand de Baux, de Raimond de Conchis, d'Anselme Fer, de Reinaud de Trets, d'Augier de Mari, de Guillaume Vivau, de Berenger de Pericart, & de Jaques de Populo Juge de la Communauté, & de plusieurs autres.

III. Il semble par cette convention que le Comte traita avec les Marseillois de pair à pair, & comme independans de sa souveraineté, n'aïant été reçu dans la Ville que comme un Prince étranger. Il est vrai que les Vicomtes en qualité de Seigneurs de Marseille lui devoient quelque sorte d'hommage, si bien que la Communauté s'êtant affranchie & aïant acheté leurs droits étoit justement obligée à cette même redevance. Aussi le Comte aprés cét accord se servit de l'occasion, & leur demanda les droits de fief qu'il pretendoit lui être dûs pour raison de cette vente: mais parce que la Ville avoit aussi quelque autre affaire à demêler avec lui, ils remirent volontairement leurs differens à Audibert de Forcalquier, & à Spinus de Sorezina leur Podestat.

IV. Les pretentions du Comte consistoient comme nous avons déja dit, aux droits de lods pour les acquisitions de la Seigneurie, & en d'autres droits qu'il disoit lui être dûs, à cause que les Marseillois avoient fait bâtir un Château en l'Isle de Chorinto, apellé Castel Marseilles.

Archiv. de l'Hôtel de Ville.

V. La Communauté s'avoüoit debitrice des droits que le Comte lui demandoit; mais elle s'oposoit formellement au dessein qu'il avoit de poursuivre le bâtiment commencé en l'Isle de Saint Giniés. Enfin quinze jours aprés que le compromis fut passé, les Arbitres par leur Sentence terminerent le different de cette sorte.

VI. Que le Comte aprouveroit & ratifieroit à la Communauté l'acquisition, soit de la Seigneurie, soit des autres places dans la Province, à condition qu'on lui païeroit vingt-cinq mil sols Roïaux.

Que les Marseillois ne seroient point troublés, ni en la possession de l'Isle de Chorinto & Castel Marseilles qu'ils y avoient fait bâtir, ni en celle du Port apellé de Bouc. Que si le Comte y avoit quelque droit, il s'en departiroit en faveur de la Communauté.

Que le bâtiment que le Comte avoit fait faire en l'Isle de S. Giniés seroit demoli dans un mois, sans que lui ni ses Successeurs le peussent jamais faire redresser, ni en construire un nouveau, que la Ville n'y pourroit pas non plus faire aucun edifice.

Que le Comte auroit la quatriéme partie de tous les revenus qui se tireroient du Castel Marseilles, soit en capages, gabelles, droits de pêche, & autre sorte de subsides.

Que châque année le Comte & ses Successeurs avec les plus apparens de sa Cour, huit jours aprés qu'ils en seroient interpellés ensemble le Podestat & le Recteur de Marseille jureroient reciproquement d'observer le contenu des ces Articles.

Cette Sentence fut si agreable aux parties qu'ils l'approuverent, & confirmerent en même tems, & aprés l'executerent de point en point.

La publication en fut faite au même lieu où l'autre avoit été concluë, en presence de tout le Conseil qui y étoit assemblé, de Raimond de Baux, de Berenger de Pericart, & de plusieurs autres.

VII. Quelques mois aprés, la Ville de Marseille qui voïoit ouvertement prosperer l'Etat de ses affaires, pour les affermir toûjours davantage, jugea qu'il étoit à propos de confirmer les anciennes alliances, & de rechercher celles des Villes les plus puissantes. Et pour cét éfet, le Conseil général aïant été assemblé par Olric Rociatus Chevalier, & Jaques de Populo Juge de la Communauté & Viguier en absence de Spinus de Sorezina Podestat de Marseille, où furent députés Guillaume Vivaud, & Guillaume de Plaisance, pour renouveller avec la Ville d'Avignon l'étroite confederation qu'elles avoient ensemble. Ces Ambassadeurs y furent reçus avec beaucoup d'honneur, & leur alliance renouvellée avec un contentement reciproque.

Archiv. de l'Hôtel de Ville.

An. de Jesus-Chrit. 1226.

VIII. En ce même tems, Hugues de Baux étoit en querelle avec la Ville de Marseille, se plaignant de ce qu'on lui detenoit injustement sa portion de Vicomté, qui lui apartenoit du chef de Barrale sa femme. Nous avons vû ci-devant comme il la donna en païement de ce qu'il devoit aux Marseillois; mais s'étant ravisé & reconnoissant qu'il avoit trés-mal fait d'avoir alienné le plus beau Domaine de sa Maison, qu'il étoit obligé par toute sorte de considerations de conserver à sa posterité: le regret d'une telle faute ne lui donnant point de repos, il prit resolution de la recouvrer à quel prix que ce fut; & fit tout ses efforts envers les Marseillois pour les porter à consentir qu'il r'entrat dans son bien, ce qu'ils refuserent constamment, & lui firent connoître qu'ils aimoient trop la liberté pour se soûmettre encore à sa domination.

IX. Hugues de Baux qui se vid refusé de la sorte, considerant qu'il n'avanceroit jamais rien par la douceur, & que d'ailleurs il n'étoit pas assez puissant pour r'avoir par force l'autorité qu'il avoit quitée, eut recours au Comte de Provence, soûs esperance qu'il favoriseroit son dessein, & porteroit les Marseillois à lui donner satisfaction. Mais ce Prince ne se voulut point mêler de cét affaire aprehendant de desobliger une Ville, dont il consideroit extremement l'alliance.

X.

Du Chesne Histoire de Bourgogne recherches des droits du Roi par le Sr. Dupui au traitté des Rois de Bourgogne & d'Arles Guichenon In Bibliot sebulia centurie 2. Cap. 2.

Ce refus obligea Hugues de Baux d'adresser ses plaintes à l'Empereur Federic II. Roi de Naples & de Sicile, & d'implorer la justice de celui qui se pretendoit alors le souverain Seigneur des uns & des autres. Car la Provence étant un membre du grand Roïaume de Bourgogne, Rodolphe le Lache qui en fut le dernier Roi, institua ses heritiers l'Empereur Conrard, & Henri III. son fils, & depuis ce tems-là les Empereurs faisoient leurs efforts pour être reconnus Souverains de cét Etat, & vouloient que les Comtes de Provence prissent investiture de leur main, leur fissent hommage, & leur pretassent serment de fidelité.

An. Jesu. Chri. 1125.

XI.

L'Empereur Federic qui étoit un Prince fort ambitieux, sans entrer en connoissance de cause, & sur la seule plainte de Hugues de Baux, écrivit en sa faveur aux Marseillois, & leur commanda de lui restituer sa portion du Vicomté, & toutes les autres terres qu'ils lui detenoient. Mais ce Peuple qui voïoit bien que ce commandement avoit été obtenu par surprise, puis qu'ils n'avoient pas été oüis en leurs justes défenses, n'y voulut point obeïr. Ce qui obligea Hugues de Baux de rapporter une seconde jussion plus expresse que la premiere, par laquelle l'Empereur commanda à Bertrans Porcellets oncle & neveu, d'ordonner aux Habitans d'obeïr aveuglement à sa volonté, sur peine d'encourir son indignation, & d'être mis avec leur Ville au Ban Imperial.

Archiv. de l'Hôtel de Ville.

XII.

A ce coup les Marseillois craignans le ressentiment de ce Prince, jugerent fort à propos de deputer vers lui pour l'informer de la justice de leur cause, & de la verité de l'affaire que Hugues de Baux lui avoit déguisée. Mais leur effort fut vain, car quoi qu'ils sçussent faire pour adoucir ce Prince il menaça de desoler entierement leur Ville, à cause qu'elle avoit refusé d'obeïr à ses commandemens, & cependant proceder contre elle, l'aïant mise au ban Imperial & l'aïant privée de son gouvernement populaire, & des droits d'une Ville libre.

XIII.

Les Marseillois qui furent bien tôt avertis du mauvais succez de leur deputation, & de l'Arrêt fulminant que la Chambre Imperiale avoit prononcé contre eux, & craignans que l'Empereur ne le fît executer, pour détourner cét orage qui les menaçoit, rechercherent à se mettre d'accord avec Hugues de Baux qui étoit la source des maux qu'ils aprendoient, & lui offrirent une somme immense, pourveu qu'il se départit de ses pretensions, mais ils le trouverent si obstiné dans sa resolution, que n'aïans rien pû avancer avec lui, ils s'adresserent à Thomas Comte de Savoye, qui leur étoit fort affectionné, & implorerent son intercession pour adoucir la colere de l'Empereur, dont il étoit Vicaire en Lombardie. Ce Prince reçut civilement Hugolin Done Dame Podestat de Marseille, & quelques autres Gentils-hommes qu'on avoit député vers lui, & leur témoigna qu'il étoit trés-aise de s'emploïer pour eux en cette occasion. Et prit l'affaire si fort à cœur qu'il fit avec les deputés une convention secrete, par laquelle il s'obligeoit en cas que l'Empereur lui donnat la commiſſion de terminer ce different, de leur expedier la permiſſion de faire batre monnoie d'or, d'argent & de cuivre, excepté le droit du Comte de Provence, de leur donner toute la côte de mer, qui eſt depuis Aiguemortes juſques au port d'Olivel, & les Iſles voiſines, avec le pouvoir d'y bâtir des Châteaux & Forteresses, de les rendre francs de toute ſorte de droits, dans l'étenduë des Roïaumes de Syrie & de Sicile, des Provinces de la Pouille & de la marque d'Ancone, & de leur permettre d'y établir des Conſuls particuliers pour la deciſion de leurs differens: ſe faiſant fort de faire aprouver le tout à l'Empereur, & de l'obliger à décharger la Ville du Ban Imperial, & la prendre en ſa protection, & de tirer de prison leurs Députez. Et pour plus grande aſſeurance de ſes promeſſes, Henri Marquis de Carreto, & Amé fils de ce Comte Thomas ſe rendirent garans de l'execution du traité; & les Marſeillois s'obligerent de lui donner en ce cas deux mille marcs d'argent, & d'avantage s'il leur étoit poſſible, & de ne perdre jamais le ſouvenir d'un ſi grand bien-fait. Depuis ce tems-là Marſeille n'eut aucune aprehenſion des armes de l'Empereur, qui ne fit point ſemblant de l'ataquer, ſoit qu'il fut diverti par les prieres du Comte de Savoye, ou pour le grand deſſein qu'il fit alors de conquerir le Roïaume de Jeruſalem qui lui donna de la peine durant quelques années, & fut le principal objet où il emploïa tous ſes ſoins.

Cependant les Marſeillois delivrez de ce peril, ne penſerent qu'à ſe rendre recommandables par des actions glorieuſes, & en éfet, Jaques I. Roi d'Aragon ſurnommé l'Expugnateur, aïant entrepris de ſe rendre maître des Iſles de Maïorque, poſſedées par un Roi Maure apellé Abohibe, qui couroit inceſſamment, & ravageoit les côtes d'Eſpagne: Marſeille l'aſſiſta d'une eſcadre de Vaiſſeaux trés-bien équipez, ſur leſquels s'embarqua l'eſlite de ſes Habitans, qui le ſervirent avec courage en cette occaſion, & ſe ſignalerent pendant le Siege de la capitale Ville, qui dura l'eſpace de quinze mois. Les Maures s'étans défendus avec vigueur, mais enfin le Roi & ſon fils aîné aïant été tués, ils furent contraints de ceder, & toute l'Iſle fut ſoumiſe en la puiſſance des Chrétiens. Aprés cette victoire le Roi d'Aragon fit faire la diſtribution de la conquête ſelon le merite d'un chacun. Les Marſeillois eurent pour leur part trois cens maiſons dans la Ville de Maïorque, une Moſquée pour leur ſervir d'Egliſe, trente-neuf fabriques, ſept maiſons aux champs, avec vingt-cinq journaux de terre, quelques prés, & une enceinte pour tenir du poiſſon. De ſorte qu'on peut juger par une ſi grande recompenſe, quelle avoit été l'affection & le courage des Marſeillois; & la portion qu'ils eurent en la dépouille des vaincus, témoigne bien qu'ils avoient eu beaucoup de part aux perils & aux attaques, & contribué fortement à l'heureux ſuccez de cette entrepriſe. En éfet la Chronique de S. Victor qui en parle, dit en termes exprés que le Roi Jaques & les Marſeillois prirent Maïorque & toute l'Iſle; & par cette façon de parler, il ſemble qu'elle nous vueille

XIV.

An de Jeſus-Chriſt 1219.

Bern. Gomes. de Geſt. Jacob. I.

Archiv. de l'Hôtel de Ville.

faire connoître que cette Conquête fut faite également par ces deux Puissances.

XV. Mais revenons à Hugues de Baux qui ne desesperant point de venir à bout de son dessein, tentoit toute sorte de voie, & faisoit jouer tous les ressors imaginables pour le faire reüssir. Car voïant que la faveur de l'Empereur ne lui avoit pas servi, il voulut encore emploïer celle de Romain Cardinal Diacre, soûs le titre S. Ange, trés-habile homme, & capable de traiter de grandes affaires. Le Pape Honoré troisiéme plainement informé de son merite, l'avoit envoïé en France en qualité de Legat pour exhorter le Roi Loüis VIII. à détruire l'heresie des Albigeois, qui commençoit à renaître en Languedoc, aussi il ne dementit point la bonne opinion qu'on avoit conçuë de lui, car il travailla durant cinq ans si heureusement qu'il ramena de gré ou par force dans le bon chemin la plus grande partie de ces devoïes, & même le Comte de Toulouse chef des Heretiques. Aprés cela se retirant à Rome, & passant en Provence, il fut instamment pressé par Hugues de le vouloir assister à recouvrer son bien. Ce Prelat qui desiroit de pacifier cette affaire, emploïa beaucoup de persuasions pour porter les Marseillois à lui donner contentement, mais il trouva ce peuple si jaloux de maintenir sa liberté, qu'il ne peut avancer autre chose, si ce n'est que les parties comprometroient de tous leurs differens à Gilbert de Baux & Vivaud de la Mure, qui prendroient pour tiers s'il en étoit besoin l'Evêque de Nimes, à la charge neanmoins que ce droit de Seigneurie & Jurisdiction demeureroit perpetuellement à la Communauté, & que les Arbitres ne pourroient pas l'adjuger à Hugues de Baux.

XVI. Le Cardinal S. Ange eut beaucoup de peine de faire consentir Hugues de Baux à ce compromis; Mais aprés il lui fit connoître, que quand même on auroit gaigné sur l'esprit des Marseillois de lui restituer sa portion de Vicomté, il ne sçauroit la posseder paisiblement, parce que ce peuple qui avoit déja goûté les avantages & les plaisirs de la liberté, ne pourroit suporter qu'à contre cœur sa domination, & que d'ailleurs n'aïant qu'une petite portion de la Seigneurie, dont les Marseillois avoient acquis le reste, il seroit traité non pas en Seigneur, mais en égal, & qu'il valoit mieux tirer une bonne somme avec laquelle il accommoderoit ses affaires, que de porter la qualité de Vicomte de Marseille, qui lui donneroit plus d'éclat que de profit, & de peine que de plaisir.

Ans de N.-a. Christ 1225.

XVII. Ces raisons dont Hugues de Baux connoissoit la verité par sa propre experience, le disposerent à soufrir les clauses de ce compromis, en telle sorte que les uns & les autres portez d'un desir reciproque à terminer leurs differens, trouverent bon d'établir une peine contre celui qui contreviendroit à la Sentence des Arbitres. Et afin que Hugues peut être facilement païé des sommes qui lui seroient adjugées, les Marseillois mirent entre les mains du Legat quelques Châteaux qui demeureroient affectés pour son asseurance; ensuite dequoi, les Arbitres procedans au fait de leur charge, & ne pouvans être d'acord; l'Evêque de Nimes nommé pour Tiers, aïant pris conseil de l'Archevêque d'Arles, de l'Evêque de Toulon, de l'Evêque de Marseille, du

DE MARSEILLE. Liv. IV. 115

Prevôt & Archidiacre d'Arles, de l'Archiprêtre de Nimes prononça en ces termes.

Que Hugues de Baux, Barrale sa femme, & Gilbert & Barral, leurs fils, se départiroient en faveur de la Communauté, & lui cederoient tous les droits qu'ils pretendoient d'avoir sur la Seigneurie de Marseille ; moïennant que la Ville leur donneroit quarante-six mil sols Roïaux coronés, trois mille qu'elle leur païeroit annuellement & à perpetuité à la Fête S. Michel par forme de pension, & lui restitueroit la troisiéme partie d'Aubagne, & enfin qu'il y auroit abolition & oubli des dommages & injures soufertes reciproquement. Cette Sentence fut si agreable aux uns & autres qu'ils jurerent de n'y contrevenir jamais, & de l'observer inviolablement. XVIII

Outre ce different dont nous venons de parler, les Marseillois en avoient encore un autre de grande importance qui fut terminé par l'autorité du Cardinal de S. Ange. Raimond Evêque de Marseille avoit excommunié les Marseillois soûs pretexte qu'ils avoient violé un Contrat de transaction qui avoit été fait entre Pierre son devancier, le Prevôt & les Chanoines de l'Eglise Cathedrale : cét Acte qui avoit été fait en l'an 1219. contenoit entre autres choses, que tous les Habitans de la Ville Vicecomitale, pourroient negocier dans la Ville Episcopale, & à son Port, que lors que ceux de la Ville Vicecomitale voudroient être reçus Citadins dans la Ville Episcopale, ils ne seroient obligés à rien autre qu'à prêter serment entre les mains des Recteurs de la Ville Vicecomitale; qu'ils auroient perpetuelement un domicile dans ladite Ville, & y feroient venir leurs femmes, & leurs enfans, & emploïeroient dans deux ans depuis leur serment prêté, la cinquiéme partie de leur vaillant, en l'acquisition des biens dans la Ville Vicecomitale, ou son terroir, ou dans l'Episcopale: Que ceux de la Ville Episcopale auroient le même avantage en la Ville Vicecomitale. Il étoit aussi porté par cette transaction, que si quelque Citoïen ou Habitant de la Ville Vicecomitale avoit commis quelque crime, ou passé quelque Contrat dans la Ville Episcopale, qu'il n'auroit autre Iuge que ceux de la Ville Vicecomitale, sans que ceux de la Ville Episcopale en peussent connoître, si ce n'est pour ce qui regarderoit le Spirituel, ou presque Spirituel: Qu'il en seroit de même pour ceux de la Ville Episcopale, lesquels n'auroient non plus d'autres Iuges que ceux de leur Ville, que si aprés l'ajournement fait, ou la querelle donnée, les assignés ou querellés changeoient de domicile de l'une à l'autre Ville, ils ne seroient pas moins justiciables des Iuges de la Ville ou étoit leur domicile, au tems que le crime avoit été commis, ou le Contrat passé, que s'ils n'eussent point changé de demeure ; les Habitans de la Ville Vicecomitale n'aïant pas observé le Contrat, attirerent les Censures Eclesiastiques, comme j'ai dit ci-dessus : Et d'autant que le Cardinal de S. Ange desiroit de pacifier toutes choses pendant sa legation, il fit trouver bon à l'Evêque de Marseille, au Prevôt, aux Chanoines & aux Recteurs de la ville Vicecomitale de comprometre ce different à Hugues Archevêque

XIX

Idem.

Idem.

d'Arles, & à Pierre de Collomedio Commiſſaires du ſaint Siége Apoſtolique, leſquels prononcerent de cette ſorte, que l'accord fait entre les Parties l'an 1219. & dont nous venons de parler ſeroit obſervé; & pour ce ſujet que les Recteurs de la ville Vicecomitale en prêteroient ſerment toutes les années: & parce que la ville Vicecomitale & la ville Epiſcopale êtoient obligées de faire des dépenſes pour le bien & l'avantage des deux Villes, ils ordonnérent que l'Evêque & l'Egliſe mettroient un homme ou deux pour l'éxaction de la table du Port, dont le droit s'éxigeoit ſur les Marchandiſes qui entroient & ſortoient du port de Marſeille, leſquels feroient la cueillete, & tireroient des Marchandiſes apartenantes aux Citoïens & Habitans de la ville Superieure, autant que ceux de la ville Vicecomitale ou Inferieure en prendroient ſur leurs Citoïens & Habitans au ſol la livre: & ce qui ſe retireroit par les Exacteurs ſeroit emploïé pour la cure du Port, & pour armer les Navires qui ſeroient neceſſaires pour la défenſe du Port & de la Mer; C'eſt pourquoi ceux de la ville Vicecomitale ſeroient obligés d'y contribuer le double que ceux de la ville Epiſcopale: Que s'il faloit faire d'autres dépenſes qui regardaſſent les affaires de la terre concernans l'avantage commun, que l'argent qu'on retireroit de ce droit n'y ſeroit point emploïé que du conſentement de l'Evêque & de l'Egliſe; & parce qu'il ſe pourroit commettre de l'abus en la reception des Citadins, ils ordonnerent que de trois ans en trois ans, l'Evêque, le Prevôt, l'Ouvrier & l'Archidiacre jureroient que les Citadins ne ſeroient point reçus que conformément à l'accord de l'an 1219. que dans vingt jours on verifieroit les limites des deux Villes, & que l'article énoncé ci-deſſus dans l'acte pour raiſon des Criminels, ou de ceux qui contractoient ſeroit obſervé; que les Status faits par ceux de la ville Vicecomitale contre l'Egliſe ſeroient caſſés; ſçavoir, celui qui prohiboit de ne laiſſer aucun bien à l'Egliſe, & d'enſevelir les excommuniés, & de païer par ceux de la ville Epiſcopale un denier pour chaque Millerole de vin. Et quant aux dommages faits par ceux de la ville Vicecomitale aux Habitans de la ville Epiſcopale, à l'Egliſe, à l'Evêque, au Prevôt & à l'Ouvrier; Ils païeroient à ceux-là cinq mille livres Roïaux, & à ceux-ci quinze mille ſols: l'Evêque, le Prevôt & les Chanoines furent deboutés de la demande qu'ils faiſoient, de plus grands dommages qu'ils diſoient ſe monter trente-ſix mille livres. Les Parties promirent d'obſerver la Sentence qui fut faite dans Aix le cinquiéme des Ides de Janvier; & s'il arrivoit quelque different à ſon execution, qu'elles en ſubiroient ce qui ſeroit ordonné par l'Archevêque d'Arles & l'Evêque de Nimes.

C'étoit la Gabelle du Port.

Archiv. de l'Hôtel de Ville.

XX. Ie crois que ce different avoit donné lieu à l'Evêque de ſe pourvoir à l'Empereur Federic, & que ce Prince ſur ſa plainte avoit mis Marſeille au ban Imperial, & avoit fait empriſonner Pierre de S. Iaques & Guillaume Vivaud, qui s'étoient croiſés pour paſſer en la Terre-Sainte: Mais que le Pape Honoré III. à la priere des Marſeillois, du Cardinal de S. Ange & de leur Evêque qu'ils avoient adouci, fit expedier

DE MARSEILLE. Liv. IV. 117

pedier une Bulle à Latran l'an 11. de son Pontificat, par laquelle il prioit ce Prince de prendre en grace les Marseillois, & de mettre en liberté ces deux Citoïens qu'il detenoit. Il y a aparence que cette Bulle fit l'éfet qu'il s'étoit promis, puisque je ne trouve rien de contraire. Aux Archives de l'Hôtel de Ville.

CHAPITRE IV.

Nouveaux troubles entre le Monastere Saint Victor & Marseille.

I. Les Marseillois offrent d'indemniser le Monastere. II. Il refuse leur offre. III. Ils abrogent certains Statuts. IV. Ils usurpent une partie du Domaine de l'Eglise. V. Le Cardinal Saint Ange se mele de les mettre d'accord. VI. L'Evêque de Marseille est fait Arbitre de leurs differens. VII. Teneur de la Sentence. VIII. L'interdit levé & revoqué. IX. Le Conétable de Jerusalem met d'accord les Marseillois avec les Templiers & les Hospitaliers. X. Les Marseillois neanmoins s'éforcent de violer ledit traité, mais en vain. XI. Le Comte d'Empurias confirme l'alliance qu'il avoit faite avec les Marseillois.

An. de J. C. 1229.LE traité qui fut fait entre les Religieux de S. Victor & Marseille, assoupit, mais n'apaisa pas tout à fait leur querelle: car au tems qu'ils devoient entrer en joüissance de ce droit de Jurisdiction, les Marseillois qui n'avoient rien tant en horreur s'y oposerent formellement, & protesterent qu'ils ne le souffriroient jamais, qu'ils étoient tous prêts neanmoins, pour témoigner qu'ils desiroient de vivre en bonne intelligence avec le Monastere, de le mettre hors d'interêt, & lui païer ce que pouvoit valoir cette portion de Seigneurie. Ils disoient encore que les Religieux ne devoient point refuser cét ofre, qui tendoit au repos & à la tranquilité commune; que c'étoit le seul moïen pour couper la racine à tant de troubles & de differens qui naîtroient journellement entr'eux, qu'on devoit suivre l'exemple de Hugues de Baux qui aïant mis tout en usage, avoit été enfin contraint de passer par cette voie. I.

Les Religieux répondoient que sans une insigne perfidie on ne pouvoit faire brêche à l'accord, ni refuser la possession de ce qui leur apartenoit avec tant de justice, & à quoi on s'étoit obligé par un traité si solemnel; qu'ils ne pouvoient point accepter le parti qu'on leur ofroit, parce que le Pape leur avoit très-expressément défendu l'alienation de ce droit de Vicomté; que s'ils ne se mettoient en devoir de leur faire raison, ils seroient enfin contrains d'emploïer le secours de quelque puissance temporelle, ou de se servir encore des foudres spirituelles que sa Sainteté leur accorderoit fort volontiers. Ces contestations II.
Archiv. de l'Hôtel de Ville.

Tome I. Aa

reciproques échauferent de telle sorte la paſſion des uns & des autres, & principalement des Marſeillois qu'ils ſe porterent à de grandes violences.

III. Car pour témoigner leur haine, ils firent deux Statuts tout à fait prejudiciables à la liberté de l'Egliſe, & contre l'uſage & la coûtume inviolablement obſervée juſqu'alors. Par le premier ils abrogerent l'exception (*non numerata pecunia*) & ils ordonnerent qu'à l'avenir ceux qui contracteroient avec le Monaſtere ne ſeroient plus tenus de prouver que l'argent auroit êté converti à ſon profit, & par l'autre ils reſolurent que les cauſes de ceux qui poſſedoient du bien dépendant de l'Abaïe, & pour raiſon duquel ils êtoient en procés, ne ſeroient plus traitées pardevant le Juge Eccleſiaſtique.

Archives de S. Victor.

IV. Mais ce ne fut pas tout, car ils uſurperent une partie du Domaine du Monaſtere, ſçavoir la Juriſdiction ſur les Habitans du Bourg de la Calade, le Château du Croc, une partie du quartier de Caravillan, les enceintes & reſervoirs qui étoient dans le Port, & qui ſervoient à enfermer les poiſſons, ils éxigerent des nouveaux droits ſur les Habitans du Bourg qui êtoit au delà du Port, mirent par terre une colomne que le Vicomte Roncelin avoit fait élever pour les limites de la Juriſdiction, entre la Ville & l'Abaïe. Et afin qu'il ne reſtat aucune marque de leur ſujetion, & que la memoire des Vicomtes fut entierement éfacée, ils détruiſirent & raſerent le Palais Seigneurial, dont la troiſiéme partie apartenoit au Monaſtere.

V. Ce peuple ſe laiſant entrainer à ſa paſſion comme à un furieux torrent, eut encore commis d'autres excés ſi le Cardinal de S. Ange voulant ſe montrer pere commun ne ſe fut opoſé à cette fureur, & n'eut par ſes exhortations adouci l'aigreur des uns & des autres. Veritablement ce ne fut pas ſans beaucoup de peine; mais par ſa prudence & par ſa conduite ſinguliere il leur fit trouver bon, que pour le bien de la paix qui étoit fort à ſouhaiter, ils devoient conſtituer Benoît leur Evêque arbitre de leurs differens, parce qu'en étant mieux informé que tout autre, & les aimant également il tacheroit de faire un jugement ſi équitable, que chacun y trouveroit ſes avantages. Enfin ſes perſuaſions furent ſi puiſſantes, qu'on remit de part & d'autre entre les mains de ce Prélat la deciſion de cét affaire, ſoûs la peine de cinquante marcs d'argent fin contre celui qui oſeroit contrevenir à la Sentence qui s'en enſuivroit.

VI. L'Evêque aprés avoir conferé avec les Parties & éxaminé meurement leurs pretentions, fit deux Sentences le troiſiéme des Kalendes de Fevrier.

VII. Par la premiere il ordonna que la colomne ſeroit redreſſée & remiſe au même lieu d'où elle avoit été ôtée, ſçavoir entre la muraille & le petit ruiſſeau qui ſe déchargeoit dans les égouts proche le puis Fourniguier. Avec cette condition, qu'elle ne ſeroit remiſe que par proviſion, & qu'il ſeroit permis aux parties de faire avancer ou reculer les limites de la Juriſdiction, ſelon les tîtres qu'ils en pourroient produire à l'avenir.

DE MARSEILLE. Liv. IV.

Que le Monastere joüiroit provisionnellement durant six années de la Iurisdiction du Bourg de la Calade, excepté de la connoissance des crimes, qui apartiendroit plainement à la Communauté, & ce tems expiré, il seroit permis à un châcun de se pourvoir en justice pour en obtenir definitivement la proprieté. Et que neanmoins pendant les six années les Habitans de ce Bourg seroient obligés de contribuer aux chevauchées, & à la dépense necessaire pour fermer la Ville de murailles.

Que le Château du Croc seroit restitué, & que aucun droit ne seroit levé n'y exigé dans le Bourg qui étoit au delà du Port.

Par cette même Sentence, ces Statuts contraires à la liberté de l'Eglise furent revoqués, comme aussi les défenses de n'aller plus moudre aux moulins de l'Abaïe.

Il ordonna encore que pour le bien de la paix, la sixiéme partie de la Iurisdiction de la ville Vicecomitale avec les fiefs & terres, qui apartenoient au Monastere du chef de Roncelin, lui seroient restituées aux fêtes de Pâques prochaines, & qu'en même tems il affermeroit le tout à la Communauté pour six années suivantes, moïenant cent livres roïaux Coronées païables annuellement par forme de pension à la fête S. Michel.

Que tous les ans le Podestat, le Viguier, les Consuls, & les Recteurs à la fin de leurs charges, feroient prêter serment à leurs successeurs d'observer religieusement ces conventions, & particulierement le contenu de cét article touchant la ferme de la portion de Iurisdiction apartenant à l'Abaïe.

Et ensuite il debouta le Monastere de la demande qu'il faisoit de partager la Iurisdiction & Seigneurie, qui avoit été toûjours possedée par indivis, sauf ses actions pour les arrerages de la rente promise par les Marseillois en ladite ferme precedente, & pour son indemnité pour la demolition du Palais Seigneurial.

Ce sont les principaux articles de cette Sentence, que Benoît enjoignit aux Parties d'observer exactement, soûs les peines portées par le compromis. Aprés cela du consentement de l'Abé de S. Victor, du Prieur de S. Giniés & de Hugues de Baux, il leva l'interdit, & l'excommunication lancée contre la Ville par Pierre Evêque de Marseille, & autres Iuges deleguez, recevant les Marseillois au giron de l'Eglise, aprés toutesfois qu'ils eurent promis de laisser entre les mains du Legat par forme de gage jusques à tant qu'ils eussent satisfait à la Sentence, les Châteaux de S. Marcel, de Roquefort, & d'Aubagne. Cette absolution fut donnée publiquement au cimetiere de l'Eglise Majeur, en presence de Iean Evêque de Toulon, de Rostan de Sabran Evêque de Riés, & de plusieurs autres.

VIII.

Par la seconde Sentence il ordonna qu'il seroit permis à toute sorte de personne de pouvoir pêcher dans le Port de Marseille, à condition que les pêcheurs ne pourroient point étendre leur filets au delà du Port, & proche du Monastere sans la permission de l'Abé. Que les Dauphins & autres bêtes marines qu'on pêcheroit dans le Port apar-

Archives de S. Victor.

tiendroient entierement au Monastere : Que les Consuls ne pourroient mettre aucune imposition sur les Habitans du Bourg du Revest ; Mais que le Monastere le possederoit paisiblement.

IX.

Justin. ann. de Gen.

En cette même année la Republique de Genes fit un traité avec celle de Marseille, dont je n'ai pû trouver les conditions ni dans Iustinien, ni dans nos Archives. L'année suivante les Marseillois firent la paix avec Abuissac chef & Califfe des Sarrazins d'Affrique, pour la seureté de leur commerce. Les Venitiens, les Genois & les Pisans firent la même chose en ce tems-là, comme aussi l'Empereur Federic II. Roi de Sicile. Quelque tems après les Marseillois entrerent en different avec les Templiers & les Hospitaliers ; leur querelle vint de ce que ces deux ordres aïans êté exemps par privilege special des Vicomtes, des droits ordinaires que les vaisseaux avoient accoûtumé de païer à l'entrée, & à la sortie du Port de Marseille : La Ville aïant êté reduite en Republique les priva de cette franchise & éxigea d'eux de grandes sommes, ce qui les aigrit si fort, que pour en tirer raison, ils s'adresserent à Oddo de Montbeliart Conêtable du Roïaume de Jerusalem, & demanderent arrêtement des marchandises & des vaisseaux des Marseillois qui ne faisoient que d'aborder au Port de la Ville d'Acre. Ce Seigneur qui voïoit que cét affaire pouvoit avoir de mauvaises suites, fit de grands éforts pour la terminer, & après y avoir travaillé de tout son pouvoir l'accord en fut à la fin conclu de cette sorte.

Archiv. de Saint Jean d'Arles.

Que les Templiers & Hospitaliers pourroient deux fois l'année, au passage de Mars & d'Août, charger des navires dans le Port de Marseille de ce qui leur seroit necessaire, & recevoir jusques à quinze cens Pelerins sans être tenus au païement d'aucun droit, si ce n'est pour les Marchands qui s'y embarqueroient. Voilà le principal article de ce traité, qui fut confirmé du sein d'Armand de Peiragros, & de Guerin grands Maîtres des Templiers & des Hospitaliers, de Rostan de Puihaut, & de Guillaume de Carranson députez de la Republique de Marseille, en presence du Conêtable, & de Jean de Ibelin Seigneur de Berythe, de Jean Seigneur de Cæsarée, de Gautier de Flory, de Henri de Nazareno, & du Sr. de Manabei Chevaliers, de freres Baudoüin de Beauraïe, de René Allemand, & de Iaques du Bois Commandeurs de la Maison du Temple d'Acre, & plusieurs autres, qui assisterent aussi à ce traité, qui fut rendu fort solemnel par la presence de tant d'illustres personnes.

X.

Ce traité ne fut guere bien observé par les Marseillois, puis qu'en l'an 1246. les Templiers obtinrent une Bulle du Pape Innocent IV. qui étoit adressée aux Marseillois, par laquelle sa Sainteté les prie d'observer cette convention, & leur declare qu'il a donné ordre à l'Evêque de Marseille, de leur enjoindre de l'observer à peine d'Excommunication.

XI.

Archiv. de l'Hôtel de Ville.

Quelques années après cét accord, le Comte d'Empurias envoïa un Abassadeur à Marseille, pour confirmer l'étroite alliance que son Pere avoit contractée avec Elle. Et ce qu'il y a de remarquable dans les Patentes de cét Ambassadeur, est que ce Prince qui l'avoit envoïé, prenant la qualité de Comte d'Empurias, y ajoûte cette clause (*par la grace de Dieu*) qui est un acte d'independance & de souveraineté.

CHAPITRE V.

Raimond Berenger Comte de Provence fait joüer tous ses ressors pour se rendre maître de Marseille.

I. Berenger se repent de n'avoir pas reüni à son Domaine la Seigneurie de Marseille. II. Ruse de ce Prince pour reparer sa faute. III. L'Evêque exhorte les Marseillois à le recevoir pour Seigneur. IV. Genereuse resolution de ce Peuple. V. Lettres du Pape Gregoire IX. aux Marseillois.

<small>Ans de Jesus-Chrit 1235.</small> Raimond Berenger de qui l'âge avoit meuri le jugement, & accrû l'ambition & la jalousie; connoissoit châque jour la faute qu'il avoit fait d'avoir si facilement accordé aux Marseillois l'investiture de leur Seigneurie, qu'il pouvoit reünir par droit de Fief à son Domaine. Et considerant que cette Ville pourroit parvenir à un état de grandeur si florissant, qu'elle s'exempteroit entierement de sa souveraineté, & lui denieroit ce peu d'hommage qu'elle lui étoit obligée. Cette pensée qui travailloit son repos, & lui donnoit de grandes inquietudes, le fit resoudre à tenter tous les moïens & toutes les voies imaginables pour recouvrer ce qu'il avoit laissé perdre si legerement.   I.

Benoît Evêque de Marseille, & en cette qualité Seigneur d'une portion de la Ville qu'on apelloit Superieure, lui étoit parfaitement affidé, & le Comte jugeant qu'il étoit un instrument fort propre pour son dessein, s'en ouvrit à lui, & le conjura vivement de le vouloir servir avec chaleur en cette importante occasion. Enfin après beaucoup de conferences ils arrêterent que l'Evêque acheteroit la Seigneurie de Marseille à son nom, & qu'après il en remetroit les deux tiers au Comte, retenant l'autre pour soi soûs la reserve des droits de ressort, d'hommage, de chevauchées, & de la monnoïe.   II. <small>Archiv. de l'Eglise Cat.</small>

Benoît s'étant ainsi engagé de faire ses efforts pour contenter ce Prince se mit en devoir d'executer ses promesses, y étant même porté par son propre interêt, parce que le succés de cét affaire lui donnoit une portion de la Seigneurie. C'est pourquoi il commença de remontrer aux Marseillois, qu'ils ne sçavoient pas ce qu'ils avoient fait de s'être tirés de la domination des Vicomtes, soûs laquelle ils avoient vécu si long-tems avec toute sorte de satisfaction, aïans toûjours été traités doucement, & protegés contre leur ennemis. Qu'ils croïoient d'avoir beaucoup gagné en reduisant leur Ville en Republique; mais qu'ils devoient être asseurés que semblables sortes de Gouvernemens ne pouvoient durer qu'avec beaucoup de peine, & qu'on y excite d'ordinaire de tempêtes si violantes, que si la fortune les ga-   III.

rentit du naufrage, ce n'est qu'après qu'elle les a portés à deux doigts de leur ruine ; qu'il y a toûjours quelque Citoïen qui aveuglé d'ambition deſordonnée, s'éleve pied à pied juſques à la tirannie. Et comme la paſſion de commander prend ſon accroiſſement des obſtacles qu'elle rencontre, il faut par neceſſité que celui qui uſurpe un pouvoir illegitime, établiſſe par la violence & par le crime une puiſſance, qu'il ne peut pas conſerver par le conſentement de ceux qu'il y veut ſoûmettre : Mais quand ils ne craindroient rien de ce côté là, ils étoient toûjours expoſés à l'envie de quelque puiſſant voiſin, qui par les intelligences qu'il pourroit former dans la Ville s'en rendroit facilement le maître ; & en ce cas un nouveau Prince les traiteroit à diſcretion, & comme peuples conquis, & par ce moïen ils ne pouvoient point prendre de meilleure reſolution, que de le recevoir pour Seigneur : parce qu'en retirant ce qu'ils avoient debourcé ils accommoderoient leurs affaires, & rempliroient leurs coffres extremement épuiſés. Qu'il leur ſeroit doux & affable, y étant obligé par la profeſſion d'Eccleſiaſtique, & par la qualité de Paſteur ; que leurs terres ne ſeroient jamais foulées, d'autant que tous les Princes voiſins regarderoient toûjours le Domaine de l'Egliſe avec beaucoup de reſpect.

IV. Ce Prelat emploïa toute ſon induſtrie pour faire reüſſir ce deſſein. Mais les Marſeillois quelque veneration qu'ils euſſent eu juſqu'alors pour leur Evêque, commencerent de le haïr mortellement dés le jour qu'il leur eut fait cette propoſition ; & quelque douceur qu'il y eut dans ſes offres & dans ſes paroles, celle de leur liberté étoit ſi avant dans leurs eſprits, qu'ils ne pouvoient ſouffrir qu'on leur parlat de la diminuer, & beaucoup moins de la perdre.

V. En ce même tems les Marſeillois reçurent une Lettre de Gregoire IX. par laquelle ce Pontife, après leur avoir repreſenté l'eminent peril où ſe trouvoient reduits l'Empire de Conſtantinople, & la Terre Sainte, & que tous les jours les infideles y faiſoient de nouvelles conquêtes, en telle ſorte qu'on apprehendoit avec raiſon que les Chrétiens n'en fuſſent entierement dépoüillés ; les exhortoit, & les conjuroit de vouloir ſecourir ces peuples Orientaux de leurs galeres & de leurs vaiſſeaux, comme ils avoient accoûtumé. Par où l'on peut juger que les Marſeillois avoient toûjours eu bonne part dans toutes les entrepriſes que ces Princes Chrétiens avoient fait contre les infideles.

Aux Archives de l'Hôtel de Ville.

CHAPITRE VI.

Guerre entre Raimond Berenger Comte de Provence & la Ville de Marseille, suivie de la Paix.

I. L'Ambition de Berenger contraint les Marseillois de se fortifier d'alliances. II. Ils obligent étroitement les Comtes de Toulouse. III. Qui les reconnoissent. IV. Les Marseillois lui font donation de leur Ville. V. Considerations sur cette action. VI. Pretexte de Berenger pour leur faire la guerre. VII. Raisons specieuses de ce peuple. VIII. Siege mis devant Marseille & aussi-tôt levé. IX. Le Comte de Toulouse entre en Provence pour le secourir. X. Enfin la paix s'en ensuit. XI. Erreurs de quelques Historiens mal affectionnés aux Marseillois. XII. Differentes opinions des Autheurs qui ont écrit de cette guerre.

I. L'Evenement de la negociation de l'Evêque n'aïant pas répondu à l'attente du Comte : ce mauvais succez ne lui fit pas perdre esperance d'en venir un jour à bout par quelqu'autre moïen ; & en éfet, il se mit dez lors même à tenter toutes sortes de voies, & à remuër le Ciel & la Terre pour faire reüssir son dessein : mais plus il témoignoit d'ardeur en cette poursuite, plus il trouvoit d'obstacles & d'empêchemens. Enfin les Marseillois jugeans prudemment qu'il ne s'arrêteroit pas en si beau chemin, & que ne pouvant rien avancer par la douceur, il en viendroit un jour à la force, qu'en ce cas leur puissance n'étant pas égale à la sienne, ils seroient contrains de succomber, & se soumettre à la domination de leur ennemi. Pour prevenir ce danger ils resolurent de se fortifier de l'aliance de quelque Prince, & de se mettre à couvert soûs sa protection.

II. Aïans donc meurement pensé à cét affaire, & consideré parmi leurs voisins celui qui pouvoit plus facilement leur donner le secours qui leur étoit necessaire, ils delibererent de s'adresser au Comte de Toulouse ; & jugerent qu'il ne leur refuseroit pas son assistance, & qu'il seroit persuadé à cela, non seulement par la maxime ordinaire des Princes qui doivent toûjours s'oposer à l'agrandissement de leurs voisins, mais encore par le secours qu'il en avoit reçu dans ses necessitez : Ce qui étoit arrivé de la sorte, car en l'an 1216. tant lui que son pere aïant été dépoüillés de tous leurs Etats par Simon de Montfort à cause de l'heresie des Albigeois, dont ils étoient infectés dans leur mauvaise fortune, & lorsque tout le monde les abandonnoit, ces Princes eurent recours à la Ville de Marseille qui les assista puissamment ; & en éfet, Raimond le Vieux s'étant sauvé en Espagne, &

Vignier.
Carel.
Histoire des
Comtes de
Toulouse,
Pierre de
Valseru.

Raimond le Jeune en Provence, les Marseillois avec qui s'étoient joints ceux de Tarascon & d'Avignon, reçurent ce jeune Prince à bras ouvers, & firent soûlever la plûpart des Villes de la Province qui embrasserent chaudement son parti, ce qui servit de beaucoup à relever ses affaires ; car avec cette puissance, il entreprit d'assieger Beaucaire, & bien que Amalric de Montfort se fut mis en devoir de la secourir, neanmoins il s'en rendit le maître, & prit la Ville à composition.

III.

Archiv. de l'Hôtel de Ville.

Aprés cét exploit les Comtes de Toulouse pour le grand service que les Marseillois leur avoient rendu, les affranchirent par leurs lettres patentes, & les déclarerent exempts de toute sorte de droits, leur permetant de negocier librement dans toutes leurs terres, sans être obligés de païer aucune chose, & leur firent encore present de deux maisons dans la Ville de Beaucaire, comme pour témoigner qu'ils avoient eu beaucoup de part en la prise de cette Ville, leur donnant une portion de la conquête.

IV.

Ces témoignages reciproques d'amitié avoient fait naître entr'eux une si étroite alliance, que les Marseillois pour se défendre du Comte de Provence, & se venger de leur Evêque qui leur étoit extrêmement en horreur depuis qu'ils avoient découvert ses artifices, & reconnu qu'il s'interessoit en la passion de leur ennemi; jugerent sagement qu'il faloit se jetter entre les bras de leur ancien ami, & pour l'engager encore plus puissamment à leur protection, les Recteurs de la Communauté (du consentement de tout le peuple) lui firent donation de la ville Inferieure, & de tous les droits qu'elle possedoit, soit dans son enclos, soit dans la Provence.

V.

Cette resolution qui sembloit étrange à un peuple si amoureux de sa liberté, fut prise neanmoins par les Marseillois avec beaucoup d'adresse: & l'évenement montra bien qu'ils avoient sagement deliberé, puisque par ce moïen ils étouferent en sa naissance l'ambition du Comte, & renverserent entierement son dessein. Tout ce qu'il y avoit à craindre, étoit que ce nouveau Prince venant à changer d'humeur ne les traitât pas si doucement que lors qu'il n'avoit aucune puissance sur eux, ou que ses successeurs venant à oublier ce bienfait, ne les chargeassent d'impositions, mais ils avoient pourvû à cela en telle sorte qu'ils n'avoient rien à craindre, aïant choisi la domination d'un Prince dont la puissance étoit mediocre, qui étoit ennemi & du Roi de France & du Comte de Provence, & qui avoit autant besoin de leur secours, comme eux de sa protection, outre que c'étoit veritablement une donation de nom, mais non pas en éfet, puisque toutes les choses demeuroient dans leur entier. Que ce nouveau Prince n'avoit pas le pouvoir de faire n'y de changer les Officiers de la Ville, d'y mettre des forces sans leur consentement, en un mot ce n'étoit qu'un acte de protection qu'ils avoient coloré de ce nom pour retrancher l'esperance de leur voisin. Et ce qui le fait voir plus clairement, c'est que la donation n'étoit que conditionnelle en la personne de ce Prince & à vie seulement, sans qu'il eut le pouvoir de transmettre ce droit à ses successeurs.

Cette

Cette action irrita tellement le Comte de Provence, qu'il resolut de s'en ressentir à quelque prix que ce fut ; l'offence lui sembla si grande, qu'il crût ne la pouvoir assés punir que par l'entiere ruïne de ceux qui l'avoient commise. Aïant donc perdu toute esperance de faire reüssir son dessein par la voie de la douceur, il se prepara à celle des armes, & commença par des protestations & des manifestes où il exageroit l'ingratitude des Marseillois, & les accusoit de rebellion, à cause qu'ils s'étoient donnez à un Prince étranger sans la permission de leur Souverain, & que d'ailleurs ils l'avoient traité avec un grand mépris, & témoigné une haine mortelle, en ce qu'ils n'avoient pas voulu le recevoir pour leur Seigneur, & aprés s'êtoient donnés au plus grand ennemi qu'il eut dans le monde. Ces protestations furent suivies des éfets, car il mit une grande armée sur pied, & fit tous les preparatifs necessaires pour assieger cette Ville.

VI.

Les Marseillois qui n'ignoroient pas combien le Comte étoit fâché contre eux, ni les preparatifs qu'il faisoit pour les attaquer, se mirent en état de se bien défendre ; & neanmoins pour répondre à ses protestations & manifestes, ils firent publier leurs raisons, ils disoient en public qu'ils reconnoissoient veritablement le Comte pour leur Souverain, mais non pas comme Seigneur particulier de leur Ville, qu'ils étoient ses vassaux, mais non point ses sujets, que bien qu'ils fussent obligez à une certaine redevance à laquelle ils n'avoient jamais manqué, ils n'étoient pas pour cela moins libres, & quoi qu'ils se fussent donnez au Comte de Toulouse, ce n'étoit que pour conserver leur Ville, & la défendre de l'ambition de celui qui la vouloit injustement assujetir, & qu'ils ne croïoient point en tout cela avoir fait breche aux droits de la souveraineté. Que comme autrefois il n'étoit pas incompatible qu'ils eussent des Vicomtes pour Seigneurs, & le Comte pour Souverain, on ne devoit pas trouver étrange, si étant accoûtumés depuis long-tems à cette sorte de gouvernement, ils y avoient voulu r'entrer, que si on consideroit la verité de la chose sans s'arrêter au nom, on trouveroit que c'étoit plûtôt une alliance ou protection qu'une donation.

VII.

Les raisons des Marseillois bien que specieuses, au lieu d'adoucir l'esprit passionné du Comte, échauferent tellement sa colere, qu'il vint brusquement mettre le siege devant la Ville, mais comme il avoit à faire à des gens belliqueux & sans peur qui ne vouloient pour rien du monde tomber soûs sa main, il fut repoussé vigoureusement, & contraint de lever le siege. Cette guerre dura six ans, pendant lesquels, les uns & les autres soufrirent beaucoup de maux, parce qu'ils coururent les uns sur les autres, & étoient si acharnés, qu'ils sembloient plûtôt animez des aigreurs & des vengeances particulieres, que poussez de l'interêt du parti.

VIII.

Guillaume de Puilaurens écrit que le Comte de Toulouse aïant amassé une bonne armée, entra dans la Provence pour les secourir, & vint jusques à Trinquetaille lez-Arles. Et que Raimond Berenger s'étant presenté pour les repousser, les deux armées durant tout l'Eté

IX.
Guillaume de Puilaur. c. 43.

Tome I.   Bb

de l'année 1240. demeurerent dans leurs postes, sans entreprendre autre chose que quelques combats particuliers. Ce qui fit une diversion fort avantageuse aux Marseillois, qui cependant furent secourus d'armes, & autres choses necessaires à leur défense que ce Prince leur envoïa sur des bateaux qui entrerent dans la Ville, nonobstant que les ennemis s'oposassent à leur passage.

Enfin les uns & les autres lasses des desordres de la guerre, écouterent volontiers les propositions de la paix, qui fut concluë au contentement d'un chacun, & dont voici les principaux articles.

X.
Archiv. de l'Hôtel de Ville.

Que Roolin Drapier au nom de la Communauté de Marseille, & comme Procureur spécial, avoüeroit que la Ville de Marseille étoit dans la Comté de Provence, & dans le Domaine du Comte; que pour cela elle étoit tenuë aux Chevauchées, de la même façon que les Vicomtes y étoient autrefois obligés.

Ibidem.

Que la monoie qu'on batroit dans Marseille seroit au coin du Comte de Provence.

Que pour les affaires que la Communauté auroit contre ceux de la Province, qu'elle se pourvoiroit pardevant le Comte, ou pardevant ses Officiers, mais non pas pour les affaires de la Ville & du terroir.

Que si quelque étranger avoit quelque grief contre la Ville pour raison des Leudes, Gabelles, & de toute sorte des droits qu'elle percevoit dans son enceinte, que le Comte ne recevroit pas ses plaintes, & les Marseillois ne seroient pas obligés de répondre pardevant lui, ni pardevant ses Officiers.

Que les Marseillois ne seroient point obligés de demander justice au Comte ni à ses Officiers, pour raison des crimes commis dans Marseille & dans son terroir.

Que le Comte oublieroit tout le ressentiment des maux & des dommages soufferts, soit en la ruïne de ses Villes, de ses Châteaux, de ses meubles & de ses immeubles, & enfin de tout le passé jusques au jour de l'accord, sans que les Habitans en peussent être recherchés à l'avenir.

Qu'il ratifieroit en faveur de la Communauté tous les achapts, & acquisitions qu'elle avoit fait ; tant en la ville Vicecomitale, & son terroir ; qu'aussi par toute la Provence, & même de Saint Marcel, de Roquefort, de Roquevaire, d'Yeres, & de Bregançons se retenant pourtant le droit de Domaine.

Que la Communauté joüiroit plainement de la libre & entiere Jurisdiction de la maniere qu'en usoient les Vicomtes, & comme elle avoit accoûtumé d'en user depuis l'acquisition de la Seigneurie jusques alors en l'élection du Podestat, des Recteurs & des autres Officiers.

Que la Ville de Marseille n'empêcheroit point que le Comte n'imposât la Gabelle du Sel dans Yeres, s'il en pouvoit être d'accord avec les Seigneurs de ladite Ville. Ce traité fut fait à Tarascon à la Maison qu'on apelloit de Sainte Marthe, & dans un petit pré, en presence de l'Evêque de Riés, de l'Elû en l'Evêché d'Avignon, & de quelques autres témoins, le Comte & Roolin Drapier en jurerent l'observation.

Quelques Autheurs modernes qui ont parlé de cette guerre ont rempli leur histoire de beaucoup d'erreurs, un de ces Historiens a témoigné qu'il étoit ou mal affectionné envers la Ville de Marseille, ou qu'il n'avoit pas vû les Chartres d'où nous avons tiré cette histoire ; voici comme il l'a deduite. Il dit que bien que Marseille fut autrefois sujette aux Empereurs Romains, elle joüissoit pourtant d'une grande liberté. Et qu'étant de long-tems accoûtumée à un gouvernement libre, elle n'avoit pû suporter la domination de Raimond Berenger Comte de Provence, qui vouloit abolir ses privileges, & la traiter rigoureusement : Mais que les Marseillois tarderent un peu trop à découvrir les desseins du Comte qui les surprit en l'an 1237. & mit sur pied son armée pour les ranger au devoir. Que c'étoient des gens non seulement hardis & belliqueux, mais à demi Barbares, dificiles à dompter, & ennemis de commandement. Que Raimond de Baux, Rossolin de Fos, & Raimond Geofroy leurs Vicomtes soutinrent le Siége vaillamment, jusqu'à ce qu'étans reduits à l'extremité, & voïans que la prise de la Ville étoit inevitable, ils se servirent d'un stratageme qui leur reüssit heureusement : Car ils firent prendre les armes à quatre cens femmes travesties en soldats, de la meilleure mine qu'il étoit possible, & borderent leurs murailles ; cette ruse fit croire à Berenger qu'il leur étoit arrivé du secours, & l'étonna tellement que craignant d'être forcé de lever le siége avec honte, il consentit à la paix, soûs ces conditions. Que Marseille lui remettroit toute la jurisdiction & Seigneurie. Qu'ils ne pourroient élire pour Officiers, que ceux que bon lui sembleroit. Qu'ils lui païeroient à l'avenir ses droits accoûtumez, leur quittant les arrerages. Enfin qu'il les traiteroit doucement, & oublieroit les choses passées.

Tout ce que ce moderne Historien a écrit, est suposé, & si peu veritable, que nous n'aurons pas beaucoup de peine d'y répondre, & de desabuser ceux qui l'ont suivi, & même quelques grands hommes qui dans l'Histoire générale de ce Roïaume ont inseré les erreurs de cét Autheur, & ont crû ne pouvoir suivre de meilleurs memoires que ceux que leur fournissoit un Autheur de cette Province.

Il est veritable qu'aprés que Marseille eut été prise par Jule Cæsar, ce Prince & tous ses Successeurs l'ont traitée si doucement, qu'elle n'a pas beaucoup souffert soûs leur domination, & n'a pas beaucoup regretté sa liberté quoi qu'elle eut été injustement soûmise. Il est vrai aussi que sortant de la puissance des Romains, elle entra soûs celle des Bourguignons, puis des Wisigoths en suite des Ostrogoths, & enfin soûs celle des François, qui la tinrent long-tems avec le Roïaume de Bourgogne, qui comprenoit alors toute la Provence, & nous avons vû aussi ci-dessus, qu'au dixiéme Siécle les Comtes d'Arles & de Provence qui n'étoient que Gouverneurs, s'étans rendus hereditaires, Marseille fût demembrée dés le commencement de leur usurpation, en faveur de l'un des cadets de cette maison, dont les Successeurs la possederent deux cens ans & d'avantage en qualité de Vicomtes. De ces derniers les Marseillois acheterent la Seigneurie, se rendirent libres

& aprés établirent parmi eux une forme de Republique. Tout cela est verifié par de bons Autheurs que j'ai allegué, & par des Chartres qui ne peuvent mentir. Nous concluons donc delà, que les Comtes de Provence ne la possederent que fort peu de tems, & ce injustement, & sans aucun titre, l'aïant usurpée sur les Rois de Bourgogne. Quelle raison a donc cét Autheur de dire qu'ils se reconnurent trop tard, puis que les Comtes de Provence n'avoïent aucun pouvoir sur la Ville de Marseille en qualité de Seigneurs? Il est vrai que les Marseillois êtoient leurs vassaux, & obligés à une certaine redevance, à laquelle ils n'avoient jamais manqué. mais Berenger n'avoit aucun droit d'abolir leurs privileges, puis qu'ils n'êtoient pas ses sujets, & ils avoient raison de se défendre contre l'ambition de ce Prince, qui se voïant apuïé de l'Alliance de Saint Loüis, les vouloit injustement assujettir; sans qu'ils meritent d'être apellés à demi barbares, & difficiles à recevoir le commandement, pour s'être oposés à l'opression qu'on leur vouloit faire souffrir. Mais son erreur n'est pas excusable, lors qu'il dit que les Vicomtes commandoient la Ville durant ce Siége, qu'ils se servirent du stratageme dont nous avons parlé pour le faire lever : puisque nous avons prouvé suffisamment, qu'aprés avoir vendu la Seigneurie, ils s'êtoient retirés dans la Province, à cause qu'ils avoient été declarés incapables d'exercer aucune charge publique, & qu'ils êtoient exclus des assemblées, & deliberation du Conseil.

Le recit du secours de ces femmes est entierement fabuleux, & la suposition se découvre manifestement des articles de Paix que nous avons raporté ci-dessus, où l'on voit clairement avec quelle grandeur de courage les Marseillois s'êtoient défendus, & qu'au lieu d'être reduits à l'extremité comme cét Autheur s'imagine, au contraire ils avoient fait des courses dans les terres du Comte, brûlé ses Châteaux, emporté ses meubles, en telle sorte que l'agresseur êtoit plus las que les assiegés.

XII.

Paul Æmil hist.de France. du Preau. Chron. de Montf. Vignier Catel. Histoire des Comtes de Toulouse. Parad. Hist. de Sav.

Les autres Historiens qui ont parlé de cette guerre, ne sont guere d'accord entr'eux du tems qu'elle fut commencée, ni du sujet qui la fit naître. Car les uns la raportent en l'an 1231. Les autres deux ans aprés. Quand au sujet, il y en a qui disent, que les Provençaux maltraités de leur Prince, le chasserent de la Ville de Marseille, & apellerent le Comte de Toulouse à leur secours, lui offrant la Seigneurie de Provence. Les autres ne parlent que des Marseillois, qui à leur dire prirent les armes contre le Comte, par ce qu'il les vouloit oprimer par des exactions violentes, & les contraindre au païement des Tailles. Mais par le narré du traité de paix, dont l'original se trouve encore dans les Archives de Marseille, l'on void clairement que la guerre commença en l'année 1237. Et qu'elle finit en l'an 1243. Il ne faut pas douter non plus que l'ambition de Berenger n'ait donné le commencement à cette guerre. Et il est ridicule de parler de l'imposition des subsides, & des tailles, sur une Ville qu'il n'avoit pas assujetie, ainsi que nous avons suffisamment prouvé en ce chapitre, & au precedent.

CHAPITRE VII.

Plusieurs Princes François s'embarquent à Marseille. Accord entre cette Ville, & celle de Besiers. Privileges accordés par le Juge d'Arborée & par le Roi d'Aragon aux Marseillois.

I. Le Roi de Navarre, & plusieurs Princes s'embarquent à Marseille. II. Accord entre cette Ville & celle de Besiers. III. Saint Loüis arriva à Marseille. IV. Convention entre le Juge d'Arborée & les Marseillois. V. Privileges donnés par le Roi d'Aragon. VI. Le Pape Innocent IV. passe à Marseille. VII. Le grand Maître des Hospitaliers est assisté par les Marseillois dans une grande disette.

Pendant que les Marseillois étoient en guerre avec Berenger, Thibaut Comte de Champagne & Roi de Navarre, les Ducs de Bourgogne & de Bretagne, Pierre Maucler, Henri Comte de Bar, Aimeri Comte de Montfort, & les Comtes de Nevers avec un nombre infini de Noblesse s'étant croisés pour le voïage de la Terre-Sainte, vinrent à Marseille où ils s'embarquerent & prirent la route du Levant. Benoît Evêque de Marseille fit le voïage de Jerusalem avec Thibaut; & pour un témoignage autentique du respect qu'on portoit en ce tems-là aux gens d'Eglise, l'Auteur de la Chronique de S. Victor nomme premier Benoît que Thibaut. J'ai vû dans quelques Chartres que deux années devant leur départ, les Marseillois avoient deputé vers eux quelques-uns des plus aparens de leur Ville pour les prier de dresser leur apareil de guerre dans leur Port, parce qu'un bon nombre de leurs Citoïens avoient pris la Croix, & desiroient de les accompagner; Mais l'état dans lequel ils se trouverent à leur arrivée leur fit preferer le salut de leur Ville, à une si glorieuse entreprise. Il y a pourtant sujet de s'étonner, que tant de Princes ne s'emploïassent pour mettre d'accord les Marseillois avec le Comte de Provence, mais je n'ai point trouvé dans aucun Auteur qu'ils aïent pris la peine de s'en mêler.

I.

Archiv. de l'Hôtel de Ville.

Enfin la paix aïant été faite de la sorte que nous l'avons décrite au precedent chapitre, les Marseillois ne demeurerent guere en repos : car peu après ils entrerent en different avec la Ville de Besiers, qui toutesfois fut bien-tôt terminé, aussi le sujet n'en étoit pas fort important. Leur querelle venoit de ce que les Galeres de Federic II. Empereur &

II.

Roi de Naples, commandées par Andreolus de Mari grand Corsaire, au sortir du Port de Marseille firent une prise d'une grande quantité de bled, & de quelques marchandises qui apartenoient à ceux de Besiers, aïant vendu toute cette prise dés que les galeres furent de retour en cette Ville ; ceux de Besiers en furent si fort offensés soûs la creance que les Marseillois eussent favorisé cette action, qu'ils rompirent avec eux, & firent represailles sur quelques marchands de leur Ville. Mais aprés que les uns & les autres eurent consideré meurement le grand dechet que leur commerce recevoit de cette rupture, il ne fut pas beaucoup difficile de les porter à un accomodement, qui fut conclu au gré de deux parties, dont voici la teneur.

Que la Communauté de Marseille donneroit à celle de Besiers, pour la relever de la perte des marchandises, trois cens livres melgoroises, & cent cinquante livres Roïaux coronés, sçavoir cinquante livres contant, cent livres à la Fête S. Michel, & le reste en deux païemens.

Cette paix fut lûë & publiée au Conseil général qui fut assemblé pour cét éfet en presence des députez de Besiers, & aprés ratifiée par Jean de Cranis Sénéchal de Carcassonne pour le Roi de France.

Il y a sujet de s'étonner que les Marseillois qui avoient fait un traité si glorieux avec le Comte de Provence, avoient neanmoins fait une paix si desavantageuse pour eux, avec une Ville particuliere, j'estime que le respect qu'ils avoient pour le Roi de France, à qui elle étoit soûmise, & la crainte d'engager l'autorité d'un si grand Monarque leur fit prudemment accorder ces articles.

III.

Joinvil.c.19. Paul. Æmil. Chron. de Montf. du Preau.

Deux ans aprés cét accord, S. Loüis aïant fait vœu de porter ses armes outre mer pour secourir les Chrétiens du Levant, à qui les Perses avoient ôté Jerusalem & la Palestine, accompagné de sa femme, de ses freres & de plusieurs Princes François, se vint embarquer à Marseille, où il trouva une belle armée navalle toute prête pour une si grande entreprise.

IV.

Bellefor. Munster. Cosmo.

Aux Archi. de l'Hôtel de Ville.

En ce même tems, l'Isle de Sardaigne que les Pisans & les Genois possedoient depuis l'an 1015. qu'ils la conquirent sur les Sarrazins & aprés la partagerent entr'eux ; étoit gouvernée par des Juges, qui souvent portoient la qualité de Rois, avec cette clause (*par la grace de Dieu*) & quelquesfois ils prenoient seulement celle de Iuge, les uns faisoient leur residence à Calaris ; les autres à Arborée que nous apellons aujourd'hui Loristaigne. Les Iuges d'Arborée ont laissé aprés eux des loix en langage du Païs, compilées en un volume, qu'on observe encore à present dans toute l'Isle. L'un d'eux apellé Guillaume Comte de Cabrere, & Iuge d'Arborée, desirant passionnement que les Marseillois allassent negocier en Sardaigne, fit une convention avec eux soûs les peines de deux mille marcs d'or, en cas qu'elle ne fut pas inviolablement observée, sçavoir qu'il y auroit paix perpetuelle entre lui & la Ville de Marseille, dont les Habitans pourroient librement negocier dans toutes les terres de son obeïssance, en païant un droit fort mediocre, leur permettant d'avoir un Fundigue, & un Consul pour la decision de leurs differens. Ce traité fut fait en la Ville d'Aretay,

Ans de Jesus-Christ. 1250.

DE MARSEILLE. Liv. IV.

en presence de Trogotere Archevêque d'Arborée, de Bertrand Bocius, & du Comte Bertulde.

V. Cette Isle aïant depuis changé de maître, & étant tombée soûs la main du Roi d'Aragon, son Lieutenant général pour les grands services que les Marseillois avoient rendu à son Prince, les afranchit plainement de toute sorte de droits, voulant qu'ils y peussent negocier & trafiquer avec toute liberté, sans être tenus à aucune chose.

VI. Les Marseillois qui peu auparavant avoient été honorés de la presence du Roi S. Loüis, lors qu'il s'embarqua pour le voïage de la Terre-Sainte, eurent encore la satisfaction de voir dans leur Ville le pere commun de tous les Chrétiens, ce fut en l'an 1250. que Innocent IV. aprés avoir demeuré sept ans en France & tenu un Concile à Lion, s'en retournant en Italie passa à Marseille, où il fut reçu avec tout le respect qui étoit deu à une personne si venerable, & au Vicaire de Jesus-Chrît.

An de grace 1250.

VII. Quelque tems aprés on reçut en France les nouvelles du malheureux succés qu'avoient eu les armes des Chrétiens en la Palestine : car bien que ce Roi, dont les desseins étoient si pieux, eut passé en Asie, accompagné de tant de Princes, & avec de si grandes forces ; neanmoins la providence de Dieu, qui arrête ou avance comme il lui plait les entreprises des Hommes, permit pour la punition de nos crimes, que l'issuë en fut extrêmement funeste : car les François furent défaits, leur Roi pris prisonnier, & pour comble de malheur, ils se virent persecutés de la peste & de la famine, qui affligea pour lors toute l'Asie. Guillaume de Châteauneuf Grand-maître des Hospitaliers, qui avoit été élû Chef de cét Ordre aprés la mort de Pierre de Villebride ; se trouvant dans une extrême disette, eut recours à la Ville de Marseille, qui lui permit la sortie de quelques Vaisseaux chargez de bled, par le credit de Britto Chevalier, & l'un des plus aparens Gentilshommes de Marseille son parfait ami, qui fut bien aise de reconnoître en cette occasion tant de faveurs qu'il avoit reçu de ce Seigneur en diverses rencontres.

HISTOIRE DE MARSEILLE,
LIVRE CINQUIÉME.

CHAPITRE I.

Premiere convention entre Charles d'Anjou Comte de Provence & la Ville de Marseille. Le Roi de Castille recherche l'amitié des Marseillois.

I. Paix entre Berenger & les Marseillois religieusement observée. II. Charles premier d'Anjou prend Arles & Avignon. III. Il fait dessein sur Marseille. Guerre entre ce Prince & les Marseillois suivie de la paix. IV. Teneur des articles. V. Ligue entre le Roi de Castille & la Ville de Marseille.

I. LE Comte Berenger, soit qu'il fut las de la guerre, ou que l'experience eut éteint dans son ame les mouvemens de son ambition observa inviolablement durant le reste de sa vie le traité de paix qu'il venoit de faire : Tellement que les Marseillois aux dernieres années de son regne, & aux premieres de son successeur eurent loisir de respirer, ensorte que par l'observation de la police & par l'abondance du negoce, ils rendirent leur Ville grandement florissante.

II. Aprés la mort de Berenger, Beatrix sa quatriéme fille recueillit sa succession,

succession, & peu aprés elle fut mariée avec Charles d'Anjou frere de S. Loüis Roi de France, qui par ce möien fut Comte de Provence. Mais comme ce Prince êtoit d'une naissance plus illustre & d'un courage plus grand que son predecesseur, l'an sixiéme de son regne & à son retour de la Terre-Sainte êtant venu en Provence, il projeta d'abord d'assujetir pleinement quelques Villes qui vivoient en forme de Republique, & n'êtoient obligées envers lui qu'à quelques petits devoirs outre le droit d'homage. Arles fut la premiere attaquée & bien qu'elle se défendit durant quelque tems assés genereusement, neanmoins aïant êté reduite à l'extremité, elle fut forcée de ceder aux armes victorieuses de ce Prince, & à subir la loi du vainqueur; aprés quoi Charles poursuivant sa pointe & desirant de venir à bout de son entreprise, fit mine de venir assieger Avignon la menassant d'une entiere ruïne, en cas qu'elle se mit en devoir de resister; l'exemple de la Ville d'Arles, dont les forces êtoient beaucoup plus grandes, disposa ceux d'Avignon à suivre le même chemin; en éfet ils se donnerent à lui soûs quelques reserves.

Il ne restoit plus à ce Prince pour l'accomplissement de son dessein que la Ville de Marseille. Il prenoit pretexte que les Habitans au prejudice de la paix faite avec son predecesseur avoient donné retraite à ses ennemis, avoient secouru d'Arbalêtes & autres armes necessaires, les Villes d'Arles & d'Avignon, s'êtoient emparés des Chateaux d'Aubagne, de Roquefort, de S. Marcel, & qu'enfin ils avoient mis la main sur les rentes & revenus de son Domaine. Les Marseillois repondoient qu'ils n'avoient point contrevenu au dernier traité de paix, que le Comte leur imputoit à tort tous ces crimes, & cherchoit des sujets specieux pour les quereler. Les raisons & les protestations sinceres des Marseillois n'empêcherent pas qu'on n'en vint en une guerre. Elle fut declarée & commencée en même tems, mais elle ne dura guere; car aprés sept ou huit mois, elle fut terminée par une paix qui fut concluë au contentement des parties; en voici les principaux articles.

Que Marseille seroit soûs le Domaine & Jurisdiction du Comte de Provence, aux conditions suivantes.

IV.

Que le Seigneur Comte y mettroit annuellement un Baille qui jureroit à l'entrée de sa charge en plein Conseil & les cent Chefs de Mêtier assemblez, de proteger & défendre les Marseillois & le contenu de ce traité; & la principale fonction de cét Officier seroit de faire la recepte des revenus de son maître.

Archiv. de l'Hôtel de Ville.

Qu'il auroit droit aussi d'établir un Juge annuel, à condition de faire le même serment que le Baille, & que le Iuge connoîtroit en cas d'apel des causes civiles qui seroient vuidées dans Marseille, & que les Baille & Iuge seroient obligés d'autoriser les jugemens criminels rendus, tant par les Iuges ordinaires de la Communauté, que par les Recteurs & Consuls, sur quelque nature de crimes qu'ils eussent êté prononcés, n'êtant permis au Seigneur Comte ou à ses Officiers de les casser ou reformer, mais au contraire ils seroient obligés de les faire observer.

Tome I.   Cc

Que les Marseillois admettroient aux charges des Consuls des Recteurs, des Viguiers, & des Bailles qui bon leur sembleroit du corps de leur Ville, pourveu qu'ils ne fussent ennemis dudit Seigneur.

Que le Baille & le Juge du Seigneur Comte n'auroient aucune Jurisdiction, & ne se mêleroient point du gouvernement de la Ville & de son terroir, qui apartiendroit pleinement aux Officiers de la Communauté, avec pouvoir de créer & instituer des Notaires & Châtelains.

Que les proclamations se feroient dans la Ville & ses Fauxbourgs, au nom du Seigneur Comte & de la Communauté.

Que ledit Seigneur & ses successeurs dans le Comté de Provence maintiendroient les Marseillois dans leurs franchises & libertés, les protegeroient & les défendroient de la même façon que leurs sujets de Provence.

Que la monoie apellée *Marseilles*, auroit cours à l'avenir dans Marseille, comme elle avoit eu par le passé ; & que pour ce chef la convention faite avec Raimond Berenger seroit gardée.

Que lors que les sujets du Prince recevroient quelque tort des Marseillois, hors de la Ville de Marseille ; en ce cas les Marseillois seroient obligés de subir la justice pardevant la Cour du Prince ; que si le crime étoit commis dans Marseille ou dans son terroir, alors la cause seroit traitée dans Marseille : qu'il en seroit de même si quelque étranger étoit offensé par quelque particulier de la Ville, à ce cas la justice de Marseille en auroit connoissance, & par apel celle du Prince.

Que si les étrangers, ou des sujets du Comte commettoient quelque crime dans Marseille, ou dans son terroir, la justice de Marseille en connoîtroit, & non celle du Comte, ni le Comte même.

Meri & mixti imperij. Que les Juges & Consuls auroient connoissance des causes civiles & criminelles, avec jurisdiction *mere & mixte*.

Que si le Recteur ou le Consul fait quelque Sentence civile ou criminelle, de laquelle les parties veulent apeller, on se pourvoira par devant le Iuge des apellations de Marseille.

Que le Comte ne pourroit imposer aucune taille, subside, emprunt, ou droit sur les originaires de la Ville de Marseille, ou étrangers y habitans, soit Iuifs, Sarrazins, ou d'autre nation, ou Religion, pour quelque cause que ce fut, excepté pour les biens qu'ils possedoient hors de la Ville, dans la Provence, ou ailleurs : auquel cas ils pourroient exiger les mêmes avantages qu'ils avoient accoûtumé d'exiger des Habitans desdits lieux.

Que ledit Seigneur & ses successeurs au Comté de Provence ne pourroient faire bâtir aucune citadelle ou forteresse dans la Ville inferieure ou superieure, ni faire démolir les murailles, ni faire combler les fossés.

Que les Recteurs, les Consuls, les Sindics, les Bailes & autres officiers, les cent Chefs de Métier, ensemble le Conseil général jureroient de tenir la main, & donner aide à ce que ledit Seigneur joüit paisiblement des droits à lui accordés, qu'ils observeroient inviolablement cette convention, & que le serment en seroit réïteré de cinq en cinq ans.

Que pour terminer le different qui étoit entre les Religieux de S. Victor & la Ville, ledit Seigneur s'emploieroit fortement afin que le Monastere se départit des droits qu'il pretendoit sur la Communauté, pour raison de la Seigneurie, & qu'il en fit cession & transport; & qu'il promit aussi d'en faire de même s'il se presentoit quelque heritier des Vicomtes qui eut encore quelque pretention; & que pour ceux à qui la Ville päioit annuellement pension, ou l'interêt du reste du prix de la vente de la Seigneurie, au cas qu'ils voulussent s'en accomoder, ils seroient remboursés des deniers communs dudit Seigneur & de la Ville.

Que les originaires Marseillois seroient francs du droit de la table de la mer: Mais les étrangers päieroient le droit ordinaire.

Qu'on restitueroit à la Communauté & aux particuliers ce qui leur avoit été pris durant la guerre.

Que le Seigneur Comte, & la Ville se quitteroient reciproquement de tous les maux, injures, & dommages soufferts tant d'un côté que d'autre.

Que ledit Seigneur prometroit de confirmer cette convention, lors qu'il auroit atteint l'âge de vingt-cinq ans, & la Dame sa femme dix-huit: Mais cependant qu'ils jureroient sur les Saints Evangiles de l'observer en tous ses Chefs, comme aussi leurs successeurs au Comté de Provence feroient semblable serment dans Marseille, ou ailleurs, vingt-cinq jours aprés que la Communauté les auroit interpellés.

Que les uns & les autres auroient soin, & s'emploieroient pour obtenir du Pape la confirmation de ce traité, & ledit Seigneur seul du Roi de France son frere.

Cét accord fut fait en presence de l'Archevêque d'Ambrun, de Benoît Evêque de Marseille, de Boniface Evêque de Digne, de l'Evêque de Frejus, du Podestat de Marseille, du Seigneur de Soliers, de Barral de Baux, du Prevôt de Grasse, de Rostan d'Agout, d'Albert de Tarascon, de Pons & Bertrand d'Allamanon, de Boniface de Galbert, de Guillaume de Pichiniaco, de Guillaume desparron, de Pierre Vetuli, d'André du Port, Juges de la Communauté, Jean Vivaud, Philippe Anselme, Guillaume Dieude, Roolin Drapier, Raimond Candole, Hugon Ricau, Hugon Rostan Chevalier, & de plusieurs autres qui assisterent à ce traité.

Cinq ans aprés cette convention, Alfonce X. Roi de Castille & de Leon, qui depuis fut élû Empereur des Romains, aïant de grandes guerres sur les bras, soit contre les Mores, ou contre les Rois de Navarre, & d'Aragon; estimant que pour le bien de ses affaires, l'amitié des Marseillois lui seroit beaucoup profitable, depêcha l'Archidiacre Garcias Petri devers eux, avec ample pouvoir de negocier une étroite alliance. Cét Ambassadeur étant à Marseille y fut reçu avec un applaudissement général; & aprés avoir exposé sa commission, il fut aussi-tôt conclu du consentement de tout le peuple, qu'il y auroit une perpetuelle confederation & ligue offensive entre ce Prince, ses Succesfeurs & Marfeille, qu'on redigea par écrit de cette forte.

Que les Marfeillois feroient amis des amis, & ennemis des ennemis du Roi de Caftille. Qu'ils feroient tenus de le fecourir & de l'affifter puiffamment envers tous & contre tous, excepté le Comte Charles, Beatrix fa femme, & leurs fucceffeurs, n'entendant de fe prejudicier aucunement à l'accord qu'ils avoïent fait avec eux.

Et en contrechange, que le Roi de Caftille & fes fucceffeurs protegeroient & défendroient la Ville & fes fujets envers tous & contre tous, excepté les Comtes de Provence.

Qu'ils la fecourroient à leurs dêpens en cas de guerre d'autant de gens qu'elle en auroit de befoin.

Que les Marfeillois pourroient faire fortir du Roïaume de Caftille & des autres Etats qui en dépendent, des vivres, chevaux, armes, & tout ce qui leur feroit neceffaire.

Qu'ils feroient francs de toute forte de droit, & contributions, dans toute l'étenduë de fes Roïaumes.

Et enfin Alfonce feroit tenu & obligé de les affifter en tout tems, au recouvrement des privileges, franchifes & libertés, dont la Ville de Marfeille avoit autrefois joüi en la Ville d'Acre & autres Villes du Levant.

Voilà le contenu de cét accord que les uns & les autres protefterent de garder exactement, l'aïant ainfi juré, le député d'Efpagne pour fon Roi, le Recteur, Sindics & ceux du Confeil êtroit pour la Ville. Ce traité fut fi agreable à ce Prince, qu'il le confirma, & aprouva auffi-tôt en tous fes chefs, & promit de l'obferver inviolablement.

CHAPITRE II.

Seconde convention entre Charles d'Anjou & la Ville de Marfeille.

I. Deffein de Charles d'Anjou. II. Son pretexte pour rompre avec les Marfeillois. III. Réponfe de ce peuple. IV. Il fe donne enfin à lui foûs des conditions. V. Teneur des Articles. VI. Le comte & fon époufe jurent d'obferver la convention. VII. Erreur d'un moderne Hiftorien. VIII. Different entre Barral de Baux & les Marfeillois. IX. Ils compromettent par l'entremife du Roi de Caftille. Teneur de la Sentence qui s'en enfuit.

I. Les Marfeillois croïoient que l'accord qu'ils venoient de faire avec Charles d'Anjou, feroit de longue durée; parce qu'ils avoient partagé avec lui l'autorité de leur Ville. Toutefois ils devoient bien juger que ce Prince aprés avoir commencé à diminuer leur liberté n'en demeureroit pas là, & qu'il ne fouffriroit pas des compagnons: En éfet il couva dans son cœur ce projet durant cinq années ou environ, que n'aïant pas assés de forces pour une si grande entreprise il attendoit le retour de S. Loüis qui étoit alors en Syrie, où il faisoit la guerre aux Sarrazins. Il est vrai que deux ans aprés cette paix, S. Loüis étant de retour en France, Charles croïoit d'en tirer du secours pour faire la guerre aux Marseillois. Mais soit que son frere n'aprouva pas alors cette entreprise, ou qu'étant fatigué de cette grande guerre, qui avoit presque épuisé son Roïaume d'hommes & d'argent, il voulut donner du repos à son peuple, & remettre son Etat en la premiere vigueur. Le Comte fut contraint de suspendre son dessein & jusqu'à ce que ne pouvant plus retenir ses desirs, il resolut d'en venir à bout, sans se soucier beaucoup de violer une paix, qu'il avoit jurée si solemnellement.

II. Toutefois aïant consideré que ce seroit une action indigne d'un Prince, que de rompre avec les Marseillois sans une cause legitime: il se servit d'un pretexte qui avoit quelque aparence de raison; car il fit publier un manifeste, portant que c'étoit à regret qu'il prenoit les armes contre cette Ville: Mais que la necessité l'obligeoit d'en venir là, de peur que sa trop grande indulgence ne fut cause de la ruïne de son état. Qu'il ne pouvoit point dissimuler la temerité des Marseillois qui avoient diverti les rentes, & les droits qui lui étoient dûs dans la Ville, & les avoient emploïés en leurs propres usages. Qu'au prejudice du dernier traité de paix, ils étoient allés au Port de Toulon & à celui de Bouc, où ils avoient pris quelques vaisseaux chargés de bled, & aprés avoir blessé ceux qui s'étoient oposés à cette violence, ils les avoient emmenés dans leur port. Et bien que ces actions meritassent d'être punies, neanmoins desirant de les ramener au devoir plûtôt par douceur que par la force, il avoit pris la voie de la Justice, pour tâcher de vuider cette affaire sans effusion de sang, & leur donner moïen d'implorer sa clemence: mais qu'au lieu de reconnoître la grace qu'il leur faisoit, ils l'avoient negligée.

III. Les Marseillois répondoient en peu de paroles qu'ils n'avoient point contrevenu à la derniere convention; qu'au contraire ils l'avoient observée exactement que tout ce qui étoit contenu dans ce manifeste (sauf l'honneur du Comte) n'étoit point veritable, & qu'au reste s'ils étoient attaqués ils tacheroient de se défendre.

IV. Cette resolution ne fut pas de longue durée, aussi ne détourna-t'elle pas le Comte de son dessein: Car comme il se mettoit en devoir de venir fondre sur cette Ville avec de grandes forces, la menaçant d'une entiere desolation, si elle ne se rendoit à lui, les Marseillois bien qu'ils eussent dequoi tenir long-tems: Leur Ville étant trés-bien fortifiée, & pourvûë de munitions de bouche, & de guerre, de vaillans & des genereux courages aimerent mieux être païs de convention que de conquête, si bien qu'ils resolurent unanimement par un Conseil général, les cent Chefs de métier assemblés, de se donner au Comte, avec des reserves & conditions avantageuses. Tellement que lui aïant fait entendre leur volonté, la paix fut concluë & les conventions dressées

Cc iij

au contentement des deux parties. En voici les principaux Articles.

Premierement, Roolin Drapier Sindic & Procureur spécial, au nom de la Communauté & des Habitans veut & accorde audit Seigneur Comte, & à la Dame Comtesse, hoirs & successeurs au Comté de Provence, pour cause de transaction, & par donation expresse, qu'ils aïent, tiennent & possedent perpetuellement le Domaine, & la Seigneurie de la Ville Vicecomitale de Marseille, & son terroir, & tous les droits que ladite Université peut avoir, tant en la Ville, son terroir, & mers, qu'aux Châteaux d'Yeres, & de Bregançon, & enfin ailleurs, en quelque part que ce soit de la Province, sous les reserves & conditions suivantes.

Et que pour cét éfet, le Viguier leur donneroit annuellement, trois cens livres Roïales coronées ou de *Minuts* Marseillois, & par un autre Article cette somme est augmentée de cent livres, qui jointe avec les trois cens livres, font la somme de quatre cens livres qui seront emploïées à cette dépense.

Que tous les revenus de la Communauté apartiendroient pleinement ausd. Seigneurs, qui moïennant ce seroient tenus de faire tous les frais, & dépenses des Ambassades & députations de la Ville, & de fournir & fréter toutes les galeres ou vaisseaux qu'elle armeroit pour ce sujet.

Qu'on éliroit toutes les années avec les autres Officiers, trois Prudhommes, qui auroient soin de faire curer le Port.

Que ces Princes & leurs Successeurs au Comté de Provence établiroient annuellement, & à perpetuité dans Marseille un Viguier affidé, qui auroit le gouvernement & la direction de la Ville.

Qu'ils y auroient une cloche pour assembler le Conseil général.

Que les proclamations se feroient au nom du Comte de Provence & du Viguier.

Que les cent Chefs de métier seroient exclus à perpetuité de l'entrée du Conseil, qu'il n'y auroit plus de Recteur que le Viguier, qui au commencement de sa charge en pleine assemblée, jureroit de s'en acquiter dignement, que pour cette année le Seigneur Comte nommeroit pour Iuges Guillaume Chabert, & Bernard de Mossiano aussi bien que les Sindics, les Notaires & autres Officiers, comme aussi les Conseillers de la Communauté qui étoient en exercice, le continueroient jusques au premier de Mai.

Que le Viguier éliroit six Conseillers, par l'avis & sentiment desquels il procederoit annuellement à l'élection de tous les Officiers du Conseil général & secret, selon le nombre accoûtumé, que ledit Seigneur mettroit tous les ans un Iuge du Palais & deux Iuges des apellations, tels que bon lui sembleroit.

Que les Iuges, Notaires & autres Officiers de Iustice seroient originaires de la Ville Vicecomitale, excepté le Viguier, le Lieutenant de Viguier, Iuge du Palais, les deux Iuges des apellations, les Notaires & Clavaires de la Clavairie.

Que les salaires qui seroient dûs aux Juges, & aux Notaires seroient pris sur les revenus que le Comte avoit dans la Ville suivant la taxe qui en feroit faite par le Viguier, par le Juge, & par deux Prud'hommes de la Ville. Que les Juges qui feroient élûs annuellement par la Communauté auroient foixante livres de gage fuivant la coûtume.

Que tous les procés en premiere inftance, ou par apellation, de quelque nature qu'ils fuffent, fe termineroient dans la Ville, fans que les plaideurs puffent être diftraits hors de ce reffort.

Que la Monnoie qui étoit apellée vulgairement *Marfeilles* petite ou grande auroit cours à l'avenir comme elle avoit eu par le paffé & feroit batuë dans la Vicomté de Marfeille tant feulement.

Que les Arbalétes que les Vaiffeaux étrangers abordans dans le port étoient obligez de donner à la Ville, lui apartiendroient à l'avenir pour fa défenfe & confervation, comme par ci-devant : & qu'à cét éfet, parmi les autres Officiers on éliroit toutes les années deux Prud'hommes originaires de la Ville Vicecomitale, aufquels elles feroient données en garde, & qui au bout de l'an en rendroient compte au Viguier ou à fon Lieutenant.

Que le Comte de Provence & leurs Officiers, ne pourroient exiger du général ni du particulier de la Ville, aucune taille ni droit, contre leur vouloir & confentement ; que s'ils avoient deffein d'obtenir quelque chofe, ils uferoient de prieres, & feroit permis aux Habitans de les refufer, fans dommage ni aucune crainte.

Qu'on feroit chois tous les ans de fix perfonnes, parmi lefquelles il y auroit un Docteur & un Notaire pour faire de nouveaux Statuts, changer, augmenter, ou abreger ceux qui étoient déja faits.

Que les Habitans pourroient aller couper du bois, faire des fours à chaux, & paître leur bétail aux lieux accoûtumez.

Qu'ils pourroient du confentement du Viguier faire trêves & concordats avec les Villes maritimes, & y établir des Confuls pour le bien & interêt de leur negoce.

Que les navires & galeres porteroient en leur navigation l'étendart du Seigneur Comte & de la Communauté ; mais celui dudit Seigneur feroit mis au lieu le plus honorable.

Que les Marfeillois feroient francs dans le port du droit de l'adoub des navires, des vaiffeaux & des galeres.

Qu'ils ne feroient point fujets au droit de la table de mer, ni aux gabelles de chair falée, des fuifs, des graiffes, de l'huile & du miel.

Qu'on ne pourroit mettre à jamais aucune nouvelle impofition dans la Ville ou dans fon terroir.

Que les Habitans pourroient faire aporter de tous les lieux de Provence des pieces de bois, & autres marchandifes fans païer aucun droit.

Qu'ils ne pourroient être recherchés en leurs biens de quelque façon qu'ils les poffedent.

Que le Seigneur Comte & fes fucceffeurs au Comté de Provence & leurs Officiers, ne foufriroient nullement que le vin, ou les raifins étrangers, aïent entrée en quelque tems que ce foit, tant par mer que par terre, dans la Ville Vicecomitale, ou Epifcopale & fon terroir (sans toutesfois y comprendre dans cette défense, les navires qui abordent dans le Port avec sujet & qui ont quelque reste du vin qu'ils avoient pour la provision du voïage.) Ledit Seigneur Comte & sa maison sont aussi exceptés, à condition qu'il n'est permis aux uns ni aux autres d'en vendre peu ni beaucoup.

Que Brito, Anselme son frere, & Pierre Vetuli perturbateurs du repos public, qui avoient porté la Ville à deux doits de sa ruïne, & désolé plusieurs particuliers, seroient bannis de Marseille & de son terroir à perpetuité, avec défense d'en aprocher de trois lieuës, sans esperance d'être jamais établis ; qu'il seroit permis de les offenser impunément, en cas qu'ils fussent rencontrés aux lieux où il leur seroit défendu de venir & de frequenter. Que Guigo frere de Brito seroit pareillement banni pour autant de tems qu'il plairoit au Comte. Que Roolin Drapier retiendroit pour dot, & pour le païement des dettes de son beau-pere, la terre qu'il avoit euë du chef de sa femme fille de Guigo, dont les enfans seroient punis de même peine que leur pere, ou autrement, selon que le Viguier & le Conseil en ordonneroient.

Que le Seigneur Comte & les siens conserveroient à perpetuité les personnes & les biens des Marseillois au même état qu'ils avoient été jusques alors, même en ce qui étoit des pretensions des Ecclesiastiques. Et en cas que ceux-ci, ou même des seculiers voulussent exiger dans Marseille quelques droits contre l'usage & la coûtume, qu'alors ledit Seigneur, ses successeurs & Officiers assisteroient & favoriseroient la Ville de tout leur pouvoir.

Que les murs de la Ville Vicecomitale, & Episcopale ne seroient point demolis, mais demeureroient en leur entier.

Qu'il seroit neanmoins permis aux Habitans de la Ville Vicecomitale de les agrandir, d'en bâtir de nouveaux, & d'y faire des rampars & retranchemens, du consentement toutesfois dudit Seigneur, ou de son Lieutenant.

Que le Comte & ses successeurs défendroient & assisteroient les Marseillois, contre ceux qui les ofenseroient, ainsi qu'un bon Prince est obligé de proteger ses fideles sujets.

Que les uns & les autres demeureroient déchargez de toutes les conventions & promesses qui avoient été faites entr'eux, & Raimond Berenger.

Que ledit Seigneur Comte & les siens seroient obligés à perpetuité de jurer d'observer les conditions de cét accord, & pareillement les Viguiers à l'entrée de leur charge prêteroient le même serment, que les Habitans jureroient aussi de garder le contenu de ce traité, & renouvelleroient le serment de cinq ans en cinq ans.

Ce sont les principaux articles qui furent jurés de part & d'autre, & publiés en la Ville d'Aix, dans le pré du Palais dudit Seigneur.

VI.

Archiv. de l'Hôtel de Ville.

Quelque tems aprés Charles & Beatrix sa femme, étans venus à Marseille ; cette Princesse ratifia cette convention. Et le même jour le Conseil général fut assemblé au cimetiere des Accoules, en presence dudit Seigneur, qui pour témoigner la joie qu'il recevoit de cét accord, déchargea

DE MARSEILLE. Liv. V.

déchargea pleinement & à perpetuité les Citoïens & Habitans de Marseille, des droits & péages qu'ils païoient auparavant dans la Comté de Provence & de Forcalquier, pour raison des grosseries, bounettes & trossels qu'ils faisoient porter, & qui étoient ce que nous apellons aujourd'hui balles de marchandise.

VII.

Je ne sçaurois finir ce Chapitre, sans me plaindre du traitement injurieux que l'Historien (dont nous avons ci-devant refuté les erreurs) fait à la Ville de Marseille sur le sujet de cét accord, où il semble plûtôt faire une invective qu'une histoire ; puis qu'il apelle les Marseillois seditieux, farouches, rebelles, infracteurs de la paix ; témoignant avoir eu plus d'envie de décharger sa bile, que de dire la verité, ou que du moins il l'a ignorée : car la seule lecture de cette convention, fait voir clairement que son accusation est une pure calomnie, & que le Comte n'avoit été porté à prendre les armes contre les Marseillois que pour contenter son ambition, qui le poussoit à les vouloir assujetir. En éfet, s'ils eussent été coupables des crimes que cét Auteur leur impose, il n'y a pas aparence qu'au lieu de les punir il leur eut accordé de si beaux privileges, & sur tout celui d'établir la moitié des Officiers de Iustice, & plusieurs autres prerogatives qui ne sont pas de moindre importance. Car comme il y a fort peu de Villes en France qui aïent de si beaux privileges ; I'ose dire qu'il n'y en a point qui les aïent si justement merités, puis qu'ils ont été accordés aux Marseillois en échange de la donation qu'ils firent au Comte de Provence de leur Ville, & de tout ce qu'ils possedoient dans la Province. Mais à ce que je viens de dire, & qui ne reçoit nul contredit, j'ajoûte encore, quoi qu'il n'en soit pas besoin, l'autorité de l'ouvrage dont j'ai déja fait mention en plusieurs endroits, intitulé *Fragmentum Annalium Massiliensis Monasterij Sancti Victoris*, ou *Chronicon Sancti Victoris* selon le Pere Labe, qui en a publié le texte dans l'un de ces deux gros volumes, composés des Manuscrits anciens que le feu sieur de Peiresq avoit aussi recueilli fidellement de son original, & inséré dans l'un de ses regiftres ; Cette histoire succinte & fidelle, qui contient une partie des choses mémorables arrivées en Provence, & dans le Monastere S. Victor pendant plusieurs siécles, parle en ces termes, inférés en marge de la donation que les Marseillois firent de leur Ville à Charles d'Anjou, ce qui prouve encore clairement, que le Domaine de cette Ville tomba entre les mains du Comte de Provence, ensuite du traité dont j'ai fait mention ci-dessus, & non point par cette voie injurieuse, alleguée par cét Auteur & par un autre encore qui a écrit aprés lui & qui l'a suivi. L'un & l'autre se trouvent démentis formellement par ce titre irreprochable, qui est dans les Archives du Roi à Aix & à Paris, & dans ceux de l'Hôtel de Ville de Marseille, & par la Chronique aussi de S. Victor, dont je viens de parler. Le premier Auteur ne s'est pas seulement contenté d'accuser à tort les Marseillois, mais il a voulu encore remplir son discours de faussetés, disant que les principaux Auteurs de la sedition eurent la tête tranchée, & furent executés en public, parmi lesquels fut compris Bo-

Nov. Biblioth. manuscr. libror. Philipp. Labe.

Anno 1257. Carolus Comes Provinciæ accepit dominium civitatis vicecomitatus Massiliæ perpetuo communi & consilio ejusdem civitatis penitùs approbante.

Tome I.   Dd

niface de Castellane, homme de grande naissance, & l'un des principaux de la Province, dont les terres (à ce qu'il dit) furent confisquées: car quelle aparence y a t'il que si cela eut été veritable, l'on n'en eut pas fait mention dans les Chapitres de paix, comme de Britto, de Vetuli, de Guigo & d'Anselme, qui ne furent que proscrits? La supposition de cét Écrivain est entierement detruite par le témoignage de Guillaume de Nangis & de Guillaume Gujart lequel vivoit l'an 1307. ils disent tous deux en termes exprés que Boniface de Castellane fut seulement chassé de Provence : en éfet six mois aprés ces mouvemens finis étant retourné en cette Ville, il assista au contrat qui fut passé entre Barral de Baux & la Communauté de Marseille, pour raison de plusieurs differens, dont j'ai trouvé à propos de faire mention succinctement en cét endroit.

Guil. Gujal en ses roiaux lignage

VIII. Nous avons vû ci-devant de quelle maniere les Marseillois acheterent de Hugues de Baux sa portion du Vicomté qui lui apartenoit du chef de Barrale sa femme. L'affaire aïant été composée par arbitrage, & les Marseillois condamnés à lui donner pour toute pretension quarante six mille sols roïaux coronnés, & trois mille annuellement & à perpetuité, par forme de pension ; ils croïoient ne devoir rien aprehender de ce côté-là aprés un jugement si solemnel. Mais Barral qui vouloit encore avoir un present, leur demandoit la sixiéme partie de la Ville Vicecomitale, comme apartenant à sa mere, & à Roncelin son grand oncle, dont il avoit droit & cause, ensemble des grandes sommes, pour être tombés en des peines conventionnelles & legales, à cause qu'ils avoient fait la guerre à ses parens, & même à ses freres & oncles, qui par ce moïen avoient souffert de grands dommages.

Archiv. de l'Hôtel de Ville.

Les Marseillois répondoient à cela, qu'aprés une vente faite avec toutes les formalités, & aprés une sentence arbitrale que Barral avoit aprouvé ; il ne pouvoit rien demander, soit du chef de sa mere, soit de celui de Roncelin, qui avoit vendu sa portion à la Ville avant que de prendre l'habit de Religieux.

Barral repliquoit que les biens des femmes étoient inalienables, & qu'injustement on avoit chassé sa mere de la Ville, & que tous les actes qu'elle avoit faits étoient nuls, parce qu'elle y avoit été forcée ; & quant à Roncelin, qu'il avoit donné sa portion à Barrale sa sœur, avant que de la vendre à la Communauté.

Mais les Marseillois demandoient à Barral dix mille sols roïaux d'un côté, & vingt mille d'autre, pour lesquels il leur avoit donné en engagement les lieux d'Aubagne & de Roquefort, qu'il leur avoit depuis ôté à main armée ; ils pretendoient aussi d'être mis en la possession des Châteaux & Seigneuries du Castellet, de la Cadiere & de Cireste, dont ils avoient été depossedés par violence ; & d'être remboursés des droits, peages, & impositions que Barral avoit exigé d'eux injustement dans toutes ses terres, quoi qu'ils ne fussent tenus à autre chose: & ainsi ils faisoient aller leurs pretensions à des sommes immenses.

IX. Ces demandes reciproques eussent été suivies d'une cruelle guerre, si le Roi de Castille, qui aimoit les uns & les autres, n'eût cherché les

DE MARSEILLE. Liv. V. 143

moïens de les mettre d'accord, ce Prince y travailla si heureusement qu'il les fit compromettre à frere Laurens Penitencier de sa Sainteté; qui par sa sentence arbitrale debouta Barral de la demande qu'il faisoit de la sixiéme partie de la Ville Vicecomitale, lui adjugea la somme de six cens livres païable à une fois, & cinquante par forme de pension annuelle & perpetuelle, outre les trois cens livres adjugées par la sentence de l'Evêque de Nîmes.

Il ordonna aussi, que Barral &.ses Heritiers, Bailles & Officiers ne pourroient empêcher les Habitans de la ville de Marseille de joüir du droit de pâturage, & de la faculté qu'ils avoient d'aller couper du bois, faire des fours à chaux, & du charbon dans ses terres, sans païer aucune chose.

Que Bertrand fils de Barral ratifieroit ce jugement lors qu'il auroit atteint l'âge de vingt-cinq ans.

Que les sujets de Barral, auroient la faculté de venir prendre dans la Ville ce qui leur seroit necessaire, excepté du bled, & qu'ils n'y pourroient toutesfois porter du vin.

Que les Marseillois ne pourroient declarer la guerre à Barral sans la permission du Comte de Provence.

Voilà les principaux articles de cette Sentence, qui fut ratifiée par les parties, & publiée dans la salle verte du Palais de la Communauté le 17. de Decembre de l'an 1257. en presence de Boniface de Castellane, Imbert d'Oraison Chevalier, Jean Blanc Docteur, André du Port Docteur, Raimond Candole Viguier, Girard Amalric, Marquesi Angles, Jaques Davin Notaires, Raimond de S. Marcel, Raimond de Soliers Chevaliers, Guillaume Gautier, Jaques Imbert, & Iean de Berre Semaniers du Conseil, & Guillaume Lurdi Notaire.

Si bien que par là on voit clairement l'erreur de cét Historien, puis que la paix & la convention entre Charles d'Anjou, & la Ville de Marseille, avoit precedé de quelques mois l'accord de Barral.

Archiv.de l'Hôtel de Ville.

Dd ij

CHAPITRE III.

Charles d'Anjou acquiert par échange la Ville Superieure de Marseille. Troisiéme convention entre ce Prince, & la Ville de Marseille.

I. Le Comte fait dessein d'avoir la Ville Superieure, qui n'étoit pas de grande consideration. Son étenduë. II. Ses Limites, ses Jurisdictions & l'état de sa Police. III. L'Evêque qui en étoit Seigneur est prié d'en faire échange. IV. Il s'y dispose. V. Noms de ceux du Clergé qui intervinrent a cét Acte. VI. Le Comte donne en échange quelques Châteaux & terres dans la Provence. VII. La Reine Jeane acquiert long-temps aprés, la jurisdiction du Prevôt, de l'Ouvrier & du Chapitre. VIII. Où fut fait le traité de l'échange de la Ville Superieure entre Charles d'Anjou, & l'Evêque. IX. Etat de sa Police. X. Troisiéme convention entre Charles d'Anjou, & la Ville de Marseille. XI. Teneur des Articles.

I.

NOus avons veu au Chapitre precedent, comme Charles d'Anjou acquit la Ville Inferieure, & Vicecomitale de Marseille: Mais parce que la Ville Superieure étoit soûs le pouvoir de l'Evêque, du Prevôt, & des Chanoines; ce Prince crût n'être pas Seigneur absolu, tant qu'il auroit un Compagnon : Cela l'obligea donc à faire dessein sur la Ville Superieure, qui n'étoit pas pourtant de grande importance; car quoi que son étenduë fut assés longue, elle étoit neanmoins fort étroite; & d'ailleurs elle n'étoit pas peuplée, il y avoit beaucoup de lieux vastes, où l'on n'a commencé de bâtir des Maisons, que depuis l'an 1550. cette Ville commençoit à l'endroit de la coline apellée Roquebarbe, elle s'étendoit soûs l'eminence des moulins à vent, & du côté du Septentrion, & enfermoit dans son enceinte l'Eglise Majeur & ses environs, & alloit aboutir à cette explanade qui est au devant de l'Eglise de S. Laurens.

Ans de Jesu. Chris. 1257.

II.

Toute la Ville Superieure s'apelloit dans les vieux titres villa Superior la portion de l'Evêque étoit apelée Villa Episcopalis Tiorum celle du Prevôt & du chapitre Villa Prepositura & opera sedis Massilie.

Cette Ville Superieure étoit divisée en deux parties, qui neanmoins n'avoient qu'un même enclos de murailles, & ne sembloient qu'une même Ville ; mais parce qu'il y avoit deux Iurisdictions differentes, châque partie avoit ses bornes & ses limites, ce qui apartenoit à l'Evêque étoit apellé la Ville de l'Evêque, la Ville des Tours, à cause des Tours que l'Evêque y avoit; & l'autre la Ville du Prevôt & du Chapitre de l'Eglise Cathedrale; la Ville Episcopale étoit du côté où étoit la Porte d'Aix, & alloit aboutir à l'endroit où est le Monastere de l'Observance; & l'autre depuis celui là jusqu'au devant de l'Eglise

S. Laurens : Ces deux portions de Ville avoient châcune leur conseil different ; celui de la Ville Episcopale étoit composé de quarante-cinq personnes, qui élisoient annuellement des Magistrats politiques, qu'on apelloit Consuls : Le Conseil de la Prevôté n'étoit composé que de vingt-cinq Conseillers : L'Evêque mettoit un Iuge en la Ville Episcopale, qui decidoit les Procés des Habitans. Le Prevôt, l'Ouvrier, & les Chanoines en mettoient un autre en la Ville de la Prevôté, & choisisoient pour cét éfet un Chanoine de leurs Corps, pour faire cette fonction, & quelquefois l'Ouvrier la faisoit lui même. Il est vrai que le Iuge du Prevôt, de l'Ouvrier & du Chapitre étoit subalterne à celui de l'Evêque, qui jugeoit les apellations, & étoit Iuge Souverain de tous les Habitans de la Ville Superieure, sans reconnoître nul autre par-dessus lui.

III. Le Comte pour venir à bout de son dessein, fit souvent prier Benoît Evêque de Marseille de le vouloir accommoder de la proprieté de cette Ville Superieure ; & lui fit remontrer qu'il lui donneroit en échange des terres de plus grande valeur, situées dans la Province : Cette affaire fut si bien ménagée, qu'elle reüssit au souhait de ce Prince : Car l'Evêque du consentement de son Clergé se disposa à lui donner contentement, soit que ce fut pour l'obliger, ou qu'il crût qu'en le faisant il étoufferoit les semences de tant de contentions, qui arrivoient tous les jours, entre la Ville Superieure & la Ville Inferieure.

IV. Ce Prélat donc & tout son Chapitre cederent & remirent à Charles, à Beatrix sa femme & à leurs Successeurs, toute la Iurisdiction & Seigneurie Temporelle, & tous les droits qu'ils avoient en la Ville Superieure & ses dépendences, soit en terre ou en mer, à la reserve de la Iurisdiction Spirituelle, & des biens immeubles qu'ils y possedoient, comme aussi des directes & des censives des biens particuliers, qui relevoient de l'Evéché de Marseille.

V. Voici les noms de ceux du Clergé, qui assisterent à cét échange, Pierre André Prevôt, Rostan d'Agout, Hugues de Forqualquier, Geofroy Rostan, Guillaume du Temple Capiscol, Pelegrin Baucian, Iean Auriol, Hugues Fer, Hugues André le Vieil, Pierre Simon Ouvrier, Iean Blanc fils de Iean Blanc Iurisconsulte, tous Chanoines de l'Eglise Cathedrale.

VI. Le Comte & la Comtesse pour témoigner qu'ils ne faisoient cét échange, que pour le profit & l'utilité de leurs sujets, & non point à dessein de se prevaloir du bien de l'Eglise, donnerent en recompense à l'Evêque & à ses Successeurs, les Fiefs, Terres, & Châteaux qui suivent avec pleine Iurisdiction & Seigneurie, se retenant le droit de souveraineté, la foi, l'hommage, & les chevauchées. Voici les noms de ces places, Château-vert, Roquebrussane, Neules, Signe la Blanche, Signe de Barreriques, Château-vieux, Merindol, Malemort, Alen, Vaubonete, S. Cannat, Pujaurel, Mairarguetes, Meune, Aurouvenes, & le Baussert. Il semble que les conditions de ce traité étoient fort avantageuses à l'Eglise, puis que la Ville Superieure ne valoit de rente que quatre cens livres ; & ces terres en valoient cinq cens, suivant l'estimation qu'en avoient fait l'Archevêque élû d'Aix, l'Evêque de Frejus, & Barral de Baux.

VII. Le Comte n'aquit pas alors la Iurisdiction Civile & Criminelle du Prevôt, de l'Ouvrier & du Chapitre, à cause que comme elle étoit subalterne à celle de l'Evêque, elle n'est pas de consideration. Cette Iurisdiction subsista long-tems entre leurs mains, & jusqu'au premier de Decembre de l'an 1343. qu'elle fut acquise par la Reine Ieanne pour le prix de deux mille & six cens florins.

VIII. Le Contrát de l'échange de la Ville Superieure fut fait à S. Remi en presence de l'Evêque de Frejus, & de l'Archevêque élû d'Aix, de l'Evêque de Nice, de l'Abé de S. Honoré de Lerins, de Gilles Archidiacre d'Aix, de Henri Lisargis Chanoine de Chartres & Chapelain du Comte, de Huguo Staca, de Barral de Baux, de Boniface de Galbert Sr. de Salernes, de Boniface de Riés Seigneur de Castelane, de Sordel Chevalier, de Robert de la Naïo Docteur & Viguier de Marseille, de Guillaume de Brinon Chevalier, d'Isnard d'Entrevenes Chevalier Seigneur de Toulon, de Bertrand d'Allamanon Seigneur de Roignes: Dodo de Fontaine Chevalier, de Gerard de Sateia Sénéchal de Provence, de Jean de Anicis Sénéchal de Venice, d'Imbert de Antonis Docteur, de Philipe de Monstrolo, d'Huguon Pinco, & de Simon de Foresta Chevaliers.

IX. Charles s'étant ainsi rendu maître de cette Ville Superieure, changea l'ordre de la Iustice; comme nous verrons ci-aprés & ne toucha pas à la Police de la Ville Superieure: Car les deux Corps de Communauté avec leur Conseil different, comme nous avons dit ci-dessus, subsisterent long-tems de la sorte: Celui de la Ville Episcopale s'assembloit à part pour les affaires qui regardoient ladite Ville: Et l'autre de la Prevôté gardoit la même formalité; mais ce n'étoit que lors qu'il s'agissoit des affaires particulieres de châque Ville; car quand il s'agissoit de l'interêt général de toute la Ville Superieure, en ce cas les deux Conseils s'unissants s'assembloient en un même lieu, & ne faisoient qu'un Corps: Cette police continua long-tems de la sorte, & fut cause de beaucoup de contentions, qui furent suscitées entre la Ville Superieure & l'Inferieure; car comme les droits de ces deux Villes demeuroient separés, & qu'il y avoit pluralités de Corps de Police distingués les uns des autres; ils produisoient à tout moment de la division & du desordre entre les Habitans tant de la Ville Superieure que de l'Inferieure. En éfet en l'an 1328. ceux de la Ville Vicecomitale ne voulurent pas permettre la pêche aux mers de Marseille à ceux de la Ville Superieure, pretendans qu'ils n'y avoient aucun droit; mais le Roi Robert pour les accorder, promit par ses Lettres Patentes aux Habitans de ladite Ville, de pêcher les jours des Fêtes, avec deffenses aux autres de leur donner aucun empêchement. L'an 1348. la Reine Jeanne se trouvant à Marseille, & voïant que la Ville Episcopale étoit presque deserte, à cause que les Habitans l'abandonnoient pour aller habiter en la Ville Vicecomitale, pour joüir des franchises & libertés dont elle étoit avantagée: Cette Princesse aprehendant que l'Ennemi ne se prevalut de ce desordre, & ne se rendit le maître de ces deux Villes; ordonna qu'il n'y auroit plus entre elles de séparation à l'avenir, & qu'elles seroient jointes dans un même Corps; Que la Ville Superieure joüiroit des mêmes droits, privileges, franchises, libertés, & coûtumes que l'Inferieure; Qu'il n'y auroit point de distinction des droits de l'une à l'autre; & qu'il n'y auroit qu'un Corps de Police qui les conduiroit; depuis ce tems-là ces deux Villes ont été tellement confonduës l'une avec l'autre, qu'il est impossible de pouvoir juger comment elles étoient distinguées. Le lecteur curieux ne trouvera pas mauvais que j'aie fait cette digression, pour lui donner connoissance de l'état ancien de cette Ville.

X. Mais pour revenir à Charles comme il fut devenu par cét échange Maître absolu de Marseille; les Officiers qu'il y avoit établi maltraiterent les Marseillois en diverses rencontres, en telle sorte que cela donna lieu à des nouveaux differens, qui furent terminés par une troisiéme convention.

Jacques fils puisné du Roi d'Aragon, qui depuis fut Roi de Maïorque, & la Ville de Montpelier furent les mediateurs de cét accord. Les uns & les autres étoient extrêmement obligés à la Ville de Marseille, & principalement ce Prince, à qui les Marseillois avoient rendu de grands services, comme nous avons vû ci-devant, lors qu'ils accompagnerent son pere à la conquête des Isles de Maïorque sur les Sarrazins, ils profiterent de cette occasion de se ressentir de tant de bienfaits, comme la plus favorable qu'ils pouvoient jamais rencontrer, & en éfet, ils envoïerent leurs Ambassadeurs à Charles, pour se reconcilier avec ses sujets. Cette negociation ne fut pas infructueuse, puis qu'ils eurent le pouvoir de disposer son esprit & terminer ce different, dont ils donnerent avis aux Marseillois lesquels dans l'assemblée de leur Conseil général, où presidoit Colom de Pierre Saincte leur Podestat, éleurent dix-sept des plus aparens de leur Ville, sçavoir Guillaume de Lauris, Guigon Anselmi, Guillaume de Montolieu, Hugon Vivaud, Augier de Mari, Raimond d'Amiel, Hugon de Jerusalem, Jean Blanc, André du Port, Gerard Alleman, Bertrand Gasquet, Guillaume Finaud, Bertrand de Bucco, Guillaume Botan, Ferrier Curatier, Guiran & Guillaume Busselin Notaires, pour aller trouver le Comte & traiter avec lui; à la charge neanmoins, & avec ordre exprés de ne rien conclurre, qu'à condition qu'aucun Citoïen ne pourroit être banni de la Ville, ni recevoir aucun dommage en sa personne, ou en ses biens, mais que ce Prince quiteroit tout ressentiment d'injures, & départiroit les éfets de sa clemence généralement à tous. Ces deputés furent reçus honêtement, & le Comte voulant témoigner en cette occasion sa bonté, demeura d'accord avec eux des Articles suivans.

Archiv. de l'Hôtel de Ville.

XI. Que les Marseillois remettroient leur Ville, & le Château de S. Marcel, soûs la puissance de Charles, & de Beatrix sa femme, pour en joüir paisiblement, & de la même façon qu'ils faisoient auparavant.

Que la precedente convention seroit entretenuë en tous ses chefs, excepté en ceux aufquels il feroit derogé par ce prefent traité.

Que les fortereffes qu'ils avoient bâties aux confins de leur terroir feroient rafees, & leurs foffés comblés, & que neanmoins les pierres, bois & merrein qui proviendroient de cette demolition leur demeureroit, pour en païer leurs dettes, ou pour la conftruction de leurs aqueducs.

Que pour cette faute, ils fe defaifiroient de toutes les Arbalêtes, & les mettroient entre les mains du Comte.

Que nonobftant l'Article contenu en la derniere convention, par lequel les Iuifs habitans dans Marfeille étoient exempts de toute contribution, neanmoins qu'il feroit permis au Seigneur Comte par ce traité d'exiger d'eux tout ce que bon leur fembleroit.

Qu'ils promettent de païer au Comte & à la Comteffe, trois mille livres tournoifes, pour les indemnifer des rentes qu'ils auroient pû exiger dans Marfeille depuis le commencement de cette guerre.

Que tous les meubles qu'ils avoient pris au Château de S. Marcel feroient rendus.

Qu'il feroit pareillement reftitué aux Officiers defdits Seigneurs demeurans dans Marfeille, au Châtelain de S. Marcel, & à fa famille, tout ce qu'il leur auroit été pris au commencement de ces troubles, & que l'on contraindroit ceux qui s'en étoient faifis; & en cas qu'ils ne fuffent folvables, la Ville feroit tenuë à cette indemnité. Qu'on rendroit de même le bled, & autres chofes prifes fur les Provençaux durant la guerre, & que outre cela Philippe Anfelme & fon frere, Raimond Gantelmi, & autres qui n'avoient point eu de part à cette action, & s'étoient abfentés de la Ville pour conferver leur fidelité, feroient rétablis en la poffeffion de tous leurs biens, meubles & immeubles.

Que les Marfeillois r'entreroient dans les biens qu'ils poffedoient en Provence; & dont ils avoient été dépouillés au commencement de cette guerre.

Qu'il feroit permis à Guigo Anfelme de demeurer dans Marfeille, ou ailleurs, fans aucune aprehenfion & en toute affeurance: Enfin ces Princes confentirent à l'inftante priere des Marfeillois, que ceux qui par l'un des Articles de la precedente convention des chapitres de paix, avoient été bannis pour avoir fuivi le parti de Britto reviendroient dans la Ville, & feroient rétablis dans leurs biens, & que pareillement Guigo Anfelme recouvreroit les immeubles de Britto fon frere.

Que tous les prifonniers de part & d'autre, de quelque condition qu'ils fuffent feroient rendus.

Que le Senêchal de Provence jureroit d'obferver cette paix, & la precedente, & que fes fucceffeurs prêteroient femblable ferment à l'entrée de leur charge.

Que fa Sainteté feroit très-humblement fupliée de ratifier ce traité & le precedent.

Voilà les principaux & plus importans Articles de cét accord, qui furent jurés de part & d'autre, avec promeffe de les obferver religieufement.

CHAPITRE

CHAPITRE IV.

Charles d'Anjou s'embarque à Marseille, pour la Conquête du Roïaume de Naples & de Sicile. Les Provençaux donnent en ôtage soixante & seize Gentils-hommes pour la délivrance de Charles II. son fils.

I. Charles d'Anjou s'embarque à Marseille avec trente Galeres. II. Isabeau de France Reine de Navarre meurt en cette Ville. III. Les Marseillois preferés aux Genois sur le fait du Negoce. IV. Ils obtiennent la confirmation de leurs privileges aux Villes du Levant. V. Ils assistent les Chevaliers Hospitaliers dans une grande disette. VI. Lettres Patentes à l'avantage des Marseillois. VII. Les Provençaux & les Marseillois vont délivrer Charles II. VIII. Noms des Gentils-hommes qui furent donnés en ôtage pour délivrer ce Prince. IX. Il fait son entrée à Marseille. X. Diverses concessions de ce Prince envers les Marseillois.

Charles n'eût pas plûtôt donné la paix à toute la Provence, qu'il fut apellé en Italie par Urbain IV. Sa Sainteté lui donna le Roïaume de Naples & de Sicile comme fief du S. Siége, à condition de le conquerir à ses dépens sur Mainfroi qui avoit été excommunié & déclaré ennemi de l'Eglise, d'en faire homage aux Souverains Pontifes, & de le tenir sous la même redevance que les autres Rois de Naples avoient accoûtumé de faire. Ce Prince assembla de grandes forces pour une si haute entreprise, & fit armer à Marseille trente Galeres & quelques Vaisseaux sur lesquels monterent quantité de braves Marseillois. Scipion Amirato écrit que Bertrand Candole eut le commandement d'une partie de cette Flote, qu'il s'établit à Naples, & qu'il est la souche de tous les Caldores de cét Etat. Cette armée Navale ne fut pas plûtôt prête que Charles s'embarqua, & prit la route d'Italie, & ne tarda pas d'aller attaquer Mainfroi qu'il défit prés de la Ville de Benevent. La mort de ce Prince, & la victoire de Charles avoient été presagées par une Comete comme remarque Simon de Monfort dans sa Chronique manuscrite.

I.
Naugis.
Collenuc.
Paul Æmil.
Dupreau de l'état & succéss. de l'Eglis.

Hist. des familles Nob. de Naples.

Art de jefct. Chit. 1264. 1265.

1270.

Cinq ans aprés que Charles eut fait le voïage de Naples, le Roi S. Loüis s'étant croisé pour la seconde fois, dans le dessein de secourir la Terre-Sainte contre les Infidelles, qui en avoient repris la plus grande partie, il fit à Marseille des grands preparatifs pour son armée

II.

navale, où il se vint embarquer suivant l'opinion de quelques-uns, les autres disent qu'il s'embarqua à Aiguemortes, mais son entreprise n'eut pas meilleur succés que la premiere fois qu'il passa la Mer: car étant mort devant Thunis avec Jean Tristan Comte de Nevers un de ses fils, Philipe son aîné fut contraint de s'en retourner en France. Isabeau fille de S. Loüis, & femme de Thibaut Comte de Champagne & Roi de Navarre, qui étoit mort en ce voïage où elle l'avoit accompagné, étant de retour à Marseille, fut accablée d'une si profonde tristesse pour la mort de son mari, de son pere, & de son frere, qu'elle y mourut de regret & d'ennui, bien que quelques-uns disent que ce fut aux Isles d'Yeres.

III. Environ ce même tems les Genois qui ont toûjours été adonnés au trafic, & qui ont rendu par ce moïen leur Ville si florissante venoient negocier le long de la côte de Provence, & achetoient tous les draps & toutes les marchandises qu'ils y trouvoient, ce qui causoit beaucoup de domages aux Marseillois, & les privoit du profit qu'ils eussent pû tirer de ce negoce. Pour empêcher cét abus ils formerent leur plainte à leur Comte qui sejournoit alors à Rome, & ne bougeoit de l'Italie pour étoufer les seditions qui auroient pû s'émouvoir dans ce nouvel Etat qu'il avoit acquis. Ce Prince qui aimoit ses Sujets avec passion, desirant de procurer leur avancement commanda au Sénéchal de Provence d'y tenir la main, afin que les Genois & autres étrangers ne transportassent aucunes marchandises de ce Païs, qu'aprés que les Marseillois & les Provençaux auroient chargé leurs Navires, & specialement Pierre Boniface de Marseille.

IV. Nicolas Delorgue aïant succedé à Hugues Revel en la dignité de
Archiv. de l'Hôtel de Ville. Grand Maître de l'Ordre de S. Jean de Jerusalem, témoigna dés son avenement qu'il vouloit relever les affaires de la Religion, & ne ceder ni au courage ni à la vertu de son predecesseur. En éfet, il donna avis de son élection à la Ville de Marseille qui étoit fort affectionnée à son ordre, & l'avertit en même tems de l'extrême disette où étoit la Ville de sa demeure, qui lui ôtoit tous les moïens de faire quelque entreprise contre les Infidelles. Les Marseillois qui cherissoient passionnément les interêts des Hospitaliers le secoururent d'un Vaisseau chargé de bled qu'ils lui donnerent en pur don: le Grand Maître se sentit si obligé de cette faveur, qu'il écrivit une lettre de remerciment à la Ville de Marseille, pleine de grandes offres, & dans laquelle il leur marquoit le ressentiment de ce bienfait.

V. Nous avons vû ci-devant que les Marseillois alloient negocier en la Ville d'Acre & aux autres lieux de la Terre-Sainte, sans être tenus de païer les droits ordinaires; Ils en avoient été déchargés par des priviléges speciaux des premiers Rois de Jerusalem, en recompense des services signalés qu'ils leur avoient rendu. Ils jugerent donc qu'il étoit à propos d'en obtenir la confirmation de leur Comte qui étoit aussi Roi de Jerusalem; ce qui leur fut facilement accordé par des lettres patentes données à Brindes, dans lesquelles ce Prince se qualifie, *Par la Grace de Dieu Roi de Jerusalem, de Sicile, de Naples,*

DE MARSEILLE. Liv. V. 151

Duc de la Poüille, Prince de Capoüe, Senateur de Rome, Comte d'Achaïe, de Provence, & de Tournadour; de son regne de Jerusalem le huitiéme, & de Sicile le vingtiéme. Il declare dans cette Chartre que les Marseillois l'avoient puissamment assisté contre les rebelles de Sicile.

VI. Ce Prince étant mort d'ennui, & du déplaisir qu'il conçut de la perte de la Sicile ; Charles le Boiteux son fils unique qui étoit alors prisonnier entre les mains du Roi d'Aragon fut son successeur. Durant sa détention Marie de Hongrie son épouse eut la Régence de tous ses Etats ; Elle accorda aux Marseillois des lettres patentes dans lesquelles aprés avoir loüé le zéle & l'affection qu'ils avoient pour le service de leur Prince, commanda au Senêchal de Provence de faire observer ponctuellement la convention qu'ils avoient fait avec Charles I.

VII. La délivrance de Charles II. fut traitée & concluë à condition qu'il donneroit en ôtage trois de ses fils avec soixante & seize Gentilshommes Provençaux, sçavoir Loüis qui fut depuis Evéque de Toulouse, Robert qui lui succeda au Comté de Provence, & aux Roïaumes de Jerusalem & de Sicile, & Raimond Berenger Comte de Piémont d'Andrie, & de l'Honneur du Mont-S. Ange. La Bulle de la Canonisation de S. Loüis qui fut expediée par Jean XXII. vingt-neuf ans aprés cét accord semble être directement contraire à un titre trés-curieux que j'ai découvert depuis peu : car elle porte en termes exprés *Grand Bullar.* que ce grand Saint & deux de ses freres furent donnés en ôtage pour délivrer leur pere, & l'acte dont je viens de parler qui contient une fidelle relation du voïage des Galeres qui porterent les ôtages à Barcelone ne fait mention que de Raimond Berenger ; Mais pour concilier, ce qui paroit de contradiction dans ces deux tîtres, il y a aparence que lorsqu'on eut aporté la nouvelle de la prison de ce Prince, Loüis & Robert s'en allerent aussi-tôt à Barcelone pour consoler leur pere, où ils demeurerent jusqu'à ce qu'on eut obtenu sa délivrance, qu'Alphonce ne voulut accorder qu'à condition que Charles donneroit en ôtage Loüis & Robert, qui étoient déja sur le lieu, & qu'il feroit venir de Provence Raimond Berenger son cinquiéme fils avec soixante & seize Personnes de Qualité de cét Etat.

VIII. Mais parce que les Marseillois aimoient cherement leur Prince, qui avoit pour eux une singuliere estime ; le même tître m'aprend que dans ce nombre il y avoit vingt Gentils-hommes de Marseille, & qu'ils s'embarquerent sur trois Galeres, dont les Capitaines étoient Guillaume Elie, Etienne de S. Paul, & Iaques Masseilles ; Ils avoient pour Capitaine Général Barthelemi Bonvin qualifié dans la Chartre Admiral de Marseille. Cette petite Flotte aïant abordé à Barcelone, Bonvin conduisit les ôtages dans le Palais Roïal avec Reinaud Porcelet, Guillaume Dufort Iurisconsulte, Bernard Clement Procureurs de Charles, & les livra à Bernard de Montpaon Chevalier, & à Guillaume Durfort Procureurs du Roi d'Aragon, en presence de Gilbert de Crudulis Chevalier. Voici les noms de tous ces Gentil-hommes qui eurent part à cette délivrance. Ils ont été inconnus à tous les Historiens

E e ij

François, Italiens, Espagnols, Anglois, & Allemans qui ont parlé de ce point d'Histoire. Ie les ai trouvés dans les écritures publiques de Guillaume Feraud Notaire de Marseille, qui s'étant embarqué sur les Galeres observa fidellement jour par jour tout ce qui se fit de plus memorable dans cette occasion, & en prit acte dans son Registre,

Raimond Berenger,
Hugues de Baux fils du Comte d'Avelin,
Fouquet fils d'Agout de Ponteves à la place de Fouquet de Ponteves son oncle,
Iacomet d'Agout,
Raibaud fils de Guillaume de Signe de Puimichel,
Isnard de Puimichel Chevalier,
Blaccasset fils de Blacas d'Aups,
Bertrandet fils de Gui de Fos,
Bertrand de Sabran neveu de Gaucher de Roche,
Raibaud fils de G. de Mostiers,
Raibaudet fils de Bertrand de Barras,
Guillaume de Meuillon,
Raimondet neveu de Gilbert de Vaquieres,
Iaques petit fils de Guillaume d'Aiguieres,
Bermond de Roquevaire,
Bertrand fils de G. de Cadenet,
Aganous fils d'Elzear d'Ansouis,
François frere de G. Feraud,
G. fils de Rostan de Sabran,
Hugues fils de Rainaud Porcelet de Senas,
Gaufridet Albe cousin de Bertrand Albe.

De Sisteron.
Bertrand Gurtelin neveu de Bertrand de Mure,
Bertrand fils de Bertrand Scoffier,
Boniface fils de Bertrand Gaufridi.

De Forcalquier.
Bermond fils de Bertrand de Aminicis.

D'Apt.
Bertrand fils de Berenger de Lerida.

D'Arles.
Bertrand fils de P. de Montolieu,
G. fils de Pierre de Claret,
Bertrand fils de Bertrand Rodolin,
G. fils de Iaques Torpin.

D'Aix.
Aurant fils de P. Curachi,
P. Bernard de Gardane,
P. fils de Berenger Monachi.

De Villemari.
Rainaud d'Aiguieres,
Pierre Rainaud.

D'Hieres.
Bertrand de Brassie,
Audibert Elerta.

De Toulon.
Isnard fils de Guirand Eues,
Guillaume de Valence.

De Brignole.
Iaques Aimeric.

De S. Maximin.
Rostang Gassoli.

De Castellane.
Raibaud fils de Thomas Graille,
G. Rome.

De Tarascon.
Iaq. fils d'Hugues de Villeneuve,
Bertrand fils de P. de S. Hylaire,
Poncet de Monlaur,
Pierre Albaric.

De Draguignan.
Le fils de Geofroi de Fort.

De Grasse.
Ferrier fils de Romieu Maliverni,
P. fils de Guillaume Coste,

De -------
G. Fulco,
Philipe Badac.

De Raillane.
Bertrand de S. Mitre.

Du Martigues.
B. Isnard,

DE MARSEILLE. Liv. V.　153

Hugues Sabatier.
 De Digne.
Hugues fils de Bertrand de Marculphe,
Arnoux Bocher.
 De Marseille.
P. fils de Hugues de Roquefort,
Candole,
Bertrand fils de Pierre Imbert,
Berenger Elie,
Iacomet fils de Hugues Vivaud,
Vivaud de Conchis Chevalier,
G. Anselme,
Anselmet André,
P. Candole,
Anselme Fer,
B. fils de Bartelemi Bonvin,
Iacomet Andoard,
Alphanet de Templo,
Pelegrin Bassat,
Rolland fils de Rolland Andoard,
Le frere de Hugues Sarde,
Martin Martin,
Iacomet fils de Geofroi Ricaut,
Baudoüin fils de B. Roolin,
Hugues fils de Pierre de Ierusalem.

Voilà la veritable liste des Gentils-hommes de Provence qui furent donnés en ôtage pour délivrer Charles d'Anjou. Celle qui parut l'an 1677. dans un ouvrage qui a pour titre *Tables contenant les noms des Provençaux Illustres par leurs actions Héroïques, & faits militaires par leur élevation aux grandes dignités de l'Eglise*, est entierement supposée. Elle a été tirée de l'Histoire manuscrite de Provence de Dom Denis Faucher Religieux dans le Monastere de Lerins, dont l'original fut empoisonné, il y a environ quarante ans presque à toutes les pages; de sorte que les curieux rejettent tout à fait cette copie.

Quelques mois aprés que Charles fut sorti des prisons de Barcelone, il vint à Marseille où il fit son entrée le second jour de Decembre de l'an 1288. Ce Peuple le reçut avec un excés de joie extraordinaire, & aprés il confirma dans le Cimetiere de l'Eglise des Acoules les conventions passées entre la Ville & feu Charles I. son pere: alors tout le peuple de Marseille lui prêta serment de fidelité ; mais afin que l'action volontaire que les Nobles Marseillois avoient fait de servir d'ôtage pour la liberté de leur Prince ne fut tirée en consequence à l'avenir, la Communauté de Marseille protesta que c'étoit sans prejudice du contenu des Chapitres de Paix qui les rendoit exempts de ce service dans une semblable conjoncture. Cét acte fut fait en presence de Bertrand de Baux Comte d'Avelin, de Hugues Comte de Brenne, de Jean Scot Senéchal de Provence & de Forcalquier, de Bertrand de Baux Seigneur de Berre, de Guillaume Porcellet Evêque de Digne, de Guillaume de Villaret Prieur de S. Gilles, de Geofroi de Laincel Prevôt d'Apt, de Bertrand de Roquevaire Iuge Mage de Provence, de Raimond Roux de Coms Chevalier Iurisconsulte & Domestique du Roi, de Gui de Tabïa Procureur & Avocat du Roi, de Barras de Barras Chevalier Seigneur de S. Etienne, Viguier de Marseille, de Berenger Monge Lieutenant de Viguier de Marseille, de Guillaume Raimond de Maillane Docteur és droits & Iuge du Palais de Marseille, de Philipe de Lanerio Chevalier, de Bartelemi Bonvin, de Raimond Beroard Iurisconsulte, de Pierre Guarin Iurisconsulte, de Hugues Anselme Iuge de Marseille, de Berenger Hugolen Chevalier, d'André

IX.
Archiv. de l'Hôtel de Ville.

E e iij

154 HISTOIRE
Gras Iurisconsulte, de Hugues de Conchis, d'Aicard de Roquefort, de Geofroi Ricaut, d'Anselme Fer & de Pons Marin.

X.

Archiv. de l'Hôtel de Ville.

Le Comte faisant son séjour ordinaire en Provence les Marseillois s'adressoient souvent à lui, & lui portoient leurs plaintes d'abord qu'ils étoient tant soit peu blessés en leur franchise ; ainsi qu'on peut juger par diverses lettres patentes qu'ils en obtinrent pour le bien & pour l'avantage de leur Ville, durant le tems que ce Prince faisoit sa residence à Tarascon. En éfet il commanda par lettres patentes au Viguier de Marseille de revoquer une certaine Ordonnance qu'il avoit fait au prejudice du général, & du particulier de la Ville ; & par d'autres lettres du même jour, il enjoint à Berenger Gantelme Chevalier & grand Senêchal de Provence de permettre aux étrangers de venir en toute liberté negocier à Marseille, tant par mer que par terre.

CHAPITRE V.

Les Marseillois s'oposent à la levée d'un droit que le Pape vouloit exiger. Reglement pour la conservation de la Ville Heretiques brûlés à Marseille.

I. Les Marseillois refusent de païer un droit que le Pape leur demandoit. II. Grande sechereße à Marseille. III. Presage de la destruction des Templiers. IV. Entrée du Roi à Marseille. V. Reglemens faits pour la conservation de la Ville. VI. Les Marseillois font offre de secourir les Provençaux en tems de guerre. VII. Ils députent à Naples & obtiennent diverses Lettres Patentes. VIII. Ils sont soigneux de faire garder leurs privileges. IX. Ils somment le Senêchal de Provence de venir prêter le serment. X. Heretiques brûlés à Marseille. XI. Après qu'on leur eut fait le Procés.

I.

Archiv. de l'Hôtel de Ville.

Ans de Jesus-Christ 1291.

NIcolas IV. qui pretendoit que toutes les bonnes Villes de Provence fussent obligées de païer au S. Siége un certain droit, envoïa des Commissaires expressément pour l'exiger. Ils s'imaginoient que la Ville de Marseille fut tenuë à la pension annuelle de cent oboles Massamutines, & en aïant demandé le païement, le Conseil général fut assemblé dans l'Hôtel de Ville, ou d'un consentement universel, Pierre Imbert Docteur, & Geofroi Ricaut furent deputés avec charge expresse de comparoître au nom de la Communauté pardevant les Commissaires du Pape. Et pour s'oposer formellement à la levée de ce droit à cause que la Ville n'y étoit point tenuë, cette déliberation fut autorisée de la presence de plusieurs

DE MARSEILLE. Liv. V.

Gentils-hommes, & entr'autres de Pierre Aleman, de Pierre de Ierusalem, de Hugues Vivaud, de Blaquerias de Montolieu, de Bertrand Candole, de Roland Bouquin, de Iaques de Lingris, & de Guillaume Lurdi Docteurs.

II.
Archiv. de l'Hôtel de Ville.

La secheresse fut si grande à Marseille que toutes les sources, & la riviere de l'Huveaune tarirent tout-à-fait. Si bien que dans cette extremité les Boulangers étoient obligés d'envoïer moudre le bled à Aubagne & à S. Pons de Gemenos, où il y avoit si peu d'eau qu'à peine en huit jours & quelquefois en quinze, on ne pouvoit moudre qu'une charge de grain, & par-dessus le droit ordinaire de mouture sur châque charge de froment, ils païoient encore un autre droit, ce qui encherit beaucoup le pain, car ils le vendoient quatre sols & huit deniers, qui étoit en ce tems-là une somme assés considerable.

III.

Au commencement du quatorziéme Siécle, Clement V. aïant pris resolution d'abolir entierement les Templiers par toute la Chrétienté, écrivit à Charles II. de faire arrêter tous les Chevaliers de cét Ordre qui se trouveroient dans ses Etats. Ce Prince voulant obliger en cette occasion sa Sainteté envoïa des Commissaires à tous les Officiers de Provence, leur commandant expressément de se saisir de leurs personnes, & de leurs biens, les Lettres en furent expediées le treize de Ianvier à Marseille, où le Roi étoit alors : Et l'on fait là-dessus une remarque digne de tenir rang dans cette Histoire, touchant la ruïne de cét Ordre, qui semble avoir été predite quelques années auparavant par un pieux Cordelier du Couvent de Marseille apellé Hugues de Digne, ce bon Religieux se rencontrant un jour dans le refectoir des Templiers qu'on avoit fait bâtir depuis peu, & qu'on lui montroit par curiosité poussé d'un esprit prophetique soupira profondement, leva les yeux au Ciel, & sur la demande qu'on lui fit, de ce qu'il lui sembloit de ce bâtiment, il répondit qu'il étoit beau par excellence, & propre pour l'ecurie d'un grand Roi. Cette réponse étonna beaucoup tous les Chevaliers, l'evenement fit voir neanmoins qu'elle étoit prophetique ; car l'Ordre aïant été entierement détruit, le Roi Charles se trouvant à Marseille fit mettre ses chevaux dans ce refectoir.

Chroniq. de S. Franç.

IV.

Deux ans aprés ou environ ce Prince étant décedé, le 5. de Mai de l'an 1309. à la pointe du jour, aprés avoir été long-tems malade, & reçu tous les Sacremens de l'Eglise, Robert son troisiéme fils, qu'il avoit institué son Heritier par son Testament fait à Marseille le 16. de Mars de l'an 1308. recueillit sa succession. Il étoit alors à Naples auprés de son pere, & non pas à Avignon comme quelques Historiens ont crû. Cette erreur est clairement verifiée par un titre qui contient un ordre exprés que Robert fit expedier à Naples le même jour du décez de ce Prince, & qu'il adresse à Raimond de Lecta Chevalier & Sénéchal de Provence; dans lequel il lui donne avis de la mort de son pere & du jour qu'elle étoit arrivée, il lui parle encore de la longueur de sa maladie & comme il avoit fini ses jours fort chrétiennement;lui ordonnant d'en avertir toutes les Villes de Provence, afin qu'elles fissent prier Dieu pour lui, & qu'elles avec toute la Noblesse du païs lui rendissent homage, & lui pretassent serment de fidelité. Mais comme Charles Norbert Roi de Hongrie fils d'André & petit fils de Charles II. pretendoit que l'heritage lui apartenoit, Robert s'achemina à Avignon où il fut Couronné Roi par Clement V. ensuite il vint à Marseille, & alla décendre à l'Eglise N. Dame des Accoules, où étant assis sur son Trône en presence de tout le peuple de la Ville, qui s'y étoit assemblé à son de trompe & de cloche, il fit un beau & pieux discours, & fit lire l'article des Chapitres de paix, par lequel Charles I. & son épouse s'étoient obligés d'observer ces conventions. Il fit aussi faire la lecture d'un autre article qui contient la forme du serment de fidelité que doivent faire les Marseillois, aprés cela sa Majesté jura sur les saints Evangiles qui étoient entre les mains de Hugues de Fonte Notaire & Secretaire de la Ville, d'observer les conventions & chapitres de paix. Il dit ensuite aux Marseillois de lui prêter serment de fidelité, quelques uns qui étoient du conseil de la Ville, le prêterent entre ses mains. Mais parce qu'il étoit déja tard, & qu'il faisoit grand chaud dans l'Eglise & qu'il eut été difficile que tout le peuple eut peu faire de la sorte, sa Majesté commanda que tous ceux qui étoient presents levassent la main droite en signe de serment de fidelité qu'ils pretoient, ce qu'ils firent en même tems, & protesterent hautement qu'ils seroient disposés de le faire toutes les fois qu'il plairoit à sa Majesté. Voici le nom de ceux qui furent témoins de cette celebre action. Iaques Evêque de Frejus, Durand Evêque de Marseille, François Evêque de Gajette, Pierre Evêque de Repolles, Raimond Gaufridi Docteur en Theologie, Bartelemi Sigvinulfi Comte de Caserte, Iean Pepin Maître Rational du Roïaume de Sicile, Bertrand Rambaud Seigneur d'Apt, Richard de Gambatesa Chevalier, freres Fort du Fort, & Rainaud de Ginac le jeune Religieux de l'Ordre des Freres Mineurs, Bertrand Carbonel Conseiller & Domestique du Roi, Pierre Gombert Chevalier & Iurisconsulte, Gilles Raimond Iurisconsulte, Henri de S. Severin & Isnard de Raillane Chevaliers.

V. Robert partit de Marseille & prit le chemin de Naples en grande diligence pour s'asseurer de son Roïaume que son neveu lui contestoit, & aprés s'en être asseuré il se trouva engagé en diverses guerres, soit contre l'Empereur Henri VII. ou contre Federic Roi de Sicile. En son absence les Marseillois (qui ont toûjours été aussi fidelles sujets, depuis qu'ils se sont soûmis à la domination des Souverains, qu'ils avoient été genereux zelateurs de leur liberté avant que de s'y soumetre) desirans de se conserver inviolablement soûs la puissance de leur Prince, & d'éluder les mauvais desseins des ses Ennemis, qui faisoient leurs trajets ordinaires d'Espagne en Sicile, par deliberation du Conseil general firent un reglement qui ordonnoit à tous les Habitans de la Ville & du Terroir lors qu'ils entendroient le tocsain, soit de jour ou de nuit de se rendre promptement avec leurs arbaletes & autres armes, proche de la personne du Viguier où de son Lieutenant, afin d'y recevoir les ordres qui leur seroient donnés pour la défense de la Ville. Il fut

encore

DE MARSEILLE. Liv. V.

encore ordonné qu'on armeroit deux vaisseaux qui feroient de petites courses, l'une vers la côte du Levant, & l'autre vers celle du Ponant, pour découvrir les galeres, & les vaisseaux des ennemis, & en donner en même tems avis aux Marseillois pour empêcher ses suprises. Ils resolurent aussi de fortifier la Tour de Malbert qui étoit à l'embouchure du Port, & que la chaine seroit reparée & mise en bon état: Et parce que suivant le traité fait avec Charles d'Anjou toutes ces dépenses se devoient faire de l'argent du Roi, les Consuls sommerent le Viguier de leur en fournir, pour executer cette déliberation si necessaire à la seureté de la Ville, & au service du Prince.

VI. D'ailleurs pour un plus grand témoignage de leur affection ils firent offre à Adhemar de Negausis leur Viguier, que lors qu'il y auroit guerre dans la Province ils seroient prets de la secourir, & de travailler à sa conservation comme à celle de leur Ville propre.

VII. Nous avons vû ci-dessus que par les conventions & chapitres de paix, lors que la Communauté jugeoit à propos d'envoïer des députez hors de la Ville pour survenir aux affaires publiques, le Comte de Provence étoit obligé aux frais de leur voïage soit pour eux & pour leur train, soit pour l'équipage de leurs vaisseaux : de façon qu'aïant été trouvé necessaire de député à Carcassonne pour obtenir la délivrance de Hugues de Servieres, de Charles Atulphi, de Philipe Poderosi, & de Pierre Vincens Gentils-hommes de Marseille & de quelques Marchands & mariniers de la Ville, que le Roi de Bugie détenoit esclaves, comme aussi d'armer une galere pour repousser les Catalans qui ravageoient la côte de Marseille : Raimond Ancelme, & Raimond Angelic Sindics s'adresserent à Guiran de Simiane Chevalier Conseigneur d'Apt & Viguier de Marseille, & à Iaques Bermond Chevalier & Iuge du Palais & les prierent de leur faire fournir par le Clavaire du Roi, l'argent qui leur étoit necessaire pour cette dépense. Mais n'aïant reçu aucune satisfaction de lui, ni de Bertrand de Marseille Vicesénéchal de Provence, ils resolurent de se pourvoir au Roi. En éfet aïant député à Naples Ricaut Ricaut le jeune, & Bernard Gasqui, où Robert faisoit son sejour ordinaire, ils obtinrent de lui tout ce qu'ils desiroient, non seulement pour cette demande particuliere, mais encore pour d'autres affaires; ainsi qu'on peut voir par les Lettres Patentes qu'il accorda aux députez, dans lesquelles il commanda trés-expressément tant au Sénéchal, qu'au Clavaire & Trésorier de ses Finances residant à Marseille de fournir de l'argent pour l'armement d'un vaisseau ou d'une galere dont les Marseillois avoient besoin pour se deffendre contre les Turcs, & autres Corsaires qui couroient les mers de Marseille, & pour fortifier l'entrée du Port. Il enjoignit aussi au Clavaire de rembourser aux députez la dépense qu'ils avoient faite & de païer les gages des Officiers de Iustice.

Archiv. de l'Hôtel de Ville.

VIII. On peut voir par là, que comme les Marseillois étoient extremement ponctuels en l'obeïssance & en la fidelité qu'ils avoient promise au Comte de Provence, ils n'étoient pas moins exacts à exiger d'eux l'observation de leurs Privileges & qu'ils ne pouvoient souffrir qu'on y derro-

Archiv. de l'Hôtel de Ville.

Tome I.   Ff

geat tant foit peu : Ce qu'ils firent connoître en ce même tems à Guiran de Simiane leur Viguier, qui de fon feul mouvement, & fans prendre l'avis du Confeil de la Communauté, aïant fait faire une proclamation portant défenfes de chaffer aux perdrix qu'avec l'oifeau, fut contraint de la revoquer, comme contraire à leurs conventions, & chapitres de Paix, & à l'intention du Souverain, qui n'entendoit point qu'on éxigeat davantage des Marfeillois que ce qu'ils avoient promis.

IX. En éfet par une coûtume inviolable, les Officiers Roïaux de la Province, qui par le moïen de leurs charges fe faifoient reconnoître & obeïr à Marfeille, étoient obligés aprés leur établiffement de venir jurer d'obferver les conventions, libertés, franchifes & privileges de la Ville ; cela eft fi vrai que Raimond de Baux Comte d'Avelin aïant été créé grand Senêchal de Provence, le Confeil députa Geofroi Ricaut, Raimond Anfelme, Hugon Aleman, Raimond Argelier pour le fommer de venir jurer l'obfervation de leur privilege. Ce Seigneur leur fit réponfe que bien qu'il fut pourvû de la charge, il ne l'avoit pas encore acceptée & qu'il travailloit à s'en faire décharger ; mais que s'il ne pouvoit obtenir cette grace & que le Roi lui commandat abfolument de l'exercer, en ce cas il ne refuferoit pas d'aller à Marfeille pour accomplir fes obligations.

X. Diverfes herefies prirent leur naiffance en ce fiécle, & entre autres celle des Frerots qu'on apelloit *Fratricheli* en Italie, où ils commencerent à publier leur erreur ; elle fut condamnée par Jean XXI. & il y en eut plufieurs qui en étant foüillés furent punis de feu ; entre autres quatre Religieux du tiers Ordre de S. François qui fe trouverent convaincus de tenir cette opinion, furent brûlés à Marfeille, dont les Habitans ont toûjours témoigné beaucoup de zêle & d'affection pour la religion de leur pere.

Chroniq. Mart. Ciaco.

Anné Jefus-Chrit 1311.

XI. Cette execution fut faite à la pourfuite de Frere Michel le Moine Religieux de l'Ordre des Freres Mineurs, à qui le Pape avoit donné la charge d'Inquifiteur contre l'herefie dans les Comtés de Provence & de Forcalquier, & dans les Provinces d'Arles, d'Aix, d'Ambrun, & de Vienne ; Ces Heretiques furent exhortés par Raimond Evêque de Marfeille d'abjurer leur herefie, mais ils s'obftinerent fi fort, qu'on les condanna au Cimetiere de l'Eglife des Accoules de cette Ville le feptiéme de Mai de l'an 1318. devant Raimond Evêque de Marfeille, Efcot Evêque de Cominge, Raimond Abé de Silvecane, Andini Abé du Monaftere de l'Huveaune, Bertrand Prieur de Montrieu, Hugues Prieur du Couvent des Freres Prêcheurs, Bertrand Gardien des Freres Mineurs, Jean Soûs-Prieur des Auguftins, Artaud Soûs-Prieur des Carmes, Raimond Archidiacre de Marfeille, Bertrand Sacriftain de Cavaillon & Official de Marfeille, Guillaume Prevot de Riés, Jaques Sacriftain de Marfeille, & Freres Jean de Verunis, Jaques Radulfi, Iaques de Campis Lecteurs des Freres Mineurs. Ce jugement aïant été prononcé en public nôtre Prélat les dégrada en prefence d'un bon nombre d'Abés & de Religieux, & encore de Raimond de Villeneuve Chevalier & Viguier de Marfeille, de Geofroi Berenger Iuge du

Mifcella. Balu[?].

Palais, d'Albert de Tifon Iuge, d'Albert Curatier Iuge des apellations, de Hugues Pandulphi Iuge de la Ville Superieure, & d'Etienne Martin Iuge des terres de l'Evêché de Marfeille. Cette Sentence eut alors fon éfet, & non pas trois ans aprés ainfi que quelques Auteurs l'ont re‑ marqué.

CHAPITRE VI.

Arrivée à Marfeille du Roi Robert & de quelques autres Souverains, ce Prince fait reconnoître le Duc de Calabre fon fils; il a guerre avec les Gibelins.

I. Arrivée à Marfeille de Clemence de Hongrie Reine de France. II. Le Roi Robert defait le Vicomte de Milan, les Marfeillois en rendent graces à Dieu. III. Ce Prince arrive à Marfeille, de quelle façon il eft reçu. IV. Il y retourne encore une autrefois avec le Roi & la Reine de Maiorque. V. La fœur & les neveus du Pape arrivent à Marfeille. VI. Les Marfeillois prennent grand foin à conferver la Ville. VII. Robert fait reconnoître le Duc de Calabre fon fils. VIII. Frederic Roi de Sicile déclare la guerre au Roi Robert qui fait faire bonne garde en Provence. IX. Il fait équiper une belle armée navale à Marfeille. X. La Reine Sance femme de Robert écrit à la Ville de Marfeille.

I.

AU commencement de ce fiécle le Roi Loüis Hutin qui régiffoit la Monarchie Françoife, décéda en fon Château de Vincennes à l'âge de vingt-cinq ans. Clemence de Hongrie fon Epoufe, fille de Charles Martel Roi de Hongrie, & de Clemence de Chafpurg, & niéce du Roi Robert, vint à Marfeille deux ans aprés la mort de fon mari; ce fut en l'an 1318. Je n'ai pû trouver, ni dans les Chartres, ni dans les Hiftoires le fujet de fon voïage; je crois pourtant que ce fut pour vifiter les Reliques de S. Loüis Evéque de Touloufe fon oncle. Les Marfeillois, partie à pied, partie à cheval allerent au devant d'elle, enfuite de la déliberation d'une affemblée générale qui fut tenüe pour ce fujet le 26. de Decembre. Et comme elle fut au logis qu'on lui avoit preparé, vingt des plus qualifiés Gentils-hommes la furent faluer au nom de la Ville. Ceux qui furent deputés pour rendre ce devoir, meritent de n'être pas oubliés, bien que la plûpart des familles dont ils étoient iffus foient maintenant éteintes. Voici les noms de ces Gentils-hommes, Marc de Jerufalem, Nicolas de Templo, Rai‑ mond de Argeliers, Hugues Auriol, Guillaume Martin, Barthelemi Bonvin, Guillaume Guifredi, Anfelme André Chevalier, Vivaud de

An de JE‑ SUS‑ CHRIST 1318.

Aux Archiv. de l'Hôtel de Ville au Regiftre de Guillaume Monerij Notaire & Secretaire.

Jerufalem, Raimond de Solier, Jean Atulphi, Pierre de S. Jaques, Montolieu de Montolieu, Raimond Anfelme, Bertrand Guarin, Fouques de Montolieu, & Augier de Mari. Pendant ce tems-là les Marfeillois firent reparer aux dépens du public, la loge qu'ils avoient à Naples.

Idem.

II. En la même année, le Roi Robert à qui les Genois s'étoient donnés, pour fe garantir de tomber entre les mains des Gibelins leurs ennemis, mit en déroute Mathieu Vicomte de Milan, & quelques autres principaux de cette faction; ce Prince fortit de la Ville de Gennes, dans laquelle il avoit été affiegé durant fept mois, pour aller vifiter le Pape à Avignon, & lever des forces fufifantes pour détruire entierement ce parti. Les Marfeillois eurent tant de joie d'aprendre que les armes de leur Souverain profperoient, qu'ils ordonnerent dans un Confeil tenu le 17. de Fevrier de l'an 1318. que le lendemain on feroit fête, & une proceffion générale pour remercier Dieu de la grace qu'ils avoient reçû de lui en cette occafion.

Idem.

III. Mais parce que le Roi, avant que d'aller à Avignon avoit fait deffein de paffer à Marfeille, pour voir le Tombeau de S. Loüis fon frere; fon Chambelan en avertit la Ville, qui fe prepara pour le recevoir. Il vint donc, mais ce ne fut que le 22. de Mai de l'année 1319. qu'il y fit fon entrée, avec la Reine fon époufe, & Iean Comte de Gravine & Seigneur du Mont-S. Ange fon frere. Les Marfeillois n'oublierent rien en cette occafion de tout ce qu'ils crurent être obligés de rendre à leurs Souverains : toutes les Bannieres des Métiers fortirent de la Ville, & allerent au devant de leurs Majeftés jufques à la plaine de S. Michel, comme auffi les principaux des Habitans monterent à cheval & les allerent recevoir bien loin avec de grandes acclamations de joie, fix Gentils-hommes porterent le Dais du Roi, & fix autres celui de la Reine.

Age de Jefus-Chrift 1319.

IV. Le Roi partit de Marfeille pour Avignon, fept ou huit mois aprés il revint encore en cette Ville en compagnie de la Reine, de Sance d'Aragon Roi de Maiorque, & de Marie de Sicile fa femme, fœur de Robert. Les particularités de cette feconde entrée meritent de n'être pas paffées foûs filence. Les délibérations du Confeil qui furent tenuës pour ce fujet le 11. & le 15. de Ianvier portoient que le jour que ces Princes arriveroient on feroit fête, que toutes les Boutiques de la Ville feroient fermées, que tous les Habitans iroient au devant d'eux, tant à pied qu'à cheval, que toutes les Bannieres des Métiers fortiroient de la Ville avec des Trompettes & des Haut-bois, qu'on acheteroit quatre Dais, qu'on feroit choix de quatre Gentils-hommes pour marcher à leurs côtés, que Pierre Dieude le Vieux & Pierre de Cepede anonceroient la venuë de ces Princes aux Habitans de la Ville Superieure, qu'on éliroit fix Prud'hommes du Confeil qui auroient foin de choifir cinquante Demoifelles, & cinquante honnêtes Gentils-hommes : que les Demoifelles iroient faire le compliment à la Reine, & les Gentils-hommes au Roi, & que d'ailleurs on dreffèroit un feftin au Roi, & un autre à la Reine, que les Gentils-hommes mange-

Aux Archi. de l'Hôtel de Ville, au Regiftre de Guillaume Monerij Notaire & Secretaire.

DE MARSEILLE. Liv. V.

roient avec le Roi, & les Demoiselles avec la Reine, ceux que le Conseil nomma pour faire choix des cinquante Demoiselles, & de cinquante Gentils-hommes étoient Bartelemi Martin, Bartelemi Bonvin, Hugues de Conchis, Iean Benoît, hugues Auriol & Nicolas de Templo; le Roi de Maïorque & sa femme marcherent soûs le Dais aussi-bien que le Roi & la Reine de Sicile. Ces Princes vinrent alors à Marseille pour honorer de leur presence la translation du Corps de S. Loüis, ainsi que nous dirons ci-prés.

V. Outre ces Princes dont nous venons de parler, les Marseillois virent encore dans leur Ville en la même année la sœur & les neveus de Iean XXII. ils députerent vingt de leurs Habitans, qui monterent à cheval avec le Viguier, les alerent recevoir hors de la Ville, & leur rendirent beaucoup d'honneur.

VI. Robert aprés avoir demeuré quelques jours à Marseille, s'en alla à Aix; & pendant le sejour qu'il y fit, les Marseillois lui donnerent avis que les Gibelins qui tenoient encore la Ville de Gennes assiegée depuis que ce Prince en êtoit sorti; comme nous avons dit ci-devant, avoient équipé douze Galeres, qui étoient venues courir les mers de Provence. Ce Prince afin d'éluder les mauvais desseins de ses ennemis, donna ordre à toutes les Places de la côte de veiller à leur conservation. Il envoïa à Marseille son Chambelan, pour dire aux Marseillois de quelle maniere ils devoient se conduire en cette conjoncture. Ils ordonnerent dans un Conseil tenu aussi-tôt aprés l'arrivée de ce Gentil-homme, qu'on armeroit deux Barques, qui s'en iroient bien avant dans la mer, pour faire la découverte, & donneroient avis à ceux qui sortiroient du Port, pour se garantir de tomber entre les mains de leurs ennemis; qu'on fairoit bonne garde à *Marseille-veire*; & que tous les Habitans se tiendroient prets pour se mettre soûs les armes lors qu'ils entendroient le tocsain.

Aux Archi. de l'Hôtel de Ville.

VII. A quelques mois de là, Robert aprés avoir meurement pensé à l'obligation que les Princes ont de prevenir une infinité de revolutions & d'accidens, dont ils sont ordinairement traversés, jugea que pour le bien de ses Peuples, il êtoit absolument necessaire de faire reconnoître Charles Duc de Calabre son fils, & son Lieutenant général au Roïaume de Sicile, qui devoit être successeur de tous ses Etats. Il écrivit donc aux Marseillois, leur mandant expressément de recevoir ce Prince pour leur Seigneur, & de prêter serment de fidelité entre les mains de Alfier de Isernia maître rational de la grande Cour, & Iuge de la Viguerie de Sicile, de Bertrand Vicomte, & de l'Ofred Filmarin Chevalier, que Charles avoit deleguès pour ce sujet, leur declarant qu'il n'entendoit point ni son fils aussi de porter prejudice à leurs conventions, privileges, & libertés: Et qu'il vouloit neanmoins être toûjours reconnu pour Superieur, & pour Maître durant sa vie. Ces Lettres Patentes qui furent données à Tarascon le 28. d'Avril de l'an 1320. furent lûës en plein Conseil de la Communauté de Marseille.

VIII. Il y a aparence que ce qui obligea le Roi d'avoir cette pensée pour son fils, fut qu'il aprit que la puissance des Gibelins ses ennemis s'êtoit beaucoup acrûë. En éfet Frederic d'Aragon Roi de Sicile se ligua avec eux & déclara la guerre au Roi Robert, aïant envoïé pour ce sujet à Avignon un Chevalier qui se presenta devant lui le 14. de Iuillet de l'an 1320. & lui en porta la parole dans la salle du Couvent des Iacobins, où ce Prince êtoit logé : Aussi-tôt Leon de Regio qui êtoit Gouverneur de Provence avertit les Marseillois, ceux du Martigues, & toute la côte, pour se preparer à repousser l'ennemi, en cas qu'il s'efforçat de vouloir metre pied à terre ; & de donner un signal par des feux allumés au lieux où l'on avoit accoûtumé d'en faire. Au mois de Septembre suivant Richard de Gambateza, qui commandoit dans Gennes pour le Roi Robert, aïant averti ce Prince des mauvais desseins que les Ennemis avoient sur la Provence, y êtant encore venus avec cinquante-cinq Galeres qui couroient la côte : Sa Majesté commanda à Leon de Regio d'en écrire aux Marseillois, de peur qu'ils ne fussent surpris ; Elle écrivit aussi à tous les autres Officiers de Provence de convoquer le Ban & l'Arriere-ban, avec ordre à ceux qui étoient obligés à ce service, d'aller trouver dans dix jours Iean Comte de Gravine, & Seigneur du Mont-Saint Ange son frere, Général de ses Armées, qui étoit vers Draguignan.

Archiv. de l'Hôtel de Ville.

IX. Robert n'avoit pas seulement à cœur la conservation de ses Etats de Provence ; mais il pensoit encore jour & nuit aux moïens de pouvoir délivrer la Ville de Gennes, en éfet il travailla si puissamment envers le Pape, & le Roi de France ; que par leur apui il équipa une belle Armée Navale dans le Port de Marseille, partie de Galeres de sa Sainteté, partie de celles de ce Prince, & partie aussi des siennes, Marseille en équipa deux à ses dépens pour le service de son Roi, elles apartenoient à quelques-uns de ses Citoïens. Robert envoïa cette Armée au secours des Guelfes qui étoient assiegés dans Gennes, ils furent si puissamment encouragés par un si grand secours, qu'ils donnerent sur les Gibelins, les défirent, & les contraignirent de lever le siége. Les Marseillois en aïant eu avis en reçûrent tant de joie qu'ils ordonnerent que tout le Peuple feroit fête, qu'on feroit une Procession générale, & qu'on celebreroit une Messe solemnelle dans l'Eglise des Freres Mineurs pour remercier Dieu de la victoire que ce Prince avoit remporté sur ses ennemis, & qu'on mettroit sur les murailles de la Ville les Bannieres des métiers.

X. Ce fut en cette conjoncture ou fort peu devant que la Reine Sance femme en secondes nôces de Robert écrivit aux Marseillois de trouver bon que dans le Camp qu'ils avoient en Alexandrie, Elle y pût loger quatre Freres Mineurs, pour assister Spirituellement les Ghrétiens qui s'en iroient outre mer. Cette demande qui fut faite par une si pieuse Princesse, fut aussi-tôt accordée.

CHAPITRE VII.

La Mort du Duc de Calabre cause une grande douleur aux Marseillois. Arrivée de quelques Princesses à Marseille. Le Roi de Maïorque & le Grand Maître de Malthe écrivent aux Marseillois qui députent au Roi de France.

I. Les Marseillois avoient fondé leurs esperances sur les grandes vertus du Duc de Calabre. II. La mort de ce Prince leur causa une grande douleur. III. Trois Galeres de Marseille prennent un Vaisseau d'Antoine Doria. Les Genois prient les Marseillois de leur relâcher un Vaisseau chargé de bled. IV. Blanche de Tarante arrive à Marseille. V. Police des Marseillois pour se garantir de surprise en tems de guerre. VI. Il est défendu aux Marseillois de communiquer avec ceux de Monaco. VII. Montolieu de Montolieu Consul à Naples. VIII. Arrivée de la Reine de Chipre à Marseille. IX. Élion de Villeneuve Grand Maître de Malthe écrit aux Marseillois. X. Les Venitiens arment contre les Corsaires de Provence. XI. La Ville de Marseille se dépeuple. XII. Les Marseillois députent au Roi de Maïorque qui leur écrit. XIII. Le Roi de France fait represailles sur les Marseillois. Ils députent vers lui. XIV. La Reine de Maïorque vient à Marseille.

LEs Marseillois croïoient avec grande aparence de joüir long-tems du bonheur que les Sujets ont de vivre soûs le regne d'un Prince doux, juste, pieux, sçavant, & plein de générosité. Robert qui avoit toutes ces qualités, avoit encore eu cette bonne fortune que Dieu lui avoit donné un fils aussi accompli que lui, & qui faisoit esperer à tous ceux qui lui étoient soûmis une longue felicité. C'étoit Charles sans Terre Duc de Calabre qui avoit été élevé soûs la direction du grand S. Elzear Comte d'Arrian; mais toutes ces belles esperances furent moissonnées en leur fleur, car ce Prince mourut à Naples avant son pere l'an 1328. en l'âge de trente un an.

I.

Au ms. Inscription.

Robert envoïa aussi-tôt après sa mort un courrier exprés aux Marseillois, pour leur donner avis de cette perte, qui remplit toute la Ville de deüil & de tristesse. Les lettres patentes qu'il fit expedier en cette conjoncture, témoignent clairement combien il faisoit de cas de ce peuple, elles sont adressées à tous en général ; & ce Prince ne fait pas difficulté de leur dire, que comme la sincerité de leur foi

II.

Aux Archives de l'Hôtel de Ville, au Registre de Guillau. Manerij Notaire & Secretaire.

& l'affection qu'il avoit pour eux, étoient des liens indiffolubles ; il étoit affeuré qu'ils prenoient part à fa bonne & à fa mauvaife fortune. Et pour cét éfet qu'il leur dénonçoit la mort de fon trés-cher fils, qui aprés avoir reçu tous les Sacremens de l'Eglife comme un fidele Chrêtien, étoit décedé le 9. de Novembre : Qu'il vouloit bien qu'ils fçûffent que dans cette grande affliction, il avoit fa principale confiance en Dieu, confiderant que puis qu'il tenoit tous fes biens de fa main toute puiffante, qu'il devoit auffi prendre de la même main, tous les maux qui lui arrivoient : Qu'il avoit au moins cette confolation, que fon fils avoit laiffé des filles qui pourroient avoir des enfans, que bien que fon fils lui fut extremement neceffaire pour le foûtien de fes peuples ; il efperoit neanmoins que Dieu protegeroit fa perfonne, & celle des Marfeillois : Qu'il ne faloit pas fe plaindre de fa bonté ; & que tout ce qui arrivoit en ce monde étoit pour nôtre bien : Que les Iugemens de Dieu font incomprehenfibles, & qu'il y a dans ces abîmes quantité de chofes cachées. C'eft à peu prés la fubftance de ces lettres patentes, qui font voir que Robert poffedoit en un eminent degré tout ce qu'on peut fouhaiter pour rendre un Prince parfaitement accompli : Enfin il prie & exhorte les Marfeillois, & leur enjoint trés-expreffement de faire dire des Meffes, & de prier Dieu continuellement dans l'Eglife Cathedrale, dans les Parroiffes, & principalement dans les Maifons Religieufes, durant une année au moins, pour l'ame de fon fils. Ces patentes font en datte du 15. de Novembre de l'année 1328. qui fut fix jours aprés la mort du Duc de Calabre ; les Marfeillois qui en reçûrent la nouvelle le 6. de Decembre, tinrent le même jour un Confeil, par lequel il fut deliberé qu'on feroit pour le repos de l'ame de ce Prince un Service funebre, fort magnifique dans l'Eglife de S. Loüis, où tout le Clergé, & les Religieux affifteroient en Proceffion, & où l'on feroit une aumône publique, le tout aux dépens de la Communauté.

III.

Archiv. de l'Hôtel de Ville.

En cette conjoncture il s'en falut fort peu que la façon d'agir des corfaires de ce tems-là, ne donnât fujet aux Genois de fe broüiller avec les Marfeillois ; à caufe que quatre Galeres de Marfeille, commandées par Pierre Artaud, & par Pierre & Iaques Vincens, & par Bertrand Atanulfi Marfeillois, prirent un vaiffeau dans le Port de Torres, commandé par Antoine Doria, fils de Audearde Doria Gibelin de faction : Antoine Grimaldi qui pretendoit que ce vaiffeau lui apartint, écrivit aux Marfeillois de le lui reftituer, & leur fit encore écrire par le Gouverneur, & par le Peuple de Gennes. Ces Lettres furent lûës en plein Confeil de la Communauté ; & il fut refolu, qu'à caufe que les Genois détenoient trois Citoïens de Marfeille depuis quelque tems, fçavoir Pierre Baile, Berenger Rapelin, & Guillaume Vincens, fans les avoir voulu relaxer, quelque priere que la Ville leur en eût faite ; qu'on écriroit aux Genois de les mettre en liberté, qu'en fuite on feroit faire juftice, & reftituer le vaiffeau ; en cas qu'il aparut, qu'il ne fut pas de bonne prife. Ie n'ai pas trouvé quel fuccés eût cette affaire, quoi qu'il y ait aparance, qu'elle fut terminée au contentement de ces deux Villes,

Ans de Iefus-Chrit 1328.

puis

DE MARSEILLE. Liv. V.

puis qu'un mois aprés Isnard Rostan Chevalier, natif d'Avignon Capitaine de la Ville de Genes pour le Roi Robert, Bartelemi de Parete Abé du Peuple, & le Conseil de ladite Ville, écrivirent aux Marseillois de vouloir relaxer un Vaisseau chargé de bled, qu'ils avoient pris prés du Port de Marseille, sur son passage pour Genes, où il l'alloit porter pour en pourvoir la Ville qui étoit dans une grande dizete, & les conjurerent instamment de le vouloir faire en consideration de leur commun Prince, & de l'ancienne amitié qui étoit entre ces deux Villes : qui leur donnoit lieu de croire, que quand le bled n'auroit point été à eux, mais bien aux Marseillois, qu'ils n'auroient pas refusé de les assister dans l'extremité où ils se trouvoient. Je n'ai peu trouver aucun titre qui m'aïe apris, ce que les Marseillois firent à leur priere en cette conjoncture; quoi que je ne doute pas, qu'ils ne leur donnassent satisfaction, encore qu'il y eut grande dizete dans la Province.

IV.
Aux Archi. de l'Hôtel de Ville.

En cette même année Blanche de Tarante fille de Philipes Prince de Tarante & d'Achaïe Despote de Romanie, Empereur titulaire de Constantinople & frere de Robert arriva à Marseille : Elle alloit épouser Berenger d'Aragon, l'un des fils puinés de Pierre d'Aragon Comte de Prades. Les Marseillois ne manquerent pas de la recevoir avec tout l'honneur qu'ils étoient obligés de rendre à une personne de cette naissance, & qui apartenoit de si prés à leur Souverain. Le titre d'où j'ai tiré ce que je viens de dire marque que pour cette entrée le Conseil fit choix de Hugues de Jerusalem, & de Pierre Boniface pour avoir soin de faire faire deux Bannieres, dont à l'une ils firent mettre les Armes du Roi, & à l'autre celles de la Ville : elles furent portées par André Bonvin & Candole Candole. Raimond Descaleta Sénéchal de Provence leur avoit écrit de la recevoir avec le Dais : En éfet le Conseil délibera d'en acheter un & de le faire porter par Raolin Vivaud, Vivaud de Jerusalem, Pierre Dieude, Hugues Candole, Jaques Ricaut & Bartelemi Martin. Le Conseil choisit aussi Jean Atulphi, Hugues Aleman, Hugues de Conchis & Montolieu de Montolieu pour donner la main à cette Princesse. J'ai vû une autre déliberation qui fût tenuë pour le sujet, qui est entierement differente de celle dont je viens de faire mention, car elle porte qu'on iroit audevant de cette Princesse tant à pied qu'à cheval qu'on la recevroit avec le Dais dont les batons seroient soutenus par Guillaume Imbert, Hugues de Servieres, Nicolas Guifredi, Charles Atulphi, Ricaut Carbonel & Pierre de Mont. Qu'Imbert d'Alamanon & Bartelemi Bonvin lui donneroient la main, que Raimond Montanée porteroit l'Etendart roïal & Raimond Dieude celui de la Ville.

V.
Arc de Kus-Chit. 1328.
Idem.

Les Marseillois aïant apris que les Gibelins qui étoient ennemis du Pape & du Roi, ainsi que j'ai dit ci-devant, étoient venus faire des courses en ces mers avec une Armée navale, pour se garantir de surprise, ordonnerent qu'on feroit le guet à *Riou* & à *Marseille-veire*, qu'on tiendroit deux barques l'une en Ponant & l'autre en Levant, qu'on repareroit la Tour de Planiés, qu'on y feroit des barbacanes,

Tome I.

pour défendre ceux qu'on y tenoit pour faire le guet, & principalement pour l'interêt des pécheurs, qu'on mettroit six arbalétiers à la Tourrete, six à l'entrée du Port du côté de la Ville, & six à l'autre côté & sur un rocher où étoit située il y a quelque tems l'Eglise de S. Nicolas qui fut démolie pour y construire la Citadele : qu'on établiroit des postes, ou de corps de garde, où les Habitans se rendroient dés qu'ils entendroient le son de la cloche, qu'on choisiroit cent hommes de châque sisain, qui seroient obligés de se mettre en état de défendre la Ville en cas d'ataque soit de nuit ou de jour ; enfin qu'on feroit des barbacanes aux murailles, qui regardent la mer.

VI. L'année suivante Jean de Aquablanca Chevalier & Sénéchal de Provence, fit faire des cries dans Marseille, par lesquelles il défendoit à toutes personnes de porter de vivres à ceux qui tenoient le Château de Monaco, de leur rien vendre, & de n'avoir aucun commerce avec eux, soûs des peines trés-rigoureuses. Cette place étoit alors entre les mains de quelques Genois de la faction Gibeline, que le tître apelle *Larrons pelats*. Et parce que le Sénéchal avoit dessein de l'assieger, par mer & par terre ; il écrivit à Jaques de Galbert Gentil-homme de Marseille, & Baillif de Digne, d'aller promptement à Marseille pour faire équiper sa Galere, & lors qu'ils l'auroit mise en état, de s'en aller à Nice. Et pour obtenir quelque assistance des Marseillois, il fit exposer dans le Conseil ordinaire, par le Viguier, par le Iuge du Palais, & par Pierre d'Antibo natif du Cannet Iurisconsulte & Conseiller du Roi combien la prise de Monaco étoit importante à toute la Provence, & principalement à Marseille, qui pour sa Noblesse devoit venger les maux que le Général du Païs recevoit. Et pour cét éfet, il prioit les Marseillois de vouloir fournir une Galere équipée pour un mois. Le Conseil ordinaire renvoïa cette proposition au Conseil général, qui fit voir aux personnes ci-dessus nommées, que pour de justes considerations la Ville ne pouvoit point accorder ce qu'on lui demandoit. I'estime que Monaco ne fut point assiegé en ce tems-là, à cause que le Sénéchal n'eût pas le moïen de pouvoir mettre sur pied de forces suffisantes pour ce dessein : Si cela eût été, il y a aparance que Iustinian, qui dit que cette Forteresse étoit alors occupée par les Gibelins, n'auroit pas oublié une entreprise d'une telle importance.

VII. En ce même tems Montolieu de Montolieu, Consul de Naples, ou de la Loge de Naples suivant le tître, vint prêter serment de bien & fidelement exercer sa charge de Consul. C'étoit alors la coûtume que la Ville élisoit annuelement de semblables Oficiers, pour toutes les Villes maritimes, qui à l'entrée de leur charge étoient obligés à ce devoir : & parce que dans l'endroit où étoit la Loge de Naples, il y avoit plusieurs places pour y bâtir des maisons ; la Ville donna pouvoir à Montolieu de Montolieu de les loüer aux Marseillois, & aux Provençaux pour dix ans, à condition d'y bâtir des maisons ; & ce tems expiré ces places & les édifices qu'ils y auroient construit, apartiendroient à la Communauté. Les Marseillois avoient ce Privilege dans Naples de pouvoir porter des Armes, bien que cette grace ne fut pas concedée aux autres sujets du Roi qui n'étoient point Habitans de Marseille. Les Consuls des Marseillois connoissoient des crimes qu'ils commetoient ; & les poissons que les pêcheurs de Marseille prenoient aux mers de Naples, se vendoient en la Loge des Marseillois.

VIII.

A quelque mois de là le Sénéchal écrivit aux Officiers de Marseille & à ceux de Toulon, & de Nice, de recevoir la fille de Loüis Duc de Bourbon, mariée au fils aîné du Roi de Chipre, & de lui rendre tout l'honneur qui étoit dû à une personne de cette naissance, parente de leur Souverain. Elle alloit alors au Roïaume de Chipre; mais comme le titre d'où j'ai tiré ce que je viens de dire, n'a pas remarqué le nom de cette Princesse, ni ceux de son pere, & de son mari; j'ai été obligé de le rechercher dans l'Histoire; j'ai trouvé qu'elle avoit nom Marie de Bourbon, fille de Loüis I. Duc de Bourbon, & de Marie de Hainaut ; qu'elle épousa en premieres nôces Gui de Chipre Prince de Galilée, fils aîné de Hugues Roi de Ierusalem & de Chipre, de la Maison de Luzignan au Païs de Poitou; & aprés sa mort elle se remaria avec Robert de Zarente, Prince de la maison d'Anjou, qui se qualifioit Empereur de Constantinople. Le Sénéchal chargea ces Officiers de faire ses excuses à cette Princesse, de ce qu'il ne pouvoit pas aller au devant d'elle, à cause qu'il étoit occupé à faire passer des troupes en Lombardie ; c'étoit sans doute par ordre de Robert qu'il les y envoïa pour s'oposer aux desseins de Iean Roi de Boheme, que Loüis de Baviere Empereur, ennemi de ce Prince, avoit envoïé en Italie. Les Marseillois cependant ne manquerent pas de rendre leurs devoirs à cette Princesse ; & pour s'en bien acquitter, ils choisirent vingt des plus aparents de leurs Citoïens, qui accompagnerent le Viguier lors qu'il fit compliment au nom de la Ville.

Histoire de la maison de Franc. des Srsde Sainte Marthe.

IX.

Ce fut au tems qu'Elion de Villeneuve Grand-maître de Malte, & Iean Cabassole Chevalier & Maître rational, étant à Avignon écrivirent aux Villes de Marseille & de Nice par ordre du Pape, en faveur des Ambassadeurs de Pise, qui devoient passer à Marseille pour aller trouver sa Sainteté, priants les Marseillois nonseulement de ne leur faire aucun déplaisir, mais encore de les recevoir avec honêteté, & de leur donner même saufconduit en cas qu'ils en eussent besoin: Par la teneur de cette Lettre, il y a sujet de croire que les Marseillois n'étoient pas bien en ce tems-là avec ceux de Pise.

1339. Peu aprés les Venitiens armerent trente Galeres pour repousser les efforts des Corsaires de Provence, qui l'année precedante leur avoient fait beaucoup de maux. La permission d'armer qu'on accordoit facilement alors à tous ceux qui le demandoient, avoit été cause de ce desordre ; aussi le Roi pour empêcher qu'il n'arrivât rien de semblable à l'avenir, écrivit aux Marseillois de ne point souffrir qu'aucune Galere sortit de leur Port sans avoir donné caution jusqu'à la valeur de trois cens onces pour châque Galere ; & qu'ils fissent injonction aux autres Villes de Provence d'observer la même chose ; & que ceux qui y contreviendroient seroient responsables des dommages & interêts envers ceux qui souffriroient le prejudice. Il leur dit aussi qu'il ne veut point

X.

Guillaume Monerij Secretaire.

Gg ij

qu'on fasse aucun armement considerable excepté de quelques galeres qu'on jugeroit necessaire pour l'asseurance de la côte. Il ajoûte qu'il avoit écrit pour ce même sujet au Grand-maître des Hospitaliers, au Sénéchal de Provence, à Iean Cabassole Iuge-mage, & à tous ceux du Conseil de Provence: Et qu'il avoit reconnu que les Corsaires ne faisoient point de différence entre l'ami & l'ennemi; & que pour se rembourser des frais de leur armement, ils prenoient tout ce qu'ils rencontroient. On peut juger de là de quelle maniere les Marseillois étoient considerés de leur Prince, puis qu'au lieu d'user du mot de commandement il se sert de celui de prier, qui est bien extraordinaire de la part d'un Souverain envers ses sujets.

XI.

Je trouve dans des titres que deux ans après cét évenement, la Ville de Marseille se dépeuploit; ils ne nous en disent pas le sujet & la cause; ce qui m'oblige de croire que cela precedoit de l'aprehension qu'on avoit de la faction Gibeline, qui étoit fort puissante en ce tems-là : Le Roi en étant averti écrivit au Sénéchal de Provence de s'informer de la verité de la chose, témoignant d'en ressentir un sensible chagrin.

Aux Archiv. de l'Hôtel de Ville au Regiſtre de Iean Admiraro Secret.

1331

XII.

Deux ans après un Marseillois apellé Antoine Terrus prit un vaisseau qui apartenoit à un Marchand de Maïorque: ce qui donna sujet à Iaques Roi de Maïorque, Comte de Roussillon & de Sardaigne d'en faire plainte : Les Marseillois députerent vers lui un de leurs Citoïens avec une lettre de creance, & un ordre exprés de lui representer que l'année precedente, son armée & celle du Roi d'Aragon avoient pris des marchandises qui apartenoient aux Marseillois; ce qui obligea ce Prince de leur écrire, que si cela étoit veritable qu'il feroit faire justice; qu'il n'avoit pas levé cette armée pour nuire aux Marseillois, mais bien à dessein de rabaisser l'orgueil des Genois ses ennemis.

1333

XIII.

En l'année 1337. une Galere de Frideric Roi de Sicile, venant des parties d'Armenie & de Chipre, nolisée par des François, & chargée de quantité de marchandises, alla échoüer en la Calabre vers le cap de la Liche, où elle se brisa: ce qui donna sujet au Comte de Monthaut de faire saisir ces marchandises, sous ce fondement qu'à cause du naufrage, elles apartenoient de droit au Roi de Naples son Maître: Et bien que Philipe VI. dit de Valois Roi de France, eut écrit à Robert pour en obtenir le relaxement; ce Prince neanmoins ne voulut pas le lui accorder, en haine de Frideric son ennemi, à qui la Galere apartenoit. Philipe se voïant ainsi refusé, donna Lettres de represailles à ses sujets contre ceux de Robert, jusqu'à la concurrence de la valeur des marchandises; après cela on saisit à Montpelier des marchandises de quelques Drapiers de Marseille; ce qui fut cause que la Communauté députa un de ses Citoïens apellé Iaques Martin, cét Ambassadeur (c'est ainsi que la chartre le qualifie) se rendit à Paris & alla trouver ce Prince au Bois de Vincennes: Michel de Raucourt Chevalier & son maître d'hôtel le lui presenta comme il venoit d'oüir la Messe. Cét Ambassadeur mit les genous à terre devant le Roi, & dit ces mêmes paroles que j'ai trouvé inserées dans ce vieux titre, *Monsegnor,*

1337

Monsegnor, lo Viguier & Conseil de Marseilla, à la vostra santa, & Real Majestat, humiliment se recommandant, & alors il lui rendit la Lettre que la Ville lui envoïoit, elle étoit en parchemin, fermée, & sçéllée des Armes de la Communauté ; elle ne contenoit que des vœux que les Marseillois faisoient à Dieu pour sa prosperité, ils le suplioïent ensuite trés-humblement de leur vouloir accorder la grace qu'ils lui demandoient avec grande instance, & que son Ambassadeur lui exposeroit : Le Roi lui repondit qu'il l'entendroit volontiers aprés qu'il auroit pris quelque repos. C'étoit le neuviéme de Iuin de l'année 1337. I'ai trouvé à propos pour la curiosité du Lecteur, de ne point suprimer les paroles dont le Roi se servit, & que ce vieux parchemin alegué ci-dessus a conservé ; *Nous vous ausirons volontiers*, dit-il, *& si retournaré en la relevexa*, & aprés le Roi entra dans sa chambre pour reposer. Aprés s'être reveillé, il assembla son Conseil dans l'une des chambres du Bois de Vincennes, où assisterent Loüis de Clermont Duc de Bourbon, Milles de Noïers, Ferrarius de Picquichin Chevalier Maître des Requêtes, & plusieurs autres Barons & illustres Personnages ; on fit entrer ensuite l'Ambassadeur de Marseille, qui mit un genoüil à terre, & en même tems le Seigneur de Noïers s'adressant au Roi parla de cette sorte, *Monsegnor vous êtes bian tenus à cetas bonas gens de Marseilla, car pour la S. Jaques, il vous san volontiers bon serviça* : Et ensuite l'Ambassadeur parla, & suplia trés-humblement Sa Majesté au nom de la Ville, de lui faire reparer le tort qu'on avoit fait à Montpelier à quelques Marchands Drapiers de Marseille, & d'ordonner le relaxement des marchandises saisies : Que si bien elles avoient été arrêtées en vertu des Lettres de marque que Sa Majesté avoit accordé à ses sujets contre ceux du Roi Robert, pour des considerations dont j'ai parlé ci-dessus, que les Marseillois ne devoient point être compris en cette ordonnance ; car quoi qu'ils fussent sujets du Roi Robert, leur condition neanmoins étoit bien differente de celle des autres Peuples qui lui étoient soûmis ; puis qu'ils avoient des conventions trés-avantageuses, qui les tiroient du pair d'avec les autres sujets de ce Prince. Le Roi aprés avoir oüi cét Ambassadeur, ordonna qu'il remettroit entre les mains du Maître des Requêtes Picquichin tous les titres & memoires qu'il avoit porté, pour les faire voir à son Conseil, ce que celui-ci fit ; Mais quelque soin que l'Ambassadeur se donnât, & quelque assiduité qu'il eût auprés du Roi, l'aïant suivi & à Compiegne & à Pontoise, & qu'il eût parlé souvent aux Ministres ; il fut neanmoins contraint de revenir à Marseille avec peu de satisfaction.

<small>Archiv. de l'Hôtel de Ville.</small>

XIV.

En la même année les Marseillois aïant apris que Marie de Sicile fille de Charles II. Roi de Ierusalem & Comte de Provence & sœur du Roi Robert, veuve de Sance Roi de Maïorque devoit venir dans cette Ville ; ils resolurent de la recevoir avec tout l'honneur qui étoit dû à une personne de cette distinction. Le Conseil qui fut tenu pour ce sujet le 18. d'Août delibera de la loger au Monastere de S. Victor, & fit choix de dix-huit Gentils-hommes (dont les familles ne subsistent

<small>Archiv. de l'Hôtel de Ville.</small>

170 HISTOIRE

plus) pour l'aller faluer au nom de la Communauté. Voici ceux qui furent employés pour rendre ce devoir à cette Princeffe : Iean Atulphi, & Thomas Duport Chevaliers, Raolin Raolin, Iaques Picaut, André Bonvin, Raimond de Soliers, Raimond Guafqui, Hugues de Ierufalem, Iean Martin, Antoine de S. Giles, Iaques de Galbert, Bertrand de Favas, Pierre de Cepede, Pierre d'Argiliers, Charles Atulphi, Pierre Dieude, Iaques Siaille & Raimond de Barre. Cette Princeffe avoit été mariée l'an 1304. avec Sance fils aîné de Iaques Roi de de Maïorque Comte de Rouffillon & de Sardaigne, & Seigneur de Montpelier. Les folemnités de ce mariage fe firent à Colioure où Pierre Evêque de Vence fit la ceremonie des époufailles en prefence de Bertrand de Marfeille Chevalier Seigneur d'Evene, de Pierre de Montacut Chevalier de Gafcogne, de Geofroi Ricaut Chevalier de Marfeille, de Pierre Audibert Chevalier d'Aix, de Hugues Rainaud Chevalier d'Olioules, de Boniface de Vintimille damoifeau, & de Pierre de Fonte Notaire de Marfeille qui reçût dans fon Regiftre l'Acte de dotation, auffi-bien que celui des époufailles dont voici la teneur. *Jeu Sanchol fil del clar Segnor mon Sen Jacme per la gratia de Diou Rei de Mayorgas doni mon cors per leal marit à vos Maria filla de laut Segnor mon S n Carle per la gratia de Diou Rei de Jerufalem & de Secilia*, & dicta Doña Maria refpondens dixit ad eum, *& jeu vous en recebe*, & verfa vice predicta domicella fpectabilis Doña Maria junctis fuis manibus cum manibus dicti inclitifancij dixit. *Jeu Maria filla de laut Segnor mon Sen Carle fecond per la gratia de Diou Rei de Jerulem & de Secilia done mon cors per lial molher à vos Sanchol fil del Clar Rei mon Sen Jacme per la gratia de Diou Rei de Mayorgas* : Et dictus fanctius junctis fuis manibus cum manibus inclitæ Mariæ refpondens dixit ad eam *& jeu vos en recebe*, his quoque fic habitus Reverendus in Chrifto Pater Dominus Petrus Dei gatia Vencienfi Epifcopus indutus Pontificalibus ac pater exiftere prædicti contracti matrimonij juxta morem, & ordinationem Sacrofanctæ Romanæ Ecclefiæ Matris noftrę fignando dixit fuper prænominatos conjuges. In nomine Patris, & Filij, & Spiritus fancti. Amen.

Archiv. de l'Hôtel de Ville.

CHAPITRE VIII.

Arrivée de la Reine Jeanne à Marseille. Troubles entre les Provençaux & les Marseillois. Jean Roi de France vient à Marseille.

I. Jeanne est instituée heritiere par Robert son aïeul. II. Les Marseillois députent vers cette Princesse. III. Elle jure l'observation des Chapitres de Paix. IV. Humbert Dausin de Viennois vient en cette Ville. V. Arrivée de la Reine Jeanne à Marseille. VI. Où Elle est reçuë solemnellement. VII. De là Elle va à Avignon. VIII. Troubles en Provence à cause que Iean Barrilis avoit été pourvû de la charge de Sénéchal. IX. Il prend possession de cette charge dans Marseille. X. Les Provençaux font arrêter deux Marseillois. XI. Les Barons, les Gentils-hommes & les Sindics des Villes de Provence s'assemblent à Aix, Marseille y envoïe deux des ses Citoïens. XII. l'assemblée d'Aix envoïe ses députez à Marseille. XIII. Le Pape Clement VI. envoïe à Marseille son Sergent d'Armes, les Marseillois mettent sur pied cent Cavaliers. XIV. Le Pape commet les Evéques d'Ambrun & d'Arras, pour mettre d'accord les Provençaux, avec les Marseillois, mais ils n'en peuvent pas venir à bout. XV. Les Marseillois écrivent aux Seigneurs de Monaco, d'Avelin & de Marignane. XVI. Et encore à ceux du Martigues. XVII. L'Evêque de Cavaillon vient à Marseille & met d'accord les Provençaux avec les Marseillois. XVIII. Iean Roi de France arrive à Marseille. XIX. Les Catalans desirent de vivre en paix avec les Provençaux & les Marseillois.

I.

An de Jesus Christ 1343.

LE Roi Robert qui se voïoit travaillé d'une maladie dangereuse, desesperant de sa santé, voulut pourvoir d'un Successeur à ses Etats; & comme il n'avoit point des enfans mâles, il jetta les yeux sur Ieanne sa petite fille, & l'institua heritiere, à condition qu'elle épouseroit André de Hongrie son cousin remué de germain. Ce sage Prince croïoit d'étouffer par ce mariage, les pretensions que le Roi de Hongrie avoit sur toutes les terres de son obeïssance; mais bien que cette resolution eût été prise avec beaucoup de jugement; le succés en fut si funeste que ce Prince fut malheureusement assassiné à Averse. Sa mort est diversement raportée, & on ne sçait pas bien qui fut l'Auteur d'un attentat si cruel. Les uns croient que ce fut la Reine Ieanne qui le fit étrangler avec un cordon qu'elle avoit tissu de ſes propres mains, & qu'en punition de ſon crime, elle finit auſſi ſa vie par un cordeau au même lieu, où elle l'avoit fait cruellement mourir. Les autres aſſeurent qu'elle n'y avoit nullement trempé: Toutefois par la lettre que cette Princeſſe écrivit à ſa Sainteté ſoûs l'anneau ſecret le dixhuitiéme Septembre qui étoit le lendemain de cét horrible aſſaſſinat. Elle raconte la mort de ſon mari d'une maniere differente de celle que les Hiſtoriens raportent, Elle dit qu'un Dimanche au ſoir ce Prince pour diſſiper les noires melancolies qui le tenoient accablé, décendit dans un parc où il ſe promena aſſés long-tems, & comme il tardoit trop de revenir ſa nourrice qui étoit une Hongroiſe l'étant aller chercher, le trouva avec beaucoup de peine étendu ſur le pavé ſans aucune bleſſure, aïant pourtant des marques livides qu'un cordon avoit imprimé ſur ſon goſier qui temoignoient viſiblement qu'il avoit été étranglé. A ce triſte ſpectacle Ieanne témoigna beaucoup de douleur & ordonna de le faire honorablement enſevelir dans la Cathedrale de Naples où repoſoient les cendres de l'aïeul, & de l'aïeule de ce Prince.

II. Les Marſeillois ſur les nouvelles de la mort de Robert, députerent Montolieu de Montolieu, Pierre de Cepede, Pierre Dieude, Rolin Vivaud, Nicolas Bonvin, & Laurens Ricaut Gentils-hommes, pour aller à Naples ſaluer leur nouvelle Reine, lui faire homage au nom de la Ville, & prêter ſerment de fidelité; avec ordre exprés d'éxiger auſſi de la Reine l'obſervation de leurs Privileges. Et comme ils n'ignoroient pas la condition inſerée dans le teſtament de Robert, ils chargerent les députés d'obliger le Roi de Hongrie au même ſerment, aprés que le mariage ſeroit conſommé; aïant ajoûté dans leur commiſſion qu'ils ne le reconnoîtroient pas pour leur Prince qu'à faute d'accomplir ces conditions.

Archiv. de l'Hôtel de Ville.

III. Auſſi la Reine aprés que les députés lui eurent rendu l'homage, ne fit point de difficulté de jurer l'obſervation des chapitres de paix. L'acte qui en fut alors dreſſé, dit en termes exprés qu'à cauſe que ſa Majeſté ne pouvoit pas ſe tranſporter à Marſeille, pour y faire le ſerment à l'exemple de ſes Ancêtres, pour être encore trop jeune, qu'elle promettoit d'y venir à dix ans de là ou plûtôt, ſi elle ſe trouvoit diſpoſée pour le faire, & cependant pour marque de ſon affection, elle accorda des lettres patentes portant commandement trés-exprés au grand Sénéchal de Provence, de laiſſer joüir ſes ſujets de Marſeille ſans aucun trouble ni empêchement de leurs privileges & libertés, ſuivant le ſerment qu'elle en avoit déja fait.

IV. Environ le mois d'Août de la même année Humbert dernier Dauphin de Viennois, que le Pape Clement VI. avoit fait Général de l'Armée Chrétienne contre les Turcs, vint à Marſeille, il étoit accompagné de Henri de Villars Archevêque de Lyon, de Iean Evêque de Grenoble, d'Amblard Seigneur de Beaumont, d'Ame de Rouſſillon Seigneur en partie de Bouchage, de Iean de Grolée Seigneur de Neiry, & de Pierre de Loïes Chevaliers: Aprés avoir demeuré quelques jours en cette Ville, il s'embarqua le troiſiéme de Septembre ſur un vaiſſeau,

Hiſtoire de Dauph.

DE MARSEILLE. Liv. V. 173

vaisseau, dont la poupe & la proüe étoient couvertes de croix & de plaques d'argent.

1346. Peu aprés la Reine Jeanne fut obligée de venir en Provence, pour se mettre en lieu de seureté; à cause qu'elle fut avertie que le Roi de Hongrie s'acheminoit à Naples, pour venger la mort de son frere, qu'elle étoit accusée d'avoir fait étrangler, & ensuite s'étoit remariée avec Loüis Prince de Tarante son cousin remué de germain, qui étoit soupçonné d'avoir été complice de la mort de ce Prince. Au même tems qu'elle fut arrivée en Provence, elle tomba entre les mains du Comte d'Avelin & de quelques Seigneurs du Païs, qui l'arreterent plus d'un mois dans Castel-arnaud: & aprés sa délivrance que Jean fils de Philipe de Valois, qui se rencontra pour lors à Avignon lui procura; 1346. elle vint à Marseille, où elle fut reçuë avec excés de joie. Antoine de S. Gilles, Pierre de Cepede, & Pierre Aleman Consuls, suivis de tout le Peuple, la conduisirent en la place publique audevant du Palais, & par un homage & serment solemnel la reconnurent pour leur Reine, lui rendirent tous les devoirs ausquels les fidelles sujets sont obligés, & par même moïen elle jura encore l'observation des chapitres de paix & de leurs privileges.

V.

Je crois que pour satisfaire la curiosité du Lecteur, il est à propos que je m'étende un peu davantage sur la solemnité de cette celebre action. Le titre porte que par commandement de Iaques Artaud Seigneur de Veneles & Viguier de Marseille; tout le Peuple s'étant assemblé en la place du Palais; la Reine y fut conduite avec tous ses Barons, & Gentils-hommes; & comme elle fut assise dans son Trône, à la requisition des Sindics que j'ai nommé ci-dessus; on y fit la lecture des chapitres de paix, & principalement de l'article 63. qui contient la forme du serment, que le comte de Provence & son Viguier doivent faire: Aprés cela Pierre Amiel Notaire s'étant mis à genous devant sa Majesté, lui presenta les Saints Evangiles, sur lesquels elle jura d'observer les chapitres de paix, privileges, & franchises de la Ville de Marseille. Cela fait les Sindics lui prêterent serment de fidelité, comme firent aussi Guillaume Rulle, & Jean Atulfi Chevaliers, Guillaume Guifredi, Pierre & Guillaume de Jerusalem, Guillaume de Mansaco, Jaques Siaille, Giraud Aleman, Raimond de Ulmo, Loüis de Dragon, Rainier de Ulmo, Hugues Cambalis, Laugier de Soliers, Raimond Baïle Notaire, Pierre Carbonel, Jean Matelli, Pierre Amiel Notaire, Bernard Guasqui, Jaques Ricaut, Nicolas & Bartelemi Bonvin, Albert Deoderi, Blaquerias de Montolieu, & Bertrand Ferran Jurisconsultes, Montolieu de Montolieu, Jean Vivaud, Jaques de Galbert, & Guillaume de Cavalier, tous Conseillers de l'Hôtel de Ville. Et parce qu'il étoit déja tard, & que ceux qui étoient presens n'auroient peu prêter serment entre les mains de la Reine, sans l'incommoder beaucoup; elle leur commanda de lever la main droite, pour marque du serment de fidelité qu'ils lui prêtoient; ce que tous firent en même tems en presence de Philipe Evêque de Cavaillon Chancelier du Roïaume de Sicile, de Raimond d'Agout Chevalier Seigneur de Sault, de Giraud

VI.

Archiv. de l'Hôtel de Ville.

Tome I.   H h

Cabaſſole Archidiacre d'Avignon, de Jean du Reveſt Chevalier & Maître rationnal, de Iean Camole d'Aix Iuriſconſulte, de Roſtan Cavalier Chevalier d'Avignon Conſeigneur d'Airagues, de Guillaume de Theſio Chanoine de Marſeille, de Fredol Ouvrier de l'Egliſe de Marſeille, de Raimond Martin Medecin de l'Evêque de Cavaillon, de François de Barba Chevalier de Piſe Profeſſeur en droit Civil, de Pierre de Cadenet Chevalier Seigneur dudit lieu, de Bertrand Raoul de la Breoule Procureur de la Reine, de Hugues Figuiere Conſeiller de cette Princeſſe, & de Pierre Amiel Notaire, qui à la requête des parties en dreſſa acte public.

VII. Ieanne aïant ſejourné quelques jours à Marſeille, alla à Avignon, pour ſe juſtifier auprés du Pape Clement VI. de la mort de ſon mari. Ce fût alors qu'elle fit vente de cette belle Ville, pour le prix de quatre-vingt mille florins d'or, qu'elle emploïa ſuivant l'opinion de quelques-uns à dreſſer une Armée pour repaſſer en Italie, afin d'y recouvrer ſes états. Elle fit donc équiper dix Galeres de Genes, avec leſquelles elle & ſon ſecond mari firent voile vers Naples, où ils furent trés-bien reçûs, & recouvrerent dans peu de tems une partie du Roïaume, leur ennemi s'en étant retourné en Hongrie.

VIII. En cette conjoncture la Provence fut agitée de quelques troubles, qui prirent leur ſource de ce que Ieanne avoit pourvû de la charge de Sénéchal de ce Païs Iean Barrilis Chevalier, originaire de Naples, Maître rationnal de la grande Cour, & ſon Conſeiller : & parce que Raimond d'Agout, Sieur de Sault & d'Olieres, qui avoit exercé cette charge juſques alors, étoit extremement outré d'en être depoſſedé ; il travailla puiſſamment pour empêcher que celui-là ne fut reçû par les Provençaux; ſon pouvoir fut ſi grand qu'il attira à ſon parti les Barons, les Gentils-hommes, les Communautés, qui ouvertement ſe declarerent contre Barrilis, ſoûs pretexte que c'étoit détruire le privilege, que la Reine leur avoit accordé, qu'il n'y auroit que ceux du Païs qui peuſſent être Sénéchaux, & non pas les étrangers: il n'y eût que Marſeille ſeule, qui reconnut ce nouveau Sénéchal, & qui voulut obeir aveuglement aux mandemens de la Reine, qui lui avoit écrit une lettre particuliere ſoûs ſon anneau ſecret.

Aux Archives de l'Hôtel de Ville, au Regiſtre de Philipe Gregoire Notaire & Secretaire.

IX. Barrilis vint prendre poſſeſſion de ſa charge dans Marſeille, & en plein Conſeil où ſes lettres de proviſion furent lûës, il jura d'obſerver les chapitres de paix, & les privileges de la Ville : & parce qu'il y avoit quantité de gens ſans aveu & de mauvaiſe vie, & que Meoillon Seigneur de Saint Savournin, qui étoit Viguier de Marſeille, n'avoit pas tenu conte de purger la Ville de cette vermine, mais bien s'étoit abſenté, il mit en ſa place Octavian de Cavalcantibus Gentil-homme de Florence, & lui donna pour Lieutenant Hugues de Maleſpine Damoiſeau.

X. Cependant ceux qui s'étoient declarés contre Barrilis firent de courſes contre les Marſeillois, en haine de ce qu'ils ſoûtenoient cét Officier; qui pour ſe faire valoir envoïa deux Marſeillois, pour citer devant lui les Officiers de cette Ville : Mais ils furent arrêtés par Raimond d'Agout Seigneur de Forqualquier & de Tréts, qui déchira avec grand mépris les lettres de citation du Sénéchal, sçellées de ses Armes; & parce que la Ville se formalisa de cette action, qui avoit été faite à deux de ses Citoïens, ce Gentil-homme écrivit aux Marseillois, s'excusant sur ce qu'il ne sçavoit pas que ces gens là fussent de la Ville, & qu'il n'avoit fait cela qu'à cause de Barrilis son ennemi.

XI. A quelques jours de là il y eût dans Aix une grande assemblée des Barons, des Gentils-hommes, & des Communautés de Provence, voici les noms de quelques Barons qui s'y trouverent, Raimond d'Agout Chevalier Seigneur de Forqualquier & de Tréts, Capitaine général des Troupes & Armées de Provence & Vicesénéchal du Païs, Raimond de la Voute Seigneur de S. Martin de la Valée & de Castillon, Raimond de Baux Seigneur de Pericard & d'Agueilles, Albert de Blaccas Seigneur de Toart, Bertrand de Marseille Seign. d'Olioules & d'Evenes, Guiran de Simiane Chevalier, Seigneur d'Apt & de Caseneuve, Ferrier de Saint Chamas Seigneur dudit Lieu & de Lambesc, Guillaume Seigneur de Villemus & de Sainte Tulle, George Seigneur de Leincel, Pons de Leincel Seigneur de Saint Michel, Boniface Seigneur de Raillane. La Chartre ne nomme que ceux dont je viens de faire mention; bien qu'elle asseure qu'il y avoit encore plusieurs Gentils-hommes qu'elle ne nomme pas. Avec cette Noblesse s'assemblerent aussi les Sindics des Villes d'Aix, d'Arles, de Tarascon, de Forqualquier, d'Apt, de Cisteron, de Nice, de Grasse, de Draguignan, de Raillane, de Digne, & de Moustiés, & plusieurs autres, que la Chartre ne nomme point. Dans cette assemblée qui ne fut faite que pour l'affaire de Barrilis, on fit entrer Bertrand de Bouc Chevalier, & Imbert d'Alamanon Conseigneur de l'Ambesc qui avoient été priés d'aller à Aix, pour negocier l'accommodement entre Marseille & la Province; cette assemblée leur témoigna qu'elle leur auroit grande obligation, s'ils vouloient aller à Marseille pour y travailler: & pour cét éfet elle leur donna des lettres de creance, & les exhorta de remontrer aux Marseillois, qu'elle avoit sujet de se plaindre d'eux, parce qu'ils avoient reçû dans Marseille Iean de Barrilis en la charge de Sénéchal, avant que la Provence l'eût connu, que si on s'étoit saisi sur les Marseillois du Château de Bouc, ce n'étoit point pour leur porter prejudice; cela n'étant arrivé qu'à cause que le Châtelain de ce lieu avoit voulu empêcher, que le Viguier d'Aix n'y fit emprisonner deux criminels; & que c'étoit la seule raison qui leur avoit donné sujet de s'en rendre maître: qu'elle suplioit la Ville, qu'en cas qu'elle ne voulut pas se joindre aux interêts de la Province, pour faire valoir ce privilege portant que nul étranger ne seroit Sénéchal, ou du moins elle ne devoit point traverser le païs dans ce dessein.

XII. Ces Gentils-hommes furent à Marseille, où ils rendirent les lettres de creance, & exposerent ensuite dans un Conseil général qui fut convoqué à ce sujet, la teneur de leur commission. Le Conseil élût trois Citoïens de Marseille pour aller à Aix traiter l'accord: Mais tout ce qu'ils peurent avancer, fut que l'assemblée des Barons & des Comunautés de Provence, députa à Marseille Roger de Raillane Chevalier, & Ferrier d'Alamanon Damoiseau, qui assisterent à un autre Conseil, qui fut assemblé cinq ou six jours aprés; où il fut resolu qu'on envoïeroit vers le Pape, Guillaume de Montolieu Chevalier, & Laurens Ricaut, & qu'on députeroit à la Reine pour oüir sa declaration, touchant la charge de Sénéchal, Pierre Boniface, Iean de S. Iaques & Antoine Lurdi Notaire; qu'ils iroient en compagnie des Ambassadeurs de l'assemblée de Provence; & que cependant tout ce qui avoit été pris de part & d'autre seroit restitué, & qu'il ne seroit rien innové jusqu'à leur retour.

XIII.

Aux Archives de l'Hôtel de Ville, au Regître de Philipe Gregoire Notaire & Secretaire.

Aussi-tôt aprés le départ de ces Ambassadeurs, Raterius Rogier Sergent d'Armes du Pape Clement VI. arriva à Marseille avec une lettre de sa Sainteté adressée aux Marseillois. Cét Officier qui avoit ordre de son Maître de terminer ce different, obtint des parties, qu'il y auroit treve & cessation des courses de part & d'autre; parce que ceux de la Province avoient enfreint le traité dont nous venons de parler, qui avoit été pourtant observé par les Marseillois, ce qui les obligeoit de s'ecrier contre les Provençaux. Cét Ambassadeur s'en alla à Aix avec Montolieu de Montolieu, que la Ville commit pour l'accompagner. Il entra dans l'assemblée du Païs, où il emploïa toute sa prudence & tout son zéle pour ajuster toutes choses; mais il n'en pû pas venir à bout. Ce qui donna sujet aux Marseillois de déliberer de mettre sur pied cent hommes d'armes, pour faire valoir l'autorité de la Reine, que châque cheval vaudroit au moins cinquante florins; qu'on repareroit les murailles de la Ville & des Faubourgs, & les portes encore.

XIV. Cependant les Ambassadeurs de Marseille êtants arrivés à Avignon la semaine Sainte, le Pape les renvoïa avec ordre de retourner le Ieudi aprés Pâques, ce qu'ils ne manquerent pas de faire; & à leur arrivée sa Sainteté commit les Evêques d'Ambrun, & d'Arras, qui assemblerent les Ambassadeurs de Marseille avec ceux des Barons, des Gentilshommes, des Communautés de Provence, & oüirent les raisons des uns & des autres; mais ils ne peurent pas les mettre d'accord: Si bien que le Pape ordonna, que l'Evêque de Cavaillon se transporteroit à Marseille, & aprés à Aix pour y travailler.

XV. Les Marseillois qui ne pouvoient pas prevoir le succés de ce different, élûrent douze Citoïens pour le fait de la guerre, au lieu qu'ils n'avoient accoûtumé que de n'en commettre que six : Ils resolurent aussi d'écrire à Charles de Grimaldis Seigneur de Monaco, & le prier de n'assister point les Barons de Provence contre eux : Ils firent la même priere envers le Comte d'Avelin, & Guillaume de Baux Seigneur de Marignane. Ie n'ai point trouvé la réponse du Seigneur de Monaco, mais bien celles du Comte d'Avelin, & du Seigneur de Marignane; ils témoignoient qu'ils êtoient bien fachés de ne pouvoir assister les Marseillois, avec lesquels eux & leurs Predecesseurs avoient toûjours été de bonne intelligence; mais qu'ils êtoient obligés de ne se détacher point des interêts des Barons, puis qu'ils êtoient de leur Corps, & qu'il êtoit juste qu'ils fissent valoir ce privilege accordé par la Reine.

Ceux du Martigues à qui les Marseillois avoient auſſi écrit de s'unir avec eux, firent réponſe qu'ils avoient un extreme déplaiſir de ne le pouvoir faire ; que tout ce qu'on pouvoit eſperer d'eux dans une conjonɔture ſi facheuſe, étoit qu'ils embraſſeroient la neutralité, & ne s'attacheroient à aucun parti; mais la Ville d'Arles n'en fit pas de même : Car quoi qu'elle fut dans une étroite alliance avec Marſeille, & qu'elle eût été ſolicitée puiſſamment de ne s'intereſſer pas dans la cauſe des Barons, & des Communautés ; elle s'en excuſa, diſant qu'elle étoit diſpoſée à ſervir la Ville de Marſeille, en toute rencontre, à la reſerve de celle-ci, ne pouvant reculer de ſoûtenir l'intereſt commun.

XVI.

En cette conjonɔture Philipe Evêque de Cavaillon arriva à Marſeille, logea au Convent des Freres Mineurs : & le même jour de ſon arrivée, le Conſeil de la Communauté reſolut que tous ceux qui compoſoient cette aſſemblée l'iroient faire la reverence ; ce Prélat les reçût dans le Refeɔtoir de ce Monaſtere où il fit publier ſa commiſſion en leur preſence ; enſuite les exhorta de faire la paix avec les Barons, les Gentils-hommes & les Communautés de Provence : Les Marſeillois s'y rendirent faciles, tant en ſa conſideration qu'à celle de Robert de Mandagoto leur Evêque, qui les perſuadoit à cela : Si bien qu'on député à Aix Guillaume de Montolieu Chevalier, Laurens Ricaut, & Iaques de Gualbert. Quelques jours aprés la paix fût faite ; & pour remettre la Provence dans ſa premiere tranquilité, la Reine fut obligée de revoquer Barrilis, & de pourvoir encore Raimond d'Agout, Seigneur de Sault & d'Olieres, de la charge de Sénéchal. Cét Officier qui avoit été la cauſe de tous les mouvemens qui arriverent alors, vint en même tems à Marſeille où dans un Conſeil qu'on y aſſembla, on fit la lecture de ſes proviſions ; & aprés il prêta ſerment conformement aux articles contenus dans les chapitres de paix, qui regardent les devoirs du Sénéchal envers la Ville de Marſeille. Dans une autre aſſemblée qui fut tenuë peu aprés, il fut reſolu qu'on remercieroit ſa Sainteté, de la faveur qu'elle leur avoit fait d'avoir donné cét employ à l'Evêque de Cavaillon, dont il s'étoit trés-bien aquité.

XVII.

L'année ſuivante ſur les nouvelles qu'on eût à Marſeille, que Iean Roi de France y devoit venir : Il fut déliberé dans un Conſeil, qui fut tenu expreſſement pour ce ſujet, de lui demander le privilege qu'on ne pourroit point dans ſon Roïaume donner aucunes lettres de repreſailles contre les Marſeillois. Il fut reſolu qu'on lui feroit une magnifique entrée, que les Sindics ſortiroient à cheval pour aller audevant de lui, accompagnés de tous les Habitans, qui ſeroient auſſi à cheval : Qu'il y auroit ſix des plus qualifiés Citojens qui porteroient le Dais, ſçavoir Guillaume de Montolieu Doɔteur és droits, Pierre de Ieruſalem, Bernard de Cepede, Iean Vivaud, Pierre Boniface, & Pierre Ricaut : que Bertrand de Bouc, & un autre Guillaume de Montolieu, Chevalier, iroient à côté du Roi : Que Pierre de Ieruſalem le jeune qui étoit fort éloquent, fairoit la harangue à ce Prince : Et enfin que toutes les Banieres de la Ville ſortiroient. Ie ne ſçai pas le ſujet qui porta le Roi Iean

XVIII

Aux archiv l'Hôpital S. Eſprit, au Regitre de Philipe gregoire & de PierreLurdi Notaires.

à venir à Marseille, je crois que c'étoit par devotion, & pour y voir les Reliques de saint Loüis.

XIX. L'année suivante l'Evêque de Botone Raimond de Baux Comte de Solete Grand-chambelan de Sicile, & Mathieu de Porta Maître rationnal, étans à Avignon, écrivirent aux Marseillois, que le Roi d'Aragon avoit envoïé le Vicomte de Caprieres, & l'Abé de Ripolle qui leur avoient dit, que les Catalans desiroient de vivre en paix avec les Provençaux & les Marseillois, & qu'aïant la guerre avec ceux de Genes, l'amitié des Provençaux & des Marseillois leur étoit necessaire.

CHAPITRE IX.

L'Archiprêtre entre en Provence avec trois mille chevaux. Le Comte d'Avelin se joint à lui pour faire la guerre en ce Païs. Les Marseillois repoussent le Comte d'Avelin, & prennent Aubagne & S. Marcel.

I. Le Roi de Hongrie entre pour la seconde fois au Roïaume de Naples. II. Privileges accordés à la Ville de Marseille. III. Paix entre la Reine Jeanne, & le Roi de Hongrie. IV. Ce Prince consent que Loüis mari de Jeanne porte le titre de Roi. V. L'Archiprêtre entre en provence avec trois mille chevaux. VI. Les Marseillois prennent grand soin à se conserver. VII Quelques Bourgs voisins de Marseille, font offre de l'assister dans le besoin. VIII. Les Seigneurs de Tréts, de Cuers, & de Porrieres demandent de faire ligue avec les Marseillois, pour chasser l'Ennemi de Provence. IX. La Republique de Florence depute un Gentil-homme à Marseille. X. La Ville d'Aix demande du secours. XI. Le Capitaine de Grasse & de son détroit veut joindre ses Troupes avec celles des Marseillois. XII. Les Marseillois prennent Aubagne. XIII. Ils prennent le Bourg & le Château de S. Marcel, le Prince de Tarante leur en fait don. XIV. La Reine leur en donne la confirmation avec éloge. XV. Les Marseillois repoussent le Comte d'Avelin. XVI. Le Comte d'Armagnac entre en Provence au secours des Roïalistes. XVII. La Reine écrit aux Marseillois.

I. SI la Provence ne fut pas tranquile en ce tems-là, l'Etat de Naples 1350 le fût encore moins : Car le Roi de Hongrie aïant été averti que Loüis & Jeanne y faisoient beaucoup de progrés, y décendit pour la seconde fois, & le reduisit encore soûs sa puissance; & aprés

DE MARSEILLE. Liv. V. 179

avoir mis des bonnes garnisons dans les fortes Places, & établi des Lieutenans, il s'en retourna en Hongrie.

En cette même année Loüis & Jeanne, qui defiroient de reconnoî- **II.** tre le zéle & la fidelité des Marfeillois, leur accorderent diverfes lettres patentes, par lefquelles ils furent declarés francs de toute forte de *Archiv. de l'Hôtel de Ville.* fubfides, péages, & autres droits avec commandement exprés aux Sénéchaux de cette Province, de ne les point troubler en la joüiffance de ce privilege.

Ieanne aprés avoir tenté toute forte de voie pour recouvrer fon **III.** Roïaume, fe refolut enfin de conjurer le Pape de lui vouloir procurer la paix avec le Roi de Hongrie ; ce Pontife ne lui refufa pas fon affiftance, car il députa vers ce Prince, Gui de Limoges Cardinal Evêque du Port fon alié ; qui aprés beaucoup de difficulté le fit confentir à un accord : Sçavoir de reftituer à Ieanne le Roïaume de Naples, qu'elle en pourroit porter le titre de Reine, & que Loüis fon mari ne porteroit que le feul titre de Prince de Tarante ; le Roi de Hongrie fe refervant tous les droits qu'il avoit fur le Roïaume, pour s'en fervir aprés la mort de la Reine Ieanne.

La paix étant faite de la forte, Loüis & Ieanne s'en retournerent **IV.** à Naples ; or comme elle avoit grande paffion que fon mari portât le titre de Roi, elle emploïa encore quelques jours aprés l'interceffion du Pape envers le Roi de Hongrie, qui ne lui fût pas infructueufe; car ce Prince fe laiffa vaincre à la priere du S. Pere, & confentit que Loüis & Ieanne porteroient conjointement le titre de Roi de Naples.

Quelques années aprés, le déplorable état dans lequel la France fe **V.** trouva reduite par la perte de la bataille de Poitiers, où le Roi Iean fut vaincu & fait prifonnier par les Anglois, fut caufe que les Provinces voifines de ce Roïaume fouffrirent extremement. La Provence reffentit alors une fi furieufe fecouffe, qu'il s'en falut bien peu qu'elle ne fut ruinée. Arnoul de fervole Seigneur de Caftelnau, dit *l'Archiprêtre* Gafcon de nation, infigne & fameux Brigand, y entra avec trois mille chevaux. C'étoient de gens auffi méchans & déterminés que leur

Général. Ie ne sçai point s'ils vinrent en ce Païs dans le dessein de le ravager, comme ils avoient fait aux autres où ils avoient passé, ou bien s'ils y furent attirés par ceux de la Maison de Baux. Quelques Auteurs disent, & j'ai vû encore des chartres qui me l'aprenent, que Raimond de Baux Comte d'Avelin, & Amel ou Amieil de Baux, ennemi du Roi Loüis, & le Cardinal de Perigord qui étoit aussi mal affectionné à ce Prince, à cause de ses neveux Ducs de Duras de la maison d'Anjou, se liguerent avec ce voleur : & parce qu'ils étoient trés-puissans, ils firent soûlever plusieurs Villes de Provence, qui se declarerent contre leurs legitimes Princes; il y en eût neanmoins beaucoup qui resisterent, tellement qu'il se forma en cette Province une furieuse faction, qui produisit une cruelle guerre. La Chronique de S. Victor dit que ce fut une conjuration faite contre la Reine Ieanne, & tramée par Amiel de Baux & le Comte d'Avelin, qui se liguerent avec Arnaud & Pierre de Servole Gascon, pour se saisir de la Provence en l'an 1357. mais que leur entreprise échoüa par les soins de la Sainte Eglise Romaine, & par la diligence d'Etienne Abé du Monastere de S. Victor : & qu'en cette même année Aubagne, S. Marcel, & Roquefort furent détruits par les Marseillois, & plusieurs autres Châteaux par d'autres personnes. Ce que cette Histoire abregée ne dit que succinctement, nous le deduirons ci-aprés au long, & avec toutes les circonstances exprimées dans les Chartres : Que le Prince de Tarante frere du Roi Loüis & Gouverneur de Provence, qui se trouva à Avignon au commencement de cette conjuration, & qui crût n'être pas assés puissant pour battre la campagne, exhorta tout le monde à la fidelité.

VI. La Ville de Marseille fit tous ses efforts pour s'oposer aux mauvais desseins de l'ennemi : Elle fit reparer tout ce qu'il y avoit de ruïné & d'ouvert dans les murailles de son enceinte, & dans les Tours dont elle étoit fortifiée : Elle fit fermer à chaux & à sable, la porte reale & celle du marché, & fit démolir quelques maisons des Faux-bourgs, pour les rendre plus forts. Il fut d'ailleurs ordonné par déliberation publique, qu'on fermeroit tous les soirs les portes, tant de la Ville que des Faux-bourgs lors que la cloche de la retraite sonneroit; & qu'on ne les ouvriroit que lors qu'on entendroit la cloche du matin : Que tous les Citoïens qui étoient dispersés dans la Provence, reviendroient dans la Ville, & que nul n'en pourroit sortir sans la permission du Viguier : Qu'on ne porteroit point dans la Ville ni aux Faux-bourgs des armes défendues : Et que les étrangers à leur entrée les porteroient liées jusqu'à ce qu'ils fussent arrivés aux Hôteleries. Enfin les Marseillois établirent tout le bon ordre & la meilleure police qu'ils jugerent necessaire en cette rencontre. Et comme on aprehendoit que l'ennemi ne se saisit du Château d'Alauch, la Ville y établit un Châtelain pour le garder ; c'étoit un Marseillois, qui en avoit grand soin, & qui commandoit douze Soldats, dont quatre étoient aux dépens de Marseille, les autres quatre étoient païés par le Chapitre de l'Eglise Cathedrale, & les autres par la Communauté d'Alauch.

VII. Il y avoit alors plusieurs lieux voisins de Marseille, qui avoient une fi

DE MARSEILLE. Liv. V. 181

si grande union avec cette Ville, que pour marque de leur affection ils étoient apellés les anciens Bourgs, ou les Faux-bourgs de Marseille. Je ne sçai si cela procedoit de ce qu'ils étoient colonnies des Marseillois, & que pour témoignage de leur gratitude, ils conservoient encore le respect & l'amour qu'ils étoient obligés d'avoir pour leurs Fondateurs. Les Habitans donc de ces lieux se crurent tellement obligés à la conservation de la Ville, à laquelle ils croïoient que leur bonheur étoit attaché ; qu'ils députerent quelques-uns des principaux de leurs Bourgeois, lesquels dans une assemblée générale, qui fut tenuë pour ce sujet, firent offre au nom de leurs Communautés, que plusieurs de leurs Habitans viendroient dans Marseille avec leurs familles pour la garder, pourvû qu'on leur donnât des logemens suivant leur condition. Le Conseil délibera qu'ils seroient logez à la Iuiverie, & entretenus aux dépens du public tout le tems qu'ils demeureroient dans la Ville ; & que les Iuifs seroient logés en un autre quartier.

VIII. Dans cette assemblée on fit la lecture de deux lettres de créance envoïées par Raimond d'Agout Seigneur de Tréts & de Forqualquier, d'Isnard & de Guillaume Feraud Chevaliers, Seigneurs de Cuers & de Porrieres ; elles furent portées par Iaques Salvagni Ecuïer du Seigneur de Tréts, qui exposa que ces Seigneurs desiroient avec passion de se liguer avec les Marseillois, pour chasser de Provence les rebelles, & les voleurs qui y étoient entrés, & pour vivre & mourir avec eux dans une étroite union au service de la Reine, & pour conserver leur fidelité. Les Marseillois les remercierent de leur offre, qu'ils accepterent pourtant avec beaucoup de joie ; & leur dirent encore qu'ils avoient résolu de mettre sur pied mille arbalêtriers, mille hommes portant bouclier & cent hommes d'armes pour le même dessein ; qu'ils les prioient d'en avertir de leur part les Villes d'Arles, de Nice, de Toulon, d'Avignon, de Grasse, de Tarascon, d'Ieres, de Frejus, & tous les autres lieux de la côte ; fidéles à la Reine ; afin qu'ils contribuassent de leurs forces, & de leurs moïens pour les assister en une si glorieuse entreprise. Cette assemblée fût tenuë le 14. de Septembre de l'an 1357. il fut résolu que le Dimanche suivant on mettroit sur les murailles de la Ville l'Etendart de Marseille ; où seroit dépeinte l'Image de S. Victor leur Patron, avec les Armes de la Reine. Au jour arrêté les Religieux de l'Abaïe de S. Victor étant venus processionellement à la porte Reale avec la Relique de ce grand Saint, on arbora avec grande solemnité cét étendart sur la même porte. Et ensuite les Marseillois mirent sur pied les Troupes qu'ils avoient déliberé de lever ; elles étoient commandées partie par des Marseillois, partie par des Etrangers ; sçavoir Feraud de Barras, & par Luquet de Pistoïe.

IX. Presque en même tems François Falconieri Gentil-homme Florentin, arrivant à Marseille, rendit de la part de la Republique de Florence une lettre de creance aux Marseillois, & leur exposa qu'il avoit charge de les supplier trés-humblement de sa part, de permettre qu'elle peut faire armer & noliser huit Galeres de Marseille, pour porter de marchandiſes au Port de Talamont, & de là en raporter d'autres chez eux ; que s'il arrivoit qu'ils euſſent beſoin des Galeres, les Florentins les leur remettroient auſſi-tôt; ne leur demandant cette grace que pour reſiſter au grand nombre des Corſaires, qui écumoient leurs mers. La Ville leur accorda leur demande, à condition que Falconieri traiteroit avec les Proprietaires des Galeres. Voici les noms des Marſeillois à qui les Galeres apartenoient, Jaques de Gaubert, Pierre Auſtric, Bartelemi & Raimond de Monteous freres, Nicolas Siaille, Bartelemi Gilles, Jean Caſſe, Hugues de Cottron, Geofroi Lurdi, Bernard Caſtillon, & Antoine Caſſe.

X.
Aux Archives de l'Hôtel de Ville, au Regiſtre de Pierre Amiel, Iean Ioli & Iean Audibert.

Quelques jours aprés Guillaume Henri, Loüis de Tabia Juriſconſultes, & Nicolas de Litera Citoïens d'Aix aporterent auſſi des lettres de créance de leur Ville. Elle les avoit députez pour remontrer aux Marſeillois, que ſur les nouvelles aſſeurées qu'on leur avoit donné, que les ennemis ſe devoient aſſembler à Puiricard, & aux tours d'Aix; ils avoient ſujet d'implorer leur ſecours, pour pouvoir reſiſter & s'opoſer à leur forces. Ces députez remirent encore une lettre du Lieutenant de Sénéchal (c'étoit le Lieutenant de Roi qui étoit apellé de la ſorte en ce tems là) pour éviter qu'elle ne fut la proïe des rebelles. Les Marſeillois répondirent à ces députez qu'ils avoient fait deſſein avant leur arrivée de r'apeller leurs arbalêtriers pour s'en ſervir à garder la Ville de Marſeille; mais qu'en conſideration de la priere que la Ville d'Aix leur faiſoit de la ſecourir, qu'ils les lui laiſſeroient encore, ne pouvant leur donner un plus grand ſecours à cauſe que Marſeille n'étoit pas ſi bien munie d'hommes, en aïant quantité ſur mer, outre qu'ils avoient envoïé au Prince de Tarante à Avignon où il étoit, une Galere & deux Vaiſſeaux, ſur leſquels ils avoient fait monter trois cens hommes de guerre : Et parce que le danger étoit grand, & que la guerre étoit fort allumée dans la Province; les Marſeillois députerent un de leurs notables Citoïens à la Reine, avec un Notaire, pour inſtruire cette Princeſſe de tout ce qui ſe paſſoit dans le Païs & pour la ſuplier trés-humblement de vouloir apporter le remede neceſſaire aux maux dont la Province étoit affligée.

XI.
En ce même tems Carlotus Simonis Capitaine de Graſſe & de ſon dêtroit, écrivit aux Marſeillois, & leur repreſenta qu'il avoit ſoûs ſa conduite mille hommes portant bouclier, cinq cens Arbalêtriers, & cent Cavaliers ; qu'il étoit neceſſaire de joindre ces troupes avec celles de Marſeille, pour aller combattre les ennemis. Les Marſeillois lui firent réponſe qu'il faloit prendre l'ordre du Sénéchal de Provence, à qui ils promirent d'en donner avis, & de l'avertir enſuite de tout ce que ce Seigneur trouveroit bon de faire. J'eſtime que le Comte d'Avelin eût connoiſſance de ce deſſein ; & que dans l'aprehenſion qu'il eût, que les Marſeillois ne ſe joigniſſent avec ce Capitaine : pour détourner ce coup, il envoïa des troupes tirées d'Aubagne, de S. Marcel, & de ſes autres Terres, qui ſoûs la conduite d'un Prêtre de Salon, nommé *Calagaſpacum*, coururent aux environs de Marſeille, & prirent tout ce qu'ils pûrent rencontrer.

Les Habitans d'Aubagne aprehendans que les Marseillois n'eussent du ressentiment de ce qu'ils venoient de faire, les envoïerent prier de les considerer comme leurs amis; les Marseillois répondirent, que s'ils se tenoient dans leur devoir, qu'ils reconnussent la Reine, & qu'ils ne fissent aucun tort à ceux qui leur porteroient de vivres, qu'ils les traiteroient en amis: & en cas qu'ils fissent le contraire qu'ils leur couriroient sus. Les Habitans d'Aubagne promirent de ne donner aucun sujet de plainte aux Marseillois; mais comme ils ne tinrent pas parole, les Marseillois firent sortir leurs troupes, soûs la conduite de Iean d'Olioules, & de Iean de Senis deux de leurs Citoïens, qui prirent Aubagne par force & s'en rendirent les Maîtres.

XII. Cette prise fut suivie de celle du Château & du Bourg de S. Marcel, Isnard Eiguesier Citoïen de Marseille, & l'un des Capitaines de sa Milice, s'en rendit maître le premier d'Octobre de l'an 1357. partie à force d'armes, partie par traité & en composition. Aprés y être entré il y laissa des troupes suffisantes pour le garder, commandées par Berenger Montagne, & Pierre de Lambesc Marseillois. Le Château de Roquefort se rendit alors sans se faire battre.

XIII. Peu aprés Philipe Prince de Tarante, étant arrivé à Marseille, voulut entrer dans le Conseil général, qui fut assemblé le neuviéme d'Octobre, & reconnoître la fidélité des Marseillois, & les grands services qu'ils venoient de rendre. Car en qualité de Gouverneur & de Lieutenant général, il leur fit don du lieu de S. Marcel, qu'ils avoient pris sur l'ennemi, ainsi que nous venons de dire, avec promesse d'en obtenir la confirmation de la Reine. Neanmoins il témoigna au Conseil, qu'il avoit intention de donner la Châtelainie de ce lieu à celui qui le premier lui avoit porté la nouvelle de sa prise. Mais le Conseil le supplia trés-humblement de vouloir souffrir que la Ville fit toutes les années élection d'un Châtelain audit lieu de S. Marcel.

XIV. Une année aprés la Reine & le Roi Loüis son mari confirmerent à la Ville le don de cette Place par des lettres pattentes, qu'ils firent expedier à Bernard Boniface, & à Iean Ioli Notaire ses Ambassadeurs. Ces Princes dans ces lettres pattentes parlent avec éloge du merite des Marseillois, ils disent *que faisant reflection à la foi inviolable, & au zéle sincere de leurs chers sujets de Marseille, qui durant le Regne de leurs Prédecesseurs avoient donné des marques éclatantes de leur fidélité, en laquelle ils avoient continué jusqu'alors; ils avoient crû leur devoir faire ressentir les effets de leur gratitude*, ce qui les obligeoit de leur faire donation à perpetuité du lieu de S. Marcel, soûs le service d'un Chevalier avec pouvoir de démolir le Château ou de le conserver, s'ils le trouvent à propos pour le bien de leurs affaires & en cas qu'ils le fassent démolir, qu'ils seront déchargés de cette redevance.

Archiv. de l'Hôtel de Ville.

XV. Le Comte d'Avelin extremement irrité de la perte de ces Places, envoïa de ses troupes dans le Terroir de Marseille pour le ravager: mais les Marseillois qui ne dormoient pas, le repousserent; & pour garantir le Terroir de leurs ravages, ils le firent garder par vingt-cinq hommes

Aux Archives de l'Hôtel de Ville, au Registre de Pierre

d'armes Espagnols, par quinze pietons auſſi Espagnols, & par quinze arbalêtriers Citoïens de Marſeille. Cette petite troupe faiſoit le guet par tout, & lorſque l'ennemi ſe preſentoit, s'il n'étoit pas aſſés puiſſant elle donnoit deſſus, & ſi ſes forces étoient plus grandes, elle ſe retiroit ou en donnoit avis à la Ville, qui en même tems faiſoit ſortir un plus grand nombre de ſoldats : neanmoins comme les étrangers ne firent pas leur devoir, les Marſeillois mirent en leur place des gens de la Ville, qui s'en acquitterent mieux.

Amiel Iean Ioli, & Iean Auſſibert.

XVI. Environ ce même tems Iean Comte d'Armagnac arriva en Provence pour ſecourir les Roïaliſtes avec deux mille cinq cens hommes d'armes bien armés, montés ſur des chevaux barbes, ce ſecours vint en conſequence d'un traité que Fouques d'Agout Chevalier, Seigneur de Sault & de Raillane Sénéchal de Provence avoit fait avec lui; s'étant engagé de lui païer trente cinq mille florins d'or, moïenant cette ſomme ce Seigneur étoit obligé de travailler à chaſſer les ennemis de Provence. Le Sénéchal en donna auſſi-tôt avis aux Marſeillois, les priant d'aſſembler autant d'arbalêtriers qu'ils pourroient, qu'il les envoïeroit querir lors qu'il le jugeroit à propros, pour les joindre à l'armée du Comte d'Armagnac, & s'en ſervir en un deſſein qu'il avoit projeté. Les Marſeillois lui firent réponſe, qu'ils ne trouvoient pas bon, que le Comte d'Armagnac ni ſes gens vinſent à Marſeille. Et comme les terres qu'on avoit pris ſur le Comte d'Avelin, avoient été miſes ſoûs le pouvoir du Comte d'Armagnac, Raimond d'Agout fils du Sénéchal, & ſon Lieutenant écrivit aux Marſeillois, de faire faire de cries publiques dans la Ville, portant défenſes à toutes perſonnes, de n'aporter aucun dommage à ſes terres : Mais ils ne voulurent point ordonner ces cries : Ie n'ai pû ſçavoir la raiſon qui les porta à les défendre.

XVII. Les Marſeillois reçeurent en ce même tems une lettre, que Loüis & Ieanne leur envoïerent ſoûs leur anneau ſecret, qui ne leur donna pas peu de joïe, ſoit à cauſe des éloges dont elle étoit remplie, ſoit pour la confiance que ces Princes leur témoignoient. Ils leur diſoient que l'affection qu'ils avoient pour cette belle Province, qui étoit une des plus precieuſes pieces de leur heritage, étoit ſi grande, qu'ils avoient appris avec douleur les mouvemens qu'on y avoit excité : Et parce qu'ils avoient une extreme paſſion de les étoufer, afin que durant leur regne, elle fut garantie des invaſions de leurs ennemis, & de toute ſorte de troubles ; ils n'avoient rien dans l'eſprit qui leur fut plus à cœur que cette penſée. Et qu'ils leur rendroient graces de leur conſtante fidélité qu'ils avoient fait paroître en cette conjonéture; & leur avoüent que comme leurs Ancêtres en avoient de tout tems reſſenti de grands effets qu'ils eſperoient par même moïen, d'en éprouver les fruits, avec plus d'avantage qu'on ne le pourroit exprimer, ſoit par des paroles ſoit par des exemples, puis que la fidélité étoit un atribut particulier & attaché à leur vertu. Ils ajouterent que comme ils avoient deſſein de paſſer bien-tôt en Provence, ils s'apliquoient inceſſamment à l'ordre qu'ils devoient neceſſairement établir pour la conſervation, & la subsistance du Roïaume de Sicile tant de ça que delà le Fare. Cependant ils les sollicitoient d'agir avec grande vigueur pour défendre leur Ville & la Provence, & repousser les ennemis, en attendant qu'ils allassent joindre leurs forces en commun pour les détruire. Ils leur dirent encore qu'ils eussent à leur donner avis de tout ce qui se passeroit, afin que leur Conseil déliberat sur l'execution de tout ce qui seroit necessaire.

CHAPITRE X.

Le Comte d'Avelin continuë la Guerre en Provence. Mort de ce Seigneur.

I. La Republique de Pise écrit aux Marseillois, & aprés leur envoie des Ambassadeurs. II. Le Comte d'Armagnac assiége Puiricard, & Aiguilles: les Marseillois lui envoient deux cens Arbalêtriers. III. Ils en envoient un semblable nombre, au Sénéchal de Provence, qui assiége le lieu de Baux. IV. L'ennemi prend le lieu de Roquefort. V. Le Sénéchal de Provence assista à un Conseil, que les Marseillois tinrent en ce tems là. VI. Les Genois envoient un Ambassadeur à Marseille. VII. Les Marseillois députent au Pape, & au Comte de Poitou. VIII. L'ennemi se rend maître de S. Maximin. IX. Les Marseillois font défenses aux Capitaines des Galeres, qu'on avoit équipé à Marseille pour les Florentins de sortir du Port, mais envain. X. Les Marseillois conservent le Château d'Aubagne, & font choix d'un Capitaine pour garder la Ville. XI. Arrivée des députés que les Marseillois avoient envoiés vers la Reine. XII. La Reine permet aux Marseillois de démolir le Château d'Aubagne, & les autres des environs. XIII. La Reine écrit aux Marseillois de prêter serment au Roi Loüis son mari. IV. L'ennemi se saisit du Château de Roquefort, les Marseillois le reprennent. XV. Siéges d'Aiguilles & du Castelet, les Marseillois y envoient des Soldats. XVI. Le Pape Innocent VI. écrit aux Marseillois. XVII. Le Doge de Genes écrit aux Marseillois. XVIII. Le Comte d'Avelin s'efforce de mettre la division en Provence. XIX. Les Marseillois obligent l'Amiral de Provence de faire reparer ses provisions. XX. Les Pisans envoient un Ambassadeur à Marseille. XXI. Mort du Comte d'Avelin.

LEs Pisans aïant apris que les Florentins faisoient armer des Galeres à Marseille pour le dessein dont nous avons parlé au Chapitre precedent; ils en conceurent un si sensible déplaisir, qu'ils en écrivirent aux Marseillois pour leur faire connoître qu'ils s'étonnoient, de ce qu'ils avoient permis qu'ils armassent des Galeres

I.

dans leur Port pour porter des Marchandises au Port de Talamon, contre les défenses expresses faites à toute sorte des personnes, de n'en point transporter à leur prejudice, depuis le Port de Corvo, jusques à Civitavechia ; & qu'ils les prioient instamment de ne point permettre qu'à l'avenir les Vaisseaux de Marseille allassent au Port de Talamon, & de Grosset, ni aux autres qui leur apartenoient : que s'ils le permetoient ils n'étoient pas garans de ce qui leur pouvoit arriver. Les Marseillois leur répondirent qu'ils n'en avoient pas agi si civilement envers les Florentins, pour les choquer, ni pour aucune aversion qu'ils eussent contre-eux, mais seulement parce qu'ils avoient jugé convenable de ne pas reffuser ce service à leurs alliés : Qu'au reste si leurs Galeres étoient attaquées, ils esperoient que Dieu favoriseroit leur bonne cause. Comme la Republique de Pise eût reçû cette lettre, elle resolut d'envoier des Ambassadeurs à Marseille ; se persuadants qu'ils avanceroient quelque chose. Elle députa donc Rainier Gallus Chevalier, Bethin Griffe, & Nicolas Voglie, & leur donna une lettre de créance, qui fût lûë dans le Conseil général. Et aprés ils exposerent aux Marseillois, que par des privileges particulièrs qui leur avoient êté accordés par plusieurs Empereurs, & confirmés par un grand nombre de Papes, il n'êtoit pas permis à personne de porter, ni de transporter des Marchandises, ni autres choses dans tout le Golfe de Corvo jusques à Civitavechia, sans leur permission : Et que cependant ils avoient apris que les Florentins faisoient armer huit Galeres dans Marseille pour violer ces privileges ; qu'ils les prioient bien fort d'ordonner que ces Galeres n'allassent prendre ni porter de Marchandises qu'au Port de Pise qu'ils esperoient que cette demande leur seroit accordée en consideration de l'ancienne fraternité en laquelle ils avoient vêcu, & de l'union qui avoit êté de tout tems entre la Republique de Pise, & les Rois de Sicile, à qui ils avoient rendu de grands services, dans leur bonne & dans leur mauvaise fortune ; & même depuis peu, lors que le Roi Loüis mari de leur Princesse, avoit êté contraint par la décente du Roi de Hongrie au Roïaume de Naples, d'en sortir, & à son retour aïant repassé à Pise, il avoit êté reçû avec joïe, & traité avec splendeur. Les Marseillois leur répondirent, qu'ils remercioient la Republique de Pise, de l'amitié qu'elle leur avoit porté de tout tems, qu'ils tacheroient de la conserver, pourvû qu'elle prît aussi les mêmes soins de conserver la leur : Et qu'en reconnoissance des civilités renduës aux Rois de Sicile, ils leur fairoient service dans les occasions. Qu'au reste les Empereurs ne pouvoient pas leur accorder ce privilege que nul ne pourroit naviger aux lieux qu'ils disoient sans leur permission ; parce que cette défense n'avoit peu être faite à leur prejudice, puis qu'ils n'étoient point sujets de l'Empereur ; & que depuis la fondation de leur Ville, ils étoient en coûtume de naviger par tout : Que si les Pisans leur eussent demandé la même chose avant les Florentins, qu'ils la leur auroient accordée, comme ils la leur accorderoient toûjours, sans prejudice toutefois de l'interet de sa Majesté, & de la Ville de Marseille.

Mais revenons au Comte d'Armagnac. Un titre m'aprend qu'il alla mettre le siége devant Puiricard, & devant Aiguilles: Et parce que ces Places étoient bien défenduës; les Marseillois lui envoierent deux cens Arbalêtriers, mais ce Comte n'étant pas satisfait de ce secours, il en demanda un plus grand, les Marseillois lui firent réponse, que la Ville de Marseille étoit si importante, qu'elle meritoit bien d'être conservée, qu'ils avoient été avertis qu'on équipoit une grande armée de Galeres, à Genes, à Pise & en Catalogne, & ainsi qu'on ne la devoit pas dépeupler davantage, qu'elle se tenoit déja beaucoup dépourvûë par l'absence de quantité d'Habitans qui étoient sur la mer, & que neanmoins pour continuer toûjours à donner ces preuves de leur fidélité & de leur affection, ils lui envoient encore vingt-hommes d'armes, & quinze Arbalêtriers.

II.

Aux Archives de l'Hôtel de Ville, au Registre de Pierre Amiel Jean Joli & Jean Audibert.

Je n'ai pû aprendre dans les titres que j'ai vû, quels succés eurent les siéges de Puiricard & d'Aiguilles: Il est vrai que j'ai trouvé, que presque en même tems le Sénéchal alla asiéger le lieu des Baux, & que les Marseillois fournirent pour cette expedition deux cens Arbalêtriers, sans y comprendre un semblable nombre qui gardoit toûjours la Ville d'Aix. Mais quoique le Sénéchal fit tout son possible pour détruire les ennemis de l'état & les chasser de Provence; ils se défendoient neanmoins si bien qu'ils ne donnoient pas peu de peine; ils ne perdoient pas plûtôt une place, qu'ils tachoient d'en recouvrer une autre.

III.

Sur la fin de cette année 1357. Antoine de Baux Prevôt de l'Eglise de Marseille, frere du Comte d'Avelin, bien loin de s'acquiter de la profession à laquelle Dieu l'avoit apellé, il prît les armes, & fit plus le Cavalier que l'Ecclesiastique. Il se saisit avec cent hommes d'armes, & quelques troupes de gens de pied du lieu de Roquefort, que les Marseillois tenoient depuis la reddition qui leur en avoit été faite. Aprés cét exploit il tenta de prendre la Cadiere, mais il n'en peut pas venir à bout, car les Habitans se défendirent genereusement, & ensuite donnerent avis aux Marseillois de tout ce qui étoit arrivé.

IV.

Le Sénéchal accourut à Marseille aussi-tôt que la nouvelle lui en fut portée; il assista en un Conseil général, qui fut tenu le 28. de Janvier où il proposa qu'à cause des guerres dont la Provence étoit travaillée, il avoit besoin de prendre de resolutions secretes pour le bien des affaires. Pour cét éfet comme il confioit beaucoup à la prudence, & à la fidélité des Marseillois, il les pria d'aporter tous leurs soins pour choisir quelques-uns de leurs Citoïens, propres à lui donner conseil lors qu'il le jugeroit à propos. L'assemblée jetta les yeux sur Guillaume de Montolieu lincentié és droits, Antoine Dieude, Giraud Aimeric, Jean Elie, Jean de Jerusalem, Simon d'Apt, & les deux Sindics, qui étoient Laurens Ricaut, & Pierre Austrie. Aprés ce choix, les Marseillois remontrerent au Sénéchal, que puis que ceux de la Maison de Baux, s'étoient saisis du Château de Roquefort, d'où ils causoient de grands dommages à la Ville; il leur fut permis de prendre ce Château, & tous les autres du parti du Comte d'Avelin, & même tous ceux qu'ils jugeroient necessaires, & ensuite les ruïner, s'ils le trouvoient à propos

V.

ce que le Sénéchal leur permit au nom de la Ville.

VI. En ces entrefaites les Genois envoïerent à Marseille un de leurs Citoïens, apellé Bienvenu de Bracellis Notaire, avec une lettre de créance dans laquelle ils apelloient les Marseillois leurs freres, & leurs trés-chers amis ; cét Ambassadeur fut oüi dans un Conseil général, où il remontra qu'il avoit ordre de leur faire voir un extrait des conventions, que les Comtes de Provence avoient fait avec la Republique, & les prier de sa part de ne donner point la conduite d'aucune des Galeres qu'on armoit pour les Florentins à aucun Genois ; qu'on eût soin d'ailleurs de faire donner caution à tous les Armateurs, de n'offenser point les Genois ni en leurs personnes ni en leurs biens ; & qu'on observât la même chose, pour tous les bâtimens de mer qu'on y équiperoit. Que s'il y avoit dans la Ville des Genois bandis & desobéïssans, qu'il leur plût de les remettre entre les mains de la Republique de Genes : Et enfin qu'ils revoquassent le droit de represailles laxé depuis peu contre les Genois à la priere de Pierre de S. Jaques. Les Marseillois répondirent que les conventions faites entre les Comtes de Provence & la Republique de Genes, n'obligeoient pas les Marseillois ; parce que Marseille étoit une Ville séparée & non comprise dans l'état de Provence, & de Forqualquier : Que l'armement de huit Galeres qu'on y faisoit pour les Florentins, leur avoit été accordé en consideration des services qu'ils leur avoient rendu, & pour exercer un commerce honête & licite, & non par aversion ou par haine qu'ils aïent contre aucune puissance, nation ou état : Que tous ceux qui avoient la conduite de ces Galeres, étoient Marseillois & avoient donné caution de n'offenser point les amis de la Reine, ni en leur personnes, ni en leurs biens, & principalement les Genois, que cette Princesse cherissoit : Qu'ils ne pouvoient pas sans porter prejudice aux libertés anciennes de la Ville, leur remettre les Genois bandis ; qu'ils empêcheroient pourtant qu'ils ne fissent rien dans Marseille au desavantage de cette Republique, leur promettant d'ordonner des cries & proclamations publiques, qui porteroient défenses sous confiscation des corps & des biens, de n'armer point contre elle. Et quant aux represailles qu'ils ne pouvoient point les revoquer, mais seulement qu'ils étoient disposés à faire Justice en cette affaire, s'il se presentoit quelqu'un qui la demandât.

Aux archives de l'Hôtel de Ville, au Regître de Pierre Ameli, Jean Joli & Jean Audibert.

VII. Cette lettre de la Republique de Genes fut suivie de plusieurs autres écrites de la Province qui causerent quelque étonnement aux Marseillois : car elles portoient que ceux de la Maison de Baux en nombre de six cens hommes d'armes, conduits par Amé ou Amieil de Baux, étoient entré dans le comtat venaissin, où ils avoient fait de grands ravages ; & que pour surprendre le monde, ils portoient l'Etendart du Roi & de la Reine, & sur leurs côtes d'Armes l'Ecusson de Marseille. Qu'aprés être sortis de l'état de sa Sainteté, ils étoient allés à S. Maximin, où ils avoient donné l'assaut à la Ville, qu'ils avoient prise, mais non pas l'Eglise qui se défendoit encore fortement, parce qu'elle étoit bien munie d'hommes ; ces lettres disoient encore que les ennemis étoient resolus aprés avoir fait cét exploit, de venir attaquer

Aix

Aix & Marseille ; & que le Pape étoit fort irrité contre les Marseillois, croïant que ceux qui avoient ravagé ses terres étoient de leur Ville. Cette nouvelle fut cause qu'on assembla aussi tôt le Conseil, qui resolut d'envoïer à Avignon une Galere ou une Lanche, sur laquelle monteroient deux Ambassadeurs qu'on députa vers le Pape, pour lui faire connoître la verité des choses, & leur innocence, & encore le danger où la Ville & la Provence étoient exposés dans cette conjoncture, en laquelle les ennemis étoient extremement puissans. Ils avoient ordre aussi de conjurer sa Sainteté de vouloir prendre la Ville de Marseille sous sa protection & sauvegarde. Ils furent encore chargés d'aller à Montpelier demander au Comte de Poitou la cassation de certains droits qu'ils avoient imposé sur le bled, & sur les danrées. & pour l'obtenir ils avoient charge de lui representer les services que les Marseillois avoient rendu au Roi de France pendant les guerres passées. Et afin que l'ennemi ne leur peut nuire, on délibera qu'on porteroit dans la Ville tous les fourrages qui étoient aux Faux-bourgs : que tous les ponts des ruisseaux, par lesquels on alloit des Faux-bourgs aux murailles de la Ville, seroient rompus jusques à Portegale : que de Portegale jusqu'à la mer on fairoit un fossé rempli d'eau pour empêcher qu'on ne se saisit des murailles : que tous les pêcheurs viendroient tous les soirs coucher dans la Ville : & que jusqu'à ce qu'on eût pourvû à sa seureté, tous les Artisans quitteroient leur travail : Qu'à la place de la porte principale de la Ville on dresseroit un trebuchet, c'étoit un instrument de guerre : Que tous les sujets du Comte d'Avelin qui seroient dans la Ville, iroient faire écrire au Greffe leurs noms & leurs surnoms : Et que ceux qui auroient leur pere, leur frere ou quelque parent avec l'ennemi, seroient contraints de sortir de la Ville.

Ces resolutions font connoître que les Marseillois étoient alors fort allarmés : mais ils le furent bien davantage, lors qu'ils aprirent que les ennemis en nombre de cinq mille hommes tant de pied que de cheval, aprés s'être rendus maîtres de l'Eglise de S. Maximin, & de plusieurs Châteaux du voisinage, où ils avoient fait de degats épouvantables, n'épargnant ni âge ni sexe ; s'étoient saisis des Tours d'Aix, qu'ils avoient prises d'assaut, & mis tout ce qu'ils y avoient trouvé à feu & à sang, & même violé les femmes : & qu'ensuite ils avoient assiégé la Ville avec dessein de ne la point quitter, qu'ils ne l'eussent enlevée ; pour de là venir en même tems assiéger Marseille. Ce fut alors qu'on resolut de démolir entierement les Faux-bourgs ; & principalement aprés que les Habitans d'Aubagne leur eurent envoïé une lettre que l'Archiprêtre écrivoit à Antoine de Baux Prevôt de Marseille, qui étoit au Castelet : cette lettre avoit été interceptée par ceux d'Aubagne, elle contenoit entre autres choses que l'Archiprêtre prioit Antoine de Baux de lui donner avis si les Faux-bourgs de Marseille étoient encore en état, car en ce cas il faisoit dessein de s'en saisir : il ajoûtoit aussi qu'il eût été bien aise que la nouvelle qu'on lui avoit donnée, que les Marseillois l'alloient assiéger au Castelet eût été veritable, prote-

VIII.

Tome I.   K k

stant qu'il se seroit en même tems disposé de leur aller donner dessus, & de secourir cette place.

IX. En cette conjoncture les Marseillois dans l'aprehension qu'ils eurent de n'avoir besoin des forces qu'ils preparoient pour les Florentins, délibererent que les Galeres qu'on équipoit ne sortiroient pas si-tôt de leur Port, mais qu'elles y demeureroient encore quelque tems pour la défense de la Ville : elles étoient commandées par Isnard Eiguesier qui en étoit Capitaine général & par Falconeri Lieutenant, ils répondirent sur le commandement qui leur fut fait qu'ils ne partiroient pas de quinze jours, pourvû qu'on defraïât tout l'équipage ; la Ville y consentit sans pourtant donner aucun salaire aux mariniers, mais contre cette parole la chaine du Port étant fermée, les Galeres rompirent les pannes, passerent & firent voile sans peine, parce que l'embouchure du Port qui étoit pour lors sans piliers, n'étoit pas en si bon état qu'elle est à present. On députa en même tems Montolieu de Montolieu, l'un des Sindics accompagné de six des plus apparans de la Ville, & d'un Notaire qui suivirent les Galeres ils les rencontrerent partie à Antibe, partie aux Isles de S. Honoré & de Ste Marguerite. Ils conjurerent le Capitaine général, & tous les Officiers de revenir à Marseille ; mais ils s'opiniatrerent à poursuivre leur route, & ne revinrent que l'année suivante ; à leur retour Geofroi Lercare Genois Seigneur du Luc, & Viguier de Marseille, fit le procés à tous les Proprietaires des Galeres : Je n'ai pû aprendre quel succés eût ce procés, & s'il fut poursuivi jusqu'à Sentence définitive.

X. Mais revenons aux Marseillois ils étoient si épouvantés de voir l'ennemi si puissant & si proche d'eux, qu'ils proposerent dans un Conseil qui fut tenu en ce même tems, s'ils quitteroient, où s'ils conserveroient le Château d'Aubagne qu'ils avoient pris : il y fut resolu de le garder aux dépens des revenus Seigneuriaux de cette terre. Et parce qu'on avoit grand besoin dans la Ville d'un vaillant & experimenté Capitaine pour y commander en qualité de Major, on choisit Jaques Gantelme Chevalier, Seigneur de Graveson, qui avoit toutes les qualités necessaires pour cét emploi.

XI. Au mois d'Avril de l'année suivante Bernard Boniface, & Jean Joli Notaire, députés vers la Reine & le Roi Loüis son mari, retournerent à Marseille avec quantité de patentes qui leur avoient été accordées, dans l'une desquelles ces Princes disoient aux Marseillois, qu'ils avoient apris avec grand-joïe, la généreuse action qu'ils avoient rendu, lors qu'ils ont pris les armes contre ceux qui troubloient la Provence, qu'ils ont repoussé leurs efforts avec tant de courage, qu'ils en avoient fait éclater leur constance, & leur sincere fidélité : leur declarant qu'ils se disposoient à venir en Provence, pour courir avec eux un même sort ; que leur cause étoit tellement attachée à la leur, qu'elle ne pourroit jamais en être desünie par aucun contre-tems, puis que la solidité de leur foi & la fermeté de leur perseverance la maintiendroient toûjours dans le même état : que cependant ils leur envoïoient leurs Ambassadeurs, avec toutes les expeditions qu'ils avoient souhaité aprés avoir accepté agréablement toutes leurs demandes, avec toute la consideration que meritoient ceux qui les avoient envoiés, qu'ils estimoient dignes, & de leur Roïale gratitude & de leurs bonnes graces.

<small>Registré de Jean Ioli.</small>

XII. Ce fut pour lors qu'ils confirmerent aux Marseillois la donation qui leur avoit été faite du lieu de S. Marcel ; ainsi que nous avons dit au Chapitre precedent. Et d'autant que les Marseillois aprehendoient que le Comte d'Avelin ne se saisît un jour de son Château d'Aubagne, & que par ce moïen il ne lui fut facile de leur courir sus, & de détruire leur terroir : sur la demande qu'ils firent à leurs Majestés de la démolition de cette Forteresse : elles ordonnerent par des lettres patentes du même jour adressées au Sénéchal de Provence ou à son Lieutenant, de démolir tout à fait le Château d'Aubagne aux dépens des deniers roïaux : dans ces lettres pattentes, ces Princes donnent cét éloge aux Marseillois, *que leur foi étoit constante, solide & inebranlable*. Mais comme outre ce Château il y en avoit encore d'autres aux environs du terroir de Marseille, qui par force ou par intelligence poûvoient être pris par l'ennemi, qui à la faveur de ces retraites assés voisines leur auroit causé beaucoup de dommages ; Loüis & Jeanne permirent encore aux Marseillois qu'aussi-tôt qu'ils se seroient rendus maîtres de quelque Château où l'ennemi auroit été reçu, ils les démolissent ; ne pretendant pas pourtant comprendre les Châteaux, que le Comte d'Avelin auroit pris par force, aprés une vigoureuse resistance du côté des assiégés, & sans aucune faute des Seigneurs Proprietaires ; car en ce cas ils vouloient qu'ils fussent rendus à ceux à qui ils apartenoient.

<small>Jean Ioli.</small>
<small>Aux Archi. de l'Hôtel de Ville.</small>

XIII. Ces lettres patentes furent accompagnées d'une autre particuliere de la Reine Jeanne seule, portant ordre aux Marseillois de prêter serment au Roi Loüis son mari qui se disposoit à partir pour venir faire la guerre aux ennemis, leur declarant qu'elle n'entendoit point que ce serment fut ni directement ni indirectement préjudiciable à leurs conventions.

<small>Jean Ioli.</small>

XIV. Nous avons vû ci-devant comme les Marseillois avoient pris sans beaucoup de peine le Château de Roquefort ; mais cette place ne tarda pas d'être reprise par les rebelles qui s'en rendirent les maîtres, de là ils coururent & ravagerent tous les lieux des environs : ce qui anima si fort les Marseillois, qu'ils ne penserent qu'à la reprendre. Ils dresserent donc une petite armée composée partie de leurs propres forces, & partie de celles des lieux circonvoisins, avec laquelle ils allerent assiéger ce Château soûs la conduite de Jaques d'Agout Seigneur d'Olieres leur Viguier. Cette place resista quelque tems, mais elle fut enfin contrainte de se rendre. Les Marseillois emploïerent en ce siége quelques instrumens de guerre, qui étoient en usage en ce tems là, & que la Chartre apelle *Viratonos*. Voici les noms des lieux, & des Gentils-hommes de la Province qui assisterent les Marseillois en cette rencontre. La Cadiere fournit pour ce siége quatre-vingt soldats, Signe trente, Olioules trois cens quarante, y compris ceux que Toulon & son Bailliage avoient joint avec eux : les Seigneurs de Signe, de Gemenos & de Roquevaire s'y trouverent avec cent soldats : comme aussi le Capitaine de la Ville d'Aix avec cent cinquante. Les Seigneurs de Puilobier, & de Peinier y furent aussi avec quelques-uns de leurs sujets: comme encore le Seigneur de Cabriés qui y conduisit cinq cavaliers, & dix hommes de pied: le lieu de Tréts y envoïa dix hommes d'armes & vingt-cinq piétons: & enfin celui d'Auriol vingt-cinq hommes de pied: Luquet de Pistoye ne laissa pas perdre cette occasion pour faire paroître sa valeur, il avoit soûs lui dix Cavaliers, & soixante & dix soldats à pied.

XV. Le siége du Château de Roquefort fut suivi de ceux des lieux d'Aguilles, & du Castelet, qui furent mis en même tems: & comme les Villes d'Aix & de Toulon desiroient avec passion la prise de ces Châteaux; elles députerent pour cét éfet aux Marseillois, les priant de les assister dans ce dessein, ils se rendirent si faciles à leur demande qu'ils envoïerent au siége d'Aguilles, où s'étoit enfermé Antoine de Baux Prevôt de Marseille, frere du Comte d'Avelin, cent arbalêtriers païés pour quarante jours, & commandés par Guillaume de Montolieu Chevalier; & à celui du Castelet une semblable troupe conduite par Vivaud de Jerusalem Damoiseau, qui ne fit pas beaucoup de tems cette fonction, car aïant été élû Viguier de Grasse, on lui subrogea Laugier de Soliers. Soûs ces Capitaines il y avoit de Gentils-hommes qui commandoient vingt-cinq hommes châcun, & qu'on apelloit en ce tems là connestables, aujourd'hui brigadiers. Le général de toutes ces troupes, & de l'armée de Provence, étoit un Chevalier apellé Raimond de Montauban, Seigneur des Valées de Lenchane & d'Ardenne. Le Castelet se rendit à composition, n'aïant pas beaucoup resisté; mais le lieu d'Aguilles se fit battre long-tems; si bien que quarante jours aprés qu'on y eût mis le siége, comme les Marseillois voulurent rapeller leurs soldats qui n'êtoient païés que pour ce tems là; la Ville d'Aix leur écrivit une lettre trés-pressante pour les prier de les leur laisser encore, ce que les Marseillois leur accorderent consentans que leur Milice y demeurat jusqu'à ce que la place fut renduë; ce qui arriva bien-tôt aprés. Les Marseillois en aïant eu nouvelles ordonnerent dans un Conseil une procession générale, à laquelle on porteroit la Chasse de S. Victor, pour remercier Dieu de la grace qu'il leur avoit fait de remporter la victoire sur leurs ennemis, & qu'on abattroit les armes du Comte d'Avelin qui étoient dans l'Eglise des Freres Mineurs.

Archiv. de l'Hôtel de Ville.

XVI. Innocent VI. écrivit pour lors aux Marseillois, les priant de relaxer Arnaud de Gassano Chevalier Gascon, parent du Comte d'Armagnac, afin qu'il eût le moïen de faire le voïage de la terre Sainte, & y accomplir son vœu. Il avoit été arrêté à l'emboucheure du Port de Marseille, dans une Galere de Genes où il s'étoit embarqué en compagnie d'Arnaud de Montoleon & de deux Ecuïers. Adhemar Mari, Iaques Gilles: Pierre de Lingris, & Pierre Limosin Marseillois, avoient obtenu sa detention, à cause que deux Capitaines Gascons, nommés Combret, & Spetum, avec le Commandant du lieu de Puiricard pour le Comte d'Armagnac, avoient fait des courses jusques au teroir de Marseille; & nonobstant qu'ils fussent au service de la Reine, ils avoient contre

Aux Archives de l'Hôtel de Ville, au Registre de Jean Joli Secretaire.

la

la foi publique & le droit des gens, pris quelques Marseillois parens des quatre sus nommés. La Ville ne voulut aucunement relaxer Arnaud de Gussano, que le Gentilhomme qui avoit apporté la lettre de sa Sainteté, n'eût procuré par la médiation & l'autorité du Pape, la délivrance de ses citoïens qu'on avoit pris si injustement.

1338. Pendant que les lieux d'Aguilles, & du Castelet étoient assiégés, Simon Bucanigra Doge de Genes écrivit aux Marseillois, qu'un certain Pirate appellé Iean Iuge natif de Vintimille, & rebelle à la Republique alloit en course avec un bâtiment armé dans Marseille, qui portoit la banniere de la Ville, & appartenoit à quelques-uns de ses citoïens. Que ce Corsaire avoit rencontré une Barque de Marseille chargée de quelques Marchandises d'un habitant d'Araissé sujet de la Republique, & qu'il s'en êtoit saisi, les priant de les faire rendre, & de punir cêt écumeur de mer, pour donner exemple à tous ceux qui auroient des desseins si pernicieux, & par cette punition arrêter la temerité & l'insolence des autres. Ce Corsaire qui ne faisoit aucune distinction entre l'ami & l'ennemi, & qui pilloit tous ceux qu'il trouvoit, rencontra encore un bâtiment qui portoit des Gentilhommes Anglois, qui alloient au Saint Sepulcre, & se saisit de tous leurs deniers. Il prit aussi dans une barque d'Aiguemortes, quelques Arbalêtes servans à l'usage des Mariniers. Cette piraterie donna sujet à Fulco de Bargia Chevalier & Chatelain d'Aiguemortes, & aux Consuls de la même Ville d'écrire aux Marseillois, & de les prier d'emploïer leur force & leur crédit pour obliger ce pirate à restituër ce qu'il avoit enlevé, comme c'étoit l'usage, qu'en semblables rencontres, ils s'entraidoient les uns les autres. Les Marseillois qui furent sensiblement touchés de l'action de ce Corsaire, ordonnerent dans un Conseil assemblé pour ce sujet qu'on armeroit la Galiote d'Isnard Eiguesier pour aller prendre ce Pirate & l'emmener dans le Port. Et parce qu'on ne pouvoit faire aucun armement qu'on ne donnât caution de ne faire aucun déplaisir aux amis de la Ville, il fut encore ordonné que les dépenses qu'on fairoit pour l'armement de la Galiote seroient suportées par ceux qui auroient cautionné ce Corsaire.

XVII.

1339. Le Comte d'Avelin voïant que ses affaires étoient dans un êtat trés pitoïable, & qu'il êtoit dans l'impuissance de les rétablir ; fit tous ses efforts pour mettre la division dans la Province pour broüiller les esprits & les attirer à son parti ; il disoit que leurs Majestés avoient violé un Privilége qui regardoit la Noblesse ; Sçavoir que le Sénéchal qui doit être un Gentil-homme de leur corps, étoit presentement un étranger. Par ces paroles il débaucha plusieurs Barons. Mathieu de Gisvaldo qui exerçoit la charge de Sénéchal, aprehendant qu'il ne lui arrivât la même chose qu'à Barrilis, dont nous avons parlé ci-dessus, convoqua les Etats à la Ville d'Apt, où assista l'Archevêque de Naples. Il representa dans cette assemblée, que quantité de Barons ne lui avoient pas voulu obéïr sous pretexte qu'il n'êtoit pas du Païs : & qu'il desiroit de sçavoir la résolution que prendroit la Ville de Marseille sur cette affaire. Iaques Carazuli qui en étoit Viguier eût ordre

XVIII

Aux Archives de l'Hôtel de Ville, au Registre de Jean Audibert Notaire greffier du Palais.

Tome I. L l

de ſçavoir les intentions de la Ville; il en parla dans un Conſeil, qui fut tenu pour ce ſujet, où les Marſeillois réſolurent d'obeïr au grand Sénéchal juſqu'à ce qu'il aparut d'une revocation expreſſe de leurs Majeſtés, ſans préjudice pourtant de leurs Chapitres de paix, conventions, & Priviléges.

XIX. Ils ne firent pas la même choſe envers Gaſpar Lercare Genois, qui aïant été pourvû de la charge d'Admiral de Provence, & aïant preſenté ſes proviſions au Conſeil de la Communauté; les Marſeillois lui repondirent, qu'elles n'étoient pas dans les formes, qu'il les fit reparer, & que ſi dans ſix mois elles étoient de la maniere qu'elles doivent être, ils le recevroient, autrement ce temps expiré ils ne ſeroient plus en état de le reconnoître. Ce qui les obligea de faire cette réponſe, eſt que dans les proviſions, on ne lui avoit donné que le tître d'Admiral de Provence, & de Forcalquier; au lieu d'être qualifié Admiral de Provence, de Marſeille, & de Forcalquier. Ce qui eſt digne de remarque, puiſque Marſeille croïoit d'avoir droit de préceder le corps de la Province.

Aux archives de l'Hôtel de Ville, au Regiſtre de Jean Audibert Notaire & greſſier du Palais.

XX. L'année ſuivante, les Piſans envoïerent à Marſeille un Ambaſſadeur apellé Iaques Cambini, qui porta des lettres de la Republique, par leſquelles elle ſe plaignoit qu'un Marſeillois nommé Bartelemi Gilles avoit pris avec une Galere armée quelques-uns de leurs Vaiſſeaux chargés de Marchandiſes. Les Marſeillois aſſemblerent leur Conſeil général qui détermina qu'on procederoit criminellement contre Gilles, en effet il fut empriſonné, & les Marchandiſes qu'il avoit priſes aux Piſans, furent renduës.

XXI. La mort du Comte d'Avelin, qui arriva en cette même année, rendit le calme & la tranquilité à toute la Provence, & le grand feu que ce Seigneur y avoit allumé, y fut entierement éteint. Mais un an aprés, on le vit ralumer par ceux qui ravagerent pour lors toute la France; ainſi que nous dirons ci-aprés. Et comme nous avons veu, Loüis & Ieanne pour reconnoître la fidélité des Marſeillois, & pour les indemniſer des grands dommages, qu'ils avoient reçû durant la guerre, leur avoient donné le Château de S. Marcel; ils leur firent auſſi expedier des lettres Patentes, qui portoient injonction aux Sénéchaux de Provence, de recevoir d'eux le ſerment de fidélité, pour raiſon de ce Château ſuivant la coûtume, nonobſtant le tems qui s'étoit écoulé: avec cette condition que les Marſeillois ſeroient obligés de renouveller le même hommage entre leurs mains, lorſqu'ils iroient en Provence, & que cette ceremonie ſe fairoit par un ou par pluſieurs Sindics, expreſſement députés pour leur rendre ce devoir.

CHAPITRE XI.

Les Marseillois se broüillent avec le grand Sénéchal & la Ville d'Arles. Ils repoussent une Armée de Brigans. Arrivée de plusieurs Princes & grands Seigneurs à Marseille. Mort de Loüis mari de la Reine Ieanne. Les Marseillois font de repressailles sur les Villes d'Arles & de Nice. Plusieurs Princes & Princesses & quelques Villes encore écrivent aux Marseillois. Arrivée à Marseille du Pape Urbain V. La Reine confirme les Privileges des Marseillois, qui députent au Roi d'Aragon. Loüis Duc d'Anjou fait la guerre en Provence, laquelle se termine par une paix.

I. Les Marseillois se broüillent avec le grand Sénéchal & la Ville d'Arles. II. Ils refusent de reconnoître les Officiers créez par le grand Sénéchal. III. Ils repoussent une Armée de Brigans aprés avoir ruïné leurs Faux-bourgs. IV. Les députés des Marseillois obtiennent de la Reine Jeanne des Lettres Patentes portant injonction au grand Sénéchal d'observer les Chapitres de paix. V. Arrivée du Roi de Chipres à Marseille. VI. Mort de Loüis Prince de Tarante mari de la Reine Jeanne: les Marseillois font ses funerailles. VII. Les Marseillois font de represailles sur ceux d'Arles & de Nice. VIII. Contention entre les Marseillois, Raimond d'Agout & la Cour Roïale d'Aix: Ils sont favorisés du Pape Urbain V. à qui ils fournissent cent arbalêtriers que sa Sainteté envoïa en Italie au secours des Florentins. IX. Loüis de Navarre écrit aux Marseillois & les prie de recommander ses interets à Urbain V. ce qu'ils lui promettent de faire. X. Arrivée à Marseille du Pape Urbain V. XI. Ceux de Barcelone écrivent aux Marseillois pour se faire restituër quelques Marchandises qui leur avoient été prises XII. Alazie de Baux écrit aux Marseillois & leur demande du secours: leur réponse XIII. Catherine de Baux Dame de Courteson demande aussi du secours aux Marseillois qui s'excusent. XIV. Les Marseillois écrivent au Pape Urbain V. en faveur de l'Archevêque de Palerme. XV. Un Corsaire Genois après avoir pris une Barque de Barcelone aborde à Marseille, dont les Marseillois en ressentent du déplaisir. XVI. La Republique de Pise écrit aux Marseillois qui leur font réponse. XVII. Arrivée à Marseille du Duc d'Anjou, du Cardinal de Bologne & du Vicomte de Narbonne XVIII. Contention entre le Sénéchal de Provence & les Marseillois qui est enfin terminée XIX. La Reine confirme aux Marseillois leurs Privileges dans le Roiaume de Naples. XX. Les Marseillois députent au Roi d'Aragon. XXI. Urbain V. repasse à Marseille XXII. Loüis Duc d'Anjou trouble la Provence. XXIII. La Reine écrit aux Marseillois de s'oposer aux armes de ce Prince. XXIV. Le Duc prend Tarascon, les Marseillois secourent la Ville d'Arles que ce Prince avoit assiégée. XXV. Le Pape termine cette guerre par un accord. Sa teneur.

I. Bien que par les Chapitres de paix dont nous avons parlé, les Marseillois fussent déchargés dans la Provence de toute sorte de droits & d'impositions ; neanmoins ceux d'Arles arretérent dans le Rhône en l'année 1360. une barque chargée de bled, que la Ville de Marseille faisoit conduire pour la provision de ses Habitans. Ceux qui commirent cét attentat, n'eurent point d'autre pretexte que de dire que le Patron de la barque avoit omis de païer un nouveau droit qu'ils avoient imposé. Les Marseillois à cette nouvelle furent si fort irrités d'un procédé si peu raisonnable, qu'ils se pourvûrent par devant Mathieu de Gesvaldo Sénéchal de Provence, qui ordonna à ceux d'Arles de relacher ce bled ; mais ne voulant pas executer cette ordonnance, les Marseillois armerent une Galere qu'ils firent conduire proche d'Arles, où elle fit descente d'un bon nombre de braves hommes, qui étants à terre firent vingt-cinq prisonniers, qu'ils ne rendirent point que la Barque chargée de bled ne leur fut restituée. Parmi ces prisonniers il s'en rencontra trois domestiques du Sénéchal, qui en même tems écrivit aux Marseillois de leur donner la liberté. L'empressement que le Sénéchal témoigna dans sa lettre pour le recouvrement de ces trois prisonniers, donna lieu de soubçonner qu'il n'eût quelque intelligence avec la Ville d'Arles, & qu'il ne la favorisat secretement pour l'exaction des nouveaux droits qu'elle avoit imposé. Tellement que sur cette croïance, qui n'étoit pas mal fondée ; les Marseillois se broüillerent avec le Sénéchal.

1360.

II. Leur mesintelligence alla si avant qu'ils s'oposerent à l'établissement du Viguier, du Juge du Palais, & des Juges des premieres & des secondes apellations, que le Sénéchal avoit créez. Leur oposition pourtant fut avec cette protestation, qu'ils ne pretendoient aucunement derroger à l'autorité de la Reine, ni tomber dans la rebellion ; leur

constance

DE MARSEILLE. Liv. V.

constance & leur fidélité étant assés connuës de tout le monde : mais que leur juste ressentiment, & leur oposition n'étoient que contre le grand Sénéchal, qui pour avoir violé leur conventions, s'étoit rendu indigne de sa charge : & qu'ils étoient resolus de ne le point reconnoître ni de ne point recevoir les Officiers de son institution jusques à ce qu'il eût juridiquement revoqué ces nouveaux droits. Que cependant ils toleroient que ceux qui étoient en charge continuassent dans leurs exercices jusqu'à ce que la Reine y eût pourvû ; & qu'on eût obtenu d'elle la demission du grand Sénéchal.

III.

1361. Pendant que la Provence étoit troublée par la perfidie du Comte d'Avelin, la France étoit dans une desolation extreme, soit par la détention du Roi Jean, soit par l'insolence des peuples rebelles, qui faisoient mille ravages. Edoüard Roi d'Angleterre passa une seconde fois la mer pour la conquerir ; mais Dieu qui par une providence singuliere protege cette Monarchie, disposa tellement l'esprit de ce Prince, que la paix fut concluë à Bretigni, lorsqu'on y pensoit le moins. La guerre ainsi heureusement terminée, les armées furent licentiées ; & lorsque la France aprés de si grands mouvemens, & de si horribles desordres, s'attendoit de joüir de quelque repos, elle se vit étrangement agitée par l'insolence de quelque reste de l'armée ennemie. Car les soldats qui pendant la guerre s'étoient accoûtumés au libertinage, ne pouvans se resoudre à une vie reglée, se jetterent aux champs, où ils firent mille brigandages, & commirent tous les crimes que peuvent commettre des gens ramassés, sans chef, sans ordre, & sans discipline. Le nombre de ces enfans perdus augmenta si prodigieusement, que dans peu de tems ils se trouverent plus de seize mille hommes de diverses nations qui coururent & ravagerent toute la France, defirent Jaques de Bourbon, & lui taillerent en pieces une belle armée, qu'il avoit mis sur pied pour s'oposer à leurs ravages. Aprés cette victoire ils entrerent en Provence, & s'avancerent jusques aux Faux-bourgs de Marseille à dessein de la prendre : mais les Marseillois qui avoient prévû la temerité de leur entreprise, avoient en même tems pourvû à la défense de leur Ville : car aïant observé que leurs Faux-bourgs qui pour lors étoient fort étendus, & fort peuplés, & même enrichis de plus belles maisons, dans lesquelles l'ennemi pouvoit se loger & se fortifier, pour se rendre maître plus facilement de la Ville ; ils resolurent de les ruïner, & en éfet ils en brûlerent une partie, & démolirent l'autre, & par ce moïen s'étant mis à couvert du danger évident qui les menaçoit, ils repousserent genereusement cette armée avec grande perte de part & d'autre, ils la contraignirent de quitter le champ de bataille & de se retirer avec confusion. Les titres d'où j'ai puisé ce que je viens de dire, apellent Anglois tous ces gens ramassés, je crois que c'est parce que la plus grande partie de cette armée en devoit être composée.

Archiv. de l'Hôtel de Ville.

Suburbia ipsius civitatis tum erant desensibilia in quibus inhabitabat major pars populi & in quibus erant pulcherrima hospitia & feré pulchriora quàm infra civitatem.

1362. L'année d'aprés les Marseillois aïant député à Naples vers la Reine, pour se plaindre du procedé du Sénéchal de Provence, obtinrent des lettres patentes qui portoient injonction à cét Officier, & à tous les autres d'observer les Chapitres de paix, & ordonnoient que les Mar-

IV.

Tome I.   M m

seillois seroient francs dans toute la Provence des subsides touchant le transport du bois, des vivres, du sel, & des autres choses qu'on porteroit dans Marseille.

V. En la même année Pierre Roi de Chipre souhaitant avec passion de recouvrer tout ce que ses Prédecesseurs avoient perdu au Roïaume de Jerusalem, resolut de venir passer en cette ville. Les Marseillois qui en furent avertis determinerent dans un Conseil qu'on iroit au devant de lui avec l'Etendart de la Reine, & avec celui de la Ville ; qu'on lui prepareroit le Dais, qui seroit porté par Pierre Ricaut le vieux, par Pierre de Lingris, Jean de Bucco, Pierre Carbonel, Berenger Montagne, & par Vivaut de Jerusalem : on y délibera encore que Bertrand Damian, Roland Aimonis, Guillaume Rapelin, & Guillaume Bonpas prendroient soin de pourvoir à tout ce qui seroit necessaire pour la table de ce Prince, qu'on traita splendidement ; ensuite on fit balier le quai du Port, & toutes les ruës de la Ville, afin que la reception d'un si grand Prince, fut accompagnée de toutes les circonstances qui pouvoient la rendre solemnelle. Ce Roi aiant donc pris port à Marseille, où pour la consolation & la joïe publique des Habitans, il arreta quelque jour, il partit aprés pour Avignon, où il confera avec le Pape Urbain V. touchant les moïens les plus convenables pour un si grand dessein.

Aux Archi. de l'Hôpital S. Esprit, au Registre de Raimond Amiel Notaire.

VI. Les Marseillois aïant pû de tems aprés reçû les funestes nouvelles de la mort de Loüis mari de Jeanne, resolurent dans une assemblée tenuë pour ce sujet, d'en solemniser la pompe funebre dans l'Eglise des Freres Mineurs ; & pour la rendre plus solemnelle, ils prierent l'Abé de S. Victor d'en faire l'Oraison funebre, & d'y assister avec tous ses Religieux. Cette ceremonie achevée, on fit équiper une Galere sur laquelle monterent douze Marseillois des plus qualifiés, qui allerent à Naples plaindre le düeil, & faire au nom de la Ville leur compliment de condoleance à la Reine.

VII. Les lettres patentes que la Reine avoit fait expedier en faveur des Marseillois, dont nous avons parlé ci-dessus ; ne leur furent pas beaucoup avantageuses ; elles furent reçûës avec chagrin, & on n'y eût aucun égard. Tellement que pour les executer, & faire valoir l'autorité de la Reine à leur profit, ils furent contraints de se servir du remede qui êtoit pour lors en usage, sçavoir de faire des represailles, contre ceux qui leur avoient fait quelque tort ; ils firent donc de saisies contre les Habitans d'Arles, jusqu'à la concurrence des sommes qu'ils avoient exigées sûr eux pour le droit de Pontanage. La Ville d'Arles établit aussi sur celle d'Iéres, une imposition semblable à celle qu'elle exigeoit des Marseillois ; & parce que la Ville de Nice avoit reçû & acheté de quelques voleurs certaines Marchandises qui avoient été derobées à un Marseillois, & qu'elle ne rendit pas une exacte justice sur cette affaire, quoique la Ville de Marseille eût écrit en faveur de son Citoïen, les Marseillois en furent tellement outrés, qu'ils firent faire repressailles sur ceux de Nice, non seulement jusqu'à la concurence de cinquante florins, que se montoit ce qui

Archiv. de l'Hôtel de Ville.

avoit été derobé ; mais encore de la somme qu'on avoit emploïé aux fraix, & aux dépens qu'on avoit été obligé de faire pour ce sujet.

Aux Arch. de l'Hôtel de Ville au Regiſtre de Pierre A-ielmi.

VIII.

Ces contentions ne furent pas les seules que les Marseillois eurent alors, il en survint encore un autre bien plus grande contre Raimond d'Agout Sénéchal de Provence, successeur de Gisvaldo, & contre la Cour Roïale, qui avoient établi à Aix un péage, qu'ils leur faisoient païer: mais parce qu'ils ne pouvoient pas remedier si-tôt à cette imposition, qui choquoit directement leurs conventions & leurs Privileges; ils députerent Antoine Dieude Damoiseau, & Guillaume de S. Gilles au Pape Urbain V. qui étoit pour lors à Avignon, pour le prier de s'entremetre en cette affaire. Sa Sainteté aïant oüi, & examiné serieusement toutes les raisons des députés trouva à propos de ne rien decider là dessus, mais seulement de leur declarer par écrit son sentiment, qui fut que le péage avoit été injustement établi & imposé à l'égard des Marseillois ; & qu'ainsi on étoit obligé de restituer tout ce qu'on avoit éxigé sur eux, avec tous les dépens, dommages & interets; & que cette exaction injustement établie devoit discontinuer jusques à ce que la Reine Jeanne eût prononcé. Sa Sainteté qui aimoit les Marseillois, voulant soutenir & proteger la justice de leur cause ; écrivit favorablement pour eux à cette Princesse. Nous verrons ci-aprés comme cette affaire fut terminée. Cependant je ne dois pas oublier de remarquer que si Urbain favorisoit avec tant de bonté les Marseillois; ils ne laissoient passer aucune occasion, sans lui donner des marques de leur gratitude, & de leurs respects. Car comme en la même année il eût besoin de soldats pour envoïer en Italie à Gilles Corneti son Legat, afin de secourir les Florentins ses alliés, ausquels les Vicomtes de Milan faisoient la guerre : la Ville de Marseille lui fournit cent arbalêtriers, soûs la conduite de Pierre de Lingris Damoiseau, un de leurs Citoïens.

Au Regiſtre de Pierre Amiel.

IX.

Sur les nouvelles que les Marseillois eurent presque en ce même tems que Loüis de Navarre, un des fils de Philipe d'Eureux Roi de Navarre, faisoit dessein de se mettre en chemin pour venir s'embarquer à Marseille, & de là passer à Naples, pour épouser Jeanne de Duras, que la Chartre apelle Marie fille de Charles de Sicile Duc de Duras, & de Marie de Sicile sœur de la Reine Jeanne. Ils délibererent de lui rendre de grands honneurs à son arrivée, & de lui faire present du vin & du poisson sans pourtant lui presenter le Dais. Ce Prince sachant que Urbain V. avoit grande affection pour les Marseillois, comme j'ai dit ci-dessus, leur écrivit avant son départ de prier sa Sainteté lors qu'elle passeroit à Marseille (où elle avoit resolu de s'embarquer dans peu de tems pour aller en Italie) de lui accorder la dispense qu'il demandoit, pour accomplir son mariage, à cause qu'il étoit parent de cette Princesse en degré prohibé. Les Marseillois lui firent preparer deux Galeres, & un Vaisseau pour le porter à Naples, & lui firent réponse, qu'ils seroient fort aisés de le servir en cette rencontre, & de s'emploïer avec chaleur pour lui, lors qu'il en seroit tems, ce qu'ils ne manquerent pas de faire au cômencement de l'année suivante,

Aux Archives de l'Hôtel de Ville, au Regiſtre de Guillaume Bauli Secretaire.

qu'ils eurent l'honneur & la consolation de voir sa Sainteté dans leur Ville, comme nous dirons tantôt. Il y a apparence que leur recommandation eût son éfet, & que le Pape leur accorda cette dispense, puisque le mariage s'accomplit.

X.   Le Pape Urbain V. qui résidoit à Avignon aïant fait dessein de passer en Italie arriva à Marseille accompagné de quelques Cardinaux. Les Marseillois qui aimoient cherement ce Pontife, le reçeurent solemnellement, & avec tout l'honneur qu'il meritoit. En effet ils prirent grand soin de faire tapisser toutes les ruës de la Ville, & principalement la ruë Françoise qui commence depuis l'Eglise des Observantins, & va aboutir jusqu'à la maison du sieur de Mirabeau, où ils étallerent tout ce qu'ils avoient de plus riche, de plus curieux, & de plus magnifique, ensuite d'une déliberation qui fut tenue pour ce sujet le 18. d'Août de l'an 1365. dans laquelle on délibera aussi que le soir du jour de son entrée on feroit brûler une lampe de deux maisons en deux maisons, le jour de son arrivée ils allerent au devant de lui en procession; & pour plus de solemnité, ils porterent sous le Dais les Chasses d'argent qui renfermoient les chefs de S. Loüis, de S. Lazare, de S. Victor, & de S. Cassian. Jaques Atulphi & Jaques Stornelli marchoient les premiers, l'un portoit l'Etendart de Marseille, & l'autre celui de la Reine; & en même tems qu'il fut entré dans la Ville par une porte qui est presentement fermée, & qui joignoit la Tour de Sainte Paule, on lui presenta le Dais dont les bâtons étoient soûtenus par Pierre de Jerusalem, Bernard Boniface, Iean de Quinsiaco, & Pierre Ricaut le Vieil, de là il tira droit vers le Couvent des Trinitaires qui étoit en ce tems-là, où est aujourd'hui la tuérie, il y trouva les Religieuses de Sainte Clere qui pour témoigner la joie qu'elles avoient de son heureuse arrivée étoient sorties de leur Monastere, & s'étoient logées en cét endroit pour le voir passer chantant des Himnes, & des Cantiques en son honneur; ensuite il décendit à la place de S. Thomas (que nous apellons la place de Linche) où il vit les Religieuses de S. Sauveur qui étoient aussi sorties de leur Monastere, chantans ses loüanges & ses vertus, & poursuivant son chemin comme il fut audevant de l'Eglise des Accoules, il rencontra les Religieuses de Sion qui joignirent leurs vœus aux acclamations de joie extraordinaire que le peuple faisoit retentir par toute la Ville. Enfin il fut conduit à l'Abaïe S. Victor où il prit logis, & les Cardinaux furent logés en diverses maisons de la Ville les uns au Palais Episcopal, & à la commanderie de S. Antoine, les autres aux maisons de Sauveur Austrie, & de ses freres, de Guillaume & de Charles de Montolieu, de Bertrand Candolle, de Pons d'Allamanon, du Seigneur de Cuges, de Pierre de S. Iaques, de Pierre Alleman, de Berenger de Bulbon, d'Etienne de Brandis, d'Imbert de Marcho, & de Guillaume Martin. Sa Sainteté aprés avoir demeuré vingt jours dans Marseille se mit en mer & prit la route d'Italie accompagné d'un grand nombre de Galeres, & de Vaisseaux que la Reine de Sicile, les Venitiens, les Genois, & les Pisans l'y avoient preparé.

XI.   Peu aprés ceux de Barcelonne, écrivirent aux Marseillois & leur demanderent

Archiv. de l'Hôtel de Ville.

manderent la restitution de quelques Marchandises, qui leur avoient été prises par une Galere de Marseille : car bien qu'il y eût tréve alors entre les Provençaux & les Catalans, elle étoit pourtant si peu observée qu'ils se pilloient les uns les autres. Les Marseillois leur firent réponse, que si on ne leur rendoit ce qu'on leur avoit pris, qu'ils en feroient de même envers eux.

XII. En ce même tems, Alazie de Baux Epouse du Seigneur de Sault, & de Raillane écrivit aux Marseillois une lettre de créance, qui fut portée par Antoine de S. Cernin Gentilhomme de sa maison; qui leur exposa que la confiance que la maison de Sault avoit en eux, l'obligeoit de les prier instamment de l'assister de quelques troupes de soldats, à cause que le Vicomte de Talard son gendre avoit sujet de craindre, qu'on ne lui portât la guerre dans ses terres. Les Marseillois lui répondirent que dans la conjoncture où ils se trouvoient, ils ne pouvoient pas se déterminer de lui accorder sa demande : parce que trois Galeres qu'on avoit équipé dans leur Port pour le service du Comte de Savoïe, ne faisoient que d'en partir, qu'on en preparoit deux autres, avec un Vaisseau pour porter à Naples le Prince de Tarante ; ce qui avoit en quelque façon dépourveu la Ville de soldats : outre qu'ils aprehendoient les courses, que le Duc de Milan faisoit en Provence ; & enfin que la tréve qui étoit entre les Provençaux, & les Catalans alloit expirer, sans qu'on pût prevoir si elle se termineroit à une paix, ou si on continueroit la guerre, & que jusqu'à ce que tous ces Bâtimens fussent de retour, & que les choses fussent plus tranquiles, ils ne pouvoient pas lui promettre aucun secours.

XIII. Cette Dame n'eût pas sujet de se plaindre des Marseillois, puisqu'un mois après ils ne pûrent pas donner secours à Catherine de Baux, Dame de Courteson, niéce de Raimond Seigneur de Baux Comte d'Avelin, & grand Chambelan de Sicile, en faveur de laquelle la Reine & ce Seigneur leur avoient écrit. Cette Dame avoit été emprisonnée par le Prince d'Orange son parent, qui s'étoit emparé de sa terre de Courteson. Le Sénéchal de Provence avoit ordre de sa Majesté d'aller attaquer ce Prince à main armée ; mais la Ville de Marseille, pour les raisons que nous avons dit ci-dessus, ne pût rien faire en cette rencontre, de peur que venant à se dépeupler, cela ne donnât sujet à l'ennemi de former quelque mauvais dessein.

XIV. Comme on êtoit asseuré que les Marseillois étoient bien avant dans les bonnes graces du Pape, cela convioit plusieurs personnes de la premiere qualité, de s'adresser à eux pour leur procurer des faveurs. l'Archevêque de Palerme qui ne pouvoit alors demeurer en asseurance, ni dans son Diocése, ni dans toute l'Isle de Sicile, fit prier les Marseillois d'obtenir de sa Sainteté la permission de demeurer à Marseille, où à Genes.

XV. En ce même tems la Ville de Marseille reçût un sensible déplaisir, de ce qu'au préjudice de la tréve qu'elle avoit moïené de renouër entre les Catalans & les Provençaux, & qui avoit été publiée par toute la Provence ; Valerien de Chavere Genois, avoit été si hardi qu'avec une

Galere qu'il avoit armé au Port d'Olivet, & sur laquelle il avoit fait monter quantité de Provençaux ; il avoit pris une barque de Barcelonne, qui faisoit voile à Marseille pour y charger du vin. Cette nouvelle ni fut pas plûtôt portée, que les Marseillois, ensuite d'un Conseil qui fut tenu expressément, députerent au Grand Sénéchal de Provence pour le conjurer de vouloir faire punir les Provençaux qui étoient dans cette Galere, & de rendre ce qu'on avoit pris aux Catalans, avec les dommages & interêts qu'ils avoient soufferts. Ils envoïerent aussi supplier trés-humblement le Pape de vouloir remontrer à Ferdinand d'Heredia, Castelan d'Emposte qui étoit auprés de lui, qu'ils étoient extrêmement touchés de cette action ; à laquelle ils n'avoient aucune part. Pierre de Lingris Damoiseau, & Pierre Amiel Notaire furent députés pour ce sujet, ils en confererent avec le Sénéchal, & ensuite ils furent à Avignon, où aprés en avoir parlé avec sa Sainteté, & avec le Castelan d'Emposte, ils obtinrent d'eux ce qu'ils souhaitoient : l'un & l'autre écrivirent en leur faveur au Roi d'Aragon, & firent connoître la sincerité de la Ville de Marseille, qui bien loin d'avoir participé à cette action l'avoit en extreme horreur.

XVI. Si le procedé de ce Corsaire Genois affligea la Ville de Marseille, une lettre obligeante que leur écrivit la Republique de Pise, leur donna beaucoup de joïe. Elle leur témoigna que les Marseillois pouvoient aller negocier à Pise, & y demeurer en toute seureté. Les Marseillois qui vouloient se revencher de cette civilité, leur firent un même compliment.

XVII. Cette joïe ne fut pas la seule qu'ils reçûrent la même année. L'arrivée du Duc d'Anjou, du Cardinal de Bologne, & du Vicomte de Narbonne, qui se rendirent à Marseille pour y visiter les Saintes Reliques, leur causa un contentement si particulier, qu'ils députerent plusieurs Gentilshommes & un bon nombre des plus notables Citoïens pour aller à leur rencontre ; on disposa avec soin les plus belles maisons de la Ville pour leur logement, on mit sur les murailles de la Ville tout au devant de l'Eglise de S. Loüis, quantité de differentes Bannieres, le Viguier, tout le Conseil encore les allerent recevoir ; & pour observer l'usage de ce tems-là, Amiel Boniface fut choisi pour porter la parole, & les haranguer.

Aux Archives de l'Hôtel de Ville, au Registre de Raimond Audibert & Guillaume Bajuli.

XVIII Nous avons vû ci-devant comme les Marseillois, par ordre de Raimond d'Agout Sénéchal de Provence, & des Maîtres rationaux, furent contrains de païer un droit, qu'ils avoient nouvellement établi dans la Provence. Ce mauvais traitement que les Marseillois reçûrent en cette rencontre, les irrita si fort contre le Sénéchal qu'ils s'oposerent formelement aux lettres patentes qui le confirmoient dans cette charge, & qu'il avoit obtenuës de sa Majesté. Aprés que l'année de son exercice fut expirée, ils dirent hardiment qu'ils ne le reconnoîtroient jamais qu'il n'eût reparé le dommage qu'il leur avoit causé en l'exaction de ce droit. Le Sénéchal se voïant choqué de la sorte, se ravisa, témoignant d'être bien aise de vivre paisiblement avec les Marseillois, & de terminer cette contention par la voïe des arbitres ; il choisit donc pour cét effet Roftang Vincens, & George de Montemalo; les Marfeillois nommerent pour leur chef Guillaume de S. Jaques, & Pierre de Lingris. Ces quatre Gentils-hommes agirent fi prudemment, & avec un fuccés fi favorable, qu'ils mirent d'accord les deux parties, avec les conditions fuivantes, fçavoir que tout ce qu'on avoit pris fur les Marfeillois à raifon des droits que le Sénéchal & les Maîtres rationaux avoient impofé dans la Provence, & fait éxiger fur eux, leur feroit reftitué; & qu'à l'avenir (conformément aux Chapitres de paix) ils feroient francs de toute impofition, droits & fubfides par toute la Provence. Aprés cét accord le Sénéchal vint à Marfeille, où en plein Confeil on fit la lecture de fes provifions qui furent reçûës, & enfuite il prêta le ferment accoûtumé.

1366.

Aux archives de l'Hôtel de Ville, au Regiftre des Pierre Amiel Secretaire.

En cette même année la Reine confirma aux Marfeillois tous les privileges qui leur avoient été accordés par les Rois fes Prédeceffeurs; par lefquels il étoient francs de tous droits dans toute l'étenduë du Roïaume de Naples.

XIX.

Dans un Confeil qui fut tenu le 27. de Juillet; les Marfeillois députerent au Roi d'Aragon, Guillaume Rapelin un des plus aparens de leurs Citoïens, pour lui reprefenter le tort que lui avoit fait une de fes Galeres, qui au prejudice de la confederation qui étoit entre les Marfeillois & les Catalans, étoit venuë courir jufques en ces mers; & le 22. de Iuillet avoit enlevé quantité de Marchandifes, qui apartenoient aux Marfeillois; ce député avoit ordre que s'il ne trouvoit pas le Roi dans Barcelonne de s'adreffer au Senat. Cependant le Confeil ordonna qu'on arreteroit de Navires & des Marchandifes des Catalans, jufqu'à ce qu'on les eût reparés. Ie n'ai pû trouver quelle iffuë eût cette affaire.

XX.

1366.

Aux Archives de l'Hôtel de Ville, au Regiftre de raimond Audibert & de Guillaume Bejuli.

Le Pape Urbain V. aprés avoir demeuré quelque tems en Italie refolut de revenir à Avignon, & pour cét éfet il envoïa à Marfeille Pierre de S. Georio fon familier pour faire fçavoir aux Marfeillois qu'il ne tarderoit pas de repaffer par leur Ville. Les Confuls firent auffi-tôt affembler le Confeil de la Communauté qui fut tenu le 27. de Mars de l'an 1367. par lequel il fut déliberé de l'y rendre tout l'honneur qui étoit dû à une fi augufte perfonne de loger tous les Cardinaux qui l'accopagnoient, & fit choix en même tems de douze Citoïens des plus qualifiés pour porter le Dais. Voici le nom de ceux qui furent élûs pour le porter les premiers. Bernard Boniface, Bartelemi de Monteux, Pierre l'Hataud, Pierre Ricaut, Giraud Aimeric, Iean de Quinfiaco. Les fuivants le devoient prendre en même tems que ceux là le quitteroient. Iean de Vaquieres, Guillaume de S. Gilles, André Bonvin, Guillaume Elie, Antoine Vincens, & Pierre Auftrie. Le Confeil délibera encore que le Viguier Imbert d'Alamanon, & le Seigneur de Cabriés, marcheroient à fon côté. Ce Pontife vint à Marfeille le dernier d'Avril de la même année & quelques jours aprés il partit pour Avignon.

XXI.

Archiv. de l'Hôtel de Ville.

1368. L'année d'aprés il furvint en Provence des grands troubles, fufcités par Loüis Duc d'Anjou, fils de Loüis Roi de France, & Lieute-

XXII.

nant général en Languedoc, qui s'en voulut rendre maître. Il y entra avec une armée nombreuse, pendant que Ieanne étoit à Naples. On croit qu'il prit pretexte que, parce que le Roïaume d'Arles lui apartenoit par le don que lui en avoit fait l'Empereur Charles 4. que la Provence étant un membre de cét état, elle devoit lui apartenir. Urbain V. qui n'aprouvoit aucunement cét injuste dessein, écrivit aux Marseillois de se défendre genereusement. Le Sénéchal de Provence qui emploïoit tous ses efforts, pour garantir cét état de toute sorte des surprises de l'ennemi ; demanda des forces maritimes aux Marseillois, ils lui accorderent deux Galeres, l'une de Iean Audibert Notaire, & l'autre de Martin Helie & de Sauveur Austrie. Cette derniere Galere avec une autre de Marseille, qui étoit à Berenger Montagne, firent voile à Menton, & y brûllerent quelques Galeres qui apartenoient à Angelin & à Iean Duze freres qui tenoient le parti du Duc d'Anjou & tout cela fut fait par ordre de la Ville.

Archiv. de l'Hôpital S. Esprit au Registre de Iean Audibert Notaire.

XXIII

Cependant la Reine qui fut avertie de cette guerre ; écrivit deux lettres aux Marseillois, pour les exciter à se bien défendre. Par la premiere, elle leur representoit que pour conserver leur foi inviolable, ils avoient passé par l'eau & par le feu, & couru une même fortune avec elle : & par l'autre, elle les exhortoit d'agir genereusement en cette occasion, & de même maniere qu'ils en avoient toûjours agi envers ses Ancêtres.

XXIV Ce fut alors que le Duc d'Anjou assiégea & prit Tarascon. Quelques Historiens disent qu'il prit aussi la Ville d'Arles, & d'autres qu'il ne fit que l'assiéger. La Ville de Marseille en cette conjoncture secourut celle d'Arles. Le Sénéchal de Provence qui s'efforça de secourir ces Villes, y fut battu : car on lui défit cent soixante hommes de cheval, & trois cens de pied. Fouquet d'Agout, Bermond de la Voute, Guiran de Simiane, Arnaud de Villeneuve Seigneur de Cireste, les Seigneurs de Cuers & de Bormes, & autres personnes qualifiées au nombre de quarante y furent faits prisonniers. La Ville d'Aix qui avoit grande passion de se conserver, suplia la Ville de Marseille de s'unir avec elle.

XXV. Le Pape cependant qui souhaitoit de pacifier toutes choses, travailla avec tant de soin qu'on demeura d'accord de part & d'autre, de lui remettre la decision de ce different : & que cependant il y auroit tréves pour un an. Que les troupes du Duc d'Anjou sortiroient de la Province, sans porter aucun préjudice au terres du Pape, moïenant la somme que Geofroi de Salignac Doïen de Mascon Auditeur du Palais du Pape & son nonce, Philipe Patriarche de Ierusalem, Jean Archevêque d'Aix, Guillaume Abé de S. Florens, & Guillaume Roger de Beaufort Vicomte de Turenne, en arbitreroient. Que la Reine, ses Officiers, & les Provençaux, ne pourroient point aliener la Provence en tout ou en partie durant une année entiere, pendant laquelle le Pape prononceroit : Que durant ce tems là il ne seroit fait aucun acte d'hostilité : Et que toutes les places de Provence seroien t rendües à la Reine.

HISTOIRE DE MARSEILLE, LIVRE SIXIEME.

CHAPITRE I.

Le Pape Gregoire XI. vient à Marseille. Les Marseillois équipent une Armée navale pour aller délivrer la Reine Ieanne.

I. Le Pape Gregoire XI. fait écrire aux Marseillois de n'avoir point de commerce avec les Florentins. II. Le Duc d'Anjou leur écrit de restituer une quantité de bled qu'ils avoient pris en même tems qu'on le sortoit de la Ville d'Arles ; Teneur de la lettre que ce Prince leur écrivit. III. Les troubles qui arriverent en ce tems là en Provence donnerent sujet aux Marseillois de faire garder le Monastere S. Victor. IV. Etienne de Brandis Marseillois par ordre du Pape saisit dans le Port de Pise un Vaisseau Genois dont le chargement apartenoit aux Florentins. V. Arrivée du Pape à Marseille qui fait voile en Italie. VI. Schisme en l'Eglise; Jeanne adopte Loüis Duc d'Anjou. VII. Charles de Duras s'empare du Roïaume de Naples & fait emprisonner la Reine Jeanne & son mari. VIII. Les Marseillois équipent une Armée navale pour aller secourir cette Princesse : le Comte Vert leur envoie des Ambassadeurs pour leur témoigner qu'il avoit la même affection. IX. Cette Armée navale fût à Naples pour tâcher de la délivrer X. Les Chefs de cette Armée parlent à cette Princesse dans la prison.

I.

LES Papes resìdoient encore en ce tems là à Avignon, & celui qui remplissoit alors cette supreme dignité, étoit Gregoire XI. qui avoit pris ce nom en memoire de S. Gregoire le Grand, dont il imitoit les vertus. Mais quoiqu'il fût un Pontife accompli, & doüé de toutes les qualités requises à une personne si élevée, il fut pourtant beaucoup traversé dans l'Italie; car les Florentins se soûleverent, & firent encore revolter beaucoup des Villes dans la Toscane, & dans la Romagne; en telle sorte que ces divers mouvemens causerent un grand déplaisir au Pape; & l'obligerent de fraper d'Anatheme les Florentins. Et parce qu'il aprit que les Marseillois, avec lesquels ils avoient toûjours demeuré de bonne intelligence, les vouloient recevoir dans leur Ville, il leur fit écrire par Jaques Ceve Maréchal de l'Eglise Romaine, que s'ils les recevoient ils encourroient son indignation; les Marseillois qui ne vouloient pas déplaire à sa Sainteté, députerent à Avignon Bernard de Berre, & Jean Casse deux de leurs Citoïens, pour témoigner au Souverain Pontife, qu'ils ne pensoient aucunement d'avoir aucun commerce avec ses ennemis. Les Ambassadeurs furent bien reçûs de Gregoire, & s'en retournerent avec la satisfaction qu'ils pouvoient souhaiter.

Aux Archives de l'Hôtel de Ville, au Regitre de Pierre Amiel Notaire Secretaire.

II. La peste qui en cette même année ravagea la Provence, produisit une si grande dizette que le bled y fut fort cher durant quelques années. Or comme les Marseillois en étoient fort dépourveus, ils arrêtoient celui qui passoit par les mers de leur voisinage : ils se saisirent alors de sept cens septiers au moment qu'on les sortoit de la Ville d'Arles pour les porter à Aragon. Loüis Duc d'Anjou, qui fut depuis leur Prince Souverain, & qui étoit Gouverneur du Languedoc, écrivit aux Marseillois de restituer ce bled à un Marchand de Besiers, à qui il apartenoit; les autres Officiers du Roi de France en firent de même. Les Marseillois firent réponse au Duc d'Anjou, qu'il étoit veritable qu'ils avoient saisi ce bled dans les états de la Reine leur Princesse, & suivant leurs anciens privileges, qui leur permettoient de le faire ; qu'il leur étoit impossible de le restituer, puis qu'il étoit consommé, & que la seule necessité les avoit obligés de le prendre. Le Duc d'Anjou écrivit encore plusieurs lettres aux Marseillois pour ce sujet. J'ai jugé à propos d'inserer ici la derniere aux mêmes termes qu'elle est écrite, pour faire voir de quelle maniere ce Prince agissoit envers la Ville de Marseille, & combien il la consideroit. Le Regitre d'où elle est tirée fait voir que ce different ne consistoit qu'aux dommages & interêts, que les Aragonois faisoient monter à douze cens livres, parce qu'ils n'avoient pas eu le bled en son tems : les Marseillois députerent vers ce Prince pour tacher de l'adoucir ; mais quoi que je n'aïe pas trouvé, quel succès eût cét envoïe ; il y a neanmoins aparence que le Duc d'Anjou fut satisfait de la soumission, & de la civilité qui lui fut renduë en cette rencontre ; puis que comme nous verrons ci-après, les Marseillois donnerent de grands témoignages de respect pour sa personne, & pour tout ce qui le regardoit, aprés que la Reine Jeanne l'eût adopté. Voici la teneur de la lettre, dont nous avons parlé ci-dessus.

De par le Duc d'Anjou & de Turaine. Trés-chers & bien amés, nous vous avons plusieurs fois écrit, que comme nôtre bien amé Jean Bermond, fut ja peça conduire une Tartane de bled, par la riviere du Rhône, pour la faire mener à Barcelonne, à aucuns Marchands d'Aragon, ausquels il l'avoit vendu, vous ô aucuns de vous, & de votre commandement & consentement, & contre la volonté dudit Marchand, où de ses gens, que ledit bled conduisoient, fîssez prendre de fait & arrêter ledit bled, & icelui avez vendu & emploié, sans en vouloir restituer, ou païer tel prix que ledit bled, avoit été vendu, où ce qu'il valoit pour ledit tems, audit Païs d'Aragon, nonobstant que de ce, vous en fussiez requis, par la partie dudit Marchand, & depuis nous avons à vous plusieurs fois écrit, dont nous sommes bien émerveillés, considéré que si gratieusement en avons écrit ; & que la chose ne monte outre douze cens francs & pource que nous voulons, en toute maniere & raison est, que ledit Marchand soit restitué à plein de ladite somme, nous vous en écrivons encore & vous prions que certes à cette fois vous le veüilliés contenter, à plein si comme raison est, & par telle maniere, qu'il ait cause de soi loüer à nous, car ce n'est pas nôtre entente de plus vous en écrire, mais de proveoir d'autre maniere, si comme il a été accoutumé, & nous semblera de faire, & afin que vous sachiés mieux l'affection que nous avons à telle besogne nous avons de nôtre propre main, soubscript nôtre nom en ces lettres. Donné à Narbonne le sixiéme jour de Mars.   LOYS.

III. Il y eût alors quelques troubles en Provence, dont je n'ai pû aprendre ni la source ni la qualité ; mais on se recueille clairement, de ce que les Marseillois firent entrer dans le Monastere de S. Victor cinquante Arbalêtriers, sous la conduite de Guillaume Vivaud, Gentilhomme de leur Ville ; pour garantir cette maison de tout danger. Les Saintes Reliques furent alors portées dans Marseille, pour y être en asseurance ; & soixante Citoïens s'obligerent de les rendre, à même tems qu'il n'y auroit plus rien à craindre, & que tous les troubles seroient apaisés ; tout le Conseil cautionna ces soixante Habitans : & la Ville obligea aussi en cette conjoncture le Chapitre de l'Eglise Majeur, de faire garder à ses dépens le lieu d'Alauch, pour empêcher que les ennemis ne s'en saisissent.

1376. IV. Le Pape qui étoit encore irrité contre les Florentins, leur faisoit la guerre & par mer & par terre. Etienne de Brandis Gentilhomme de Marseille, eût ordre de leur courir sus avec deux Galeres qui lui apartenoient. Il se saisit dans le Port de Pise d'un Vaisseau de Lanfranc Marin Genois, sur lequel les Florentins avoient chargé quelques Marchandises. Aussitôt que ceux de Genes eurent nouvelle de cette prise ; ils en écrivirent aux Marseillois, & en demanderent la restitution. Etienne de Brandis, qui fut apellé en plein Conseil, pour donner raison de cette action ; représenta que ce qu'il avoit fait, étoit par commandement du Pape & des Cardinaux, offrant de rendre les Marchandises des Genois, mais non pas celles des Florentins. Le Conseil qui fut tenu le 7. Juin fit sequestrer tout ce qui étoit sur ce Vaisseau, quand il fut pris ; & résolut d'agir en cette affaire avec grande maturité pour ne pas désobliger le Pape & les Genois. C'étoit certes avec beaucoup de raiſon, qu'ils avoient cette aprehenſion ; car trois ou quatre jours aprés, un Eccleſiaſtique de leur Ville, leur fit voir des lettres, que Pierre de Crozo Archevêque d'Arles Camerier du Pape, & l'Evêque de Maguelone, auſſi Treſorier de ſa Sainteté lui avoient écrit, elles marquoient que Gregoire étoit fort aigri de ce qu'il avoit apris que la Ville vouloit rendre aux Florentins les Marchandiſes priſes par Etienne de Brandis. Ce qui fut cauſe qu'on députa à Avignon Amieil Boniface, pour repreſenter à ſa Sainteté, qu'on ne penſoit aucunement à rien faire qui pût lui déplaire, & pour negocier la reſtitution du Vaiſſeau Genois, afin qu'il n'arrivât quelque rupture avec cette Republique. Cét Ambaſſadeur ſatisfit pleinement ſa Sainteté, & aporta des lettres qu'elle écrivoit à la Ville de Marſeille à laquelle il donnoit la permiſſion de rendre aux Genois leurs Marchandiſes, & les prioit de garder celles des Florentins : ce qu'ils executerent exactement ; car ils les rendirent à Napoleon Lomelin, aprés qu'il leur eût exhibé une lettre du Doge, & de la Republique de Genes, qui les prioit de les remettre entre les mains de leur Ambaſſadeur. Et quoique les Florentins, fiſſent tous leurs efforts pour obtenir la même grace à leur égard aïant député expreſſement à Marſeille leur Ambaſſadeur, apellé Leonard de Bechamigris ; & qu'ils les euſſent conjuré par toute l'amitié qui étoit entr'eux : neanmoins les Marſeillois s'en excuſerent, leur témoignant que c'étoit avec un extrême regret, qu'ils ne pouvoient le leur accorder, ne voulant pas dans cette occaſion déſobliger le Pape.

V. Les troubles qui étoient alors en Italie, comme auſſi les perſuaſions de S. Brigide, de S. Catherine de Sienne, & du Jurisconſulte Balde ; firent reſoudre le Pape Gregoire, de transferer le S. Siége à Rome, eſperant que par ce moyen il rameneroit à leur devoir, ceux qui s'étoient ſoulevés contre lui : ce fut pourtant contre le ſentiment des Cardinaux, de ſes parens, & de ſes amis qu'il entreprit ce voïage. Les Marſeillois qui furent avertis par ſon Camerier, qu'il devoit paſſer par leur Ville, & s'y embarquer pour de là faire voile en Italie, avec vingt trois Galeres, ſe preparerent pour le recevoir avec toute la pompe, le reſpect & la veneration que meritoit ſa perſonne, & ſa ſouveraine dignité. Tout le peuple de la Ville ſortit pour voir ce grand Pontife, tous les ordres Religieux, & le Clergé allerent au-devant de lui, chantans des himnes & des cantiques, & le jour de ſon arrivée la Ville le traita ſplendidement, & parce que c'étoit un jour maigre, on le régala de poiſſon en ſi grande quantité, qu'il ſembloit qu'on eût épuiſé la mer de ce qu'elle avoit de plus rare. Aprés que ſa Sainteté eût demeuré douze jours à Marſeille, elle s'embarqua un jeudi du mois de Septembre ſur le tard, & fut coucher à l'Iſle de Rotoneau, au devant du Palais du Port de Galian. Il y avoit alors en cette Iſle un Palais, apelé le Palais de Galian, ainſi que nous l'aprenons de Pierre Ameuveil ou Amelie François de nation, natif d'Alet, Religieux de l'Ordre de S. Auguſtin, & Evêque de Sevogale en Italie, qui a fait un ample Itineraire ou diſcours de ce voïage. Ce Prélat parle avec éloge de Marſeille,

&

& fait une description particuliere de ses avantages ; car il la loüe de sa structure admirable, de la grande quantité des Saintes Reliques, de la beauté des femmes, de la courtoisie des hommes, & de la commodité du Port, dans lequel abordoient un nombre infini de Navires, de toutes les parties du monde.

VI. Gregoire étant décedé à Rome deux ans aprés qu'il y eût remis la Chaire Apostolique, Urbain, & Clement VII. furent élûs Papes presque en même tems, ce qui causa un schisme trés-horrible, qui divisa l'Eglise durant long-tems. Clement qui avoit été élû par la faveur de Jeanne, prévoïant qu'il ne seroit pas en seureté en Italie, résolut de se retirer en France avec cette Princesse. Il s'embarqua donc avec elle sur trois Galeres, qui arriverent à Marseille l'an 1379. & de là il se retira à Avignon. Mais pour se soûtenir dans sa dignité Pontificale, il n'eût autre pensée que d'obliger quelque grand Prince qui prit à cœur ses interêts : pour cét effet il jetta les yeux sur Loüis Duc d'Anjou, oncle du Roi Charles VI. & regent en France, & pour se l'attacher plus fortement, il persuada à la Reine de Naples qui n'avoit point d'enfans, de l'adopter, & de le faire son successeur en tous ses etats. Ce que Jeanne fit d'autant plus volontiers, qu'elle crût que cette puissance la deffendroit contre Charles de Duras, qui se préparoit de conquerir le Roïaume de Naples : & aïant demeuré quelque tems en Provence, elle se retira en Italie, où le Duc d'Anjou se devoit rendre peu de tems aprés ; mais ses affaires ne lui permirent pas d'y passer qu'en l'an 1382. ainsi que nous dirons ci-aprés.

VII. Cependant Charles de Duras qui par le secours de Loüis Roi de Hongrie avoit assemblé une puissante armée, prit le chemin de Naples. Othon de Brunsvic mari en quatriéme nôces de la Reine Jeanne n'oublia rien pour conserver cét état : mais aïant été vaincu & fait prisonnier avec Jeanne, tout ce Roïaume subit la loi du victorieux.

VIII. Les Marseillois aïant apris la détention de cette Princesse, firent aussi-tôt ce glorieux dessein d'équiper toutes leurs forces navales pour l'aller secourir. Bertrand Rambaud de la maison de Simiane, fils du Seigneur d'Apt & de Caseneuve, leur demanda instamment de permettre qu'en cette rencontre il portat l'Etendart de la Ville : ce que les Marseillois lui accorderent, en consideration du merite de son pere. Amé Comte de Savoïe apellé le Comte Vert, envoïa alors aux Marseillois François de Archatono Chevalier, & son Maître d'Hôtel, François Bolen, & Arnaudin Proave ses Ecuïers, & ses Ambassadeurs, qui portoient une lettre de créance, que ce Prince leur écrivoit. Ils furent introduits dans le Conseil général, qui fut alors assemblé, le 12. d'Octobre de l'an 1381. & ils exposerent que leur Maître aïant apris la détention de la Reine Jeanne, les avoit envoïez au grand Sénéchal de Provence, pour lui offrir de l'assister en cette conjoncture, & les avoit chargés encore de faire la même offre à la Ville de Marseille, pour laquelle il avoit une affection toute particuliere à cause des services que plusieurs Marseillois lui avoient rendu & par mer & par terre en plusieurs occasions ; & pour reconnoissance

Archiv. de l'Hôtel de Ville.

il étoit prêt de servir la Ville en cette rencontre & en toute autre. Les Marseillois aprés avoir remercié le Comte Vert en la personne de ses Ambassadeurs; & lui avoir protesté que dans leurs besoins ils prendroient la liberté de s'adresser à ce Prince: ils lui firent toutes les offres de service pour lui témoigner leur gratitude. Le lendemain de cette assemblée, il y en eût encore une autre, où assisterent les députés des trois Etats de Provence, on y jura l'union, & la fidélité à la Reine Jeanne.

IX. Ce fut en cette rencontre que les Marseillois donnerent un témoignage illustre de leur zéle & de leur affection, & qu'ils firent une entreprise digne d'être proposée en exemple à tous les peuples, pour leur aprendre avec quelle ardeur ils doivent aimer leurs Princes, & les secourir dans leurs adversités, qui est le tems de rendre les veritables services. Car ils travaillerent incessamment pour mettre bien-tôt en état toutes leurs forces navales, qui faisoient le nombre de dix Galeres, sur lesquelles s'embarquerent tous les Gentilshommes de la Ville. Ces Bâtimens ne furent pas si-tôt prets qu'ils firent voile, & prirent la route de Naples, avec resolution de prendre par force le Château où leur Princesse étoit détenuë. Ce dessein auroit sans doute reüssi s'ils eussent eu de plus grandes forces, ou que l'ennemi n'eût pas été si puissant, qu'ils le trouverent à leur arrivée; ce qui leur causa une extreme douleur, & singulierement lorsque les principaux de cette armée qui furent introduits dans ce Château, par un sauf-conduit que la Reine leur avoit obtenu, trouverent cette Princesse dans une grande douleur.

X. Elle leur exposa le déplorable état où elle étoit reduite, & le peu de moïens qu'il y avoit de l'en pouvoir tirer: & aprés beaucoup de larmes qu'elle repandit, elle les conjura de ne reconnoître jamais aucun autre Prince que Loüis Duc d'Anjou, qu'elle avoit adopté pour son fils & qu'elle avoit declaré le successeur de tous ses Etats: & leur ordonna trés-expressément, de n'ajoûter point de foi aux dispositions qu'on pourroit leur faire voir, qu'elle auroit fait en faveur de Charles de Duras, quand même elles seroient soubscrites de sa propre main. Aprés cela leur aïant donné congé ils se retirerent extrememement affligés, & firent voile vers Marseille dans la résolution de n'obéir qu'au Duc d'Anjou.

CHAPITRE II.

Loüis Duc d'Anjou décend en Provence pour aller conquerir le Roïaume de Naples. Les Marseillois se declarent pour lui. Etat des affaires de Marseille.

I. Loüis Duc d'Anjou décend à Avignon où il est Couronné Roi de Jerusalem & des deux Siciles. II. Les Marseillois sont conviés d'envoier leurs députés aux Etats de Provence. III. Ces députés vont voir le Duc d'Anjou qui les reçoit trés-bien & écrit aux Marseillois. IV. Ils lui font réponse. V. Ce Prince leur donne avis de la prise de la Ville d'Aquila au Roïaume de Naples par ceux de son parti. VI. Le fils du Comte de Caserte fait de courses dans le Roïaume de Naples. VII. Le Duc d'Anjou envoie aux Marseillois une relation de toutes les Places du Roïaume de Naples & de tous les Seigneurs de cét état qui s'étoient declarés pour lui. VIII. Le Comte de Savoye, dit le Comte Vert, s'efforce de ramener au devoir ceux d'entre les Provençaux qui avoient pris le parti de Charles de Duras. IX. Loüis écrit encore aux Marseillois. X. Qui députent vers ce Prince & font faire des levées de gens de guerre dans la Provence pour pouvoir délivrer la Reine Jeanne. XI. Plusieurs Galeres au Port de Marseille. XII. Loüis passe en Italie. XIII. Les Marseillois pourvoient à la seureté de leur Ville à cause des troubles qui étoient en Provence. XIV. Loüis écrit aux Marseillois. XV. Cette lettre fut lûë en plein Conseil. XVI. Le Roi d'Aragon écrit aussi aux Marseillois.

I. LE Duc d'Anjou aïant apris la détention de la Reine Ieanne, fit dessein de passer les Monts pour la délivrer. Mais parce que la plus grand-partie de la Provence s'étoit souslevée contre lui, & avoit embrassé le parti de Charles de Duras ; & qu'il n'y avoit que Marseille, Arles, Pertuis, & les Bourgs d'Aubagne, du Bausset, de Roquefort, du Castelet, de la Ciourat, de Cassis, de Ceireste, de la Cadiere, de Sixfours, d'Evenes, d'Olieules, de Signe, & de Cujes, avec le Seigneur de Sault, & quelques autres Gentilshommes qui tenoient le parti de Clement ; il crût qu'il devoit rendre cette Province paisible, avant que de passer les Monts. Il vint donc en Provence, & comme il fut à Avignon pour saluer Clément, il y fut reçû avec grand honneur, plusieurs Cardinaux allerent au devant de lui, & aprés il fut Couronné Roi de Ierusalem & des deux Siciles. Peu de tems aprés il fit un manifeste dans Carpentras, qu'il adressa aux Marseillois, par lequel il leur declare qu'il n'avoit pas dessein de prendre possession des Etats de la Reine Ieanne, du vivant de cette Princesse, nonobstant qu'elle l'eût adopté, & que le Pape lui eût accordé l'infeudation de l'Etat de Naples.

II. Fouquet d'Agout Sénéchal de Provence à la priere de Clement, sollicita les Marseillois d'envoïer leurs députés aux Etats, qu'on avoit convoqué en la Ville d'Apt au douziéme d'Avril. Et parce que Marseille n'étoit pas obligée d'y députer, à cause qu'elle est separée du Corps du Païs, & qu'elle est Ville à part, & qu'on esperoit d'elle plus de secours en cette conjoncture, que de nulle autre de la Province; on crût qu'il étoit necessaire de la conjurer de consentir que ses députés s'y trouvassent. Les Marseillois qui desiroient avec passion la liberté de leur Princesse, députerent Antoine Dieude Chevalier, & Guillaume de S. Gilles Gentilshommes qui n'oublierent rien en cette assemblée pour exciter ceux qui n'avoient pas le même zéle pour la liberté de la Reine, & pour ramener les autres qui s'étoient separés. Leurs presuasions furent si puissantes, & les offres qu'ils firent de contribuer largement à tout ce qui seroit necessaire pour un si juste dessein, firent une si grande impression sur les esprits de quelques devoïés, qu'ils les firent revenir dans leur devoir.

III. Delà les députés furent vers le Duc d'Anjou à Avignon, qui les aïant trés bien reçûs, écrivit aux Marseillois une lettre si obligeante, & si avantageuse à leur gloire & à leur réputation, que j'ai crû que j'en devois raporter le sens en peu de mots; car elle prouve ce que je viens d'avancer, & fait voir clairement l'amour qu'ils avoient pour leur Princesse, & la fidélité avec laquelle ils agissoient en cette rencontre : aussi le Duc d'Anjou leur témoigna, qu'il ne les oublieroit jamais, & qu'il les recompenseroit dans les occasions. Il leur dit ensuite qu'il esperoit de faire marcher au plus tard dans le mois de May son Armée, & d'aller attaquer l'ennemi par tout où il seroit : & que cependant il avoit dessein d'aller visiter les Reliques de S. Loüis son grand oncle, & de tous les autres Saints dont Dieu avoit voulu honorer la Ville de Marseille : d'y voir aussi l'Armée Navale, qu'on y équipoit, & contenter sa veuë, & son esprit de tout ce qu'il y avoit de saint, & de prophane dans une Ville si celebre, & de si haute réputation que Marseille.

IV. Les Marseillois lui firent réponse qu'ils avoient reçû la lettre qu'il leur avoit fait la grace de leur écrire avec tout le respect qu'ils devoient à un si grand & si auguste Prince, & qu'il leur étoit impossible d'y pouvoir répondre de la maniere qu'ils souhaitoient ; que bien qu'ils n'eussent jamais merité les éloges, dont il les honoroit, ils esperoient pourtant avec la faveur du Ciel, d'observer une si sage conduite, qu'il reconnoîtroit qu'ils étoient veritablement de bons & fidéles sujets. Qu'au reste ils aprouvoient tout ce que leurs Ambassadeurs avoient fait dans l'assemblée tenuë à Apt, & qu'ils seroient ravis d'avoir cét honneur de le voir dans leur Ville, & de lui rendre tous les respects, & tous les devoirs ausquels ils étoient obligés.

V. Quelques jours aprés Loüis envoïa aux Marseillois la copie d'une lettre

lettre, que le Comte de Montorio & les Citoïens de la Ville d'Aquila au Roïaume de Naples lui avoient écrit, par laquelle ils lui donnoient avis que ce Seigneur s'étoit rendu maître de cette Ville, qu'il en avoit chassé ceux du parti de Charles de Duras; & que s'il passoit en Italie, il seroit reçû en triomphe dans Naples. Ils aprirent encore que lors que ce Seigneur entra dans Aquila il cria hautement *vive le Roi*, *vive le Comte*: & qu'à ce cri tous les Soldats à l'exemple de leur Capitaine firent retentir toute la Ville de *vive le Roi*, *vive le Comte*: & que leur fureur fut si grande que non seulement ils firent passer par le fil de l'épée tous ceux qui suivoient le parti de Charles de Duras, mais encore qu'ils mirent le feu à leur maison.

Archiv. de l'Hôtel de Ville.

VI. D'autre part les Marseillois eurent avis que le fils du Comte de Caserte qui étoit un Seigneur du Roïaume de Naples, & fort affectioné à Loüis, pour lequel il s'étoit declaré ouvertement contre Charles, mit sur pied des troupes composées de plusieurs Gentilshommes de ce Roïaume, dans le dessein de mettre à mort tous ceux du parti de Charles. En effet il courut toute la Capoüe & Averse, & il donna si furieusement sur ses ennemis qu'il en fit prisonniers un bon nombre, & fit un si grand dégat, que ceux qui embrassoient les interêts de Charles en furent épouvantés.

Idem.

VII. Ces bonnes nouvelles plûrent beaucoup aux Marseillois: mais leur joïe fut bien plus grande, lorsque Loüis leur envoïa la relation de toutes les Villes, & de tous les Seigneurs du Roïaume de Naples, qui s'étoient declarés pour la Reine. Raimond Audibert la porta de sa part avec une lettre, par laquelle il leur marquoit, qu'étant sur le point d'aller à Marseille pour le sujet que nous avons dit ci-dessus; il avoit été contraint de differer son voïage pour avoir apris que son armée étoit au Pont S. Esprit, ce qui l'obligeoit de donner les ordres pour la faire marcher en toute diligence: & que la chose faite il s'en iroit à Marseille, pour de là passer à Naples; les priant cependant de faire équiper bientôt l'armée navale, & de la mettre en état. Les Villes & les Seigneurs qui se declarerent pour la Reine Jeanne sont, Aquila, Terame, Andrie, Lauzare, *Gaustiamoris*, Montroïal dans l'Apruce, Barri, l'Isle de Crapi & Cusence, les Comtes de Fundi, de Tagliacozzo, de Montorio, de Caserte, de S. Valentin, de S. Ange, de Cerreto, de Ste Agathe de Litii, de Copsane, de Tricarico & ses freres. Les Seigneurs Rostang de Cantelme, Amiel d'Agout, Raimond Candole, Antoine de Rillane, Hugolin des Ursins, Jaques de S. Severin, Raimond de Nole & le fils du Duc d'Andrie.

Archiv. de l'Hôtel de Ville.

VIII. Ce fut en cette conjoncture que Amé Comte de Savoye, dit le Comte Vert qui accompagnoit avec des forces assés considerables le Duc d'Anjou en la conquête qu'il alloit faire; & qui pour ce sujet étoit venu à Avignon, pour se joindre avec ce Prince, traitoit de pacifier la Provence, & tachoit par ses remonstrances, de ramener les Villes qui avoient été débauchées par Charles de Duras. Par les soins de ce Prince, les Etats furent convoqués de nouveau dans la Ville d'Aix, où il assista; & après que l'assemblée fut finie il alla join-

Tome I. Qq

214 HISTOIRE

dre Loüis à Avignon, accompagné de Guigues Flotte, de Roux, de Ferris, & de quatre autres Ambaſſadeurs, que les Etats députerent, le tout dans le deſſein d'achever une ſi bonne œuvre.

IX. Loüis qui deſiroit de ne rien faire que du conſentement des Marſeillois, leur en donna connoiſſance par un autre lettre qu'il leur écrivit, dans laquelle il leur donne cét éloge, que leur fidélité étoit auſſi recommandable que l'or qui avoit paſſé par le feu : les priant d'envoïer vers lui quelques-uns de leurs Citoïens, pour être preſens au traité qu'ils étoient ſur le point de conclurre, afin de prendre leur Conſeil, qu'il eſtimoit lui être trés-utile & ſalutaire : & d'ailleurs de travailler fortement à faire équiper toutes leurs Galeres, avec promeſſe de les rembourſer bien-tôt de toute la dépenſe qu'ils fairoient. Enfin il leur marque que dépuis peu, un domeſtique de ſon couſin le Comte de Savoye étoit arrivé de Naples, & lui portoit la nouvelle, que la Reine Jeanne aïant ſçeu qu'il ſe preparoit à l'aller ſecourir, étoit fort conſolée, parce qu'elle avoit aprehendé durant quelque tems, qu'il ne fit pas le voïage.

X. Les Marſeillois reſolurent dans un Conſeil, où preſida Pierre Roſtang Chevalier, Seigneur de S. Creſpin leur Viguier, de députer au Duc d'Anjou, Bernard de Berre & Pierre Alaman, deux de leurs Citoïens pour le ſujet qu'il leur avoit écrit. Et parce qu'ils avoient grande paſſion de faire un ſecond effort pour la délivrance de la Reine, ils firent levée de gens de guerre aux lieux circonvoiſins & à ceux qui étoient le long de la côte. Ceux d'Yeres s'excuſerent ſur ce qu'ils ne vouloient pas que leur Ville ſe dépeuplat, à cauſe qu'ils avoient apris que quatre cens lances avoient paſſé depuis peu la Durance, pour ſe joindre avec les Habitans d'Aix, que ſi leur Ville étoit dépourveuë d'hommes, elle ſeroit expoſée à la fureur de l'ennemi : ſi bien que quoique les Marſeillois ſçeuſſent faire, il leur fut impoſſible de pouvoir trouver un nombre ſuffiſant de mariniers & de ſoldats, pour le deſſein qu'ils avoient fait d'armer quinze Galeres, aïant fait choix de la perſonne de Raimond d'Agout Seigneur de Sault pour en être Amiral, & n'aïant peu armer qu'une partie de ſes Bâtimens, ils ſe virent privés des moïens de faire une ſeconde tentative pour délivrer leur Princeſſe.

XI. Les titres de ce tems là nous donnent connoiſſance qu'il y avoit alors dans Marſeille grande quantité de Galeres, dont la Reine en avoit une partie, & l'autre au nombre de dix apartenoit à autant de Marſeillois, que ſelon le beſoin ou la conjoncture des affaires, la Ville les prenoit à loüage, ſoit pour aller contre les Corſaires, ou pour d'autres deſſeins qu'elle faiſoit, & que la France n'avoit en ce tems là qu'une Galere, qu'elle tenoit ordinairement au Port de Marſeille.

Archiv. de l'Hôtel de Ville.

XII. Loüis donc voïant que les Marſeillois ne pouvoient point équiper leur armée navale, quelque grand effort qu'ils euſſent fait ; reſolut de paſſer en Italie avec ſon armée de terre tant ſeulement. Il ſe mit donc en chemin aprés avoir fait tout ſon poſſible, pour calmer les mouvemens de la Province, & la rendre entierement paiſible. Le Comte de Savoïe, y avoit auſſi beaucoup travaillé comme nous avons veu ; mais les Villes qui s'étoient laissées débaucher à l'ennemi, firent semblant de quitter son parti ; d'embrasser les interêts de Loüis, & de ne respirer que l'obéïssance pour la Reine : ce ne fut pourtant qu'une ruze, dont ils se servirent pour obliger ce Prince à poursuivre son voïage, & quitter la Provence. En effet il ne fut pas plûtôt parti, que sous ce plausible pretexte de député vers la Reine, ils envoïerent leurs députés à Charles de Duras, pour les solliciter puissamment à faire passer des Troupes en Provence.

XIII. Les Marseillois n'en eurent pas plûtôt avis, que pour se garantir de surprise, ils firent choix de six cens Citoïens, qui étoient toûjours en état de garder leur patrie, & de veiller à sa conservation. D'ailleurs ils ne firent pas seulement garder leur terroir, où ils mirent de soldats, & de gardes en de certains quartiers ; sçavoir à Marroupiane, à Caïs, à Pierrefeu, au clocher de S. Antoine, à Roquefrenque, à Escalette, à nôtre-Dame d'Eure, & à S. Marcel ; mais encore ils mirent au lieu d'Alauch un Capitaine avec des soldats, & un autre aux canaux de Ners.

XIV. Loüis qui avoit une entière confiance en la fidélité des Marseillois ; ne fut pas plûtôt arrivé prés de la Ville d'Imole, qu'il leur écrivit, que comme il conservoit dans le cœur la memoire de leur constante fidélité il ne vouloit pas leur câcher tous les succés de son heureuse entreprise ; & qu'après s'être rendu sur les rives du Pau prés de Pavie, où il avoit logé son Armée ; il avoit été souvent visité par Bérnabé Comte de Vertus, qui lui avoit rendu de grands honneurs, & lui avoit fourni de vivres, de Chevaux, & des armes, l'aïant encore caressé & regalé en un magnifique festin avec ses sujets de la Duché d'Anjou. Que delà il avoit poursuivi son chemin, & avoit reçu les mêmes honneurs, & les mêmes caresses des Marquis de Ferrare, & de Bologne, & des autres qu'il avoit rencontré, qui avoient été trés satisfaits de ce que son Armée ne portoit aucun préjudice à personne. Qu'au reste il avoit résolu de ne se point arrêter, & de n'entrer dans aucune Ville, qu'il ne fut arrivé à Naples ; les priant de perseverer en leur fidélité envers la Reine, & de luy continuer toûjours la même affection qu'ils lui avoient portée.

XV. Les Marseillois firent lire cette lettre dattée du dixiéme d'Août, dans un Conseil qui fut tenu le 29. du même mois, où assistérent Nobles Berenger Montagne, François Galli dit Mensure, & Pierre de Servieres Sindics : & ils résolurent que leur Evêque seroit supplié d'ordonner de prieres publiques à toutes ses Eglises, & à tous les Religieux, pour l'heureux succés des armes de ce Prince.

XVI. En ce même tems, Pierre Roi d'Aragon, dans l'aprehension qu'il eût que l'Armée Navale qu'on équipoit à Marseille, & dont nous avons parlé ci-devant, ne fut pour assister le Juge d'Arborée, à qui il faisoit la guerre ; écrivit au Sénéchal de Provence & aux Marseillois, les priant de ne vouloir pas favoriser son ennemi ; puisque de tout tems il y avoit eu paix & amitié entre eux. Les Marseillois, lui firent réponse, qu'il ne devoit rien craindre, & qu'ils prendroient toûjours grand

216 HISTOIRE

soin de cultiver son affection, & de se conserver dans la bonne intelligence en laquelle ils avoient si long-tems vécu.

CHAPITRE III.

Mort de la Reine Ieanne. Charles de Duras s'efforce de se rendre maître de Provence. Les Marseillois s'opposent genereusement aux Armes de ce Prince.

I. La mort de la Reine Jeanne demeura long-tems d'être sceuë dans Marseille. II. Quel fut le genre de mort de cette Princesse. III. Charles de Duras la traite cruellement. IV. Diverses Patentes accordées en faveur des Marseillois. V. La table de la mer est donnée à la Ville en engagement. VI. Charles de Duras envoia en Provence Baltezar de Spinelis pour y commander en qualité de Sénéchal, ce qui fut cause qu'il s'y éleva des troubles. VII. Les Marseillois refusent de reconnoître Charles de Duras. VIII. Ils assiégent le lieu de Châteauneuf. IX. Ecrivent au Prince d'Orange, qui leur fait réponse. X. L'Abé de S. Victor envoïe un ordre par écrit à ceux d'Oriol & de Roquevaire. XI. Qui par la réponse qu'ils font à cét ordre se declarent ennemis des Marseillois. XII. Ils ordonnent aux Habitans du Lieu de Mimet de quelle façon ils se devoient conduire. XIII. Prise de Roquevaire & du Château d'Oriol par les Marseillois. XIV. Le Roi Charles VI. envoïe des forces en Provence pour assister Loüis I. XV. Ils assistent Loüis I. Qui les favorise de quelques lettres patentes, qui font voir leur grande vertu XVI. Ce Prince leur écrit avec éloge. XVII. Les Marseillois prenent Châteauneuf du Martigue & quelques lieux d'alentour.

I. Aprés le départ du Duc d'Anjou, la Provence demeura quelque tems en paix. Ce n'est pas que toutes les Villes eussent un même sentiment d'affection, car elles étoient divisées, il y en avoit qui tenoient le parti de Jeanne & de Loüis, & les autres celui de Charles de Duras dit de la paix, comme nous avons touché ci-dessus : mais ce qui empêcha durant quelque tems, qu'on n'en vint à la guerre ouverte, fut qu'on attendoit l'issuë de l'Armée Françoise : car aprés les nouvelles de la mort de Jeanne, les esprits commençerent à s'échaufer, la Ville d'Aix qui en eût avis des premieres, & qui étoit le chef de l'union qu'on avoit formé pour soûtenir le dessein de Charles de Duras, tâcha d'attirer à son parti les autres Villes, & même Marseille, à qui elle fit donner cette nouvelle, esperant qu'elle pourroit lui faire changer

ger de volonté. Les Marseillois qui ne pouvoient se persüader la mort de Jeanne, & qui désiroient de demeurer fermes en la foy qu'ils avoient juré à Loüis, firent réponse aux Citoïens d'Aix, que la Reine vivoit encore, & que ceux qui repandoient les bruits de sa mort n'étoient pas ses fidéles sujets. Je suis étoné de ce que y aïant près d'un an, qu'on avoit fait mourir cette Princesse, on disoit dans Marseille, qu'elle vivoit encore, & on y faisoit tout à son nom : je ne sçai si les Marseillois n'étoient pas bien asseurés de sa mort, ou s'ils la vouloient cacher aprehendant qu'en la publiant ils n'alterassent le repos de la Province, & ne fussent l'occasion de quelques grands changemens.

II. La plus part des Historiens disent, que Charles de Duras aïant demandé conseil à Loüis Roi de Hongrie de ce qu'il devoit faire de la Reine Jeanne; ce Prince lui envoïa deux Seigneurs, pour lui faire compliment, & lui témoigner la joïe qu'il avoit de son heureux succés, avec ordre de lui dire, qu'il devoit faire mourir la Reine du même genre de mort, & au même lieu, où elle avoit fait étrangler son premier mari; ce que Charles fit aussitôt exécuter dans la Ville d'Aversa le 22. de May 1382.

III. Mais nous avons une preuve certaine, que cette Princesse fut étouffée entre deux coüétres, par l'ordre de ce Prince, ainsi que j'ai veu dans des lettres Patentes expediées quelques années aprés, en faveur de la Ville de Marseille par Marie de Blois, mere de Loüis II. Roi de Naples, & Comte de Provence, & Regente des Etats de son dit fils; où elle parle de la mort de Jeanne, & déteste la cruauté de Charles de Duras, pour les indignités qu'il avoit fait souffrir à une Reine, à laquelle il avoit de si grandes obligations; puisqu'elle l'avoit élevé avec beaucoup de soin, & aussi cherement que si c'eût été son propre fils; l'aïant pourvû des charges & des dignités que son Pere avoit possedé pendant sa vie, bien qu'elles lui eussent été confisquées à cause des crimes d'heresie, & de leze Majesté, pour lesquels il avoit été condamné. Et que pour comble de bienfaits, elle lui avoit donné une de ses niéces en mariage avec dispense du S. Siége; & en faveur de nôces, elle l'avoit investi de plusieurs terres & fiefs de trés-grand revenu dans l'état de Naples. Elle ajoûte encore que ce perfide par une ingratitude sans exemple, s'étoit saisi de son Roïaume, l'avoit faite conduire en prison dans le Château de l'Oeuf, & delà par un fort mauvais tems à celui de Nocere, où il la fit battre rudement : & qu'aïant été traduite par son ordre au Château de Muro en la Basilicate, il l'avoit reduite en une telle extremité qu'elle avoit manqué même de choses necessaires à la vie; qu'il n'avoit laissé auprés d'elle qu'une Dame de Provence, deux femmes tartares, & un tartare : qu'enfin aprés lui avoir fait ôter les bagues précieuses qu'elle portoit, par un ministre de sa mechanceté (que le tître apelle *Palmudesuis buzucus*) le cruel (ainsi parle la Chartre) l'avoit faite suffoquer inhumainement, entre deux coüétres. Ce genre de mort se trouve en quelque façon confirmé par l'Auteur incertain, qui a écrit la vie de Clement VII. qui asseure qu'en ce tems-là on en parloit diversement, que les uns disoient qu'elle avoit été étranglée, & les autres qu'elle avoit été étouffée entre deux coüétres.

IV. La mort de Jeanne causa une grande douleur aux Marseillois, qui en toutes les rencontres avoient été traités par cette Princesse avec grande affection, & comme de bons & de trés-fidéles sujets. Et parce que je n'ai peu encore raporter toutes les expeditions, qu'elle leur avoit fait faire en diverses occasions, où il s'agissoit de leur interêt & de leur avantage; il est juste que j'en fasse mention en cét endroit, & que je dise que cette Princesse leur accorda en divers tems diverses lettres patentes, les unes portoient la cassation de toute sorte de droits imposés dans la Province ou ailleurs, contre les Chapitres de paix faits avec la Ville; & declara de nouveau les Marseillois francs de tous subsides, enjoignant à tous Officiers de restituer ce qu'ils avoient éxigé au préjudice de leurs privileges. Elle enjoignit au Sénéchal de Provence, & au Viguier de Marseille, de garder exactement les conventions, & executer ponctuellement les mandemens qui concernoient l'utilité de la Ville, sans les violer en aucune maniere: & en cas de contrevention elle les rendoit responsables en leur propre: elle leur permit aussi de faire battre de la monoïe dans la Ville, suivant les conventions & Chapitres de paix, pourveu qu'elle fut de bon aloi.

V. Par d'autres lettres elle commanda à ses Officiers de païer à la Ville les dépenses qu'elle avoit fait, soit pour les deputations, soit pour curer le Port, ou pour la garde ordinaire de la Ville, & celle des Forteresses qui étoient à l'entour, qu'elle étoit obligée de suporter par les conventions & Chapitres de paix. Ensuite de ces ordres Pons de Monteaux Baron d'Idronte & Viguier de Marseille se mit en état d'executer ce qui lui étoit ordonné : mais parce qu'il n'avoit point de fonds en main, il donna en engagement pour quinze mille florins qui étoient dûs à la Ville, les droits de la table de la mer pour enjoüir jusqu'à l'entier remboursement de tout ce qui lui étoit dû.

VI. Mais pour revenir au Duc d'Anjou, Charles de Duras qui voïoit que ce Prince le pressoit pour faire diversion, envoïa en Provence Baltezar Spinelis Neapolitain, Seigneur de Torpeie en Calabre, à qui il donna la charge de Sénéchal de ce Païs, ce qui fut cause que la guerre s'y raluma. Marseille, Arles, Pertuis, & les Villes dont nous avons fait mention ci-dessus, ensemble ceux d'entre les Gentilshommes, qui agissoient par ce même principe, resolurent de demeurer dans une étroite union, & de porter les armes contre la faction contraire. Voici les noms de toutes les Villes, & des Communautés qui l'avoient embrassée, Aix, Nice, Tarascon, Draguignan, Frejus, Grimaud, Yéres, Toulon, Barcilonne, Puget: S. Etienne, Lorgues, S. Paul de Vence, S. Maximin, Aups, Signe, les Comtes de Vintimille, & la Valée de Lantusque: il y avoit aussi avec eux quelques Ecclesiastiques, quelques Barons, & quelques Gentilshommes.

VII. Charles de Duras prévoïant que s'il n'avoit Marseille, il ne pouvoit pas faire un grand progrés dans la Provence, fit rechercher les Marseillois, & leur fit faire de grandes offres, s'ils le vouloient recevoir pour leur Souverain: mais ils répondirent qu'ils ne pouvoient reconnoître que celui qui avoit été adopté par la Reine, & qui avoit exposé sa vie pour elle & non pas celui qui lui avoit causé la mort.

VIII.
Au mois d'Avril de l'an 1383. on fit des cries publiques dans Marseille, qui portoient défenses soûs confiscation des corps & des biens, de ne causer aucun dommage aux Châteaux aliés des Marseillois; sçavoir Cujes, Signes, Oulioules, Evenes, Sixfours, la Cadiere, Seireste, la Ciutat, Cassis, Aubagne, le Bausset, Roquefort, & le Castelet. Et parce que quelques Habitans de la Ville d'Aix, avoient saisi le Château de Châteauneuf, où ils avoient pris quelques personnes fidéles à la Reine; les Marseillois assiégerent cette place, soûs la conduite de Bertrand d'Agout Chevalier & natif de Marseille, qui s'aquita si bien de cét emploi, qu'il se rendit maître de ce Château & de ce lieu. Aprés cette prise on délibera dans un Conseil qui fut tenu à Marseille, si on devoit le démolir, pour ne pas l'exposer au danger d'être repris par l'ennemi, ou si on le devoit garder; on resolut de le garder, & on y mit pour ce sujet vingt-cinq soldats, soûs la conduite de Hugues de Roquefort Gentilhomme de Marseille; on envoïa aussi un Capitaine apellé Bernard Isnard pour garder le Château d'Alauch.

IX.
Les Marseillois qui voïoient que ceux d'Aix faisoient tous leurs efforts pour attirer à leur parti autant de Villes, qu'il leur étoit possible: pour s'oposer à ce dessein, écrivirent au Prince d'Orange, qui étoit Gouverneur de Berre & d'Istres, de vouloir ordonner aux Habitans de ce lieu là de vivre en bonne intelligence avec eux: le Prince d'Orange leur protesta par sa réponse que bien loin que ces gens là eussent intention de rompre avec les Marseillois, ils n'avoient autre pensée que de se conserver en paix avec eux, & de continuer à l'avenir le même commerce qu'ils avoient eu par le passé.

X.
Ceux d'Oriol & de Roquevaire aïant embrassé le parti de Charles de Duras: l'Abé de S. Victor qui étoit leur Seigneur, leur envoïa un ordre exprés par écrit, contenant divers articles, qu'il leur enjoinnoit d'observer: à tous lesquels ils répondirent en detail. Mais comme cette piéce est assés curieuse parce qu'elle sert à deterrer l'Histoire de ce tems là, qui nous est cachée; j'ai trouvé à propos d'en faire la deduction.

Sur le premier article par lequel l'Abé exhortoit ceux d'Oriol & de Roquevaire, d'être Catholiques, fidéles & obéïssans à Clement; ils répondirent qu'ils l'avoient reconnu, & le reconnoîtroient pour leur Pontife.

XI.
Sur le second, touchant l'obéïssance qu'ils devoient à leur Seigneur; ils disoient qu'ils avoient été toûjours obéïssans aux Abés de S. Victor ses devanciers, & à lui, & qu'ils le seroient toute leur vie, à la reserve de la Majesté Roïale. A l'égard de la Reine, ils répondoient qu'ils n'avoient jamais manqué de fidélité envers cette Princesse, pendant le tems qu'elle avoit vécu, mais qu'étant décedée ils étoient obligés à ce même devoir envers Charles de Duras son Successeur, & ses Officiers: & qu'en éfet au dernier Conseil général, composé de trois

états, quelques-uns de leurs concitoïens qui y assisterent, avoient oüi que les Prélats, les Jurisconsultes, les Docteurs, les Barons & tous ceux du corps de la noblesse, qui se trouverent en cette celebre assemblée, avoient unanimement declaré que Charles de Duras étoit le vrai & legitime Roi de Ierusalem, & de Sicile, & Comte de Provence, de Forqualquier, & de Piémond. Que cette declaration les obligeoit, comme membres de ce parti de ne s'en separer de leur vie. Qu'ils ne refuseroient jamais de donner entrée dans Roquevaire, & dans Oriol à l'Abé leur Seigneur, & à ses domestiques, & même dans les Forteresses, qu'ils vouloient pourtant garder pour sa Majesté. Qu'ils seroient bien aises de vivre de bonne intelligence avec les Marseillois, pourveu qu'ils reconnussent Charles de Duras; mais parce qu'ils ne le reconnoissoient pas, & qu'au contraire ils portoient les armes contre lui, couroient leur terroir, & pilloient leurs biens, ils ne pouvoient qu'être leurs ennemis.

XII. C'est le contenu de cette Chartre qui donne quelque connoissance des affaires de ce tems là. Ie trouve dans le même Registre où elle est inserée; que les Marseillois envoïerent alors aux Habitans du lieu de Mimet un ordre par écrit; qui leur prescrivoit les voïes qu'ils devoient tenir pour se bien conduire en cette conjoncture, sçavoir qu'ils fussent obéïssans à la Reine, à la Ville de Marseille, & à leurs Seigneurs, qu'ils étoient Citoïens de leur Ville. Qu'ils ne reconnussent point, ni Charles de Duras, ni Baltezar Spinelis; qu'ils ne donnassent aucun secours à ceux du parti contraire; qu'ils missent sur le Château du lieu les Armes de la Reine; & enfin qu'ils donnassent quelques-uns de leurs enfans en ôtage, pour l'observation de ce qu'ils leur demandoient.

XIII. Mais quoique ceux de Roquevaire, dont nous venons de parler, eussent fait dessein de se défendre contre les Marseillois, & de se conserver à Charles de Duras; ils furent neanmoins attaqués si vivement par les Marseillois, qu'ils se rendirent, & ce lieu fut aussi-tôt fortifié. Cette prise fut suivie de celle du Château d'Oriol, dans lequel ils mirent aussi bonne garnison. La Ville de Toulon avoit alors pris le parti de Charles de Duras, & étoit soûs le gouvernement de deux Capitaines, apellés Raimond Fresquet, & Jean Hubac; ainsi qu'il est justifié par la teneur d'un passeport, que ces gens là firent à un Marseillois pour venir à Marseille querir sa rançon, & celle de quelques-uns de ses compagnons, qu'on y détenoit prisonniers.

XIV. Cependant les Marseillois soliciterent vivement le Duc de Berri, & Marie de Blois, d'envoïer des forces en Provence, leur aïant representé que c'étoit le seul moïen de venir à bout des ennemis de Loüis I. Le Roi Charles VI. Roi de France, y envoïa à leur priere Enguerran de Aidin Seigneur de Châteauvilain, qui le 24. de Iuin écrivit aux Marseillois de lui envoïer quelques troupes, pour fortifier son armée, avec laquelle il alloit assiéger S. Canat, & Aix. Les Marseillois délibererent de lui envoïer aux dépens de la Ville deux cens arbalêtriers, soûs la conduite de huit connétables, qu'on apelle aujourd'hui brigadiers, qui avoient vingt-quatre soldats soûs eux; sçavoir

vingt

vingt arbalêtriers, quatre soldats portant bouclier: châque conêtable portoit un guidon, où étoient peintes les Armes de la Ville; on donnoit à châque soldat six florins d'or par mois, moïenant cette somme ils étoient obligés de se nourrir. Le siége de S. Canat qui fut mis le premier ne dura guere car dans dix jours il fut pris: mais Aix se défendit si bien & fit une si vigoureuse resistance; outre que Baltezar Spinelis que Charles de Duras avoit fait Sénéchal de Provence, ainsi que nous avons dit, la secourut si à propos qu'elle ne peut être prise, & le Sénéchal de Baucaire, après y avoir tenu le siége quelque tems fut contraint de se retirer.

XV. Loüis cependant aïant sçeû tout ce qui se passoit en Provence, voulut reconnoître la fidélité des Marseillois, qui ne s'étoient pas contentés de défendre leur Ville, mais avoient encore attaqué l'ennemi dans la Provence & l'avoient aussi assisté puissamment, aïant équipé quelques Galeres pour son service, & mis des troupes sur pied qui étoient allés joindre son armée de terre. Si bien que par ses lettres patentes données à Tarante; après avoir blâmé la perfidie & la lâcheté des rebelles, les declara criminels de leze Majesté, & ordonna que la Cour du Sénéchal, la Chambre des Comtes, les Iuges des premieres & des secondes apellations, les Présidens de la Chambre rigoureuse, & les autres Corps de Iustice fussent transferés d'Aix à Marseille, & que tous les Fiefs de Viguerie de cette Ville y resortiroient. Les lettres que ce Prince écrivit au Sénéchal, & aux Marseillois, sont si remplies d'éloges qu'elles meritent d'être conservées avec grand soin, pour servir d'un illustre monument de la gloire que cette Ville acquit en cette rencontre. On y voit que le Roi l'apelle *sa trés-fidéle Ville de Marseille*, & dit *qu'elle reluisoit en prérogative d'honneur & en pureté de foi pardessus toutes les autres Villes qui lüi étoient soûmises*. Il se sert encore d'autres termes pour la loüer, qui marquent clairement l'excellence de son merite: il vouloit que l'éxécution du transport de tous ces Corps de Iustice dont nous venons de parler, & des ordres contenus dans les lettres, fut faite conjointement par le Sénéchal, & par deux Citoïens que le Conseil de Marseille éliroit; le Sénéchal travailla à cette affaire, car il fit expedier des lettres portant jussion à tous les Officiers des lieux de la Viguerie d'Aix, d'obéïr aux Officiers de Marseille; de répondre pardevant eux de la même façon qu'ils répondoient pardevant les Officiers d'Aix. Ie ne sçai s'il fut obéi, ou si les troubles qui étoient en Provence l'en empêcherent.

XVI. A quelque tems delà le Roi écrivit une autre lettre aux Marseillois, qui ne leur fut pas moins glorieuse que la precedente: il qualifie les Sindics *trés-nobles & puissans hommes*, & leur dit, *qu'il desiroit d'aprendre des nouvelles de ses bons sujets, & principalement des Marseillois, qui étoient les plus fermes de tous en l'observation de leur foi*.

XVII. Au reste quoique Charles de Duras eût attiré à son parti presque toutes les Villes de Provence, à la reserve de Marseille, d'Arles, de Pertuis, & de quelques Bourgs, ainsi que nous avons dit; les Marseillois prenoient un si grand soin de l'affoiblir qu'ils lui enlevoient toûjours quelque place. Ils s'étoient saisis du Château d'Oriol, & de Roquevaire, ainsi que nous avons veu, & prirent ensuite Châteauneuf du Martigues, & quelques autres lieux voisins. Le Sénéchal fit de son côté agir les Cardinaux d'Amiens, & de Cusance, avec le Chambrier du Pape, & quelques autres Ecclesiastiques, qui travaillerent à reduire Aix, Nice, Toulon, Frejus, Yéres, Draguignan, Brignole, S. Maximin, & autres; mais ils ne peurent rien avancer.

CHAPITRE IV.

Mort de Loüis I. Loüis II. son Fils accepte les Couronnes de Ierusalem, de Sicile, & de Provence à la priere des Marseillois. Arrivée à Marseille de la Reine Marie de Blois, & de Loüis II. son fils.

I. La mort de Loüis I. étant portée à Marseille cause une grande douleur à cette Ville. II. Elle délibere de faire pour lui une pompe funebre fort solemnelle. III. On y défend toutes les actions de joie: on depute au Roi de France, à l'Antipape, & au Sénéchal de Provence IV. Les Marseillois se déffendent contre leurs ennemis tant par terre, que par mer. V. Le Roi de France promet aux députés de Marseille & de Provence d'assister Loüis II. VI. Ce Prince n'accepte les Couronnes de Jerusalem de Sicile & de Provence, qu'à la persuasion des Marseillois. VII. Marie de Blois & Loüis II. partent d'Angers & se rendent à Paris vers le Roi Charles VI. VIII. Qui les reçoit trés-bien. IX. Les députés de Marseille parlent au Roi de France. X. Le Roi Charles VI. refuse de se rendre maitre de la Provence. XI. Marie de Blois & Loüis II. décendent en Provence & font leur entrée à Avignon. XII. Le Duc de Brunsvic écrit aux Marseillois: contenu de cette lettre XIII. different entre les Marseillois & les Genois terminé par l'Antipape Clement VII. XIV. Qui fait tous ses efforts pour rendre la Provence paisible. XV. Les Marseillois assistent le Roi Loüis II. à la guerre qu'il fut contraint de faire en Provence. XVI. Arrivée de Marie de Blois & de Loüis II. à Marseille. XVII. Ils font expedier des lettres patentes à l'avantage des Marseillois XVIII. Pouvoir & autorité du grand Sénéchal de Provence.

I. Quelques affaires étant survenuës aux Marseillois l'an 1384. Ils envoiërent en ambassade, Guillaume de S. Gilles, & Raimond Audibert à Clement VII. Ces Gentilshommes à leur retour porterent à la Ville de la part de cét Antipape, la funeste nouvelle de la mort de Loüis I. qui causa une consternation générale. Ils exposerent que ce Prince se trouvant atteint dans la Ville de Barri d'une trés-violente fiévre il en mourut peu de tems aprés: & que le lendemain de sa mort, les Ducs, les Comtes, & les Barons du Roïaume de Sicile, s'assemblerent, & firent faire magnifiquement ses funerailles dans la grand Eglise: dans laquelle avant que de recevoir le corps precieux de N. Seigneur Jesus-Christ, ils proclamerent Roi, Loüis fils aîné du defunt, & firent serment sur cette trés-sainte Hostie, de n'en reconnoître point d'autre, & de n'épargner ni leurs femmes, ni leurs enfans dans le dessein de poursuivre & d'achever la conquête, que ce Prince avoit fort avancée. Ils firent ensuite faire le même serment à tous les Officiers de l'armée; & ils élûrent deux Barons du Roïaume de Sicile, que la Chartre ne nomme pas, & deux encore au deça des Monts, sçavoir le Comte de Geneve frere de l'Antipape Clement, & Raimond d'Agout Seigneur de Sault, grand Chambelan du Roïaume de Sicile, qu'ils députerent avec ordre à deux d'entr'eux de prendre leur route par terre, & aux autres de s'embarquer sur deux Galeres, pour venir à Marseille, & delà à Avignon vers Clement; & le sacré Collége des Cardinaux, & enfin vers le Roi de France, & vers les freres du feu Roi, & toute la Maison Roïale; pour leur declarer tout ce qui avoit été fait par les Barons de Sicile; & qu'aprés la proclamation du nouveau Roi; ces Seigneurs avec l'armée rangée en bataille, étoient allés audevant de la Ville de Barlete, où Charles de Duras étoit assiégé, & lui aïant dénoncé la mort de Loüis, ils lui avoient presenté combat, avec de grands cris poussés par toute la Milice qui faisoit rétentir, *Vive Loüis le nouveau Roi, & meure le traitre Charles.*

Au Registre de Guillaume Bajuli Greffier du Palais.

Ces deux Marseillois ajoûterent encore à ce que nous venons de dire, que deux des quatre Barons députés par les Seigneurs de Sicile, faisoient porter à Marseille un partie du Corps de ce Prince, pour marque de l'affection qu'il avoit eu pour cette Ville. Le Conseil délibera qu'à l'arrivée du Corps du Roi, on chanteroit un Obit solemnel dans l'Eglise de S. Loüis, où le Clergé suivi de tous les Habitans de la Ville, iroient en Procession, qu'on y fairoit l'Oraison funebre, & qu'on y mettroit des poiles de drap d'or, & une aussi grande quantité de flambeaux, que meritoit la memoire d'un si grand Prince, que les Sindics y assisteroient en robes noires, & qu'il seroit permis de porter de robes de düeil à tous les Citoïens qui en voudroient prendre. On peut remarquer par ce que je viens de dire qu'on portoit en ce tems-là dans Marseille l'habit long au düeil, & aux pompes funebres.

II.

Le Conseil ordonna encore de faire de cries sous de grandes peines, qu'on ne pourroit faire aucune action de joïe dans Marseille, soit en public ou en particulier, & qu'aux nôces & aux Mariages, on s'abstiendroit de la Musique, des Trompetes & des autres instrumens, jusqu'à ce qu'il en fut autrement ordonné. On délibera aussi qu'on observeroit exactement à l'égard du nouveau Roi, tout ce que la Reine Jeanne avoit accordé par ses lettres Patentes expediées en faveur

III.

de fon Pere, & de fa pofterité. Qu'on envoïeroit au nom de la Ville un Ambaffadeur vers Clement, & vers le Sénéchal de Provence, avec des lettres portant créance, & ordre exprés de leur dire les réfolutions de l'Affemblée. Et enfin qu'on écriroit au Roi de France, à la Reine de Sicile & à toute la maifon Roïale auxquels on marqueroit la même chofe. La commiffion de celui qui fut député vers le Sénéchal, eft affés curieufe, elle eft conceuë au langage du tems, & en vieux Provençal, qu'on appelloit alors Roman. Ce titre fait voir, que les Marfeillois foûtenoient tous le fraix de cette guerre, & que la Provence avoit fouffert des grands ravages, que les Bretons y avoient fait le 28. de Novembre de la même année.

IV. On tint un autre Confeil, ou furent députés trois Gentilshommes ; fçavoir Antoine Dieude Chevalier, Raimond Audibert, & Antoine de Brandis, avec ordre de fe joindre au Comte de Potence, le Seigneur de Sault, & Guiguonet Jarente, que la Provence avoit auffi député vers fa Majefté trés Chrêtienne, pour la fupplier trés-humblement de vouloir envoïer en ce Païs le Roi Loüis II. Les députés de Marfeille étoient chargés d'adreffer à ce Prince la même priere au nom de la Ville. Et d'autant que ceux qui tenoient le parti de l'ennemi, faifoient des courfes fur la mer, & pilloient tout le long de la côte ; le Confeil délibera de mettre des impofitions fur toutes les Marchandifes qui entreroient, & qui fortiroient du Port, afin que du revenu on en armât deux Galeres, pour les repouffer. Et quant aux Troupes que la Ville étoit obligée de tenir fur pied, pour défendre la terre, elles étoient commandées par un Capitaine apellé Bertrand Boitard, qui étoit à la folde des Marfeillois.

V. Peu aprés Guiguonet Jarente écrivit une lettre au Sénéchal de Provence, les députés de Marfeille en envoïerent une autre à la Ville. Ces deux lettres contiennent tout ce que ces députés firent pour executer leur commiffion. Elles font voir clairement que les Marfeillois furent la caufe principale qu'on fe réfolut à la conquête de la Provence, & du Roïaume de Naples. Mais parce qu'il étoit abfolument neceffaire que cette entreprife fut fortement apuïée de quelque grande puiffance ; les députés tant de la Provence que de Marfeille, agirent durant un mois avec tant de foin & d'affiduité envers le Roi de France, qu'il promit d'affifter Loüis II. & de lui donner tout l'apui & tout le fecours qui feroit neceffaire à ce deffein.

VI. Delà les députés furent à Angers trouver Marie de Blois la mere. La Reine les aïant oüi, leur fit connoître qu'elle étoit dans une fi grande perplexité pour les difficultés qu'elle voïoit en cette entreprife, qu'elle ne fçavoit comme fe refoudre à l'embraffer : mais aprés beaucoup de perfuafions, elle fe laiffa vaincre aux prieres des Marfeillois, qui l'affeurerent qu'elle feroit apuïée par les Rois de France, & de Caftille, par les Ducs de Berri, de Bourgogne & de Milan, & par Clement VII. & le Sacré College des Cardinaux. Elle fit donc prendre à fon fils les titres de Roi de Ierufalem de Sicile, & de Comte de Provence.

VII. Marie de Blois partit d'Angers avec fes deux fils le 21. de Ianvier de de l'an 1384. & arriva à Paris le 8. de Février. Mais comme elle s'étoit mise sur la rivière, elle s'alla débarquer à l'Hôtel de S. Paul, où le Roi Charles VI. étoit logé. A son débarquement elle trouva les Ducs de Berri, de Bourgogne, & de Bourbon, le Comte de Valois, & le Roi d'Armenie, qui étoient venus au devant d'elle accompagnés de plusieurs Comtes, & de plusieurs Barons. Elle fut conduite vers le Roi, qui la reçût à la porte de la sale, la prit par la main & la conduisit dans sa chambre. Il fut impossible à cette Princesse de parler longtems avec ce Prince, à cause de la trop grande foule du monde qui s'y étoit rendu ; ce qui l'obligea de se retirer à l'apartement qu'on lui avoit preparé.

VIII. Le même jour le Roi Loüis son fils fut loger à Bisseste, & le lendemain, aprés avoir été visité des Cardinaux de . . . . . . & de Luxembourg, & de tous les Prélats qui étoient à Paris, il monta à cheval pour aller trouver le Roi Charles VI. Les Ducs, les Comtes, & les Barons qui étoient à la Cour, furent au devant de lui jusqu'à michemin : & le concours en fut si grand qu'à son arrivée il y avoit six cens chevaux. Comme il fut aux Faux-bourgs de Paris, le Roi trés Chrétien lui envoïa un grand cheval couvert des armes de France & de Jerusalem, une épée, une paire d'éperons dorés, trois chapeaux fourrés d'hermine, & une robe a la façon de celles que portent les Rois de France. Si bien qu'il fit son entrée en Roi, & on lui rendit tous les honneurs qu'on rend à tous ceux, qui possedent cette souveraine dignité. Car douze Chevaliers à pied le conduisirent par toute la Ville : le Roi sortit hors de la salle pour le recevoir, & le mena dans sa chambre, & ensuite le fit manger avec lui. Le Roi de France fut assis au bout de table, & aprés lui le Roi Loüis Comte de Provence, puis le Roi d'Armenie, les trois Ducs, & le Comte de Valois s'assirent aprés le Roi d'Armenie.

IX. A deux jours delà, Loüis parla trés-bien en langue Latine au Roi de France en presence de Marie de Blois sa mere, de la Duchesse d'Orleans, & de plusieurs gens de lettres, (ce qui est fort remarquable, & trés rare à un Prince si jeune.) J'ai veu des titres qui m'aprenent qu'il n'avoit que huit ans ; ceux dont j'ai puisé cette remarque ne parlent pas de son âge, mais ils disent seulement qu'il étoit dans l'enfance, qu'il étoit fort agréable ; & que Marie de Blois sa mere étoit une Princesse d'un grand merite, trés sage & trés vertueuse. Le Seigneur de Sault parla aussi, & fit le recit de ce qui s'étoit passé en Provence. La lettre de Guiguonet Iarente remarque, qu'il s'expliqua en langue Françoise, & qu'il s'en démela fort bien. Celle des députés de Marseille porte qu'ils parlerent aussi au Roi de France, je ne sçai si ce fut alors où en une autre rencontre. Tant y a qu'ils furent oüis en presence des Ducs de Berri, & de Bourgogne, & du Conseil du Roi, où étoient aussi plusieurs Comtes & grands Seigneurs.

X. Le registre d'où j'ai tiré ce que je viens de dire, remarque qu'une Ville de ce Païs faisoit tous les efforts pour obliger le Roi de France de se rendre maître de Provence. Elle lui faisoit representer que

Tome I.   T t

cette Province lui apartenoit, & par le Testament du Roi Charles II. & du chef de Marguerite de Provence, fille de Raimond Berenger, & femme de S. Loüis. Mais bien loin que ce Prince voulut deferer à cette pretension, au contraire ainsi que nous venons de voir il voulut que Loüis II. prît le titre de Comte de Provence & lui promit de l'assister à la conquerir.

IX. Aprés cela ce Prince, & la Reine sa Mere retournerent à Angers & de là ils s'acheminerent en Provence. Ils se mirent sur la riviere du Rhône & vinrent décendre à Avignon. Dans leur route ils écrivoient souvent des lettres trés-obligeantes aux Marseillois voulant même que leurs Ambassadeurs les accompagnassent jusqu'à ce lieu. Le Roi entra dans Avignon le mardi aprés le 22. d'Avril; il y fut reçû en Roi, la Reine y entra le lendemain. Mais quoi qu'on dût esperer, qu'à leur arrivée, les Villes de Provence qui lui avoient tourné le dos, se rangeroient à leur devoir: la faction de l'ennemi étoit pourtant si puissante qu'elle en debauchoit toûjours quelqu'une qui se declaroit contre ce Prince, ainsi que fit alors la Ville de Tarascon.

Au Registre de Guillaume Bajuli.

XII. Quelque peu de tems avant l'arrivée du Roi, Othon Duc de Brunsvic, & Prince de Tarante, qui avoit été mari en quatriémes nôces de la Reine Jeanne, écrivit une lettre aux Marseillois qui portoit créance. Cette lettre fut renduë par Charles Aube, qui leur representa que son maître les prioit de lui vouloir restituer Châteauneuf du Martigues, que la feu Reine lui avoit donné, avec plusieurs autres Châteaux, leur offrant de leur rembourcer tout ce qu'ils avoient dépensé pour la prise de cette Place. Les Marseillois lui firent réponse, que puis que pour la prendre sur l'ennemi, ils avoient emploïé des grandes sommes & essuïé beaucoup des travaux, ils n'avoient pas dessein de la remettre entre les mains de ce Prince, que le Roi ne l'eût ordonné; aïant d'ailleurs déja refusé la même grace à Jaques d'Arcussia Comte de Capro, qui la leur avoit demandée.

XIII. Cette lettre fut suivie d'une autre, qu'Antoine Adorno Doge de Genes, & le Senat encore écrivirent à la Ville de Marseille, ils se plaignoient de ce que quelques Corsaires Marseillois, avoient pris certains bâtimens qui apartenoient aux Genois, & demandoient qu'on les leur rendit, & en cas de refus ils protestoient d'en avoir raison. Les Marseillois députerent à Avignon Pierre Guitard Seigneur de Pierre Latte leur Viguier, pour en donner avis à sa Majesté, où elle ne faisoit que d'arriver. Clement aprehenda si fort, que ces deux Villes ne vinssent à rompre, qu'il commit le Cardinal de Cusance pour les ajuster: ce Prélat negocia si bien cette affaire, qu'il la termina.

XIV. En ce même tems Clement pour rendre la Province paisible, & l'acquerir entierement à Loüis, lui fit trouver bon de faire convoquer les Etats en la Ville d'Apt, pour chercher les moïens d'accommodement: & comme il prévoïoit qu'il n'y avoit rien qui en peut empêcher l'éfet, que les lettres patentes que Loüis I. avoit concedé aux Marseillois, par lesquelles tous les corps de Justice qui étoient dans Aix, devoient être transferés en la Ville de Marseille; la Reine pria les Marseillois de se départir de ce don, pour le bien & la tranquilité générale de la Province: ce que ce peuple fit fort agréablement; cela fait les Etats furent tenus à Apt. Mais quelque soin qu'on prit pour cét ajustement, & pour détruire l'union qu'on avoit formé contre ce Prince, on ne peut rien avancer, & les choses demeurerent dans le même état; si bien que Marie de Blois fit entrer son armée en Provence, commandée par le Seigneur de Vinac, qui alla mettre le siége devant Lançon.

XV. Ce Seigneur n'aïant pas toutes les forces qui lui étoient necessaires, écrivit aux Marseillois une lettre de créance, qui fut portée par le Bâtard de Terrides, qui leur dit que son Général aprés avoir pris Lançon, avoit résolu d'aller assiéger Quolongue & ensuite la Ville d'Aix: & les prioit de lui fournir quelques troupes, pour venir à bout de son dessein. Les Marseillois lui envoïerent une compagnie de gens de pied, qui alla joindre son armée. Le lieu de Lançon aïant été pris, l'armée s'avança à Quolongue, & la bloqua. Les Marseillois envoïerent à ce siége un instrument de guerre, que la Chartre apellé *bombarde*, & dit qu'on la chargeoit avec de la poudre: je crois que c'étoit un canon, qui étoit alors fort rare, puisque depuis peu de tems l'artillerie avoit été inventée. On y envoïa aussi une machine qu'on apelloit un Trebuchet, avec laquelle on jettoit de grandes pierres. Ce Village aïant été contraint de se rendre, le siége fut mis devant la Ville d'Aix. La Milice de Marseille commandée par Pierre de Servieres, suivit toûjours l'armée.

Au Registre de Laurens Aicard.

Trabucum.

XVI. Cependant Marie de Blois qui n'avoit pas fait un si grand chemin, pour s'arrêter à Avignon, mais bien pour entrer en Provence jugea qu'il n'y avoit point de Ville où elle peut faire son séjour qu'à Marseille, soit à cause de l'affection & du respect que cette Ville avoit toûjours eu pour ses Princes Souverains, soit pour être la plus puissante de la Province. Si bien qu'elle s'y achemina avec le Roi & y arriverent tous d'eux le 18. d'Août; aïant pris leur route par le chemin des Pennes. Les Marseillois envoïerent à leur rencontre, cinquante arbalêtriers: & comme c'étoit un jour maigre, ils acheterent quinze florins d'or de poisson pour leur faire present, & leur rendirent tous les honneurs qu'ils pûrent s'imaginer. Nous avons le tableau de cette entrée qui est encore en état dans la salle de l'Hôtel de Ville, où l'on voit que ce Prince étoit encore dans l'enfance, qu'il étoit revêtu d'habits de dûeil de la mort de son Pere, & que la Reine en étoit aussi revêtuë. L'un & l'autre jurerent alors d'observer les conventions & les Chapitres de paix: & en même tems Gilles Boniface, Jaques Guillaume, & Roolin Vivaud Sindics, lui prêterent hommage, & serment de fidélité. Et d'autant que ce fut le jour de S. Loüis, que leurs Majestés firent leur entrée; on exposa publiquement dans Marseille les precieuses Reliques de ce grand Saint, soûs la garde pourtant de Guillaume de Cavaillon, de Rainaud de Ollona, & de Geofroi de Valbelle Capitaines de la Ville.

Au Registre de Laurens Aicard.

XVII. Pendant le séjour que ces Princes firent à Marseille, ils crurent être obligés de reconnoître la vertu des Marseillois, qui s'étoient conduits en très-bons & très fidéles sujets. Et pour cét éfet ils leur accorderent diverses lettres patentes, trés-amples & très-avantageuses. Celles du 26. d'Août de l'année 1385. parlent d'eux avec éloge; car Marie de Blois en qualité de Regente de son fils, dit que pour reconnoître leur fidélité, & les grands services qu'ils avoient rendu au feu Roi, & à son fils; elle veut que le transport des corps de Justice, qui avoient accoûtumé de resider dans la Ville d'Aix, seroit fait dans *sa très-fidéle Ville de Marseille*, conformément à ce que Loüis I. en avoit ordonné. Sur la fin des ces patentes il y a ce qui suit, *Donné à nôtre Roïale Ville de Marseille*, avec le Conseil & assistance, d'Artaud Evêque de Sisteron, de Iean Abé de Marseille, de Fouquet d'Agout Marquis de Courfou Vicomte de Raillane, & grand Sénéchal de Provence, de Raimond d'Agout Seigneur de Sault, de Roger Comte de Beaufort, de Loüis d'Anduse Sr. de la Voute, de George de Marle Maître d'Hôtel du Pape, d'Elzear Seigneur d'Oraison, de Bertrand d'Agout Sr. de Campo Regio Maréchal de Provence, de Raimond Bernard Flamengo Juge-mage de Provence, de Gautier de Alimetes Seigneur de Masaugues, & de Guigonet Jarento Seigneur de Gemenos Maître rational.

XVIII L'éxécution de ces lettres patentes fut donnée au grand Sénéchal de Provence, dont la charge avoit alors de grands avantages. Car elle avoit la puissance absoluë du glaive; *Do tibi* (disoit le Prince dans les lettres de provision) *merum & mixtum imperium & potestatem gladij* : il pouvoit aussi de sa seule autorité créer des Viguiers, des Juges, des Baillifs, des Clavaires, des Châtelains, & des Notaires, & pourvoir aux charges de Justice, aux reparations de toutes les Villes, & aux Forteresses de la Province, où il avoit autant de pouvoir en l'absence du Roi, que le Roi même.

CHAPITRE

CHAPITRE V.

La Reine Marie exhorte les Marseillois de n'avoir jamais aucune paix avec Charles de Duras, & ses Enfans. Notables services rendus par ceux de Marseille aux Guerres de Provence.

I. Tréves entre Marie de Blois, Loüis II. son fils, les Marseillois, & Balthezar Spinelis grand Sénéchal en Provence pour Charles de Duras, & ceux de son parti. II. Diverses lettres patentes accordées aux Marseillois par Marie de Blois. III. Elle prend grand soin de la conservation de leurs privileges. IV. Le Vicomte de Turenne fait la guerre en Provence contre Loüis II. qui est assisté par les Marseillois. V. Traité d'une tréve pour deux mois. VI. Prise du lieu de Châteauneuf du Martigues. VII. La Reine écrit aux Marseillois sur le sujet du mariage du Roi & demande leurs avis : teneur des lettres de cette Princesse. VIII. La Reine assiége & prend Châteauneuf, & le remet entre les mains des Marseillois: Teneur d'une autre lettre que cette Princesse leur écrit. IX. La Reine assiége Mairargues & les Marseillois lui envoient du secours & lui prêtent de l'argent. X. Les Villes de Provence qui tenoient le parti de Charles de Duras se reduisent à l'obéissance de leur Souverain, lettres patentes en faveur des Marseillois. XI. Les Etats de Provence sont convoqués à Tarascon & pour quel sujet. XII. Le Sénéchal de Provence prend le Château des Pennes avec l'assistance des Marseillois. XIII. Cette Place est donnée en recompense aux Marseillois. XIV. Ils la remettent entre les mains de la Reine, sous quelles reserves : leur teneur. XV. Transaction entre les Villes de Marseille & Arles.

LA venuë de la Reine Marie en Provence avec le Roi Loüis son fils avoit fait esperer à ses bons sujets, qu'en peu de tems toutes les autres Villes, qui tenoient pour l'ennemi, les reconnoîtroient & suivroient l'exemple de Marseille, & d'Arles. Mais comme ils n'avoient pas beaucoup de gens de guerre ; & que Nicolas Spinelis Lieutenant de Charles de Duras, y avoit encore des grandes forces ; les affaires demeurerent dans le même état qu'auparavant. On accorda pourtant une tréve de vingt mois qui fut publiée par toute la Provence. La convention fut conçuë au nom de Marie Reine de Jerusalem, & de Sicile, Tutrice du Roi II. son fils, & des Villes de Marseille & autres qui tenoient son parti d'une part. Et de Spinelis Seigneur de Torpeïe en Calabre, Sénéchal de Provence, pour Charles qui se disoit troisiéme du nom, Roi de Ierusalem, & de Sicile, Comte de Provence. Le 8. de Novembre il y eût assemblée dans Aix, convoquée par Antoine Marquis natif de Genes, Gouverneur & Viguier de la Ville, & par les Sindics de ladite Ville, qui jurerent la tréve en presence de Spinelis, & promirent de l'observer exactement pendant le tems qu'elle dureroit, quand même Charles de Duras la voudroit enfreindre. La Ville de Marseille députa Raimond Audibert, & Guillaume Lurdi ses Sindics qui se trouverent à la prestation du serment. Cette tréve produisit tant de bien à la Province, que pendant sa durée la plûpart des Villes se raviserent & tournerent le dos à Charles, Spinelis aïant tout perdu fut contraint de déloger avec diligence & de se retirer en Italie.

Aux Archi. de l'Hôtel de Ville.

II. Cette Princesse aprés avoir donné la paix à la Province, voulut recompenser ceux qui s'étoient maintenus fidélement sous son obéïssance & qui avoient resisté avec courage, aux attaques des ennemis. Les Marseillois ne furent pas oubliés, car outre les lettres patentes dont nous avons parlé ci-dessus, ils en obtinrent encore d'autres qui les exemptoient par toute la Provence, de toutes charges & de tous subsides. Ce qu'elle leur accorda, non seulement ensuite des traités faits avec la Ville, & les Comtes, mais aussi en consideration des fidéles services, qu'ils avoient rendu à son feu mari, & qu'ils venoient de rendre à son fils, & pour la singuliere affection qu'ils avoient témoigné à la Reine Jeanne : faisant ensuite un dénombrement des faveurs, & des biens faits, dont cette Princesse avoit comblé Charles de Duras, ainsi que nous avons veu au Chapitre precedent. Et sur la fin des lettres elle s'excuse & témoigne le déplaisir qu'elle avoit de n'être pas en état de reconnoître leur fidélité, & de ne la pouvoir recompenser à l'égal de ce qu'elle meritoit. Et par d'autres lettres plus expresses, données quelque peu de tems aprés les premieres, elle conjure les Marseillois de ne faire jamais la paix avec ce méchant & detestable Prince, Charles de Duras & ses enfans, c'est ainsi qu'elle l'apelle.

III. Durant le séjour que la Regente fit à Marseille, les Officiers n'avoient garde de contrevenir aux privileges des Habitans, pour l'observation desquels elle avoit une jalousie extreme, ce qu'elle témoigna ouvertement, lorsque le Iuge du Palais eût relaxé des prisons un fameux Corsaire apellé Raimond Majol, qui avec une Galiote aïant couru vers l'embouchure du Rhône, avoit fait de grandes prises sur les negocians. Les Consuls en firent plainte à la Reine, & parce que le Iuge s'excusoit sur ce qu'eux mêmes, & les six députés de la guerre avoient consenti à son élargissement : aprés qu'on eût justifié le contraire, & prouvé qu'il avoit inséré à faux & contre la verité leur consentement, la Reine ordonna que le procés lui seroit fait jusques à sentence définitive.

IV. Nous venons de voir que la fuite de Spinelis sembloit promettre à Marie de Blois une heureuse & paisible regence : mais à peine étoit elle sortie de cette guerre qu'elle entra dans une autre. Raimond Roger Vicomte de Turene, & qui ne respiroit que sang & que désordre, prit les armes contre elle, avec une si grande violence, que les marques de sa cruauté ont paru durant quelques siécles dans la Province. Ce Seigneur, en haine de ce que Loüis avoit cassé une donation que la Reine Jeanne avoit fait en faveur de son Pere, de plusieurs belles terres situées en Provence; eût bien la hardiesse de s'en prendre à Loüis son fils, & de lui faire la guerre en un tems, que la Provence étoit encore dans la confusion, & que les Villes qui tenoient pour Charles de Duras ne s'étoient pas entierement soûmises par une humble reconnoissance, & n'avoient pas toutes reconnu leur Souverain. Les Marseillois à la naissance de ces troubles, qu'on vouloit calmer par un accord, firent present à la Reine de mille livres d'or pour l'obliger d'achever plus facilement une affaire si importante. Mais ce traité aïant été rompu, ils lui fournirent des hommes & de l'argent, tant que la guerre continua, ainsi que nous allons dire.

V. Cette guerre ne fut pas si échaufée au commencement qu'elle le fut dans la suite; car le Vicomte étant encore fort jeune, n'avoit pas de si grandes forces qu'il eût dépuis: si bien que ne se voïant pas assés puissant pour pousser à bout son dessein; il se servit d'un artifice qui brouïlla le Païs durant deux ou trois ans. Car il attira à son parti Fossoïran Lieutenant de Enguerran de Eidin, Sénéchal de Beaucaire & Gouverneur du Dauphiné, Capitaine Général de toutes les Troupes que ce Seigneur avoit en Provence il y étoit venu par ordre de Charles VI. & s'étoit emparé de quelques places, pour les conserver à Loüis II. Et comme il y a aparence qu'il ne fut pas païé de ce qui lui étoit dû, ils demeura toûjours maître de toutes les places & tint en ce Païs Fossoïran, qui y commandoit sous lui. Cette union qui étoit entre le Vicomte de Turene, Fossoïran & les Villes qui tenoient pour Charles de Duras, fut cause que la Reine mit sur pied toutes les Troupes qu'elle pût pour les vaincre, & ranger les rebelles à leur devoir. Mais comme elle ne vouloit rien hazarder, & qu'elle souhaitoit avec passion de les soûmettre à l'obéïssance plûtôt par une convention que par la force, Elle ne manqua pas d'emploïer à cét accommodement tous ceux qu'elle jugea capables pour le faire réüssir. Mais tout ce qu'ils pûrent avancer fut une tréve de deux mois qui commença le 29. de Septembre, jusqu'au 29. de Novembre. Pendant lequel tems, Fossoïran promit de n'aporter aucun dommage aux terres de Clement, ni à celles de Loüis, ni d'attaquer aucunes places dans les terres de l'un, ni de l'autre; ni de donner aucun secours au Vicomte de Turene.

Aux écrits publiques de Raimond Elie Notaire & Secretre.

VI. Cette tréve étant finie, les ennemis firent aussitôt des actes d'hostilité, & surprirent Châteauneuf du Martigues, que les Marseillois avoient remis entre les mains de la Reine, qui en fut fort allarmée, & parce qu'elle avoit besoin d'un prompt secours, elle envoïa à Marseille, le Seigneur d'Oraison, & Franchesquet Trésorier de Provence pour implorer en cette conjonction, le secours de cette Ville. Les Marseillois offrirent au même tems de donner à sa Majesté, pour survenir aux frais de la guerre la somme de mille livres, & de païer cent Arbalêtriers, pour autant de tems qu'il seroit necessaire. Elle témoigna d'étre extrémement contente de cette offre, ainsi qu'il est justifié par la teneur de la lettre de remerciment dont elle les honora. Cette lettre marque que cette Princesse avoit une estime toute particuliere pour les Marseillois ; les asseurant qu'elle ne vouloit rien conclurre en cette affaire, ni en toutes celles qui lui surviendroient que par leur Conseil.

VII. En effet elle leur écrivit encore une lettre, pour leur donner connoissance qu'on traittoit de marier le Roi son fils, & qu'on lui proposoit la Fille du Duc de Milan, celle de Bernabé Comte de Vertus, & celle du Roi d'Aragon, mais qu'elle ne vouloit pas se déterminer à aucun de ces partis, que de l'avis & du gré de sa trés chere Ville de Marseille. Le Conseil s'étant assemblé pour ce sujet, on résolut de remercier tréshumblement la Reine, de l'honneur qu'elle leur faisoit, & de lui dire que bien qu'on souhaitât avec passion, que le Roi se mariât plûtôt avec la Fille du Roi d'Aragon qu'avec aucune des autres, neanmoins on ne désiroit point d'autre que celle que le Roi agreëroit. J'ai jugé à propos d'inserer en cét endroit les lettres qui furent écrites par la Reine à la Ville, & au Seigneur d'Oraison & au Trésorier de Provence.

Magnifico & Nobili Viro Consiliario & fidelibus nostris dilectis Domino de Auraizono & Francisco Thesaurario nostro Provincia.

Tres cars & fiels Conseillers, nos aven receupudas vostras lettras, per lasquals aven ben perceuput vostra gran & bonna diligensa, en las besognas & à tresin, lo grand & bon voler de nostres tres cars & fiels Masseilles que an envers nos, el Rei Louis nostre Fil, comben que tot jors, nos eram totas certas, per leurs grans fats, bon portamen & obras vertuuosas & per tant leur remerciant grandament de leur granda & honorabla oblation, & don gratious de mille francs, & de cent Albarestrés ainsin comen certas, que veires per las lettras quals lur mandan, per lou present portadour, autra causa non vos escriven, car nostre tres car & fiel Conseiller Guiguonet Jarento, es anat de la part della, enformat de totas causas à plen, tres cars & fiels lo Sant Espreit sia à vos. A Pertus à 12. de Mars soute nostre Anel secret.

Maria Regina Jerusalem & Sicilia, Comitissa Provincia.

Nobilibus & egregiis Viris Sindicis & Consilio, ac Deputatis ad guerram Civitatis Massilia devotis nostris & regiis fidelibus dilectis.

Tres cars & fiels nostres, nos aven receupudas presentialmens aleunas lettras de nostre tres car & fiel Conseiller lo Segnor d'Oraison, & de nostre Tresorier de Provensa Francesquet, per las quals aven perceupudas la grand & honorabla oblation vestra, ad ellos facha, en nom & per part nostra, & d'el Rei Louis Comte de Provensa nostre Fil, segner nostre lige & natural de mille franc de don gratious, per adjudar & soustenir nostres gens d'armas, & cent Albaretriers, à tenir seti tant qua mestier fossa à vostres despens, contra fossoyran, loquel don & oblation, nos tenen non poneb petits, mas grans & honorables, de certans & day tels fiels nostres nos vos regratian, lou plus grandamens que poden, & certas fiels nostres, nos speran ben aver de vos en ayssins, per la grand & singular fidelitat vostra, amor & ferma dilection, laqual avés, & tosten avés agut à nostra Segnoria, à la qual

may

may non falli en sas besognas, ni en sas grands necessitas, don vos en sec, & n'aués & es verayment ben, rason lausor & honor perpetuabla per special entre los autres, del pais & quand à la oblation de cent Albarestres, certas fiels nostres, nos non la refusan ponch, mas la acceptan, & l'aven agreable grandamens, cum beson fossa, benque nos speram en Dious, brevemens mettre los fach d'aquel nostre pais de Proensa, en tel apointement & tal assolament, que non aura plus beson de far guerra, comme vos reportara, aisso & alcunas autras causas de bocha, plus à plen de nostra part, nostre tres car & fiel Conseiller Guigonet sarente, loqual aven mandat per devers vos sabens sisels nostres que nostre entendement es toujours de nous condurre finalment ni fermarrem en aquestas besognas, sensa vostre bon conseil loqual volerian tot ior aver, non tan en aquestas tant grans & poderosas, mas en tots nostres autres affars, si esser pogues bonamens, tres cars & fiels lo Sant Esprit sia am vos & stacha. A Pertus lo 12. ior de Mars soute nostre Anel secret.

Maria Regina Jerusalem & Sicilia, Comitissa Provincia.

A nos tres cars & fiels Sendegues Conseil & seiz de guerra de nostra bona Cieutat de Marseilla.

Tres cars & fiels per certas causas, vos mandan per devers vos embasaydos, presentialmens à nostra bona Cieutat de Masseilla, nostre tres car & fiel lo Seignor d'Auraison, & nostre ben amat Franchesquet Frances nostre Thesaurier de Provensa, als quals vueilles donar fe & creensa, en so que vos diran de nostra part ; tres cars & fiels, lo Sant Espreit sia am vos. A Pertus à 26. de Fevrier sous nostre anel secret.

Maria Regina Jerusalem & Sicilia, Comitissa Provincia.

En ce même tems l'armée que la Reine avoit sur pied, alla mettre le siége devant Chateauneuf, & le batit si bien, qu'elle obligea l'ennemi de le rendre. Et, comme elle crût que cette place seroit mieux conservée par les Marseillois que par aucun autre, à qui elle la pût confier; elle la remit entre leurs mains, ainsi qu'il paroit par la lettre suivante, qui fût lûe en plein conseil de l'an 1387. où il fût resolu d'accepter cette place, & de suplier très humblement la Reine, de la leur donner, de la même façon que le Duc d'Andrie avoit accoutumé de la posseder. On trouva bon aussi, de jetter les yeux sur un Gentilhomme, qui la gardât en qualité de châtelain, & promit de la rendre lors qu'on le voudroit. On jetta les yeux sur Rostang de Marseille, & on la lui donna pour trois ans. Voici la teneur de la lettre dont nous venons de parler.

La Reine de Jerusalem & Sicile, Comtesse de Provence.

Nos amez & feaux, nous envoions devers vous nôtre bien amé Secretaire Jean le Maitre Trésorier de Provence, pour bailler & delivrer Chateauneuf de Martigue, en vos mains & en vôtre gouvernement, comme auparavant, étoit; auquel nôtre Secretaire nous avions pieça commandé de vous delivrer; mais pour certaines nos besognes, où il a été occupé, n'y a pû vaquer : toutefois nôtre entente ne fût onc que

VIII.

ledit Chastel dût être ni demeurer en autres mains, qu'ès vôtres; car non dudit Chastel seulement, mais de toutes autres choses ou nous vous sçaurons ou pourrons complaire, nous le ferons de bon cuer, ne ne voudrions faire chose, qui en aucune maniere pût être domageable à vous, & quant est de la table de la mer, dont nous ont pieça écrit nos Ambassadeurs destinez à nôtre Cité d'Arles, & aussi dont nous a parlé nôtre dit Secretaire, nous lui avons chargé qu'il se doive informer de la chose & le nous raporter, & lui retourné devers nous : nous en ordonnerons en telle maniere que vous en devez être contans. Nous avons aussi dit à nôtre dit Secretaire, en quelle disposition & état est entre nôtre *fraitie* d'Aix à present, & commandé qu'il vous le die, si vous prions que le veuliez croire comme nous même. Nôtre Seigneur vous ait en sa garde. Ecrit à Pertuis le 25. jour de May.

Raimond Elie Notaire & Secretaire.

l'an 1385

XI. Aprés que Châteauneuf eut été pris, l'armée alla mettre le siége devant Mairargues; les Marseillois y envoïerent deux compagnies d'Arbalêtriers, dont l'une étoit sous la conduite d'Antoine de Jerusalem, un de leurs Sindics; & l'autre de Jean de Monteous. Je n'ai pû trouver dans les vieux titres, quel succés eût le siége de Mairargues; mais bien qu'on traitoit alors de calmer les troubles dont la Provence étoit agitée; & qu'on n'oublioit rien à détacher Enguerran de Aidin, dont nous avons parlé ci devant, du Vicomte de Turenne; & parce qu'il tenoit encore plusieurs places en Provence; il faisoit offre de les abandonner, moyenant quelque argent. La Reine qui n'en avoit pas, parce qu'elle avoit fait de grandes dépenses pour soutenir la guerre dont nous venons de parler; eût recours aux Marseillois, qui nonobstant que l'année précedante ils lui eussent fait present de la somme de mille livres, lui en donnerent encore autant, pour continuer la guerre en cas de besoin; outre les autres troupes dont nous avons parlé ci devant. Cette somme de mille livres fût empruntée par la Ville de divers particuliers, à raison de quinze pour cent; & pour asseurance elle leur donna en engagement la Gabelle du Sel.

X. Ce fût en cette même année, que l'union que quelques Villes de Provence avoient fait ensemble pour soutenir l'interet de Charles de Duras, fût entierement rompuë, & que s'étant reconnuës elles se reduisirent sous l'obéïssance de leur Souverain, qui confirma leurs priviléges. Les Marseillois obtinrent cette même année & le 24. d'Août, des lettres patentes, par lesquelles Marie de Blois en consideration, dit la Chartre, du merite de ses fidéles Citoïens de Marseille, les décharge, tant aux Villes d'Arles & de Tarascon, qu'au rivage du Rône & ailleurs par tout son domaine, de toute sorte de péages, subsides & impositions, avec inhibitions à tous ses Officiers & autres de les troubler; voulant que ses patentes aïent force & vigueur à perpetuité.

Aux Archives du Roi au Registre Rubei folio 238. & aux Archives de Marseille.

XI. L'année suivante, les Etats aïant été convoquez en la Ville de Tarascon; il y fût resolu par mandement de la Reine, d'établir une imposition generale pour un certain tems, sur toutes les gabeles du Sel, à sçavoir, quatre gros d'argent pour chaque quintal de Sel, afin que du provenu de cette imposition, on peut indamniser le Prince de Ta-

Aux écritures publiques de Pierre Calvini.

1386

rante des frais qu'il avoit fait en cette guerre, tant contre le Vicomte de Turene, que pour subvenir à la dépense qu'il étoit obligé de faire au voïage de Naples, où il étoit sur le point d'aller. Sa Majesté fit proposer aux Marseillois de consentir à cette imposition ; mais ils representerent à la Reine, que ce subside choquoit les Chapitres de paix ; & & que d'ailleurs la Gabelle du Sel étoit engagée ainsi que nous venons de voir, & quand elle ne le seroit pas, elle ne devoit pas être divertie, puisqu'elle leur donnoit moïen de défendre la Ville & la Provence en de certaines conjonctures.

XII. Cette rémontrance fut faite avec grande raison, & fort à propos. Car si cette imposition eût été établie, il leur auroit été impossible de rendre service à l'Etat, ainsi que nous dirons bien-tôt. En effet peu de mois après, George de Marle Sénéchal de Provence, voïant que le Château des Pennes étoit entre les mains de plusieurs voleurs, & banis de la Province, qui couroient & ravageoient tous les environs, & jusqu'au terroir de Marseille, faisant rançonner, pillant les passans, & commettant mille meurtres, au grand mépris de l'autorité Roïale. Le grand Sénéchal pour châtier ces rebelles, mit quelques Troupes sur pied, les Marseillois pour ne laisser pas perdre une si belle occasion de servir leur Prince, lui envoïerent cinq cens soldats Albalêtriers, à leurs propres dépens, outre plusieurs volontaires: Ils lui fournirent encore quelques machines & engins de bâterie, que les vieux titres apellent les uns bombardes, avec lesquelles on jettoit de grandes pierres, & les autres de Trebuchéts, & d'ailleurs ils fournirent aussi de l'argent au grand Sénéchal, qui n'en pouvoit point trouver, les Finances du Roi aïant été épuisées. De sorte que ce Château aïant été assiégé, ces voleurs se défendirent courageusement durant dix-huit jours. Mais enfin nonobstant leur grande resistance, ils furent forcés & la plûpart taillés en piéces.

XIII. Cette place aïant été prise, elle fut confisquée, & unie au domaine de sa Majesté, qui la posseda jusqu'à ce que le grand Sénéchal aïant consideré la grande dépense que les Marseillois avoient fait en la levée, & en l'entretien de ces cinq cens soldats, qui montoit plus de vingt cinq mille florins ; en recompense de ce signalé service, & de beaucoup d'autres qu'ils avoient rendu, leur donna en païement au nom du Roi & de son ordre, le lieu des Pennes, & la Forteresse, avec le droit de péage qu'on y exigeoit, & celui encore qu'on levoit au Port de Bouc. Et en même tems Etienne de Brandis, Antoine de Sarde, & Antoine de Jerusalem Consuls, rendirent hommage au nom de la Ville, & prêterent serment de fidélité au Roi, entre les mains du grand Sénéchal, qui promit de faire ratifier à sa Majesté ce transport, qui fut passé à Marseille en la presence, & par l'avis de Loüis de Forcalquier sieur de Cereste, & Viguier de Marseille, de Raimond Bernard Chevailler & Juge Mage de Provence, de Guiguonet Iarente sieur de Gemenos maître rational, & d'Arnaud Proave Conseiller du Roi, & de plusieurs autres : & en même tems Raimond Audibert, & Iean de Monteoux, furent commis pour mettre les Consuls en possession.

HISTOIRE

XIV. Il est vrai que quatre ans aprés, les Marseillois pour témoigner qu'ils n'avoient pas rendu ce service en intention d'en être recompensés ; mais bien qu'ils n'y avoient été portés, que par le zéle & l'affection qu'ils avoient pour le bien de l'état : le Roi étant venu à Marseille, Ricaut de Ricaut & Bartelemi de Monteous Consuls, ensuite d'une deliberation expresse, remirent le fief des Pennes à la Regente, qu'elle accepta tres volontiers sous les reserves suivantes.

Que les originaires Citoïens & Habitans de Marseille seroient francs au lieu des Pennes, de toute sorte de péages & d'impositions.

Qu'ils y pourroient couper & emporter du bois, faire des fours à chaux, & de paitre leur betail aux terres incultes.

Que le Roi ni autre possesseur de ce fief, ne pourroit à l'avenir y faire bâtir aucune forteresse ni chateau ; & en cas qu'il fit le contraire, qu'il seroit permis aux Marseillois & à ceux du païs de le demolir & raser entierement.

XV. Je ne dois pas oublier de dire, que l'année qui preceda la demission dont nous venons de parler, les Marseillois avoient transigé avec ceux d'Arles pour raison de leurs differens, qui les avoient tenus depuis quelques années dans la mesintelligence. Elle provenoit de ce qu'on avoit retenu à Marseille quelques laines de quelques Habitans d'Arles. Les Marseillois disoient qu'ils l'avoient fait avec justice, puisqu'on les avoit contraints de païer à Arles de subsides & des impositions extraordinaires, & qu'on leur avoit retenu de laines & du bled, au prejudice des privileges de leur Ville. Enfin la Reine qui desiroit de les accorder, commanda aux uns & aux autres, de la venir trouver à Avignon. Jaques Atulphi Iurisconsulte & Guillaume Vivaud Ambassadeurs de Marseille, comparurent devant sa Majesté, qui étoit logée dans un Palais appellé anciennement l'hôtel du Cardinal de Carcassonne, mais ceux d'Arles ne s'y trouverent pas ; si bien que cette contention ne fût ajustée que le 3. de May suivant : & par la transaction qui fût passée, on convint que lorsque les Marseillois iroient à Arles & y porteroient des Marchandises, ou y negocieroient, seroient francs de tout péage & imposition, & qu'il en seroit de même à Marseille, pour regard de ceux d'Arles. Que dans chacune de ces Villes, il y auroit un homme d'honneur, de credit & de probité, qui auroit soin de faire executer cette convention. Les Ambassadeurs de Marseille qui intervinrent à cét accord, furent Iaques Atulfi ci-dessus nommé, & Iaques Ianceaume. Iean Rostang & Bernard Textoris, le furent pour la Ville d'Arles.

<small>Aux Archives de l'Hôtel de Ville.</small>

1391.

CHAPITRE

CHAPITRE VI.

Arrivée à Marseille du Roi d'Aragon, du Prince de Tarente & de l'Antipape Benoit XIII.

I. La Regente accorde aux Marseillois un Privilege singulier. II. Une troupe de Corsaires se saisit du Fort de Breganson. III. Le Roi d'Aragon passe à Marseille, qui lui fait un present. Cette Ville fait garder sa côte de mer. IV. Elle écrit à l'Antipape en faveur de l'Evêque de Caffe. V. La Reine assiége Pertuis. Les Marseillois lui envoient cinquante Arbalêtriers. VI. La Republique de Gennes envoie un Ambassadeur à Marseille, pour conserver une bonne intelligence avec cette Ville. Siége de quelques lieux de Provence secourus par les Marseillois, qui font present au Roi d'une Galere avec laquelle il fait voile en Italie. VII. Les Marseillois envoient des Ambassadeurs au Roi de France, pour le suplier d'assister leur Prince. VIII. La Reine pour gagner le Maréchal de Bousicaut lui fait present de quelques lieux de la Provence. IX. Paix en Provence, mort du Vicomte de Turene. X. Le Roi Louis II. confirme tout ce que sa Mere avoit fait durant sa regence. XI. Le Viguier est sommé de faire vuider la Ville à un Corsaire. XII. Les Marseillois envoyent cent Soldats au grand Sénechal pour chasser les Genois du Monastere de Lerins. XIII. Mariage du Roi à qui les Marseillois font un present. XIV. Charles Prince de Tarente vient à Marseille prêter le serment en qualité de Viceroi de Provence. XV. Le Roi accorde des lettres patentes, portant que les déliberations des états de la Province ne pourroient porter aucun préjudice à cette Ville. XVI. Arrivée en cette Ville de Benoit 13. qui passe en Italie. XVII. Quelque tems après il révient, où vient aussi le Duc d'Orléans pour conférer avec lui. XVIII. Arrivée de ces Ambassadeurs à Marseille qui vont voir Benoit 13. XIX. Il leur promet de quitter la Papauté. XX. Il leur donne à diner. XXI. Les Ambassadeurs ne pouvant rien obtenir de Benoit prenent congé de lui, & s'en vont à Aix. XXII. Cét Antipape part de Marseille, & s'en va à Perpignan.

I.

L'Action que les Marseillois venoient de rendre, en remettant la place des Pennes à la Regente, ainsi que nous avons veu au chapitre precedent, fût si agréable à cette Princesse, qu'elle crût être obligée de reconnoître leur generosité par une recompense d'honeur, & par un privilége tout particulier, auquel la condition de sujet n'avoit jamais été élevée. Elle leur permit que lors que le Roi seroit absent de la Province, ils pourroient declarer la guerre, & courir sur

Tome I. Y y

239 HISTOIRE

Aux archives de l'Hôtel de Ville, au livre de S. Valier folio 17.

ceux qu'ils jugeroient être ennemis de l'Etat, sans attendre aucun mandement du Prince: promettant d'avoüer tout ce qu'ils fairoient, tout de même que si le Roi leur en avoit donné le commandement.

II.

1393.

En cette même année, une troupe de corsaires banis du païs, se saisirent du fort de Breganson, & ravagerent toute la côte de Provence, jusques aux mers de Marseille. Les Marseillois equiperent à leurs dépens une Galere, & firent tout leur possible pour arrêter les courses de ces voleurs, qui faisoient toujours beaucoup de dommages, & se servoient de brigantins avec tant d'adresse, qu'ils esquivoient facilement la rencontre de la Galere. Si bien que les Marseillois qui n'en pouvoient pas venir à bout par cette voye, & jugeant d'ailleurs, qu'il n'estoit pas aisé de les tirer d'une place si forte, se resolurent d'en venir à bout à force d'argent; prevoyant que ces ames mercenaires écouteroient leurs propositions & leurs offres. En effet avec de l'argent, ils leur firent quitter la place; mais à cause, qu'ils avoient supporté toute cette dépense, qui revenoit neanmoins au profit general des lieux de toute la coste: La Reine par ses Lettres Patentes, donna plein pouvoir aux Consuls de Marseille, & aux six Deputés ordinaires de la guerre, de contraindre tous les Habitans des Lieux maritimes de Provence de contribüer à proportion au remboursement de cette somme.

Aux Archiv. de l'Hôtel de Ville au livre de S. Valier fol. 10.

III.

1396.

A quelques années delà Dom Martin Duc de Monblanc, & Roi d'Aragon fils de Dom Pierre IV. Roi d'Aragon surnomé le ceremonieux passa à Marseille; il venoit de Sicile & s'en alloit en Aragon: la Ville lui fit present de vingt cinq flambeaux, & de vingt cinq livres de chandelles. Ce Prince sejourna quelques mois dans Marseille, & le 19. de Mars il entendit la Messe dans l'Eglise des Iacobins qui étoit pour lors aux Faux-bourgs de la Ville, & d'autant que la coste de Mer n'estoit pas encore bien nette de Corsaires; les Marseillois firent armer un Vaisseau, qui prenoit soin de la garder avec la Galere, dont nous avons parlé ci-devant.

Aux Archi. de l'Hôtel de Ville. au Buletaire de Laurens Aïcardi

Archi. des Dominiquains.

IV.

1396.

En cét entrefaite, l'Evêque de Caffe representa aux Marseillois, que pour soûtenir les interêts de Clement, & de Benoit, XIII. son successeur, il avoit été contraint d'abandonner son Evêché, & de demeurer au Couvent des Carmes de Marseille; les pria d'écrire en sa faveur à cét Antipape, & aux Cardinaux de le gratifier de la premiere dignité vacante, cette demande aïant été trouvée juste elle lui fut accordée.

V.

1397.

La Ville de Pertuis qui avoit ambrassé chaudement les interêts du Vicomte de Turene, fut assiégée l'année d'après par une Armée que la Reine avoit fait mettre sur pied. Les Marseillois envoïerent à leurs dépens cinquante Arbalêtriers, qui l'allerent joindre sous la conduite de Jeannet Hermentier.

VI.

1398.

Il ne s'en falut pas beaucoup, que quelques mois après la Ville de Genes ne rompit avec les Marseillois: mais parce qu'elle considera les sujets de cette rupture, elle aima mieux faire travailler à un ajustement. Elle envoïa donc en ambassade à Marseille, Melchion de Marin, un de ses Citoïens, qui assista à un Conseil general qui fut tenu le 17. Fé-

vrier, & expofa de la part du Senat qui l'avoit envoïé que pour un témoignage évident, que la Ville de Genes défiroit d'être de bonne intelligence avec Marfeille, elle avoit fufpendu pour deux ans les repre-
failles, qu'elle avoit accordé contre les Marfeillois, fous l'efperance,
que durant ce tems-là, on choifiroit deux Citoïens de chaque Ville,
pour avifer aux moïens d'un bon accord. Les Marfeillois trouverent
cét expediant fi jufte, qu'ils l'aprouverent. Les vieux titres ne m'aprenent pas la caufe du diferend de ces deux Villes, mais bien qu'il y avoit
toujours guerre en Provence contre le Vicomte de Turene; & même
qu'elle étoit fort échauffée: car il y eût plufieurs places affiégées, celle de
Roquemartine le fut vivement, & les Baux encore. Les Marfeillois envoïerent à leurs dépens vingt Arbalêtriers au fiége de Roquemartine,
& cinquante au fiége de Baux. Un Capitaine appelé Philipe Robert, à
qui la Provence avoit promis trois mille florins pour fa folde, & pour
celle de fes gens, commandoit l'armée qui étoit au devant de Roquemartine. Les Marfeillois firent alors faire une Galere à leurs dépens, & *Aux écritu-*
en firent prefent au Roi, qui fit voile en Italie pour la feconde fois, à de- *res publi-*
ffein de recouvrer le Roïaume de Naples. Mais quelque tems après fon *ques de Pier-*
départ, fur le bruit que fes affaires n'alloient pas fi bien, les Marfeillois *re Calvini.*
en furent fi fort allarmez, qu'ils armerent promptement une Galere,
pour aller fortifier fon armée.

Ils envoïerent auffi des Ambaffadeurs au Roi de France, pour le fu- VII.
plier tres humblement de vouloir fecourir leur Prince, & d'envoïer
pour cét effet le Maréchal de Boufficaut, ainfi qu'il l'avoit promis. Ces
Ambaffadeurs trouverent que le Maréchal, à qui fa Majefté tres chrétienne donnoit la conduite d'une armée navale, pour aller contre les
Infidelles, étoit fur fon départ pour venir en ce païs. En effet il ne tarda
pas d'arriver à Marfeille, où en prefence d'Ifnard de Glandeves Sr. de
Cuers, de Louis de Forqualquier Sr. de Ceirefte, de Bertrand d'Agout
Sr. de Cipieres, de Francifquet d'Arcuffia de Capro, Comte de Hau-
temure & de Menerbin, de Charles Aube Sr. de Pierrerue, de Reforciat de Caftelane Sr. de Fos, de Baudoüin Seigneur d'Oraifon, de
Bertrand de Graffe Sr. du Bar, de Guigonet Iarente Sr. de Montclar,
de Iean Seigneur de Ponteves, de Lucas de Grimaut, & de plufieurs
autres Barons & Gentilshommes, & des Confuls des Communautés
de Provence, affemblés pour cét effet, promit à la Reine à foi de Gentilhomme, qu'il iroit trouver le Roi Louis, pour l'affifter au recouvrement du Roïaume de Naples, de travailler puiffamment à la reduction du Chateau de Roquemartine, & de contribuer du fien mille
cinq cens florins, pour obliger ceux qui étoient dans la place de la quitter. Que fi ceux-là, & ceux encore qui étoient dans la Forterefe des
Baux avoient intention de s'embarquer, pour porter leurs armes contre
les Infidéles, il les recevroit dans fes Navires: qu'il empêcheroit que
les Troupes qui étoient dans le Languedoc, & qui menacoient de
paffer en Provence, n'avanceroient pas : que lui, & Geofroi fon frere,
commettroient la garde des Châteaux de Bulbon, d'Aramonet, de Val- *Memoire*
labregues, à des perfonnes fidéles & agréables au Roi Loüis. Que fi *manufcrit.*

ceux qui étoient dans le Château des Baux, n'obfervoient ponctuellement les conditions contenuës dans un traité qu'ils lui avoient communiqué, & qu'il avoit fait voir au Confeil de la Reine ; il les traiteroit comme fes ennemis, & leur fairoit la guerre.

VIII. La Reine pour l'obliger d'obferver le contenu de ce qu'il promettoit, lui fit donation des lieux de Pertuis, de Peliffame, de S. Remi, de Mairargues, & des Pennes. Par l'acte qui en fut paffé, les Marfeillois fe virent privés des moïens d'obtenir de la Reine le lieu des Pennes, qu'ils faifoient deffein de lui demander pour être à leur bienfceance.

IX. Le Maréchal accomplit la plus grande partie de fes promeffes, car il opera la reduction du Chateau de Roquemartine ; empêcha que les troupes du Languedoc ne pafferent pas en Provence; fit executer à ceux de Baux le traité qu'on avoit fait avec eux ; & fit embarquer fur fes galeres les gens du Vicomte de Turene, qui étoient dans les places fortes de Provence. Enfin cette Province, qui avoit été fi long tems perfécutée commença de refpirer, peu après la mort du Vicomte de Turene, qui arriva de la maniere qui s'enfuit. Charles Prince de Tarante étant revenu de Naples, & aïant pris port à Marfeille, en partit pour aller à Tarafcon, mais aïant rencontré fur fon chemin le Vicomte avec quelques foldats, il le chargea fi à propos & fi vertement qu'il lui fit tourner les talons, & le contraignit de repaffer le Rhône, où voulant fauter d'un bateau à l'autre, il tomba & fe noïa.

X. Ce fût prefque en ce même tems ou peu après, que Louis II. qui venoit d'atteindre l'âge de fa majorité ; confiderant que la Reine fa Mere avoit gouverné l'Etat en qualité de Regente avec beaucoup de prudence, voulut commancer la premiere action de fon Regne, par une confirmation generale de tout ce qu'elle avoit fait, & fpecialement de toutes les donations, libertés & priviléges, qu'elle avoit accordé aux Marfeillois. Ce Prince fit paroître en cette rencontre, qu'il n'avoit pas moins de bienveillance & de tendreffe pour la Ville, que fes devanciers. Car il ordonna, que tous les grands Senechaux, Juges mages, Viguiers, & Juges du Palais à l'entrée de leurs charges viendroient à Marfeille, jurer l'obfervation des conventions, & des Chapitres de paix de cette Ville. Declarant expreffement, que tout ce qu'ils feroient de contraire, feroit de nulle valleur.

XI. L'année fuivante, Fouquet d'Agout, Seigneur de Forcalqueiret, Viguier de Marfeille ; aïant fait entrer dans la Ville un fameux Pirate nommé Diego, qui étoit allé autrefois en courfe contre les Marfeillois : Pierre Aleman, Iaques Chantelme, & Bertrandet de Roquefort Confuls, avec l'affiftance de Bertrand Candole, Hugues Atulfi, Guigues de Montolieu, Pierre Candole, Antoine de Ierufalem, Olivier d'Agout, & Guillaume Fabian Gentilshommes des plus aparans de la Ville fommerent le Viguier de faire fortir fur l'heure cét étranger, autrement ils en viendroient à la force, & en avertiroient le Roi. Ce qui obligea le Viguier de congedier tout incontinent ce Corfaire.

XII. En ces entrefaites, les Marfeillois fournirent cent foldats de leur Ville, qui allerent joindre quelques forces de mer, que du Marle grand
Sénéchal

DE MARSEILLE. Liv. VI. 242

Senechal conduisoit vers le Monastere de Lerins, pour reprendre cette place, dont les Corsaires de Genes s'étoient emparez; ces corsaires la rendirent par composition, après l'avoir tenuë seize jours.

XIII. Ce fût en cette même année, que Louis II. se maria avec Yoland d'Aragon, & que les Ceremonies Nuptiales furent faites en la Ville d'Arles. Marseille deputa Guillaume Vivaud, & Honoré de Montéous Consuls, & avec eux Bertrand Candole, Antoine de Roquefort, Guillaume Ricaut & Antoine de Jerusalem, qui témoignerent à sa Majesté le contentement que les Marseillois recevoient de ce mariage, duquel ils se promettoient toute sorte de bonheur. Et ensuite ils lui firent present au nom de la Ville, d'un beau service de Vaisselle d'argent sur-doré. Trois ans après, cette Princesse étant venuë à Marseille avec le Roi son mari, & la Reine sa belle mere, les Marseillois lui firent encore present d'un autre service de Vaisselle d'argent, du poids de quarante marcs.

1403. Archiv. de l'Hôtel de Ville.

XIV. La Provence étoit alors gouvernée en l'absence du Roi, qui s'en alla en France l'an 1403. par Charles Prince de Tarante son frere, en qualité de Viceroi, ainsi parlent les titres, & en l'absence de Charles, par Jean de Tussé Chevalier qui étoit son Lieutenant & Senéchal de ce païs. Mais comme suivant les chapitres de paix, & les conventions faites par la Ville de Marseille avec Charles d'Anjou, les Senéchaux à l'entrée de leur charge, étoient obligez d'en venir jurer l'observation: ce nouveau Officier vint à Marseille le 3. de Novembre de l'année 1403. & en plein Conseil fit lire les patentes expediées en sa faveur, qui portoient provision de sa charge, & ensuite il prêta serment d'observer les conventions. Thomas de Valeran Procureur general du Roi, qui étoit venu avec lui, fit le même serment.

XV. Pendant le regne de Louis II. les Etats de la Province furent assemblés diverses fois en la Ville d'Aix, où Marseille envoïa toujours ses députés, qui obtinrent du Roi par deux diverses fois, des lettres patentes, portant expressément que les deliberations des Etats ne pourroient aucu-

Tome I. Z z

nement préjudicier aux franchises & libertés de la Ville de Marseille ; & qu'elle ne seroit jamais comprise aux charges & contributions du païs. En reconnoissance de toutes ces graces, Sa Majesté se trouvant épuisée d'argent, les Marseillois lui donnerent en pur don quinze cens livres d'or, pour subvenir aux urgentes affaires de l'Etat.

XVI.
Archiv. des Jacobins. Archiv. de l'Hôtel de Ville.

Presque dans le même tems, l'Antipape Benoit XIII. étant contraint par le Roi Charles VI. de sortir d'Avignon, & de penser de quiter cette dignité pour le repos de l'Eglise, qui étoit travaillée de schisme depuis si long tems, comme nous avons dit ci dessus, vint à Marseille accompagné de quelques Cardinaux, de plusieurs Evêques & Abés, de son chambrier, de son auditeur, & de son Maréchal. Ensuite d'une deputation que les Marseillois luy firent l'an 1405. de la personne de Jean Reynaud, de Pierre de Servieres, de Guillaume Vivaud & de Barthelemi de Monteoux, qui au nom des Consuls luy firent offre de se retirer dans leur Ville. Benoit fut logé au Monastere S. Victor pendant son sejour, le Viguier & les autres Officiers du Roy ne vouloient pas souffrir que Buffile de Brancas son Maréchal y exerçât la justice sur ceux de sa suite. Mais enfin cét Antipape prit tant de soin pour obtenir cette faveur, que le Senéchal la luy accorda par grace. Pendant le tems qu'il fut à Marseille, il assista à la Procession qu'on y fit, & aprés avoir se-

Archiv. de l'Hôtel de Ville.

journé quelques tems, & qu'il eût déclaré par Bulle expresse que la grace qu'on lui avoit accordé ne pouvoit point préjudicier, ni à la souveraineté du Roi, ni aux Chapitres de paix & conventions de la Ville de Marseille ; il s'embarqua & prit la route de Genes : & ensuite il envoïa demander saufconduit à Innocent VII. qui étoit à Viterbe, pour quelques personnes qu'il vouloit envoïer vers lui, afin de traiter l'union de l'Eglise. Ce qui lui aïant été refusé, dans la croïance que sa demande ne fut qu'une défaite, & qu'un amusement ; Benoit prit ce refus si fort à son avantage, qu'il en écrivit par toute la Chrêtienté, & acusa Innocent d'empêcher que la paix ne fut donnée à l'Eglise.

XVII.
Bulletaire de l'Hôtel de Ville.

Benoit aprés avoir roulé quelque tems en Italie, revint à Marseille, & fut encore logé au Monastere de S. Victor. On fit alors un pont de bois dans le Port & vers l'embouchure, qui prenoit d'une extremité à l'autre, & qui servoit à cét Antipape lorsqu'il vouloit venir dans la Ville. Durant huit mois de sejour que Benoit fit à Marseille, Loüis Duc d'Orleans, frere de Charles VI. Roi de France y arriva, (si nous en croïons Monstrellet) accompagné de six cens Gentilshommes, pour representer à ce pretendu Pontife de la part du Roi, qu'il devoit se disposer de donner la paix à l'Eglise, fort affligée par ce long schisme. Mais les autres Auteurs, qui sont plus dignes de foi que Monstrellet, ne parlent point du Duc d'Orleans. Ils disent seulement, que le Roi Charles VI. qui n'oublia rien pour obliger Gregoire XII. & Benoit XIII. à renoncer à leur Election, leur envoïa à tous deux une celebre Ambassade, où étoient les personnes suivantes ; sçavoir Simon de Cramaud Patriarche d'Alexandrie, & Evêque de Carcassonne, l'Archevêque de

Histoire generale du schisme, qui

Tours, les Evêques de Bauvais, de Meaux, de Cambray, de Troyes, & d'Evreus, les Abés de S. Michel, de Jumiege, de S. Denis de Clairvaux, & de S. Etienne de Dijon, l'Hermite de la Faïe Sénéchal de Beaucaire, Nicolas de Calleville Chevalier, Guillaume de Boisratier maître des Requêtes, Gilles des Champs Aumônier du Roi, le Doïen de Roüen, Guillaume Filiastre, Dominique Parvi, Jean Courtecuisse, Jean Gerson, Pierre Plaon, Jean Petit tous Docteurs en Theologie : Geofroi de Pompadour & Raoul de Réfuge Docteurs en Droit, Iean Guyot, & Robert de Guesneis Docteurs en decret, Iean Voignon, & Henri Doigni Docteurs en Médecine, Pierre Canchon, Eustache de Fauquerberch Lincentiés en droit Canon, Guillaume Beauneveu, Arnoul Vviturith, Iaques de Normano Secretaire du Roi Borrulet, & Iean Renel Secretaire du Duc de Guienne.

XVIII. Ces Ambassadeurs arriverent à Marseille le 9. de May de l'année 1407. accompagnés de six cens personnes. Ils allerent aussi tôt au Monastere de Saint Victor, & furent suivis d'un si grand monde, que l'Eglise ne fût pas capable de le contenir. Benoit après les avoir ouïs, remercia le Roi du soin qu'il prenoit pour le bien & l'avantage de l'Eglise Romaine, & témoigna que puisque son adversaire avoit resolu de renoncer au Pontificat, il en fairoit de même. Son discours néanmoins fût si long & si embarrassé, que les Ambassadeurs le raporterent fort differamment.

XIX. Le 21. les Ambassadeurs remercierent Benoit, de ce qu'il avoit promis de ceder la Papauté, le prierent d'en vouloir faire une Bulle qui le declarât expressément ; mais il le refusa, disant qu'on ne devoit pas se défier de lui, & que les Bulles qu'il avoit déja fait expedier étoient claires sur ce point.

XX. Le 25. Benoit donna à dîner à tous les Ambassadeurs, à la reserve du Patriarche d'Alexandrie, qui se trouva incommodé.

XXI. Depuis ce jour-là jusques au 29. les Ambassadeurs virent souvent Benoit, & firent tout leur possible pour obtenir la Bulle qu'ils lui demandoient ; mais ne l'aïant pû obtenir, ils prirent congé de lui & s'en allerent à Aix, où ils se diviserent en trois bandes. La premiere demeura avec le Patriarche d'Alexandrie, qui s'en alla à Rome vers Gregoire. L'Archevêque de Tours, l'Abé de S. Michel & autres demeurerent à Marseille, pour entretenir Benoit dans sa bonne intention, & donner âvis au Roi & au Patriarche de tout ce qui se passoit en cette Cour : & en cas que Benoit mourut, de faire instance aux Cardinaux de n'élire aucun Pape.

XXII. Ces deux Papes se moquoient de toute la Chrêtienté : car au lieu de donner leur consentement pour éteindre ce schisme, qui travailloit l'Eglise depuis tant d'années, ils faisoient tout ce qu'ils pouvoient pour l'entretenir. Le Roi Charles VI. connoissant leur mauvaise volonté, resolut de ne reconnoître ni l'un ni l'autre. Si bien que Benoit qui s'aperçeut qu'on ne le voïoit pas de bon œil en Provence, & qui aprehendoit que son trop long séjour à Marseille ne lui fût nuisible, en sortit & s'en alla à Perpignan ; où il convoqua une grande assemblée de Prelats, qu'il intitula du nom de Concile, dans laquelle il s'éforça de persuader qu'il n'avoit rien fait qui ne tendit à l'union de l'Eglise, mais l'evenement fit voir que ce n'étoit qu'une pure dissimulation.

CHAPITRE VII.

Le Pape donne l'Investiture du Roïaume de Naples & de Sicile à Louis II. Arrivée à Marseille de la Reine Yoland & du Comte de Guise.

I. Le Maréchal de Bouficaut veut contraindre les Marseillois de païer des impositions aux lieux des Pennes; mais ils s'y opposent & démolissent les fortifications qu'il y avoit fait. II. Arrivée de Louis II. en Provence: les Marseillois lui font present de six mille florins. III. Contention en la Ville de Genes entre le Conful des Provençaux & le Conful des Marseillois, laquelle est terminée en faveur de Marseille. IV. L'armée de l'antipape aborde en Provence: les Marseillois en prenent l'épouvante, & font garder leur terroir. Cette armée se faisit du Village de la Cieutat. Les Marseillois le reprennent. V. Le Pape investit Louis du Roïaume de Naples & de Sicile. VI. Qui exemte les Marseillois des impositions aux Pennes & au Port de Bouc. VII. Arrivée à Marseille de la Reine Yoland, & du Comte de Guise. Louis écrit aux Marseillois de leur prêter de l'argent: teneur de la lettre. VIII. Louis accorde divers Priviléges aux Marseillois. IX. Et fait diverses Ordonnances en leur faveur. X. Le Doge de Venise écrit aux Marseillois.

I. PEu avant que l'Antipape Benoit vint à Marseille, le Maréchal de Bouficaut Gouverneur de Genes, à qui la Reine Marie de Blois & Louis II. son Fils, avoient fait don du lieu des Pennes, ainsi que nous avons veu ci-devant, voulut contraindre les Marseillois à païer le droit de péage, de Leude & autres impositions. Il fit de plus redresser le Château, & y élever des fortifications: mais les Marseillois s'oposerent ouvertement à toutes ces voïes de fait. Le Roi qui ne vouloit pas qu'on fit injustice à la Ville de Marseille, commit Etienne Evêque d'Avignon, Julien Chaunas, Jean de Sado, & Iean de Genouardis Docteurs en droit, pour entendre les parties, instruire le procés, & lui en faire le raport. Les Marseillois comparurent devant les Commissaires, mais le Maréchal n'en tint pas conte, & fit d'ailleurs continuër en ce lieu les fortifications. Le Roi en fut si indigné qu'il commanda par ses lettres Patentes données l'an 1408. à Pierre Dacigné Baron de Grimaud, & de la Val Freinet, Sénéchal de Provence de les faire démolir. Ce Seigneur en aïant donné la commission au Viguier, & au Iuge du Palais, tout ce travail fut bien-tôt ruïné par la populace de Marseille, & les choses remises en leur premier état.

<small>Aux Archives de l'Hôtel de Ville aux livre intitulé S. Valier fol. 13. & 14.</small>

II. Ce fut en cette même année que Loüis II. vint en Provence, pour repasser

repasser en Italie. Il forma ce dessein lors qu'il eut apris que ses Ambassadeurs avoient conclu au Concile de Pise, la ligue qu'il avoit crû être necessaire de faire avec les Pisans, afin de se prévaloir de leur secours contre Ladislas qui lui détenoit le Roïaume de Naples. Les Marseillois qui avoient promis six mille florins à ce Prince, pour subvenir aux grandes dépenses, qu'il étoit obligé de faire, & dont ils lui en avoient déja même fait present de quatre mille; lui témoignerent que les autres deux mille seroient prêts, lorsqu'il fairoit voile. Pendant le séjour que ce Prince fit à Marseille il fut logé au Monastère de S. Victor, & le jour de la Fête Dieu il assista à la procession du trés Saint Sacrement, où l'on porta les Reliques de S. Loüis & de S. Victor. Aux archives de l'Hôtel de Ville, à un Bullenaire.

III. En ce même tems, Baptiste de Turriche, Consul des Provençaux en la Ville de Genes, pretendoit d'exercer cette charge, aussi-bien sur les Marseillois que sur les Provençaux, & par ce moien empêcher que Gaspar de Marinis Gentilhomme de Genes, Consul des Marseillois n'en pût pas faire la fonction: La Ville de Marseille representa au Roi, que par un des Articles des Chapitres de paix, il étoit porté que les Marseillois avoient le pouvoir de mettre un Consul dans la Ville de Genes, & aux autres endroits du monde, & qu'ainsi ils le suplioient tres humblement, de vouloir declarer que le Consul des Provençaux n'auroit aucun pouvoir sur les Marseillois, qu'il ne pourroit point troubler leur Officier en l'exercice de sa charge; & qu'il seroit permis aux Marseillois, conjointement avec leur Viguier, de mettre un Consul en la Ville de Genes, & par tout où ils trouveroient bon. Sa Majesté leur accorda cette demande par de patentes expresses données à S. Victor de Marseille le 5. de Juin de l'année 1409. Ces lettres patentes ont été tellement executées à l'égard des Marseillois dans Genes ou des autres nations, que le Viguier & les Consuls en ont toujours donné les provisions. Guillaume Paul fut fait Consul des Marseillois dans Genes en 1478. & Jannetin Somelin Gentilhomme de Genes, l'an 1565. par deliberation du Conseil du 5. de Novembre. Aux Archi. de l'Hôtel de Ville.

IV. Peu aprés, Louis s'embarqua avec cinq Galeres & prit la route d'Italie; à son arrivée à Pise, Alexandre V. qui avoit été élu Pape, lui donna l'investiture des Roïaumes de Naples & de Sicile. Aprés cela il alla assiéger Rome, pour en chasser Ladislas; & s'en étant rendu maitre, il remit cette place entre les mains de sa Sainteté, & jugeant qu'il n'étoit pas encore assés puissant, pour faire la conquête de ses Etats, il revint en Provence pour y faire preparer de plus grandes forces.

V. En cette même année, une armée navale de Benoit XIII. qui avoit été deposé au Concile de Pise, allant trouver cét Antipape en Aragon où il s'étoit cantonné, voulut aborder au Port de Bouc. Mais Yoland Femme de Louis II. laquelle étoit pour lors en Provence, dépêcha Pierre d'Acigné Vicomte de Raillane, Baron de Grimaud, & grand Sénéchal de Provence avec quelques troupes, pour empêcher que cette armée ne fit décente. Elle donna un si grand éfroi le long de la côte, que les Marseillois de peur d'être surpris mirent des gardes par tous les endroits du terroir, pour être avertis du lieu où elle voudroit aborder. Archiv. de S. Victor. Au Bulletaire de l'Hôtel de Ville.

Tome I.   A aa

Ils firent aussi équiper cinquante Arbalêtriers qu'ils envoïerent au grand Sénéchal sous la conduite de Lazare de Cepede Gentilhomme de leur Ville, & armerent quelques Galeres pour aller combatre l'ennemi. Ces forces ne sçeurent pourtant empêcher le débarquement de cent cinquante Cavaliers qui ravagerent la campagne, jusqu'à la riviére de Durance, qu'ils ne pûrent guéer à cause qu'elle avoit extrémement grossi; leur dessein étoit de la passer pour aller secourir quelques-uns de la faction de cét Antipape, qui s'étoient barricadés dans le Palais d'Avignon, & d'autres qui tenoient le Château d'Opede au Comté Venaissin. Mais le Vicomte de Raillane qui les poursuivoit vivement les aïant atteins sur le bord de la riviére, leur donna dessus si à propos qu'ils ne firent point de resistance, & s'étant lâchement rendus ils furent menés en prison dans la Ville d'Aix. Cependant ceux qui étoient demeurés dans les Navires entrerent dans le Rône, & vinrent jusqu'à Arles, brûlans & ruïnans les terres, & maisons des champs voisines de la riviére. Et n'aïant pû gagner à Avignon ils s'en retournerent vers la mer. Le Sénéchal aprehendant qu'ils ne vinsent encore faire du ravage le long de la côte, principalement au Château, & Village de la Cieutat, donna ordre à Pierre Flamenqui Abé de S. Victor de se munir des choses necessaires à sa deffense. L'Abé ne tint pas grand conte de cét avis quoiqu'il eût écrit à la Reine qu'il y avoit envoïé quinze Arbalêtriers & vingt cinq hommes, ce qui n'étoit pas veritable; tellement que les ennemis qui trouverent le lieu vuide s'en emparerent facilement, & menerent les Habitans prisonniers. Sa Majesté en fut tellement indignée qu'elle fit proceder contre l'Abé comme criminel de leze Majesté, pour leur avoir laissé en proïe ce Château qu'il pouvoit défendre fort aisément, mais aprés que Flamenqui se fut justifié, & qu'il eût fait voir à la Reine qu'il n'étoit coupable que de negligence, & non point de malice, il en fut quitte pour deux cens florins d'or qu'il donna pour contribuër à la dépense qu'il falut faire pour le reprendre. Cette reprise fut faite par les Marseillois qui le recouvrerent à force d'armes.

VI. En cette conjoncture les Officiers du Maréchal de Bouficaut travailloient encore les Marseillois: car ils les vouloient contraindre au païement des Péages, Impositions & autres droits établis au lieu des Pennes, & au Port de Bouc. Et parce qu'ils n'y étoient point sujets, ainsi que nous avons veu; le Roi par ses lettres patentes données à S. Victor de Marseille l'an 1410. les declare exemts en ce lieu à perpetuité. 1410 Dans ce titre, le Roi donne à la Ville de Marseille l'éloge de *tres fidele*: & dit qu'en consideration de son excellent merite, il l'avoit voulu gratifier selon son pouvoir, & eu égard au service qu'elle avoit rendu au recouvrement de cette place; ainsi que nous avons touché ci-dessus.

Aix Archiv. de l'Hôtel de Ville.

VII. Peu aprés, Louis se mit sur mer, & avec cinq Galeres il repassa encore en Italie, où il vainquit Ladiflas en bataille rangée. Dés le moment que les Marseillois en furent avertis, ils firent faire une procession génerale & des prieres publiques, pour remercier Dieu de cette victoire: mais ce Prince n'en aïant pas sçeu user, fût contraint de revenir en Provence. Il demeura alors quelque tems à Marseille, où Yoland d'Aragon 141 sa Femme le vint trouver, avec Charles d'Anjou Comte de Guise leur troisiéme Fils: tous ces Princes logerent au Monastere de S. Victor. La France étoit en cette conjoncture si fort divisée par les querelles entre les maisons d'Orleans & de Bourgogne, qui vouloient gouverner l'Etat, que Louis crut être obligé de prendre parti, & de se joindre à celui d'Orleans comme le plus legitime. Il fit donc le voïage de France, accompagné de cinquante Arbalêtriers, que les Marseillois lui firent équiper, & qu'ils païerent pour deux mois (ce qui couta mille francs d'or, qui valoient en ce tems là 1250. florins d'or, ainsi que disent les titres) Mais ce Prince ne fût pas plutôt arrivé à Lion, qu'il écrivit aux Marseillois de lui donner encore mille livres, qui lui étoient tres necessaires pour acquiter ce qu'il devoit à Rome. Voici la teneur de la lettre.

Bulletaire de l'Hôtel de Vill^e.

A nos tres chers & bien amez, les Sindics & Conseil de nôtre Cité de Marseille.

Louis Roi de Jerusalem & de Sicile, Comte de Provence.

Trés-chers & bien amés, nous avons reçu lettres à Lyon sur le Rône, de nos gens qui sont à Rome, lesquels nous y laissames, à nôtre partement en ôtage, pour aucune somme d'argent que nous empruntames d'aucuns Marchands à nôtre partement, & pour ce que nous desirons nous acquiter avec lesdits Marchands, ainsi que raison est, nous avons ordonné à nos Trésoriers de Provence, qu'ils baillent présentement à nôtre bien amé, maître d'Hôtel Pierre de Bournay, la somme de mille francs, auquel nous avons écrit, que le plus prétement qu'il pourra par lettre de change, il envoïe ladite somme à nos gens des susdits, étans à Rome avec les mille francs, que à nôtre partement de Tarascon vous nous avés donnés, pour le païement de deux mois, pour cinquante Arbalêtriers, laquelle somme nous vous prions, tant cherement & de cuer que nous pouvons, que veuïllés bailler à nôtre dit maître d'Hôtel, le plus prétement que vous pourrés, afin qu'il envoie ainsi que lui avons ordonné, & en ce nous faires, trés grand & singulier plaisir, & vous remercions des secours & aides, que toûjours vous nous faites, & au plaisir de Dieu, nous les vous reconnoitrons, en telle maniere que en serés contans, trés chers & bien Amés, le Saint Esprit vous ait en sa sainte garde, écrit à Lyon sur le Rône le 16. jour de Decembre.

VIII.

Louis avoit de si grandes tendresses pour la Ville de Marseille, qu'il n'oublioit rien pour la rendre florissante. En effet comme le negoce étoit la voïe la plus seure pour la pouvoir enrichir, il prit grand soin de l'attirer, & de l'entretenir dans son port, par une infinité de beaux priviléges; car il permit aux Marchands de donner, & de prendre librement de l'argent en prêt à dix pour cent, déclarant les Habitans de cette Ville exemts dans toute la Provence, de toutes Gabelles & impositions: leur permettant neanmoins de lever tels droits que bon leur sembleroit sur les étrangers, qui viendroient dans leur Ville: à laquelle aussi il confirma le pouvoir que les anciens Comtes lui avoient donné, d'établir des Consuls en tous les lieux maritimes, parmi les nations étrangeres, & spécialement en la Ville de Genes.

Aux Archives de l'Hôtel de Ville au livre de S. Valier fol. 15. v^{so}.

IX. Il fit auſſi durant ſon Regne diverſes Ordonnances à l'avantage des Marſeillois: car il abolit par lettres expreſſes données à S. Victor de Marſeille, cette rigoureuſe coûtume portant que les biens des Emphitéotes du Roi, à faute de païer la Cenſive dont ils étoient chargés, tomboient en commis, au grand préjudice & à la foule entiere du peuple: & declara nommement, qu'il n'entendoit point qu'elle eût lieu dans Marſeille, ni dans ſon terroir. Il enjoignit encore tres expreſſement au Viguier de ne revoquer ni corriger en aucune façon les cries reſoluës par le Conſeil de la Communauté, mais de les avouër pleinement ſans uſer d'aucune alteration. Et dautant que quelques Officiers Roïaux s'étoient mal comportés envers le peuple, en l'adminiſtration de leurs charges; & entr'autres un Clavaire Roïal appellé Guerin: ſes malverſations étant venues à ſa connoiſſance, il le priva ignominieuſement de ſa charge; & il obſerva la même rigueur contre ceux qui étant pourveus des charges publiques, bien loin de les exercer, les vendoient à qui leur en faiſoit la condition plus avantageuſe: car par ſes lettres patentes, il le défendit trés-expreſſement à peine de privation, & pour le vendeur & pour l'acheteur. Il ordonna que l'impoſition qu'on avoit accoûtumé d'exiger ſur les Florentins, & ſur les autres qui venoient negocier dans Marſeille, & qu'on employoit à la cure du Port, ſeroit exigée exactement, & ne pourroit être divertie. Il fit commandement à ſes Tréſoriers de païer aux Marſeillois les dépenſes qu'ils étoient obligés de faire en leurs députations, (que la Chartre apelle Ambaſſades) ainſi que j'aï dit en autre part, & ce conformément à un des Articles des Chapitres de paix. Il déclara auſſi par patentes expreſſes, qu'il ne vouloit point que les réſolutions & déliberations des aſſemblées de Provence, pûſſent porter préjudice à la Ville de Marſeille, ni à ſes libertés, privileges, us & coûtumes, & aux Chapitres de paix. Et aïant apris que le Capitaine de la Forterreſſe de Monaco étoit dans le deſſein d'exiger ſur les Navires des Marſeillois, qui paſſeroient proche la Forterreſſe un certain droit qui leur étoit extrêmement préjudiciable; il ordonna à Philipe de Viéte, & à Iean de la Croix, ſes Tréſoriers Généraux de Provence, de donner à ce Capitaine une ſomme d'argent pour les gages, afin que ſes ſujets ne reçeuſſent aucun déplaiſir.

Ibidem.

X. Durant le Regne de ce Prince, les Venitiens pour quelques affaires particulieres qui concernoient leur état, aïant fait deſſein d'envoïer à Aiguemortes une Galere, ſous le commandement de George Lauredan homme de haute naiſſance, & iſſu d'une des plus nobles familles de la Republique, avec quelques autres navires qui devoient auſſi aborder à Marſeille, firent écrire aux Marſeillois par Michel Stenno leur Doge, qui dans ſa lettre pleine d'affection & de civilité, leur repréſenta l'étroite amitié qu'il y avoit eu de tout tems entr'eux, les pria inſtament de lui accorder un ſaufconduit pour deux années, & de traiter leurs ſujets avec la même douceur, qu'ils traiteroient les Marſeillois, lors qu'ils ſeroient dans les terres de leur obéïſſance. Et comme il avoit écrit au Roi Louis, & aux Ducs de Bourgogne & de Berri pour avoir leur ſaufconduit, il conjure encore les Marſeillois de l'aſſiſter de leurs lettres de

Archiv. de l'Hôtel de Ville.

de faveur envers ces Princes, qui sans doute à leur consideration le lui accorderoient plus facilement.

CHAPITRE VIII.

Le Roi d'Aragon prend Marseille, la sacage & y brule quatre mille maisons.

I. *Testament du Roi Louis II. II. Dessein de Louis III. sur le Royaume de Naples. III. Privilége donné aux Marseillois d'ouvrir & de fermer la traite des Bleds à leur volonté. IV. Ils sont dechargés des droits dans la Provence. V. Ils prennent deux Galeres d'Aragon. VI. Alphonce passant en Espagne veut surprendre Marseille. VII. Ce Prince avoit été bien instruit de l'état dans lequel étoit alors la Ville de Marseille. VIII. Il assemble les Capitaines de son armée pour les porter à attaquer Marseille. IX. Laquelle méprise son dessein & ses forces. X. Elle est attaquée par Alphonce. XI. Combat furieux à la chaine du Port de cette Ville. XII. Les Aragonois se rendent maitres du Port. XIII. Ils consultent s'ils donneront la nuit dans la Ville. XIV. Enfin ils y entrent & y mettent le feu. XV. Les femmes se retirent dans les Eglises. Les Religieux de S. Victor garentirent alors leur Monastere. XVI. Alphonce emporte le Corps de S. Louis. XVII. Et aprés avoir fait voile, il est accueilli d'une grande tempête. XVIII. La desolation qui arriva à Marseille avoit été prédite par quelques personnes de sainte vie. XIX. Il est énoncé dans un titre que la Ville d'Aix envoïa du secours à Marseille en cette conjoncture. XX. La Ville est encore pillée par les Provençaux & les Mascarats. XXI. Sa Majesté fait diverses Ordonnances pour la restauration de la Ville de Marseille. XXII. Ordonnance du Comte du Maine qui commandoit en Provence, contenant le recit du premier & second saccage de la Ville de Marseille. XXIII. Autre Ordonnance portant abolition générale de tous crimes. Le Roi soulage la Ville, & lui confirme ces Priviléges avec éloge. XXIV. Les Marseillois travaillent avec grand soin pour rétablir leur Ville. XXV. Ils envoient acheter des armes à Genes, & en pourvoient leur Ville. XXVI. Ils font encore provision de poudre, & de canon. XXVII. Pierre de Beauvau grand Sénéchal fait aussi quelques Ordonnances en leur faveur.*

LOUIS se trouvant atteint en la Ville d'Angers, d'une grieve maladie, dont il n'esperoit pas de relever, disposa de ses biens, & il institua heritier par son Testament Loüis son fils aîné, à condition que mourant sans enfans mâles, René son second fils lui succederoit, auquel en même cas, il substitua Charles son dernier fils, & ses heritiers mâles, & leurs descendans mâles du nom & armes, nés de

Tome I.   B b b

HISTOIRE

Favin theatre de chevalerie.

legitime mariage, en observant toûjours l'ordre de primogeniture, excluant les filles de sa succession, il laissa l'administration de ses enfans qui étoient en bas âge, & de ses Etats à la Reine sa femme. Et comme ce Prince étoit fort Religieux, il témoigna sa pieté dans la derniere action de sa vie, faisant beaucoup de légats pies à plusieurs Eglises de France, & même en faveur de celles de S. Victor, & de S. Loüis de Marseille.

II. Deux ans aprés sa mort suivant quelques-uns, ou trois suivant d'autres, Loüis III. son fils qui ne se contentoit pas d'être Roi titulaire de Naples, mais vouloit l'être en effet; dressa une armée de mer, composée de cinq grands Galions Genois, & de neuf Galeasses, commandées par Baptiste Fregose. Et comme en partant de Marseille, il la laissa en-

Archiv. de l'Hôtel de Ville.

tierement dépourvûë d'hommes courageux & hardis, qui voulurent servir le Roi dans cette occasion, & emporta même toutes leurs armes, cela causa la ruïne & la désolation entiere de cette Ville, comme il est pleinement justifié par la teneur d'une Requête, que les Marseillois presenterent à Charles VII. Roi de France, pour avoir main-levée de quelques Marchandises, qu'on leur avoit saisi en Languedoc, à cause qu'une Galere de Marseille, avoit pris dans le Port d'Aiguemortes une barque de Colieure chargée de bled. Loüis ne fut pas seulement poussé à cette entreprise, par sa naturelle generosité, & par le desir de recouvrer son bien: mais encore par le Pape Martin V. qui l'investit de ce Fief de l'Eglise, aprés en avoir privé Jeanne II. du nom, fille de Charles de Duras, qui avoit usurpé cét état comme nous avons veu ci-devant. Cette Princesse avec qui le Pape avoit eu quelque prise, pour conserver ses Etats, s'avisa d'adopter Alphonce d'Aragon Prince doüé de grandes, & excellentes parties, & de qui elle pouvoit esperer beaucoup de protection & d'apui. Alphonce qui avoit alors de forces toutes prêtes, avec lesquelles il avoit assiégé le Château de Boniface, ne voulut pas perdre une si belle occasion, que la fortune lui offroit, & il envoïa en même tems une belle armée à Naples, & aprés il y alla en personne, pour secourir Jeanne, qui l'avoit sensiblement obligé. En telle sorte que Loüis qui ne pouvoit resister à cette puissance, fut contraint d'aller à Rome demander secours au Pape: mais aprés son départ, la fortune travailla heureusement pour lui: car la mauvaise intelligence, qui se glissa entre Alphonce & Jeanne, fut portée jusqu'à ce point que cette Princesse revoqua (sous pretexte d'ingratitude) la donation qu'elle avoit fait de la personne d'Alphonce, & lui subroga Loüis en sa place, qui ensuite la vint trouver à Aversa, où il fut reçû d'elle avec les démonstrations d'une joïe extraordinaire.

III. Durant le cours de cette entreprise, les Marseillois selon les conjonctures avoient recours à la Regente, ou à Charles son dernier fils. En effet en l'an 1421. sur les rémonstrances qu'ils lui firent touchant l'état de leur Ville, qui étoit presque détruite & dépeuplée en ce tems-là, à cause des guerres, troubles & pestes dont la Provence avoit été

Archiv. de l'Hôtel de Ville.

beaucoup travaillée; il leur permit de retenir le bled dans leur Ville, ou de le faire sortir, lorsque bon leur sembleroit, & enfin d'ouvrir & de fermer la traite des bleds à leur volonté.

DE MARSEILLE. Liv. VI. 252

IV. L'année suivante, ils s'adresserent encore à cette Princesse, à cause qu'on les vouloit obliger à Tarascon & aux autres lieux de la Province, au païement des Gabelles, impositions & péages, au préjudice des conventions des Chapitres de paix, & priviléges accordés, & confirmés par tant de Rois ; ils obtinrent lettres expresses d'exemption & de décharge, avec commandement aux exacteurs de rendre ce qu'ils avoient induëment reçû.

V. Il arriva en ce même tems, que quelques galeres qui appartenoient à des particuliers de Marseille, rencontrerent deux galeres d'Alphonce, & après leur avoir donné la chasse, avec beaucoup d'ardeur, s'en rendirent maistres, & les emmenerent dans le port avec grand nombre de prisonniers qui furent conduits à Aix, où la Regente leur faisoit faire le procez par les Officiers ordinaires. Mais à cause que ce transport de la jurisdiction blessoit les Officiers de Marseille, à qui la connoissance de cette affaire appartenoit ; la Reine sur les remonstrances qui luy en furent faites, declara par Lettres Patentes expresses, qu'elle n'entendoit point derroger aucunement aux privileges *de non extrahendo*, ni aux conventions & Statuts de la Ville, & qu'elle l'avoit permis pour cette seule fois, sans consequence.

VI. Cependant Alphonce aïant été averti, que Henri son Frere étoit détenu prisonnier par Jean Roi de Castille, qui s'étoit emparé de tous ses Etats, prit resolution de passer en Espagne pour le délivrer ; de sorte qu'aïant laissé Naples entre les mains de Dom Pierre son autre frere ; il en partit avec son armée, composée de 18. Galeres & de douze Vaisseaux de charge. Mais à peine avoit-il perdu de vûë le port de Gaïete, qu'en un moment s'éleva une si furieuse tempête, qu'elle écarta la plûpart de ses Navires, & les porta aux plus prochaines Isles ; ayant été luy-même contraint, avec une partie de ses Galeres, de retourner au lieu d'où il étoit parti. Le calme étant revenu, il r'allia toute sa flote, & resolut de poursuivre son voyage : mais craignant que son armée ne vint à se dissiper pour une seconde fois ; & qu'un pareil accident ne lui ôtat le moïen de surprendre Marseille, chemin faisant comme il avoit résolu ; il commanda à Jean Cardonna General de ses Vaisseaux, de se rendre aux Isles d'Yéres où il le trouveroit. Et en cas qu'il en partit sans l'attendre, luy promit d'attacher quelques lettres à des roseaux, qui contiendroient & son chemin & ses ordres ; lui commandant néanmoins de l'attendre, au cas qu'il y arrivât le premier, de peur que s'il poursuivoit son chemin, les Marseillois ne vinssent à découvrir son dessein, ou à prendre l'alarme, & que de la sorte, il luy fut difficile de les surprendre.

Bartol. foch. Liv. 3.

VII. C'est sans doute que le Roi d'Aragon, avoit été tres-bien instruit de l'état de la Ville de Marseille, & que cela l'obligea à faire ce dessein ; car alors elle avoit été dépourvûë pour une seconde fois, & d'hommes & d'armes : le Roi y avoit depuis peu mandé querir de nouvelles forces, & on y avoit équipé quelques Galeres, qui en étoient parties, pour aller joindre son armée navale ; & les Marseillois avoient fait don au Roi de mille cinq cens florins, pour subvenir à ce second armement.

Aux écritures publiques de Antoine Gasqui Notaire.

VIII. Alphonce tirant vers les Isles d'Yéres, fut encore battu de la tempête, qui le contraignit de se retirer au Port de Villefranche, d'où après qu'elle eût cessé, il se remit en mer, & arriva heureusement aux Isles d'Yéres, où il ne trouva pas ses Vaisseaux, & crût que le vent les avoit forcé de prendre la route de Barcelonne. Mais comme il étoit tres courageux, il résolut d'attaquer Marseille avec ses Galeres tant seulement. Et en effet ayant assemblé ses Capitaines, il leur proposa ce glorieux dessein, les exhortant à l'execution par l'honneur qu'ils y acqueroient, par les richesses qu'ils tireroient du pillage, leur representant aussi, qu'il ne faloit pas aprehender le succez de cette entreprise, qui ne pouvoit être que favorable, bien qu'ils ne fussent pas assistés de leurs Vaisseaux : puis que les plus hardis, & les plus experimentés Marseillois étoient avec Loüis en Italie, & que ceux qui étoient demeurés dans la Ville, se trouvant surpris par une attaque si inopinée, ne resisteroient pas beaucoup, pourveu qu'on la fit genereusement. Et qu'après tout si la fortune leur étoit contraire, ils auroient toujours la gloire d'avoir tenté un si haut dessein avec si peu de forces, & pourroient se retirer sans aucun danger. Ce petit discours fait avec ardeur par un Prince, dont la generosité leur étoit connuë, anima si fort leur courage, qu'ils promirent tous de faire leur devoir, & d'exposer leur vie pour une si glorieuse entreprise.

IX. Aïant fait voile le lendemain, le tems fut si favorable, qu'ils arriverent en veuë de Marseille à l'île du Chateau d'If, où ils moüillerent. Alphonce aïant de nouveau assemblé son Conseil, pour deliberer de quelle maniere se fairoit l'attaque ; il fut resolu de la commencer du côté du Port. Quoi que l'entreprise fût haute & difficile, à cause que son embouchure naturellement étroite étoit encore defenduë des deux côtés, par deux Tours extremement fortes, qui fermoient l'entrée du Port avec une chaine qui traversoit de l'une à l'autre. Aussi ces avantages de la nature & de l'art rendoient les Marseillois si negligens à la conservation de leur Ville ; que bien qu'ils eussent été avertis par ceux de Nice, qu'Alphonce avoit quelque dessein sur leur Ville, ils méprisserent & ces avis & les forces de ce Prince : en telle sorte qu'ils ne daignerent pas même d'appeller les habitans du terroir à leur secours.

X. Il se rencontra par hazard à l'embouchure du Port un grand vaisseau qui appartenoit à Jean de Forbin. Les titres qui sont dans les Archives de l'Hôtel de Ville, disent que les Marseillois le mirent à fond, du côté où est aujourd'hui le fort S. Jean, & c'étoit pour fermer l'entrée du Port, quoique les ennemis fissent tout leur possible pour rendre cette entrée libre, & ce Vaisseau ne fut tiré du fond qu'un an après. Facius n'a pas oublié cette circonstance, qu'il rapporte neanmoins tout autrement : car il dit que les Mariniers de ce Vaisseau, l'attacherent par le mât à l'une des Tours, que les gens d'Alphonce pour les détacher, le combattirent avec quatre Galeres ; mais que ne l'aïant pû faire, ils resolurent de décendre à terre pour battre la Tour, dont l'attaque fut extremement furieuse : car les Aragonois animés par la presence de leur Roi, s'y porterent courageusement. Mais les assiégés de leur part rendirent un fort beau combat, & repousserent diverses fois l'ennemi,

Bart. facius.

jetant

jettant quantité de pierres, & de traicts. Si bien qu'Alphonce n'en pouvant venir à bout, commanda de mettre le feu à l'une des portes : mais en même tems la pluïe survenant, éteignit le feu, qui ayant été ralumé pour la seconde fois, fut aussi éteint de la même façon. La plûpart des Aragonois, jugeant que cette pluïe étoit miraculeuse, étoient d'avis de se retirer ; mais ce Prince commanda qu'on y mit le feu pour la troisiéme fois, avec résolution de se retirer si la pluïe l'éteignoit encore. A ce coup le feu se prit avec tant de violence, que les assiegés, qui voyoient bien qu'après que la porte auroit été brûlée, les ennemis auroient l'entrée libre dans la Tour ; resolurent de se garantir de ce danger, & prierent Alphonce de les laisser en repos, promettant de ne le plus troubler en l'attaque de la Ville, & de lui remettre la Tour, en cas qu'il se rendit Maître de Marseille.

XI.

Alphonce voyant que le tems lui étoit extrémement cher, & que c'étoit beaucoup de les reduire dans cette neutralité ; les prit au mot, à condition qu'ils ruineroient le Boulevart de la Tour, ce qui fut aussitôt executé. Ce Prince remonta alors sur les Galeres, & commanda à Jean Corveri d'aller avec une Galere couverte couper la seconde chaîne, ce qu'il s'éforça de faire avec des haches, l'ayant tirée dans des Batteaux, qu'il y avoit conduit pour cet effet. Mais les Marseillois qui prevoïoient que c'étoit le coup de leur entiere ruine, n'oublierent rien pour s'y oposer : car non seulement ils jettoient de grandes pierres du haut de l'autre Tour, & de la muraille de la Ville ; mais quelques-uns d'entre eux monterent sur des Batteaux, d'où ils tâchoient de repousser à coups de traits les Aragonois ; qui aprochans de la Tour dénicherent aussi à coups de traits, tous ceux qui paroissoient sur la muraille, & qui avoient tiré sur eux.

XII.

Cependant on vint rapporter à Alphonce, qu'il y avoit un Brigantin dans le Port, qui n'étoit point gardé, dont la prise donneroit de l'épouvante aux Habitans, & un grand avancement à ses affaires. Le Roy qui trouva bon cét avis, commanda aussitôt qu'on s'en saisit ; ce qui fut executé à l'heure même, il y a aparence que ce Brigantin étoit de l'autre côté du Port, vers le Monastere de St. Victor, & qu'Alphonce mit de ses gens à terre pour l'aller prendre ; car s'il eût été du côté de la Ville, n'ayant pas encore forcé la chaîne, il lui étoit impossible de le faire. Tant y a que les Historiens nous asseurent que les Aragonois s'en saisirent, & qu'après l'avoir équipé en peu de tems, ils s'en servirent pour combatre deux Fregates des Marseillois, qu'ils emporterent de vive force : & qu'ayant pris encore un petit Vaisseau, ils se rendirent Maîtres du Port, & de tous les Navires de charge qu'ils y trouverent. Ce Prince voyant de si heureux commencemens, se promit une victoire entiere, & creut qu'il seroit bientôt Maître de la Ville, par le moïen des Vaisseaux qu'il avoit pris ; bien que les plus courageux Marseillois défendissent opiniâtrement la chaîne ; qu'on n'avoit pû rompre jusqu'alors. Mais enfin nonobstant leur resistance, la chaîne fut rompuë avec des marteaux, & autres instrumens de fer, & par ce moyen l'acées fut libre à Alphonce d'entrer dans le Port avec ses Galeres.

Archiv. de l'Hôtel de Ville.

XIII. Alors ce Prince assembla son conseil, pour déliberer si on devoit donner dans la Ville à l'instant même, ou si l'on devoit attendre le lendemain. Quelques-uns rémontroient au Roy, qu'il n'y avoit rien de si dangereux, que d'entrer de nuit en armes dans une Ville qui leur étoit inconnuë; que les Habitans qui en sçavoient les détours, leur dresseroient des embuscades, qu'il seroit difficile d'éviter. Ceux qui étoient d'un sentiment contraire, disoient qu'il faloit chaudement poursuivre la victoire, avant que l'ennemi se reconnût : que l'horreur de la nuit leur donneroit plus d'épouvente : qu'il eût été meilleur de n'avoir jamais entrepris de rompre la chaîne, que de demeurer en si beau chemin après l'avoir fait ; & que si on déferoit jusqu'au lendemain, la place seroit secourûë, & eux contrains de se retirer honteusement.

XIV. Le Roi aprouvant cét avis, commanda de faire entrer les Galeres dans le Port, & de décharger vitement les soldats à terre. Le combat fut tres furieux au débarquement, parce que la plûpart des Habitans, s'étans ramassés sur le quay du Port, se défendoient avec un courage invincible : mais aïant soûtenu quelque tems leur éfort ; les ennemis par hazard, ou avec dessein, jetterent tout à coup de si grands cris que les Marseillois en prirent l'épouvente ; & s'imaginant que tout étoit perdu, lacherent le pied, & s'enfuirent dans la Ville. Alors les Aragonois sortans en foule des Galeres, les poursuivirent de si prés, qu'ils en taillerent en pieces une bonne partie. Mais à mesure qu'ils s'avançoient, ceux qui étoient dans les maisons, leur jettoient par les fenêtres des pierres, & autres choses qui leur venoient en main ; ce qui les anima si fort, qu'ils mirent le feu aux maisons voisines du Port, & en même tems la flame portée par la violence du vent, embrasa une grande partie de la Ville, dont les maisons en ce tems là n'étoient couvertes que de bois. La Bulle que Martin V. accorda à l'Eglise Cathédrale en l'an 1427. concernant l'union de l'office de l'Operarie, ou de l'ouvrier, & Archidiaconat ; & le Prieuré de Ste. Marthe, & de St. Lazare à la Mense Capitulaire de cette Eglise, dit formelement qu'il y eût alors plus de quatre mille maisons qui furent brûlées dans Marseille.

Aux Archi. de l'Eglise Cathédrale.

XV. C'étoit un terrible spectacle, de voir les pauvres Habitans qui pour se garantir d'un danger, tomboient dans un autre ; & après avoir évité la main & le fer de l'ennemi, étoient dévorés par les flammes. L'horreur de ce spectacle étoit augmentée par celle des tenebres, qui confondoient l'ami avec l'ennemi, & par les cris des mourans, ou de ceux qui demandoient du secours, avec les hurlemens & les cris du soldat insolent, dont la cruauté n'épargnoit ni âge ni sexe. Enfin les Aragonois aïant couru toute la Ville, la reduisirent sous la puissance de leur Prince. Cependant la plûpart des femmes, qui dans cette confusion s'étoient réfugiées dans les Eglises, offrirent tous leurs joïaux à Alphonce, & tout ce qu'elles avoient pû emporter de plus précieux, pour garantir leur honneur de l'insolence des soldats. Mais ce Prince qui étoit extrémement genereux, refusa toutes ces richesses, & leur donna permission de se retirer, & d'emporter tout ce qu'elles avoient sauvé de l'embrasement & du pillage, & défendit aux soldats sous de peines

Zurita Panormit, Collen. Nostrad. Voadingus.

DE MARSEILLE. Liv. VI. 256

trés rigoureuses de leur faire aucun déplaisir: Antoine Panorme écrit que c'étoit dans l'Eglise des Augustins, où les femmes s'étoient réfugiées; mais quelques autres historiens raportent que c'étoit dans celle de S. Loüis. Pour moi je crois que dans cette déplorable conjoncture, les unes se refugierent dans l'Eglise des Augustins, les autres dans celle de S. Loüis, & qu'il y en eût aussi qui allerent chercher leur azile dans diverses Eglises de Marseille, & dans les plus proches de leur maisons: Enfin les Aragonois firent alors tout leur possible pour se rendre maîtres du Monastere de S. Victor ; mais il fut garanti par la generosité des Religieux qui se défendirent si bien, qu'ils le conserverent.

XVI. Le lendemain Alphonce fit chercher avec beaucoup de soin le corps de S. Loüis, l'aïant trouvé avec beaucoup de peine dans une maison particuliere, ou l'on avoit caché, le fit porter dans sa Galere, disant qu'il ne vouloit rien de Marseille que ce riche joïau ; & qu'il ne seroit pas juste de laisser de si précieuses Reliques dans une Ville ruïnée. Mathieu Turpin écrit, que le Capitaine d'un Vaisseau de l'armée d'Alphonce avec deux de ses matelots, avoient enlevé cette sainte Relique, & l'avoient cachée à dessein de profiter du métail de la chasse, en laquelle elle étoit enfermée ; qu'ils avoient aussi pris sa robe, & le Calice avec lequel il celebroit la sainte Messe: qu'Alphonce aïant été averti, qu'ils s'étoient saisis de cette derniere dépoüille s'imagina qu'ils avoient aussi pris ce S. Corps ; & bien que le Capitaine le niât fortement, il fut enfin contraint de l'avoüer, aprés qu'Alphonce se fut mis en devoir de le faire pendre en la hume de son Vaisseau.

Histoire de Naples.

XVII. Mais comme il eût fait voile vers l'Espagne, il s'éleva une si grande tempête qui donna sujet aux Prêtres qui étoient avec lui, de dire que l'enlevement qu'il avoit fait de ce Corps saint en étoit la seule cause ; qu'ainsi il en devoit faire restitution ; il repondit genereusement qu'il ne l'avoit pas fait par un motif d'interêt & de larcin, mais bien par un zele de Religion, & de respect vers ce grand Saint, & pour mettre sa Relique dans une Ville qui fut de son domaine, & plus heureuse que cette infortunée, qu'il venoit d'abandonner ; en effet il le mit dans la Ville de Valence en Espagne.

Ludov. Dominic. varior. historia

Escolan. in Hist. valent.

XVIII. Quelques Auteurs disent, que cette désolation avoit été prédite aux Marseillois cinquante ans auparavant par un homme de sainte vie: mais que Dieu les aveugla, de sorte qu'ils méprisérent les avis qu'on leur donnoit de la venuë des Aragonois: car bien que la Ville fut dépourvûë de gens, neanmoins s'ils eussent demandé du secours dans le besoin aprés qu'ils eurent reçu l'avis qu'on leur envoïa de Nice, non seulement les Habitans du terroir, mais encore leurs voisins y seroient accourus pour la défendre. Enfin Alphonce l'aïant tenuë depuis le samedi au soir du vingt troisiéme du mois de Novembre jusqu'au mardi suivant resolut de l'abandonner, n'aïant pas assés de forces pour garder une telle place ; outre que toute son armée lui étoit necessaire, pour la guerre d'Espagne.

Collenu. faci.

XIX. Les lettres patentes que le Roi Loüis III. fit expedier en l'an 1431. en faveur de la Ville d'Aix, portent qu'en cette conjoncture, les Habitans de cette Ville mirent promptement sur pied des forces assés considerables pour aller secourir Marseille, & en chasser l'ennemi qu'ils trouverent encore dans la Ville, où il y eût de la confusion entre les Aragonois & ceux d'Aix, à cause que les uns & les autres portoient mêmes armes dans leurs Etandars. Ie ne sçai si cela obligea Alphonce de se retirer, où s'il le fit pour le sujet que nous avons allegué ci-devant.

XX. Aprés son départ, les Habitans des Villages circonvoisins se jetterent dans Marseille, & acheverent de piller durant huit jours tout ce qui étoit resté du premier saccage. Mais ils ne furent pas seuls, car on croit que quelques Habitans de la Ville se mélerent parmi eux, & se noircirent le visage pour n'être pas connus, c'est pour quoi on les apella depuis *Mascarats*, ce qui semble être confirmé par des procedures criminelles qui justifient que quelques Gentilshommes de cette Ville dérroberent alors des Reliques de l'Abaïe S. Victor, comme nous verrons plus amplement en parlant de cette maison, & qu'ils étoient masqués lorsqu'ils commirent ce sacrilége. Et moi je ne doute pas que puisqu'ils mirent la main sur les choses sacrées, ils n'épargnerent pas aussi les biens des particuliers, & qu'ils se porterent à commettre tous les maux dont on les accusoit. C'est tout ce que j'ai peu recueillir de ces (Mascarats) dont le nom fut si odieux aprés le saccage; bien que j'estime qu'il ne fut pas alors inventé: car je l'ai trouvé dans des Chartres du trezième siécle. D'où je conclus qu'en ce tems-là le nom de (Mascarats) étoit un nom de faction, comme celui de Guelfe & de Gibelin, & en effet il y a lieu de présumer que ce nom de Mascarats ne prit pas naissance en cette Province, mais bien en Italie, puisqu'aux années 1241. & 1293. ce nom de Mascarats étoit un nom de faction dans la Ville de Genes, & ceux qui portoient le nom de Mascarats, avoient pour contrevenants ceux qu'on apelloit *Ranpini*, mais pour revenir aux Mascarats Provençaux, les titres nous aprenent qu'ils étoient ennemis des Marseillois, si bien que l'an 1231. les Habitans de la Ville inferieure aïant rompu avec Raimond Berenger Comte de Provence, firent prêter serment aux Consuls de la Ville Superieure de ne recevoir jamais, ni avoir aucun commerce avec les ennemis de la Ville Vicecomitale & sur tout avec les Mascarats, voici les propres termes de ce serment. *Vos jurabitis ad sancta Dei Evangelia à vobis corporaliter manu tacta, quòd vos & per vestros diligetis & custodietis pro posse vestro, omnibus modis amicos Villæ Superioris & inferioris Massiliæ & quòd nunquam inimicos predicta civitatis Mascaratos & suos recipietis.*

Ann. de Gen. de Justi.

Archiv. de S. Victor. n. 927.

XXI. Aprés cette grande désolation le Roi, la Reine sa mere, & Charles Comte du Maine son frere qui désiroient avec passion de rétablir cette Ville en l'état où elle avoit été, n'oublièrent rien de ce qu'ils crurent pouvoir servir à son rétablissement. La Reine qui en l'absence de son fils commandoit en Provence avec plein pouvoir, ordonna par lettres patentes qu'elle fit expedier le 16. de May de l'an 1423. que ceux qui avoient quitté Marseille pour prendre retraite ailleurs, à cause du malheur qui lui étoit arrivé, retourneroient dans leurs maisons avec leur
famille

famille à peine de confiscation de leurs biens. Et d'autant que non seulement le corps de la Communauté étoit chargé de dettes immenses, mais encore les particuliers qu'il leur étoit impossible de pouvoir acquitter : elle ordonna que les creanciers n'en pourroient pas poursuivre le païement de trois années, pendant lesquelles il seroit sursis au cours des interêts, elle ordonna aussi par d'autres patentes qu'elle fit expressément expedier, que tout le bois qui seroit necessaire aux habitans de faire venir sur la riviére du Rône, pour rebâtir les maisons qui avoient été détruites, ne païeroit aucun droit. Aux Archives de l'Hôtel de Ville.

Le Comte du Maine qui succeda à sa mere en la Charge de Lieutenant General, l'année suivante commanda à tous les Officiers de ce Païs de tenir la main à l'execution de ces Lettres Patentes. Il ordonna aussi que les Juifs qui s'étoient retirés de Marseille pour ne païer leurs dettes, y retourneroient, pour les acquitter. Mais la Patente la plus curieuse, & la plus remarquable que ce Prince fit expedier en faveur des Marseillois, fut celle qui contient le veritable recit de la prise, du pillage, & de l'embrasement de la Ville, où il est aussi representé le second saccage que les Provençaux y firent. Il y a dequoy s'étonner que ce titre ne fait aucune mention des troupes, que les Habitans d'Aix mirent sur pied pour secourir Marseille dans cette déplorable conjoncture : ce qui avoit donné sujet en la premiere Edition de cet Ouvrage, non seulement de n'ajoûter aucune foi à ce que quelques Auteurs avoient écrit de cette expedition ; mais même de la refuter. Le Lecteur en croira ce que bon lui semblera. Cette Patente porte encore une injonction expresse aux Viguiers, aux Juges, & aux autres Officiers de Provence, de faire faire des cries & proclamations par toute la Provence, que tous ceux qui auroient pris & emporté le bien des Marseillois, eussent à le restitüer dans huit jours sur peine de cent livres coronnées, & de punition corporelle : mais cette Ordonnance n'aporta pas grand fruit ; car outre que personne ne rendit volontairement ce qu'il avoit enlevé, elle produisit beaucoup d'accusations, & de querelles suscitées à l'occasion des blessures, & des meurtres qui avoient été commis par les Provençaux au second pillage, dont on fit une exacte recherche. **XXII**

XXIII La plûpart des coupables, qui étoient attachés d'alliance ou de parenté aux plus puissans de la Ville, excitoient le peuple à la revolte, & faisoient aprehender à tout moment qu'une sedition n'acheva de la ruiner, & de la perdre entierement. Les Sindics par l'avis des principaux qui s'éforçoient de sauver s'il leur étoit possible le debris de ce naufrage, & qui avoient de nouvelles qu'il y avoit le long de la côte quelques Vaisseaux Catalans, qui ne laisseroient pas perdre l'occasion de profiter de leur division : jugerent sagement qu'il étoit tres-necessaire d'obtenir une abolition generale de tous les crimes : ce qui leur fut facilement accordé par Sa Majesté par Lettres Patentes données à Aversa. Si bien que toutes ces divisions prirent fin, & le peuple ne pensa plus qu'à reparer la perte passée, le Roi y contribua aussi : car il accorda le rabais & la reduction à ses emphiteotes, & à ses Fermiers d'une partie de leurs censives & rentes annuelles. Et pour laisser un témoignage memorable de la vertu des Marſeillois ; dans les Lettres Patentes qu'il leur accorda, qui portoient confirmation de tous les Privileges, Franchiſes, Immunités, Statuts & Coûtumes, & autres avantages, que ſes Devanciers Comtes de Provence, & leurs Officiers leur avoient accordé, il declare que c'eſt en conſideration de leur ſinguliere fidelité.

XXIV.

Au Regiſtre de Nicolas Aimari Notaire de l'an 1423. fol. 72. & 75 à preſent Me. Fabron.

Les Marſeillois auſſi de leur part mettoient tout en uſage, pour reparer la calamité qu'ils avoient ſouffert. Et pour cét effet, ils firent faire une ſemblable reduction des cenſives qui apartenoient à des particuliers en qualité de Seigneurs directs. D'ailleurs ils députerent à Rome un Cordelier qui étoit en grande eſtime, un Gentilhomme, & un Notaire ; qui expoſerent au Pape le déplorable état de leur Ville, contre laquelle les infideles, s'ils en euſſent été les Maîtres, n'auroient pas exercé plus de cruauté que les Aragonois, qui les avoient mis à feu & à ſang, & qui n'avoient pas même épargné les Lieux Sacrés ; Si bien que pour repeupler leur Ville qui ſe trouvoit deſerte, il leur étoit extremement neceſſaire, d'y fonder un Corps d'Univerſité, où l'on fit Profeſſion d'enſeigner la Theologie, les Droits Civil & Canon, & la Medecine, avec attribution de grands privileges. Ils demanderent encore que Sa Sainteté leur fit reſtitüer le Chef & le Corps de Saint Loüis, puis que ce grand Saint avoit choiſi Marſeille pour y être enſeveli, l'aiant ainſi ordonné avant ſa mort, & témoigné aprés, combien cette demeure lui étoit chere par les frequens miracles qu'il y operoit par ſon invocation & par ſes Saintes Reliques. Ils prierent auſſi le St. Pere d'ordonner à l'Aumônier de Saint Victor, de faire annuellement les quatre aumônes generales, auſquelles il étoit obligé, outre les ordinaires & journalieres, & que les Eccleſiaſtiques contribuaſſent à la fortification, & à la garde de la Ville ; à l'achet des canons & des autres armes neceſſaires à ſa défenſe. Il ne ſera pas mal à propos de remarquer, que c'eſt ici la premiere fois qu'il eſt parlé des canons dans l'Hiſtoire de Marſeille, bien que l'invention en eût été trouvée l'an 1388. & neanmoins nous ne trouvons pas, que le Roi d'Aragon & les Marſeillois s'en ſoient ſervis, ni à la priſe, ni à la défenſe de la Ville.

XXV

Aprés cette grande ruine les Marſeillois qui aprehendoient d'être encore attaqués députerent à Genés pour achetter des armes ; elles conſiſtoient en cuiraſſes, bacinets, harnois, lances, arbalétes, & autres que les vieux titres apellent, *coporum, viratonorum, girelarum, fornorum.*

XXVI.

On fit auſſi proviſion de poudres & de canons de deux ſortes, apellés en ce tems-là, *bombarda groſſa* & *bombarda parva.* Laugier Evêque de Gap leur préta des arbalêtes. On mit un vaiſſeau prés de l'embouchure du Port pour enfermer l'entrée en cas de beſoin : on envoïa à Naples une Galere, que la Ville entretenoit, & qui étoit commandée par Crapace Diſe, & par Jean Botou, dans le deſſein d'aprendre des nouvelles du Roi ; à ſon retour elle donna avis que les affaires de Sa Majeſté, qui étoit à Averſa, alloient fort bien.

XXVII.

Cependant les affaires de Loüis obligerent Charles du Maine ſon frere & ſon Lieutenant General en Provence, de quitter ce païs, Pierre de

Beauvau lui aïant succedé en la Charge de Lieutenant General, & aïant aussi été pourvû de celle de Grand Sénéchal, sur les rémontrances qui lui furent faites par Nicolas Darena Docteur, Berenguier Vivaud, Gabriel Vassal, & Melchion de Vaquieres. Il ordonna que les Gouverneurs, & les grands Sénéchaux de Provence seroient obéis dans Marseille en toutes choses, pourvû que leurs Mandemens ne choquassent les privileges, & conventions de la Ville ; & qu'à l'avenir aux Lettres qui seroient laxées par le Juge-Mage de Provence, par les Maîtres Rationaux, & par les Presidens de la Chambre rigoureuse ; on n'useroit plus de ces mots *præcipimus & mandamus*, mais bien on mettroit en leur place *requirimus & hortamur*; que les Habitans qui auroient obligé leurs personnes à la rigueur de cette Chambre, ne pourroient être conduits, que dans la prison de Marseille. Dans la chartre que les députés raporterent, il est dit expressément, que cela leur fut accordé de l'aveu & du Conseil de Loüis de Boliers Vicomte de Raillane, de Raimond d'Agout Seigneur de Sault, de Guillaume Seignet Sieur de Vaucluse, de Me. Loüis Guiran, d'André Boutaric, de Jean Isnard, & de Jean Martin Docteurs, de Reforciat de Castelane Sieur de Fos, d'Antoine Suavis Conseiller du Roi, de Jean Porchier, & de Jean Ardoin Tresoriers du Roi.

HISTOIRE

CHAPITRE IX.

Une Armée navale des Catalans assiege Marseille par mer, mais sans effet: trêves entre le Roi Loüis III. Comte de Provence & le Roi d'Aragon.

I. Les Marseillois travaillent avec grand zele, & un soin tout particulier pour recouvrer les Reliques de St. Loüis. II. Mais en vain. III. En haine de ce ils courent par mer sur les Aragonois & leur prenent un Vaisseau. IV. Ils équipent quatre Vaisseaux qui font des grands dommages à ceux de Barcelone. V. Ce qui oblige ce gens-là de faire une Armée navale, qui vient attaquer Marseille du côté de l'embouchure du Port. VI. Et s'éforcent d'en rompre la chaine. VII. Et ne le pouvant faire ils courent & ravagent le Terroir de Marseille. VIII. Ce Siege finit par un traité qui fut conclu au grè des uns & des autres. IX. Sa teneur. X. Nom de ceux qui travaillerent & conclurent ce traité. XI. Teneur d'un autre traité qui fut fait alors pour raison de quelques Vaisseaux Corsaires, qui étoient dans le Port de Marseille. XII. La lecture & la publication de ce traité fut faite au rivage de la mer. XIII. Les Marseillois font quelques presens à Tanegui du Chastel & au Seigneur de Merindol, & ils font faire quelques canons pour leur défense. XIV. Arrivée à Marseille du Cardinal Archevéque d'Arles, & de la Reine Marguerite de Savoye Comtesse de Provence.

I. DE tous les maux que les Marseillois avoient souffert en la prise & au sacage de leur Ville, il n'y en avoit aucun qui leur fut plus sensible que la perte des Sacrées Reliques de Saint Loüis. Ils la déploroient si fort, qu'ils n'avoient nulle autre pensée, que de tâcher de la reparer. Ils envoyerent pour cét effet vers le Roi d'Aragon Bertrand Roubaud & Guillaume de Barri Cordeliers, avec Iean Maximin, Bertrand Bardonenche & Melchior de Vacquieres, trois de leurs Citoïens, avec ordre exprés de travailler de tout leur soin au recouvrement d'un si pretieux tresor. L'illustre Tanegui du Chastel, Prévôt de Paris, qui étoit venû depuis peu en Provence, & que le Roi Loüis avoit pourvû de la Charge de Capitaine General de la Milice de ce Païs, leur obtint sauf-conduit, pour passer en toute seureté dans la Catalogne, & dans l'Aragon.

II. Cette députation ne fut pas beaucoup heureuse, puis qu'on ne voulut pas rendre ces Saintes Reliques, quoy que ces Députés fissent diverses allées & venües, & qu'ils eussent porté avec eux des Lettres du
Roi

Roi de France qui prioit le Roi d'Aragon de commander à ses Sujets de le faire, & encore du Cardinal de Foix Legat du S. Siége qui avoit écrit pour le même sujet: car on avoit fait acroire aux Marseillois que le remors de conscience avoit touché de telle sorte les Catalans & les Aragonois, qu'ils vouloient restituer tout ce qu'ils avoient pris; mais l'évenement fit voir le contraire: si bien que ce refus ulcera si fort les cœurs des Marseillois, qu'ils ne pensoient qu'à se vanger, & comme il n'étoit pas à leur possible de porter la guerre dans les terres de leurs ennemis, ils eurent permission du Roi de courir la côte de Barcelonne, & de piller tout ce qu'ils trouveroient.

III. Pendant qu'ils preparoient leurs forces navales, ils allerent prendre avec une Galere, un Vaisseau Catalan qui étoit dans le port d'Aiguemortes, les Officiers du Roi de France furent si indignés de cette action qu'ils expedierent des lettres de represaille contre les Marseillois, qui furent forcés de se pourvoir au Roi Charles VII. & lui rémontrer qu'ils n'avoient pas pris ce vaisseau dans un port fermé, mais dans une plage, & que c'étoit un effet du juste ressentiment qu'ils étoient obligés d'avoir contre les Catalans qui les avoient si cruellement traités: enfin ce Prince s'étant laissé toucher à ces raisons à la consideration du Roi Louis II. son beaufrere & à la Reine sa bellemere fit deffenses à ses Officiers du Languedoc de rien faire qui portât préjudice aux Marseillois.

Aux Archives de l'Hôtel de Ville.

IV. Les Marseillois donc équiperent quatre beaux vaisseaux: le premier étoit apellé de Seguovie, commandé par Jerôme de Campofreguote: le second portoit le nom de Gaïete dont Antoine Spataris étoit Capitaine: Bertrand de Forbin commandoit le troisiéme, qui portoit son nom & qui étoit à lui: & le dernier étoit apellé le vaisseau de Grimaud, n'aïant pû trouver le nom de celui qui en avoit la conduite. Ces forces de mer qui étoient aux gages des Marseillois firent tant de ravages que la Ville de Barcelonne pour avoir son retour, fût contrainte de faire une puissante armée navale, composée de vaisseaux & de galeres, avec dessein de venir en ce païs & de se saisir encore de Marseille.

V. L'ennemi estimoit qu'il ne seroit pas difficile d'emporter une place qui avoit été ruinée depuis fort peu de tems & qu'il n'y auoit pas aparence qu'elle pût être encore rétablie dans son premier état. Cette armée donc vint attaquer Marseille du côté du port, sur la créance qu'elle eût de se pouvoir donner entrée dans la Ville par cét endroit, comme on avoit fait lors qu'elle avoit été prise. Les Marseillois, que les maux passés avoient rendus plus vigilants & plus avisés, se deffendirent avec grand cœur; ils furent d'ailleurs aussi tôt secourus par quantité de Provençaux qui y acoururent de tous cotés.

VI. Les Catalans qui avoient pris leur poste aux îles, voïant une plus grande deffense qu'ils n'avoient pas esperé, venoient à toute heure vers l'embouchure du port, pour tenter de rompre la chaîne qu'on y avoit mis; mais elle étoit si forte, & étoit encore fortifiée par quelques bons vaisseaux qu'on y avoit logés pour la deffendre, que les Marseillois repoussoient avec vigueur l'attaque de l'ennemi; outre qu'ils se mirent en devoir de bruler l'armée des Catalans; en effet un

Tome I.   E ee

Marseillois eut le courage d'y aller porter le feu, mais comme en ce tems là on n'avoit pas l'adresse qu'on a aujourd'hui, ce dessein ne réüssit pas; & ce Marseillois s'étant laissé surprendre fut tellement grillé, que sans le grand soin qu'on prit de le faire penser c'étoit fait de sa vie.

VII.
Aux ar. hiv. de l'Hôtel de Ville dans un Livre intitulé Cartularium bullecarum Civitatis Massiliæ.

Les ennemis donc qui virent qu'il leur étoit impossible de pouvoir forcer la Ville par cét endroit, mirent à terre une troupe de soldats qui ravagerent le terroir à la reserve des endroits où il y avoit des Tours, comme à la tour des Jourdans, laquelle fut defenduë par les soldats qu'on y avoit logé. Il seroit à souhaiter que l'injure du tems ne nous eut pas ravi le journal que Nicolas Aimari Notaire & Greffier du Palais avoit fait; il contenoit tout ce qui se passa de plus memorable en ce siége. Les Archives de l'Hôtel de Ville ne nous ont conservé qu'un Buletaire qui ne contient pas de grandes choses: on y voit néanmoins que Iean de Forbin eut soin de pourvoir la Ville de toute l'artillerie qui étoit necessaire en cette conjoncture. Il fit venir deux canons de la Ville d'Aix, un de Tarascon & un autre de Beaucaire. On se servit encore pour la défense de la Ville de tous les canons des vaisseaux & des barques qui étoient dans le port, comme aussi de grandes & de petites arbalêtes, & des autres machines anciennes dont on se servoit avant l'invention du canon & que l'usage contraire n'avoit pas encore aboli. Ils firent faire aussi un canon apellé en latin *Bombarda* qui jettoit des boulets du poids de deux cens vingt cinq livres. Iean de Boniface & Bertrand de Bardonenche qui étoient les Sindics s'aquirent alors beaucoup d'honneur.

VIII.

Ce siege ne finit que par un traité qui fut fait un mois aprés l'arrivée des ennemis. Yoland de Bar Reine d'Aragon Aïeule maternelle de Louis III. qui ne pouvoit souffrir qu'avec un extreme regret que les sujets de ses petits Fils se fissent la guerre, écrivit en Provence au Conseil du Roi, & envoïa même expressement Iean de Comblis son Secretaire avec des lettres de creance, portant ordre de lui représenter que s'il ne prenoit

Aux Archives du Roi à Aix.

resolution de faire tréves avec le Roi d'Aragon pour le tems dont on seroit d'accord, que la Provence souffriroit beaucoup, & que si cela arrivoit, comme il étoit infaillible, qu'on n'auroit nul sujet de se plaindre de sa conduite, ni de lui reprocher qu'elle n'avoit pas fait pour ceux de son sang ce qu'elle étoit obligée de faire. Loüis de Boliers Vicomte de Raillane, Seigneur de Demons, & Gouverneur de Provence, qui étoit accouru à Marseille pour la défendre en cette conjoncture, soit pour s'acquitter du devoir de sa Charge, & soit encore pour donner des preuves de son affection envers une Ville dont il faisoit une estime

Aux Archives de l'Hôtel de Ville.

toute particuliere, à cause des grands & signalés services qu'elle avoit rendu par sa singuliere & inviolable fidelité au Roi Loüis III. & à ses Predecesseurs; ce Seigneur, dis-je, accorda aux Marseillois l'année precedente en laquelle il exerçoit la Charge de Viguier de Marseille, la franchise & l'immunité de toute sorte de droits dans toute l'étenduë des terres de son obeissance: & pour couroner ce bienfait par un autre tres considerable, il fit travailler si heureusement à finir cette guerre & ce siege, que de l'avis du conseil du Roi, & aprés plusieurs conferences, qui furent faites entre l'illustre & fameux Chevalier Tanegui du Chastel, & honorables hommes Messieurs & Religieux, ainsi les qualifie la Chartre, & Frere Galabert de Montsorieu, Clavaire de l'Ordre de Montesia, Maison de Saint George, Panetier du Roi d'Aragon, & Marc Iean de la Tresorerie de ce Prince, Citoien de Barcelonne, ce traité fut enfin conclu aux conditions suivantes.

IX.

Que durant quatre années, il y auroit trêve & cessation d'armes, tant par mer que par terre entre les deux Couronnes; & pour cêt effet que les sujets de l'une & de l'autre pourroient negocier ensemble en toute sûreté, & de la même façon qu'ils le faisoient avant la rupture, que ni les uns ni les autres ne pourroient point recevoir aucuns Corsaires, leur donner secours, ni vivres, ni les favoriser en quelque façon que ce fut, que ceux qui le fairoient, seroient tenus au paiëment des dommages & interêts envers ceux qui en auroient reçû, sans que pour cela la trêve fut rompuë, que les Officiers des deux Couronnes seroient obligés de faire briéve justice, & sans forme ni figure de procés, lors qu'il arriveroit quelque different entre les sujets de l'une ou de l'autre, que si on negligeoit de le faire on pourroit donner lettres de represailles contre les negligeans, la trêve demeurant toûjours en état, qu'il seroit élû de part & d'autre de personnes suffisantes & capables pour faire observer cette trêve, qu'on apelleroit Conservateurs de la trêve, le Sieur de Boliers élû de son chef, & pour la Provence spectables & magnifiques Chevaliers (c'est le titre qui leur est donné par ce traité) Tanegui du Chastel Prevôt de Paris, Pierre de Beauvau Gouverneur de Provence ou son Lieutenant, Iean Louvet Seigneur de Merindol, & Pierre Seigneur de Venteirol Conseillers & Chambelans du Roi, & ensuite le Seigneur de Boliers jura l'observation de ce traité, sur les Saintes Evangiles, & promit de le faire ratifier dans huit mois à la Reine Yoland Reine de Ierusalem, & Comtesse de Provence, & à Loüis III. son fils, autrement que les sujets du Roi d'Aragon ne seroient pas tenus de l'observer.

X.

Ce traité qui fut publié par toute la Provence, & enregistré, riére les Archives du Roi, fut arrêté dans le Monastere St. Victor le 5. de Iuin de l'an 1431. & les Patentes expediées par Iordan Bricii Professeur de l'un & de l'autre Droit, Maître Rational de la grande Cour, Seigneur de Velaux, & Iuge des secondes apellations; aprés qu'il eût conclu & determiné, dans le grand Conseil du Roi, où presidoit Loüis de Boliers, faisant la Fonction de Gouverneur, ainsi que j'ay dit, & où assisterent ceux qui suivent, Tanegui du Chastel, Iean Louvet Seigneur de Merindol, Astorg Seigneur de Peire, Raimond d'Agout Seigneur de Sault, Guillaume Seignet Seigneur de Vaucluse Presidents du Conseil, Pierre Seigneur de Venteirol, Bertrand de Simiane Seigneur de Caseneuve, Marot Huguolen Sacristain d'Avignon, Iaques de Villemus, Iean Quiqueran Chevaliers, Iean Martin Docteur és Loix, Antoine Hermentier Gouverneur d'Orange, Baltezar Iarente Seigneur de Senas, Boniface de Castelane, Iean Arlatan Damoiseaux, & plusieurs autres nobles Chambelans & Conseillers du Roi, ainsi qualifiés dans la Chartre.

XI. Outre les articles dont nous venons de faire mention, il en fut fait encore d'autres, entre François Despla Conseiller & Citoïen de Barcelonne, & Capitaine General de l'armée, étant à l'entrée du Port de Marseille, & hors de la chaine d'une part, & Tanegui du Chastel Prevôt de Paris d'autre, pour raison de quatre Vaisseaux Corsaires, qui étoient dans le Port de Marseille, & autres choses qui en dépendoient, en voici la teneur.

Que François Despla promet qu'à sa diligence & dans quinze jours, cette armée, avec ces quatre Vaisseaux sus nommés, & du Chastel seront conduits à la place de Barcelonne.

Que durant les quatre années de la trêve, le Roi de Ierusalem, Comte de Provence & ses freres, & le Roi d'Aragon ne se sairont nulle guerre, ni ne donneront aucuns dommages, aux sujets de l'un ni de l'autre, & que le Roi d'Aragon jurera d'observer la trêve.

Qu'en cas que le Roi d'Aragon, ne vüeille pas aprouver cette trêve, Despla promét tant en son nom que de ses compagnons, que du Chastel & ceux qui seront avec lui s'en retourneront au Port de Marseille avec les quatre Vaisseaux Corsaires, sans qu'il leur soit donné aucun empêchement, & pour cét effet Despla oblige tous ses biens, & donne les ôtages suivans; sçavoir Pierre Bussot, Guillaume Colombi, Jean de Iugout, & Raimond de Plana Citoïens de Barcelonne, & en même tems que du Chastel sera de retour, il permettra aux ôtages de s'en aller, & leur donnera sauf-conduit s'ils veulent aller par terre jusqu'à Salse, & s'ils veulent aller par mer jusqu'au Port de Colioure; que si avant que du Chastel arrive à Barcelonne, avec ses quatre Vaisseaux, le Roi d'Aragon confirme ce traité, que du Chastel laissera aller les ôtages, & pour leur asseurance il obligera tous ses biens, & prêtera serment, Loüis de Boliers & tous les autres Presidens en sairont de même que Loüis de Boliers avec ceux du Conseil du Roi, promettront sous la peine de huit mille florins monnoïe courante, qu'ils ne permettront point qu'on mette en mer un Vaisseau qu'on avoit fait à Toulon, qu'après que le Capitaine aura donné bonne & suffisante caution jusqu'à la concurrance de six mille florins monnoïe courante, qu'il ne portera aucun dommage aux sujets du Roi d'Aragon, & d'ailleurs qu'ils ne permettront point que le Navire apellé Castelane sorte du Port de Marseille qu'il n'ait donné caution pour la somme de deux mille florins, de n'offenser point ni porter préjudice aux sujets du Roi d'Aragon.

XII. Ce traité fut leu & publié par Cola de Castillon Secretaire du Roi sur la Montagne du Farot tout contre la mer & prés de Marseille, & ensuite les parties jurerent reciproquement sur les Saints Evangiles de l'observer.

XIII. Aprés le siége levé, les Marseillois firent present de quelques toneaux d'excellent vin, à Tanegui du Chastel & au Seigneur de Merindol, en revanche de la peine qu'ils avoient prise, à leur procurer la trêve dont nous venons de parler, ils firent venir du métail d'Avignon pour faire un grand canon & des petits de fonte; le grand, qu'ils apellerent

DE MARSEILLE. Liv. VI. 266

lerent la grande Bombarde, fut logé aux murailles de la Ville & vers l'Eglise S. Laurens regardant la mer, & les autres petits canons qu'on apelloit Bombardelles furent mis en divers endroits des murailles. Les Marseillois étoient tellement épouventés par les frequentes attaques de l'ennemi qu'ils n'oublioient rien pour se tenir sur leurs gardes.

L'année qui suivit ce siége fut si tranquile, qu'il ne se passa rien qui merite d'être remarqué que l'arrivée du Cardinal Loüis Aleman Archevêque d'Arles, qui pour la sainteté de sa vie, pour sa dignité, & pour les grandes vertus dont il étoit doüé, fut trés-bien reçû & regalé par les Marseillois, qui l'année aprés eurent l'honneur de voir dans leur Ville, Marguerite de Savoïe leur Reine, femme de Loüis; à laquelle ils firent une trés magnifique entrée, ils lui porterent le Dais & lui firent present de mille florins.

Tome I.   F ff

HISTOIRE DE MARSEILLE,
LIVRE SEPTIEME.

CHAPITRE I.

E'tat des affaires de Marseille sous le Roi René. Ce Prince fait diverses entreprises sur le Roïaume de Naples.

I. Jeanne II. confirme l'adoption de Louis. III. II. Les Napolitains envoient des députés au Roi René. III. La Reine Isabeau part de Marseille pour Naples. IV. Le Roi René fait son entrée à Marseille, où l'on lui prête serment de fidelité. V. Il pourvoit à la seureté de cette Ville, ayant ordonné que son Conseil y resideroit. VI. Les Officiers qui composoient ce Conseil ne tarderent pas de quitter la Ville. VII. Le Roi René part de Marseille pour aller conquerir le Roïaume de Naples. VIII. Les Marseillois lui envoient des députés, & obtiennent de lui une décharge des droits ausquels ceux des Penes & de Meirargues les vouloient assujetir. IX. Il accorde aux Marseillois une franchise dans la Ville de Naples, & les rétablit en la possession d'une maison qu'ils avoient en ladite Ville. X. Les Comtes de Tende traitent avantageusement les Marseillois dans un contrat qu'ils firent en leur faveur. XI. Les Marseillois font expedier des lettres portant represailles sur les Venitiens. XII. Le Roi René aiant perdu le Roïaume de Naples est contraint de revenir en France. Il se trouve à la mort de sa mere. XIII. Arrivée à Marseille du Dauphin de France: René accorde à cette Ville quelques privileges. XIV. Il en accorde encore d'autres fort remarquables. XV. Arrêt notable des Maîtres Rationaux en faveur des Marseillois. XVI. René met d'accord la Ville de Marseille, avec celle d'Aix. XVII. Aprés avoir repassé en Italie il revient en France. XVIII. Mort de la Reine Isabeau: le Roi René se remarie avec Jeanne de Laval. XIX. Les Marseillois font un present au Duc de Calabre, qui en reconnoissance leur accorde des Patentes

*tres-avantageuses. XX. Ce Prince va à Gènes. XXI. Il prend Giron-
ne; & meurt avant que de joüir du fruit de ses victoires.*

I.
Collenu. Livre 5.

PENDANT qu'Alphonce étoit occupé à la guerre d'Espagne, Loüis & Ieanne, par le moyen de Iaques Caldora qui s'étoit rangé à leur parti, se rendirent maîtres de la Ville de Naples, & en chasserent Pierre d'Aragon. Cét exemple de la Ville capitale obligea toutes les autres à tourner aussi le dos à celui qu'elles avoient suivi. Et comme cette Princesse se vit en repos, elle confirma l'adoption qu'elle avoit faite en faveur de Loüis, & outre cela elle l'institua son heritier universel; mais la mort l'aïant prevenu, ne lui permit pas de joüir de cette succession, au grand déplaisir de Jeanne & de tous ses sujets, qui témoignerent un extrême regret d'avoir perdu un Prince si accompli, & dont ils avoient conçû de tres grandes esperances.

II.

Jeanne II. du nom étant decedée un an aprés, Eugene IV. qui prétendoit que par la mort de cette Princesse le Roïaume de Naples, comme Fief de l'Eglise étoit dévolu au Saint Siége, fit entendre aux Napolitains que son intention n'étoit point qu'ils reçûssent autre Prince que celui qui viendroit de sa main: mais ils lui firent réponse qu'ils étoient résolus de faire observer le Testament de Ieanne, qui leur avoit recommandé René, & qu'ils ne reconnoîtroient autre Prince que celui-là; en effet ils députerent vers lui à Marseille, le priant de se hâter tant qu'il pourroit, parce que sa presence étoit fort necessaire à l'état. Mais René étant encore prisonier du Duc de Bourgogne, la Reine Isabeau sa femme fit le voïage de Naples pour prendre possession de ce Roïaume au nom de son mari.

And J. Cl. 1435.

III.

Cette Princesse partit de Marseille l'an 1436. accompagnée de deux de ses enfans, & prit la route de Naples où elle arriva heureusement. La Ville lui prêta en cette conjoncture deux mille florins, & comme elle y étoit attenduë avec impatience, sa presence y étoit fort necessaire pour contenir les Habitans dans la fidelité, à cause qu'Alphonce qui avoit été délivré dépuis peu des mains des Genois, étoit aux environs de la Ville, & ne cherchoit que les moïens de s'en rendre maître, ou par surprise ou par intelligence: ce qui obligea cette Princesse qui n'avoit pas assés de forces pour lui resister de demander secours au Pape Eugene qui lui envoïa trois mille soldats, sous la conduite de Iean Viteleschi Patriarche d'Alexandrie.

Aux écritures publiques de Rodeti.

Collenut.

1436.

IV.

Deux ans aprés, René qui avoit été mis en liberté par le Duc de Bourgogne, vint en Provence & fit son entrée à Marseille le 15. de Decembre jour de Dimanche de l'an 1437. & en même-tems fut au Palais, & s'assit sur un Trône Roïal, où en presence de Charles de Poitiers Seigneur de Saint Vallier Gouverneur de Provence, de George d'Alemagne Comte de Pulcin, de Gautier Characurij de Naples, de Bertrand de Beauvau Seigneur de Prescigni, & d'Antoine Hermentier Chevaliers, à la requisition des Scindics, il jura sur les Saints Evangiles suivant la coûtume de ses Predecesseurs, d'observer les chapitres de paix, les conventions & les privileges de la Ville, & ensuite les Scindics étant à genoux & découverts, lui firent hommage entre ses mains, & lui prêterent serment de fidelité,

1437.

Archiv de l'Hôtel de Ville Livre de St. Vallier fol. 33.

&

DE MARSEILLE. Liv. VII.

& comme le peuple, qui y étoit accouru en foule ne pouvoit pas faire la même chose, ce Prince commanda seulement, que chacun eût à lever la main droite, pour marque de ce serment; ce qui fut fait en même-tems.

V. René demeura quelques mois à Marseille, pour donner ordre à ses affaires, & pour se preparer au recouvrement du Roïaume de Naples, & parce qu'il voïoit bien, qu'il n'y avoit rien de si necessaire avant son départ que de mettre Marseille en toute sûreté, & de la fortifier, afin d'empêcher qu'Alphonce d'Aragon qui faisoit dessein de s'en saisir pour la seconde fois, n'en peut pas venir à bout; il crût que pour empêcher ce coup, il n'y avoit autre chose à faire, que de transferer son Conseil d'Etat apellé alors la grande Cour de Iustice, & de la tirer de la Ville d'Aix, où elle residoit, pour l'établir à Marseille, afin qu'elle y fît la fonction tant au civil qu'au criminel qu'elle avoit accoûtumé de faire dans la Ville d'Aix. Que le Gouverneur de Provence, ses Lieutenans, & la plus grand-partie des Maîtres Rationaux y viendroient aussi demeurer continuellement, comme encore le Iuge des secondes apellations, tous lesquels Officiers ne pourroient abandonner ladite Ville, pour aller resider en autre part, qu'ils n'eussent un ordre exprés de Sa Majesté; & ce sans prejudice des Chapitres de paix de cette Ville.

Aux Archives de l'Hôtel de Ville.

VI. Le dessein de ce Prince n'eût pas le succés qu'il s'étoit promis, car quoy qu'il eût témoigné par ses Lettres Patentes, qui contenoient ce que je viens de dire, qu'il entendoit que cela fut executé à peine d'encourir son indignation; ces deux Corps de Iustice y déferent neanmoins fort peu, il m'a été impossible d'en aprendre le sujet, car quoy qu'aprés son départ ils fussent venus à Marseille, ils n'y demeurerent pourtant que quelques mois, & aprés s'en retournerent à Aix. Les Marseillois qui trouvoient que cét établissement leur étoit extremement avantageux, envoïerent à Aix Iaques Crote & Raimond Blancard deux de leurs Citoïens, pour leur representer qu'ils ne devoient point rendre illusoire la volonté du Roi, que leur residence dans Marseille étoit tres-necessaire au bien de son service, puis qu'elle mettoit cette Ville dans l'entiere seureté, en effet durant le tems de leur demeure l'ennemi n'avoit osé s'en aprocher, & dépuis leur départ trois Galiotes des Catalans étoient venuës courir la côte de Marseille, où elles avoient fait diverses prises, si bien qu'ils leur protestoient de tous les maux qui leur pouvoient arriver à cette occasion; mais tout cela ne servit de rien, & ces deux Corps de Iustice ne voulurent point abandonner la Ville d'Aix, pour laquelle ils avoient toutes leurs affections.

VII. Onze jours aprés que René eût fait expedier ces Lettres Patentes du contenu desquelles nous venons de parler, comme il étoit dans l'impatience d'aller conquerir les états qu'il avoit en Italie, il partit de Marseille avec cinq Galeres & deux petits Vaisseaux, & alla prendre port à Genes, où aïant grossi son armée, il continüa son chemin, & arriva enfin à Naples, dont il se rendit Maître peu à peu de tout le Roïaume.

VIII. Pendant son sejour dans cét état, les Marseillois aïant été contraints

Tome I. Ggg

de payer le péage à Mairargues, & la taille aux Pennes pour les biens qu'ils y possedoient, envoïerent à Naples Nicolas d'Arena Jurisconsulte, Bertrand de Bardonenche & Pierre de Cepede, qui s'adresserent au Roi, lequel aprés avoir oüi leurs raisons, & consideré que c'étoit contre la teneur des chapitres de paix, & des privileges accordés par Marie de Blois, & encore au prejudice de la convention qui avoit été faite avec cette Princesse, lors que les Marseillois lui remirent le Château des Pennes qu'ils avoient conquis sur Raimond de Turene, il ordonna par Lettres Patentes expediées au Château de Capuane, que les Marseillois seroient francs en ces Lieux des peages & de la taille, avec inhibitions & défenses à qui que ce fut de les y troubler. Ce titre comble de gloire les Marseillois à cause de l'Eloge que ce Prince leur donne, car il dit *qu'ayant consideré la constance & sincere fidelité avec laquelle les Marseillois avoient toûjours agi tant en son endroit qu'envers ses Predecesseurs, il croioit être obligé de les traiter avec toute douceur.*

Aux Archives de l'Hôtel de Ville.

IX. Cette patente fut suivie d'une autre que sa Majesté fit expedier le même jour, dans laquelle il donne le même éloge aux Marseillois, & loüe encore beaucoup leur fidélité, en consideration de laquelle, & de tant de maux qu'ils avoient soufferts en l'an 1423. lors de la prise de leur Ville, il declare qu'il les affranchit de tous droits, péages & autres impositions vieilles & nouvelles dans toutes les Villes de son Roïaume de Naples, tant par mer que par terre. Et parce que du tems de la Reine Jeanne premiere, les Marseillois avoient à Naples une maison apellée la loge de Marseille, sur laquelle les Armes de leur Ville étoient gravées, & cette maison leur avoit été usurpée par Maramaldus Chevalier de Naples pendant les guerres de Charles de Duras & de Jeanne II. sa Majesté commanda à son grand Iusticier de Sicile & à tous ses autres Officiers de mettre les Marseillois en possession, & d'empêcher qu'ils n'en fussent plus troublés à l'avenir ; cassant & revoquant tous les titres de ses prédecesseurs, qui portoient don & octroi de cette loge en faveur de qui que ce fut.

Aux Archives de l'Hôtel de Ville.

X. L'année suivante Jean & Honoré Lacaris des Comtes de Vintimille Seigneurs de Tende & autres places, en memoire de l'amitié qui avoit été de tout tems entre les Marseillois & leurs ancêtres, & encore en reconnoissance des bons offices, qu'ils en avoient reçû pendant le tems qu'ils avoient exercé la charge de Viguier de Marseille, firent faire dans le Château de Tende un contrat autentique, par lequel ils déclaroient que les Habitans de Marseille fussent francs de toutes sortes de droits dans toutes les terres qu'ils possedoient en Provence, & de toutes celles qu'eux, & leurs successeurs acquerroient tant en cette Province qu'ailleurs, avec défenses à leurs Officiers d'y contrevenir, que leurs Vassaux seroient tenus d'assister les Marseillois tant en paix qu'en guerre de même façon que les personnes de leurs propres Seigneurs, que si leur Etandart se trouvoit en quelque armée, que leurs Vassaux seroient obligés de se loger auprés de celui de la Ville de Marseille, ils protestoient encore dans cét acte qu'ils seroient prêts d'aller secourir en personne avec cent soldats la Ville de Marseille, &

Aux Archives de l'Hôtel de Ville.

DE MARSEILLE. Liv. VII. 272

demeurer à la garde qu'on feroit pour sa conservation durant un mois à leurs propres dépens, & durant deux mois aux dépens des Citoïens de Marseille.

XI.

A un an delà, les Marseillois donnerent lettres de marque contre les Venitiens, je n'en ay pû apprendre le sujet, cela retarda les affaires des Chevaliers de S. Jean de Jerusalem, ils n'osoient envoïer à Marseille un Vaisseau Venitien qu'ils avoient nolisé pour y venir prendre les Chevaliers François, qui devoient aller secourir la Religion; & afin que ce Vaisseau ne fut arrêté elle fut obligée d'obtenir un sauf-conduit; & du Roi & de la Ville.

Aux écritures publiques.

XII.

Ce fut en cette même année que René qui étoit à Naples avec le Duc de Calabre son fils se trouva fort en peine pour défendre cét état, on faisoit en Province tout ce qu'on pouvoit pour lui envoïer de l'argent & des forces; mais quoiqu'on sçut faire on ne pût pas empêcher qu'il ne perdit ce Roïaume qui fut conquis par Alphonce d'Aragon; après qu'il se fut rendu maître de Naples par le moïen d'un Aqueduc, l'aïant prise de la même façon qu'elle l'avoit été autrefois sur les Gôts par Belisaire. René fut donc contraint de s'embarquer, & de venir à Marseille, où il trouva que Yoland sa mere, étoit atteinte d'une si griève maladie qu'elle y mourut peu après son arrivée, qui fut l'an 1442. dont il fut fort affligé, delà René fut voir Charles VII. son beaufrere, où il fit quelque séjour; en attendant que les affaires se disposassent pour repasser en Italie.

XIII.

Pendant son absence Loüis XI. qui n'étoit alors que Dauphin vint en Provence, & après avoir visité la Sainte Baume fut reçu à Marseille magnifiquement, & avec des transports d'une joïe si extraordinaire, qu'il sembloit que dés lors ce peuple donnoit des présages de ce qui n'arriva que trente sept ans après, & concevoit déja des mouvemens tout particuliers d'amour, & de respect envers ce Prince qui devoit être un jour leur souverain Seigneur; mais pour revenir au Roi René il cherissoit si tendrement ses sujets, & particulierement ceux de Marseille, ausquels il ne refusoit jamais rien de ce qu'il jugeoit leur pouvoir être avantageux. Il avoit tant de passion de restaurer cette Ville qui se ressentoit encore de la ruïne qu'elle avoit souffert l'an 1423. qu'il ne pensoit qu'aux moïens de lui procurer ce bien; en effet par lettres patentes données à Aix le 30. de Decembre de l'an 1447. il accorda aux Marseillois qu'il y auroit dans leur Ville à perpetuité deux Foires franches qui dureroient dix jours chacune, que la premiere commenceroit à la S. Martin, & l'autre le jour de S. Jean Baptiste, il leur accorda encore des lettres patentes le 25. d'Octobre de la même année, par lesquelles il les rendoit à perpetuité francs des droits de Lattes.

Archiv. de l'Hôtel de Ville.

XIV.

Le privilége que ce Prince accorda aux Marseillois l'année suivante, fut bien plus avantageux que ceux dont nous venons de parler. Il leur donne pouvoir d'établir des impositions tant réelles que personnelles sur les Marchandises, & sur toutes choses que bon leur sembleroit, soit sur les Citoïens & habitans de Marseille, que sur les étrangers à perpetuité & à tems; ainsi qu'ils trouveroient bon de faire leur donnant pou-

Archives de l'Hôtel de Ville.

HISTOIRE

voir de les revoquer ; de les abolir ou de les moderer, ainsi qu'ils aviseroient, avec commandement à tous ses Officiers de tenir la main que les Marseillois ne fussent point troublés en la joüissance de ce privilége, à peine d'encourir son indignation.

XV. A deux ans delà les maîtres Rationaux firent un jugement en faveur des Marseillois qui merite d'être remarqué, ils ordonnerent qu'ils pourroient faire paître leur bêtail aux Montagnes de Provence sans être obligés de païer aucuns péages, ni autres droits dans toute l'étenduë de ce Païs, non plus que les Marchands de leurs Marchandises.

XVI. En ce même tems il y avoit grand procés entre les Villes de Marseille & d'Aix, à cause de la gabelle du Port, que ceux de cette Ville refusoient de païer pour la voiture des Marchandises de mer, ce procés duroit depuis l'an 1443. auquel tems dans un Conseil qui fut tenu le sixiéme de Ianvier, on députa Nicolas d'Arena Iurisconsulte, Pierre de Cepede, Raimond Blancard, & Jean Paul vers le Duc de Calabre, & le Sénéchal de Provence, qui traitoient de finir cette affaire, avec ordre exprés qu'en cas qu'ils ne la terminassent point, & qu'ils voulussent faire quelque Ordonnance préjudiciable à la Ville, d'en apeller au Roi. Depuis lors ce procés étoit en état au grand désavantage de ces deux Villes, puisqu'il nourrissoit une haine reciproque entr'elles, ce Prince qui avoit un esprit de paix, & qui aimoit ses sujets en Pere, voulut vuider ce different, & renoüer par ce moïen l'amitié qui étoit avant cela entre Marseille & Aix, afin qu'elles vécussent à l'avenir avec fraternité (c'est ainsi que parle la Chartre,) & pour cét effet aïant oüi les raisons des Sindics de Marseille, ensemble de Raimond Guiran Assesseur de la Ville d'Aix, il ordonna que les Citoïens & Habitans d'Aix païeroient à perpetuité la gabelle du Port pour les Marchandises de mer, de même façon que les étrangers avoient accoûtumé de faire, & donneroient cinq gros pour cent florins, & du reste ils joüiroient à l'avenir dans Marseille en toutes autres choses des franchises & privileges dont ils avoient joüi, & les Marseillois auroient aussi les mêmes avantages dans la Ville d'Aix, cette Declaration ou Ordonnance fut faite à Marseille par René le 8. de Iuin de l'an 1454. en presence d'illustre Frederic de Lorraine, Pierre de Meoillon Seigneur de Ribiers, de Iean Martin Chancelier de Provence, de Vidal de Cabanes Iuge-Mage de Provence, & de Iean Arlatan Conseillers du Roy.

Aux Archives du Roi registre de Leonis & aux Archives de Marseille.

XVII. Lors que ce Prince termina ce different, il étoit seulement revenu d'Italie où il avoit été apellé par les Florentins, qui avoient guerre contre Alphonce d'Aragon & les Venitiens, ils ne croïoient pas de pouvoir resister à une si grande puissance ; quoy qu'ils fussent joints avec le Duc de Milan, ils conjurerent ce Prince de les assister, il n'y manqua pas sur l'esperance qu'il avoit, que cela lui pourroit servir de planche pour reconquerir l'etat de Naples, mais l'évenement aïant fait voir qu'il s'étoit trompé, puis qu'on lui manqua de parole, il fut contraint de revenir en Provence, & delà il s'en alla en Anjou.

XVIII Peu avant que René fit le voïage d'Italie pour assister les Florentins, Isabeau sa femme fut travaillée en la Ville d'Anger d'une si violente maladie

DE MARSEILLE. Liv. VII. 274

ladie qu'elle la mit dans le tombeau au déplaisir de son mari, & de tous ses sujets. Deux ans après il contracta des nouvelles nôces, il épousa en la Ville d'Angers Ieanne de Laval fille de Gui XIV. du nom, Comte de Laval & Seigneur de Vitré, & d'Isabeau de Bretagne.

Ce fut environ ce même tems, ou en l'année 1456. que René envoïa en Provence Iean Duc de Calabre & de Lorraine son fils aîné pour y commander en qualité de son Lieutenant General ; les Marseillois lui firent present de cinq cens florins Roïaux qui lui vinrent bien à propos, car ce Prince n'étoit pas fort accommodé, & les grandes guerres que son pere avoit sur les bras jointes à la douceur avec laquelle il traitoit ses peuples, l'avoient épuisé, en façon qu'il n'avoit pas pû lui fournir tout ce qui lui étoit necessaire pour soûtenir l'éclat de sa condition. Aussi la liberalité des Marseillois entra si avant dans l'esprit du Duc de Calabre qu'il rechercha les occasions de s'en ressentir, & parce que dans cette conjoncture les Marseillois avoient besoin du bled, il permit aux Habitans d'en aller prendre par force dans toutes les Villes & Lieux de la Province qui en avoient plus que de leur provision ; & leur en fit expedier Lettres Patentes données à Brignole portant commandement à tous les sujets du Roi de quelque qualité qu'ils fussent d'ouvrir leurs greniers, & de permettre aux Marseillois d'en emporter à prix raisonnable la quantité qui leur étoit necessaire.

XIX.

Quelques années après le Duc de Calabre partit de Marseille pour aller à Genes, il y fut sollicité par le Prince de Tarante, par le Duc de Sesse, & par le Marquis de Cotron, d'aller conquerir le Roïaume de Naples : le Roi son pere qui avoit à cœur cette entreprise lui envoïa douze Galeres qui furent équipées à Marseille. J'ai veu un vieux manuscrit qui porte qu'Etienne de la Foret Gentilhomme de Bourges, étoit Capitaine de ces Bâtimens. La Communauté lui fournit cinquante hommes sous la conduite de Iean de Monteoux, & d'Honoré de Issa. Les Genois lui donnerent dix Galeres, trois Vaisseaux, & soixante mille ducats ; avec ces forces il fit voile vers l'état de Naples, où il prit grande quantité de Villes de cét état, & mit en derroute Ferdinand fils naturel d'Alphonce d'Aragon, l'aïant attaqué dans son camp & contraint de se sauver, avec la perte de tout son bagage, si ce Prince eût sçû user de la victoire, il auroit été le Maître absolu de tout l'état de Naples, mais faute de conduite il reperdit ce qu'il avoit gagné.

XX.

Manuscrit de la maison de Candole

Tome I.   Hhh

HISTOIRE

XXI. Quelques années après, le Duc de Calabre vint en Provence, où il ne demeura guére en repos, il s'engagea dans la Ligue des Princes dite du bien public, contre Loüis XI. Roi de France, laquelle aïant été dissipée quelque tems après, par la prudence de ce Prince, & le Roi René aïant été apellé par les Aragonois pour regner sur eux, il s'en alla à la place de son pere, & il fut fort bien reçû à Barcelonne, de là il fit de grands progrés dans l'Aragon, & prit ensuite Gironne: les Marseillois aïant eu nouvelle de la prise de cette Ville, resolurent dans un Conseil tenu le 6. Iuin de l'an 1469. d'en rendre graces à Dieu. Ils ordonnerent aussi qu'on fairoit des feux de joye par la Ville, qu'on sonneroit toutes les cloches des Eglises, & que le Dimanche suivant on fairoit procession generale. Mais lors que ce Prince esperoit de joüir du fruit de ses victoires, il fut atteint dans Barcelonne d'une fiévre pestilentielle, qui le mit dans le tombeau un samedi matin du 16. Decembre de l'an 1470. aprés avoir donné de preuves de toutes les vertus necessaires à un Prince, & de grandes esperances de voir continuer sous sa domination les mêmes bonheurs dont les peuples joüissoient sous le comandement de son pere.

Archiv. de l'Hôtel de Ville, au Registre du Secretaire de l'an 1469.

Memoire manuscrit.

CHAPITRE II.

Le Roi René se retire à Marseille où il fait son sejour jusques à sa mort: il dispose de ses Etats en faveur de Charles du Maine son neveu. Arrivée en cette Ville de quelques Princes & autres personnes notables.

I. Le Roi René se retire en Provence & fait son sejour à Marseille, & lui accorde des Letres Patentes tres avantageuses. II. Cette Ville lui fait un present de deux mille florins. Le Duc de Bourbon y arrive. III. Teneur du Testament du Roi René. IV. Qui fait voir l'affection qu'il avoit pour la Maison de France. V. Charles du Maine fait son entrée à Marseille. VI. René Duc de Lorraine y vient pour faire changer la disposition du Roi René. VII. Mort de ce Prince: les Marseillois lui font faire des funerailles tres magnifiques. VIII. Affection de René envers les Marseillois, teneur d'une lettre que ce Prince leur écrit. IX. Alliance entre les Marseillois & la Maison de Sault. X. Charité de ce peuple envers un noble Citoien de Constantinople. XI. Le Cardinal de Ruvere est tres-bien reçû à Marseille, laquelle est affligée de peste.

I. LE Roi René aïant perdu tous ses enfans, & se voïant fort avancé en âge, resolut de passer le reste de ses jours avec les Provençaux qui avoient de grands respects, & de tendresses particulieres pour lui. Le sejour de la Ville de Marseille lui étoit extremement agreable, & sur tout en hiver ; car il avoit accoûtumé de se promener sur le quay de cette Ville, qui est comme chacun sçait exposé au midi & à l'abri des vents qui regnent en cette saison, & de là vient qu'on l'apelle encore aujourd'huy *la cheminée du Roi René* ; pendant le tems qu'il y demeura & jusques à sa mort, il ne se lassa jamais de combler cette Ville de ses bienfaits, car pour y attirer abondamment le commerce il fit expedier des Lettres Patentes en sa faveur, qui sont si amples, si autentiques, & parlent si avantageusement du merite de la Ville de Marseille qu'on ne lui pourroit pas souhaiter un titre plus glorieux & plus illustre ; ce titre qui fut publié l'an 1472. contient un sauf-conduit & sauvegarde pour une année à toutes les Nations qui auroient dessein de negocier à Marseille, soit que ce fussent les Chrêtiens ou les Infideles, les amis ou les ennemis, les sujets ou les rebelles, qu'ils pourroient y venir & par mer & par terre en toute seureté. Dans cette chartre René declare que le motif qu'il a eu d'accorder ce privilege aux Marseillois, est *parce qu'il est du devoir du Prince de penser au profit & à l'avantage de ses sujets, soit en general ou en particulier, & que lors qu'ils lui font quelque honnête demande, il les doit écouter humainement, & sur tout s'ils ont déchû de l'état florissant où ils se sont veus, non point par leur faute, mais par le vice de la fortune, ainsi qu'il est arrivé à la Ville de Marseille, selon presque tous les Historiens qui attestent qu'elle a été autrefois une Ville celebre & triomphante*, parce (poursuit ce Prince) *qu'elle a si bien merité de recevoir toutes ses faveurs pour n'avoir jamais manqué dans ses besoins & dans la necessité de contribuer de tout son pouvoir à la gloire de sa Couronne & de sa personne, il avoüe qu'il est obligé de la favoriser.* Il est expressément porté dans cette Patente, qu'elle fut dictée de la propre bouche du Roi, en presence du Sr. de Nogent Grand Sénéchal, du Chancelier, du Juge-Mage, de Jean Jarente Maître Rational & autres. Dans ce titre Sa Majesté proteste à tous ses Officiers que ceux qui ne prendront pas soin d'en observer le contenu, encourront non seulement son indignation, mais seront encore contraints au païement de dix mille ducats d'amende apliquables au Fisque.

Deux ans aprés la Ville de Marseille fit present au Roi de deux mille florins pour subvenir à ses besoins ; les grandes guerres qu'il avoit eu, & la quantié d'affaires qui lui étoient survenuës pendant son Regne, l'avoient entierement épuisé : le Registre d'où j'ai tiré ce que je viens de dire raporte que l'année suivante le Duc de Bourbon étant venu à Marseille, la Ville fit tout ce qui lui fut possible pour honorer un si grand Prince, l'aïant magnifiquement regalé durant son séjour, l'Histoire m'aprend que ce ne pouvoit être que Jean II. Duc de Bourbon, & d'Auvergne, Pair, Connétable & Chambrier de France, surnommé le bon, & Gouverneur du Languedoc.

II.

Archiv. de l'Hôtel de Ville, au livre noir

Dans l'aprehension où étoit le Roi René de mourir avant que d'avoir pû disposer de ses états, & que par ce moïen la tranquilité dont il avoit fait joüir ses tres chers sujets, ne vint à être traversée par les differens qui pouvoient arriver entre ses heritiers pour la possession de ses

III.

biens, il defira d'y pourvoir, & pour cét effet le 22. de Juillet de l'an 1474. il fit publier fon teftament dans fa maifon de Marfeille, par lequel entre autres chofes il inftitua fon heritier univerfel Charles d'Anjou Duc de Calabre & Comte du Maine fon neveu.

IV. Le choix qu'il fit de la perfonne de ce Prince pour lui fucceder univerfellement & pour être fon fils adoptif, eft une marque évidente de l'affection qu'il avoit pour fon fang & pour la Maifon de France, dont il étoit iffu, & de ce qu'il ne vouloit pas que fes états tombaffent dans une famille étrangere.

V. Deux mois avant cette difpofition, Charles d'Anjou étoit venu à Marfeille pour vifiter fon oncle, les Marfeillois par un preffentiment qu'ils avoient qu'il feroit un jour leur Souverain Seigneur, firent équiper une Galere qui l'alla prendre à la plage d'Arenc où il étoit venu defcendre, & le porta dans la Ville par l'embouchure du Port avec toute la magnificence qu'on fe peut imaginer; ils lui firent enfuite un fomptueux feftin, & le regalerent dans l'Hôtel de Ville, & auffitôt aprés que René eût tefté en fa faveur, & qu'il eût témoigné qu'il vouloit qu'il fut fon heritier, ils lui prêterent hommage & ferment de fidelité avec un excés de joïe incroïable.

VI. Quelque tems aprés, René Duc de Lorraine Comte de Vaudemont, & d'Harcour, fils d'Yoland d'Anjou, fille du Roi René aïant eu nouvelles de cette difpofition vint en Provence pour tâcher de la faire changer, mais le Roi Loüis XI. qui en fut averti; & qui ne défiroit pas que cela arrivât, lui fit dreffer des embuches pour tâcher de le faire faifir; le Duc de Lorraine qui aprehendoit de tomber entre les mains de ce Prince réfolut de fe fauver par mer, ce qui obligea de prendre à folde pour deux mois, de George Doria, & d'Ambroife Capel Genois, deux Vaiffeaux qui étoient aux Ifles de Pomegües, l'un étoit du Port de mille & cent tonneaux, & l'autre de mille : par l'acte qui fut fait alors, il eft porté que ce Prince pourroit mettre dans ces Bâtimens autant de gens que bon lui fembleroit, qu'il feroit conduit à Venife, & qu'il donneroit à chaque Capitaine mille & fix cens écus d'or de France pour deux mois, & que ce tems expiré ils feroient encore obligés de le fervir autant que bon lui fembleroit au même prix de mille & fix cens écus le mois pour chacun, que s'ils venoient à rencontrer quelques Vaiffeaux, on ne pourroit les combattre que du confentement du Prince, & que venant à les prendre la prife feroit partagée entre lui & les Capitaines. Cét acte fut fait dans la maifon de Loüis Doria Chambellan du Roi, en prefence de Fouquét d'Agout Seigneur de Sault, & de Boniface de Caftelane Seigneur de Fos & du Luc : peu aprés le Duc de Lorraine s'embarqua, fit voile, & demeura trois mois fur la mer, paffa en Sicile, & delà il alla à Venife, d'où par le Païs des Grifons il fe rendit en Lorraine, étant trés aife de s'être garanti des piéges qu'on lui avoit tendu.

Aux écritures publiques au Regiftre de Darneti Notaire.

Mathieu Hiftoire de Loüis XI.

VII. Le Roi René étoit en ce tems-là fort affoibli & par l'âge, & par les grandes afflictions qu'il avoit eu durant fa vie, foit en la mort de fes enfans, ou en la perte d'une grande partie de fes Etats; les Provençaux

çaux qui voïoient que sa santé déclinoit de jour en jour, étoient dans une extréme aprehension de perdre un si doux maître, ils l'aimoient comme leur Pere, parce qu'il les traitoit comme ses enfans. Si la mort eût été capable de se laisser flechir aux prieres de tout ce peuple, elle auroit épargné ce Prince, mais comme elle est inexorable elle ne tarda pas à le prendre, ce fut en la Ville d'Aix le 10. de Juillet de l'an 1480, que René deceda en l'âge de soixante & treize années : tous ses sujets, & principalement les Marseillois jetterent tant de larmes durant un si long-tems, qu'elles eurent peine de se secher. Il seroit mal aisé d'exprimer la douleur que cette mort produisit, il suffira de dire que comme il n'y eût jamais de Prince, qui aimat ses sujets avec plus de tendresse que celui-ci, on n'a jamais veu aucun, qui ait été plus sensiblement regretté que lui. Les Marseillois lui firent faire de funerailles fort magnifiques dans l'Eglise des Freres Mineurs.

VIII.

Nous avons veu ci-devant combien ce Prince avoit donné de témoignages d'affection, de tendresse & de gratitude, envers la Ville de Marseille, de laquelle il faisoit un cas tout particulier; les titres dont nous avons parlé, en sont des preuves illustres, j'ai veu pourtant que pour la confirmation de ce que je viens de dire, je devois encore inserer en cét endroit la teneur d'une lettre qu'il écrivit aux Marseillois : on leur avoit sans doute dit quelque chose qui étoit à son désavantage, ainsi qu'on peut inferer de cette piéce : car les Marseillois n'avoient jamais manqué de rendre tout l'honneur, tout les respect & toute la soûmission qu'ils devoient à leur Souverain Seigneur, voici ce que contient cette lettre.

A nos Amés & feaux, les Viguier, Sindics, & Conseil de nôtre Cité de Marseille.

De par le Roi de Sicile & d'Aragon: nos Amés & feaux nôtre Tresorier, à fait armer de nôtre commandement, & Ordonnance ses deux Balliniers, lesquels n'a gueres sont arrivés dedans nôtre Port de Marseille, presentement à nôtre partement lui avons donné charge expresse de les faire réarmer pour aucuns grands affaires, que en avons à besoigner, & pour mettre la chose à breve exécution, avons ordonné à son partement de Marseille de faire faire le biscuit, & bailler le bled à plusieurs Forniers, ausquels ainsi qu'ils disent, & que nôtre dit Tresorier nous a raporté, voulés faire payer la réve; c'est à sçavoir une certaine somme pour émine, dont fort nous merveillons que nous veuillés mettre en telle subjection, ce que nous est fort à croire pourtant vous prions si trés, à certes que plus pouvons, & neanmoins mandons & commandons que lui veuillés demander, ou faire païer aucune chose, mais le laisser passer franc & quitte, & y tant faire qu'il n'ait cause de s'en retourner plaintif envers nous, & quand ainsi le fairez, le vous reconnoîtrons en tems & lieu, nos Amés & feaux nôtre Seigneur vous ait en sa sainte garde. Donné en nôtre Palais d'Aix, le 18. jour d'Août.

RENE'.

J. LE GAT.
Tome I.

Iii

IX. Quelques mois après la mort de René, les Marseillois qui avoient eu de tout tems de si étroites aliances avec ceux de la maison de Sault, que par une coûtume immémoriale ils avoient été toûjours francs dans Marseille de tous droits, comme aussi les Marseillois avoient joüi d'une pareille prérogative dans les terres de Sault & aux autres lieux, qui apartenoient à cette famille, parce que les Fermiers de ce tems-là vouloient violer cette franchise reciproque, les Marseillois pour le rendre à l'avenir inviolable délibererent de la rédiger par écrit, ils en firent donc faire un acte autentique dans Marseille, où Fouquét d'Agout Seigneur de Sault, envoïa expressément Raimond d'Agout, Seigneur de Cipieres son neveu, & son Procureur expressément fondé, qui assista à ce contrat qu'ils entroient dans la charge, & qu'ils étoient reçûs.

X. J'ai jugé à propos d'inserer à la fin de ce Chapitre ce que j'ai creu, ne devoir pas mettre dans le corps pour n'interompre le fil de la narration ; sçavoir que l'an 1475. Demetrius Tonnisii Chevalier de Constantinople, fut contraint de venir à Marseille, où il esperoit de trouver quelque secours pour tirer des mains des Turcs sa femme, & ses enfans qui gemissoient sous l'esclavage de ces barbares, le titre qui fait mention de cét evenement ne s'explique pas s'ils avoient été pris lorsque les Infidéles s'emparerent de Constantinople, qui fut l'an 1453. tant y a que les Marseillois qui ont été de tout tems recommandables par leur charité, & qui déploroient le malheur de ce Gentilhomme, lui firent present de quelque argent pour la délivrance de ses proches.

Aux écritures publiques.

XI. L'année suivante Julien de Ruvere Cardinal, sous le titre de S. Pierre és Liens, & qui fut depuis Jules II. passa à Marseille, où l'on lui rendit des grands honneurs. Cette Ville fut alors affligée de peste, Bertrand Candole, Antoine Aimes, & Guillaume Roboli, trois Consuls du nombre de douze qu'on élisoit annuellement demeurerent dans Marseille, & eurent soin de se bien acquitter du devoir de leur charge. Honoré Puget qui faisoit la fonction de Viguier subrogé, se refugia au jardin du Roi qui étoit au-delà du quay. J'ai veu une déliberation du Conseil qui fut tenu le 12. d'Août en sa presence, & dans la sale du bâtiment de ce jardin.

CHAPITRE III.

Charles du Maine succede au Roi René : état des affaires de Marseille sous son Regne.

I. Charles du Maine aïant succedé à René, fait son entrée à Marseille. II. Où il est reçû avec grande joye, les Marseillois lui prêtent le serment de fidelité. III. Ce Prince envoye à Rome pour avoir l'infeodation du Royaume de Naples. Le Duc de Lorraine trouble la Provence. IV. Y prend Grasse & son Vigueriat, mais Charles étant assisté de la France le contraint de se retirer. V. Quelle fut la conduite des Marseillois pendant cette guerre. VI. Retour de Charles à Marseille. VII. Exemption de franchise dans Marseille en faveur des Chevaliers de St. Jean de Jerusalem. VIII. On propose disoler la Ville ensuite d'une lettre écrite par le Roi, mais ce dessein ne fut pas aprouvé. IX. Elle ne fut pas assiegée ainsi qu'en écrit un Auteur moderne. X. Le Cardinal de la Balue est gardé dans le Monastere St. Victor. XI. Loüis XI. fait dire aux Marseillois qu'il vouloit venir voir Marseille, quoi qu'il n'y pensât pas. XII. Convention entre le Roi & Jerôme de Montanegro Genois. XIII. Teneur d'un titre glorieux à la Ville de Marseille. XIV. Mort de Charles du Maine Comte de Provence. XV. Aprés avoir disposé de ses états. Teneur de cette disposition.

I.

Charles d'Anjou aïant recüeilli l'heritage de René son oncle, lui fit faire une pompe funebre tres magnifique. Il est vrai qu'il n'eût pas beaucoup de loisir de faire durer cette magnificence, car d'abord il fut menacé d'un grand orage qui devoit venir fondre en Provence, si bien qu'aprés avoir emploïé huit jours à rendre ses derniers devoirs au souvenir d'un parent si affectionné, il resolut de se bien établir pour pouvoir resister aux desseins de ses ennemis, il creut donc qu'il étoit tres-à-propos de commencer premierement de se faire reconnoître par la Ville de Marseille, afin que l'exemple d'une place si importante, poussât toutes les autres à faire la même chose : il vint donc à Marseille, où il fut reçû avec tant de joïe des Habitans qui lui rendirent tous les honneurs que les bons & les fideles sujets doivent à leur Prince, qu'il en fut trés satisfait; ce peuple s'imagina de voir reluire en la personne de ce Prince les vertus qui avoient éclaté en celle de son Devancier, & il creut que le siécle d'or du Regne précedent refloriroit encore, ce bien seroit sans doute arrivé si la mort n'eût moissonné en la fleur de son âge toutes ces belles esperances qu'ils en avoient conçûes, ainsi qu'on verra cy-aprés.

II. Mais pour ne pas priver le public de ce qui se passa dans Marseille en la reception de leur nouveau Seigneur, & que j'ai recüeilli dans les vieux titres; il faut remarquer que le même jour de son arrivée il fut au Palais où l'on administroit la Justice, & s'assit sur un Trône élevé, tres somptueux & tres magnifique; le plus grand nombre des Habitans de toute sorte de conditions s'y trouverent par mandement du Conseil qu'on avoit tenu à ce dessein, Jacques Candole Assesseur que la chartre nomme avant que Jacques de Forbin, Gabriel Vivaud & Jean Payan Consuls assisterent à cette ceremonie, où Jacques Candole aprés avoir fait une belle & éloquente harangue, dans laquelle il fit tous ses efforts pour parler dignement de la Justice, de la Clemence, de la Bonté, & de toutes les autres Vertus dont Charles étoit avantageusement doüé, suplia tres-humblement Sa Majesté de vouloir confirmer toutes les conventions, les privileges, franchises, immunités, & coûtumes de la Ville. A quoi ce Prince aprés avoir conferé avec son Conseil d'Etat qui étoit present, répondit qu'il n'accordoit pas seulement ce qu'on lui demandoit, mais qu'il vouloit même augmenter les privileges d'une Ville, qui avoit tres-bien merité de ses Predecesseurs, & que comme elle n'avoit jamais manqué à leurs besoins, il esperoit qu'elle fairoit la même chose à son égard, & pour cét effet il en confirma toutes les conventions & les privileges; & jura sur les Saintes Evangiles de les observer, il commanda au Grand Sénéchal, au Chancelier & au Juge-Mage, & aux autres de son Conseil d'Etat residant à Aix qui étoient alors presens, ainsi que j'ai dit, comme aussi au Grand President & aux Maîtres Rationaux de sa Cour des Comptes & de ses Archives, & aux autres Officiers d'observer exactement le contenu des conventions, privileges & coûtumes de Marseille, à peine d'encourir son indignation, & alors l'Assesseur & les Consuls reconnurent ce Prince en qualité d'heritier du Roi René, & lui prêterent hommage, lige & serment de fidelité sur les Saintes Evangiles tête nûë & les mains jointes entre celles du Roi qui leur donna le baiser: de tout ce que dessus, en fut fait un acte public à la requisition de Jean Iarente Chancelier de Provence, de l'Assesseur & des Consuls de Marseille, en presence d'illustre François Seigneur de Luxembourg genereux Chevalier (ce qui confirme le dire d'un Auteur celebre de ce tems qui a écrit que les Princes étrangers en France tenoient à honneur de prendre seulement le titre de Chevalier) de Pierre Seigneur de la Jaille, d'Olivier Archevêque d'Aix, du Chancelier susnommé, de Marc Albanelli, de Sifred d'Albertas, & de Jean Vertet Jurisconsultes, de Bertrand Candole, de Jean de Monteoux, & de François Blancard Citoïens & Habitans de Marseille.

III. Aussitôt aprés cette celebre action, Charles qui avoit pris tous les titres que portoit René son devancier, pour avoir l'investiture du Roïaume de Sicile, il envoïa à Rome en toute diligence François de Luxembourg son cousin, Antoine Guiramand Evêque de Digne, & Jean Iarente Iurisconsulte Sieur du Tholonet son Chancelier, & ensuite il retourna à Aix, où il fit expedier des Lettres Patentes portant confirmation des privileges de toutes les Communautés de la Province, c'étoit à dessein à dessein de les obliger à le reconnoître, il y en eût beaucoup qui firent leur devoir, mais il y en eût aussi qui se laisserent débaucher aux sollicitations d'Yoland d'Anjou fille du Roi René, & de René Duc de Lorraine son fils. Ce Prince extremement indigné de ce que son Aïeul maternel n'avoit pas disposé en sa faveur, resolut de quereller le Comte de Provence, & de tâcher de s'en emparer par l'apui & par les intelligences qu'il y avoit, & comme il avoit été nourri en ses jeunes ans en ce Païs, aussi y aïant fait plusieurs creatures, il les porta à se declarer pour lui ; en sorte que s'étant mis sur pied avec cent Capitaines, parmi lesquels il y avoit Robert le Diable, Thomas de Tenteville, Guillaume de Remerville qui avoit été autrefois Tresorier General de Provence, & Loüis d'Albaron ; ils se rendirent Maîtres de Forcalquier, d'Apt, de Sagnon, de la Bastide de Jordans, de la Tour d'Aigués, de St. Maximin, de Pierrerué, de Manosque, & de tous les environs, à la reserve de Pertuis, qu'ils auroient sans doute pris, si François de Luxembourg qui revenoit de Rome avec fort peu de satisfaction de Sa Sainteté, qui refusa la demande qu'on lui avoit faite, n'eût arrêté le progrès des armes du Duc de Lorraine.

Il est vrai que peu après elles commencerent encore à prosperer, car les Seigneurs de Cipieres, de Fos, de Raillane, de la Bastide de Jordans, & autres Gentilshommes de Provence qui s'étoient assemblés vers Cental & Demons, s'en allerent vers le Lieu de Guillaume qu'ils prirent dans peu de tems, & le mirent à feu & à sang, & se saisirent ensuite d'Entrevaux, & de tous les Châteaux du voisinage, puis allerent à Grasse, & la menacerent d'un pareil traitement que Guillaume, si elle ne se rendoit ; la crainte qu'eût cette place de tomber dans un même malheur, & les persuasions de quelques personnes puissantes furent cause que Grasse ouvrit les portes à l'ennemi, criant *vive René &* *foüere Charles*, cela fait, tout le Vigueriat fit la même chose, & reconnut le Duc de Lorraine qui auroit encore fait de plus grandes conquêtes, si le Sr. de Serenon fils du Seigneur de Trans de la Maison de Villeneuve n'eût fait ferme au Château de Trans avec trois cens Gascons, aïant brûlé le Bourg pour rendre la place plus forte ; delà il faisoit des courses tous les jours jusqu'à Draguignan : d'autre part le Seigneur de Monaco, qui étoit grand Partisan de la Maison d'Anjou, pour obliger Antibe à persister dans la fidelité qu'il devoit à son Souverain, y alla avec cinquante cuirasses ; & empêcha qu'elle ne tomba entre les mains du Partisan de la Maison de Lorraine, qui pour débaucher le peuple de la Province, faisoit courir le bruit que le Roi de France & le Duc de Savoïe étoient pour eux ; mais ce n'étoit qu'un artifice, car dans peu de mois une armée Françoise arriva composée de dix-huit mille hommes, conduite par Jacques Galiot, par le Sénéchal de Beaucaire, & par Jaques de Luxembourg, que Loüis XI. avoit envoïé en Provence pour assister le Roi Charles : ce fut alors que tout fit joug, Forcalquier se rendit après un siége de quelques jours, où Charles fut en personne ; on y fit tant de ravage que les Eglises furent profanées, les Saintes Hosties foulées au pied, & la chasse de St. Marius

IV.

Archives de Monaco.

idem.

brisée, ensuite les Gentilshommes qui lui avoient tourné le dos, se reconnurent & obtindrent leur grace par l'intercession de Jacques Galiot, & du Sénéchal de Beaucaire qui avoient ordre de Loüis XI. d'attirer tout le monde par la voïe de la douceur.

V.

Aux écritures publiques au Registre de Darneti Notaire & Secretaire.

En cette conjoncture les Marseillois envoïerent au Roi cent & vingt soldats qu'ils soldoïerent à leurs dépens : ils équiperent aussi deux lanches qui s'en allerent du côté du Rhône pour le garder, & Sa Majesté leur aïant écrit du siége de Forcalquier quelques lettres, par lesquelles il les prioit de lui fournir de vivres pour son camp ; il fut résolu dans un conseil qui fut tenu le 16. de Iuillet de l'an 1481. de lui en envoïer.

VI.

Archives de Monaço.

Aprés que tout se fut soûmis, Charles s'en alla jusqu'à Cannes pour se faire voir à tous les Lieux qui s'étoient soûlevés, & y étant arrivé, s'embarqua dans une Galere accompagnée d'une Caravele qui le suivoit, il alla visiter la Tour St. Honoré, puis étant revenu à Cannes, il s'en retourna à Aix, & delà à Marseille.

VII.

Au regitre de Darneti.

Mais pour n'oublier rien de tout ce qui se passa dans Marseille pendant le tems que le Roi étoit occupé dans la Provence pour en chasser l'ennemi, & que je n'ai pû raporter cy-devant pour n'embroüiller les évenemens dont j'ai fait recit ; Ie trouve que le 29. d'Août de l'an 1480. il fut deliberé dans un conseil qui fut tenu pour ce sujet, qu'attendu que les Chevaliers de St. Iean de Ierusalem avoient obtenu une Bulle du Pape portant qu'ils seroient francs de tout droit par tout le monde sur peine d'excommunication, que cette Religion joüiroit dans Marseille de toutes franchises & exemptions.

VIII.

Aux écritures publiques de Darneti.

Au mois de, Fevrier suivant le Roi qui aprehendoit que les ennemis ne lui donnassent beaucoup de peine, sur la proposition qu'on lui fit de fortifier Marseille, écrivit à la Ville d'entendre les propositions d'un Ingenieur qui s'étoit presenté à lui pour ce sujet. Ce personnage à qui les Marseillois dirent de mettre par écrit son dessein & ses raisons, faisoit offre d'isoler la Ville par le moïen d'un grand canal qu'il tireroit depuis Portegale, le feroit passer au mitan du cours qui étoit en ce tems là hors de la Ville, & le conduiroit jusqu'au port ; & d'ailleurs qu'il égouteroit le port pour lui donner du fonds, & le curer avec un engin. Le Conseil ne jugea pas à propos de faire cét ouvrage, remercia l'Ingenieur & lui dit que ce dessein seroit impossible, à cause de la grande quantité de sources d'eau douce qui se déchargeoient dans le Port.

IX.

Turpin histoire de Naples.

Ie crois que je dois en cét endroit refuter ce qu'un Auteur moderne a écrit, qu'en cette conjoncture le Duc de Lorraine qui étoit entré dans la Provence, ainsi que j'ai raporté ci-dessus, mit le siége devant Marseille, mais qu'elle fut vigoureusement défenduë par Charles dernier, assisté par Loüis XI. Roi de France qui lui envoïa du secours, dont il se sentit tellement obligé qu'il l'institua son heritier ; mais cét Auteur a encheri sur la verité de l'Histoire, car la Ville de Marseille ne fut point assiégée par le Duc de Lorraine, & toute cette guerre ne se passa que de la façon que nous l'avons décrite, & que j'ai recueilli des Archives de Monaco, ainsi que j'ai marqué ci-devant, & sans doute on n'auroit pas oublié le recit du siége de Marseille s'il eût été veritable, c'étoit un évenement trop important pour être suprimé; & j'en aurois trouvé des memoires dans les Archives de l'Hôtel de Ville, si bien qu'il faut conclurre que cét Auteur s'est méconté, & n'a pas puisé en bon lieu ce qu'il a écrit de ce siége.

Mais pour continuer la narration des choses arrivées dans Marseille en l'absence du Roi, je trouve qu'en ce tems le Cardinal de la Balve étoit gardé au Monastere St. Victor aux dépens des Marseillois; Julien Beissan l'un des Capitaines de la Ville fut commis pour cela, il y a aparence que c'étoit par ordre de Loüis XI. Roi de France, qui l'aïant tenu quatorze ans prisonier lui avoit fait donner la liberté en la même année, par les sollicitations de Jean Rouvere Cardinal & Legat de Sixte IV. mais ce fut sous cette condition qu'il vuideroit le Roïaume: il aprehendoit cét esprit qui ne l'avoit guére bien servi autrefois, tellement qu'il le fit garder à St. Victor jusqu'à ce qu'il se fut embarqué.

X. Aux écritures de Darneti.

Quelques mois aprés, Raimond de Glandevés Seigneur de Faucon que Loüis XI. avoit fait Lieutenant Général en Dauphiné étant venu à Aix, Jaques de Cepede & Julien Beissan, que la Ville député pour lui aller faire compliment, raporterent aprés l'avoir veu, que le sieur de Faucon leur avoit dit que le Roi de France ne desiroit pas qu'on reçût dans la Ville des Espagnols, des Portugais, des Allemans, & autres nations ennemies de la France, à la reserve de celles qui y viendroient pour y negocier, & que la guerre que le Duc de Lorraine avoit allumée en Provence, se termineroit bien-tôt par ses soins en une bonne paix, qu'il aimoit Marseille, & qu'il la favoriseroit en tout ce qu'il pourroit, & qu'il avoit envie de la venir voir dans peu de tems. Mais ce Prince dont la santé commençoit à s'afoiblir, n'avoit point de pensée de faire un si long voïage, ce n'étoit seulement que pour faire voir qu'il étoit toûjours en pleine santé, & en état de pouvoir agir.

XI. Aux écritures publiques de Barthelemi Darneti Notaire & Secretaire.

C'est tout ce qui se passa dans Marseille pendant l'absence de Charles dernier, à son retour & jusqu'à sa mort il n'arriva rien autre que ce que je toucherai ci-aprés; sçavoir que François de Luxembourg aïant rencontré prés des Isles d'Yéres Ierôme de Montenegro Genois avec deux Galeres, il lui persuada de venir à Marseille, où il fut fort bien reçû du Roi, lui promettant de ne porter aucun dommage à ses sujets ni aux terres de Sa Majesté, & de ses Alliés principalement aux sujets du Roi de France, & afin que cette promesse eût plus de validité, il en fut fait acte public à Marseille dans l'Hôtel du Roi.

XII. Archiv. de l'Hôtel de Ville au Livre de St. Valier fol. 138.

Charles dernier avoit de si grandes tendresses pour la Ville de Marseille, qu'il en voulut donner des témoignages autentiques par des Lettres Patentes de sauvegarde, dont il la favorisa, ce titre est si glorieux qu'il merite de tenir un illustre rang dans cette Histoire; ce Prince parle en ces termes *qu'il ne faut pas s'étonner si entre toutes les Villes de Provence il considere la renommée Ville de Marseille comme la principale, & si son esprit est occupé à la combler de ses faveurs, car elle étoit (dit-il) anciennement de toutes les Villes du monde l'une des premieres & des plus triomphantes, aussi on lit dans les Historiens que lors que Rome étoit la Maîtresse de l'Univers, elle qualifioit la Ville de*

XIII.

Marseille du titre de Sœur, combien de services, ajoûte le Prince, nos Ancêtres n'ont-ils point reçu de la Ville de Marseille, principalement en leurs armées navales, il faut avoüer certes qu'elle leur en a rendu fort souvent de très grands, & ils ont toûjours trouvé cette très fidéle Ville tellement disposée à leur obéir que pour conserver sa fidelité, elle a essuié la haine & les efforts de ses ennemis qui l'ont détruite, & desolée, ainsi que les vestiges de la ruine le marquent encore. Pour donc favoriser à juste titre sa restauration, le Prince lui accorda une sauvegarde semblable à celle que le Roi René leur avoit accordé, voulant que toute sorte de Nations, à la reserve des Corsaires y pûssent librement negocier, avec défenses à ses Officiers de l'empêcher, à peine d'encourir son indignation, & de sept mille ducats d'amende.

Archiv. de l'Hôtel de Ville.

XIV. Si Charles eût vécu long tems il auroit sans doute comblé souvent la Ville de Marseille de semblables graces, mais la mort l'aïant enlevé dans la fleur de son âge, la priva par ce moïen de tout le bien qu'elle en esperoit. Ce fut au 17. mois de son Regne que ce Prince mourut à Marseille dans la Maison Roïale, son corps fut exposé durant six jours à la vûe de tout le monde, & après avoir été mis dans un cercueil de plomb, fut porté sur un chariot couvert de velours noir en l'Eglise St. Sauveur de la Ville d'Aix, où il fut inhumé avec grande pompe & ceremonie; Iean de la Graille Grand Sénéchal de Provence portoit le dueil de velours noir trainant sur son cheval, & avec lui Fouquét Iarente de Senas, Charles Cassin & Gabriel Silve Consuls de Marseille habillés de même, & suivis des plus notables de la Ville, accompagnerent le corps jusqu'au tombeau.

XV. Mais entre toutes les obligations dont la Ville de Marseille est redevable à la memoire de Charles, la plus signalée & la plus glorieuse pour elle, est de l'avoir reünie au plus florissant Empire de l'Univers, & de se voir aujourd'hui sous la domination du plus grand Monarque du Monde; cét avantage est arrivé à Marseille par le moïen du Testament que Charles fit en cette Ville le 10. de Decembre de l'an 1481. par lequel il institua son heritier le Roi Loüis XI. & après lui Charles son fils & ses Successeurs Rois de France, & en cette derniere action de sa vie il ne donna pas seulement des preuves de sa prudence, mais encore du parfait amour qu'il avoit pour son peuple; car il conjura par son Testament son heritier de ne troubler point ses sujets de Provence en la joüissance de leurs conventions, franchises, libertés & privileges accordés par René & ses devanciers, & lui recommanda encore son cousin François de Luxembourg, à qui il legua la Vicomté du Martigues; ce Testament fut fait en presence d'Elzias Garnier Prieur du Couvent de St. Maximin, de Branças Bernard Docteur en Theologie & Religieux de St. Dominique ses Confesseurs, de Pierre Robin Sr. de Graveson son Médecin, de Jean-Baptiste de Meiran Sr. de Carqueirane, de Mathieu de St. Mas Sr. de la Mothe, d'Etienne Frénart, d'Hector de Montbrun Capitaine de ses Gardes, de Bernard de Lers Gentilshommes, ses Conseillers, comme aussi de Fouquét de Senas, de Charles Cassin, Consuls de Marseille, & de plusieurs autres, &c.

CHAPITRE

CHAPITRE IV.

Etat des affaires de Marseille sous le Regne de Loüis XI. & de Charles VIII. ce Prince accorde aux Marseillois diverses Lettres Patentes.

I. Palamedes de Forbin Lieutenant de Roi vient à Marseille, où il est reçû trés-magnifiquement : il accorde de l'ordre du Roi quantité de privileges en faveur de cette Ville. II. Teneur de ces privileges. III. Témoignage d'un Auteur touchant la fidelité des Marseillois. IV. Palamedes de Forbin est traversé par le Seigneur de Faucon. Le Seigneur de Baudricourt arrive à Marseille. V. Particularités de son entrée. VI. Peste à Marseille. VII. Qui envoie des Deputés pour assister au mariage du Dauphin. VIII. Charles VIII. fait sçavoir aux Marseillois la mort de son pere : teneur des lettres qu'il leur écrivit. IX. Les Genois prenent deux Galeres de Marseille. X. Elle obtint en sa faveur deux Lettres Patentes. XI. Et depute vers Sa Majesté Honoré de Forbin pour obtenir la confirmation de ses privileges qui lui est accordée. XII. Le Roi accorde des Lettres Patentes aux Marseillois. XIII. Ils sont exempts du ban & arriere ban. XIV. Le Marquis de Saluce & le Vicomte du Martigues y arriverent. XV. Alliance entre les Provençaux & les Genois. Le Conseil de la Communauté élit annuëllement deux personnes pour administrer la Justice aux Genois. XVI. La Ville prête un canon au Sr. de Greous. XVII. Armée navale d'Espagne devant Marseille. XVIII. Contention entre les Marseillois, & le Monastere St. Victor, laquelle est terminée par le Marquis de Rothelin.

LE Roi Loüis XI. aïant appris que Charles dernier avoit disposé en sa faveur commit Palamedes de Forbin Chevalier Seigneur de Soliers pour prendre possession de la Provence en son nom, & pour y commander en qualité de son Lieutenant General avec le plus ample pouvoir que jamais Gouverneur ait eu. Ces Patentes sont si remarquables qu'elles meritent qu'on s'y étende un peu ; car Sa Majesté declara expressement qu'elle vouloit que ce Gouverneur eût la même autorité que sa propre personne, & qu'on déferât à son caractere comme à la Roïauté ; le merite de ce Seigneur obligea veritablement le Roi de lui confier cette Province, mais il voulut encore en lui donnant cette grande autorité reconnoître l'obligation qu'il luy avoit pour avoir contribué beaucoup en la disposition que Charles du Maine avoit faite en sa faveur ; Palamedes vint donc à Marseille le 19. de Janvier où il fut reçû avec la joïe generale de tout le peuple qui étoit ravi d'aise d'entrer sous la domination de la Couronne de France : il le témoigna bien en cette rencontre, puis qu'il n'oublia rien de ce que l'on doit faire en de semblables solemnités, car il fit élever un Trône dans le Palais où l'on exerçoit la Justice, aussi magnifique & aussi orné que si ç'eût été pour la propre personne du Roi. Palamedes s'y assit en presence de Fouquét Jarente, de Charles Cassin & de Gabriel Silve Consuls de Marseille, & de Marc Albanelli Assesseur ; & aprés qu'on eût fait la lecture des Lettres de provision de la Charge que Sa Majesté lui avoit fait expedier ; l'Assesseur y fit une Harangue assez éloquente pour le tems, & s'étendit principalement dans son discours sur la Iustice, sur la Generosité, sur la Clemence, & sur toutes les autres Vertus qui reluisoient en la personne du Roi, il y parla encore de la grande joïe que les Marseillois avoient de recouvrer un Prince si accompli, aprés la perte qu'ils avoient fait, & il finit sa Harangue par la trés humble priere qu'il fit au Gouverneur de vouloir jurer d'observer les conventions & les privileges de la Ville, & encore de les confirmer, & de les ratifier, ce qu'il fit aussitôt, & en même-tems les Consuls lui firent hommage, & lui prêterent serment de fidelité entre ses mains au nom de la Ville : l'acte qui fut alors dressé pour cette solemnité, & qui fut aprés confirmé par le Roi Loüis XI. fait voir ce que nous avons dit ci-dessus, que Forbin fut reçû comme la propre personne du Roi, & les Marseillois qui lui demanderent la confirmation de leurs conventions & privileges, s'adresserent à lui comme s'ils eussent parlé au Roi même, & tinrent ces mêmes paroles, *qu'il plaise à la Roïale Majesté*. Cét acte contient en termes exprés non seulement quantité de droits & des avantages importans qui apartenoient à la Ville, dont elle étoit en possession en vertu des chapitres de paix, dont nous avons parlé ci-devant, & ensuite des privileges que les Comtes de Provence leur avoient donné ; mais il contient encore ceux qui leur furent alors accordés par Forbin de l'ordre du Roi, & quoi que cette Histoire fasse mention en divers endroits de ce qui est inseré dans ce titre, il ne sera pas néanmoins hors de propos de les toucher en cét endroit, & de dire que dans les Patentes que le Roi Loüis XI. leur fit expedier en confirmation de tous ces droits, il est expressement porté que les Habitans de Marseille à cause de la petite étenduë de son Terroir & de sa sterilité, seront maintenus dans le droit & dans la possession qu'ils avoient de faire venir de toutes parts sur leurs vaisseaux, ou autrement du bled, de l'huile, du poisson & autres vituailles, des laines, des peaux, des draps & autres marchandises sans païer aucun droit.

II. Et parce que les Habitans de la Ville pour avoir voulu suivre le Roi Loüis II. au Roïaume de Naples, l'avoient dépeuplée, & par ce moïen ils avoient donné lieu à Alphonce d'Aragon de la prendre & de la brûler, à cause qu'elle est de grande garde, il est porté expressement que nul de la Ville en tems de paix, ou de guerre, ne pourra être contraint d'en sortir, & quant au ban & arriere ban que les originaires de Marseille en seront exempts.

Que les Marseillois seront francs de péage par toute la Provence.
Qu'ils metroient le Capitaine de la Tour de St. Iean.
Que Sa Majesté & ses Successeurs conformement aux conventions, ne pourront imposer ni exiger aucuns nouveaux droits, subsides & gabelles : que les Marseillois pourront mettre de gabelles & autres subsides, & les ôter & les remetre comme bon leur semblera.
Que le privilege *de non extrahendo* seroit gardé, & pour cét effet que tous les procés des Habitans seroient finis & terminés dans la Ville.
Que la Iurisdiction des Iuges des Marchands subsisteroit.
Que nul ne seroit logé dans la Ville par Fourriers & billetes, à la reserve de la Sacrée Personne du Roi & de celle de la Reine.

Que dans les Patentes que le Roi fairoit expedier concernant la Ville de Marseille il prendroit le titre de Seigneur de Marseille aprés celui de Comte de Provence, & que celles à qui ce titre auroit été omis n'y pourroient point être executées.

Aux Archives du Roi registre Cavone fol. 116.
Aux Archives de l'Hôtel de Ville.

Qu'il étoit permis aux Marseillois de pécher dans toutes les Terres du Domaine du Roi.
C'est le contenu des articles de ce titre que ce Prince confirma trés volontiers, aprés qu'il eût été pleinement informé par Forbin, qu'il n'y avoit rien qui ne fut veritable & selon la justice.

Belleforest remarque que les Marseillois ont été fort fidéles à nos Rois dépuis le jour qu'ils entrerent sous leur domination.

III.

Mais pour revenir à Forbin, la grande puissance que le Roi lui avoit confiée ne tarda pas de lui attirer des envieux, qui travaillerent si bien auprés du Roi Loüis XI. qu'aprés avoir décrié sa conduite, & son administration, Raimonet de Glandéves, Baron de Faucon fut mis en sa place, mais comme ce Prince agissoit avec beaucoup d'adresse, il y a de l'aparence qu'il ne fit ce changement, que pour donner quelque satisfaction aux ennemis de Forbin dont le nombre étoit grand, & assés à craindre dans une Province nouvellement réünie. Et neanmoins pour observer quelque forme de justice, & ne rebuter un homme qui l'avoit si fidélement servi, & qui ne manquoit pas aussi d'amis, & d'intelligences dans la Province, il envoïa en Provence le sieur de Baudricourt, Gouverneur de Bourgogne qui aprés avoir été par toute la Province, & particulierement à Marseille, pour s'informer des déportemens de Forbin, fit un fidéle raport au Roi de son innocence qu'on avoit voulu injustement noircir ; si bien que le Roi revoqua le sieur de Faucon, & remit dans sa charge le sieur de Souliers, où il rentra de nouveau au contentement de tout le monde.

IV.

Il ne faut pas oublier de remarquer les particularités de l'entrée du sieur de Baudricourt à Marseille, qui fut le 20. de May de l'an 1483. Les Marseillois avoient envoïé au devant de lui Jaques Candole Assesseur, Pierre Imbert, & Honoré Forbin qui l'allerent trouver à l'extremité de la Provence, & l'accompagnerent jusqu'à Marseille, où il fit son entrée suivi de trois cens hommes d'armes ; l'Assesseur harangua avec beaucoup d'éloquence, & lui fit present au nom de la Ville de deux grands bassins d'argent avec deux aiguiéres, de douze tapis de

V.

Flandres, de douze flambeaux de cire blanche de Venise, de douze boëtes de dragée, de douze petits pains de sucre fin, de douze sacs d'Avoi-
ne, & enfin de deux tonneaux de Vin blanc & de deux de rouge. Baudricourt demeura trois mois en Provence, pendant lesquels il fit raser
en présence du Baron de Faucon son Château d'Ourgon, & quelques
autres qui lui apartenoient.

Manuscrit de Magda-lon de Can-dole.

VI. Après le départ du Sr. de Baudricourt la Ville de Marseille fut affligée de peste, elle dura quelque tems, & jetta tant de fraïeur dans l'ame
des Consuls qu'ils abandonnerent la Ville, & subrogerent en leur pace d'autres personnes qui firent leur fonction en leur absence.

VII. En la même année le Roi Loüis XI. aïant arrêté le mariage du Dauphin son fils avec Marguerite d'Austriche fille de l'Empereur Maximilian, il envoïa un Gentilhomme exprés aux Marseillois pour les avertir de ce mariage, & les prier de députer quelque personne notable de
la Ville pour se trouver à la Fête. Jaques Candole qui étoit alors Assesseur fut choisi pour rendre ce devoir, & étant arrivé à Amboise Lieu
destiné pour cette solemnité; la mort du Roi qui survint presque en même tems, empêcha l'effet de ce mariage.

VIII. Charles VIII. son fils unique qui lui succeda, & qui étoit à Amboise lors
de la mort de son pere qui arriva le 30. d'Août de l'an 1483. dans son
Château du Plessis les Tours, n'en eût pas plûtôt apris les nouvelles
qu'il en donna avis aux Marseillois par une lettre qu'il lui écrivit du 2.
de Septembre suivant, qui merite d'être raportée mot à mot, & aux
mêmes termes qu'elle fut conçûë. Le Lecteur verra que ce bon Prince
entre autres choses loüe les Marseillois de la fidelité qu'ils avoient gardée à son devancier, & les prie d'en faire de même envers lui, il les asseure qu'il est résolu de les entretenir en bonne justice & en leurs droits,
privileges & libertés, & qu'il aura pour eux une speciale & singuliere
affection comme étans les bons, vrais & fidéles sujets. Le lendemain il
leur en écrivit encore une autre aussi importante que celle-là; & par laquelle il les remercie de ce qu'ils avoient envoïé du vivant de son pere
Jaques Candole pour se trouver à la solemnité de son mariage, & les
prie encore de lui garder la même fidelité, & lui continüer la même
affection qu'ils avoient portée à son pere, voici le contenu de ces deux
lettres.

*Chers & bien Amés nous avons présentement sçû le trépassement
de feu nôtre tres-cher Seigneur & Pere que Dieu absolve, nous avons
été & sommés si trés déplaisans que plus ne pourrions, & parce que depuis que la Comté de Provence a été reduite en nôtre obeïssance & à la
Couronne de France, avés gardée si bonne, ferme & entiere loïauté à nôtredit feu Seigneur & pere qui en étés dignes de loüable recommandation,
& y devons bien avoir & prendre singuliere confiance, nous avons
bien voulu avertir dudit cas en vous priant que veüilliés garder &
continüer envers nous la bonne loyauté qu'avés gardée envers nôtredit
feu Sieur & Pere, & tenés vous certains que nous sommés deliberés de
vous garder & entretenir en bonne justice, aussi en vos droits, privileges & libertés, & en tant que pourrons dorénavant vous relever &*
soulager

DE MARSEILLE, Liv. VII. 290

soulager vous & vôtre peuple de partie des charges que vous avés portées, & soutenuës le tems passé, & en toutes choses vous tenir si bons & favorables termes que connoitrés par effet, l'amour & affection que désirons avoir à vous & en maniere que chacun selon son état, & vacation pourra vivre sous Nous en seureté, paix, repos & tranquilité & toûjours nous aurons en speciale, & singuliere affection comme nos bons, vrays & loyaux sujets, ainsi que de bref avons intention de vous récrire plus à plein. Donné à Amboise le 2. jour de Septembre, Charles Petit. A nos Amés, chers & bien Amés, les Consuls, Manans & Habitans de Marseille.

De par le Roi Comte de Provence: Chers & bien Amés, Nous avons été avertis comme, dés le vivant de feu nôtre trés-cher Sieur & Pere que Dieu absolve, vous avés envoié par devers lui, & Nous nôtre cher, & bien Amé Messire Jaumes Candole Docteur ez Loys pour assister à la solemnité du Mariage de Nous, & de nôtre trés-chere, & trés Amée Epouse, la Reine, dont Nous avons sçeu & sçavons trés bon gré, & vous en mercions trés affectueusement, & pour-ce que depuis que la Comté de Provence, est és mains de nôtre feu Sieur & Pere, vous êtes montrés bons & loiaux sujets envers lui, & que désirons que tels soiés envers nous, Nous vous prions que telle amour, & loiauté vous veüillés continuer envers nous, en toutes choses qui vous toucheront, Nous vous traiterons, & ferons si favorablement traiter que connoitrez l'amour, & affection que voulons avoir à vous. Donné à Amboise le 3. Septembre, Charles Petit: A nos chers & bien Amés, les nobles Consuls, Bourgeois, Manans & Habitans de nôtre Ville de Marseille.

X.
1484. 1485.
Quelque tems aprés les Marseillois obtinrent deux lettres Patentes du Roi en deux diverses fois, elles étoient fort avantageuses à leur commerce: car du tems des Comtes de Provence il n'y avoit que les drogueries, épiceries, & autres Marchandises qui étoient déchargées au Port d'Aiguemortes, qui pussent avoir entrée dans le Roïaume de France, & Charles leur accorda ce privilége qui contenoit expressément que toutes les Marchandises qui seroient portées par mer à Marseille, pourroient être transportées par tout son état avec défenses aux Sénéchaux de Provence, de Beaucaire, de Toulouse, & de Lyon de leur donner aucun empêchement; sa Majesté dit qu'il leur accorda cette grace, à cause que la Ville de Marseille étoit unie à la couronne de France, & comme elle étoit située à l'extremité de son Roïaume, elle ne pouvoit tirer aucun avantage que de son Port.

Aux Archives de l'Hôtel de Ville.

XI.
Ce fut en cette conjoncture que la Ville de Marseille députa Honoré de Forbin vers le Roi, pour obtenir la confirmation des Chapitres de paix & de ses priviléges, & pour empêcher que les Iuifs ne rongeassent pas le pauvre peuple par leurs grandes usures, sa Majesté accorda à ce Gentilhomme l'une, & l'autre demande, & par la patente qui contient la confirmation des Chapitres de paix & priviléges, le Roi dit que c'est en consideration de la fidélité que les Marseillois lui avoient gardée, & à ses devanciers sans avoir varié; c'est pourquoi il en promet

Tome I. Mmm

l'observation en parole de Roi, & il en prêta le serment sur les Saints Evangiles. Cét acte est si important que j'ai jugé qu'il étoit à propos d'en inserer un fragment en cét endroit. *Charles par la grace &c. Par quoi nous ces choses considerées, & la bonne loyauté que lesdits suplians ont tenu envers nous, & nosdits prédecesseurs Comtes, esdits Comtés de Provence sans avoir varié, & afin qu'ils aïent courage & volonté de mieux perseverer comme nos bons, vrais & loïaux sujets & pour autres justes causes & considerations à ce nous mouvans avons aujourd'hui confirmé & promis, & par ces presentes confirmons & promettons en parole de Roi, de bien & loyalement entretenir nôtre Cité de Marseille, Consuls & Habitans d'icelle à chacun d'eux à tous leursd. Priviléges, Franchises, Libertés & Chapitres de paix sans aller ou venir à l'encontre en aucune maniere, & pour ainsi l'accomplir l'avons juré & jurons sur les Saints Evangiles de Dieu nôtre Createur pour ce manuellement touchez, ainsi qu'ont fait nosdits Predecesseurs.*

Archiv. de l'Hôtel de Ville au Liv. de S. Vallier fol. 157.

XII. Mais pour ne rien oublier de ce que Forbin negocia auprés du Roi, sur ce que le conseil de Sa Majesté qui residoit à Aix, avoit destitué le Viguier & le Juge du Palais de Marseille: ce Deputé obtint encore du Roi d'autres lettres patentes, par lesquelles ce Prince fit inhibitions & defenses au grand Senechal de Provence, & à son absence à son Lieutenant de ne destituer plus à l'avenir les Officiers durant l'année de leur exercice, sans cause juste & raisonnable. Il appert par cette piece que le Grand Senechal étoit le Chef du conseil du Roi, & en son absence son Lieutenant tenoit sa place. Forbin obtint encore de lettres patentes, portant que les Marseillois seroient francs & déchargés des tailles, impositions & subsides pour regard des biens qu'ils possedoient dans la Provence, aïant pour cét effet confirmé les Priviléges que ses devanciers leur en avoient accordé.

Archiv. de l'Hôtel de Ville au liv. de S. Valier. fol. 163.

XIII. En cette même année, le Roi pour mettre à la raison le Duc de Bretagne qui s'étoit ligué contre lui, avec quelques Princes François & quelques Princes étrangers, fit dessein de mettre sur pied une grande armée, & pour cét effet il convoqua le ban & arriereban de toutes les Provinces de France. La Noblesse de Provence & celle de Marseille se trouva comprise à cette convocation generale; & bien que les Gentilshommes de Marseille fussent expressément déchargés par un privilége que le Roi René leur avoit accordé; néanmoins les Sieurs de Soliers, de Gardane & de la Barbent portés d'un mouvement d'honneur & du desir de servir leur Prince, se rendirent prés de la personne du Sieur d'Ancesune grand Ecuïer de France, mais les Consuls de Marseille qui apprehendoient qu'à l'exemple des Forbins les autres Gentilshommes n'en fissent de même, & n'abandonnassent la Ville pour aller servir dans les armées; & qu'une action volontaire ne fût tirée à consequence & ne portât obligation pour l'avenir, deputerent Pierre Imbert & Honoré Forbin vers le Sieur d'Ancesune, avec charge de protester au nom de la Communauté de la conservation de leurs priviléges & de lui rémontrer qu'il étoit fondé sur une raison tirée même du service du Roi; car il n'étoit pas à propos qu'en un tems dangereux, une Ville de cette importance, fût abandonnée des Gentilshommes auxquels consistoit sa principale force, & dont la presence étoit absolument necessaire à sa conservation; ils ajouterent encore la protestation susdite, dont le grand Ecuier leur conceda acte, & declara expressément que l'action des Srs. de Forbin ne porteroit à l'avenir aucun préjudice à leur privilége, que le Roi avoit interêt de conserver.

Au Livre de Saint Vallier fol. 55.

XIV. Quatre ans aprés, le Roi envoïa en Provence le Marquis de Saluces pour commander en qualité de son Lieutenant general, lequel aïant été reçeu en cette Province avec beaucoup d'honneur, vint à Marseille, où la pompe de son entrée fut fort magnifique; selon le tems la Ville lui fit present de douze boëtes de Dragée & d'un tonneau de Vin. Ce Seigneur fut bientôt rappellé, & François de Luxembourg Vicomte du Martigues lui succeda. A peine fut il arrivé à Marseille qu'il reçeut la plainte de quelques Habitans sur les desordres qui se commetoient en l'administration des affaires communes, & sur ce qu'on lui representa que Jaques Cepede & Jaques Candole Avocats avoient si bonne part dans le Conseil, qu'ils se faisoient élire alternativement Juges du Palais : pour empêcher cét abus il ordonna que celui qui sortiroit d'une charge, n'y pourroit r'entrer qu'aprés cinq ans. Le même jour deux Gentilshommes qui se trouverent pourveus par le Roi de la charge de Viguier pour la même année, lui donnerent connoissance de leur different, mais aprés avoir écouté les raisons de part & d'autre, le Gouverneur n'y voulant pas toucher & les aïant r'envoïées au Roi, prit lui même le baton de Viguier & en prêta le serment dans l'Hôtel de Ville.

Archiv. de l'Hôtel de Ville.

XV. Environ ce même tems, l'ancienne alliance d'entre les Provençaux & les Genois fut renouvellée en presence du même Gouverneur & du Sieur de Saint Vallier qui étoit grand Senechal de Provence. Cette confederation avoit pour objet la continuation de leur commerce & la reparation de quelques torts reçeus de part & d'autre. J'estime que cela donna lieu à une deliberation du Conseil de la Communauté, qui ordonnoit d'élire annuellement deux personnes de la Ville, pour administrer la justice aux Genois, puisque ceux de Genes en élisoient deux, qui jugeoient les affaires des Provençaux qui étoient dans leur Ville.

XVI. En ce même tems, le Sieur de Greous demanda en prêt à la Ville un Canon, que le titre appelle Machine ou Bombarde Grimaldine. Aimar de Poitiers grand Senechal de Provence disoit qu'on s'en vouloit servir contre le Sieur de Serenon, qui s'étoit emparé du Chateau de Trans. Ce Canon fut delivré au Trésorier de Provence, qui s'obligea de le rendre à ses dépens, pour être ensuite remis au lieu d'où l'on l'avoit tiré.

Au Secretariat de Jean Gilli.

XVII. Sur le bruit qui courut alors à Marseille, que Ferdinand Roi de Castille outré de ce que le Roi Charles VIII. refusoit de lui rendre le Comté de Roussillon, avoit resolu de dresser une puissante armée pour venir bruler Marseille. Le bruit, soit qu'il fut vrai ou faux, avoit jetté tant d'épouvante dans le cœur des Marseillois, en même tems que quatre Galeres, une Galiote & cinq Vaisseaux de ce Prince aborderent aux Iles de Marseille sous la conduite d'un Seigneur appellé Serragusse, qu'ils se mirent aussitôt en devoir de munir le Monastere Saint

Victor d'hommes & de provisions de guerre, afin de se garantir de tout danger; les Consuls y envoièrent un Capitaine avec des soldats pour le garder: mais après qu'on eut reconnu que cette crainte étoit sans fondement, on accorda au Capitaine général de cette armée la permission d'entrer dans le port.

XVIII
Archiv. de l'Hôtel de Ville & de S. Victor.

Aprés le départ de cette armée, Ogier d'Anglurre Abbé du Monastere S. Victor aïant refusé de rembourcer à la Ville les fraix qu'elle avoit fait alors pour la garde de cette Maison, elle se pourveut en justice, & fit saisir quelques mulets d'un moulin de ce Monastere & les fit exposer en vente; l'Abbé & les Religieux en furent tellement irrités, que comme ils étoient trés puissans dans Marseille, ils y mirent la division, & il falut que pour les mettre d'accord, le Marquis de Rothelin s'y acheminât l'an 1495. avec le Conseil du Roi. Ce Seigneur termina cette affaire qui avoit trainé quelque tems devant la justice; mais ce ne fut qu'après avoir examiné meurement les raisons & les défenses des parties. Celles de l'Abbé consistoient en ce qu'il disoit que les Marseillois n'avoient pas droit de faire garder son Monastere que lors qu'il le leur demanderoit, & que cela n'apartenoit qu'au Roi, qu'au Gouverneur & qu'à lui d'y mettre des soldats: que cette Maison étoit fort bien pourveüe d'armes necessaires à sa defense. Les Consuls au contraire insistoient que de tout tems, lors qu'ils l'avoient jugé necessaire, ils avoient envoié un Capitaine & des soldats pour le garder; que la Ville avoit tant d'interêt à sa conservation, à cause du danger qu'elle couroit si l'ennemi venoit à le surprendre; qu'on ne pouvoit pas apporter trop de precaution à empêcher un semblable malheur: que cette Maison étoit située en un poste qu'elle pouvoit être surprise, & que l'ennemi pouvoit prendre terre avec des galeres au port de S. Lambert, qui est le lieu où étoient les anciennes infirmeries, & de là il pouvoit venir à couvert, & sans qu'on s'en prit garde attaquer le Monastere, y aïant une éminence au milieu appelée S. Lambert, (c'est le lieu où est à present la Citadelle) qui la couvroit, & que si par malheur il s'en saisissoit il foudroïeroit la Ville avec grande facilité. L'Abbé repliquoit qu'il avoit acheté un Passevolant (il y a aparence que c'étoit une coleuvrine, ainsi appellé en ce tems là) avec lequel il pourroit chasser l'ennemi, lors qu'il paroitroit sur l'éminence de S. Lambert, & qu'il avoit logé l'artillerie en un endroit si favorable qu'il n'auroit pas beaucoup de peine à cela. Les Consuls bien loin d'accorder ce que l'Abbé disoit, ils opposoient que le passevolant ne pouvoit pas nuire à l'ennemi lorsqu'il voudroit se débarquer; à cause que le port de S. Lambert étoit couvert par l'éminence qui portoit ce même nom; que l'Abbé & les Religieux ne demeuroient pas dans cette maison qui étoit d'ordinaire abandonnée, en sorte qu'il y avoit peu de tems que le bâtard de Carmain y étoit entré avec trente hommes, qu'après l'avoir visité il dit aux Consuls qu'on avoit tort de laisser ce Monastere en cet état. Enfin le grand Senéchal avec l'avis du Conseil du Roi prononça de la façon suivante. Que l'Abbé & ses successeurs tiendroient le Monastere S. Victor bien pourveu de toutes les armes qui seroient necessaires à sa garde, & pour cét effet qu'ils qu'ils y mettroient des brigantins, des Voulques, des salades, d'Arbalêtes, de traits, d'Artillerie, de poudre, & des balles qu'ils y feroient reparer les Tours, & les Pont-levis. Qu'à la porte de l'Abaïe il y auroit un Portier qui garderoit soigneusement, & que dans les occasions de guerre, de peste, ou de passage d'Armées Navales qui donneroient quelque soubçon, le Viguier de Marseille seroit obligé d'avertir le Grand Sénéchal, & en son absence son Lieutenant, & les Seigneurs du Conseil du Roi; & cependant si la nécessité le requeroit, il y pourroit envoïer un Capitaine & cinq soldats, qui y demeureroient aux dépens de l'Abé & de l'Abaïe, & que s'il jugeoit qu'il n'y en eût pas assés, il en pourroit mettre douze, & davantage s'il le trouvoit nécessaire.

CHAPITRE V.

Arrivée à Marseille du Fils du Pape Alexandre VI. du Roi de Naples, de la Reine d'Aragon, de la Reine de France, de Loüise de Savoïe, du Roi François I. de quelques autres Princes, & Princesses, & de quelques Cardinaux.

I. *Le Fils d'Alexandre. VI. Vient prendre Port à Marseille. II. Frederic Roi de Naples. III. Le Parlement de Provence, & la Reine d'Aragon viennent en cette Ville. IV. Le Grand Maître de Rhodes s'embarque à Marseille. V. Les Marseillois députent au Seigneur de Monaco. VI. Peste à Marseille, & en Provence. VII. Hyvers prodigieux. VIII. L'Archevêque d'Aix vient à Marseille. Les Marseillois lui rendent de grands honneurs. IX. Privilége accordé au Seigneur de Rognes. X. Les Marseillois font de represailles contre le Seigneur de Marignane. XI. Ils pourvoient à la seureté de leur Ville. XII. La Duchesse de Lorraine. XIII. Et le Duc de Bourbon viennent à Marseille. XIV. Les Marseillois courent les mers, & font de grandes prises. XV. Les Cardinaux de Sainte Croix, & de S. Severin se viennent embarquer à Marseille. XVI. Comme aussi le Grand Maitre de Rodes. XVII. Les Marseillois députent Charles de Forbin pour aller faire hommage au Roi François. I. XVIII. Arrivée à Marseille du Comte de Tende. XIX. de la Reine de France, de Louise de Savoïe. XX. Et du Roi François I. XXI. La Duchesse de Mantouë, le Comte de Tende, le Grand Maitre de Rhodes, & la Fille du Roi de Portugal y viennent aussi. XXII. Le Roi de Portugal écrit aux Marseillois de permettre à Garzias de Sauzede d'exercer dans leur Ville* la charge de Consul des Marchands Portugais. XXIII. Quelques Chevaliers de Rhodes viennent à Marseille XXIV. Elle court hazard d'être affligée de Peste. XXV. Les Cardinaux de Vendôme, & de Lorraine arrivent à Marseille.

I. LE Roi Charles VIII. étant décédé, Loüis XII. apellé le Pere du peuple lui succeda, & parce qu'il avoit été forcé par le Roi Loüis XI. d'épouser Jeanne de France sa Fille, il ne fut pas plûtôt monté sur le Trône, qu'il fit dessein de faire dissoudre son Mariage. Alexandre VI. qui étoit bien instruit des nullités de ce Mariage se rendit facile à lui en accorder la dissolution, & lui envoïa même les Bulles par Cesar Borgia son Fils. Ce Seigneur vint par mer à Marseille sur un Vaisseau apellé *la Loüise*, & arriva un Vendredi onziéme d'Octobre de l'an 1498. accompagné d'un grand nombre de Gentilshommes d'Italie & d'Espagne, comme encore du Seigneur de Trans, & des plus aparans de la Province que le Roi avoit envoïé au-devant de lui pour lui faire honneur. Les Marseillois le reçurent avec beaucoup de magnificence : car ils allerent à sa rencontre avec quatre Galeres, & en même tems qu'il entra dans le Port, on le saluä d'environ quatre mille volées de Canon. A son débarquement il fut reçu par l'Archevêque d'Aix, par le Seigneur de Sault, & par quantité de Gentilshommes de ce Païs qui le conduisirent à la loge qu'on avoit superbement parée, & dans laquelle on avoit aporté les Chasses d'argent qui renferment les Reliques de S. Lazare, & de S. Victor. Aprés les avoir saluées, il alla descendre à la maison du Roi où il demeura dix jours, au bout desquels il partit de cette Ville & prit la route d'Aix, & à mesure qu'il en sortit on fit tirer tous les Canons des murailles, toute la Noblesse l'accompagna jusqu'*Arene* qui est une plage fort proche de Marseille, où les Galeres s'étoient logées pour le saluër lorsqu'il passeroit. Dela il s'achemina vers sa Majesté qui lui donna le Duché de Valentinois, & lui fit épouser l'année suivante Charlotte d'Albret Fille d'Alain d'Albret.

Aux écritures publiques des sublitués de Maître Alphantisriere Maître Mabili.

Ans de Jus-Chr 1498.

II. Le Roi se Maria peu aprés avec Anne de Bretagne Veuve de son devancier, & la solemnité des nôces ne fut pas plûtôt achevée qu'il fit dessein de porter les armes en Italie pour conquerir le Duché de Milan, & le Roïaume de Naples. S'étant rendu maître de l'Etat de Milan, il poursuivit sa pointe contre celui de Naples aïant demeuré d'accord avec Ferdinand Roi d'Espagne, que tous deux en feroient l'attaque & la conquête, & aprés qu'ils le partageroient ; ce qu'ils firent dans peu de tems : Federic Roi de Naples qui en fut dépouillé par ces deux Princes, loin de se retirer en Espagne vers Ferdinand qui étoit son parent, il aima mieux éprouver la clemence, & la liberalité de Loüis XII. qui ne lui étoit rien. Et pour cét effet il fit équiper six Galeres, une fuste & un brigantin, sur lesquelles monterent cinq cens Gentilshommes. Il vint aborder à Marseille le 12. d'Octobre de l'an 1501. où le Roi lui envoïa l'Archevêque de Sens, le Seigneur de S. Valier, le Seigneur de Bouchage, le Bailli de Gisors, & plusieurs autres personnes de qualité. Les Marseillois de leur part lui rendirent de grands

Memoire manuscrite.

1501

honneurs. De là Federic s'en alla trouver le Roi qui lui donna la jouïssance du Duché de Milan avec une pension annuelle de trente mille écus.

Le Parlement de Provence qui avoit été érigé la même année vint à Marseille l'année suivante, entra dans le Palais, & y jura entre les mains des Consuls les Chapitres de paix, & Priviléges de la Ville. Mais revenons à Frederic d'Aragon, Isabelle son épouse arriva en cette conjoncture à Marseille le second d'Octobre, & après Elle alla joindre son mari. Ce fut en cette même année que le Roi passa les Monts, & fit son entrée dans Genes qui fut magnifique & triomphante, les Genois n'aïant rien oublié de ce qui pouvoit donner de l'éclat à une telle solemnité. Sa Majesté fit alors ce voïage pour donner du cœur à ses gens qui étoient aux mains avec les Espagnols, qui contre la raison lui vouloient enlever sa portion du Roïaume de Naples, mais quelque soin qu'il prit il ne sçeut empêcher ce coup.

III. *Archiv. de l'Hôtel de Ville au liv. de S. Valier, fol. 21.*

L'année suivante Emeric d'Amboise qui après la mort de Pierre d'Aubusson fut fait grand Maître de Rhodes se vint embarquer à Marseille pour faire voile à Rhodes. Il fut accompagné de deux Galeres, de deux carraques, de trois barques, & d'un brigantin.

IV.

Raphaël Rostan fut député l'an 1505, vers le Seigneur de Monaco, qui depuis peu avoit établi un droit de deux pour cent sur toutes les Marchandises, dont les bâtimens qui passoient par ces mers de Monaco étoient chargés. Ce Seigneur avoit deux Galeres, avec lesquelles il les faisoit arrêter. Ce Marseillois porta quelques lettres de créance afin d'avoir moïen de negocier l'abolition de ce droit. A son arrivée à Monaco, il fut si bien reçu que cela lui fit concevoir un bon succés de cette affaire. En effet le Seigneur de Monaco le repaissoit de belles paroles, & l'entretenoit de belles esperances, lui disant qu'il vouloit traiter les Marseillois comme ses parens, mais enfin étant pressé par ce député de vouloir mettre en exécution ce qu'il disoit, il fit voir qu'il n'y pensoit nullement, & qu'il n'en vouloit rien faire: ce qui obligea Rostan de s'en retourner. Le titre d'où j'ai puisé ce que viens de dire a conservé les mêmes paroles dont le Seigneur de Monaco se servit pour faire connoître son intention. *Voi-tu*, dit-il, *yo non tenguo niente de Francia, ni de Genoa, ni d'altra parte sino de l'Espagna, qui voudra esser mio amiguo yo sero lo sio, altramente son qui.* Toute la Provence ne manqua pas de s'intéresser à cette imposition du Seigneur de Monaco: car aux états qui furent tenus cette même année, il fut résolu de poursuivre contre lui. Les Marseillois déclarerent de se joindre à cette poursuite. Je n'ai pas trouvé néanmoins le succés de cette déliberation, il y a grande aparence qu'on n'avança pas beaucoup; puisque ce droit à continué, & continuë encore comme chacun sçait. La Ville d'Aix étoit pour lors tellement travaillée de maladies dangereuses & de catarres, que le Parlement fut contraint de se retirer à Marseille.

V. *Aux écritures publiques de Raphaël d'Aix Notaire, & Secretaire.*

Aprés quoi elle ne tarda pas d'être affligée de peste. Les Marseillois en étoient tellement allarmés, & dans l'aprehension d'une semblable infortune, ceux qui exerçoient alors les charges des Consuls dirent tout

VI.

haut que si ce malheur arrivoit, ils ne vouloient point demeurer dans la Ville, & qu'on mit d'autres personnes en leur place ; le Conseil leur permit en ce cas d'en subroger. Ie n'ai pas trouvé si ceux qui leur succederent furent si lâches d'abandonner leur patrie en cette rencontre : car le mal contagieux embrasa cette Ville. L'année suivante il y commença le mois de Mars, & y continua jusqu'à la Noël, & aprés avoir calmé quelque mois il se raluma, & fit des ravages presque par toute la Provence, & en l'année qui suivit celle-là, la Ville de Marseille fut encore travaillée de cette même maladie pour la troisiéme fois ; mais enfin Dieu aïant pitié de cette Province y redonna la santé.

VII. Il n'y a pas lieu d'oublier en cét endroit une chose fort remarquable, qui est que bien que le climat de Marseille soit en quelque reputation pour la temperature de l'air, & pour la douceur des hyvers qui rendent ce sejour agreable dans la plus rigoureuse saison de l'année, cette douceur fut néanmoins si extraordinaire durant l'hyver de l'an 1506. qu'on ne lit point dans les Histoires qu'il en ait fait un semblable en cette Ville : car au mois de Ianvier les arbres étoient autant avancés qu'ils ont accoûtumé de l'être au mois de Mai. Le bled, l'orge, & le segle avoient déja formé leurs épis, & poussé leurs tuïaux jusques à leur juste hauteur. Mais aussi l'année qui suivit fut bien differente de celle-là, & il sembla que la nature n'avoit pas chassé le froid de l'année precedente, mais qu'elle l'avoit conservé pour le joindre à l'hyver suivant, qui fut si rigoureux que le port se trouva glassé jusqu'à la chaine, avec tant de solidité qu'on y passoit sans danger, & les oiseaux qui ne pouvoient vivre dans leur élement, tomboient morts en si grand nombre que le peuple ne fit jamais telle chére à si bon marché. Le 26. de Septembre de l'an 1508. le Cardinal de Narbonne fit son entrée à Marseille. Il étoit accompagné de l'Archevêque d'Arles, de l'Evêque de Vence, du Vicomte de Raillane, & aprés avoir demeuré deux jours en cette Ville, il s'embarqua sur les Galeres de Prejent de Bidoux, & prit la route de Rome.

VIII. *Aux écritures de Raphaël d'Aix.* Le cinquiéme de Novembre de l'année suivante, Pierre Filloli Archevêque d'Aix qui étoit encore Lieutenant du Marquis de Rothelin grand Sénéchal, & Gouverneur de Provence vint à Marseille, où l'on lui rendit de grands honneurs. Il fut conduit à la loge, & là sur un Tribunal élevé qu'on lui avoit dressé, & qu'on avoit enrichi de tous les ornemens qu'on s'étoit pû imaginer, il s'assit & ensuite les Consuls le supplierent de vouloir prêter serment d'observer les Privileges de la Ville : ce qu'il fit de la maniere suivante. Il se mit à genoux, & aïant la tête decouverte il jura sur les Saints Evangiles qui étoient entre les mains des Consuls de garder, & d'entretenir les Privileges de Marseille.

IX. En la même année Charles de Forbin premier Consul exposa en plein Conseil, que Fouquet d'Agoût Seigneur de Roignes l'avoit prié de representer que le Grand Sénéchal de Provence l'avoit declaré franc de toute sorte de droits dans toute l'étenduë de son gouvernement suivant la loy. *Si quis beneficium*, en consideration de ce qu'il avoit d'une seule femme douze enfans tous vivans, & ainsi qu'il plût à

l'Assemblée

DE MARSEILLE. Liv. VII. 298

l'Assemblée de déliberer qu'il jouïroit du même avantage dans Marseille. Le Conseil aïant jugé que sa demande étoit accompagnée de justice la lui accorda.

X. En cette conjoncture, le Seigneur de Marignane imposa un certain droit aux pêcheurs qui alloient pêcher en ses mers, les Marseillois qui croïoient de n'être point obligés de le païer, lui écrivirent de ne les point troubler en la jouïssance de cette franchise, mais comme il ne deferera pas à leurs lettres, ils le mirent à la raison par le moïen des représailles qu'ils firent contre lui, & ses Vassaux.

XI. Le Roi faisoit alors la guerre aux Venitiens, ce qui obligea les Marseillois de pourvoir leur Ville de Canons, & de toute sorte de munitions de guerre pour se bien défendre en cas d'attaque, & sur l'aprehension qu'ils eurent que l'ennemi ne fit dessein sur le Monastere de S. Victor, ils députerent quelques Citoïens pour aller voir s'il étoit en état de deffense, ceux qui eurent cet ordre y trouverent les armes suivantes. Sept Arbalètes d'acier qui étoient en bon état, & trois qui ne l'étoient pas, dix cuirasses, dix boucliers, trois coffres remplis de traits, trois petits Canons & quelques bâles, ce qui fait voir l'état qu'on faisoit alors de cette maison comme on avoit fait presque en tout temps, ainsi qu'on aura pû voir en divers endroits de cette Histoire.

XII. En l'année 1511. Philippe d'Egmont Veuve de René II. Duc de Lorraine accompagnée de plusieurs Princes, & entre autres de François de Lorraine Comte de Guise, vint à Marseille, où Elle demeura quelques jours ; elle étoit venuë en Provence pour visiter la Sainte Baume.

XIII. Peu après Charles Duc de Bourbon, qui fut depuis connétable de France, & qui assiégea Marseille, ainsi qu'on verra par la suite de cette Histoire, y voulut aussi venir pour la voir, après avoir rendu ses vœux à la Sainte Baume. Les Marseillois lui firent des grands honneurs ; ainsi qu'ils étoient obligés en qualité de Prince de sang, ils sortirent en armes pour le recevoir.

XIV. Environ l'an 1512. Les Marseillois armerent quantité de bâtimens pour faire la course contre toutes les nations de l'Europe qui avoient rompu avec le Roi, & s'étoient liguées contre la France à la réserve des Portugais & de ceux de Nice. Si bien qu'on fit tant de prises que tout le Port de Marseille en étoit rempli : il y eût alors un Gentilhomme de Marseille apellé Jean Ricaut, qui vendit une partie de son heritage pour faire la course. Quelques autres firent la même chose, & se joignirent à lui. Ce Gentilhomme équipa un Vaisseau, qui pour n'être pas bon voilier ne pouvoit rien prendre en pleine mer, ce qui fit resoudre Ricaut de s'en aller au Port de Porteferre, où il y avoit vingt Vaisseaux Marchands aussi gros que le sien, & encore un Galion armé, Ricaut faisant semblant d'être Marchand se mit au mitan de tous ces Vaisseaux, mais tout à coup il fit joüer son artillerie, & quantité de Trompetes qu'il avoit préparé, ce qui fit un si grand bruit & donna une telle épouvante aux Marchands qui étoient dans leurs Vaisseaux, qu'ils ne penserent qu'à se sauver ; les uns sautoient dans la mer & se

Tome I.   Ooo

nioient, les autres gagnoient la terre le plus vite qu'il leur étoit possible; si bien que Ricaus, voiant que tout étoit abandonné prit dans trois Vaisseaux les Marchandises que bon lui sembla, & s'en vint à Marseille partager son butin avec ses compagnons : en ce même tems, & le 15. Juillet François de Rochechoüart Seigneur de Chandenier, & Gouverneur de Genes, après avoir remis sa lanterne entre les mains d'un Capitaine, vint en cette Ville qui lui fit de grands honneurs.

XV. On ne tarda pas de faire les préparatifs pour l'Election du successeur de Jules II. qui étoit décedé, & pour cét effet les Cardinaux de Sainte Croix, & de S. Severin se vinrent embarquer à Marseille sur le Galion de Bernardin de Baux pour se trouver à cette Election. Loüis de Forbin Seigneur de Souliers fit le voiage avec eux, le Roi l'avoit députe pour aller témoigner aux Cardinaux la bonne volonté qu'il avoit pour le S. Siége.

XVI. Il y avoit alors à Marseille le grand Galion des Chevaliers de Rhodes avec quelques autres Navires ; ils étoient arrivés depuis peu pour prendre Guide Blanchefort, qui de Prieur d'Auvergne avoit été Elû grand Maître, après la mort d'Emeric d'Amboise. Ce Seigneur étant venu à Marseille pour s'embarquer, un faucon qui passoit par là déchira l'Etendart de la Religion, ce qui fut pris à mauvais augure ; en effet son eminence mourut en chemin avant que d'arriver à Rhodes.

Memoire manuscrite.

XVII. Loüis étoit alors sur le point de retourner en Italie, pour recouvrer tout ce qu'il y avoit perdu, mais la mort l'aiant surpris fit avorter tous les desseins au grand regret de ses sujets de qui il étoit le Pere. Les Marseillois à l'entrée du Regne de François I. qui succeda à ce grand Prince, députerent Charles Forbin pour lui aller faire hommage, & prêter serment de fidélité au nom de la Ville. Sa Majesté par ses lettres Patentes données à Paris au mois de Février, confirma tous les privilèges, franchises, prérogatives, Chapitres de paix, usages & anciennes coutumes de Marseille : ce titre contient ces mêmes paroles; *pour la bonne loyauté que lesdits suppliants,* (parlant des Marseillois) *ont tenu envers nous & nosdits predecesseurs Comtes, desdits Comtés, & par autres justes causes.*

Aux Archives de l'Hôtel de Ville.

XVIII. Le 25. de ce même mois, René Bâtart de Savoie aiant été fait Gouverneur de Provence, & aiant succedé en ce gouvernement à Loüis d'Orleans Duc de Longueville vint à Marseille, où il prêta serment d'observer les privilèges, & Chapitres de paix de la Ville.

Aux écritures publiques au Registre de Jean de Deva Secretaire.

XIX. Cependant le Roi qui n'avoit rien si à cœur que de passer les Monts pour aller poursuivre le dessein de ses devanciers, après s'être préparé s'achemina dans l'état de Milan d'où il se rendit le maître, aiant remporté à Marignan une glorieuse victoire sur les Suisses. Toute la France reçut une extrême joie d'un si heureux succès. Claude Reine de France, avec Loüise de Savoie mere de François I. vinrent alors en ce Païs pour aller à la Sainte Baume y rendre graces à Dieu, elles furent accompagnées de plusieurs grands Seigneurs, & de quantité de Dames fort qualifiées, il y avoit à leur suite mille cinq cens Chevaux. Ces Princesses arriverent à Marseille le troisième de Janvier, la Ville n'oublia

XX. *Memoire manuscrite.*

rien de tout ce qu'elle étoit obligée de faire pour honorer leur entrée, Bernardin de Baux fit tirer toute l'Artillerie des Galeres, des Galions, des Brigantins, & enfin de tous les bâtimens maritimes, il fit faire encore un combat à coups d'oranges qui servit de divertissement à la Reine & à toute sa suite, les Dames & les Bourgeoises de la Ville ne manquerent pas de faire leur compliment. La Reine alla dîner à S. Victor le samedi septième du mois, & après dîner elle alla visiter Nôtre Dame de la Garde, & après en s'en retournant à la Ville, elle fut en l'Eglise des Freres Precheurs qui étoit en ce tems-là dans les Fauxbourgs, ainsi que nous ferons voir ci-après; le lendemain jour de Dimanche elle ouït la Messe dans l'Eglise Major & Vêpres à S. Victor, & toujours avec sa belle mere, & le lendemain elle partit pour aller à la Sainte Baume.

XX. Le Roi qui avoit repassé les monts ne tarda gueres d'arriver à Marseille; ce fut le 22. du même mois à quatre heures après midi, il y fut reçu de la maniere suivante. Les enfans étoient les premiers qui allerent au-devant de lui, portans des banderoles où étoient peintes les armes de France; Les filles y allerent leurs cheveux déplies pendans, & ensuite venoient les Archers, les Arbalêtriers, & les piquiers. Toute cette troupe rencontra le Roi au plan S. Michel qui passa au milieu d'elle, & y prit grand plaisir, les Consuls & l'Assesseur qui étoient les derniers, qui étoient accompagnés des plus qualifiés de la Ville, rendirent leurs très-humbles devoirs à ce grand Prince, comme fit aussi le Clergé qui fit porter les Reliques de S. Lazare & de S. Victor. Comme le Roi se fut aproché de la Ville on fit tirer tous les Canons dont on avoit bordé les murailles en grande quantité, & étant entré dans la Ville, il trouva toutes les fenêtres des maisons, des rües par où il passa, tapissées de belles & riches tapisseries, & en même tems qu'il parut aux fenêtres de son Palais, toute l'Artillerie des Galeres tira; à chaque coin de la Ville où sa Majesté passa, on avoit dressé un Theatre sur lequel on representa les actions, & la vie de S. Louis. Il ne faut pas oublier de dire que la Reine retourna encore à Marseille, & se trouva avec le Roi qui le lendemain de son arrivée alla voir les Galeres, & d'abord qu'il fut monté sur celle qu'on lui avoit preparé, les autres commencerent un combat à coups d'oranges pour lui donner du divertissement, mais ce Prince qui avoit tant d'ardeur pour les combats veritables voulut être encore de la partie en celui-ci, & en effet ayant pris un grand Boucher il commença à tirer, & fit de fort beaux coups en ayant reçû quelques-uns à la tête & sur le corps; le jour suivant il fut ouïr Messe en l'Eglise Cathedrale, & après le dîner étant monté encore sur une Galere suivie de quelques autres, & d'un grand nombre de Brigantins, il alla aux Isles de Marseille pour voir un Rinocerot que le Roi de Portugal envoïoit à Leon X. & deux jours après il partit de Marseille, & s'en alla en France.

XXI. Après le départ du Roi je ne trouve rien de remarquable que la venuë de la Duchesse de Mantouë, elle arriva le 8. de Mai de l'an 1517. accompagnée de vingt-cinq ou trente Damoiselles, & de quatre-vingts

Gentilshommes : elle venoit de la Sainte Baume, où elle avoit été en pelerinage. René de Savoïe Comte de Tende grand Maître de France, & Gouverneur de Provence y vint aussi l'an 1521. les Marseillois lui rendirent tous les honneurs dûs à sa naissance & à sa dignité. Claude son fils aîné accompagna son Pere, il étoit alors grand Sénéchal de ce Païs, cette charge avoit en ce tems-là le même pouvoir qu'à aujourd'hui celle de Lieutenant de Roi, il y avoit encore en Provence un Lieutenant du grand Sénéchal. En cette même année, les Marseillois reçurent dans leur Ville Philipe de Viliers Lile-Adam grand Maître de Rodes ; le Seigneur du Mas Lieutenant du grand Sénéchal, & les Consuls allerent au-devant de lui pour le recevoir avec honneur. Peu après Beatrix fille d'Emanuel Roi de Portugal, & des Algantes arriva aux Isles de Marseille. Le Seigneur du Mas, & les Consuls allerent rendre leur devoir à cette Princesse qui le reçut avec beaucoup de courtoisie : deux jours après elle prit la route de Nice où Charles III. Duc de Savoïe l'attendoit pour l'épouser.

XXII. Peu après Emanuel Roi de Portugal écrivit une lettre aux Marseillois par laquelle il leur representoit que François Barbos Chevalier, & son domestique lui avoit fait entendre que c'étoit la coutume dans Marseille que les nations étrangeres y avoient leurs Consuls qui connoissoient des differens qui arrivoient entre ceux de leur nation, & d'autant que depuis quelques ans, le Consul de Portugal qui residoit à Marseille y étoit decédé ; il leur déclare qu'il a donné la charge de ce Consul à Garzias de Sauzede Marchand, dont il espere qu'il s'en acquittera bien attendu sa probité, priant les Consuls de Marseille de permettre qu'il l'exerçat, & d'autoriser ce qu'il fairoit en la fonction de cette charge.

Aux écritures publiques de Jean de Deva Secretaire.

XXIII. L'année suivante le grand Seigneur aïant fait dessein d'assieger l'Isle de Rhodes, le grand Maître, implora le secours des Chrétiens. Quelques Chevaliers vinrent alors à Marseille, où ils traiterent avec le Capitaine d'un grand Vaisseau apellé Sainte Catherine qui apartenoit à Loüis Seigneur de la Trimoüille Prince de Thalemont, Vicomte de Thoüars, Chambellan du Roi, Amiral de Guïenne & de Bretagne, & Gouverneur de Bourgogne ; ce Seigneur en avoit donné la conduite à Michel Chausse Blanche son Secretaire pour aller en Levant, & en Ponant y negocier pour lui.

Aux écritures publiques de Massateli Notaire.

XXIV. En la même année, sur l'aprehension qu'on avoit que Marseille ne fut affligée du mal contagieux, les Consuls envoierent à Nôtre-Dame de Grace un flambeau armoïé des armes de la Communauté pour brûler devant l'image de la tres S. Vierge, afin que par son intercession Nôtre Seigneur détournât ce fleau qui avoit souvent défolé leur Ville. Ce flambeau coûta cinquante deux florins, & quatre gros.

XXV. Le Pape Adrian VI. étant decedé, le Cardinal Legat, les Cardinaux de Lorraine & de Vendôme vinrent s'embarquer en cette Ville sur les Galeres d'André Doria, & du Baron de St. Blancard pour se trouver à l'élection de son Successeur qui ne tarda pas de se faire. Ce fut Jules de Medicis qui se fit appeller Clement VII.

CHAPITRE

CHAPITRE VI.

Charles de Bourbon met le siége devant Marseille, & le leve avec honte.

I. *Entreprise du Roi François I. sur l'état de Milan.* II. *Grande ligue contre les François.* III. *Qui sont défaits en Italie.* IV. *Bourbon fait dessein sur Marseille.* V. *Son entrée en Provence.* VI. *Reglement fait sur les vivres, & garde de Marseille.* VII. *Seducteur puni de la Galere.* VIII. *Degats dans la Province.* IX. *Armée navale de Sa Majesté.* X. *Le Prince de Mourgues sommé par les François.* XI. *Trois Galeres des ennemis coulées à fonds.* XII. *Bourbon court hasard de sa vie.* XIII. *Le Prince d'Orange & autres Seigneurs prisoniers.* XIV. *Plusieurs Eglises abbatuës pour fortifier Marseille.* XV. *Affliction du peuple.* XVI. *Diverses fortifications.* XVII. *Les Seigneurs de Brion, & de Ceres entrent dans la Ville.* XVIII. *Le Seigneur de la Palisse par ordre du Roi écrit aux Consuls de Marseille de reconnoitre Rance de Ceres.* XIX. *Marseillois délivrés à rançon.* XX. *L'ennemi se rend maître de la Ville d'Aix.* XXI. *Arrivée de Bourbon devant Marseille.* XXII. *Il fait dresser la batterie.* XXIII. *Les Marseillois créent des Capitaines pour commander aux quatre quartiers de la Ville.* XXIV. *Les Marseillois font une sortie & taillent en pieces les ennemis.* XXV. *Le canon de la Ville incommode les assiégeans.* XXVI. *Ils font une bréche qui est aussitôt reparée.* XXVII. *Merveilleux rencontre d'un coup de canon.* XXVIII. *Bourbon tâche de prendre la Ville par intelligence.* XXIX. *Bon ordre pour la garde de la Ville. Bourbon harangue son armée.* XXX. *Marseillois courageux, & adroits.* XXXI. *Mines éventées.* XXXII. *L'ennemi prend Toulon, & Cassis. Grande bréche, à laquelle Rance de Ceres pourvoit.* XXXIII *Furieuse batterie. Le Marquis de Pescaire raille Bourbon* XXXIV. *Qui s'opiniâtre à continuer le siége & à canoner furieusement la Ville.* XXXV. *Genereuse resolution des Assiégez.* XXXVI. *Offre faite par Bourbon à ceux qui monteroient la bréche.* XXXVII. *Enfin leve le siége.* XXXVIII. *Et se retire vitement.* XXXIX. *Le Roi écrit aux Marseillois* XL. *Qui auroit fermé le passage à Bourbon s'il ne se fut retiré.* XLI. *Témoignage d'un Auteur sur la levée du siége de Bourbon qui loüe hautement la fidelité des Consuls.* XLII. *Arrivée du Roi à Aix.* XLIII. *Eloges des Seigneurs de Brion, de Ceres, du Mas, de Glandeves.* XLIV. *De Barbesieux, & de Laval.* XLV. *Et des Consuls.* XLVI. *Sa Majesté accorde des Lettres Patentes à Marseille en reconnoissance de ce qu'elle n'avoit rien oublié pour se défendre.* XLVII. *Peste à Marseille.* XLVIII. *Bourbon étant aux isles de Marseille fait demander à la Ville des munitions de bouche. Les Marseillois les* lui refusent. XLIX. *Marseille députe trois Gentilshommes vers le Roi*. L. *Les Marseillois pourvoient à l'asseurance de leur Ville*. LI. *Philipin Doria prend quelques Barques de Marseille*. LII. *Les Marseillois donnent trois mille écus au Roi pour subvenir à sa rançon*. LIII. *Marseille est encore affligée de peste*. LIV. *Sa Majesté écrit aux Marseillois de curer le Port*. LV. *L'Empereur Charles V. aborde aux Isles de Marseille*.

I. Aprés que le Roi François I. eût perdu le Duché de Milan par le manquement du Sieur de Lautrec, il resolut d'y conduire luy-même une puissante armée, mais le bruit de l'apareil aiant alarmé toute l'Italie qui joüissoit alors d'une profonde paix, & qui n'aimoit pas sa domination, fut cause d'une grande Ligue qui se forma contre les desseins de ce Prince.

II. Le Pape, les Venitiens, François Sforce Duc de Milan, les Florentins, les Genois, les Siennois & les Luquois se joignirent à l'Empereur, & bien qu'une si forte partie dût divertir le Roi de son entreprise, porté neanmoins de sa naturelle generosité, il n'eût pas rompu son dessein, n'eût été que sur ces entrefaites Charles Duc de Bourbon Connétable de France s'étant revolté, & aiant pris le parti de son ennemi capital pour quelques mécontentemens, son conseil apprehendant qu'en son absence ce rebelle ne conspirât contre l'Etat, & ne suscitât quelques dangereux mouvemens, lui persuada de s'arrêter, afin que par sa presence, il peût pourvoir plus facilement à la seureté de son Roiaume; cependant il fut jugé très-à-propos de commettre la conduite de cette entreprise à quelque experimenté Capitaine.

Guicciar. M. du Bellay, Ferron, F. Belcar.

III. Le Roi trouvant bon cet avis déclara General de son armée (composée de plus de trente mille hommes) Guillaume Gouffier Sieur de Bonnivet, Amiral de France. Tout le monde voiant de si grandes forces sur pied, se promettoit non seulement la conquête du Milanois, mais encore du Roiaume de Naples; toutefois l'imprudence des François fut si grande que n'aians sçû ménager l'occasion de vaincre qui s'étoit offerte à eux favorablement, ils furent contraints de faire une honteuse retraite, aprés avoir perdu vingt pieces d'artillerie, la plûpart de leur bagage, & ce qui fut plus à regretter Vendenesse & Bayard deux des plus fameux heros de la France.

IV. Ce funeste succés entraîna la perte de toutes les places qu'ils tenoient en Italie, & au lieu qu'ils étoient les agresseurs, ils furent contraints aprés cette déroute de défendre leurs terres. Charles de Bourbon qui n'avoit rien si avant dans le cœur que le desir de se venger, obtint par son importunité la permission d'entrer en Provence, & d'attaquer Marseille avec l'armée imperiale, s'imaginant que cette Ville ne pouvant tenir contre une si grande puissance aprés qu'elle seroit prise, tout le reste fairoit joug à les armes, & que par la conquête de cette Province, il lui seroit aisé (avec les intelligences qu'il avoit dans la France) d'emporter une partie du Roiaume.

V. Il vint donc en Provence avec une armée de vingt-cinq mille hom-

DE MARSEILLE, Liv. VII. 304

mes, partie Espagnols & partie Italiens & lansquenets, aiant aussi donné ordre à son armée de mer composée de dix-sept Galeres, de plusieurs gros Galions, & de quantité de petits Vaisseaux, & de Carraques qu'on avoit armé à Gennes & à Naples, de le suivre. En effet en même tems que l'armée de terre entra en cette Province, l'armée navale arriva au Port de Mourgues, où elle fut bien reçuë par Augustin Grimaldis Genois Evêque de Grasse qui en étoit Seigneur, & qui tenoit le parti de Bourbon. Martin du Bellay ne fait pas les forces de Bourbon si grandes : car il ne conte que quinze mille hommes de pied en son armée de terre, deux mille chevaux & dix-huit canons. Mais les memoires manuscrits que j'ay veu & qui furent faits dans Marseille durant le siége, asseurent qu'elle étoit composée du nombre que j'ay dit cy-dessus.

VI. Dés que les Marseillois eurent été avertis du dessein de l'ennemi, ils prirent la résolution de se bien deffendre, & de témoigner en cette occasion leur courage & leur fidélité. Et cette armée avoit tellement encheri les vivres, & les denrées, joint encore l'avarice de quelques particuliers, qu'on vendoit le mouton un écu la livre, & le vin deux écus d'Or, au Soleil la millerole, ce qui dura pendant trois semaines ; au bout desquelles les Magistrats pour pourvoir à ce désordre, & pour empêcher ceux qui auroient pû naître parmi les Habitans dans les fonctions militaires, auxquelles ils étoient obligés pour la conservation de la Ville, firent un Reglement qui fut exactement observé tant que le siége dura, il est vrai que le Seigneur de Beauregard Capitaine de la Tour S. Jean, & Claude de Lovayn Evêque de Sisteron firent venir sur le Rhone quantité de farine, de vin, de chair salée, & d'autres munitions de bouche.

VII. Or le Seigneur de Mourgues extrémement passioné pour l'Espagne ne se contentant pas d'avoir reçu dans son Port les ennemis de la France, voulut encore en une autre occasion desservir le Roi plus sensiblement : car il envoia aux environs de Grasse Jean Giraut Juge de Mourgues son sujet & son domestique, sous pretexte d'éxiger les rentes de son Evêché avec ordre secret de débaucher les fidéles sujets de l'obéissance de leur Prince, & les persuader de reconnoitre l'ennemi capital de la France. Ce juge aiant été saisi pendant qu'il séduisoit le peuple, fut mis entre les mains des sieurs de Flassans, & de Cotignac freres, qui commandoient les troupes de Provence ; ils le firent traduire à Aix pour lui faire son procés, mais le Parlement de Provence le renvoia au Seigneur de Brion Gouverneur de Marseille qui le livra aux juges de cette Ville, Je ne sçai par quel mouvement les Officiers de la Iustice ne le condamnerent qu'à la Galere perpetuelle, bien que son crime, ou pour la grièveté ou pour l'exemple, meritat un châtiment beaucoup plus rigoureux.

VIII. Bourbon à son arrivée en Provence ne trouva qu'une solitude, parce que peu auparavant on avoit fait le dégat, & ruiné entierement les lieux par où il devoit passer, afin que son armée se défit d'elle même à faute de vivres.

IX. Mais laissons le s'acheminer vers Marseille pour voir l'armée Navale de France, qui en partit dés que celle des ennemis eût pris port à Mourgues, & arriva dans peu de tems à Villefranche dont elle s'empara, si bien que ces deux armées n'étoient éloignées que de six mille l'une de l'autre, l'armée de France étoit composée de quatre grosses Carraques, de six grands Vaisseaux, d'un autre grand Galion apellé le Brave, d'autres six grands Galions, de dix Galeres, & de six fustes qui composoient en tout trente trois bâtimens sans compter les brigantins, & les barques qui étoient en grand nombre, le Seigneur de la Faïete en étoit le General, & aprés lui les principaux Chefs etoient le Baron de St. Blancard, André Doria, Bernardin de Baux Commandeur de l'Ordre de St. Jean de Jerusalem, le Chevalier de Pontevés & le Capitaine Barthelemi de la Ripe. Les Capitaines particuliers des Vaisseaux étoient presque tous Marseillois, sçavoir Jean de Cepede, Raphaël Rostan, Michel de Pontevés, Leonard Vento, Ogier Bouquin, Claude de Manvile, Adam Rondolin, Hierôme Conte, Jean de Carranvais & Jacques David. Cette armée étoit tres-bien équipée & pourvûë non seulement de soldats, & de munitions de bouche, mais encore de gros canons & de Coleuvrines, de faucons & de passevolans, de grenades, de pots, & d'autres artifices à feu pour brûler celle de l'ennemi en cas d'abordage.

X. Le Seigneur de la Faïete qui vouloit être asseuré des intentions du Prince de Mourgues, l'envoïa sommer de faire declaration s'il tenoit pour la France, mais il répondit qu'il défendroit ceux qui seroient dans son Port, & l'ambiguité de cette réponse n'étoit pas si grande qu'elle ne fît bien connoître qu'il se declaroit pour les Imperiaux, ce qui donna sujet aux François de n'aprocher pas de la Forteresse, de peur d'en être endommagés, & de divertir le dessein qu'ils avoient d'aller attaquer l'ennemi dans le Port de Mourgues.

XI. L'armée ennemie étant dépuis partie de Mourgues, & aïant pris la route de Nice pour y débarquer des troupes & des canons, celle de France se mit en même-tems à la voile pour la suivre, & par la faveur du vent s'en étant aprochée elle commença à la canoner furieusement. Les ennemis aïant reçû les nôtres avec beaucoup de courage se défendirent quelque-tems fort vigoureusement: mais trois de leurs Galeres aïant été coulées à fonds, le restant de l'armée se retira à Mourgues pour reparer le dommage que nôtre artillerie lui avoit causé, & pour éviter une entiere défaite.

XII. Les François qui leur virent prendre ce chemin, ne s'amuserent pas à les poursuivre, & d'ailleurs voïant leur armée de terre qui passoit le Var prés de son embouchure, pour entrer en Provence, & qui par ce moïen étoit exposée à leurs canonades, les foudroyerent avec tant de violence qu'ils les mirent entierement en desordre; Bourbon même courut hazard de sa vie, son cheval aïant eu sous lui les jambes emportées d'un coup de canon.

XIII. Le lendemain deux Galeres découvrirent deux Vaisseaux qui tâchoient à force de voiles de gagner Mourgues, mais elles leur donnerent la chasse si vivement qu'ils furent contraints d'amainer & de se rendre

DE MARSEILLE. Liv. VII.

dre, le Prince d'Orange & plusieurs autres Seigneurs furent pris dans ces Vaisseaux, & envoïés aussi-tôt à Marseille sur quatre Galeres, d'où le Seigneur de Brion après les avoir fait garder durant quatre ou cinq jours par Pierre Iordan Citoïen de Marseille, qui avoit cent hommes sous lui, les fit conduire à Aix, & les mit au pouvoir du Sieur de la Palisse qui les fit traduire à la Cour.

XIV. Cependant le sieur de Miradel Commissaire des reparations, & fortifications du Roïaume, qui avoit été envoïé par le Roi pour mettre Marseille en deffense, commença de la visiter curieusement en intention de ruïner ce qui pouvoit nuire à la Ville, & servir de logement à l'ennemi, & après une meure déliberation il fit razer entierement tous les Fauxbourgs, n'épargnant pas même deux trés-beaux Couvens, l'un des Iacobins & l'autre des Freres Mineurs, il fit démolir aussi trois petites Eglises, l'une apellée Sainte Catherine du côté des murs du plan Fourmiguier, & prés d'un grand fossé qui alloit vers S. Victor; l'autre qui étoit aussi au delà du Port, fondée en l'honneur de S. Pierre, & la troisiéme sous le titre de Nôtre-Dame de bon Voïage qui joignoit le Couvent des Freres Mineurs. Mais comme le peuple étoit extrémement devot à cette derniere Chapelle, & principalement les Capitaines de Vaisseaux, & autres gens de Marine, qui avant leur départ y alloient faire leurs vœux, cela fut cause qu'après le siége on transporta cette même dévotion dans l'Eglise de S. Martin & dans une Chapelle sous le même titre de Nôtre-Dame de bon Voïage.

Manuscrit du siége de Bourbon.

XV. Ces démolitions causerent quelque tumulte, le peuple s'affligeant beaucoup au déterrement des Cadavres ensevelis dans ces Monasteres: car le mari déterroit la femme, le fils le Pere; & le frere la sœur. C'étoit un spectacle bien grand de voir les pauvres Religieux obligés de transporter le Trés-Saint Sacrement, & les Saintes Reliques dans d'autres Eglises de la Ville, il y en eût mêmes qui furent chassés de leur Couvent. Les Freres Mineurs se retirerent dans la maison de S. Antoine, & les Iacobins ne sçavoient en quel lieu prendre retraite, mais il n'y eût pas grand peine d'apaiser tout cela, lors qu'on lui fit connoître que c'étoit pour un plus grand bien, & qu'il faloit retrancher une partie pour conserver le tout.

XVI. Ce Commissaire fit encore faire à la porte Roïale de rempars à doubles tranchées remplis d'eau de tous côtés, & quelques autres Fortifications assés regulieres pour le tems, les femmes de la Ville y travaillerent sans aucune distinction d'âge ni de qualité, portant la hote & les fassines, & se servans de pics, & de péles avec tant de courage qu'il ne faut pas s'étonner si les Habitans animés par un tel exemple firent après une genereuse résistance.

XVII. Sur la fin du mois de Iuillet Philipe Chabot Seigneur de Brion, & Rance Baron de Ceres de la maison des Ursins Gentilhomme Romain, & qui depuis fut Comte de Pontoise avec six mille soldats, ou avec trois mille tant seulement, & deux cens hommes d'armes entrerent dans la Ville par le commandement du Roi dans la résolution de la défendre jusqu'au dernier soupir: il est vrai que Honoré de Valbelle Gentil-

Tome I.   Qqq

homme de Marseille, qui a observé fidélement tout ce qui s'est passé jour par jour de plus memorable durant le siége, marque qu'ils menerent quatre mille hommes partie Italiens, partie François, & Gascons.

XVIII. Iacques de Chabannes Seigneur de la Palisse qui avoit été grand Maître étoit alors Maréchal de France, & qui commandoit en Provence par ordre du Roi, écrivit aux Consuls de Marseille de reconnoître Rance de Ceres, que sa Majesté avoit choisi pour défendre la Ville, ainsi que nous venons de dire, & de lui en remettre les clefs : les Consuls n'eûrent pas plûtôt reçû cette lettre qu'accompagnés de l'Assesseur & des plus aparans & des plus qualifiés Marseillois, ils les lui allerent porter ; ils trouverent ce Seigneur dans le jardin de la maison de Blaise Doria où il logeoit, c'est maintenant le Monastere des Religieuses Augustines prés l'Eglise des Accoules ; & là ils lui presenterent les clefs de la Ville. Le Baron fut si satisfait de leur procedé qu'il ne les voulut pas prendre, & leur dit de les garder de la même façon qu'ils avoient fait par le passé, qu'il étoit aussi content qu'elles fussent entre leurs mains que s'il les avoit lui même : je ne sçai pas si les Consuls les garderent tant que le siége dura, ou s'il les voulut avoir dans cette conjoncture, car lorsqu'elles lui furent presentées c'étoit quelques jours avant que l'ennemi eût bloqué la Ville.

Aux écritures publiques au Registre du Secretariat de Raphael d'Aix.

XIX. Au commencement du mois d'Août, Bourbon qui s'avançoit toujours dans la Provence prit en chemin faisant, Grasse, Antibe, Frejus, Draguignan & Yéres : Brignoles aprés quelque resistance se rendit comme les autres Villes ; ce fut là que le Seigneur de Brion lui envoïa un Héraut pour obtenir la délivrance de quelques Marseillois qui avoient été faits prisonniers ; Bourbon les lui accorda facilement aprés avoir été païé de leur rançon : mais il donna charge au Heraut de dire à son Maître qu'il pensât à se bien défendre, car il étoit résolu d'entrer dans Marseille vif ou mort.

XX. Le jour de l'Assomption de Nôtre-Dame, les nouvelles furent portées à Marseille que l'ennemi s'étoit rendu maître de la Ville d'Aix ; dequoi le peuple en prit un peu d'épouvante, néanmoins outre qu'il fut bientôt rasseuré, cela servit à le rendre plus soigneux, & plus vigilant à la conservation de la Ville.

XXI. L'armée Navale des Espagnols s'étant saisie de Toulon, une partie de la nôtre alla donner fonde aux Isles de Marseille, pour s'oposer aux desseins que l'ennemi pouvoit faire sur la Ville du côté de la mer ; le reste entra dans le Port. Et le dix-neuviéme Août jour de vendredi au matin, Bourbon commença ses aproches devant Marseille, dont quelques portes furent aussitôt fermées & terrassées ; il prit son logement dans une belle Bastide qui étoit au même endroit où il avoit mis le Camp ; mais pour être trop exposé au canon de la Ville, on n'osoit pas y tenir la nuit de chandelles allumées, contre lesquelles il donnoit comme à un blanc ; aussi fut-il contraint d'en déloger bientôt, & de prendre une autre Bastide qui étoit scituée au delà de l'Hôpital des Lepreux, qu'une petite éminence metroit à couvert de ce danger. Le Marquis de Pescaire prit son poste à cét Hôpital aiant devant lui le quartier des

DE MARSEILLE Liv. VII. 308

Lansquenets, qui étoient logés à Portegale, une partie des Espagnols & Italiens se Campa au chemin d'Aubagne, & les autres investirent en même tems S. Victor; mais la Tour S. Jean qui est à l'embouchure du Port, & qui est jointe au fort qu'on a bâti du côté de la Ville, tirant sans cesse sur eux, en faisoit un tel massacre, qu'ils furent contraints de quitter ce dessein, & de joindre leurs compagnons.

XXII. Bourbon dés le premier jour du siége, fit couper du bois avec tant de diligence, que l'Artillerie aiant été montée dans trois jours, & la baterie dressée du côté de l'Observance, le mardi 22. jour d'Août il commença à la faire jouer, faisant lâcher deux canons en même tems, & un troisième après que les deux avoient tiré, & croiant aussi d'incommoder extrémement les assiégés, il fit rompre les Aqueducs, & divertir leurs eaux autre part; mais cela ne lui servit gueres, parce que les Habitans avoient de l'eau en abondance dans leurs puits.

XXIII. Les Marseillois en cette conjoncture créerent quatre Capitaines pour commander aux quatre quartiers de la Ville, sçavoir Carlin Blanc en Corps de Ville, Charles de Monteoux en Blanquerie, Cosme Linard ou Cosme Arnaud en Cavaillon, & Julien Baissan à S. Jean, celui-ci avoit pour Lieutenant Jean Reynaud, & pour enseigne Raimond Reynaud son frere, ces Capitaines avoient sous leur conduite neuf mille Habitans qui étoient gens résolus, fort bien armés de cuirasses, de piques, d'alebardes, d'arquebuses, d'épées & d'autres armes necessaires, parmi lesquels il n'y en avoit point qui sous pretexte d'âge ni de qualité se dispensât des factions, & des fatigues militaires; & les Generaux avoient établi cet ordre, que les Habitans ne seroient point emploiés aux sorties qu'on faisoit sur l'ennemi, mais seulement à la garde, & à la conservation de la Ville. Ces Capitaines avoient des Brigadiers sous eux, qui étoient des personnes qualifiées, & étoient apellés connêtables; ils commandoient dix soldats chacun.

XXIV. Puis donc que les Habitans de Marseille n'étoient pas emploiés aux sorties qu'on faisoit contre l'ennemi, il faut conclurre necessairement que ce qui fut fait à une sortie, que Paul Jove décrit, doit être atribué à la Milice Françoise, & Italienne non pas aux Marseillois; cet Auteur dit que lorsque les Espagnols faisoient travailler à leurs tranchées, les Marseillois firent une sortie, & donnerent sur eux si à propos qu'après en avoir blessé beaucoup, & taillé en pièces quelques-uns, ils mirent le reste en fuite; c'étoient des troupes de Philipes de Cerbelon, à qui le Marquis de Pescaire parla sévérement, & les tança de lâcheté, il en fit autant à Roderic Corius Enseigne de Jean d'Orbin, à cause qu'il ne s'étoit pas mis en devoir de les défendre, & de repousser les Marseillois. Celui-ci qui avoit le coeur haut porta impatiamment cette correction, & répondit que si les ennemis retournoient, ou il feroit son devoir, ou qu'il y mourroit. Les Marseillois au dire de Paul Jove, ne tarderent pas de revenir sous la conduite d'un chef, que cet Auteur apelle Vincens Thibaut Romain, jeune homme bien déliberé, qui attaqua les Espagnols avec grande hardiesse, mais comme ils étoient préparés, aussi le reçurent-ils avec grand coeur, & Thibaut y fut tué en combatant generau-

De viris il-lustribus in-signia Ferdi-nandi Dava-li cognomento Piscario.

sement, aussi-bien que son enseigne qui étoit un brave & genereux soldat ce qui fit lacher le pied aux Marseillois, & il y eût là un grand carnage : car Roderic qui s'avança un peu trop y fut porté par terre fort blessé, Rance de Ceres envoïa demander le Cadavre de Thibaut, & le Marquis de Pescaire celui de Roderic, qu'on trouva qu'il respiroit encor.

XXV. L'artillerie qu'on avoit logé sur les murailles de la Ville, sur le clocher de l'Eglise Major, sur l'éminence où sont scitués les Moulins à vent, sur la Tour du grand Horologe, & sur les autres lieux élevés, tiroit incessamment sur les ennemis, & leur portoit un tel dommage qu'ils étoient contraints de faire cesser leur baterie de tems en tems, & parmi nos Canons qui étoient en nombre de vingt & tous de fonte, il y avoit un Basilic d'une grandeur si épouvantable qu'il jettoit des boulets du poids de cent livres, & il faloit soixante hommes pour le remettre après qu'il avoit tiré : cette Artillerie étoit commandée par deux Citoïens de Marseille, qui en étoient Capitaines, dont l'un avoit nom Gabriël Vivaut, & l'autre étoit apellé Iean de Caux.

Aux Archives de l'Hôtel de Ville, au Bulletaire de ce tems.

XXVI. Cette vigoureuse résistance aigrit tellement les assiégeans qu'aïant redoublé leur baterie ils firent une bréche assés considerable, encore bien que l'avenuë en fut presque inaccessible, néanmoins Rance la fit promptement reparer avec de grandes piéces de bois, & de fassines, y entremélant de la terre & du fumier, & y fit faire de beaux escaliers pour monter commodement sur le rempart qu'il fit élever aussi haut que les vieux murs de la Ville, afin de repousser facilement l'ennemi, & recevoir l'assaut avec avantage.

XXVII. Mais les Imperiaux s'opiniâtrans à canoner furieusement nos murailles firent une nouvelle bréche, & quoi qu'elle fut assés profonde, elle n'étoit pourtant pas assés large pour donner facilement entrée à l'ennemi ; toutefois Rance pour prevenir le danger, fit faire aussitôt des douves, des rampars, des palissades, des gabionades & des tranchées, & y logea les troupes armées à blanc, que le Marquis de Salusses lui avoit envoïé.

XXVIII. Le canon de la Ville qui continuoit de tirer fit un tel échet, qu'il mit par terre tous les gabions des assiégeans ; mais ce qui semble être de plus merveilleux, c'est qu'un canon tirant du haut de cette éminence, où les Moulins à vent sont scitués, la balle donna si favorablement dans la bouche d'un gros canon de l'ennemi en même tems que le boulet en sortoit, qu'elle le repoussa dans la même ouverture, & le brisa de telle sorte, que les piéces tuerent plusieurs soldats, & particulierement sept Canoniers ; ce qui fut une grande perte pour les Imperiaux qui en avoient faute.

XXIX. Alors Bourbon voïant que la baterie n'avoit pas fait grand progrés, la fit cesser durant trente jours, & résolut de venir à la sape, & pour cét effet il fit ouvrir de grandes tranchées, avec dessein d'aprocher pied à pied les murailles de la Ville : toutefois pendant qu'il emploïoit la force ouverte pour venir à bout de son dessein, il n'oublioit pas les pratiques & les trahisons, & aïant fait couler dans la Ville quelques étrangers, il se preparoit d'exécuter une entreprise qu'il avoit complotée avec

eux

DE MARSEILLE. Liv. VII. 310

eux pour prendre la Ville par escalade, ou pour y mettre le feu, mais cette affaire aïant été découverte, les traîtres furent punis de la corde, & entre autres un Espagnol fut pendu à une des portes de la Ville, qu'on apelloit le Portalet. Aussi les Marseillois pour éviter les surprises, & les trahisons faisoient faire bonne garde la nuit, & tenoient une si grande quantité de flambeaux, & des lanternes sur les murailles & sur les fenêtres des maisons, qu'il faisoit aussi clair dans la Ville qu'en plein jour. Il est vrai que la generosité des assiégés ne demeuroit pas renfermée dans l'enclos des murailles; car ils faisoient fort souvent des sorties si furieuses & si à propos, que les Espagnols qui avoient toûjours du pire commencerent de murmurer ouvertement contre Bourbon, qui leur avoit figuré la prise de Marseille extrémement aisée: si bien que pour relever leurs courages abatus & les échauffer à leur devoir, les aïant assemblés il leur fit une grande remonstrance sur le service signalé qu'ils rendroient à leur Prince, & l'honneur qu'ils acqueroient par la prise d'une Ville si importante, qui seroit infailliblement suivie de la reddition universelle de toute la Province, & pour les animer encore davantage par la consideration du profit, qui agit plus puissamment sur l'esprit des soldats que tous les autres, il leur promit le pillage de la Ville, & à leurs chefs la confiscation des biens des principaux Habitans, & des Ecclesiastiques.

XXX. Mais les Marseillois n'avoient pas besoin de pareilles exhortations pour les porter à faire leur devoir, duquel dépendoit la conservation de leurs biens & de leurs vies, & outre qu'ils témoignerent en cette occasion beaucoup de hardiesse & de courage, ils firent voir aussi qu'ils ne manquoient pas d'experience & d'adresse: car Rance en aïant logé quelques-uns sur la Tour de Rostagnier, & principalement Jacques de Caradet de Bourgogne, ils tiroient continuellement sur les Espagnols avec tant de justesse, qu'ils mettoient par terre tout ce qui paroissoit. Les memoires que j'ai veu, marquent qu'ils étoient si bien ajustés, qu'ils ne tiroient pas un coup inutilement.

XXXI. L'ennemi ennuïé de la longueur de ce siége, & piqué de la perte qu'il faisoit chaque jour de ses meilleurs soldats; afin de les épargner, se mit à faire des mines pour renverser les murailles de la Ville: mais Rance aïant connu son dessein fit démolir promptement la maison Episcopale & l'Eglise S. Cannat, qui étoient deux beaux édifices scitués tout contre les murailles, & aprés fit caver des profondes tranchées sous terre, par le moïen desquelles aïant reconnu facilement les mines de l'ennemi, il les rendit toutes inutiles, à quoi les femmes travaillerent incessamment, & sur tout les Dames de la plus haute condition, qui animerent les autres par leur exemple, & s'emploïerent avec une ardeur si grande que toutes les tranchées furent achevées dans trois jours, bien qu'il y eût du travail pour quinze; aussi en memoire de leur vertu, ce travail fut apellé la tranchée des Dames.

XXXII. Cependant que Bourbon étoit devant Marseille, il détacha quelques troupes pour aller assiéger le fort de Toulon, qu'on estimoit imprenable, & pour son assiéte & pour sa Fortification, étant d'ailleurs trés-bien

Tome I.   R r r

pourvû de toutes les munitions de guerre & de bouche, & d'autres choses necessaires à la défense d'une place : mais un Capitaine nommé Mottet qui y commandoit l'abandonna lâchément, ils se rendirent encore maîtres de celle de Cassis, où s'étoient refugiées quantité de filles, ces deux prises furent trés avantageuses aux Imperiaux pour la continuation du siége de Marseille : car ils trouverent dans ces deux places beaucoup de munitions, & quantité de canons qu'ils firent traîner devant cette Ville, dont l'un qui étoit d'une grosseur demesurée aïant été mis en baterie faisoit un effet extraordinaire. La prise de ces deux places fit esperer à Bourbon qu'il se rendroit maître de Marseille, & releva le courage de son armée ; pour cét effet il fit changer la baterie, pointer les canons contre les murailles joignantes la Tour de Ste. Paule, où ils firent une bréche assés large. Mais les Marseillois aprés l'avoir reparée promptement, se preparent à recevoir l'ennemi s'il venoit à l'assaut, & bien que Rances eût reconnu dés le commencement du siége leur genereuse résolution, & le zele qu'ils avoient pour le service de leur Prince, & pour leur propre conservation ; néanmoins afin d'en tirer une preuve plus asseurée, & pour découvrir quelle seroit leur contenance & leur courage dans le peril, il leur en voulut mettre l'image devant les yeux, & un soir il leur fit donner l'alarme aussi chaudement que si l'ennemi eût été dans la Ville, mais ils sortirent en même tems de leurs maisons, coururent à la bréche, & aux murailles, avec tant d'ordre & de désir de bien faire, que leur General en fut extrémement satisfait, & loüa hautement leur generosité.

XXXI.
1524.

Le lendemain on vit venir de loin une compagnie de soldats armés à blanc, sous la conduite de leur Capitaine, qui prenoient le chemin de la bréche, on crût d'abord que c'étoit pour la reconnoître : mais le canon de la Ville les reçût si à propos, qu'aprés avoir éclairci le bataillon & tué le plus grand nombre des soldats qui le composoient, les autres furent contraints de lacher le pied. Ce fut en ce jour que l'artillerie de part & d'autre joüa avec tant de furie que les assiégés & les assiégeans ne pouvoient se découvrir à cause de la fumée, le Marquis de Pescaire courut hazard de sa vie, par le moïen d'un coup de canon qui fut tiré de la Tour du grand Horologe, qui emporta une partie de son logement. Ce Seigneur qui s'ennuïoit de la longueur de ce siége, ou qui peut être poussé d'une secrete jalousie n'étoit pas marri, que ce mauvais succés fit perdre à l'Empereur la bonne opinion qu'il avoit de la conduite & de l'experience de Bourbon, se moquoit ouvertement de lui, & jugeant l'exécution de son entreprise tout à fait impossible, lui voulut témoigner ce sentiment par un trait de raillerie, qui est rapporté diversement : car j'ai veu dans des memoires manuscrits, que le Marquis de Pescaire commanda à son maître d'Hôtel de mettre dans un bassin trois boulets couverts d'un linge, & de porter ce present à Bourbon, ce que ce Gentilhomme ne manqua pas de faire : car aprés l'avoir profondément salüé, lui dit ces paroles en Espagnol ; *Monseigneur vous avés asseuré à son excellence étant encore delà les Monts, que Marseille se rendroit au premier coup de canon, ou au plus tard dans trois jours,*

Manuscrit d'Huge de Bourbon, fait par Thierri dit de Letoille.

DE MARSEILLE, Liv. VII. 312

voici les clefs qu'elle vous envoie par Monsieur le Marquis, prenés-les, & entrés dans Marseille. Ferron en la vie de François I. le raporte autrement, quoi qu'il n'y ait pas grande différence, car il dit que l'un des domestiques du Marquis de Pescaire aïant été tué d'un coup de canon dans sa tente à six pas de son maître, le Marquis commanda aussitôt à un jeune garçon de ramasser la bale pour la porter à Bourbon, & lui demander de sa part si ce n'étoit pas les clefs de Marseille. Mais Honoré de Valbelle le décrit d'une autre façon, & dit qu'un coup de canon aïant tué dans le logement du Marquis deux Gentils-hommes & un Prêtre pendant qu'il disoit la Messe, Bourbon qui s'y rencontra, entendant le bruit demanda ce que c'étoit : & qu'alors le Marquis lui répondit, Ce sont les Consuls de Marseille qui vous aportent les Clefs.

^{Arnold Ferron.}

XXXIV. Cette action de mépris piqua si fort le cœur de Bourbon, qu'il résolut de faire ses derniers efforts pour emporter cette Place, afin de faire connoître au Marquis qu'il n'étoit pas homme à se jetter aveuglement dans un dessein, sans en avoir pesé les difficultés & les moïens d'en venir à bout : mais comme la rage avoit plus de part aux délibérations que la raison, le succès ne répondit pas à son attente.

XXXV. Car dès ce jour-là il fit continuer la baterie sans interruption en telle sorte, qu'elle fit dans peu de tems une bréche de la largeur de vingt-cinq toises par le haut, & de sept toises au pied ; mais Rances la fit si promptement reparer, qu'elle fut bien-tôt en état de défense, par le moïen des bois de traverce, des Claies, des Gabions, & des balles de laine qu'il y fit mettre.

XXXVI. Cette grande résistance devoit bien faire connoître à Bourbon qu'il lui seroit impossible de prendre la place, ni par composition, ni par force ; attendu même que la bréche étoit si bien fortifiée, & défendue par une troupe de gens d'eslite, sous le commandement du Seigneur de Brion, & les murailles bordées de soldats déterminés. D'ailleurs il étoit bien averti par les espions qu'il avoit dans la Ville, que les Habitans qui étoient en armes aux principales places, n'attendoient que l'ordre du General pour donner où il leur seroit commandé, & qu'ils étoient résolus de s'ensevelir plûtôt sous les ruines de leur patrie, que de tomber entre les mains des Imperiaux.

XXXVII Mais tout cela ne fut pas capable de le détourner de la résolution qu'il prit de faire donner l'assaut, dont il offrit la première pointe aux Lansquenets, qui la refuserent, disant qu'ils n'étoient obligés de combatre qu'en rase campagne : les Espagnols suivirent l'exemple de ceux-ci, & oublierent à cette fois leurs rodomontades : les Italiens ne témoignerent pas plus de courage que leurs compagnons, & il n'y eût aucun Capitaine dans l'armée qui peut persuader à ses soldats de donner à la bréche, bien que le General offrit cinq cens écus, & une compagnie de cinq cens hommes à celui qui iroit le premier à l'assaut, trois cens écus au second, & au troisième deux cens : mais comme il n'avançoit pas davantage par les menaces, que par les promesses, tout transporté de fureur & de desespoir, il fit trancher la tête à un de ses Capitaines, qui n'avoit pas témoigné assés de courage pour persuader les soldats de se laisser mener à la boucherie.

XXXVIII. Il fit néanmoins continuer la baterie ce jour-là, & le lendemain, & au troisiéme il commença de déloger aprés avoir fait charger sa grosse artillerie, & la plûpart de son bagage sur des Vaisseaux, & mettre en piéces les petits canons pour les emporter, Jean Sleidan dit que Bourbon en se retirant perdit grand nombre de ses gens & son artillerie, son Camp occupoit deux grandes lieuës dans le terroir, où cette armée laissa de marques signalées de son indignation & de son insolence, par une dépopulation prodigieuse, & par des brûlemens presque universels : mais ce qui fut encore de plus rude aux Habitans aprés la retraite des ennemis, c'est que les soldats étrangers qui avoient demeuré dans la Ville durant le siége sortirent à la campagne, & acheverent de ravager tout ce que la fureur des Imperiaux avoit épargné. Le nombre de ceux qui moururent pendant le siége du côté des ennemis fut fort grand, & il y eût même quantité de chefs, & de personnes de condition : mais du côté des assiégés, il en mourut fort peu & les seuls hommes de commandement qui demeurerent en cette occasion, fut un Capitaine Romain nommé Vincentio Thibaut avec son Enseigne. Ils furent tués en une sortie, ainsi que j'ai dit ci-devant, on les ensevelit dans l'Eglise Majeur. Les principaux Capitaines, & Citoïens de la Ville assisterent à leurs funerailles.

Au traité des maisons Illustres de France.

XXXIX. Pendant ce siége & lorsqu'il étoit le plus échauffé, sa Majesté écrivit aux Marseillois ces mêmes paroles, que j'ai trouvées dans le manuscrit qui en contient la relation. *Nous vous prions être de bonne volonté, & continuer à faire vôtre devoir, comme trés-bien & loyaument avés fait jusques ici, dequoi vous en sçavons trés-bon gré, & croïés que Nous reconnoitrons ci aprés les services que Nous aurés fait, de sorte que de vôtre loyale servitude & fidelité sera memoire perpetuelle, & exemple és autres de faire leur devoir comme avés fait.*

XXXX. Bourbon fit fort bien de se retirer, car pour peu qu'il eût tardé davantage, le Roi qui avoit mis sur pied une puissante armée, & qui n'avoit rien tant à cœur que de rencontrer ce rebelle, lui auroit fermé le passage fort aisément ; & aprés avoir fait perir son armée, se seroit saisi de sa personne, pour lui faire souffrir la peine que son crime meritoit.

XXXXI. Un Auteur Espagnol décrit si particulierement le sujet de la levée de ce siége, & il en raporte des circonstances si remarquables, qu'il ne me semble pas à propos de les oublier ; il dit que le Marquis de Pescaire n'avoit autre pensée que de faire lever le siége, parce qu'il voïoit bien qu'il étoit impossible de prendre une Ville si bien munie, & si bien défenduë, mais neanmoins que Bourbon s'opiniâtroit toûjours à le continuer, & qu'il disoit pour ce sujet, que si on donnoit quelques assauts, sans doute la Ville seroit contrainte de se rendre. Le Marquis au contraire s'obstinoit à la retraite, & pour fortifier son sentiment, il avançoit que puisque Lanoy ne venoit point à leur secours avec mille Chevaux, & que le Roi d'Angleterre ne faisoit point la guerre en Picardie ainsi qu'il avoit promis à l'Empereur, il n'y avoit rien à esperer de bon

Seconda parte de la Historia Pontifical: Catoolica de Gonçalo de Illescas Obisp. de S. Frontes lib. 6.

bon dans cette résolution de ne quitter pas cette Place. Mais comme Bourbon étoit le General de l'armée, aussi on ne faisoit que ce qu'il vouloit ; comme avant que lever le siége, il désira de donner un assaut puisqu'on avoit fait bréche, aussi le Marquis bien loin d'y oser contredire pour ne paroître pas manquer de cœur, au contraire il fit semblant d'aprouver ce dessein ; mais avant que de donner l'assaut, il dit qu'il trouvoit à propos d'envoier quelques espions dans la Ville pour en sçavoir l'état au vrai, ce qui fut fait : on en donna donc le commandement à sept soldats qui s'y perdirent à la reserve de trois qui revinrent blessés, & qui raporterent que dans la Ville & derriere la bréche, il y avoit quantité de canons, qu'entre cette artillerie & le mur qui la couvroit, il y avoit un fossé plein de poids rezine, & d'autre matiere à prendre feu, & derriere tout cela il y avoit encore des Compagnies de vaillans & genereux soldats qui les attendoient. Aprés que ces espions eurent raporté ce que je viens de dire, le Marquis qui parloit peu, mais qui ne disoit presque rien que de bonne grace tint ce discours. *Mes freres je viens d'ouïr de quelle maniere les Marseillois se conduisent, & qu'ils ont aprêté une table bien couverte pour traiter ceux qui les iront visiter, & leur faire un beau festin, si vous avés envie d'aller souper en Paradis, allés y à la bonne heure, que si au contraire vous n'y pensés nullement comme je fais, suivés-moi en Italie qui est dépourveuë de gens de guerre,* & sans plus parler il commença à marcher & fut suivi de tous, & même de Bourbon qui maudissoit son avanture & le mauvais succés de ce siége. Paul Jove dit la même chose en substance, mais non pas les mêmes paroles ; il ajoûte que ce siége dura quarante jours, qu'il fut levé sur le midi, & environ la fin du mois de Septembre.

S. secundi siue Clement VII.

De viris Illustribus in vita Ferdinandi Davali cognomento Piscaria.

Trois jours aprés la levée de ce siége, sa Majesté arriva à Aix, où il fit d'abord deux actions de Justice, l'une pour la recompense des bons, & l'autre pour le châtiment des coupables ; car les Consuls de Marseille qui lui allerent rendre leurs devoirs furent caressés extraordinairement, & leur fidélité fut hautement loüée par la bouche de leur Prince, voici ce qu'il leur dit. *Messieurs vous soies les trés-bien venus, vous m'avés été toûjours bons & fidéles sujets, & vôtre loyauté a été cause que j'ai recouvert tout mon Païs de Provence, dequoi vous en remercie & vous en demeure vôtre obligé, mais pour le present ne vous puis visiter pour effacer cette obligation, à cause qu'il faut que j'aille delà les Monts en Hâste, & s'il plaît à mon Dieu au retour vous visiterai, & connoîtrés qu'avés en moy un bon Prince.* Ce sont les mêmes paroles qui sont dans ce manuscrit. L'action de justice que le Roi fit alors fut contre le Prévôt de Pras à qui il fit trancher la tête publiquement pour avoir favorisé les armes de l'ennemi capital de la France ; duquel aiant reçu en recompense de la trahison l'Office de Viguier de la Ville d'Aix, il fit pour premier essai de sa charge pendre un Marseillois trés-fidéle sujet pour n'avoir jamais voulu crier vive Bourbon.

XXXII.

Manuscrit du siége de Bourbon.

En ce siége qui dura quarante jours, Rance fit paroître qu'il possedoit toutes les qualités d'un parfait Capitaine, y aiant donné des preu-

XXXIII.

ves de son courage, de sa hardiesse, de sa prudence & de sa fidélité; le Seigneur de Brion acquit aussi une gloire immortelle; Prejent de Bidoux Chevalier de l'Ordre de S. Jean de Jerusalem, grand Prieur de S. Gilles, & qui avoit été autrefois General des Galeres de France, Loüis de Grasse Seigneur du Mas Lieutenant du Roi en Provence, & Antoine de Glandeves Viguier de Marseille s'y porterent si genereusement qu'ils se sont rendus recommandables à la posterité, aussi la Communauté pour reconnoître les services du sieur de Glandeves, lui fit un honnête present.

XXXXIV. Les Seigneurs de Barbesieux & de Laval s'enfermerent encore dans la Ville, & y demeurerent tant que le siége dura, les Compagnies de soldats qu'ils avoient sous eux avoient été autrefois commandées par le Seigneur de Bayard.

XXXXV. Pierre de Vento, Pierre de Comte, & Mathieu Lauze qui étoient alors Consuls y signalerent leur courage, & y servirent le Roi fort utilement, & de leur personne & par l'extrême soin qu'ils eurent de pourvoir la Ville de toute sorte de munitions : car ils faisoient continuellement piler du Salpêtre & autres matieres propres à faire la poudre : ils avoient fait dresser plusieurs Moulins à bled, que des Chevaux faisoient tourner, leur prévoiance fut d'une très grande utilité, particulierement en ce que dès qu'ils eurent nouvelles du dessein de l'ennemi, ils prirent à gages quarante Canoniers fort ajustés qui ne perdoient pas un coup, & qui rendirent de grands services durant ce siége; & generalement tous les Habitans sans exception d'âge, de sexe, ni de condition, comme nous avons veu ci-dessus, firent paroître leur zele & leur fidélité.

XXXXVI. Il n'est pas juste de passer ici sous silence ce que la Ville fit encore en cette conjoncture; sçavoir qu'elle contribua beaucoup aux dépenses qu'il faloit faire pour le soûtien de ce siége, soit aux munitions de guerre & de bouche, soit aux travaux qu'on fut obligé de faire pour reparer les bréches, ouvrir des tranchées, & generalement pour tout ce qu'il fut necessaire en cette rencontre, afin de subvenir en partie à de si grandes dépenses; elle fit vente des Greffes des Juges, & des charges de Consaux; & pour une preuve de ce que je viens de dire & encore de leur generosité, il ne faut que jetter les yeux sur deux lettres Patentes qui leur furent expediées l'une deux ans, & l'autre quatre ans après. Dans la premiere qui contient une confirmation faite par François I. de deux Foires franches, qui leur avoient été accordées par les Rois René, & Loüis XII. François dit ces mêmes paroles: *Par quoi nous ces choses considerées mêmement la grande loyauté, & vraie obéïssance que lesdits Manans, & Habitans ont toûjours eü envers nous, & nos predecesseurs, & la grande résistance qu'ils ont faite à l'encontre de ceux qui les ont voulu forcer, & usurper sur nous, & nôtre domaine & seigneurie & obéïssance.* & dans les autres Patentes par lesquelles ce Prince casse une Ordonnance de quelques Commissaires qui avoient condamné les Marseillois à contribuer à la fortification de la Tour de Toulon, il est justifié formelement qu'ils avoient fait les dépenses de ce siége, & le Roi se sert de ces mêmes paroles, qui meritent aussi d'être inserées en cet

Aux Archives de l'Hôtel de Ville, au Bulletaire dudit terne, & aux écritures publiques.

Aux Archives de l'Hôtel de Ville.

endroit. *Pour ce est-il que nous ces choses susdites, considerées, la grande loyauté, entiere fidelité & vraye obeïssance, dont lesdits suppliane & leurs predecesseurs ont usé envers nous & nos predecesseurs, non voulant souffrir ni permettre aucune chose leur être tollu, ains les favorablement traiter, & entretenir en leurs priviléges, graces & exemptions, franchises & libertés.*

Aussi-tôt après le siége levé, la Ville fut affligée de peste, les Habitans abandonnerent aussi-tôt, ils se refugierent partie aux Villages circonvoisins & partie au terroir; & parce qu'on aprehendoit qu'elle ne fut surprise par l'ennemi, il fut résolu dans un Conseil qu'on mettroit sur pied quatre cens soldats commandés par quatre Capitaines, & d'ailleurs que tous les chefs de maison retourneroient dans la Ville pour la garder, où envoïeroient chacun un homme en leur place qui seroit suffisant pour cela, & dont ils répondroient. Ce fleau de Dieu fut accompagné de la famine, à cause que pour le soûtien du siége on avoit consommé tous les vivres de la Ville & des environs, & comme les Marseillois ne sçavoient où recouvrer du bled, puisqu'il étoit défendu d'en sortir du Languedoc, où il y en avoit grande quantité, ils se pourvûrent pour cét effet à Loüise de Savoie mere de François I. & Regente en France, à cause que ce Prince après avoir été pris devant Pavie, avoit été traduit en Espagne; cette Princesse fit expedier aux Marseillois des lettres Patentes données à S. Just lés-Lion, le 22. de Decembre de l'an 1524. par lesquelles il leur accorda la permission d'en aller prendre & tirer du Languedoc pour la provision de la Ville, nonobstant les défenses qu'elle en avoit fait: dans ces Patentes il y a ces mêmes paroles, *désirant favorablement & gratuïtement traiter les Habitans de Marseille en faveur & consideration de la bonne amour, & loyauté que par vraye experience, ils ont demonstré avoir envers le Roi nôtre dit Seigneur, & fils pour la garde & conservation de ladite Ville en son obeïssance.*

L'année suivante Bourbon qui avoit beaucoup contribué à la prise du Roi François I. se mit sur mer avec dix-sept Galeres pour aller trouver l'Empereur, de qui il esperoit une recompense proportionnée au service signalé qu'il lui avoit rendu. Etant arrivé aux isles de Marseille, il envoïa demander des vivres, dont il avoit faute, n'osant pas les demander en son nom aux Marseillois, auxquels il avoit fait tant de maux, dont la mémoire étoit encore fraiche: il les fit demander au nom de Hugues de Moncade, & fit representer qu'il y avoit trêves entre les deux Couronnes, & qu'il n'en avoit pas refusé aux Galeres de France, lors qu'elles avoient été emploïées pour traduire le Roi en Espagne. Les Consuls ne voulurent pas lui en faire refus ou lui en accorder, sans la permission du Gouverneur & de la Cour, qui après en avoir été avertis, envoïerent l'Evêque de Sisteron pour assembler le conseil, où la plus grande opinion porta de donner des vivres aux Espagnols; mais le menu peuple s'étant soulevé, ne le voulût jamais permettre, disant qu'on ne devoit point donner des vivres à ce traitre Bourbon qui avoit ruiné la France & desolé Marseille.

HISTOIRE

XXXXIX. Aprés le traité de Madrit, la Ville de Marseille deputa trois Gentils-hommes, sçavoir Nicolas d'Arene premier Consul, Jaques de Paulo & Pierre de Cepede pour aller témoigner à sa Majesté l'extreme joie que les Marseillois avoient de sa delivrance. Ces Deputés furent fort bien reçeus, & le Roi leur accorda la plus grande partie de ce qu'ils demanderent. De Paulo & Cepede furent de retour le 28. Iuin, mais le Consul ne revint que le 7. Iuillet, aprés qu'on lui eut expedié des let-tres patentes portant entre autres choses la confirmation de leurs pri-vileges, la permission de faire de la monnoie dans la Ville & d'y vendre le sel, l'exemption generale des contributions aux quelles le païs de Pro-vence étoit obligé, voulant que ladite Ville en demeurât distincte & separée; cét article a été souvent confirmé par les Rois ses Successeurs & finalement de pêcher aux mers de Marseille. Quelques jours aprés, le Grand Maitre de l'Ordre de S. Iean de Ierusalem accompagné de quanti-té de Chevaliers vint en cette Ville : il fut logé à la maison de la famille de Boniface, & peu aprés il prit la route de Nice. Cependant le Roi qui pour le recouvrement de sa liberté avoit été forcé d'accorder des con-ditions rudes & tiranniques, rompit avec l'Empereur ; & s'étant ligué avec le Pape, le Roi d'Angleterre, les Venitiens, les Suisses & les Flo-rentins envoïa une puissante armée en Italie sous la conduite du sieur de Lautrec, qui conquit dans peu de tems presque tout le Roïaume de Na-ples ; mais la revolte d'André Doria fut cause qu'on le perdit ausi tôt & que les François furent contraints de se retirer avec perte d'un grand nombre de Seigneurs & même de quelques Princes.

Aux Archi-ves de l'Hô-tel de Ville.

L. Pendant cette rupture les Marseillois pour se garder de surprise firent choix des personnes suivantes qui eurent ordre de veiller à la conserva-tion de la Ville, Iean de Vegua, Fouquet Nouveau, Gabriel Vivaut, Iaques de Paulo, Iean & Pierre de Cepede, Charles de Monteoux, Ni-colas d'Arene, Louis Paul, Claude Montagne, Iaques Iulien & Car-lin Blanc.

LI. André Doria aprés s'être declaré pour l'Empereur envoïa le Comte Philipin Doria en Espagne, lequel passant par nos mers avec dix-sept Galeres donna fonde à l'embouchure de la petite Riviere d'Uveaune, pour y faire aigade, & y prit quelques barques de Marseille qui ve-noient d'Arles & du Languedoc. Les Consuls aïant eu avis qu'il avoit fait mettre à la chaine les Marseillois qu'il y avoit pris, envoïerent vers lui Blaise Doria, Charles de Monteoux & Etienne de Montolieu, qui les prierent de les vouloir mettre en liberté : mais il répondit qu'il étoit prêt d'en faire échange homme pour homme avec les Genois qui étoient aux Galeres de France & ne leur donna point d'autre satisfa-ction : mais s'étant rétiré aux Isles de Marseille, quatre de nos Gale-res sortirent à la faveur du canon de la Ville, pour canoner celle de Phi-lipin qui leur répondit avec toute son artillerie, & ne fit point semblant de boujer des Isles ; ce qui fut cause qu'on équipa douze Galeres, un Galion & un autre Vaisseau pour le faire déloger : mais il serpa le len-demain à la premiere garde, si bien que tout cét apareil fut inutile.

LII. Quelques mois aprés, les nouvelles vinrent à Marseille que la paix 1528 avoit

DE MARSEILLE. Liv. VII.

avoit été conclu entre la France & l'Espagne par un traité fait à Cambrai, & que le Roi étoit obligé de païer à l'Empereur pour sa rançon & pour retirer ses deux Fils, la somme de deux millions d'or : si bien que les Marseillois envoïerent trois mille écus d'or au Roi pour faire une partie de cette rançon, avec offre de vuider leur bourse jusqu'au dernier denier, s'il en étoit besoin.

LIII. A deux ans de là ou environ l'an 1530. Marseille se trouva atteinte de peste, elle l'avoit été trois ans devant, la plûpart des Habitans vuiderent la Ville, les uns prirent retraite au Terroir, & les autres aux Villages circonvoisins, Charles de Monteous qui étoit premier Consul étant à la Cour pour les affaires publiques, Jean Pitti & Trophime Gras ses Collegues, au lieu de demeurer dans la Ville en cette conjoncture, l'abandonnerent, & firent trois Proconsuls, sçavoir Jean Guin, Jacques Julien & Jean Giraud qui demeurerent en leur place. En ce même tems vingt-deux Galeres des Turcs passerent en ces mers, & de peur qu'elles ne vinssent ravager la Ville & le Terroir, on fit levée de deux cens soldats, ce fut ensuite d'une Deliberation d'un Conseil qui fut tenu hors de la Ville & au Plan St. Michel, où se trouverent François de Forbin Viguier, les deux Consuls en chef, & plusieurs personnes de qualité.

Aux Archives de l'Hôtel de Ville, au Bulletaire de ce tems.

LIV. L'année suivante le Roi écrivit aux Marseillois par le Baron de St. Blancard, qui outre qu'il étoit General de ses Galeres, étoit aussi Vice-Amiral de Provence, il leur marquoit qu'il avoit apris que le Port de Marseille étoit fort embourbé, qu'il se remplissoit tous les jours, & même qu'il y avoit des Vaisseaux enfondrés, qu'il desiroit qu'on les tirât de l'eau, & qu'on prît soin de faire curer le Port, ainsi qu'il étoit necessaire ; en la même année les Marseillois firent refaire un gros canon appellé le *Frere*, qui s'étoit crevé pour avoir trop tiré pendant le siége de Bourbon ; & parce qu'ils n'avoient point d'argent pour en faire la dépense, ils y emploierent ce qu'ils retirerent des Greffes des Juges ordinaires & des appellations qu'ils donnerent à rente pour un an.

LV. Deux ans après l'Empereur Charles Quint passant d'Italie en Espagne aborda aux Isles de Marseille le 13. d'Avril de l'an 1533. avec trente-quatre Galeres, & trois Brigantins ; les Marseillois lui firent un present de quelques toneaux de vin excellent, qui coûterent cent florins & quatre gros ; Claude Comte de Tende accompagné des principaux Gentilshommes du Païs, lui alla faire la reverence, & lui fit aussi present de quantité de vivres pour ses Galeres, elles furent retenuës aux Isles par les vents contraires jusqu'au 20. d'Avril qu'il fit voile pour aller à Barcelonne.

Aux Archives de l'Hôtel de Ville.

Tome I.   T tt

CHAPITRE VII.

Arrivée du Pape Clément VII. & du Roi François I. à Marseille. Henri de France y épouse Catherine de Medicis.

I. Charles Quint ennemi du Roi François I. II. Le Roi de France s'allie avec la Maison de Medicis. III. Le Pape arrive par Mer à Marseille avec une belle flote de Galeres, & de quelques Vaisseaux. IV. Le Roi vient apres pour le mariage de son Fils. V. Le Pape s'y rend aussi, & il y est fort bien reçû. VI. Le Seigneur de Nantoillel lui va faire la reverence & conferer avec Sa Sainteté. VII. Qui fait son entrée dans la Ville. VIII. Le Roi en sort. IX. Et aprés il vient rendre ses obeissances à Sa Sainteté. X. Relation de l'arrivée du Roi à Marseille. XI. La Reine y arrive. XII. Accompagnée des enfans de France, des Chevaliers de l'Ordre, & de Marguerite de France. XIII. La Reine va voir Sa Sainteté. XIV. Arrivée de la Duchesse d'Urbin. XV. Le President Pojet s'excuse de faire la harangue au Pape. XVI. Création de quatre Cardinaux François. XVII. Grande magnificence au mariage d'Henri. XVIII. Qui fait quelques Ordonnances dans Marseille. XIX. Arrivée d'un Ambassadeur à Marseille. Mort du premier Consul de cette Ville.

I. La haine que l'Empereur Charles V. a témoigné durant le cours de sa vie contre le Roi François I. a été si grande, qu'il n'a oublié aucune sorte d'artifice pour le ruiner, tantôt en lui suscitant des ennemis, tantôt en lui débauchant ses Sujets ou ses Alliés. Et bien qu'on eût sujet d'esperer que le mariage de sa sœur avec le Roi, adouciroit sa passion, ou étoufferoit ses aigreurs : toutefois l'evenement fit connoître que ce Prince (quoy que doüé de grandes parties) avoit neanmoins ce défaut de violer les traités & le respect des alliances, lors qu'il trouvoit occasion d'avancer ses affaires, & que rien n'étoit capable d'arrêter cét esprit ambitieux, qui aspirant à la Monarchie de toute l'Europe, s'efforçoit de détruire la France, qui seule traversoit toute l'execution de cette haute entreprise.

II. François reconnoissant l'humeur de son ennemi, faisoit tout son possible pour être d'intelligence avec les Princes Chrétiens, & se fortifier de leurs alliances, & parce qu'il jugea que celle du Pape lui étoit extremement necessaire, il se laisse porter à marier Henri son puisné Duc d'Orleans avec Catherine de Medicis Duchesse d'Urbin, niéce de Sa Sainteté. Pour la consommation de ce mariage, ces deux Princes choisirent la Ville de Marseille, & le Pape qui desiroit avec passion de faire une alliance si avantageuse pour sa maison, y vint accompagné de beau-

DE MARSEILLE. Liv. VII. 320

coup de Cardinaux fur des Galeres que Sa Majefté lui envoïa, commandées par Iean Stuard Duc d'Albanie; ce Prince d'Efcoffe avoit épousé Anne de la Tour ou de Boulogne tante de Catherine de Medicis, & avoit été le mediateur de ce mariage; cependant avant la venuë de ce Pontife Anne de Montmorenci Maréchal & Grand Maître de France, Son Epouſe, le Duc & la Duchefſe de Vendôme, Antoine Duprat Chancelier de France, les Ambaſſadeurs de la République de Veniſe, & de tous les Princes Chrétiens, & le Marquis de Saluces ſe rendirent à Marfeille pour ſe trouver à cette ceremonie.

Les Galeres de France étoient en nombre de dix-huit, d'ailleurs le Pape en avoit quatre, & cette flote étoit encore compoſée de ſix Vaiſſeaux bien équipés, & de dix-huit Galeres, dont dix apartenoient à l'Eſpagne, & quatre à la Religion de Rhodes, la Galere ſur laquelle le Pape monta qui apartenoit au Grand Maître de France, étoit richement parée, la Chambre étoit toute tapiſſée de drap d'or, & parſemée de Fleurs de Lys, & tout le dehors de la Galere étoit couvert de Damas rouge, vert & jaune, tous les Forçats tant de cette Galere que des autres encore étoient auſſi habillés de la même étofe, & de la même couleur. III.

Le Roi étoit déja arrivé le premier à Marſeille, & avec lui deux de ſes Fils; pour attendre Sa Sainteté, & pour donner ordre qu'Elle y fut reçuë avec tous les honneurs qui étoient dûs à Sa Perſonne & à Sa Dignité. IV.

Le Mecredi 8. d'Octobre, ou le Samedi 11. du même mois le Châ- V.
teau & le Fort Nôtre Dame de la Garde aïant fait ſignal, par lequel la M. du Belay
Ville fut avertie de l'arrivée du Pape, la Nobleſſe Françoiſe accourut au Port, & montant ſur des fregates & brigantins, lui alla au devant avec des trompetes, clairons & hautbois, & peu aprés à meſure que les Galeres aprochoient de la Ville, Sa Sainteté fut reçuë avec un ſalut de trois cens volées de canon, dont on avoit logé un pareil nombre ſur les murailles, & aux lieux les plus eminens, au Fort nôtre Dame de la Garde, à la Tour St. Iean, & à l'Abbaïe St. Victor, & en même-tems les Galeres ſaluërent la Ville, ſi bien qu'on ne voïoit qu'une épaiſſe fumée, entremélée des éclairs, & le bruit de l'artillerie empêchoit qu'on n'entendit la fanfare des trompetes, hautbois & clairons. Le Pape aïant pris terre du côté de St. Victor environ les huit heures du matin, alla décendre au jardin du Roi, où il fut reçû par les Cardinaux de Bourbon, & de Lorraine, & de quantité de Prelats tant de France que d'Italie; aprés midi il alla au Palais d'Anne de Montmorenci Maréchal & Grand Maître de France, qui lui preſenta les Clefs de la Ville. Le Roi lui avoit com- D
mis le ſoin de ſa reception, auſſi ce Seigneur s'en acquitta fort bien: car outre le Palais qui étoit au delà du Port, il en avoit fait préparer deux autres dans la Ville, & à la place neuve, l'un pour le Pape, & l'autre pour le Roi, & avoit fait faire ſur une ruë qui étoit au milieu une grande ſale de charpenterie (parée richement, & de tres belles tapiſſeries de fil d'or) qui aboutiſſoit aux deux Palais, & étoit diſtincte pour tenir le Conſiſtoire & autres Aſſemblées.

HISTOIRE

VI. Le Pape n'arrêta guéres au Palais de Montmorenci, mais il s'en alla souper & coucher dans l'Abbaïe St. Victor suivant quelques relations que j'ai veu, d'autres disent qu'il coucha au Palais de Montmorenci, & que le soir même Antoine Duprat, Seigneur de Nantoüillet Chancelier de France, Cardinal & Legat fut chez lui fort accompagné, & comme il entra où étoit Sa Sainteté, après qu'il eût fait de profondes reverences, se mit à genous pour lui baiser les pieds, mais le Pape lui dit *non pedes sed manus*, & après une demi heure de conference il s'en retourna.

VII. Le lendemain Sa Sainteté s'en alla à pied oüir la Messe en l'Abbaïe St. Victor, & après il passa l'eau sur une chaloupe, & vint décendre sur le quay du Port au devant des Augustins, où il mit pied à terre pour y prendre le S. Sacrement qu'il mit dans une arche ou coffre de drap d'or frisé, couvert de velour cramoisi. Tous les Ordres de la Ville rangez en procession l'attendoient sur le quay du Port pour le recevoir, comme aussi les Religieux de St. Victor qui porterent les Reliques de ce S. & d'autres encore. Son entrée fut fort magnifique, car toutes les ruës de la Ville furent tenduës de riches tapisseries, il fut conduit en Habits Pontificaux, à la reserve de la Thiare, sur une chaire de velour rouge, que deux hommes portoient, le Duc d'Orleans & d'Angolesme marchoient à ses côtés, il étoit precedé d'une haquenée blanche, sur laquelle on avoit mis le S. Sacrement, que deux hommes fort bien vêtus conduisoient par les resnes qui étoient de soye blanche, après lui venoient 14. Cardinaux montés sur des mules, & environ cinquante ou soixante Archevêques ou Evêques, quantité de Noblesse tant Françoise qu'Italienne, suivoit cette troupe, & en étoit separée de quelque intervale ; en cét état le Pape fut à l'Eglise Majeur, où après avoir entendu Vêpres, il donna la Benediction au peuple, & se retira à son Palais.

<small>Memoire manuscrite.</small>

<small>Memoire manuscrite.</small>

VIII. En même-tems que le Pape entra dans la Ville, le Roi en sortit, & passant le Port avec une chaloupe vint prendre le logis que Sa Sainteté ne faisoit que de quitter, avec intention de lui venir rendre le lendemain ses tres humbles obeïssances comme Fils aîné de l'Eglise, étant une coûtume ordinaire aux abouchemens des Princes, que celui qui a quelque avantage de grandeur pardessus l'autre, l'attend au lieu de l'assignation, afin qu'il semble que c'est le moindre qui va trouver le plus grand.

<small>Montagne L. 1. C. 13.</small>

IX. Le lendemain le Roi fut visité par quinze ou seize Cardinaux qui allerent jusqu'à son logis, montés sur des mules, parmi lesquels il y avoit les Cardinaux Duprat, d'Aigremont, de Lorraine, de Bourbon, de S. Severin, de Medicis, de Tornon, Trivulce, de Ste. Croix, Salviati, Cornaro, & Rodolphe. Ce Prince étant rentré dans la Ville partit de son Palais pour aller saluer le Pape, accompagné de deux de ses fils, du Duc de Vendôme, des Comtes de St. Pol, de Montpensier & de la Roche-Suryon, Princes du Sang, du Duc de Nemours frere du Duc de Savoïe, qui mourut quelque tems après à Marseille, & fut enseveli à l'Eglise Majeur, du Duc d'Albanie, du grand Maître de Montmorenci, du Duc de Nevers, du Duc de Lorraine, du Marquis de Saluce,

&

DE MARSEILLE. Liv. VII. 322

& de plusieurs autres Seigneurs des plus illustres de France, & trouvant Sa Sainteté & tout le College des Cardinaux en cette grande sale, fléchit les genoux : mais aussitôt il fut relevé & reçû avec toute sorte d'honneur, de joïe & de courtoisie : ce compliment fait, le Roi se retira, menant avec lui plusieurs Cardinaux qu'il caressa & regala somptueusement, entre autres le neveu du Pape de la Maison de Medicis, qui étoit un Prélat fort magnifique.

X. Ceremonial de France.

L'aprés diner du jour que le Roi vit le Pape, il y eût dix Cardinaux qui allerent prendre ce Prince à son logis pour l'accompagner chés sa Sainteté qu'il trouva dans une grande sale, Elle étoit vétuë d'une robe blanche, & avoit pardessus une chape toute couverte de broderie d'or & de pierreries, Elle avoit aussi la Thiare en tête extrémement enrichie de pierres precieuses, & étoit assise sur un trône couvert de drap d'or, les Cardinaux étoient assis plus bas à ses deux côtés, & les Evêques à terre sur des tapis : avant que le Roi entrât dans la sale, les Cardinaux allerent baiser le bord de la chape du Pape l'un aprés l'autre, suivant l'ordre de leur ancienneté, le Roi entra peu aprés dans cette sale, & en entrant il fit une reverence ; il en fit une autre quand il fut au milieu, & une troisiéme lorsqu'il se fut aproché de la personne de sa Sainteté, ensuite il se mit à genoux, baisa le pied au Pape, ce que le Pape ne vouloit pas souffrir, il baisa aprés la main, puis la chape & enfin la joüe ; les Ducs d'Orleans & d'Angoulême firent la même chose, & ensuite les Princes & les Chevaliers de l'Ordre.

XI.

Le 14. d'Octobre la Reine, & le Dauphin firent leur entrée dans Marseille, laquelle fut aussi fort magnifique. Les Consuls & les Capitaines de quartier furent au-devant d'eux. Madame de Vendôme, Madame de Montmorenci femme du grand Maître de France & quantité d'autres Dames allerent aussi à leur rencontre dans des chaises roûlantes trainées par d'aquenées, & par des mûles. Les Consuls marchoient les premiers, ils étoient suivis des Gentilshommes de la Cour richement habillés, des Archers, des Suisses, & de deux cens Gentilshommes vétus de velours tenant une masse d'arme à la main. A quelques pas delà venoient le Duc de Vendôme, le Comte de S. Paul, Claude Comte de Tente, le Marquis de Lorraine, le Comte de Nevers, le Marquis de Rotelin, l'Amiral Brion ; & Rance de Ceres. Les Cardinaux Trivulce S. Severin, des quatre SS. de Medicis de Tornon, Salviati & de Sainte Croix marchoient immediatement devant le Dauphin monté sur un beau Cheval. La Reine sa mere étoit dans une litiére couverte de drap d'or frisé. Les Cardinaux de Lorraine & de Bourbon, le grand Maître de France, & Antoine de Rochefoucaut Baron de Barbesieux & general des Galeres de France, marchoient à ses côtés. Cette Princesse avoit une robe de satin blanc en broderie d'or, & toute couverte de pierreries, la coëffe qui étoit blanche étoit toute remplie de diamans, de rubis, de saphirs, des émeraudes, de grosses perles, & d'autres precieuses pierreries, Elle avoit avec elle Magdelaine de France fille aînée du Roi son mari, qui fut depuis Reine d'Escosse.

XII.

Cette litiére étoit suivie de quantité de Gentilshommes, des Ar-

Tome I. Vuu

chers, & des Suisses & de grand nombre des gens de guerre. Tous les Pages, les Muletiers & les Chevaux étoient tous couverts de drap d'or. Marguerite de France fille puisnée aussi du Roi François I. & qui fut depuis Duchesse de Savoïe, & la Duchesse de Vendôme étoient dans une autre litiére couverte de drap d'or frisé, & aprés elles marchoient trente Demoiselles trés-bien en ordre montées sur des haquenées.

XIII. La Reine conduite par les Cardinaux de Lorraine, & de Bourbon entra dans le Palais du Pape, & le trouva dans son trône. Ce Pontife reçût cette Princesse de la méme façon qu'il avoit reçû le Roi, & la fit asseoir à son côté droit : aprés entra le Dauphin conduit par deux Cardinaux qu'il fit asseoir à son côté gauche, & comme cette Princesse eût demeuré quelque tems avec le Pape elle se retira, & sa Sainteté la conduisit jusqu'à la porte de la sale & voulut même aller plus avant, mais cette Princesse le suplia de s'arrêter, ce qu'il fit. Le lendemain aprés dîner, le Roi monta sur les Galeres & fut aux Isles pour s'y divertir.

XIV. A quelques jours delà, on vit arriver la Duchesse d'Urbin qui venoit de Nice, où les Galeres de France l'avoient portée, la Ville la reçût aussi avec beaucoup de solemnité. Le Roi alla au-devant d'elle accompagné de quantité de Gentilshommes ; elle étoit magnifiquement habillée, & montoit une haquenée rousse. Douze Demoiselles montées sur des haquenées accompagnoient cette Princesse, qui étoit aussi suivie d'un chariot couvert de velours noir traîné par des beaux Chevaux.

XV. Le President Pojet qui depuis fut Chancelier de France n'aquit pas beaucoup de reputation en cette rencontre. Il avoit été choisi pour haranguer en même tems que le Roi fairoit la reverence au Pape, & pour s'en acquitter dignement ; il avoit fait composer une harangue Latine par les plus sçavans hommes du Roïaume. Mais quelques heures avant qu'il la deût prononcer, sa Sainteté aprehendant qu'il n'y eût quelque chose dans ce discours qui offensât les Princes qui n'étoient pas en bonne intelligence avec la France, envoïa au Roi par son Maître de Ceremonie le sujet sur lequel elle désiroit qu'on parlât, qui étoit tout à fait contraire à celui que le President avoit preparé ; ce qui l'étonna de telle façon, que bien qu'il fut dans l'estime d'un des plus excellens personnages du Roïaume en la Langue Françoise, néanmoins desesperant de réussir en cette action, il suplia le Roi de l'en dispenser, lui remonstrant que ce n'étoit pas de son devoir, mais plûtôt de celui des Prélats puisqu'il étoit question du bien & de l'union de l'Eglise : à son refus on en chargea Jean du Belley Evêque de Paris, qui nonobstant le peu de loisir qu'il eût de se preparer, en sortit néanmoins glorieusement & avec l'approbation genarale, tant des François que des étrangers.

XVI. Le Pape à la priere du Roi créa quatre Cardinaux François ; sçavoir Claude de Givry, Jean le Veneur Evêque de Lyzieux, & grand Aumônier de France, Philipe de Boulogne de la maison de la Chambre frere uterin du Duc d'Albanie, qui portoit l'habit de S. Benoit, & Eude de Châtillon de la maison de Colligny neveu du Grand Maître. Aprés cela on traita des affaires de la Foy, & parce que les choses n'étoient pas encore disposées pour assembler un Concile, le Pape expe-

Ciaconi Ferron Paul Iove Histoire de son tems.

dia cependant une Bulle pour étouffer, ou reprimer en quelque façon l'heresie qui commençoit de naître, & de se produire quoi qu'en cachete dans ce Roïaume, & qui a depuis entierement désolé la France, & la portée à deux doigts de sa ruïne. Il y fut aussi déliberé d'unir les Princes Chrêtiens pour faire la guerre au Turc : mais tous ces desseins extrémement avantageux pour le bien de la Chrêtienté ne furent suivis d'aucun effet : aussi à dire le vrai ces deux Princes dans leur alliance, & dans leur entrevûë avoient plûtôt consideré leur interet particulier qu'autre chose, & toutes ces propositions specieuses n'étoient faites que pour dorer la pillule à Charles, & lui ôter s'il se pouvoit les ombrages qu'il pouvoit prendre de cette alliance.

XVII. Enfin le Mariage fut conclu entre Henri Duc d'Orleans, & Catherine de Medicis : sous les mêmes conditions qui avoient éte proposées auparavant au Duc d'Albanie, & pour cét effet le 28. d'Octobre le Dauphin & le Duc d'Orleans, se rendirent au Palais du Pape accompagnés de toute la Cour, pour y faire les solemnités qui furent trés magnifiques, & avec toute la pompe qu'on se peut imaginer : car le Roi qui donnoit la main à l'Epousée étoit revétu d'une robe Roïale toute grelée de perle, & de riches pierreries. L'habit de cette Princesse, & ceux de la Reine étoient enrichis de diamans de grande valeur. Le Roi fit des presens à tous les Cardinaux qui accompagnoient sa Sainteté, & leur donna à chacun des pensions sur les benefices de France, quelques-uns les eurent plus grandes que les autres, soit à cause de leur merite & de leur sçavoir, ou de l'affection qu'ils portoient au Pape qui donna au Roi une Licorne de deux coudées de long, enchassée dans un vase d'or, pour garantir les viandes du poison, & le Roi lui donna en revenche une tenture de tapisserie d'or & de soïe, où étoit répresenté Jesus-Christ faisant la Cene à ses Disciples. Ce Prince voïant que le Cardinal Hipolite de Medicis n'avoit voulu rien prendre de ce qu'il lui avoit offert qui étoit extrémement precieux, lui fit present d'un grand Lion domestique & privé, qu'Ariadin Barberousse lui avoit envoïé d'Affrique. Le Pape demeura un mois dans Marseille, & aprés avoir fait dire la Sainte Messe au Cardinal Salviati, où assisterent tous les Princes, & les Ambassadeurs, & donné la Benediction & l'absolution generale au peuple de la même maniere qu'il a accoûtumé de faire au Jeudi Saint, il prit congé du Roi, & s'en retourna en Italie le dixiéme de Novembre sur la Galere du Grand Maître de France, laquelle étoit accompagnée de dix-huit Galeres, & de quatre de la Religion où s'embarquerent les Cardinaux de Medicis de S. Severin, Cornano, Salviati, Trivulce, & de Sainte Croix. A leur débarquement le Pape fit present d'un diamant de grand prix, à Christophle de Lubiano, au Baron de S. Blancard, & à Madelon Dornesan son frere.

Paul Jove J'u.

XVIII Le Roi pendant le sejour qu'il fit à Marseille, toucha & guerit plus de cinq cens personnes atteintes des écroüelles, & fit quelques Ordonnances pour le bien & l'avantage de ses Sujets, soit pour l'usage du bois, & soit encore pour l'abreviation des procés dépendans du Siége & Jurisdiction de la Maréchaussée de France à la Table de Marbre, que

Conference des Ordonnance.

HISTOIRE

le curieux Lecteur pourra voir en la Compilation des Ordonnances.

XIX.

Aux Archives de l'Hôtel de Ville.

L'année suivante un Ambassadeur que le Grand Seigneur envoïoit au Roi, arriva à Marseille avec une Galere, les Marseillois lui firent un present de la valeur de vingt-huit florins. En la même année Etienne de Montolieu qui étoit premier Consul deceda, & pour toute dépense la Ville ne contribua à ses funerailles que de douze flambeaux du poids de trois livres chacun, armoyés des armes du défunt, & on élût en sa place Loüis de Vento.

CHAPITRE VIII.

L'Empereur Charles V. vient devant Marseille pour la reconnoître.

I. Le Roi offensé par le Duc de Milan. II. L'Empereur vient en Provence. III. Dégat general. IV. Marseille défendüe par le Seigneur de Barbesieux. V. L'Empereur propose à son Conseil s'il la doit assiéger. VI. il la vient reconnoître. VII. Mais il est découvert, & court hazard de sa vie. VIII. Lé Conseil de Guerre assemblé dans Marseille. IX. Differentes opinions. X. Les Imperiaux foudroyés par les Galeres de France. XI. Mort du Comte de Hoorn. XII. Le Sr. de Monluc ruïne le molin d'Oriol. XIII. Le Duc d'Alve demeure encore quelque tems à Marseille. XIV. L'Empereur quitte la Provence. XV. Arrivée du Roi à Marseille. XVI. Grands jours tenus à Marseille. XVII. Le Jurisconsulte Bertrand loüe la fidelité des Marseillois.

I.

LE Roi ne fut pas plûtôt parti de cette Ville qu'il fut averti de la mort de l'Ecuier Merveilles, c'étoit un Gentilhomme Lombard, ancien serviteur de la Maison de France, qu'il tenoit auprés du Duc de Milan en qualité d'Ambassadeur secret : mais en apparence il étoit homme privé. Ce Prince Italien à la suscitation de Charles V. contre le droit des gens, & sous couleur d'un meurtre lui fit trancher la tête de nuit, son procez aïant été fait dans vingt-quatre heures ; cette procedure extremement violente, faite avec tant de precipitation contre une personne sacrée, offença le Roi si sensiblement, qu'il résolut de s'en venger, & à ce dessein aïant dressé une puissante armée, il la fit avancer vers les Alpes, pour décendre en Italie : mais le Duc de Savoïe pour ne déplaire à l'Empereur, lui aïant refusé le passage, attira la guerre dans son païs : car les François piqués de sa temerité, entrerent dans ses terres, & avec une vitesse merveilleuse, emporterent toutes les places, tant du Duché de Savoye, de la Bresse, que du Piémont.

II.

L'Empereur se voïant interessé en la cause de ces deux Princes, dont l'un n'avoit fait mourir l'Ambassadeur de France que par son ordre ; & l'autre n'avoit été dépoüillé que pour avoir preferé son alliance à celle

des

des François, résolut non seulement de les proteger, & de les rétablir dans leurs terres; mais estimant que cette occasion lui étoit extremement favorable pour la conquête de toute la France, qu'il passionoit sur toutes les choses du monde, se laissa porter à cette entreprise par un excés de sa vanité: pour cét effet il fit dessein de l'attaquer par trois ou quatre endroits, tant pour y jetter plus d'épouvente que pour obliger le Roi à diviser ses forces, & lui-même avec une armée de cinquante mille hommes outre la cavalerie; prit le chemin de Provence, s'imaginant de s'en rendre le maître fort facilement.

III.

Mais il aprit à son arrivée que la prediction que le sieur de la Roche du Maine lui avoit faite à Fossan, étoit fort veritable: car il trouva que les Provençaux qu'il disoit être ses Sujets, lui étoient extremement desobeïssans & rebelles, & d'abord qu'il eût passé le Var, il ne vit dans la Provence que ruines & désolations, & un degat general qu'ils avoient fait sur leurs propres biens, afin de faire perir son armée par la famine: en effet quelque tems auparavant le Roi y avoit envoïé pour ce sujet le Grand Maître de Montmorenci, avec ordre de mettre en état de défense les principales Villes, & de les pourvoir de tout ce qui seroit necessaire à leur conservation, dont il s'acquitta tres-bien: car les aïant visitées fort exactement, & sur tout la Ville de Marseille, qu'Antoine de la Rochefoucaut Baron de Barbesieux avoit fait fortifier si diligemment & si à propos, que le Grand Maître en fut extremement satisfait, & loüa publiquement son zele & sa diligence.

IV.

Barbesieux qui étoit Lieutenant de Roi dans la Province, avoit été choisi pour défendre Marseille en cas d'attaque, avec l'assistance des Seigneurs de Montpesat (qui avoit le même pouvoir que lui, car les cries se faisoient tant au nom de l'un que de l'autre) de Villebon, de la Roche du Maine, de Boutieres Lieutenant du Duc d'Orleans, la Roque Lieutenant du grand Ecuïer, avec leurs Compagnies chacune de cinquante hommes d'armes: Antoine de Rochechoart Seigneur de Chandenier y commandoit mille hommes de pied de la legion du Languedoc, Jacques d'Amboise Seigneur d'Aubijoux, le Sieur de Fonteraille, le Baron de Cauvisson, le Sieur de Villeneusve de la Maison de Beraut, Christophle Guast y avoient conduit chacun un pareil nombre, Vartis Navarrois & San Petro Corso y commandoient six cens hommes de pied, & toutes ces troupes faisoient le nombre de six mille hommes ou environ: mais pour la garde du Port, le grand Maître choisit treze Galeres trés-bien équipées sous la conduite du Baron de St. Blancard.

Mem. maist. mart. du Bellay.

V.

L'Empereur s'étant avancé jusques à Aix, fit camper son armée dans une plaine voisine, qu'on apelle vulgairement le plan d'Allaine, qui aboutit à la riviere de Lar, & à deux petites Colines qu'il occupa pour la deffense du Camp, où il tint conseil sur ce qu'il devoit faire, & voïant que les difficultés augmentoient chaque jour, que la saison étoit déja fort avancée, que la disette & les maladies persecutoient furieusement son armée, il fut sur le point de s'en retourner. Et s'il n'eût consideré que cette action étoit indigne de la gloire qu'il s'étoit aquise, il eût dés lors même resolu de faire une honteuse retraite: mais enfin cette pensée d'honneur l'aïant retenu, il proposa dans son conseil de guerre, s'il devoit assiéger Avignon ou Marseille, la resolution fut prise d'assiéger celle-ci.

VI. L'Empereur se prepara donc pour cette entreprise, & le quinsiéme d'Août il choisit trois mille Espagnols, quatre mille Italiens, & cinq mille Lansquenets, qu'il fit partir sur la minuit, & les aïans suivis deux heures aprés, accompagné du Duc d'Albe Espagnol, d'Alphonse Davalos Marquis du Guast, de Ferrand de Gonsague Italiens, & du Comte de Hoorn Aleman, avec la fleur de sa Cavalerie, qui joignit les gens de pied peu aprés le Soleil levé, dans un valon qui est tout contre la mer & assés proche de Marseille, l'Empereur fit faire alte à toutes ses troupes, & ne prit pour l'accompagner que le Marquis du Guast & quelques Arquebusiers, avec lesquels il s'avança par des chemins rompus à la portée du canon de la Ville, & s'étant caché derriere les ruïnes de quelques maisons qu'on avoit abatuës dépuis peu, commanda au Marquis avec quelques Arquebusiers de passer outre pour reconnoître l'endroit qu'on lui avoit assuré n'être pas tenable, & par où l'on pouvoit battre la Ville commodement : le Marquis considera tres-bien le lieu, & prit garde qu'on l'avoit fortifié & mis en état de défense: mais le hannissement des chevaux qui étoient dans le valon, aïant donné une espece d'alarme à ceux qui faisoient le guet sur les remparts, ils jetterent plus curieusement les yeux sur les ennemis, & découvrirent facilement le Marquis & sa brigade, ce qui l'obligea de s'en retourner vers les masures, où il avoit laissé l'Empereur pour lui rendre compte de ce qu'il avoit veu.

VII. En ces entrefaites l'alarme fut donnée chaudement dans la Ville, & l'on mit dehors quelques Arquebusiers, pour tailler en piéces ceux qu'on avoit découvert; & parce qu'on avoit pris garde qu'ils s'étoient retirés derriere les masures, on y pointa le canon si à propos que donnant contre les ruïnes, quelques-uns qui s'étoient cachés furent tués des éclats & d'autres blessés, l'Empereur même y courut hazard de sa vie, ce qui l'obligea de déloger vitement, & se mettre à couvert de nôtre artillerie dans un valon, sous un grand & large rocher, duquel découloit une fontaine d'eau vive, & là aïant assemblé les plus apparens de ceux qui l'avoient accompagné pour leur faire entendre sa résolution, il commanda au Duc d'Alve, & au Comte de Hoorn de demeurer aux environs de Marseille & de faire semblant de l'assiéger, & au Marquis de prendre douze cens Chevaux, & le Capitaine Pol Saxe avec six Enseignes de gens de pied, pour aller reconnoître la Ville d'Arles, & en cas qu'il la pût prendre d'assaut, il ordonna d'avertir le Duc d'Alve, & le Comte de Hoorn, qui l'iroient joindre aussi-tôt, suivis de sa personne & de toute son armée, que si au contraire elle étoit fortifiée & en état de resister long-tems, il reviendroit joindre le Duc d'Alve & le Comte de Hoorn devant Marseille, pour y demeurer jusques à nouvel ordre.

VIII. Cependant nos gens qui étoient sortis de la Ville, voulant couper chemin au Marquis pour l'envéloper, surprirent quelques soldats détachés de leurs gros, que l'épouvante du canon avoit mis en fuite, & les amenerent dans la Ville; le sieur de Barbesieux aprit d'eux que l'Empereur étoit derriere les masures fort mal accompagné lorsque le canon y donna, & sur cét avis il assembla son Conseil de guerre pour resoudre ce qu'il faloit faire.

IX.

Les opinions furent differentes dans le Conseil; les plus échauffés concluoient à une sortie, parce, disoient-ils, que l'avantage de tuër ou de prendre un si grand Prince duquel dépendoit le salut ou la ruïne des ennemis, meritoit bien qu'on donnât quelque chose au hazard, & qu'on exposât la vie de quelques-uns, pour un si grand coup. Ceux de l'opinion contraire qui ne vouloient rien commettre à la fortune, ni se porter à aucune entreprise dont le succés ne parut infaillible, representoient le danger qu'il y avoit, & qu'il n'étoit pas croïable que l'Empereur se fut engagé si proche de la Ville sans être soûtenu d'une grande partie de ses forces, & peut être de toute son armée, que les apparences en étoient grandes; puisque les sentinelles leur avoient raporté qu'il y avoit grand nombre de soldats dans un valon fort peu éloigné, qu'ils avoient découvert à l'éclat de leurs armes; & d'ailleurs que les prisonniers disoient que lorsqu'on les fit partir du camp on ne leur dit pas où ils alloient, ni que l'Empereur les deût suivre; qu'il seroit à craindre que si on faisoit sortir la garnison, pendant qu'elle combattroit avec cette petite troupe qui s'étoit avancée, toute l'armée ne suivît, & ne la taillât en piéces en veuë de la Ville, laquelle ne pourroit leur donner aucun secours sans encourir ce danger, qu'en même tems qu'on ouvriroit les portes pour sauver ceux qui se retireroient de la défaite, les ennemis n'entrassent pêle & mêle, & par ce moïen s'en rendissent les maîtres. Les derniers portoient une opinion qui n'étoit pas si hazardeuse que la premiere; mais elle joignit à la prudence militaire de la seconde la vigueur & le courage que les assiégés doivent toûjours faire paroître au commencement d'un siége, pour témoigner aux ennemis qu'ils sont prêts à se bien défendre: car ils furent d'avis de faire embarquer sur des batteaux une troupe de soldats, avec ordre de côtoïer le rivage de la mer toûjours à couvert des ennemis, & de ne mettre pied à terre, que lorsqu'ils les auroient découverts de fort prés: mais qu'en même tems ils leur donneroient l'alarme fort chaude; & en se retirant tâcheroient de les attirer vers une plage, où les Galeres seroient en embuscade pour décharger sur eux toute leur artillerie, & en faire un carnage, dans lequel l'Empereur pourroit être envélopé.

X.

Tout le monde s'étant rangé à ce sentiment comme le plus asseuré, l'exécution en fut conduite avec tant de prudence que le succés en fut extrèmement heureux: car nos gens aïant pris terre, marcherent par des chemins couverts à la faveur des broussailles, lentisques & autres arbrisseaux, & tout à coup se montrerent aux ennemis, comme s'ils venoient d'autre part que de la Ville. Le Duc d'Alve leur envoïa quelques Chevaux legers pour les reconnoître, & aïant veu leur petit nombre, en avertirent promptement leur General, & cependant pour les amuser, en attendant les troupes qui les devoient renforcer, commancerent l'escarmouche, les nôtres qui étoient tous Arquebusiers leur firent décharge bien à propos, témoignant de ne les craindre gueres, & peu aprés comme ils virent paroître le gros des ennemis qui venoient à dessein de les tailler en piéces, ils firent semblant d'avoir peur, & commencerent de reculer, sans toutefois se mettre en fuite, que jusques à ce qu'il furent au lieu de l'embuscade : car alors ils lacherent le pied, & se cacherent parmi les arbrisseaux ; mais les ennemis qui les serroient de prés furent foudroyés tout à coup par l'artillerie des Galeres qui donnant sur eux, en fit une si horrible boucherie, qu'on ne voïoit que bras, jambes & têtes qui voloient en l'air, ce qui les épouvanta de telle sorte, qu'ils tournerent le dos en désordre, chacun tâchant de se garantir de ce danger : alors nos soldats sortirent des lieux où ils étoient câchés, & acheverent de mettre en piéces ceux que le canon avoit épargnés, en telle sorte qu'il ne s'en sauva que fort peu, qui se retirerent dans leur Camp à perte d'haleine.

XI. Le Duc d'Alve aïant fait faire la Revûë trouva qu'il avoit perdu beaucoup de gens en cette occasion, & mêmes de personnes de condition & de commandement, & entre autres le Comte de Hoorn, & un autre Capitaine Aleman son proche parent, qui laisserent à tous un regret extrême de leur mort. Il ne mourut des nôtres qu'un fort petit nombre, & un seul tomba entre les mains des ennemis, qui le firent mourir cruellement (en haine de leur défaite) sous prétexte qu'il étoit Italien, & qu'étant à la solde de l'Empereur, il s'étoit dépuis peu retiré avec les François.

XII. La même nuit que l'Empereur vint devant Marseille, le sieur de Monluc, prit un moulin qui étoit dans un Bourg appellé Oriol à cinq lieuës de Marseille, & duquel ce Prince se servoit pour la nourriture de sa maison, & de six mille vieux Soldats Espagnols, qu'il tenoit ordinairement à la garde de sa personne. Ce genereux Gentilhomme fit pour ainsi dire en cette occasion, l'un des premiers coups d'essay de cette heroique valeur qui lui acquit une haute estime, & l'une des plus eminentes charges du Roïaume. Il étoit pour lors Lieutenant du Sr. de Faudoïias Senêchal de Toulouse, qui commandoit une compagnie de la legion du Languedoc. Le Roi qui avoit été tres-bien averti des avantages que l'ennemi retiroit de ce moulin, avoit écrit souvent aux sieurs de Barbesieux & de Montpesat, d'hasarder une troupe de Soldats pour l'aller brûler ; mais comme cette entreprise étoit grandement dangereuse, à cause que ce moulin étoit gardé par soixante Soldats, & qu'il y avoit dans Oriol une Compagnie entiere, & d'ailleurs que la traite étant un peu longue ; le danger étoit assés grand, soit pour aller, soit pour revenir, outre que le Bourg d'Oriol n'étoit éloigné du Camp de l'Empereur que de quatre lieuës tant seulement, dont la Cavalerie couroit ordinairement sur les chemins. Enfin cette entreprise étoit jugée de si dificile exécution, que tous ceux à qui on en vouloit donner la conduite l'avoient refusée, & entr'autres Christophle Guast, & le sieur de Fonteraille : si bien que le sieur de Barbesieux avoit été contraint d'écrire au Roi, qu'il ne trouvoit personne pour faire cette entreprise :

mais

DE MARSEILLE. Liv. VII. 330

mais il commanda de nouveau de la faire executer, & d'y perdre plûtôt mille hommes avant qu'on n'en vint à bout. Le Sn de Monluc considerant que c'étoit une belle occasion, pour signaler son nom, & pour acquerir de la gloire, résolut de l'entreprendre, & pour cét effet se contenta de six vingts hommes, aïant eu le choix d'en prendre davantage. Avec cette troupe il partit de Marseille à l'entrée de la nuit, & se rendit avant le jour dans Oriol, où il surprit ceux qui gardoient le moulin, & aprés en avoir tué ou blessé une partie, contraignit les autres de se sauver, brûla le moulin, prit les ferremens, fit rouler les mules dans la riviére, & se retira heureusement dans Marseille par des montagnes & lieux inaccessibles, n'aïant pas perdu un soldat, ny dans la retraite, ny dans le combat où il y en eût quelques-uns de blessez.

XIII. Aprés l'échet dont nous avons parlé cy-dessus le Duc d'Alve demeura encor quelque tems devant Marseille, ce n'est pas qu'il crût la pouvoir prendre par force, mais bien par le moïen de quelques intelligences qu'il y avoit, & d'ailleurs étant outré de l'affront que les Galeres lui avoient fait, il ne vouloit pas partir sans en tirer quelque raison, s'imaginant que les assiegés (enflez d'un si glorieux succez) se porteroient à quelque entreprise qui lui fourniroit quelque occasion de se revencher de sa perte, mais il fut frustré de son attente : car leurs Chefs les contenoient dans leur devoir, & apportoient tant de soin & de prudence, & pour la conservation de la Ville & des Soldats, qu'on n'entreprenoit rien que bien à propos & avec avantage, & cependant la trahison fut decouverte, & les traitres qu'on trouva saisis des échelles de corde furent punis de mort.

Memoire manuscrite

XIV. L'Empereur qui sçavoit que le Roi assembloit de grandes forces, & méditant déja sa retraite, avoit fait tirer presque toute l'Artillerie de son camp, pour l'embarquer sur les Galeres : mais peu aprés à l'arrivée d'André Doria, & de Charles de Cordoüa, qui donnerent fonde aux Isles de Marseille avec 36. Galeres, 19. Navires, & 12. Fregates ; il changea ce dessein, & la fit débarquer ; ce qui fit croire au Roi que Charles avoit dessein de venir attaquer l'armée de son Fils campée devant Avignon, ou d'aller joindre le Duc d'Alve devant Marseille, pour la presser plus vivement : mais l'Empereur voïant l'extreme affoiblissement de son armée, dont les maladies & la disette avoient emporté les meilleurs Soldats, que de cinquante mille hommes, il ne lui en restoit plus que la moitié : considerant aussi que la saison étoit fort avancée, & que le Roi lui mettroit bientôt à ses trousses une armée frêche & puissante, il prit une ferme résolution de se retirer ; & aprés avoir rembarqué sa grosse artillerie sur les Galeres, & rappellé ses troupes qui étoient devant Marseille, il prit le chemin d'Italie, & repassa les Alpes avec beaucoup de peine, éprouvant dans cette entreprise qu'il s'étoit figurée si facile, & pour laquelle il avoit fait de si grands préparatifs & par mer & par terre, que les Princes qui mesurent leur puissance à leurs souhaits & à leur ambition, sont sujets à faire de grandes fautes, & que la France ne peut être vaincuë que par elle-même. Antoine de Leve Gouverneur de Milan, & Lieutenant General des armées de l'Empe-

Tome I. Yyy

Thev. en sa Geogra.

reur qui avoit porté ce Prince de venir en Provence, voyant que le dessein de prendre Marseille n'avoit pas réussi, en mourut de regret. Le Sr. d'Arbijoux dont nous avons parlé, & qui commandoit mille hommes d'armes mourut en cette rencontre; ses entrailles furent ensevelies dans l'Eglise des Jacobins, & son corps fut porté à son païs.

XV. Après le départ de l'Empereur, le Roi accompagné du Dauphin son Fils, qui avant la mort de son Frere, étoit Duc d'Orleans, du Roi de Navarre, du Cardinal de Lorraine, du Grand Maître, & de plusieurs Seigneurs, vint à Marseille, où il fut reçu avec autant d'amour, & de joie qu'on avoit eu d'horreur & de haine pour son ennemi, qui s'y *Memoire manuscrite.* étoit presenté peu auparavant. Ce bon Prince dont la douceur étoit extraordinaire, ne manqua pas aussi de témoigner aux Habitans la satisfaction qu'il avoit de leurs services & de leur fidelité. Il fut logé au delà du Port, & après avoir visité le Châteaudif, le Fort de nôtre-Dame de la Garde, les murailles & les Arcenaux, il alla visiter les Villes frontiéres de Provence & de Dauphiné, & de là se retira en France. Le Senéchal de Toulouse resta encore ici pour quelque tems en qualité de Lieutenant de Roi, après que les Srs. Seigneurs de Barbesieux & de Montpesat se furent retirez chez eux.

XVI. En cette année une Chambre du Parlement vint tenir les grands jours à Marseille. La Ville lui fit present d'un tonneau de vin blanc, & d'un autre tonneau de vin clairet. Les Etats de Provence furent tenus dans le même tems à Marseille, où se trouverent tous les Seigneurs & les Communautés de ce Païs, le Grand Sénéchal, & le premier President. Les memoires qui m'ont fourni ce que je viens de dire, ne disent pas le sujet pour lequel on tint cette assemblée.

XVII. Quelque tems après, le Seigneur de Venelles de la maison d'Etienne obtint un Arrêt du Parlement de ce païs, par lequel les Marseillois furent condamnés au païement du droit de Péage au lieu de Venelles; ce qui les obligea de consulter Etienne Bertrand grand Jurisconsulte de ce tems-là, qui trouva que cét Arrêt n'étoit pas soûtenable; puisqu'il avoit été donné au préjudice des Chapitres de paix, franchises & libertés de la Ville de Marseille. Cét Auteur parle si avantageusement de *Bertrand conseil 109. volume 3. conseil 99. volume 6. conseil 130. volume 4.* la fidélité des Marseillois, & des grands services qu'ils avoient rendus en cette Province, qu'il seroit à souhaiter que le curieux lecteur prit la peine de lire les consultations que cét excellent homme a fait sur ce sujet, & qui sont alleguées en marge. Il dit que le merite des Marseillois donna lieu aux Patentes, que Marie de Blois leur fit expedier, qui les déchargent par toute la Provence, des Tailles, des Péages & de toutes autres contributions, & que ces Patentes ont été confirmées par le Roi René.

CHAPITRE IX.

Le Roi Henri II. accorda aux Marseillois diverses lettres Patentes : entreprise sur Marseille découverte. Les Marseillois font tous leurs efforts pour chasser de leur Ville l'heresie de Calvin.

I. Tréve entre le Roi, & l'Empereur. II. Le Grand Seigneur envoie cent & dix Galeres, quarante Galiotes, & trois gros Vaisseaux au secours de la France, elles arrivent aux Isles de Marseille. III. La monnoïe des Turcs eût cours dans Marseille pendant le tems qu'ils y demeurerent. IV. Le Roi fait un Edit pour l'entrée des drogueries à Marseille. V. Sa Majesté déclare la Ville de Marseille devoir jouir de ses droits & Priviléges, & n'être point comprise dans le Corps de la Province. VI. Elle la déclare encore franche de toutes impositions. VII. Et du droit d'Aubaine en faveur des étrangers qui y viendroient habiter en épousant une fille de la Ville. VIII. Oeconomie des Marseillois. IX. Marseille est affligée de peste. X. Mort du Roi François I. Henri II. Son fils lui succede, les Marseillois lui envoient leurs Députés qui obtiénent de ce Prince des Patentes trés avantageuses. XI. Arrivée aux Isles de Marseille de Philipe Prince d'Espagne. XII. Henri II. protége le Duc de Parme ; & le Comte de la Mirande, Jean Loüis de Fiesco tente de se faire Seigneur de Genes ; quelques-uns de son parti se sauvent à Marseille. XIII. L'Empereur fait dessein de se saisir de Marseille, mais son entreprise est découverte. XIV. Abolition du droit Forain à Marseille faite par Henri II. Arrivée du Comte de Tende à Marseille laquelle fut affligée de peste ; le Roi ordonne aux Consuls de Marseille de condamner jusqu'à cent sols d'amende pour fait de Police. XV. Le Roi François II. confirme les Chapitres de paix de la Ville de Marseille. XVI. Il déclare qu'elle n'est point comprise aux subsides du païs. XVII. Les Marseillois font des grandes pertes sur la mer, & de grandes dépenses pour se garantir du dessein de l'Espagnol. XVIII. Le Duc de Savoie, & la Duchesse son Epouse viennent à Marseille. XIX. Les Marseillois ont en grande horreur l'heresie de Calvin, & font tout leur possible pour la chasser de leur Ville. XX. Ils députent au Roi qui leur accorde des lettres Patentes, portant que cette heresie ne seroit point préchée dans la Ville ni en public, ni en secret, ni que les gens de guerre soit à pied ou à cheval fussent logés dans la Ville. XXI. Les Marseillois envoierent trois cens soldats au siege de Sisteron contre les Religionaires. XXII. *Ils prenent soin de garantir la Ville des desseins que ces gens là y pouvoient avoir* XXIII. *Le peuple étoit si animé contre eux que les Magistrats politiques n'eurent pas pû de peine de les retenir.* XXIV. *Ils établissent un ordre pour ce sujet.* XXV. *Ils envoient trois cens soldats au secours du Comte de Tende qui avoit une armée contre les Religionaires.* XXVI. *Sanpiétro d'Ornano fait équiper à Marseille une Galere, & une Fregate.* XXVII. *Le Roi commande de donner la liberté à soixante Esclaves, les Capitaines de Galeres les refusent, les Turcs font des courses, & prenent quelques Vaisseaux.*

I. APrés que l'Empereur se fut retiré, les Potentats de la Chrétienté travaillerent fortement pour mettre la paix entre ces deux Princes, & principalement Paul III. Mais comme la generosité du Roi étoit aussi grande que l'ambition de Charles étoit demesurée, & que d'ailleurs la memoire des injures reçûës étoit encore fréche dans leurs esprits; il n'étoit pas facile d'ajuster ces deux Princes, aussi quelque soin que le S. Pere sçût prendre il ne peut avancer qu'une tréve de dix ans, esperant dans cét intervalle de pouvoir établir une ferme paix, qui donnât du repos à toute l'Europe. Cette tréve fut concluë à Nice. Le Pape, le Roi de France, & l'Empereur s'y étant rendus pour ce sujet; ces Princes ne se trouverent jamais dans aucune conference, & le S. Pere fit toutes les négociations de part & d'autre. Elle fut publiée dans Marseille le 24. de juin, où le Roi ne tarda pas d'arriver, la Reine son épouse y vint aussi sur la Galere du Baron de S. Blancard, & après s'être arrêtée quelques jours, elle prit la route de France, & le Roi celle d'Aiguemortes, où l'Empereur se devoit rendre en toute diligence. En effet le 13. du même mois il partit de la Ciotat avec 48. Galeres, & étant arrivé à la Croisete 24. Galeres se joignirent à lui. Elles étoient commandées par le Comte de Tende qui lui fit de grands honneurs. Toutes ces Galeres vinrent moüiller aux Isles de Marseille & le lendemain elles firent voile, & arriverent à Barcelonne. Mais nonobstant les grandes demonstrations d'amitié que se donnerent les uns les autres, la tréve fut rompuë avant que le terme en fut expiré, & la guerre plus allumée que jamais par la perfidie de l'Empereur, ou du Marquis du Guast son Lieutenant General en Italie, qui fit massacrer Rincot & Fregose Ambassadeurs de France, vers le Grand Seigneur & la Republique de Venise.

II. Le Roi se voulant ressentir d'un tel affront fut contraint de traiter une ligue avec le Turc, pour attirer les forces d'un si puissant Monarque contre son ennemi; en effet le Baron de la Garde fit deux voïages pour ce sujet à Constantinople, qui ne furent pas infructueux. Car Soliman envoïa au secours des François Vvariaden dit Barberousse avec cent & dix Galeres, quarante Galiotes & trois gros Vaisseaux, tous ces bâtimens aborderent aux Isles de Marseille sur les trois heures du soir d'un Vendredi 20. de Juillet de l'an 1543. le Duc d'Anguien que le Roi avoit envoïé pour commander son armée de mer, alla au devant de

Au Registre de l'an 1543 de Mathieu Boyer Notaire.

de lui avec vingt-six Galeres, trois Galeasses, & quelques Vaisseaux. Ce Seigneur montoit une Galere à quatre rangs de rame, qui apartenoit à Virgile Urbin Comte de Languilare; dés qu'il fut arrivé au Château d'If, Barberousse fit tirer par deux fois toute son artillerie, le Duc d'Anguien y répondit par un salve de tous les canons des galeres & du Château d'If. Aprés quoy le Duc d'Anguien entra dans la galere de Barberousse, & le pria de venir dans la Ville prendre son logement dans la maison du Roi qu'on lui avoit preparée. Mais il s'en excusa, & ne vint que le lendemain accompagné seulement de quelques Janissaires, où il fut reçû par le Duc d'Anguien, par le Baron de Grignan Lieutenant de Roi en Provence, & par le Comte de Languilare qui le conduisirent dans la maison du Roi, & là ils le regalerent magnifiquement. Aprés souper Barberousse s'en retourna aux Isles, & y demeura jusqu'au cinquiéme d'Août qu'il fit voile vers Toulon. Ces deux puissances jointes ensemble faisoient promettre de grand succés; mais elles ne répondirent pas à l'esperance qu'on en avoit conçûë, car toutes ces forces ne peurent prendre que la seule Ville de Nice, qui fut reprise bientôt aprés par le Marquis du Guast.

Pendant le tems que cette armée des Turcs demeura aux côtes de Provence, comme il la faloit rafraichir & la pourvoir de vivres, Loüis Adhemar de Monteil Baron de Grignan, Lieutenant General en Provence & Gouverneur de Marseille, fut obligé d'ordonner que la monoïe des Turcs qui consistoit en des aspres, & demi aspres, auroit cours dans le païs suivant l'évaluation qui en avoit été faite, ceux-là pour trois liards & ceux-ci à proportion, avec promesse que ceux qui s'en trouveroient saisis aprés le départ de l'armée, seroient indamnisés, & cette monoïe mise au billon; cette Ordonnance fut publiée à Marseille, & on fit injonction à tout le monde de la recevoir. III.

Aux écritures publiques au Registre des insinuations de Bain.

En la même année François I. fit un Edit, portant qu'on ne pourroit pas décharger les épiceries & drogueries qui seroient necessaires en ce Roïaume qu'en deux Ports & Havres de son Etat: sçavoir pour celles qui viendroient par la mer Oceane à Roüen, & pour celles de la mer Mediterranée à Marseille, & quant à celles qui viendroient par terre qu'on les porteroit à Lion; cét Edit fait défenses sous de certaines peines de les porter en nulle autre part. IV.

Aux Archives de l'Hôtel de Ville.

Ce fut alors que le Roi fit une taxe sur toutes les Villes closes du Roïaume pour contribüer chacune à proportion à la levée de cinquante mille hommes que ce Prince mettoit sur pied; la Provence fut cottisée jusques où pouvoit monter la solde de cinq cens hommes de pied, & la Ville de Marseille fut comprise dans cette imposition, comme si elle eût été du Corps du Païs; ce qui donna sujet aux Marseillois de se pouvoir au Roi pour faire reformer l'Ordonnance des Commissaires, sur ce fondement que Marseille étoit une Ville à part distincte & séparée des autres Villes de la Province; & d'ailleurs qu'elle n'étoit point tenuë à toutes ces impositions, si bien que le Roi par ses Lettres Patentes données au mois de Septembre de l'an 1543. declare qu'il n'entendoit point que cette Ville fut comprise dans le Corps du Païs de V.

Aux Archives de l'Hôtel de Ville.

Tome I.   Zzz

Provence, & que le Sieur de Grignan son Lieutenant Général la fairoit joüir de ses Priviléges, Droits & Conventions.

VI. A un an de là le Sr. de Grignan sous prétexte d'autres Lettres Patentes du Roi, par lesquelles il étoit porté que toutes les Villes seroient taxées nonobstant leurs priviléges, fit emprisonner Jean Doria Assesseur, ce qui obligea les Marseillois de se pourvoir au Roi, qui par d'autres Lettres Patentes de l'an 1544. données à Fontainebleau, cassa tout ce que le Sr. de Grignan avoit fait, & declara les Marseillois francs de toutes impositions; ces Lettres Patentes furent confirmées par Henri II. l'an 1548. & par le Roi Loüis XIII. de glorieuse memoire.

VII. Mais pour revenir au tems des premieres Patentes, qui fut l'an 1543. ainsi que j'ai dit, les Députés que la Ville envôïa au Roi, sçavoir Pierre Tornier second Consul & François de Sabateris en obtinrent encore d'autres, portant que tous les Etrangers qui étoient alors dans Marseille, seroient déchargés du droit d'Aubaine sans être obligés d'avoir des Lettres de naturalité, & ceux qui viendroient y habiter à l'avenir seroient déchargés de ce droit en épousant une fille de la Ville.

VIII. *Au Regiſtre d'Accaui Rambert Secretaire.* Je trouve qu'à deux ans de là les Consuls ne pouvoient rien dépenser que de l'avis du Conseil, quand même il s'agissoit de faire de reparations. On procedoit alors avec tant d'économie & d'épargne que le premier & second Consul de l'an 1545. qui furent au devant du Gouverneur de Provence qui venoit alors de la Cour, n'eurent que trente sols chacun par jour pour leur dépense, & demeurerent quatre jours en ce voïage, il n'est point parlé dans ce Regiſtre d'où j'ay tiré ce que je viens de dire que ces Officiers eussent mené quelques Habitans avec eux pour les accompagner.

IX. L'année suivante la Ville fut affligée de peste qui fit mourir quantité de gens, & néanmoins on fit un si bon ménage qu'on ne dépensa que deux mille & six cens écus; pour le païement de cette somme il fut délibéré de cottiser cinq cens maisons, deux écus chacune, & cent maisons, un écu chacune; il y a aparence que cela ne fut pas executé, puis que l'année après il fut délibéré dans un Conseil que pour le païement des dettes on arrenteroit à dés Notaires les Greffes des Iuges pour dix ans pour dégager la Ville de ce qui en proviendroit.

X. En cette même année 1547. François I. étant decedé, Henri II. son Fils aîné lui succeda en tous ses Etats : au commencement de son Regne les Marseillois lui députerent Honoré Sommat, Assesseur, & Iacques Cartier pour lui aller rendre hommage, & prêter serment de fidelité; ces Députés s'acquitterent de ce devoir & Sa Majesté par ses Lettres Patentes qu'il leur fit expedier en l'an 1547. leur confirma tous leurs Droits, Statuts, Priviléges, Libertés & Franchises, Prerogatives, Prééminences, Conventions, Chapitres de paix, Usages, anciennes Coûtumes & Transactions, accordez & continüez par ses Predecesseurs, attendu dit le Titre, *La grande & parfaite Loyauté, obeissance & fidelité qu'ils ont toûjours porté à nosdits Predecesseurs, & qu'ils ont deliberé de continuer envers nous sans épargner leurs personnes & biens*; *Aux Archives de l'Hôtel de Ville, au Livre de St. Vallier.* ce sont les mêmes paroles de cette Charte. Le Parlement

DE MARSEILLE Liv. VII. 336

de Provence fit alors un Arrêt, par lequel il permit aux Consuls de Marseille d'amoindrir d'une once la livre de la viande pour subvenir à l'acquittement des dettes de la Communauté.

La Rochell. en ſes Parl. L. 1 5 ch. 51

XI. L'année suivante Philipe Prince d'Espagne qui fut depuis Philipe II. Fils de l'Empereur Charles V. s'étant embarqué à Barcelonne sur les Galeres d'André Doria pour aller trouver son pere qui étoit en Flandres, passa aux Isles de Marseille où il demeura quelques jours. Le Comte de Tende Gouverneur de Provence lui fit un present du pain, du vin, de la viande & du poisson, de la valeur de 259. l. dont il fit faire l'avance à la Ville, avec promesse de l'en rembourser. Ce Prince s'alla débarquer à Genes, & de là par terre, prit la route de Flandres.

XII. Environ ce même-tems le Duc de Parme & le Comte de la Mirande se voiant persecutés du Pape & de l'Empereur qui les vouloient depoüiller de toutes leurs terres, eûrent recours à Henri II. & se mirent sous sa protection; il leur envoia le Maréchal de Brissac pour les secourir, de sorte que par ce moien l'Italie fut dans l'aprehension de retomber dans ses premiers desordres. La Ville de Genes avoit été portée peu auparavant à deux doigs de sa ruine, par l'ambition de Iean-Louïs de Fiesco, jeune Seigneur de haute naissance, & de grand cœur, qui ne pouvoit souffrir, que l'autorité d'André Doria fut si puissamment établie parmi les Citoïens de cette République, il entreprit donc de se défaire de lui, & de se rendre le Maître de la Ville. L'entreprise eût des commencemens fort heureux, mais la fin en fut extremement funeste; car passant tout armé sur une planche pour entrer dans la Galere Capitane, dont ses gens s'étoient déja saisis, il tomba dans la mer & se noïa, sans que personne s'en aperçût: les autres conjurés combattirent longtems, mais n'aïant point de nouvelles de leur Chef, ils chercherent leur salut dans la fuite. Iean-Baptiste Verrina, Raphaël Sacco Iurisconsulte de Savonne, Vincens Calcagne, & Ottobuon Fiesco, qui étoient les principaux & les plus affidés Conseillers de Iean-Louïs & ses domestiques, se sauverent à Marseille sur une de ses Galeres.

Maſcardi.

XIII. L'Empereur qui souhaitoit avec passion de se rendre Maître de Marseille, s'efforça de le faire par trahison & par quelques intelligences qu'il tâchoit de se procurer, mais cette voie luy succeda aussi mal que celle des armes & de la force ouverte, qu'il avoit tentée par deux fois, comme nous avons veu cy-dessus, & Dieu témoigna visiblement qu'il avoit un soin particulier de la conservation de Marseille, car cette entreprise fut éventée par la vigilance du Maréchal de Brissac. Le traitre qui avoit ourdi cette trame, étoit un Gentilhomme François appellé S. Aubin, qui commandoit une Compagnie de soldats entretenus sur les Galeres, & qui avoit été gagné par Dom Ferrand, pour lui remettre Marseille entre les mains: mais comme il étoit à Milan pour conferer des moiens pour faire réüssir cette entreprise, il fut découvert par un Trompete François, qui en avertit le Maréchal, & bien que S. Aubin pour couvrir sa trahison lui eût écrit, qu'il étoit venu à Milan pour faire une grande provision d'armes, pour la fourniture des Galeres, & qu'il avoit découvert que Dom Ferrand avoit dessein sur quelque place

Memoire de Villars.

du Piémont, pour l'execution duquel il avoit fait amas de pistolets, épées à deux mains, & corps de cuirasse ; neanmoins le Maréchal n'y ajoûta point de foi, & connut bien que ce Galand le vouloit amuser : puis que peu après il reçût nouvelles d'un Gentilhomme qui lui étoit affidé, que Dom Ferrand avoit dépêché S. Aubin vers l'Empereur, qu'il tramoit asseurement quelque chose sur Marseille, & qu'il faloit prendre garde à Arnaud de Navaille son Lieutenant, & au premier Sergent de sa Compagnie, qui étoient alors dans Marseille : le Maréchal ne negligea point cét avis, & en écrivit promptement au Roi, & au Sieur de Massel Piémontois, qui commandoit alors en Provence en absence du Comte de Tende, l'exhortant de se jetter aussitôt dans Marseille, renforcer les gardes, mettre des soldats dans le Fort nôtre-Dame de la Garde, & dans les Galeres, & de veiller enfin soigneusement à la conservation de la Ville, & sur tout de le faire avec tant de prudence, que S. Aubin n'en prît aucun ombrage, afin qu'on eût moïen de se saisir de sa personne, lors qu'il seroit de retour à Marseille ; le sieur de Massel ensuite de cét avis y étant venu pourvût à sa seureté, & la mit hors de danger d'être surprise : mais l'affaire ne fut pas conduite si secretement que S. Aubin n'en eût le vent, si bien qu'il n'osa retourner en France, craignant d'y recevoir le châtiment que son crime meritoit. En cette même année la Communauté fit faire trois grosses pieces d'artillerie, dont l'une fut appellée St. Victor, l'autre St. Lazare, & la derniere la grosse Coleuvrine.

XIV.
Aux Archiv. de l'Hôtel de Ville au Liv. de S. Valier, fol. 251.

En l'année 1556. le Roi Henri II. fit expedier des Lettres Patentes en faveur des Marseillois, portant abolition du droit forain & cassation du Bureau établi dans Marseille. Deux ans après & le 1. de Iuin Honoré de Savoye Fils de Claude Comte de Tende, aïant été pourvû de la Charge de Grand Senéchal de Provence, que son pere lui avoit resigné, vint à Marseille, & à la Loge ce Seigneur prêta serment d'observer les Chapitres de paix & Privileges de la Ville, & ceux de Prud'hommes encore en presence d'Escalin des Aimars Chevalier de l'Ordre du Roi, & General de l'armée navale de France, & des Consuls de Marseille ; cette Ville fut peu après atteinte de peste, elle y fut portée par une Barque venant d'Afrique ; l'année d'auparavant Henri II. donna pouvoir aux Consuls de Marseille de condamner pour fait de police jusqu'à cent sols d'amende.

Aux Archives de l'Hôtel de Ville.

Aux archiv. de l'Hôtel de Ville au liv. de S. Valier. fol. 229.

XV. Ce Prince aïant fini sa vie par une mort inopinée & violente, au grand regret de tous ses Sujets, François II. son Fils aîné recüeillit sa succession, & en la premiere année de son Regne il confirma les chapitres de paix, privileges & franchises de la Ville de Marseille par Lettres Patentes données au mois de Mars à Amboise, à la poursuite de Vivaud Boniface & de Lazarin Doria.

XVI.
Aux Archives de l'Hôtel de Ville.

Et parce qu'il avoit quantité d'affaires sur les bras, il envoïa des Commissaires par les Provinces pour taxer les plus aisés, afin de les obliger de lui prêter les sommes ausquelles ils auroient été cottisés, & que jusqu'à ce qu'ils en fussent remboursés, les interêts à raison du denier douze, leur seroient payés du revenu de son domaine, ou des deniers

DE MARSEILLE. Liv. VII. 338

niers des aides ou de ceux de son épargne. Ces Commissaires taxerent quelques particuliers de la Ville de Marseille jusqu'à la somme de trente mille livres entre tous, & les comprirent dans le corps de la Province & du païs comme si la Ville y eût été jointe. Ce qui obligea les Marseillois à députer au Roi Aman Sommat & Honoré Spinasi, second & dernier Consuls, qui obtinrent de lettres Patentes par lesquelles sa Majesté déclara que Marseille n'étoit point comprise dans les subsides du païs de Provence & qu'elle étoit Ville à part, & cassa tout ce que les Commissaires avoient fait ; & néanmoins elle reçût l'offre que quelques particuliers de Marseille firent de lui prêter volontairement la somme de trente mille livres, & déclara qu'aux commissions qu'il avoit fait expedier pour taxer ses sujets de Provence, il n'avoit point entendu de comprendre la Ville de Marseille ni ses Habitans, comme étant cette Ville separée & distincte du païs de Provence ; & il ordonna que pour cette somme de trente mille livres, ceux qui la lui fournissoient prendroient les interêts au denier douze sur son domaine jusqu'à ce que le remboursement leur en fut fait. Le Roi dans ce titre parle de la façon suivante. *Nous à ces causes désirant reconnoître le Zele, & entiere foi, grande affection & loyal devoir dont lesdits exposans ont toûjours uzé envers nous, & nôtre couronne, ce qui a été connu par grands & loüables effets, & désirant les entretenir en leurs franchises & libertés, memement de n'être point compris aux charges dudit païs suivant nosdites déclarations, aiant aussi connu par plusieurs bons effets leur dite affection en nôtre endroit, & le bien de nôtre service, ce qui merite que les aiant en singuliere recommandation.*

Aux Archives de l'Hôtel de Ville.

Il est justifié par ces Patentes que la Ville de Marseille fit en cette année de grandes pertes sur la mer : car elle perdit quatre grands Vaisseaux chargés de Marchandises, & d'ailleurs elle fit de grandes dépenses & pour se garantir contre l'Espagnol, & pour faire faire des canons pour se bien munir.

XVII.

Quelque tems après, Philibert Emanuel Duc de Savoïe vint à Marseille, il fit son entrée le 22. d'Octobre de l'an 1559. le lendemain il reçût le collier de l'ordre de S. Michel dans l'Eglise Cathedrale que le Roi lui avoit envoïé par Claude de Savoïe Comte de Tende, Gouverneur de Provence. Ce Prince après avoir demeuré quelques jours en cette Ville s'embarqua sur des Galeres, & prit la route de Nice. Mais il ne tarda pas de revenir pour y prendre Marguerite de France son épouse, où elle étoit venuë depuis le 11. Janvier de l'année suivante. Les Marseillois l'avoient reçûë avec beaucoup de magnificence, & avec tout l'honneur qu'elle meritoit, soit à cause qu'elle apartenoit de fort prés à leur Souverain, ou qu'elle étoit la plus accomplie Princesse de son tems.

XVIII

Au commencement du Regne de ce Prince, les Calvinistes commencerent de se produire plus ouvertement que devant, & de faire des conspirations contre le repos public, avec tant d'insolence que la plûpart des Villes de ce Roïaume en furent troublées. Les Marseillois qui avoient en horreur toute autre Religion que celle de leurs Peres, ne pouvoient

XIX.

Tome I. Aaaa

souffrir dans la Ville aucuns de ces nouveaux heretiques. Le premier de cette secte qu'on découvrit fut un Mercier, dont la boutique faisoit le coin en allant à l'Hôpital S. Esprit, que le peuple poursuivit un jour à grands coups de pierres, & qui sans l'assistance d'un voisin qui le garantit, auroit été mis en mille pièces. Depuis ce tems-là on fit une grande recherche dans Marseille contre cette sorte de gens, les uns étoient tués dans leurs maisons, & les autres traînés par les ruës, & la haine publique étoit si grande contre eux, qu'on trouva un jour un Marchand de Montpelier pendu à une grille de fer qui étoit à une Tour joignant la porte du Plan Fourniguier ; cette porte & cette Tour ont été abatuës lorsqu'on a fait le Parc ; & peu après trois hommes furent trouvés pendus à un orme qui étoit audevant du Palais : Baltesar Catin Lieutenant de Sénéchal qui les vouloit garantir de la fureur du peuple les avoit fait mettre en prison sous pretexte de les faire punir, mais il n'avoit autre pensée que ce lieu leur servît d'asseurance, & leur fit éviter le danger où il les voïoit exposés, ne croïant pas qu'on eût la hardiesse de violer des Prisons. Et c'est peut-être pour ce sujet que quelques-uns ont écrit que Catin fut soubçonné de Calvinisme & qu'il courut hazard de sa vie, ils ajoûtent encore qu'il étoit bossu, mais ils se sont trompés, car le Lieutenant n'étoit pas bossu, mais bien son frere le Docteur, & ne fut jamais soubçonné d'heresie étant bon Catholique & trés sçavant homme & adroit, & qui sçavoit s'accommoder au tems : nonobstant cette exacte recherche il y eût beaucoup de Calvinistes qui furent sauvés secretement par leurs parens & par leurs amis, d'autres que leur bource rendoient coupables plûtôt que leur créance eurent assés de peine de se garantir ; car le peuple se portoit à toute sorte de licence sous le voile de la Religion, la justice n'aïant pas assés de force pour arrêter ces mouvemens.

XX. Les Religionaires se voïant traités avec tant de rudesse porterent leurs plaintes à la Regente, qui donna commission à deux Conseillers du Parlement de Paris, pour venir informer sur les violences qu'on avoit commis contre eux en cette Province. Le Comte de Cursol eût aussi ordre de s'y acheminer pour arrêter par son autorité la fureur du peuple : mais les Marseillois qui apprehendoient que ce Seigneur ne favorisât les heretiques, & qu'il ne permît publiquement le prêche dans Marseille, & d'ailleurs aussi que le Comte de Tende Gouverneur de Provence qui avoit tant d'affection pour eux qu'il s'étoit efforcé d'établir le prêche hors de l'enceinte des murailles de la Ville, ne se prévalût de cette occasion pour faire réussir leur dessein, trouverent à propos de députer au Roi, & de lui remontrer qu'ils avoient vécu de tout tems dans la Religion Catholique, Apostolique & Romaine, & qu'ils avoient résolu d'y vivre & d'y mourir, & pour ce sujet qu'ils suplioient trés-humblement sa Majesté d'empêcher que cette nouvelle Religion ne fut prêchée dans Marseille. Le Roi par ses lettres Patentes faites en forme d'Edit déclara qu'il n'avoit pas entendu de comprendre Marseille dans l'Edit qu'il avoit fait en faveur des Religionaires, & qu'il ne vouloit pas que cette religion y fut prêchée ni en public ni en secret,

DE MARSEILLE, Liv. VII. 349

ni que les gens de guerre soit à pied ou à cheval fussent logés dans la Ville ; ces lettres Patentes contiennent l'éloge suivant. *Nous desirant singulierement traiter & entretenir vos sujets de nôtredite Ville, en telle faveur tranquilité & liberté que nos prédecesseurs l'ont entretenuë, & pour la grande loyauté & fidelité qu'ils nous ont porté par ci-devant, & à nos prédecesseurs & esperons qu'ils feront tous ci-après de bien en mieux.*

Aux Archives de l'Hôtel de Ville, au Livre de S. Vaherfol. 256.

XXI. Cependant le Comte de Sommerive aïant été fait Gouverneur de Provence, résolut de se rendre maître de Sisteron où les heretiques s'étoient fortifiés, & pour ce dessein il dressa une armée de douze mille hommes avec laquelle il y mit le siége ; les Marseillois qui vouloient avoir part au succés de cette entreprise lui envoïerent Pierre de Blanc leur second Consul qui avoit sous lui trois Capitaines ; sçavoir Nicolas de Bausset, Paul d'Imperial, & Guillaume Olive qui commandoient trois cens soldats, ce Consul & ces Capitaines se porterent genereusement, & firent merveilles à l'assaut où ils furent commandés avec leurs troupes : enfin la Ville fut prise, & la plûpart des Religionaires s'étant sauvés, on ne trouva dedans que des livres de la nouvelle opinion, & quantité de coins servans à bâtre la monnoïe.

XXII. Quoique la prise de cette Place eût, ce semble, éteint le feu que les Religionaires avoient mis en Provence ; puisqu'on avoit contraint les chefs de ce parti, & quantité d'autres avec eux à quitter ce païs, il en demeura néanmoins encore beaucoup qui professoient secretement cette religion. Ceux qui furent élus Consuls dans Marseille quelques mois après ; sçavoir Jean de Riqueti sieur de Mirabeau, Antoine Deleuse & Arnaud Velin, & Claude Depaulo Assesseur crûrent qu'il étoit de leur devoir de ne rien oublier, pour mettre cette Ville en seureté, ils tinrent donc pour cét effet un Conseil general dans lequel le sieur de Mirabeau representa qu'il n'y avoit rien qui peut contribuer davantage à la conservation de la Ville, que de lui procurer une grande quantité de vivres ; & parce que la Communauté n'avoit pas alors de l'argent pour en acheter, lui & ses Collegues faisoient offre, de lui prêter gratuitement & sans interêt une somme importante, afin que de ces deniers on la peut pourvoir abondamment de tous ce qui lui seroit necessaire : il dit encore que le zéle de la religion & du service du Roi les avoit obligés de faire sortir de la Ville ceux qu'on soubçonnoit être Religionaires, qu'il sçavoit néanmoins de bonne part que les principaux de ce parti y étoient rentrés secretement, & s'y tenoient cachés, & parce qu'ils avoient un pernicieux dessein contre la Ville, il estimoit qu'il étoit absolument necessaire d'en faire recherche, de s'en saisir, & après de les faire sortir sans reserve d'aucun.

XXIII. Cette proposition fut aprouvée generalement de tous ceux du Conseil. Si bien que quantité de ces gens-là furent conduits en prison, mais ce lieu ne se trouvant pas assuré pour les garantir de la fureur du peuple qui en tira quelques-uns de nuit, & les pendit encore à la prise dont nous avons parlé ci-devant, le sieur de Mirabeau en conçut tant d'indignation voïant que c'étoit traverser le dessein qu'il avoit de tenir la

Ville en repos, qu'il protesta tout haut que s'il sçavoit les Auteurs de ce crime qu'il les fairoit punir exemplairement; en effet aïant été averti peu après qu'un Religionaire étoit affiégé dans fa maifon par le peuple, il y accourut auffitôt & écarta les plus feditieux, & fe faifit de la perfonne de ce Religionaire qu'il fe mit en devoir de faire conduire en la Tour de Saint Jean, difant tout haut que c'étoit dans le deffein de le faire punir par la Juftice, mais ces mutins qui étoient en grand nombre, en haine de ce qu'il leur avoit ôté cette proïe gagnerent le devant, & après rebrouffèrent chemin: ils eurent le courage d'attaquer ce Conful pour le r'avoir, mais le fieur de Mirabeau leur refifta genereufement; il eft vrai que comme ce nombre étoit trop grand il lui fut impoffible d'empêcher qu'on ne tuat presque entre fes bras ce malheureux prifonnier, qui fut enfuite traîné par la Ville à demi vivant.

XXIV. Le grand danger que ce Conful courut en cette rencontre l'obligea de penfer meurement aux moïens de fe pouvoir garantir à l'avenir d'un femblable accident, & de prevenir les mauvais deffeins des feditieux, qui fous pretexte de faire fortir les Religionaires de la Ville, la pouvoient mettre au pillage; fi bien qu'il fit déliberer dans le Confeil que les Capitaines des quartiers aïant chacun douze foldats avec eux accompagneroient d'ordinaire les Confuls pour en recevoir leurs ordres, & que par cette prudente conduite jointe à l'averfion que le peuple avoit contre les Religionaires, la Ville feroit à couvert des mauvais deffeins qu'on pourroit faire contre elle.

XXV. Peu après il fit encore déliberer par le Confeil qu'on envoïeroit trois cens hommes de pied païés pour un mois, conduits par deux Capitaines, qui avec eux s'en iroient joindre les troupes que le Comte de Sommerive avoit mis fur pied, pour s'opofer à une armée de Religionaires compofée de cinq ou fix mille hommes, qui menaçoient d'entrer en Provence.

XXVI. La liaifon de cette narration que je viens de faire ne m'a pas permis de raporter deux évenemens arrivés à Marfeille l'année precedente que je mettrai en cét endroit avec plus de netteté. Le premier regarde Sampietro d'Ornano, ce brave Capitaine Corfe qui avoit deffein de tirer cette Ifle de la fujection des Genois, fit équiper à Marfeille une Galere & une fregate, avec ces forces il fit de grandes conquêtes au commencement dans l'Ifle de Corfe, & s'il eût été affifté, fon deffein auroit réuffi; mais enfin après avoir fait beaucoup d'exploits genereux, & continué la guerre quelques années, il fut tué par la trahifon de quelques-uns des fiens que les Genois avoient gagné.

Hiftoire d'aubigné, les vies de plufieurs Capitaines François du fieur de Forquévaux.

XXVII. En cette même conjoncture fur la priere qu'un envoïé du grand Seigneur fit au Roi de la part de fon Maître, & encore du Roi d'Algers de vouloir faire mettre en liberté foixante Turcs qui étoient detenus Efclaves dans fes Galeres, fa Majefté commanda qu'on le fit; mais parce que ces Efclaves étoient de perfonnes de confideration, les Capitaines n'obéirent point au commandement qui leur en fut fait de la part du Roi, dans l'efperance qu'ils avoient de tirer une grande rançon de ces gens-là, ce qui donna lieu à cét envoïé de fe retirer à Algers

fort

DE MARSEILLE. Liv. VII. 342

fort mal-content, il n'y fut pas plûtôt arrivé qu'il moïena d'y faire armer des Galeres, des galiotes, & de fustes pour courir sur les François, ces Corsaires furent si heureux qu'ils prirent quelques Vaisseaux qui venoient de Constantinople & de Tripoli de Sirie, chargés d'épiceries, de drogueries & d'autres Marchandises, ils les amenerent à Algers, & mirent aux fers les Marchands, les Mariniers, & les Passagers qu'ils avoient trouvés dans ces bâtimens. Sa Majesté qui en eût avis, & qui desiroit d'entretenir la paix avec le Grand Seigneur, & le Roi d'Algers ordonna par des lettres Patentes qu'il fit expressément expedier, que les Commissaires & Contrôleurs se transporteroient dans ses Galeres pour y mettre lesdits Turcs en liberté, & paieroient aux Capitaines le juste prix des leurs Esclaves.

Tome I.   Bbbb

HISTOIRE DE MARSEILLE,
LIVRE HUITIEME.

CHAPITRE I.

Le Roi Charles IX. vient à Marseille, où il est reçû magnifiquement.

I. Les Marseillois se preparent pour recevoir ce Prince. II. Tous les Ordres de la Ville sortent pour le recevoir. III. Magnificence de cette entrée. IV. Le Roi crée les Consuls. V. Abolit le droit de mercerie, & confirme leurs Priviléges. VI. Grands-jours tenus à Marseille. VII. le Roi permet aux Gentilshommes de négocier. VIII. Les Marseillois obtiénent des Lettres Patentes portant que le Prévôt Provincial de Provence, n'auroit point de Jurisdiction dans Marseille. IX. Le Roi permet aux Consuls de porter des bonnets de velour, & d'habillements de soie. X. Les Marseillois fournissent deux cens soldats qui vont joindre l'Armée Roiale. XI. Entrée du Comte de Tende à Marseille. XII. l'Achiduc d'Autriche y vient aussi. XIII. Le Maréchal de Tavanes est fait Gouverneur de Provence, le Comte de Carces fait tenir une Assemblée Generale dans l'Hôtel de Ville. XIV. Dans laquelle il declare la promesse, & le serment que ceux d'Aix, & de Provence avoient fait de vivre en paix. XV. Teneur dudit serment. XVI. Les Marseillois defendent la Ville d'Aix. XVII. Le Roi leur accorde des Lettres Patentes. XVIII. La Ville donne pouvoir au Comte de Sommerive de tenir la terre de Châteauneuf. XIX. Secourt la Ville d'Arles, & envoie des députés à Blois.

I. LA Reine Catherine de Medicis aïant jugé qu'il étoit extrémement necessaire pour le bien de la France, que le Roi Charles IX. son Fils visitât toutes les Provinces, & les Villes de son Roïaume, lui en inspira la pensée, & ensuite Elle le fit resoudre de l'exécuter, ce Prince donc partit de Paris pour faire ce voïage sur la fin du mois de Mars accom-

DE MARSEILLE. Liv. VIII.

pagné de la Reine sa mere & d'un grand nombre de Princes, & de Seigneurs. Les Marseillois sur l'esperance qu'ils eurent qu'il leur fairoit l'honneur de passer par leur Ville, tinrent une assemblée des plus aparans pour aviser à sa reception, & déliberer sur la dépence necessaire pour une action si solemnelle. François de Cepede, Arnous Nas, Aman Sommat, & Honoré Spinassi furent choisis pour conduire, & faire dresser les appareils de cette pompe, suivant l'invention & la disposition d'Antoine Giraud Docteur és Droits homme bien entendu en pareilles matiéres.

II.

Le Roi étant arrivé à Lyon, & y ayant sejourné quelque tems, vint en Provence, & de là à Marseille pour y faire son entrée, ce fut un Lundi sixiéme Novembre de l'an 1564. Avant qu'entrer dans la Ville il vint mettre pied à terre au jardin de Nicolas de Beausset Capitaine du Châteaudif, & d'une des Galeres de France, où il dîna, & après s'étant acheminé au plan St. Michel, il y trouva un Théatre qu'on avoit dressé, couvert de riches tapisseries, sur lequel on avoit élevé un Trône Royal où il s'assit, pour recevoir les tres-humbles obeïssances, que tous les Ordres de la Ville lui venoient rendre; en effet en même-tems les Compagnies des quatre quartiers de la Ville superbement armées, sous la conduite du Comte de Sommerive, qui en cette occasion voulut rendre cét honneur à sa Patrie, & marcher à la tête de ses Habitans, se firent voir, & passerent devant Sa Majesté, qui en reçût beaucoup de contentement : leur General aïant mis pied à terre, & fait faire alte à sa troupe, monta sur le Théatre pour offrir au Roi les hommages & les vœux du peuple de Marseille. Aprés qu'il se fut retiré, les Consuls se prosternérent aux pieds de Sa Majesté, & Pierre de Vento Assesseur qui porta la parole s'acquitta trés-dignement de ce devoir. La Harangue finie on vit paroître la fille du premier Consul sur un Chariot traîné par treize garçons richement vêtus, couronnés de laurier, & portoient chacun une Banderole, où étoit dépeinte une Croix avec cette inscription, *Voici l'Enseigne de la victoire*: cette Demoiselle s'étant avancée décendit de son siége, monta sur le Théatre, & après avoir salué profondement le Roi, lui présenta les clefs de la Ville qui étoient d'or massif, sur lesquelles étoient gravées ces paroles, *Pietate & Justitia*, & lui prononça ces vers.

Petite tu me vois, mais tes grands ennemis,
Ne me sçauroient forcer, car en Dieu je suis forte,
Du cœur de ces rampars, en armes pour toi mis,
Haut ma foi, devant Dieu, à Toi les clefs je porte.

III.

Cela fait, le Roi quittant son Trône, se mit en chemin pour entrer dans la Ville, & comme il fut à la Porte Roïale, il s'arrêta pour contempler les tableaux & les divises qu'on y avoit mises, & entre autres un coq couronné annonçant le jour, & en même-tems les cloches commencerent à sonner, & l'artillerie à tirer : ce fut là qu'on lui présenta un daix de drap d'or enrichi de Fleur de Lys, des Armes, des Chiffres

& des dévises de Sa Majesté faites en broderie, il étoit porté par les trois Consuls, sçavoir Gaspar de Paul, Pierre Seillans, & Pantelin Gratian, par l'Assesseur que nous avons déja nommé & par Jean de Riqueti, & Antoine Deleuse Consuls de l'année précédente, tous six tête nûë, vétus de robes de velours cramoisi. Le Roi à l'entre-deux des portes, & avant qu'entrer dans la Ville, jura volontairement d'observer les Conventions, Chapitres de Paix, Statuts & Privileges inserés dans un Livre vert, & aprés passant outre il arriva à la place neuve, où il vit un Arc consacré à ses victoires & à ses triomphes, enrichi d'un bôcage de Cyprés, au milieu duquel paroissoit une fontaine de marbre, jettant grande quantité d'eau, & un pavillon surmonté d'un globe terrestre semé de Fleurs de Lys & de Besans de la Maison de Medicis avec ces mots, *Jam totum implevit sacris virtutibus Orbem*. On y voyoit aussi dépeint un Persée avec son Pegase, délivrant Andromede attachée à un rocher, où elle avoit été exposée à la merci d'un monstre marin, pour signifier que le Roi avoit garanti la France de la fureur de ses ennemis. Il y avoit encore en divers endroits de la Ville plusieurs Arcs d'une belle & ingenieuse Architecture, dont je ne m'amuserai point à décrire les particularités. Enfin le Roi fut conduit à l'Eglise Majeur, où Pierre Ragueneau Evêque de Marseille, revêtu des Habits Pontificaux, & assisté du Prevôt & des Chanoines, le reçut avec tout l'honneur qui étoit dû à un si Grand Prince, & y fit chanter le *Te Deum*. Le lendemain Sa Majesté accompagnée de la Reine sa Mere, du Duc d'Anjou, de Henri Roi de Navarre, du Cardinal de Bourbon, du Cardinal de Guise, d'Anne de Montmorency Conétable de France, & de plusieurs Seigneurs, s'en alla à la Majeur pour y entendre la Sainte Messe, & étant arrivé à la porte de l'Eglise, voïant que le Roi de Navarre qui avoit été instruit à la nouvelle opinion, s'arrêtoit & n'y vouloit pas entrer, il lui prit en soûriant son bonnet de velours noir, bordé d'un clinquant d'or, & parsemé de pierres pretieuses, le jetta dans l'Eglise; la Messe étant finie, on fit voir au Roi sur la plage qui est au devant des murailles, toutes les Galeres rangées en bataille, dont il reçut beaucoup de plaisir, & deux jours aprés il eût un pareil divertissement; car les Galeres de Malte qui arriverent au Port de Marseille, lui representerent un combat naval, qui fut suivi d'une somptueuse collation, & même les Chevaliers Espagnols danserent devant lui un balet à la moresque, & lui firent present de pretieuses peaux de senteurs, dont le Roi en fut si satisfait, qu'il donna des chaines d'or au General, aux Capitaines, & à ceux qui avoient joüé le balet, & s'étant pris garde aux banderoles, que le Grand Maître portoit pour armes un Gerfaut, il lui envoïa le plus beau qui fut en sa venerie.

IV. Sa Majesté fit quelques Ordonnances, par lesquelles il défendoit à ses Lieutenans Generaux, Gouverneurs de Province, Capitaines de Villes & autres personnes de disposer de ses Finances, des vivres & des munitions des Villes & places fortes, sans un mandement exprez; & à tous Iuges tant souverains que subalternes, d'user de condamnation de galere à moindre tems que de dix ans, & comme il avoit fait differer

l'élection

l'élection des Consuls jusques à son arrivée, il les crea lui-même, sçavoir Charles de Vento Sieur des Penes, Antoine de Huc, & Iean Mainard, & Iean Doria Assesseur: il y a de remarquable en cette élection que ceux qui furent choisis, étoient de la plus haute taille qu'il y eût dans la Ville.

V.

En la même année ce Prince étant à Arles abolit le droit des drogueries & épiceries, qui se levoit dans Marseille, contraire aux Statuts & Privileges de la Ville; le Roi Henri II. l'avoit imposé pour survenir à ses affaires: par les Lettres Patentes que Charles fit expedier, il dit que *c'est en consideration de la fidelité & l'obeïssance que les Marseillois ont toûjours porté à lui & à ses Predecesseurs*, & aprés étant à Valence il confirma tous les privileges, statuts, franchises, libertés, prérogatives, préeminences, conventions, chapitres de paix, coûtumes & transactions accordées aux Marseillois par ses Devanciers.

Aux Archives de l'Hôtel de Ville.

VI.

Quelques mois aprés le départ de ce Prince, un Ambassadeur de Soliman Empereur des Turcs arriva à Marseille, & s'en alla à la Cour pour confirmer l'alliance faite entre les derniers Rois, & le Grand Seigneur; & en ce même-tems le Roi aïant interdit la Cour de Parlement de Provence, envoïa le Président de Morsan avec une Chambre de Iustice Souveraine, composée de douze Conseillers tirés du Parlement de Paris, qui vuiderent dans deux ans ou environ toutes les affaires tant civiles que criminelles, & sur tout procederent exactement à la punition de ceux qui se trouverent convaincus de crimes énormes, entre autres d'un nommé Baissanet, qui aïant assasiné Pierre Deolieres Docteur de Marseille, fut condamné à être pendu, & avant qu'être executé, il eût le poingt coupé; ce méchant homme dés qu'il eût commis ce crime, s'enfuit à Lion en l'an 1532. les Calvinistes (je ne sçai par quel mouvement) s'en voulant défaire, le jetterent du Pont du Rhône en bas, aprés toutefois lui avoir mis une corde au col qui lui lioit aussi les pieds & les mains, mais la rivieté le porta contre le rivage si favorablement que rencontrant une souche, il s'y prit à belles dents, & aprés se mit à crier si haut, que quelques personnes qui n'étoient gueres loin de là, accoururent, & touchées de pitié le délivrerent de ce danger; mais ce ne fut que pour finir sa vie par la main d'un bourreau, ce qui arriva suivant le proverbe qui dit (*que qui doit être pendu ne peut jamais être noié*) cette execution fut faite à Marseille aux grands jours, durant lesquels & tant que les Iuges y demeurerent, ils tinrent les Audiences dans une salle de la Maison du Roi.

VII.

L'année suivante les Marseillois aïant representé au Roi que la Ville étoit scituée sur un bord de la mer, dont le terroir étoit si infertile & de peu d'étenduë, que sans le commerce elle ne pouvoit pas subsister, & qu'à l'exemple de Genes, Venise & Pise, il plût à Sa Majesté de permetre aux nobles de negocier sans tenir Boutique ouverte, ni de marchander en détail, & sans par ce moïen déroger à la Noblesse, Sa Majesté leur accorda leur demande, & leur en fit expedier de Lettres Patentes, qui furent enregistrées au Greffe du Sénéchal de cette Ville.

VIII.

Aprés cela les Marseillois obtinrent des Lettres Patentes données à

Gaillon le 21. Septembre de l'an 1566. portant que le Prevôt Provincial de Provence n'auroit point de Jurisdiction dans Marseille, & que la Ville n'étoit pas obligée de contribüer au païement de ses gages; ces Patentes furent observées jusqu'à l'an 1582. que le Païs en obtint d'autres contraires, dont l'adresse fut faite au Grand Prieur de France qui renvoïa les parties au Roi, & Sa Majesté étant à Blois l'an 1589. & le 20. Fevrier renvoïa l'affaire au Sieur de Pontcarré Conseiller d'Etat pour y pourvoir, & cependant il ordonna que les Marseillois joüiroient de cette exemption.

IX. Mais pour retourner d'où nous nous sommes éloignés; en l'an 1567. le Roi permit aux Consuls de Marseille de porter les bonnets de velours & autres habillemens de soye, & nonobstant qu'il l'eût défendu, le titre parle de la sorte, *afin de tant plus leur donner occasion de continüer les loyautés, dévotion, obeïssance & fidelité, qu'ils lui ont toûjours portée*.

X. Les premiers troubles aïant pris fin par une paix, qu'on appelloit la petite paix, à cause qu'elle fut rompuë dans six ou sept mois, les Religionaires prirent les armes, & donnerent commencement aux seconds troubles, qui mirent en feu toute la France; si bien que le Roi pour les dompter assembla de grandes forces, convoqua le ban & l'arriereban, & créa derechef le Duc d'Anjou son frere puisné Lieutenant General en ses armées & par tout son Roïaume: les Marseillois voulurent rendre en cette occasion des témoignages du zéle qu'ils avoient pour le service de leur Prince, & de la haine qu'ils portoient aux Heretiques, car ils fournirent deux cens hommes de leur Ville en tres bon équipage païés pour trois mois, sous la conduite & commandement de Paul d'Imperial; ce Capitaine alla joindre avec sa troupe l'Armée Roïale, qui gagna peu après la bataille de Jarnac, où le Prince de Condé Chef des Huguenots fut défait & perdit la vie.

XI. L'année suivante Honoré Comte de Tende prit possession du gouvernement de Provence; il vint à Marseille: on lui fit une entrée solemnelle & magnifique; & comme il fut à la porte Réale il prêta serment entre les mains des Consuls d'observer les Chapitres de paix, & Privileges de Marseille, en presence de Jean de Ponteves Baron de Carces, Chevalier de l'Ordre du Roi, & du sieur du Puy Saint-Martin.

XII. En la même année, & le 26. Novembre Charles Archiduc d'Autriche frere de l'Empereur Maximilian aborda à Marseille avec huit Galeres, dont les quatre apartenoient au Duc de Savoïe, & les autres aux Genois; il fut oüir la Messe à l'Eglise Majeur, suivi de quantité de Seigneurs de sa Cour, & après il fit voile en Espagne.

Memoire manuscrite du Sr. de Perussiis Sr. de Caumont.

XIII. Deux ans après Honoré de Savoïe Comte de Tende Gouverneur de Provence étant décédé, le Roi donna le gouvernement au Maréchal de Tavanes, qui mourut avant qu'en avoir pris la possession, & pendant ce tems là le Comte de Carces, qui étoit grand Sénéchal, Lieutenant de Roi en ce païs, & qui vouloit se garantir de la main des Religionaires, se conserva en paix, & sous l'obeïssance du Roi, fit faire une assemblée generale dans Marseille, en laquelle il se trouva, & encore

DE MARSEILLE, Liv. VIII. 348

les personnes suivantes, sçavoir Pierre Bon Baron de Meoillon, Chevalier de l'Ordre du Roi, Conseiller de son Conseil privé, & Capitaine de deux Galeres, le I. President, le Sieur de Lauris second President en Parlement, Catin Lieutenant de Sénéchal de Marseille, Jean Gautier Viguier de la Ville, Loüis de Vento, François de Bausset, & Jean d'Arlet Consuls, & Antoine Cabre Assesseur, & quantité de gens de qualité, & autres personnes d'honneur.

En cette assemblée le Comte de Carces remontra qu'aïant consideré la grande fidelité, & l'obeïssance que les Marseillois avoient toûjours eu pour leurs Souverains & pour leurs Lieutenans Generaux, & même en cette conjoncture, & dans le tems de troubles, il avoit crû qu'il étoit obligé de leur déclarer la promesse que ceux de la Ville d'Aix & ceux du païs avoient fait, & le serment qu'ils avoient prêté, de vivre en paix, en union, & intelligence les uns avec les autres, & sous l'obeïssance du Roi, & de garder les Edits, de prendre les armes pour aller par tout où ils seroient mandés, de n'épargner pas leurs vies ni leur sang, jusqu'à la derniere goute, pour combatre les étrangers & les rebelles à sa Majesté, qui voudroient troubler l'état & le repos public, & de les prier de faire la même chose & de se rendre faciles à executer tout ce qu'il sera commandé par sa Majesté, par ses Lieutenans & par ses Officiers, les Consuls & toute l'assemblée auroient unanimement témoigné à ce Seigneur qu'ils étoient tous prêts d'obeïr à tout ce qui leur seroit commandé par sa Majesté, & par ses Lieutenans Generaux, qu'ils prendroient les armes pour châtier les rebelles & tous ceux qui voudroient faire des entreprises contre le Roi, l'état & le repos public. Ensuite le Comte de Carces fit lire l'acte du serment qu'il avoit prêté entre les mains de la Ville d'Aix, dont voici la teneur.

XIV.

au Registre du Secretariat de la Communauté.

Nous soussignés tous Gentilshommes du present pays de Provence assemblés en cette Ville d'Aix, au Mandement de vous Monseigneur le Comte de Carces Chevalier de l'Ordre du Roi, Conseiller en son Conseil privé, & son Lieutenant General audit pays, en continuant nôtre ancienne fidelité au service de sa Majesté, laquelle desirant en faire preuve pour en donner entiere & abondante confiance, & asseurance, promettons à vous mondit Seigneur le Comte, & jurons en vos mains sur les Saintes Evangiles, de vivre en toute paix, & union avec mutuelle, fraternelle & bonne intelligence les uns avec les autres, sous l'obeïssance de vous, dit Monseigneur, & teneur des Edits de sa Majesté, ainsi que tous bons & loyaux sujets sont tenus de faire à l'endroit de leur Prince Souverain, & naturel Seigneur, sans entreprendre, attenter ni permettre être entrepris, fait ni attenté aucune chose contre le bien de son service & état de son Roïaume, & par special le repos, l'union & tranquilité de ce dit pays, ains d'empecher & divertir à nôtre loyal pouvoir toutes & telles entreprises, à icelles resister & nous opposer de toutes nos forces & moyens, & d'en donner fidellement en toute diligence avis à sadite Majesté, & à vous Monseigneur son Lieutenant, & neanmoins veuillés avoir

XV.

l'œil ouvert, & tenir la main à ce que tous & chacun nos Vassaux, & sujets vivant en même paix, & union & sous ladite obéïssance, & en cas qu'ils s'oubliassent que d'attenter ou faire chose contre ce que dessus, y resister & les empêcher par tous moyens possibles pour en aprés être procedé à l'encontre d'iceux, par les châtimens & punitions exemplaires selon que le cas le requera, & en outre pour éxécuter nos bonnes intentions, promettons par même serment de nous tenir prêts en armes, & nous rendre par tout moyen où nous sera mandé par Vous dit Monseigneur le Comte, pour sous vôtre conduite, ou des chefs que par vous seront élus & commis nous employer effectuellement & à main armée jusqu'à-là derniere goute de nôtre sang à l'encontre de tous étrangers, & autres sortes de gens qui entreprendront préjudicier le service de sa Majesté, & alterer le repos en cette nôtre patrie pour la conservation d'icelle sous ladite obeïssance ; & afin qu'il en soit memoire & témoignages. Nous sommes soussignés en ladite Ville d'Aix, le 22 Avril 1573. Ainsi signés Messieurs de Faucon, de la Coste, de Saint Andiol, de Buous, de Saint Julien, de la Verdiere, de Torrete, de Fayance, de Vence, de Solers, d'Ollioules, de Saint Martin, de Tournon & son fils, d'Espinouse, de Saint Marc, de Baux, de Cabriés, d'Admirat, de Boliers, de la Nogatte, de Vachieres, d'Aiguieres, de Montclar, Saint Grenier, de Sainte Croix, de Lagoy.

Aprés la lecture faite, le Comte de Carces & les Consuls requirent acte de tout ce que dessus, & ainsi cette assemblée fut terminée.

XVI. L'année suivante, & le 11. de Juillet il fut proposé dans un Conseil que le Parlement & le Comte de Carces, avoient écrit à la Ville de vouloir faire levée de quatre ou cinq cens hommes pour aider la Provence, & s'opposer à ceux qui la voudroient troubler, il fut délibéré de mettre sur pied trois cens Arquebusiers qui se rendroient à la Ville d'Aix pour la défense de la Ville, & du service du Roi, sans pouvoir être emploïés ailleurs, & néanmoins qu'ils seroient soldoïés par le païs & par la Ville, & que lorsqu'elle en auroit besoin, elle les pourroit rapeller.

XVII. L'année aprés, Jean d'Aissac sieur de Venelles, & Iean Boïer Assesseur furent députés au Roi, duquel ils obtinrent des lettres Patentes portant que le Conseil de la Communauté se tiendroit sans l'assistance du Lieutenant de Sénéchal, & du Procureur du Roi, sans lesquels avant cela on ne le pouvoit pas tenir.

XVIII Mais comme la terre de Châteauneuf lez-Martigues ne pouvoit être aliénée, qu'en faveur d'un Marseillois, ceux de cette Ville aïant droit d'y aller dépaître, d'y chasser, & d'y faire des ruches à miel ; la Communauté pour se maintenir dans cét avantage donna pouvoir l'an 1575 au Comte de Sommerive de retenir cette terre, qu'un Conseiller de la Cour des Comtes de ce païs avoit achetée, à la charge que ce Seigneur ne la pourroit pas vendre qu'à un Citoïen de Marseille, & néanmoins que la Ville joüiroit des mêmes priviléges ci-dessus exprimés, ausquels un Marseillois appelé Favas s'étoit autrefois obligé.

Un

DE MARSEILLE. Liv. VIII. 350

Un an aprés sur ce que les Religionaires du Languedoc & de Beaucaire s'étoient jettés dans la Camargue, les Marseillois envoïerent à Arles à leurs dépens six fregates remplies de soldats sous la conduite de Lazarin d'Espinassi second Consul pour la secourir, & peu aprés le Roi aïant fait la cinquiéme paix avec les Religionaires, & convoqué les Etats Generaux à Blois, la Ville de Marseille y députa d'Espinassi avec François Sommati Assesseur. En la même année il fut déliberé dans un Conseil, que les Consuls pour éviter les chaleurs aux Processions porteroient une robe de damas.

XIX.

CHAPITRE II.

Arrivée à Marseille de la Reine mere, de l'Imperatrice, & du Roi d'Algers.

I. Le Maréchal de Rais Gouverneur de Provence vient à Marseille. Cette Ville demande au Roi d'y établir un grenier à bled. II. La Ville d'Arles lui demande du secours. III. Faction des Rasas & Garcistes: la Reine-mere vient à Marseille pour la pacifier. IV. Elle apaise tous les mouvemens, & assiste à la Procession de la Fête Dieu. V. Cette Princesse part de Marseille, & s'en va à Aix. VI. Furieuse peste. VII. Recheute. VIII. Plusieurs Galeres passent en veuë de Marseille, qui se met en état de se défendre. IX. l'Imperatrice aborde à Marseille. X. Le Roi d'Algers y vient aussi. XI. Henri III. décharge les Marseillois du droit de doüane.

I.

A Prés la mort du Maréchal de Tavanes le Roi donna le gouvernement de cette Province au Maréchal de Rais qui fut trés bien receu en ce Païs & même à Marseille, où il demeura quelques jours. Pendant qu'il y fut les Marseillois se pourveurent au Roi & lui rémontrerent qu'il étoit necessaire pour la conservation de leur Ville, d'y établir un grenier à bled de reserve, où il y en eut toujours bonne quantité, afin d'y avoir recours dans le besoin, que le terroir n'étoit pas suffisant de donner dequoi nourrir un si grand peuple, qui étoit dans la Ville, plus d'un mois de l'année: que le païs avoit grand interét à sa subsistance, à cause qu'elle étoit un boulevard contre les incursions des ennemis, & pour cét effet que toute la Province devoit contribuer à faire le grenier de reserve pour une fois, & d'ailleurs qu'il étoit necessaire pour le bien de l'Etat de fortifier la Ville, que ses rentes ne pouvant pas suffire à tant de dépenses qu'elle étoit obligée de faire, il lui faloit donner un fonds plus grand pour pouvoir subsister. Sa Majesté par ses lettres Patentes qu'il adressa au Maréchal de Rais, lui manda de lui donner son avis là-dessus, aprés qu'il auroit pris les informations necessaires: dans ces Patentes, le Roi se sert de ces mêmes paroles: *Nous aïant toujours en singuliere affection les Habitans de nôtredite Ville*

Aux Archives de l'Hôtel de Ville.

Tome I. Dddd

pour leur ancienne, & jamais ébranlée fidélité & zèle à nôtre état & service, & sçachant de quelle importance est la tuition, conservation, aisence, & amplitude d'icelle tant pour nôtre service, que pour le bien & l'interet de nôtre dit païs de Provence, & terres Adjacentes, de l'avis de nôtre dit Conseil, &c. le trouble dont le Roïaume étoit alors travaillé fut cause que la demande des Marseillois demeura imparfaite.

II. En ce même tems la Ville d'Arles envoïa prier la Ville de Marseille de la vouloir assister de trois cens hommes en cas de necessité, ce que celle-ci lui promit de faire aussitôt qu'elle les voudroit; les divisions qui étoient alors en Provence donnerent lieu à cette demande.

III. Le Maréchal de Rais ne tint pas long-tems le gouvernement de Provence, car il s'en défit avec la permission du Roi en faveur du Comte de Suze de la maison de la Baume, l'une des plus Illustres du Dauphiné. Il ne fut pas plûtôt en Provence qu'il fut traversé fortement par le Comte de Carces pour lors grand Sénéchal & Lieutenant de Roi en Provence, qui ne voulut point le reconnoître; & comme ce Seigneur étoit plein de hautes pensées soûtenuës d'un courage sans peur, & d'une quantité d'amis, & de créatures dans la Province, il mit le Comte de Suze bien en peine; & de leur mésintelligence naquit la faction des Rasas & Carcistes qui troubla toute la Provence, & la divisa de telle sorte que la Reine mere fut obligée de venir pour la pacifier, & étouffer ces partis qui étoient sur le point de la désoler entièrement : cette Princesse vint à Marseille, où elle fit son entrée avec fort peu de magnificence; puisqu'il n'y eût que les Consuls avec la Noblesse, & les aparans qui monterent à cheval, sortirent de la Ville & lui furent au-devant, ensemble les quatres quartiers en armes. On croit que sa Majesté n'en désira pas davantage.

IV. Ce fut à Marseille que cette Princesse donna audience, & entendit les plaintes des Rasas contre le Comte de Carces, & le sieur de Vins; celui-ci ne comparut point, mais peu après il vint plaider sa cause en une maison apellée Beauvoisin scituée au terroir d'Aix, où la Reine par son adresse apaisa tous ces mouvemens; & donna satisfaction à la Noblesse de cette Province, qui demandoit que le gouvernement fut donné à un Prince; & en effet Henri d'Angouleme grand Prieur de France en fut pourvû, ensuite de la demande que les Marseillois avoient fait au Roi. Pendant que la Reine étoit à Marseille, elle assista à la Procession du Saint Sacrement, le jour de la Fête Dieu qui fut faite avec grande solemnité; car le Cardinal de Bourbon Légat d'Avignon porta le Saint Sacrement assisté de l'Archevêque d'Aix, des Evêques de Marseille, de Toulon & de Frejus; la Reine marchoit après le poële, soutenuë par le Comte de Fiesco son Chevalier d'Honneur; & après venoient le Prince de Conty, & le Comte de Soissons, suivis des Ducs de Montmorency & de Maïenne, entre lesquels il y eût quelque contention touchant la préséance; mais la Reine par l'avis de son Conseil vuida ce different en faveur du Duc de Montmorency en qualité de plus ancien Pair.

DE MARSEILLE Liv. VIII 352

La Reine Mere alla à Aix à son départ de Marseille, après avoir reçû beaucoup de services & d'obeïssance des Marseillois tant fidéles à la Couronne de France, ce sont les mêmes paroles de Loüis de Perucis, Seigneur de Caumons Gentilhomme du Comtat, qui a fait de mémoires manuscrits fort beaux & fort amples de tout ce qui arriva de mémorable durant sa vie.

V.

En cette même année le Grand Prieur fit son entrée dans Marseille en qualité de Gouverneur; il y faisoit son sejour ordinaire, mais il fut contraint d'en sortir, à cause qu'elle se trouva furieusement persecutée des fleaux de Dieu, car la peste y fut si cruelle, & la famine si étrange, qu'elles y firent perir plus de trente mille personnes, cette grande disette provint en partie, de ce que la Ville d'Aix priva les Marseillois du secours qu'ils ont acoûtumé de recevoir des villages voisins, aïant retenu sur le passage les grains qui eussent servi à les tirer de la necessité, qui les affligea juques à ce point, que la plûpart des pauvres gens étoient contraints de brouter l'herbe, & se servoient des viandes si fort inusitées, qu'ils sembloient plûtôt des phantômes vivans que des hommes: il y en eût même beaucoup qui tomberent morts au milieu des rües, ceux qui avoient dequoi se garantir de la famine, avoient bien de la peine d'éviter cette maladie contagieuse, qui leur démontoit le cerveau, & leur causoit une si grande frenésie, qu'ils se jettoient des fenêtres de leurs maisons sur le pavé, & se mettoient en pieces; ce genre de mort quelque étrange qu'il fut est bien digne de recommandation en la personne de ceux qui s'exposerent pour le service du public, & le salut de leur patrie, & comme leur nom merite de tenir un honorable rang en cette Histoire, il est bien raisonnable qu'on informe la posterité, que André d'Olieres second Consul, Jean Doria Assesseur, Joseph de Cabre Capitaine du premier quartier de la Ville, & Bertrand Arnaud Capitaine du quartier de Cavaillon, fils de Cosme Arnaud qui avoit eu le même employ lors du siége de Charles de Bourbon, moururent en cette occasion au grand regret de tous leurs Citoïens, Pierre d'Antelmi Lieutenant de Viguier n'abandonna pas la Ville, & il s'acquitta tres-bien de sa Charge, & la Divine Bonté l'aïant garanti de ce mal, le Conseil pour le recompenser, lui donna la somme de cent cinquante écus sol.

VI.

Le jour de l'élection des Officiers municipaux étant arrivé, quoy que la peste fut encore dans Marseille, Jean du Bourg, qui en étoit Viguier y entra, & fit proceder à l'élection des nouveaux Officiers: la santé étant enfin rétablie, elle n'y dura guere, car il y eût une recheute le 26. Mars de l'année suivante, qui étoit le jour de Pâques, la peste se raluma encore, les Habitans en eurent une telle épouvante que le Port n'étoit pas assés grand pour contenir (pour ainsi dire) les Bâtimens remplis de femmes & d'enfans qui quittoient Marseille, les portes de la Ville étoient aussi trop étroites pour pouvoir donner lieu à leur fuite, si bien que dans deux ou trois jours, il n'y resta que deux ou trois mille personnes, le Lieutenant de Senéchal laissa un Avocat, appelé Moutet qui fit la fonction de sa Charge en son absence. Le Sieur de Bourg qui étoit encore Viguier, ne bougea pas de la Ville, & perdit la plus gran-

VII.

Memoire de Bourg.

de partie de ses Archers, si bien que les Consuls lui donnerent quatre soldats pour l'accompagner.

VIII. Au mois de May Pierre Bouquier du Martigues, Capitaine de la Tour de Bouc, aïant été pourvû par Sa Majesté de la Charge de Viguier, entra dans la Ville, & s'enferma avec les Consuls, bien que la peste fut si grande qu'on portoit les pestiferés à l'infirmerie à batteaux pleins; ce fut alors que trente ou quarante Galeres d'Espagne passerent à la faveur d'un tems extremement couvert entre le Château d'If & Marseille, sans être aperçûës de l'un ni de l'autre, il n'y eût que la Forteresse Nôtre-Dame de la Garde qui les découvrit, elle tira deux coups de canon pour donner l'alarme & à la Ville & au Terroir, ceux qui s'y étoient refugiez, coururent aussi-tôt en nombre de six mille hommes jusques aux portes de la Ville pour la secourir, & quoy que le danger fut grand, ils se preparerent d'y entrer, s'il en eût été besoin, & ne bougerent de là que les Galeres n'eussent passé outre, elles dirent qu'elles ne s'étoient aprochées que pour demander des vivres, mais parce qu'on crût que ce prétexte étoit faux, on leur dit de se retirer, qu'autrement on leur tireroit le canon.

IX. Trois ans aprés cette grande peste, Marie d'Austriche veuve de Maximilian II. Empereur des Romains, passant d'Italie en Espagne avec quarante Galeres, aborda aux Isles de Marseille, dont elle partit pour entrer dans le Port, aprés que le Grand Prieur Gouverneur de la Province, qui étoit malade à Draguignan, lui eût envoïé un Gentilhomme, pour lui faire ses excuses, & lui offrir de la part du Roi la disposition de toutes les places de son Gouvernement; comme elle s'approchoit de Marseille avec une si grande flote, elle fut saluée par deux fois d'une grande quantité de canons, que les Consuls avoient fait porter sur les murailles quelques jours auparavant sur la nouvelle de sa venuë. La Galere qui portoit cette Princesse entra la premiere dans le Port, & fut suivie de dix-sept, mais les autres se retirerent aux Isles pour ne donner sujet de jalousie aux Habitans qui auroient pû prendre ombrage si elle fut entrée avec toutes ces forces: dez que cette Galere eût pris son poste, les Consuls vétus de robe d'écarlate rouge vinrent sur le quay, d'où ils envoïerent le Sieur d'Altovitis, qui avoit été Consul l'année précedente, pour sçavoir de Sa Majesté si elle auroit agreable qu'ils lui vinssent faire la reverence, ce qu'elle témoigna d'agréer, & aussitôt on commanda qu'on mit en mer un Caïque pour les aller recevoir, ce qui fut à l'instant executé par les Officiers de la Galere, & les Consuls entrerent dans le Caïque paré de velours bleu, dont les Bonnesvoies étoient habillés de même: de là ils monterent dans la Galere, & rendirent leurs devoirs à l'Imperatrice, qui les reçût avec grande civilité: ensuite quatre Capitaines passerent en armes sur le quay à la tête de leurs Compagnies, & s'en allerent chacun à leur quartier, où ils dresserent leurs corps de garde qui demeurerent en état tant que les Galeres furent dans le Port; ainsi les Consuls en faisant honneur à cette Princesse, ne laissoient pas de pourvoir à la seureté de la Ville. L'Imperatrice qui ne vouloit pas faire grand sejour dans Marseille, ne se débarqua point

DE MARSEILLE. Liv. VIII. 354

point, & en partit bientôt aprés, mais le mauvais tems la contraignit de revenir dans le Port, & de décendre à terre : elle fut logée dans la maison que le Baron de la Garde avoit fait bâtir au delà du quay, & que le Grand Prieur occupoit lors qu'il étoit à Marseille ; elle s'y arrêta environ trois semaines pour attendre le beau tems. La ceremonie que firent les Galeres à la partence de cette Princesse, fut extremement belle, & merite d'être remarquée ; car celles qui étoient aux Isles, & les dix-sept qui étoient entrées dans le Port, se rendirent à l'embouchure, & firent deux aîles, la Galere où l'Imperatrice étoit, sortit la derniere, & passa au milieu de ces deux escadres qui la saluërent avec les Trompetes, & par la décharge de tous leurs canons & mousquets, la Ville ne manqua pas d'y répondre par un salve de toute son artillerie.

X. En cette même année le Roi d'Algers arriva à Marseille avec vingt-quatre Vaisseaux, il y fut trés-bien reçû : le Grand Prieur qui étoit Gouverneur de Provence, lui fit connoître que les Sujets du Roi avoient beaucoup souffert & souffroient tous les jours par les prises des Corsaires, il promit qu'il donneroit si bon ordre à l'avenir, qu'il n'arriveroit jamais plus rien ; mais il ne fut pas plûtôt parti de Marseille, & à douze mille loin que sans se souvenir de ce qu'il avoit promis, & du bon traitement qu'on lui avoit fait, aïant rencontré six barques de Marseille, il les pilla entierement, leur ôta tout ce qu'ils portoient, & blessa la plus grande partie des Mariniers.

XI. L'année suivante les Marseillois obtinrent des Lettres Patentes données au mois de May à Saint Maur des Fossés, par lesquelles Henri III. les déchargea du païement des droits de Doüane : cette Charte contient les paroles suivantes qui ne meritent pas d'être oubliées ; *Sçavoir faisons que nous étant tres-manifestement apparu de la sincere & fidéle volonté de nosdits bons Sujets, Consuls & Habitans de nôtredite bonne Ville & Cité de Marseille, esperant qu'ils continüeront de bien en mieux à l'avenir, & nous donneront occasion non seulement de les maintenir & conserver en leurs exemptions, immunités ; mais encore s'il se pouvoit les leur augmenter & croître.*

Tome I.   E e e e

CHAPITRE III.

Daries second Consul de Marseille, entreprend de la livrer au pouvoir de la Ligue.

I. Ligue generale par toute la France. II. Le Sieur de Vins fait dessein sur Marseille favorisé par Daries, qui mal-traitte les Religionaires. III. Ses actions de cruauté. IV. Quatre Galeres de Florence à l'embouchure du Port. V. L'Evêque de Marseille, & quelques autres quittent la Ville. VI. Assemblée generale. VII. Ceux qui étoient sortis de Marseille, y rentrent. VIII. Bouquier s'oppose aux mauvais desseins de Daries, qui tâche de le gaigner, mais inutilement. IX. Bouquier est suivi des principaux Habitans. X. Il marche contre Daries, & s'asseure de sa personne. XI. Daries est conduit en prison. XII. Les Marseillois envoient un Gentilhomme au Grand Prieur. XIII. Qui vient en poste. XIV. Daries condamné à mort. XV. S'efforce d'obtenir grace. XVI. Est enfin executé. XVII. Ses mœurs & qualitez. XVIII. Le Roi est extremement aise de la conservation de Marseille. XIX. Teneur de la lettre écrite à Sa Majesté, & de celle que le Roi écrivit aux Marseillois, & au Grand Prieur. XX. Galeres relevées par les Forçats. XXI. Le Roi fait un Edit en faveur de la Ligue, qui est public & juré à Marseille.

I. L'Origine de la Ligue qui se forma en France l'an 1576. sembloit extremement plausible, parce qu'elle avoit été faite pour l'extirpation de l'heresie, & pour s'opposer aux mauvais desseins des Religionaires, & politiques mal contens, qui avoient juré la ruine de la Religion Catholique, & de l'Etat. Aussi elle fut authorisée au commencement par le Roi Henri III. qui s'en declara le Chef, & si elle eût demeuré dans sa pureté, nous n'aurions pas veu tant de malheurs dont elle a été la cause, & qui ont mis la France à deux doigts de sa ruine: mais aprés la mort du Duc d'Alençon heritier presomptif de la Couronne, les Auteurs de cette union porterent leurs pensées si haut, qu'ils aspirerent secrettement à la Roiauté : & pour se fraier le chemin, eurent recours à des moiens, dont on ne se peut servir sans encourir le crime de leze Majesté : mais comme le pretexte des Ligueurs étoit le soûtien de la Religion, ils debaucherent par cét artifice les plus aparens du Roiaume, & les plus importantes Villes, qui se laisserent entrainer aveuglement à cette confederation. Il y en eut neanmoins beaucoup qui aiant reconnu que sous ce plausible pretexte, les Ligueurs cachoient des desseins trés pernicieux contre la Majesté Roïale, conserverent leur fidelité toute entiere : si bien que la France n'étoit pas seulement bigarrée par la diversité de Religion : mais encore par le parti des Roïaux & des Ligueurs, qui pour se fortifier les uns contre les autres, faisoient des entreprises chaque jour sur les Villes du parti contraire.

II. Mais outre la ligue generale, il y avoit une ligue particuliere en chaque Province qui en dependoit. Le Seigneur de Vins Gentilhomme fort accompli, & qui avoit toutes les parties d'un grand homme de guerre, étoit le Chef de celle de Provence, & fit dessein de se rendre Maître de Marseille. Antoine d'Arene premier Consul étoit pour lors à la Cour, où il avoit été député pour les affaires de la Ville, & son absence avoit donné moïen à Loüis de la Motte Daries second Consul d'usurper toute l'autorité; de sorte qu'il agissoit en tout de son seul mouvement, & sans en rien communiquer à son autre Collegue. Il avoit été déja gagné par le sieur de Vins sous de grandes promesses, & il lui avoit promis de mettre Marseille entre ses mains: mais comme il voïoit que la plûpart des Habitans étoient fort zelez au service du Roi, pour n'être découvert, il prit prétexte de mal traiter les Religionaires, de l'aveu (disoit-il) & du consentement de sa Majesté. En effet le neuviéme d'Avril à l'entrée de la nuit il en fit prendre plusieurs, dont les uns furent mis aux prisons ordinaires, & les autres à la Tour S. Jean, & la même nuit Jean de Boniface Trésorier de France fut assassiné malheureusement; sous couleur qu'il faisoit profession du Calvinisme: les assassins heurterent à sa porte, faisant semblant de lui vouloir donner un pacquet du Gouverneur, & comme ce Gentilhomme les eut fait entrer, ils se jetterent tout à coup sur lui & le tüerent à grands coups d'épée & de poignard, en presence de Claude de Boniface son frere, Capitaine de quartier de la Ville, qui étoit complice de cét assassinat pour se prévaloir de sa succession.

III. Le lendemain Daries fit publier à son de trompe que chacun eût à porter sur son chapeau une Croix blanche & à reveler ceux qui étoient atteints du Calvinisme à peine de trois traits de corde. Pour faire executer cette Ordonnance il s'en alloit par la Ville avec son chaperon, suivi de Claude de Boniface, du Capitaine du Corps de Ville, de Charles de Casaulx, & autres mauvais garçons; & faisoit battre ou emprisonner tous ceux qui ne portoient pas la Croix suivant son Ordonnance. Ces actions de violence furent suivies du Massacre de deux Religionaires, l'un étoit appellé Chieusse Revendeur, & l'autre nommé Clavier déja septuagenaire: Daries les livra entre les mains du peuple pour les faire mourir, & en effet ils furent aussi-tôt trainés par les ruës jusques aux murailles de la Ville du côté de l'Eglise Majeur, d'où ils furent précipitez à demi vivans. Il y en avoit assez pour étonner les plus hardis, aussi les gens de bien se tenoient enfermez dans leurs maisons, & n'osoient paroître par la Ville: mais ce ne fut pas tout; car le Jeudi onziéme du mois il fit faire de secondes cries plus fulminantes que les premieres, portant commandement de ne receler point les heretiques à peine de la corde. Et afin qu'il ne se passât point de jour qui ne fut témoin de ses cruautés, & auquel le sang humain ne fut répandu; il fit tirer de la Tour de S. Jean un Embaleur, soubçonné d'heresie qu'il mit entre les mains du peuple, qui le traîna par la Ville jusques aux plus hautes murailles de l'Amiradour, d'où il fut précipité comme les autres. Ce pauvre miserable roula jusqu'au rivage de la mer, & se sentant encor un peu de vie, voulut tâcher de se sauver: mais en se relevant il vit deux hommes, qui descendoient de la muraille pour l'achever, & alors voiant qu'il n'y avoit aucun moïen d'échaper il les conjura de le faire promptement mourir, ce que ces assassins firent aussi-tôt.

IV. Durant ces désodres quatre Galeres de Toscane chargées d'Infanterie étoient arrivées, & avoient pris leur poste hors la chaîne du Port. Le pretexte de leur voïage n'étoit que de porter le Duc de Nevers aux bains de Luques: mais on avoit des avis secrets, qu'elles n'étoient venuës que pour favoriser les desseins de Dariés. En effet le même jour que l'Embaleur fut précipité, elles tournerent l'éperon contre la Ville, & le bruit commun étoit, que celui qui les commandoit avoit envoïé dire à Dariés que tout étoit prêt, & qu'on n'attendoit que son ordre.

V. Ces spectacles d'horreur remplirent tellement la Ville d'effroi, que plusieurs principaux qui avoient rompu avec Dariés, & ceux de sa faction, ne croians pas que leurs vies fussent en asseurance se retirerent à S. Victor, & même Federic Ragueneau Evêque de Marseille bon serviteur du Roi s'enfuit à Aubagne, & delà à Aix.

VI. Cependant quelques amis de Dariés, à qui néanmoins il n'avoit pas communiqué son dessein, le conjurerent instamment de leur déclarer de l'aveu de qui il procedoit de la sorte: mais il ne purent rien tirer de lui, si ce n'est qu'il convoqueroit tout le peuple en l'Hôtel de Ville, & montreroit en presence de tous le pouvoir qu'on lui en avoit donné. Ce qu'il ne fit pas pourtant; car à l'assemblée qui s'ensuivit, bien qu'il attribuât toutes ces rigueurs, & toutes les cruautés qu'il avoit exercées contre les Religionaires, à l'exprés commandement du Roi, il n'exhiba néanmoins aucun ordre par écrit, s'excusant de ne le pouvoir faire encore: mais que ce seroit dans peu de tems qu'on ne se devoit point mettre en peine, que ses intentions étoient nettes & qu'on s'en devoit fier à lui. Ces paroles étonnerent tellement tous les assistans, qu'il n'y eût personne qui osât lui repliquer, que le Capitaine Nicolas de Bausset, qui lui dit que si son discours étoit veritable qu'on n'avoit rien à lui reprocher: mais qu'il trouvoit cependant à propos de rappeller ceux qui s'étoient refugiés à S. Victor, & de composer ce different.

VII. Dariés aiant consenti à la proposition du Capitaine Bausset, quelques-uns furent députés pour leur aller persuader de revenir dans la Ville, ce qu'ils firent fort facilement, aprés qu'on leur eût representé l'évident peril où elle se trouvoit & qu'ils ne la devoient point abandonner dans cette conjoncture, l'accord fut donc fait en l'Hôtel de Ville avec des grandes aparances de reconciliation; néanmoins Dariés, soit que ce fût par le dessein que nous dirons ci-après, ou qu'il ne fut pas instruit en l'art de dissimuler, se mit à dire tout haut, qu'on l'avoit voulu accuser d'avoir eu dessein de mettre la Ville entre les mains du sieur de Vins: mais que c'étoit une calomnie de ses ennemis qui le vouloient rendre odieux à tout le peuple, & que sans le respect de la compagnie il démentiroit ces gens-là, & quitteroit son chaperon pour soûtenir le contraire l'épée à la main; qu'il avoit de bons papiers pour sa décharge

DE MARSEILLE. Liv. VIII. 358

décharge : mais on sçût depuis que cette bravade étoit le mot du guet, pour faire couper la gorge à toute l'assemblée, & qu'il avoit fait cacher dans l'Hôtel de Ville cinq cens coupejarets pour ce sujet : rien n'aïant empêché cette funeste exécution, que le grand nombre de gens de bien, qui se trouverent pour lors en armes dans l'Hôtel de Ville, & qui ôterent le courage aux assassins d'attenter sur la vie des personnes qui étoient en état de se bien défendre.

Le Capitaine Nicolas de Bausset acquit beaucoup de loüange, d'avoir été le principal instrument pour faire revenir ces bons Citoïens; & crût-on, que Dieu lui avoit inspiré cette pensée pour le salut de la Ville, qui auroit été sans doute la proïe des ennemis de sa Majesté. Aussi délors même tous les gens d'honneur se voïans ménacés d'une prochaine ruïne étoufferent leurs haines particulieres, & s'unirent étroitement ensemble pour faire avorter les mauvais desseins de Dariés. Et comme il faloit necessairement confier la conduite d'une affaire si importante à quelque personne considérable, on jetta les yeux sur François Bouquier Gentilhomme de respect parmi ses Concitoïens, qui l'honnoroient beaucoup pour les bonnes qualités qui étoient en sa personne. Aussi ne dementit-il pas la bonne opinion qu'on en avoit conçuë : car par sa prudence, & par son courage la Ville de Marseille fut garantie d'un danger qui étoit presque inévitable. Dariés qui l'aprehendoit extrémement faisoit tous ses efforts pour l'attirer à son parti, & un jour l'envoïa prier de le venir voir pour conferer ensemble d'une affaire de grande importance; Bouquier s'y rendit aussitôt accompagné de Cosme de Valbelle; il trouva dans sa chambre Joseph Lauze, & Charles de Casaulx : Dariés aprés l'avoir trés-bien reçû, lui montra une lettres que le Grand Prieur lui écrivoit, portant ordre & commandement d'avoir soin, & de veiller à la conservation de la Ville. Et parce que dans le même pli il y avoit une lettre adressée à Bouquier, il la lui donna cachetée : par cette lettre qui fut ouverte & leuë sur le champ, le Gouverneur témoignoit d'avoir meilleure opinion des intentions de Bouquier, que de celles de Dariés : car il usoit de termes qui marquoient une plus grande confiance, l'exhortant de se porter avec courage à conserver la Ville à sa Majesté, & d'y emploïer s'il étoit besoin sa vie, & celle de ses amis. Que c'étoit une occasion pour se signaler, & pour couronner glorieusement la fidélité qu'il avoit témoignée en beaucoup d'autres rencontres. La lecture de cette lettre surprit beaucoup Dariés, & lui fit connoître, (mais trop tard) la faute qu'il avoit faite de ne l'avoir suprimée : car il conçût délors même cette opinion, que Bouquier apuié de l'autorité du Gouverneur le traverseroit, & s'oposeroit directement à ses desseins. Néanmoins ne desésperant pas de le pouvoir gaigner, il commença de lui représenter, que c'étoit un artifice du Grand Prieur pour rompre la bonne intelligence dans laquelle ils vivoient, & pour se defaire d'eux par eux mêmes : mais Bouquier lui repliqua, qu'il interpretoit mal les intentions de ce Prince, qui ne tendoit qu'au bien, & à l'avantage de leur Ville ; qu'il s'agissoit du service du Roi, qui doit être le but de tous les fidéles sujets. Que s'il étoit dans cette

VIII.

Tome I. Ffff

volonté comme il croioit, & comme il y étoit obligé par toute sorte de devoirs il seroit suivi de tous les gens de bien. Dariés lui répondit que le Grand Prieur étoit le Prince le plus ingrat qui eût jamais été, & qu'au lieu de se ressouvenir des grands services qu'il lui avoit rendus, pour toute recompense il l'avoit décrié pour le plus méchant homme du monde, & l'avoit encore menacé de le faire tuër : que s'il s'en fioit il lui arriveroit la même chose : mais que s'il se vouloit attacher à ses interêts, & le seconder dans une entreprise qu'il avoit faite, il obligeroit les plus grands du Roïaume, & seroit recompensé de sorte qu'il auroit sujet de vivre content toute sa vie. Enfin Dariés n'oublia ni persuasion ni promesses pour seduire ce bon serviteur du Roi : mais voïant qu'il n'en pouvoit venir à bout, il manda venir le Capitaine Boniface, auquel il parla à l'oreille, par deux ou trois fois, ce qui fit soubçonner à Bouquier quelque entreprise sur sa vie: si bien qu'il prit congé le plus promptement qu'il lui fut possible de Dariés, qui tâchoit de le retenir, & bien lui en prit, car à peine fut-il sorti, qu'il rencontra Boniface avec vingt-cinq hommes armés, qui venoient prendre l'ordre pour l'assassiner.

IX. Bouquier n'étant plus en doute des mauvais desseins de Dariés, puis qu'il les avoit apris de sa bouche, ne pensa deż qu'il se fut separé de lui, qu'à détourner cet orage qui venoit fondre sur sa Patrie, & qui la menaçoit d'une totale ruïne. Pour cet effet, il se rendit dés lors même à la place Neuve, où il trouva un grand nombre de bons Citoïens qui l'attendoient en armes, & qui lui jurerent de mourir à ses pieds pour le service du Roi, & pour la conservation de la Ville; ils l'asseuroient encore, qu'il y en avoit un grand nombre dans les maisons qui étoient portés du même zele, & qui n'atendoient que son commandement. Voïant donc qu'il n'étoit pas tems de marchander, il commença de donner les ordres, distribuer les quartiers & aiant eu le mot du guet (qui étoit Sainte Claire) par le moïen de l'un des Capitaines de la Ville, ils s'en alla à la porte du marché accompagné de cinq cens hommes.

X. Dariés avoit mis à tous les corps de garde de la Ville, des gens de sa faction, mais il s'y assembla un si grand nombre de bons Citoïens, qu'il se trouva le plus foible par tout. Il y eût cette nuit plus de quatre mille personnes en armes, & comme les plus qualifiés étoient de ce nombre, l'ordre fut si bon, que lorsque Dariés faisoit ses rondes il étoit poussé vertement par Bouquier, & par sa troupe qui avoit grossi jusques à mille hommes des plus courageux qui fussent dans Marseille. Enfin Dariés qui connut bien que son entreprise étoit découverte, & que sans doute l'issuë de ce mouvement lui seroit funeste, se retira avec 150. hommes au corps de garde de Cavaillon, où il remonstra qu'on entreprenoit injustement sur sa vie, que tout ce qu'il avoit fait contre les Religionaires n'étoit que pour le soutien de la cause de Dieu, & de la Religion Catholique, qu'il les prioit instamment de le défendre, & d'empêcher qu'il ne fut oprimé par ses ennemis. Il démeura là jusques à cinq heures du matin : mais voïant qu'au lieu d'avoir persuadé ceux du corps de garde de l'assister, tout au contraire, la plûpart de ses gens

DE MARSEILLE Liv. VIII. 360

l'avoient quitté. Il prit son chemin (avec vingt-cinq hommes, qui lui restoient encore) vers l'Eglise S. Jean, où il fut suivi de bien près par Bouquier. Enfin connoissant, que c'étoit fait de lui, qu'on se vouloit saisir de sa personne, & que tous ses gens l'avoient abandonné, il se voulut jetter dans un bateau pour se sauver dans les Galeres de Florence, qui étoient comme nous avons dit ci-dessus à l'entrée du Port, mais il n'en eût pas le moïen ; car il fut envélopé avec le Capitaine Boniface, & en même instant conduit à la maison de Ville, où s'assemblerent aussitôt Baltasar de Grenier Lieutenant de Sénéchal, Dalvis Viguier, Jean Paul de Foresta Juge du Palais, Guerin Avocat du Roi, Roque dernier Consul, Martin enqui Assesseur, & tous les principaux de la Ville. L'assemblée députa vingt-quatre personnes pour la conduite & direction des affaires, deux Sergens Majors, sept Capitaines en chaque quartier en la place des precedens qui furent interdits, & après on envoïa dire à celui qui commandoit les Galeres de Florence de se retirer aussitôt, qu'autrement on les couleroit à fonds, si bien qu'elles sarperent en même tems.

XI. Cependant l'Avocat du Roi forma sa plainte en pleine assemblée contre le Capitaine Boniface, comme Auteur de l'assassinat commis en la personne de son frère, & peu après contre Daries comme criminel de leze Majesté, pour avoir voulu livrer la Ville aux ennemis de l'Etat, pour être un pertubateur du repos public, & pour avoir trempé au meurtre de Boniface, & fait massacrer inhumainement trois ou quatre personnes. Sur cela le Lieutenant dit au Viguier de se saisir de lui, & le constituer prisonnier avec le Capitaine Boniface, le Viguier lui ôta sur le champ son poignard & son chaperon, qui fut remis entre les mains de Roque son Collegue, & après ils furent conduits en prison. Cependant on établit bon ordre pour la garde de la Ville, dont les portes furent fermées ce jour-là, & les vingt-huit Capitaines furent en armes avec leurs compagnies la nuit suivante.

XII. Honoré de Montolieu Gentilhomme des plus apparens, avoit été déja député au Gouverneur, à qui il rendit une lettre au nom de tous les Habitans, pour l'avertir de tout ce qui s'étoit passé, pendant que ceux que l'assemblée avoit commis pour la conduite des affaires, la signoient dans la maison de Ville. Daries demanda qu'il lui fût aussi permis de la signer : mais on le lui refusa. Voici ce qu'elle contenoit.

MONSEIGNEUR,

D'autant que vous avés été averti de ce qui s'est passé en cette Ville depuis deux ou trois jours par le sieur de Valbelle, nous ne vous en ferons autre discours: mais celle-ci est specialement pour vous asseurer que la Ville est universellement résolue du plus grand jusques au plus petit, de vivre & mourir sous la fidelité & obeïssance du Roi nôtre Souverain Seigneur, & sous vos commandemens. Et pour vous en donner plus certain témoignage, avions délibéré vous envoïer le dit sieur de Valbelle *mais sa vertu & valeur a été requise & necessaire pour la fonction de sa charge en cette Ville, & avons delegué expressement le sieur de Montolieu, pour vous faire entendre tout ce qui s'est passé cette nuit, & de l'assemblée generale faite à ce matin en la maison de Ville, qui a député certain nombre des notables & aparens en la presence & assistance des sieurs Lieutenant de Sénéchal, Viguier, Iuge du Palais, & Avocat du Roi, par l'avis & conseil desquels toutes choses ont été déliberées, & bien reglées, le rôlle desquels avec la Délibération, ledit Député vous fera voir, à condition que cela est sous vôtre bon plaisir, & de la Cour. Vous supliant tres-humblement de croire que ce qui est advenu a été plûtôt d'un cas inopiné, fatalité, & injure du tems, sans aucune diminution de la fidelité, & obeissance que nous devons à Sa Majesté, en l'integrité de laquelle nous demeurons tres fermes & constans, & s'il vous plait n'imputer le cas advenu sinon aux causes susdites, par les raisons qui vous seront particulierement déduites par ledit Sieur de Montolieu, auquel vous plaira ajoûter toute foy & creance. Et au surplus vous tenir asseuré que la Ville est entierement disposée de recevoir, & effectuer vos commandemens, mais s'il vous plait donner avis à Sa Majesté de notre fidelité & sainte devotion à son service, & que nous vous asseurons du meilleur de nos cœurs, comme ceux qui demeurons éternellement.*

MONSEIGNEUR,

Vos tres-humbles & tres-obeissans serviteurs
les Citoïens & Habitans de la Ville
de Marseille.

XIII. Le Grand Prieur qui faisoit son sejour à Aix, & n'osoit venir à Marseille, à cause des mauvais déportemens de Dariés, reçût avec beaucoup de plaisir cette lettre, & celui qui la porta, & en même-tems il prit la poste accompagné du Comte de Carces, de l'Evêque de Marseille, & de quantité de Noblesse pour venir en cette Ville, dont les portes lui furent ouvertes à onze heures de nuit. Il alla droit à l'Hôtel de Ville, où les Principaux étoient assemblez, il les salüa & caressa avec des témoignages d'une grande joye, & principalement Bouquier qu'il embrassa étroitement, lui disant ces paroles, *Monsieur Bouquier vous avez gaigné une bataille au Roi.*

XIV. Ce Prince étant assis sur un escabeau au milieu de la salle tête nûë, fit une belle Harangue, par laquelle il loüa la vertu, la generosité, & la fidelité des Marseillois, il les remercia au nom du Roi, & les asseura que Sa Majesté auroit un extreme contentement de leur procedé, & qu'elle n'oublieroit jamais ce signalé service qu'ils lui avoient rendu en cette occasion. Aprés cela il fit élargir ceux qu'on avoit emprisonné en la Tour S. Iean, & ensuite se rendit au Palais pour faire le procez à Dariés, & à Boniface, Le Comte de Carces comme grand Sénéchal, & le Lieutenant Grenier procederent à leur déposition avec tant de diligence & de soin, que le jugement s'en ensuivit le Samedi treziéme d'Avril, veille du Dimanche des Rameaux ; par lequel ils furent atteints & convaincus

convaincus de leze Majesté, & autres à eux imposez, & pour reparation condamnés à être pendus.

XV. Avant que la Sentence fut prononcée, Dariés fit suplier instamment le Grand Prieur, de lui faire cette grace de l'oüir sur une affaire d'importance qu'il avoit à lui communiquer, ce que lui aïant été accordé il se jetta à ses pieds, le conjura les larmes aux yeux d'avoir pitié de lui, par le souvenir des services qu'il lui avoit rendus, & parla de si bonne grace, & si judicieusement, que ce Prince touché de compassion, eût un extreme regret que son crime ne fut d'une autre nature, & ne lui permit d'agir envers le Roi pour lui sauver la vie.

XVI. Enfin l'execution fut faite à la minuit, aux flambeaux, en la place publique en presence du Gouverneur qui étoit aux Fenêtres de la salle du Palais. Dariés témoigna beaucoup de constance & de courage en cette derniere action, qui épouvente les plus déterminez : car étant sur l'échelle il se mit à dire tout haut, d'un ton hardi & resolu, que la seule cause de sa perte venoit de ce qu'il avoit refusé d'aller trouver le grand Prieur à Aix qui l'avoit mandé venir, & que trois ou quatre personnes de la Ville (qu'il ne nomma point) l'en avoient dissuadé, lui disant qu'on avoit fait une partie pour l'assassiner en chemin. Aprés il s'écria, *Messieurs obeïssez à Monseigneur, c'est un Prince débonaire, magnanime, & frere du Roi : je vous prie servez le mieux que je n'ay pas fait*, declarant néanmoins qu'il n'avoit jamais conspiré contre sa patrie, ny eu l'intention de livrer la Ville à Vins. Que s'il étoit autrement, que Dieu ne lui pardonnât jamais ses pechés, & qu'il mit son ame dans les enfers, il réitera encore les loüanges du grand Prieur, esperant qu'il lui sauveroit la vie, mais voïant enfin qu'il ne se laissoit point fléchir, il dit en colere ces paroles (*Je me dedis de tout ce que je viens de dire, Messieurs prenez garde à vous, quelques-uns de votre Ville ont fait ligue avec le Roi de Navarre, & vous veulent trahir ; tout ce que j'ay fait ne vient que du zele que j'avois pour la Foi Catholique ; empêchez, tant que vous pourrez, que les Religionaires ne se rendent les maîtres.*) Aïant fini son discours, il s'adressa à l'Executeur, & lui dit, *As-tu peur ? ce seroit à moi de l'avoir.* Et aprés fit sa derniere oraison, qui ne fut pas plûtôt achevée qu'il lui dit encore ces paroles, *Es-tu prêt ? allons il faut mourir.* Boniface au contraire témoigna fort peu de constance, & de resolution à cette derniere heure.

XVII. Dariés étoit un homme de belle taille, beau de visage, qui avoit le poil blond, fort actif, & ardent, il parloit bien & avec grace, extrémement persuasif ; mais un peu affecté, au reste il étoit sanguinaire & cruel. Il témoigna de l'imprudence dans la conduite de son dessein : car s'il eût empêché ces bons Citoïens de r'entrer dans la Ville, & qu'il se fut défait de Bouquier (comme il le pouvoit faire) lorsqu'il eût veu le contenu de la lettre du Grand Prieur, il en étoit le maître absolu, & rien ne pouvoit resister à ses desseins : mais Dieu qui a accoûtumé d'aveugler ceux qu'il veut perdre, ne permit pas qu'il usât en cette occasion de son adresse ordinaire, & le fit tomber dans le piége, qu'il avoit preparé pour les autres.

XVIII. Les Marseillois par la mort de Dariés se voïans délivrés d'une si dangereuse conspiration, qui avoit failli de ruïner leur Ville, en écrivirent aussitôt au Roi tout le succés. Ce Prince tressaillit de joie, lorsqu'il en aprit les nouvelles, & comme on lui eût raporté que nos députés étoient dans la sale du Louvre, il fendit en même tems la presse, & s'adressa à eux : loüa hautement la fidélité des Marseillois, & la genereuse résolution qu'ils avoient prise pour conserver leur Ville à son service, & leur dit ces paroles ; (Mes amis, je vous accorde ce que vous m'avez demandé, & davantage s'il est besoin, ma liberalité ne suffira jamais pour reconnoître vôtre fidélité.) Voici le contenu de la lettre qui lui fut écrite, dont sa Majesté fit faire des copies, qu'elle envoïa en quelques Villes du Roïaume qui chanceloient, pour les retenir dans leur devoir par l'exemple des Marseillois.

Mathieu.

SIRE,

XIX. L'injure du tems, qui de fraiche memoire a pris cours & progrez en vôtre Roïaume nous a touché de si prés, que dez le neuviéme de ce mois jusques au douze, cette vôtre Ville avoit été proditoirement mise en voie de totale perte, par aucuns detestables conspirateurs, ennemis du bien de vôtre service, & de vôtre Etat : mais comme toutes choses d'inique faction, pour lattentes qu'elles soient viennent à découvert, & Dieu aussi qui a particulier soin des Princes, & singulierement de Vôtre Majesté Trés-Chrétienne, se mouvant à pitié de nôtre prochaine désolation, nous auroit fait voir à découvert la pure verité de telle damnable entreprise. Si bien que lors même que nous avions opinion d'être reduits à l'extrême periode, ce fut lors que nous vimes nos forces à leur plus relevée grandeur. Et sur ce point trestous unanimement résolus, armez du par zele de fidélité comme nos cœurs sont, parfaitement engravez de vos Lys, aurions si vertueusement exploité nos moiens, qu'à la parfin nous en serions rendus les maîtres, & assuré la Ville à vôtre Majesté, & à nous-mêmes sous vôtre service. Et qui plus est pris & emprisonné Loüis Dariés nôtre second Consul, & Claude Boniface un des quatre Capitaines ordinaires, comme autheurs de telle pernicieuse faction: Lequel Dariés homme qui avoit beaucoup d'entendement (mais par trop hazardeux,) masqué du voile de Religion Catholique, Apostolique, & Romaine, pour en abuser, donnoit aisément à croire au peuple que son commandement provenoit de celui de vôtre Majesté, & avec ce pretexte, par lui furent introduits innocemment plusieurs zélateurs de vôtre service pour l'execution de ses iniques desseins : mais ce bon Dieu nous fit à trestous reconnoître la méchanceté de tels déportemens, qui ne tendoient qu'à nous dissiper, & éclipser la Ville de votre obeïssance. Tout aussi-tot cette Divine bonté nous fit la grace de le dissiper luy-même, & d'exterminer son Regne proditoire de trois jours par sa mort au quatriéme jour ensuivant. Surquoy nous vous supplions treshumblement Sire, de daigner croire, qu'en cette occasion nous avons fait voir & paroître, combien est-ce que peut notre force unie & resoluë universellement parmi nous, pour le bien de votre service, à l'encontre de ceux qui se veulent oposer, comme de present, & par cy-devant en avons fait voir ample preuve, & demonstration à Monsieur le grand Prieur de France votre Lieutenant general en ce Païs, lequel nous reverons & obeissons, pour la supreme grandeur du lieu & rang qu'il tient, tant au Royaume qu'en cette Province. Et parce qu'il n'osoit venir en seureté vers nous pendant le peu de tems de cet orage sans extreme danger de sa vie, tout à l'instant de notre restauration & asseurance, il se seroit rendu d'Aix en cette Ville, où avec toute allegresse, fut reçu & reconnu de nous universellement, & par lui aurions été d'autant mieux affermis à notre bon état, par le departement de ses commandemens & ordonnances, nous étant demeuré un tres-grand contentement de ce qu'il a fait rendre la punition condigne à tels conspirateurs executez à mort le treizieme dudit mois. Si bien qu'ayant ce bonheur de joüir maintenant de cette tant desirée presence dudit sieur grand Prieur, convenant & obtemperant à ses commandemens, nous sommes trestous unis & resolus de vivre & mourir sous l'ancienne, si sainte & inviolable fidelité & obeissance, qu'avons de tout tems porté à la Couronne, luy conservant de tout nôtre pouvoir cette sienne Ville, y accroissant toûjours d'affection & volonté, pour faire reluire nos actes genereux pour sondit service, voire du plus grand au plus petit, exposer nos biens & vies jusques à la derniere goute de notre sang. Ce que votre Majesté se peut indubitablement promettre de nous entre toutes les plus fameuses Citez de son Royaume qu'elle tient & croit à sa devotion. La supliant tres-humblement encore être contente de promptement vouloir octroyer les dépêches poursuivies en Cour par notre premier Consul le sieur Darene, & le Capitaine Lazarin Spinasi deleguées de nôtre Communauté pour les affaires d'icelle, afin qu'ils se puissent au plûtot rendre vers nous pour la fonction de leur charge tres requise, au tems qui court si tenebreux en cette Ville, l'universel peuple de laquelle

SIRE,

Supliera incessamment & tres-devotement le Createur vous donner en tres parfaite santé, tres heureuse & longue vie. De vôtre Marseille ce quinziéme Avril mil cinq cens huitante-cinq. Vos tres-humbles, tres-obéïssans, & tres-fidéles serviteurs & sujets, les Consuls & Habitans de vôtre Ville de Marseille.

TENEUR DE LA LETTRE QUE LE ROI ECRIVIT AUX MARSEILLOIS, EN REPONSE de la precedente.

TRes-chers & bien amez, Si jamais Cité quelconque fit preuve manifeste & memorable de la parfaite obeissance, &

loyauté envers son Prince, vous en avez en cette derniere occasion rendu témoignage si certain, qui vous en demeurera une perpetuelle bonne renommee, avec confirmation & accroissement de vôtre merite, & servirez d'exemple remarquable à tous gens de bien, zelateurs de l'honneur de Dieu, de la conservation de l'authorité de leur Prince, en quoi consiste principalement le bien, la manutention, & dignité de la Patrie. Donques tres-chers & bien amez, soiez asseurez que comme par la fidéle relation qui nous a été faite par nôtre tres-cher & bien amé frere le grand Prieur de France, & qui avons connu par vos dernieres lettres du quinziéme de ce mois de vos sages & genereux déportemens, il nous demeure un singulier & parfait contentement, tel que le requiert la grandeur & opportunité d'un si notable service, duquel nous en aurons à jamais memoire. Aussi nous exhortons vous particulierement de continüer, & conserver cette vôtre rare vertu, & bonne conduite par les meilleurs moïens que vous pourrez, en croïant (selon que vous connoitrez toûjours de mieux en mieux par les effets) que Dieu vous a donné un Prince auquel vôtre bien & service est en autant d'affection que sa propre personne, & qui n'obmettra chose quelconque pour vous conserver & départir de ses graces & faveurs. Ce nous a été plaisir infini d'entendre, que ce mauvais & perfide Ministre du mal-heur, ait reçû le châtiment condigne à sa prodition, duquel inconvenient vous en aiant Nôtre Seigneur si heureusement preservez, nous avons confiance qu'il vous fortifiera de plus en plus, & avec ce à toutes occasions ne vous défaudra aucunement toute l'assistance & moïen de votre bon Roi & Prince, les droites intentions duquel vous entendrez toûjours par nôtredit Frere; auquel continüerez d'obeïr soigneusement. Cependant vous dirons que nous aïant vôtre premier Consul les sieurs Darene & Spinasi, vos délegueʒ presenté vos articles & remonstration, nous y avons donné les réponses & remede le plus convenable & oportun qu'il nous a été possible. Et meus encore de cette derniere remarque & fidelité, vous avons gratifiez, bien volontiers, en choses qui néanmoins étoient au dommage & retardement particulier de nos Finances ; afin que connoissiez de plus en plus nôtre bénigne & paternelle volonté en vôtre endroit, selon que plus au long vous entendrez, par ledit Darene & Spinassi, lesquels se sont bien & obligemment & avec honneur acquittez de leur commission. Donné à Paris le 26. jour d'Avril 1585. Signé HENRY.

LETTRE DU ROI, ECRITE A MONSEIGNEVR
LE GRAND PRIEUR, SUR LE SUJET
de ce mouvement.

MOn frere, J'ay receu le 23. de ce mois vos lettres du quinziéme d'iceluy par le Courrier, que je vous avois envoyé, par lesquelles i'ay sceu en quel estat se trouvent les choses en vostre gouvernement par la levation & prise des armes de quelques-uns de mes sujets

DE MARSEILLE. Liv. VIII.

jets, lesquels oublians leur honneur & leur devoir en mon endroit se sont declarez, ouvertement ennemis de mon authorité, & perturbateurs du repos de mon Royaume, dont j'espere en Dieu qu'il me fera la grace d'en avoir quelque jour telle raison, que merite leur desobeissance. Mon frere, il a eté deja tres-bien commencé à y pourvoir par vôtre vigilance, & la fidelité tres signalée & remarquable de mes sujets de ma bonne Ville de Marseille, & la punition exemplaire de deux traitres qui ont été pendus, lesquels abusans de l'authorité de leurs charges, s'étoient emparez de madite Ville pour la livrer entre les mains desdits perturbateurs, & la distraire de mon obeissance; ne vous pouvant exprimer par lettres l'extreme contentement que j'ay receu de ce notable exploit, duquel la memoire me sera toûjours devant les yeux, comme du plus grand & utile service, que je pouvois recevoir en cette saison. Ayant pour cette cause avisé rendre porteur de la presente, le premier Consul de ladite Ville & son compagnon, à ce qu'ils vous puissent mieux representer, & semblablement à leurs Concitoyens ce mien contentement; en attendant que j'aye autant de moyen de vous témoigner par vrais effets, qu'est grande & indicible la satisfaction qui m'en demeure. Or mon frere, j'estime que ce bon succez aura grandement étonné nos adversaires, & augmente le courage de mes sujets & serviteurs, non seulement en mon Pays de Provence, mais par toutes les autres Provinces de mon Royaume, d'où nous commençons aussi à connoitre deja que les Auteurs desdits troubles ne tirent telle assistance qu'ils s'étoient promise, chacun reconnoissant, que ce n'est pour restaurer l'Eglise de Dieu, & soulager le peuple qu'ils ont entrepris cette guerre, ainsi qu'ils publient, ains pour établir leur grandeur aux dépens de la mienne. Le Château Trompete de ma Ville de Bourdeaux, par le moyen duquel ils cuidoient se rendre bientôt maîtres de ladite Ville, leur a manqué; car le Maréchal de Matignon s'en est saisi, & est dedans pour mon service. Les Habitans des bonnes Villes de mon Royaume, ausquels ils promettoient par leur manifeste décharge des Garnisons, prennent exemple maintenant sur celles qui sont tombées entre leur mains, lesquelles ils ont remplies de gens de guerre, qui commettent infinies insolences. Et combien qu'à ce commencement ils ayent fait montre de vouloir lever, & payer leur gens à graisse d'argent, à present l'on connoit qu'ils en sont tres-mal garnis, & que les principaux nerfs de leur entreprise leur manquent. Pour tout cela je ne laisse s'il est possible à vouloir assoupir ce trouble par une bonne paix. Mais il faut que je vous die à mon tres grand regret que je n'y vois les choses si bien disposées, que je doive attendre d'en sortir par cette voye, au moyen dequoy il se faut resoudre à s'aider de celle des armes, priant Dieu mon frere qu'il vous aye en sa trés-sainte garde, écrit à Paris le 26. jour d'Avril 1585. vôtre bon frere Signé HENRY.

En ce même tems la Galere d'Antoine Scipion de Joïeuse Grand Prieur de Toulouse, étant à Poumegues fut relevée par les forçats, ils s'en rendirent les maîtres, blesserent les Officiers, & après la conduisirent à la plage d'Aiguemortes, où s'étant déchainés ils s'enfuirent tous, & ne laisserent que le corps de la Galere, & les équipages.

XX.

XXI. Ce fut alors que le Roi Henri III. aïant été contraint de ceder au tems, & de s'ajuster avec les ligueurs, fit un Edit fulminant contre les Huguenots, par lequel il autorisa tout ce que la ligue avoit entrepris. Déclara les levées de gens de guerre avoir été faites pour son service, pour le zéle de la Foi, & pour le bien de l'Etat. Défendit très étroitement l'exercice de la nouvelle opinion ; revoqua les Edits qui la permettoient ; commanda aux Ministres de vuider dans trente jours, & à tous ses sujets de faire profession de la Religion Catholique dans six mois, ou de sortir de ses Etats. Et enfin que pour l'observation de cét Edit, l'on prêteroit le serment dans son Roïaume, dont il seroit fait registre par toutes les Villes & Jurisdictions, où les noms, & surnoms de ceux qui jureroient seroient inserés. La publication de cét Edit fut faite à Marseille le troisiéme d'Août, & le lendemain après la Procession Générale tous les Habitans en jurerent l'observation publiquement en l'Hôtel de Ville entre les mains du Lieutenant de Sénéchal.

CHAPITRE IV.

Etat de la Ville de Marseille, depuis l'an mil cinq cens huitante-six, jusqu'en mil cinq cens nonante.

I. Mort d'Henri d'Angouleme Grand Prieur de France. II. Le Roi Henri écrit aux Marseillois. III. Entrée du Duc d'Espernon à Marseille. IV. Qui est peu après affligée de peste. V. Le sieur de la Valete Lieutenant de Roi y est reçû. VI. Lettre du Roi aux Marseillois VII. Ils sont divisés entre eux. VIII. Seditieux emprisonnés par commandement du Gouverneur. IX. Procedé de ce Seigneur envers ce peuple émû, auquel est contraint d'accorder tout ce qu'il demandoit. X. & d'abandonner la Ville. XI. Consideration sur cette action. XII. Besaudun vient à Marseille, & en sort aussitôt. XIII. Le Comte de Carces y vient aussi. XIV. Le peuple est sur le point de venir aux mains. XV. Les Turcs ravagent aux environs de cette Ville, les Marseillois leur prennent trois Galeres. XVI. Mort d'Antoine de Lenche II. Consul. Marseille se déclare pour la ligue XVII. On pourvoit à sa seureté XVIII. Les ennemis de Lenche tâchent d'obtenir la confiscation de ses biens. XIX. Les Marseillois députent aux Etats de Blois. XX. Le Roi envoye en Provence les sieurs de Pont-Carré, & de Sainte Marie, qui firent publier la revocation du sieur de la Valete. XXI. La plûpart des bonnes Villes de Provence se revoltent. XXII. Le Comte de Carcés, les sieurs de Vins, & de Besaudun viennent à Marseille. XXIII. Les Marseillois prenent une fausse alarme. XXIV. Arrivée de la Duchesse de Florence. XXV. Le Comte de Carcés fait publier, jurer, & signer à tous les Habitans les articles d'union. XXVI. Arrêt du Parlement portant que le sieur de Besaudun exerceroit la charge de Viguier par provision. XXVII. Secours envoyé au sieur de Vins. XXVIII. Mort d'Henri III. Le Pape écrit aux Marseillois. XXIX. Prise d'Aubagne. XXX. Vins fait dessein de venir à Marseille, les Marseillois lui en empêchent l'entrée. XXXI. Le peuple s'émut dans Marseille. XXXII. Il tuë le sieur de Villecroze, I. Consul. XXXIII. Le Parlement députe des Officiers pour en informer.

I.

Henri d'Angoulême Grand Prieur de France ne posséda le Gouvernement de ce païs que durant six années ou environ, sur la fin desquelles il fût malheureusement tué à Aix le premier Juin 1586, par Philipes d'Altovitis Baron de Castellane Gentilhomme de Marseille. Altovitis avoit de grandes habitudes à la Cour, par le moïen de Renée de Rieux son épouse, nommée par d'Aubigné Princesse de Bretagne, que sa beauté pensa faire Reine de France.* Mais soit qu'il fut mal-content du Grand Prieur pour quelque offense particuliere, ou qu'il se voulut mettre en plus grande consideration, en donnant des avis au Roi de ce qui se passoit dans la Province, il avoit écrit que le Gouverneur exerçoit sa charge à la grande foule du païs, où il entretenoit la guerre au lieu de l'éteindre, bien qu'il en eût le moïen ; cette lettre étant renvoïée au Grand Prieur, elle le mit dans une si grande colere qu'il s'en alla d'abord sans communiquer son dessein à personne dans l'hôtelerie de la tête noire, où logeoit pour lors Altovitis ; & l'aïant trouvé dans une petite chambre avec Antoine Darene, & Bartelemi Valbelle sieur de Cadarache, il lui montra la lettre, en lui disant ces paroles, *as-tu écrit cela, morbleu qu'as-tu dit*, & en même tems il lui donna deux coups d'épée dans le corps. A quoi Altovitis répondit, *Monsieur donnés moi la vie*. Mais nonobstant cela le Grand Prieur lui porta une autre coup, ce qui obligea Altovitis, voïant que c'étoit fait de lui, de se jetter contre ce Prince, & de lui donner un coup de dague au petit ventre, qui le contraignit de crier, *je suis blessé, j'en ay dans le corps, Altovitis me tuë*, à ce cri quelques Gentilshommes accoururent, & le voïant en ce pitoïable état acheverent de tuër Altovitis, & après jetterent son corps par les fenêtres. Et comme on portoit ce Prince pour le penser de ses blessures, il dit ces paroles, *cette épée en tuera bien d'autres*, mais ce fut fait de lui : car il rendit l'ame le lendemain entre deux, & trois heures du soir. Antoine Darene dont j'ai parlé ci-dessus, & qui logeoit dans la même hôtelerie fut aussi tué malheureusement par un soldat du Grand Prieur, qui lui lacha un coup

* Mezer. Histoire de France in folio vol. 1, page 611.

de carabine dequoi il fut fort déplaisant; car il aimoit ce Gentilhomme qui ne lui avoit jamais donné sujet de se plaindre de lui. Aussitôt que le Grand Prieur fut décedé, les Marseillois délibererent dans un Conseil de faire ses funerailles, comme celles des enfans de France, & écrivirent en même tems au Roi qui les honora de cette réponse.

II. *Tres-chers & bien amez, vos lettres du 8. jour de Juin nous ont été renduës par le Sieur de Roquevaire vôtre Deputé, & avons receu grand contentement & consolation du ressentiment que vous avez démontré de la perte de feu nôtre tres-cher Frere le Grand Prieur de France pour l'honneur qu'il avoit d'être reconnu de Nous pour nous apartenir l'affection que nous luy portions, & la consideration de ses services qui nous étoient tres-agreables pour le soin qu'il avoit de maintenir les affaires de nôtre Païs de Provence en l'état qu'elles se sont trouvées à sa mort, nous avons beaucoup de satisfaction du bon ordre que vous avez mis à empêcher les alterations que ce changement eût pû aporter en nôtre Ville de Marseille, & du desir que vous avez de vous conserver par vos fidéles & genereux déportemens en consideration dequoy nous ne deffaudrons jamais à ce qui dépendra de nôtre bienveillance en nôtre endroit nous asseurant que vous continüerez en cette affection comme nous vous admonestons de faire, & de tenir la main à ce qu'il ne soit aucune chose innové en la conduite & administration des affaires de nôtre Ville de Marseille, & attendant que nôtre trés-cher cousin le Duc d'Espernon Pair & Colonel General de France que nous avons honoré du Gouvernement dudit Païs de Provence, s'y soit rendu pour prendre garde & remedier à tout ce qu'il appartiendra au bien de nôtre service. Donné à Saint Maur le 26. Juin 1586.* HENRY. *& au dessous* DE NEUFVILLE.

<small>Aux Archives de l'Hôtel de Ville, au Livre de S. Valier fol. 280.</small>

III. Et ce Prince qui avoit une grande confiance au Duc d'Espernon qu'il avoit élevé aux plus hautes charges du Roïaume, crût qu'il ne pouvoit pas mieux faire que de lui donner le Gouvernement de cette Province si divisée, & de le déclarer son Lieutenant General en ses Armées du Dauphiné & de Provence, ce Seigneur donc vint prendre possession de ce Gouvernement avec des belles troupes, & le premier d'Octobre fit son entrée à Marseille, qui fut fort magnifique, les Consuls lui presenterent à l'entrée de la porte Roïale, un Dais qu'il fit marcher toûjours devant lui. Le lendemain de son arrivée il fut ouïr la Messe en l'Eglise Majeur, & ensuite il monta en la sale de la Prévôté; & vit des fenêtres qui répondent sur la mer, le combat d'une Galere avec un Vaisseau, & aprés avoir sejourné quatre ou cinq jours dans Marseille, il en partit avec quatre canons qu'il enleva, pour aller mettre le siége devant Seine tenuë par les Huguenots, dont il se rendit le maître, ensemble de Chorges. Enfin l'hiver l'aïant forcé de quitter la campagne, & de mettre son armée dans des Garnisons, il s'en retourna à la Cour pour se tenir prés la personne du Roi, & y affermir sa fortune.

IV. En ces entrefaites, la Ville de Marseille se vit affligée de la maladie contagieuse, qui commença le quinziéme de Novembre, & ce fut une chose merveilleuse de voir qu'en trois jours la Ville fut entierement vuide

vuide d'Habitans, qui s'étoient retirés dans le terroir & autres lieux; nonobstant que le froid fut fort rigoureux, & l'air agité de vents & de tempêtes extraordinaires. Aussi la memoire des Calamités qu'on avoit souffertes en la derniere contagion étoit si fraiche, que tout le monde tâchoit d'éviter promptement le danger; les Consuls en cette conjoncture n'aïant pas dequoi subvenir aux dépenses qu'ils étoient obligés de faire, donnerent avis au Gouverneur de la necessité où ils se trouvoient. Ce Seigneur leur envoïa une Ordonnance portant entre autres choses, de contraindre tous les Villages du Viguerat pour porter à Marseille deux charges de bled pour chaque feu. Mais comme le mal ne fit pas alors des grands progrés dans une Ville où il n'y avoit presque personne, on crût qu'il avoit entierement cessé, & dans le mois de Février la plûpart des Habitans retournerent dans leurs maisons: néanmoins le dix-septiéme Mars suivant le mal qui n'étoit pas encore éteint, aïant paru de nouveau, il falut encore sortir de la Ville, & la peste ne fut entierement apaisée que vers la fin du mois de Mai.

Cependant le Sieur de la Valete frere du Duc d'Espernon aïant eu commission de commander en Provence en qualité de Lieutenant de Roi, vint à Marseille & y demeura trois jours, pendant que la peste y étoit encore, & le Jeudi 25. Février il y fit son entrée, elle fut si magnifique, que les Habitans n'oublierent rien de ce qui se doit faire en semblable rencontre, à la reserve du Dais qu'on ne lui presenta point, bien qu'on l'ait presenté depuis aux Lieutenans de Roi, tout de même qu'aux Gouverneurs, le present que la Ville fit à ce Seigneur qui consistoit en tapis & autres choses, étoit de la valeur de quatre cens écus.

V.

Le Sieur de la Valete demeura tellement satisfait d'un si bon accueil, & de voir qu'il n'y avoit aucune faction dans Marseille, comme en quelques autres Villes de France, qu'on n'y respiroit que le Service du Roi, qu'il en donna aussi-tôt avis à Sa Majesté; qui peu aprés honora les Marseillois d'une lettre, dont voici la teneur.

VI.

*Tres-chérs & bien amez, nous ne voulons taire le bon & honorable témoignage, que le Sieur de la Valete nôtre Lieutenant General au Gouvernement de Provence nous a donné de vôtre singuliere affection au bien de nôtre service & de la fidelité de vos déportemens, & encor que par le passé vous nous en ayez rendu toute preuve, & que nous en demeurions tres-contens, nous avons bien voulu reconfirmer cette asseurance, sur ce que ledit Sieur de la Valete nous a recentement representé, vous priant de continüer & perseverer en ce devoir, & croire que nous en aurons tres-bonne souvenance pour le reconnoître aux occasions qui se presenteront, ainsi que vous connoîtrez par effet.
Donné à Paris ce vingt-neuviéme Avril 1588.*

Au mois de May survint l'affaire des Barricades, & le Roi aïant été contraint de sortir de Paris, avertit aussitôt ses Lieutenans & Gouverneurs des Provinces du sujet de sa retraite, & écrivit aux bonnes Villes de se contenir dans leur fidelité, & de ne suivre pas l'exemple de la rebellion des Parisiens; mais ces lettres étoient conçües en des termes qui

VII.

marquoient mieux la crainte que son autorité, & qui sentoient plûtôt le suppliant, que le Roi; au lieu que le Duc de Guise, & les Parisiens envoierent par toute la France leur manifeste, qui sous une fausse aparence de modestie, contenoit des discours seditieux & hardis, & parloit de leur attentat comme d'une action juste & legitime; dés que le Sieur de la Valete eût reçû la lettre que le Roi lui écrivoit, il fit tous ses efforts pour conserver cette Province dans la fidelité, & pour empêcher les progrés de la ligue: mais elle y avoit pris déja de si grandes racines, & on avoit donné de si fortes impressions au peuple, que lui & le Duc d'Espernon étoient partisans du Roi de Navarre, & favorisoient les Heretiques, qu'il tenoit pour suspect tout ce qui venoit de sa part. Le Sieur de Vins Chef de l'union en ce païs bâtissoit sur ces ruines, & entretenoit tout le monde dans cette opinion, & pour avancer les affaires de la ligue, conservoit des intelligences dans les principales Villes, où il avoit distribué les plus apparens Gentilshommes de la Province qui étoient de son parti, en effet il envoïa à Marseille le Sieur de Besaudun pour y continüer ces cabales en faveur de la ligue: mais le Lieutenant de Roi qui en fut averti, lui commanda absolument d'en sortir: ce qui excita du tumulte parmi le peuple, qui en vint presque à une sedition, & à une mutinerie ouverte: car il se forma deux factions, l'une pour Vins & pour la ligue, & l'autre pour le Sieur de la Valete, dont les partisans étoient par sobriquet appellés *Bigarras*.

VIII. Le Gouverneur aprehendant que la Ville ne tombât entre les mains des ennemis du Roi, s'y rendit promptement pour étoufer cette faction par sa presence: il y arriva le sixiéme Juin, & d'abord fit emprisonner cinq ou six Habitans des plus seditieux, qui en haine de ce qu'on avoit fait sortir Besaudun, disoient hautement qu'on chassoit les Catholiques, & qu'on laissoit les Huguenots. Quelques jours après sur le bruit qui courut qu'on vouloit faire pendre l'un de ces prisonniers (qui étoit Marinier) & qu'on vouloit faire un exemple, Marin Silve, Peiron Teissere, & Etienne Lombardon Prud'hommes des Pécheurs aïant ramasé deux cens hommes qui n'avoient aucunes armes, prirent resolution de les aller demander au Gouverneur: comme ils étoient au devant de l'Hôtel de Ville, Nicolas de Cepede premier Consul qu'ils y rencontrerent, se joignit à eux, avec quelques autres qui l'accompagnoient, & de cette sorte leur troupe grossissant toûjours à mesure qu'ils faisoient chemin ils s'en allerent au delà du Port, où le Sieur de la Valete étoit logé. Le Capitaine de Fabre qui les vit passer suivis de cette grosse troupe, leur voulant remontrer que ce n'étoit pas de cette sorte qu'on devoit aller parler à un Lieutenant de Roi, courut hazard d'être jetté dans la mer, si bien qu'aïant suivi leur chemin, le bruit qu'ils faisoient obligea la Valete de sortir du logis pour voir ce que c'étoit, & en même-tems le Consul se presenta, & lui declara le sujet pour lequel on l'avoit obligé de venir vers lui, & après Marin Silve prit la parole, & lui demanda avec instance la liberté des prisonniers, disant qu'ils étoient gens de bien, & bons Catholiques.

Mathieu.

IX. Le Sieur de la Valete leur repartit, *Messieurs qui avez la barbe* blanche, vous n'ignorez pas ce que c'est que des seditions, qui ébranlent les Etats, & ruinent les plus puissantes Villes ; j'ay commandé à l'Avocat du Roi de faire informer contre ces Seditieux : mais je prieray la justice de ne les châtier pas si rigoureusement, comme ils mériteroient ; bien que quelques-uns mal affectionnés au Service du Roi, & au bien public, ayent voulu se servir des artifices du tems, dont l'usage n'est que trop frequent en ce Royaume, pour me décrier auprés de vous, jusques à dire que je voulois mettre une garnison dans la Ville, ou y faire une Citadelle. Messieurs n'en croyez rien, ce n'est pas ni l'intention du Roi, ni la miene, le petit nombre des gens que j'ay mené avec moi, qui n'est que de cinquante hommes vous doit bien faire perdre cette créance. Aprés cela quelques-uns des plus avancés de la troupe lui répondirent avec beaucoup d'impudence, & lui dirent en langue provençale ces mots suivans : *Tamben Moussu vous v'abusas, non va faudrié pas faire, voulen lous presouniés.* Le Sieur de la Valete faisoit semblant de n'entendre pas ces paroles insolentes, & poursuivit ainsi son discours *Messieurs je vous prie de croire, que je ne suis venu vers vous, que pour vous faire jouïr du repos que Dieu & le Roi vous ont donné, & qu'il désire vous conserver : je vous recommande de continuer dans la fidélité que vous avez toûjours témoignée envers vôtre Prince.* Mais les Prud'hommes l'aïant remercié en peu de mots, lui demanderent audacieusement les prisonniers, la Valete prévoïant que ce peuple se porteroit à quelque desordre, si on ne lui donnoit satisfaction, *Et bien Messieurs les Prud'hommes* (leur dit-il) *Je vous les donne.* Et en même-tems il commanda à Pierre d'Antelmy Viguier en absence de les faire sortir de prison, ce qui fut executé à l'heure même, & aussitôt ils furent menés en triomphe par la Ville comme des martyrs ressuscités.

X. Le lendemain Antoine de Lenche, & Jean Bousquet second & dernier Consuls, qui ne s'étoient pas laissé entrainer au courant de ces seditions, & qui avoient entierement conservé la fidélité qu'ils devoient à leur Prince, voulurent venger l'affront qu'on avoit fait au sieur de la Valete, & se mirent en devoir de faire remettre en prison ceux qu'on avoit élargis ; & d'emprisonner mêmes quelques insolens, qui avoient assisté les Prud'hommes, pour cét effet ils firent prendre les armes en plein jour aux Capitaines & à tous leurs Partisans, & firent poser le corps de garde : mais leur dessein ne réussit pas, car il s'y asembla un si grand nombre des gens de la faction contraire qu'ils n'oserent exécuter leur entreprise ; s'ils se fussent trouvés les plus forts la Valete étoit maître de la Ville, qu'il fut contraint d'abandonner le lendemain, & de se retirer dans la Province voïant un succés tout contraire aux promesses qu'on lui avoit faites.

XI. Il est vrai qu'aprés avoir bien consideré le procédé du sieur de la Valete, je ne veux pas désavoüer qu'en cette occasion comme en toutes les autres actions de sa vie, il n'ait témoigné beaucoup de prudence & de generosité, & un grand zéle pour le service du Roi, auquel la fortune de son frere, & de sa maison étoit attachée, mais il semble qu'aïant affaire à un peuple divisé en deux factions, & dans un tems plein de soupçons & d'ombrages, il devoit pourvoir à sa seureté, avant que venir à la vengeance. Aussi ne faloit-il pas d'abord user de severité ni maltraiter des Habitans, en la personne desquels il menaçoit une faction toute entiére, & la plus puissante qui fut dans la Ville : car il y a grande aparence que son dessein auroit réussi, s'il eût pris l'affaire d'un autre biais, s'il se fut efforcé de gagner le cœur de ceux qui ne lui étoient pas affectionnés, s'il eût témoigné de ne pancher pas plus du côté des uns que des autres, & de les avoir tous en égale estime : enfin s'il eût fait semblant de ne travailler qu'à leur union, il auroit recouvré peu à peu la créance, & le respect qu'on devoit à sa personne & à sa charge, & établi sur ces fondemens le service & l'autorité du Roi.

XII. Quelques jours aprés le départ de la Valete, Besaudun étant revenu à Marseille; les Consuls Lenche, & Bousquet convoquerent une assemblée le jour de S. Jean-Baptiste, où il fut résolu de lui faire vuider la Ville, ce qui lui aïant été commandé de la part des Consuls, il répondit, qu'il s'en iroit le lendemain; mais Lenche qui vouloit qu'il sortit à l'heure même, fit prendre les armes au Capitaine du corps de Ville, & à quelques-uns de sa faction : tout le peuple s'en émut à l'instant, & courut aux armes; si bien qu'on n'osa rien attenter, le lendemain Besaudun s'en alla : aussi les Consuls avoient résolu de le faire sortir de vive force & les armes à la main, & le bruit courut que Lenche avoit dit, que pour cela il faloit tout hazarder.

XIII. Cependant on aprit que Gaspar de Ponteves Comte de Carces faisoit dessein de venir à Marseille : ceux qui n'étoient pas de son haleine, & qui aprehendoient les pratiques de ce Seigneur travaillerent puissamment à empêcher ce coup. Ils firent pour cét effet résoudre au Conseil qu'on ne recevroit point dans la Ville aucun Gentilhomme du païs, estimant de l'exclurre par cette generalité qui comprenoit toute la Noblesse de la Province; mais cette ruse fut éventée par un autre à laquelle on n'avoit pas pensé : car on soûtint que ce Seigneur étant né dans Marseille cette déliberation ne lui portoit point de préjudice, & quoique on sçût faire, le sieur de la Valete qui écrivit de se donner de garde de le recevoir, parce que ce seroit le moïen de fletrir la reputation que les Marseillois s'étoient acquise, néanmoins son parti fut si puissant qu'il empêcha qu'on ne fit pas cas des lettres du Gouverneur. En effet le Comte de Carces s'étant presenté aux portes de Marseille un jour de Dimanche accompagné du Marquis de Trans, des sieurs de Besaudun, d'Anpus & de quelques autres Gentilshommes, il y trouva plus de mille personnes qui l'attendoient, ils le reçurent avec grande joïe le firent entrer dans la Ville, & l'accompagnerent jusques à son logis, criant *vive Monsieur le Comte, & Fore Bigarras*. La venuë de ce Seigneur aigrit de telle sorte Lenche & Bousquet, qu'ils convoquerent une assemblée pour déliberer de le faire sortir. Mais cette opinion comme trop dangereuse & trop hardie fut rejetée, & le Comte séjourna quelque tems à Marseille & voulut entrer dans le Palais, & tenir l'audiance publique comme grand Sénéchal.

XIV. Cinq ou six jours aprés son arrivée, le peuple faillit à s'entregorger :
car

DE MARSEILLE. Liv. VIII. 374

car ceux qu'on apelloit Bigarras, aïans trouvé qu'on avoit imprimé la nuit precedente un grand B. aux portes de leurs maisons coururent aux armes, & se soûlevérent sous la faveur des deux Consuls, crians que c'étoit un signal pour les massacrer : mais l'autre parti en aïant fait de même ils en vinrent aux mains, & sans la prudence du Comte de Carces qui les ramena, & apaisa leur fureur, le sang eût ruisselé par les ruës.

Pendant ces divisions le commerce de Marseille souffroit de notables dommages, à cause que les rebelles de la France s'étant saisis d'Aiguemortes, d'Agde & de Frontignan, croisoient les mers du Languedoc, & empêchoient par ce moïen que nos Marchands ne pussent faire transporter leurs Marchandises à Narbonne; de sorte que pour rendre le passage libre, Guillaume de Joüeuse Maréchal de France, & Lieutenant General pour le Roi en Languedoc, fut contraint de faire bâtir un fort en l'Isle de Brescon, scitué entre Agde & Frontignan, dont il donna le commandement au Capitaine Gaspar Dot par provision du 16. Decembre 1585. comme encore de construire deux fregates pour l'équipage desquelles, & pour l'armement dudit fort, il lui fut aussi permis de lever en Provence tel nombre de gens de guerre, & toutes les munitions qui lui seroient necessaires, pour l'armément de ces deux fregates, qu'il arma au Port de Marseille. Aprés quoi les Turcs ne tardérent point de venir faire des courses, & ravager aux environs de Marseille sans aucune aprehension ; en effet quatre de leurs Galeres se tenoient aux avenuës prés de l'Isle de Poumegues, en telle sorte qu'on ne pouvoit entrer ni sortir du Port sans courir hazard de tomber entre les mains des Corsaires. La necessité du commerce, & la honte de voir qu'une si petite force bravoit impunément une si puissante Ville, obligea les Marseillois de faire équiper cinq tartanes sous la conduite du Capitaine Gaspar Dot Commandant aux Galeres de Montmorency, & de Joïeuse & au fort de Brescon qui leur courut sus, & les combatit avec tant de courage, que de quatre galeotes il ne s'en sauva qu'une qui s'enfuit à force de rames. Tous les Turcs qui étoient sur les trois restantes furent taillés en piéces, à la reserve seulement de quinze qui se sauverent à la nage en l'Isle de Poumegues : mais le lendemain on les fit saisir. Ils ne furent pas plûtôt entrés dans le Port, que le peuple se rüa sur eux, & en tua une partie dans la barque, & l'autre en mer, où ils se jetterent pour tâcher de garantir leurs vies, & même il y en eût un qui demeura plus d'une heure dans l'eau comme un plongeon : mais si-tôt qu'il parût il fut tué d'un coup de mousquet.

XV.

Ces provisions sont enregistrées au greffe de l'Amirauté cotte de l'an 1585. fol. 59.

Au Greffe de l'Amirauté, sous l'an 1585. fol. 54.

Ie ne veux point m'étendre ici sur les motifs qui obligerent en ce tems-là le Roi Henri III. de s'accorder de nouveau avec la ligue, l'affaire des barricades qui avoit precedé, & la mort du Cardinal, & du Duc de Guise qui suivit aprés, font assés bien connoître par quelles considerations il fut obligé d'ordonner de nouveau, que tous ses sujets seroient unis pour l'extirpation de l'heresie. Cét Edit fut publié en Provence, où l'on esperoit que le Gouverneur le fairoit exécuter : mais comme on vit qu'il n'y alloit pas de bon pied ; & que d'ailleurs il étoit toûjours

XVI.

Tome I.   Kkkk

d'intelligence avec les Hugenots, & se servoit d'eux en ses entreprises ; cela fut cause que le Parlement, & les plus aparens de la Noblesse, & du peuple se banderent contre lui, & mirent toute l'autôrité entre les mains du sieur de Vins. Par ce moïen la Provence retomba derechef en des grandes confusions & désordres : car ceux du parti contraire n'oublierent rien pour s'autoriser, & pour faire reconnoître la Valete : mais comme ils étoient les plus foibles, & qu'ils se conduisirent avec trop de chaleur, ils ruinerent leurs affaires. De ce nombre il y en eût même quelques-uns qui sacrifierent leurs vies à la fureur du peuple, & entre autres Lenche second Consul de Marseille, lequel bien qu'il eût experimenté depuis peu la puissance de la faction contraire, & qu'il n'ignorât pas, que de la choquer ouvertement, c'étoit se precipiter dans un danger évident, il se laissa néanmoins tellement transporter à la passion qu'il avoit pour son parti, qu'il ne fit pas difficulté de tout hazarder, pourvû que son dessein réussît. En effet la nuit du 26. Août entre neuf & dix heures, armé de sa cuirasse, le chaperon sur le dos, le pistolet à la main, accompagné d'un grand nombre de ses Partisans, qui étoient aussi fort bien armés, il se presenta pour entrer dans le corps de garde de la maison de Ville : mais la sentinelle, soit qu'elle eût ordre de le faire ainsi, ou que ce fut de son mouvement, ne le voulut pas reconnoître, & se porta même à ce point d'insolence, de coucher en joüe contre lui : si bien que Lenche pour le prevenir déchargea sur lui son pistolet & le porta par terre, & en même tems attaqua le corps de garde avec sa troupe, dont il se seroit sans doute rendu le maître, si Cepede premier Consul n'eut au même tems accouru au secours avec les plus aparens de sa faction, en cette maniere Lenche aprés quelques coups tirés de part & d'autre, dont quelques-uns furent blessés, fut contraint de se retirer. Il jugea bien que ses ennemis ne s'arrêteroient pas en si beau chemin, qu'ils se defairoient de lui ; si l'occasion s'en presentoit, il se refugia dans le Convent de l'Observance. Cependant le peuple fut toute la nuit en armes, & bien que Cepede s'éforçat d'étouffer ce tumulte, les ennemis de Lenche souhaitoient avec ardeur de le rencontrer, pour s'en défaire. Et en effet le lendemain matin ils moïennerent de faire convoquer une assemblée generale dans la maison de Ville, où se trouvérent plus de quatre mille personnes en armes. On y fit le recit de tout ce qui s'étoit passé la nuit precedente, on accusa Lenche d'avoir eu dessein de mettre la Ville entre les mains des Huguenots ; on l'apella seditieux, boute-feu, & pertubateur du repos public, & on conclud enfin qu'il le faloit faire punir par la justice, & cependant que la compagnie le devoit suspendre de sa charge : l'assemblée ne fut pas plûtôt finie, que quelques seditieux suivis d'une grande partie du peuple, coururent à l'Observance, où aprés l'avoir long-tems cherché, ils le trouverent dans un tombeau, où les Religieux l'avoient mis pour le garantir de la furie de ces enragés, qui sans respect de la Sainteté du lieu le tirerent par force, & l'aïant traîné dehors l'Eglise le massacrerent malheureusement : j'ai vû des memoires qui disent que ces seditieux trouverent Lenche qui avoit encore son chaperon, que l'un du parti contraire qui

DE MARSEILLE. Liv. VIII. 376

étoit cardeur à laine le lui ôta, & lui donna encore un soufflet, & qu'aprés ils le voulurent tirer du Couvent de l'Observance pour effectuer leur mauvais dessein, & que comme ils l'eurent conduit sur la porte du Couvent, ils commencerent à le charger à coups d'épée & de pistolet, mais Lenche s'étant tiré de leurs mains se jetta dans l'Eglise, où il fut poursuivi par ces assassins, qui l'égorgerent inhumainement au devant du benitier, & ensuite l'aiant livré aux enfans ils le traînerent jusques au devant de son logis, où son cadavre fut reçû par ses domestiques. Un si funeste accident jetta tant d'épouvante dans le cœur de ceux qui suivoient le parti contraire, qu'il y en eût bon nombre qui sortirent de la Ville, d'autres demeurerent cachés dans leurs maisons, & quelques-uns trouverent de la protection en leurs parens, qui étoient de la faction la plus forte.

XVII. Depuis ce jour on ne reconnut plus dans la Ville le sieur de la Valete, & on ôta de l'Hôtel de Ville un tableau, où l'entreprise de Dariés & sa mort étoient representées ; & afin que la Ville fut bien gardée, on fit une cruë de cinq Capitaines à chaque quartier, outre les ordinaires, qui commandoient une centaine chacun, & les ordinaires deux centaines.

XVIII. La mort de Lenche n'étoufa pas la haine que ses ennemis avoient conçû contre lui, car ils résolurent de faire condamner sa memoire au Roi, & d'obtenir la confiscation de ses biens : Sa Majesté qui fut fort offensée de cette mort, auroit puni rigoureusement les autheurs dans une autre saison, mais les confusions dont la France étoit alors agitée, & les grandes affaires qu'Elle eût sur les bras, l'obligerent à la dissimuler.

XIX. En ce même-tems les Marseillois députerent au Roi Antoine-Nicolas d'Albertas, Seigneur de Gemenos, Honoré de Montolieu Gentilhomme d'honneur de la Reine Mere du Roi, & Jacques Vias Avocat, avec ordre de se trouver aux Etats convoqués à Blois, où ils devoient presenter leurs cayers, qui contenoient quantité d'articles, ils s'acheminerent donc, & rendirent leurs tres-humbles devoirs à Sa Majesté, qui écouta leur harangue, à laquelle il répondit de la façon suivante.

Messieurs ce n'est pas de asture que je reconnois la fidelité de ma Ville de Marseille, laquelle je repute comme la pucelle de la France, je vous exhorte & admoneste d'y perseverer & d'y continüer ; tant que vous le fairez, Dieu vous en sçaura bon gré, les hommes vous en loüeront, vos affaires prospereront, & vous joüirez à plein de vos heureuses commodités ; quand vous fairez le contraire, outre que vous serez comptables devant Dieu, vous serez le mépris & contentement des autres peuples, & vos affaires ne prospereront plus : au reste je ne puis entendre qu'avec un grand & extreme déplaisir, les émotions & seditions qui se commettent dans vôtre Ville, vous êtes des principaux en icelle, vous avez dequoi perdre ; prenez garde qu'après que le peuple aura tué un méchant, continüant la licence que vous lui avez donnée, ne mete la main sur vous autres ; & pour regard de vos demandes & Requêtes je vous y répondrai dans mon Conseil & avec l'avis de la Reine ma Mere qui vous a toûjours singulierement aimés, & j'espere de vous renvoyer contens & satisfaits.

XX. Sa Majesté avoit tant de passion pour le bien & l'avantage de la Ville de Marseille, comme nous venons de voir, que pour étouffer les divisions, dont elle & la Provence étoient travaillées, il envoïa les Sieurs de Pontcarré & de Sainte-Marie qui conférerent dans Aix avec les Chefs des deux partis, & firent après publier en Parlement la revocation du Sieur de la Valete, dont l'Extrait aïant été envoïé à Marseille, fut aussi publié par toute la Ville en présence du Viguier & des Consuls, qui assisterent à cheval à cette publication.

XXI. On eût pour lors quelque espérance de voir revenir le calme dans Marseille, mais la mort du Duc de Guise & du Cardinal son frere, qui furent tüez à Blois, la replongea encore dans ses premieres confusions, & mit en feu toute la France, qui fut embrasée des guerres civiles; en effet la plûpart des bonnes Villes & les Parlemens se revolterent, en Provence; Aix, Arles, & beaucoup d'autres firent de même, & prirent le parti de la ligue, qui en aparence sembloit le meilleur : ce fut alors que la plus grande partie de ceux qu'on apelloit Bigarras dans Marseille, qui y étoient entrés, dans la croyance qu'ils avoient y pouvoir demeurer en toute seureté, voïant que leur vie étoit dans un danger évident, en sortirent & s'allerent joindre à la Valete, qui nonobstant la revocation dont nous avons parlé cy-dessus, étoit encore en Provence.

XXII. Le Comte de Carces qui étoit engagé dans le parti de la ligue, revint d'Aix à Marseille pour asseurer les Consuls & ceux de sa faction, & tira parole d'eux qu'ils ne l'abandonneroient pas. Le Sieur de Vins ne tarda pas aussi d'y venir, & à son arrivée il dit tout haut, que les affaires du Roi étoient en mauvais état, que le Duc de Mayenne s'étoit asseuré de Paris, que ceux d'Orleans avoient rasé la Citadelle, il leur donna encore plusieurs autres nouvelles qui étoient contenues dans une lettre qu'il avoit reçû de la Comtesse de Sault, & ensuite pour se faire voir au peuple, il alla par toute la Ville, aïant une troupe d'enfans au-devant de lui qui crioient, *Vive Monsieur de Vins, & fouére Bigarras*, après cela il s'en retourna à Aix, mais le Comte de Carces demeura dans Marseille, & dans peu de jours arriva le Sieur de Besaudun qui s'étant sauvé de Blois, y étoit venu avec dessein de travailler à asseurer cette Ville au parti qu'il avoit embrassé, & pour y réussir le Comte de Carces & lui, publioient des nouvelles qui servoient beaucoup à cela, sçavoir le soûlevement des Villes principales, & des Provinces entieres, qui se tiroient de l'obéïssance qu'ils devoient à leur Souverain, pour se joindre à la ligue, il est vrai que la Ville de Lion tint durant quelque tems les esprits tellement suspendus, que Marseille n'osoit pas se déclarer ouvertement, mais après qu'elle eût avis des barricades qu'on y avoit dressées le jour de Saint Mathias, ce fut alors que les Marseillois s'y résolurent entierement; en effet peu de jours après le Clergé y fit une procession solemnelle, où assisterent le Viguier & les Consuls, qui tous ensemble allerent planter un Crucifix sur la porte réale, pour marque que la

Ville

Ville ne reconnoissoit autre Roi ni Maître que le Sauveur de nos Ames.

XXIII. Comme la procession retournoit, un Boulanger qui portoit une table chargée de pain fut poussé dans la foule & jetté par terre, cela excita une telle émotion parmi ces gens-là qu'ils se mirent presque tous en fuite, il y en eût qui sauterent sur les armes pour se défendre, les riches gagnerent leurs maisons, & s'y fortifierent, estimant que cette procession n'étoit qu'un prétexte pour donner lieu à les piller avec plus de facilité, mais enfin aïant découvert ce que c'étoit, cela se tourna en risée.

XXIV. En ce même tems & vers la fin de Mars, Christine fille du Duc de Lorraine arriva à Marseille; elle alloit épouser Ferdinand de Medicis Grand Duc de Toscane: l'entrée que les Marseillois lui firent fut magnifique, elle y fut accompagnée par le Sieur de Vins, par une grande partie de ses troupes, par la Comtesse de Sault, & par plusieurs autres Dames; le Comte de Carces qui étoit encore dans la Ville lui rendit tous les honneurs qui étoient dûs à une personne de cette naissance; il y avoit déja plus d'un mois que seize Galeres conduites par Pierre de Medicis, Frere du Grand Duc, étoient arrivées en ce Port pour la recevoir & l'accompagner, il y en avoit quatre du Pape, quatre de Florence, quatre de Malthe, & quatre de Genes, qui à son embarquement entrerent en contestation pour la préséance; mais ce different fut terminé de la façon suivante; Sçavoir que les Galeres de la Religion auroient l'avantgarde, & celles de Genes l'aîle gauche, la droite aïant été deferée de l'aveu de tous à celles du Pape; cette Princesse trouva un peu étrange à son arrivée de voir vingt-huit corps de garde bien armés qui étoient en état, & qui demeurerent sur pied tant qu'elle y séjourna, ils faisoient voir clairement avec quelle défiance on y vivoit, elle fit quelque ouverture de tréve entre les deux partis, mais ce fut en vain, car elle ne peut rien gagner sur leurs esprits; Federic Ragueneau Evêque de Marseille qui accompagnoit la Grand Duchesse, n'osa pas entrer dans la Ville, à cause qu'il s'étoit ouvertement declaré pour le Roi, si bien qu'il fut contraint de se mettre dans un Bâteau, & d'aller joindre les Galeres à l'embouchure du Port, sur lesquelles il s'embarqua, fit le voïage d'Italie, & y demeura jusques à la reduction de Marseille.

XXV. Aprés le départ de cette Princesse on proposa dans l'Hôtel de Ville de faire signer & jurer l'union à tous les Habitans: les articles aïant été dressés, le Comte de Carces en qualité de Grand Sénéchal les fit publier au Palais, jurer & signer aux Officiers; & ensuite la même chose fut faite par le peuple dans l'Hôtel de Ville, ceux qui refuserent de le faire furent chassez de la Ville, mais le nombre en fut bien petit, l'union fut aussi publiée à son de trompe par tous les Carrefours.

XXVI. Cependant comme le mois de Mai s'aprochoit qui étoit le tems auquel le Viguier de la Ville prenoit possession de sa Charge, comme nous dirons cy-aprés; le Sieur de Besaudun qui desiroit de l'être, s'adressa au Parlement qui fit Arrêt les Chambres assemblées, par lequel il fut ordonné que ce Gentilhomme raporteroit de Sa Majesté les provisions de cette Charge dans trois mois, & néanmoins qu'il l'exerceroit par

Tome I. LIII

provision, cet Arrêt ne plût guere aux Ligueurs, qui eussent desiré qu'on n'eût pas parlé du Roi.

XXVII. Les progrés que la ligue faisoit en ce Païs donna bien à penser au Sieur de la Valete, il avoit fait tout son possible pour l'empêcher & pour ramener le peuple à son devoir, mais n'aïant pas dequoi joindre la force à la rémontrance, il avoit peine de se garantir, & ne pouvoit pas même conserver ses amis, qui contre leur propre inclination étoient contrains de suivre le parti des plus forts, & en effet n'aïant aucun moïen de se fortifier dans la Provence, il implora le secours de Gouvernet Religionaire du Dauphiné, & fort authorisé dans son parti, qui le vint joindre avec cinq cens chevaux, & quinze cens hommes de pied. Cette petite armée aïant pris dans peu de tems Montjustin, Beaumont & autres petites places : alla faire le dégât au Terroir d'Aix, Vins qui n'étoit pas assés fort pour s'oposer au progrés de Gouvernet, écrivit aux Marseillois de le secourir, & leur fit aussi écrire par la Cour de Parlement pour le même sujet, si bien que par la Deliberation du Conseil, où presida Antoine de Laurency dit Ruffi, Viguier en absence, ils lui envoïerent quarante lances sous la conduite de Pierre de Caradet de Bourgougne, & cinquante Arquebusiers à cheval, commandés par Jean Descalis.

XXVIII. Pendant ces confusions on eût nouvelles du detestable assassinat commis en la personne du Roi Henri III. & comme le Roi de Navarre en qualité de plus proche, & plus habile à lui succeder, prenoit le titre de Roi de France, qu'on ne lui pouvoit refuser, parce que la naissance lui en donnoit l'autorité, & le caractere. Mais parce qu'il faisoit encore profession du Calvinisme il ne fut reconnu que par les Religionaires, & par quelques Princes, Seigneurs & Villes Catholiques; de sorte que le Roïaume fut plus troublé & divisé que devant; & même Sixte V. qui n'avoit pas voulu autoriser la ligue au commencement, se declara aprés la mort des Princes, & beaucoup mieux aprés celle de Henri III. il traversa son Successeur sous le prétexte de la Religion : car il envoïa pour cét effet en France le Cardinal Caïetan, avec ordre d'apuyer & favoriser la ligue contre lui. Les Marseillois étoient pour lors en si grande consideration prés du Pape, que pour les confirmer dans le parti de la ligue, il leur écrivit une lettre de la teneur suivante, par laquelle il témoigna de les avoir en singuliere estime, les loüa d'avoir conservé la Religion Catholique en sa pureté, & d'avoir empêché la propagation de l'heresie en cette Province : & enfin les exhorta de continuer & de suivre les salutaires conseils du Cardinal Caïetan.

DILECTIS FILIIS CONSULIBUS MASSILIENSIBUS.
SIXTVS PP. QVINTVS.

Dilecti filii Salutem & Apostolicam benedictionem, veterem vestram cum Romanis Societatem, & in eos fidelitatem hoc tem-

DE MARSEILLE Liv. VIII. 389

pore ex benefactis vestris pro Romana Ecclesia experimur. Quemadmodum enim Romani sine viribus, opibus, & copys vestris ex transalpinis bellis nunquàm triumphasse dicuntur, ita constantem pacis & Religionis restitutionem de Provincia Francia sine vestra constantia, & authoritate vix refferri posse sentimus. Nam postquam vestram ditionem pravis perditorum hominum erroribus labefactari passi non fuistis, & periculum Catholica Religionis studio, spectatâque animi celsitudine, piè fortiterque expulistis. Vos vestra in sedem Apostolicam observantia & antiqua libertatis conservanda rationis loco admonitionis, & Consilii collaudamus, & his nostris literis certiores facimus, quò vestra incepta prosperi exitus, ut æquum est, & nos optamus subsequatur. Dilectum fratrem nostrum Henricum Cardinalem Gaëtanum, omni virtutum genere præstantem, maximisque perficiendis negocys, naturâ, studio factum nostrum & sedis Apostolicæ de latere legatum istuc mittendum dixisse, ad cujus consilia si vestras studiorum & officiorum partes adijciendas duxeritis, maximos pro publica regni incolumitate, & vestra securitate fructus atque utilitates brevi tempore suscepturos confidimus. Quidquid verò idem legatus publica commoditatis causa, vel consilii, vel deliberationis ad vos attulerit, id nostro nomine eum adferre ipsi existimate. In ejusque sententiâ tamdiu permanere omnino debetis, quandiu Religio ac concordantia firmamentum in quo suæ legationis summa versatur accepisse sentiatis. Datum Romæ in monte quirinali sub Annulo Piscatoris die secundâ Octobris, millesimo quingentesimo octagesimo nono. Pontificatus nostri Anno quinto.

XIX.

Peu auparavant Vins se rendit maître d'Aubagne, que la Valete tenoit, cette Place étoit comme une épine au pied des Marseillois, & à leur grande instance il fut résolu de l'avoir à quelque prix que ce fut; le Comte de Carces s'y achemina pour y mettre le siége avec trois canons, cent chevaux, & douze cens hommes de pied Marseillois, conduits par Cornelio de Remesan, Nicolas Cepede, le sieur de Septemes, Jean Taron, Nicolas Foquier, & Barban, Charles de Casaulx s'y joignit avec sa compagnie, mais ils trouverent plus de résistance qu'ils ne croyoient: car ils essuyerent aux aproches les mousquetades de la garnison qui tiroit sur eux incessamment, & avec grande perte, ce qui les obligea de s'éloigner, joint encore les nouvelles qu'ils eurent que la Valete venoit au secours. Il est vrai que Vins arriva deux jours après avec deux cens chevaux pour soûtenir les Marseillois, & le même jour la Valete parut aussi avec huit ou neuf cens chevaux; ces troupes qui étoient en venë, & fort proches les unes des autres firent alte, & témoignerent qu'elles n'avoient pas envie de rien hazarder; toutefois la Valete entra dans Aubagne, & après avoir fait enlever toutes les munitions de guerre & de bouche, & tout ce qui se trouva de plus precieux l'abandonna, & se retira du côté de Saint Maximin. Vins après cette retraite se saisit fort facilement d'Aubagne, qui fut encore pillé par les soldats qui emporterent jusques aux cloux, & même le Château de l'Evêque ne fut pas épargné.

XX.

Vins estimant par la prise de cette place avoir beaucoup obligé les

Marseillois, résolut de passer par leur Ville en s'en retournant à Aix croïant d'y être trés-bien reçû : mais comme il s'en aprochoit on lui vint dire qu'il y avoit derriere la porte par où il devoit entrer une troupe de gens qui sembloient s'y être logés pour lui en empêcher l'entrée. Ce qui l'étonna tellement, qu'il pria l'Aumonier de S. Victor qui se trouva prés de lui d'aller reconnoître ce que c'étoit ; ce Religieux ne manqua pas de le faire, & lui raporta qu'il croïoit que ces gens-là en eussent la pensée, & qu'il lui conseilloit de tirer chemin sous pretexte que ses affaires ne lui permettoient pas de s'arrêter ; il deffera à cét avis, & comme il passoit le long des murailles de la Ville, il dit à ceux qui étoient prés de lui ; *Ecrivés dans vos tablétes, que le peuple de Marseille ne peut être gagné, ni par force ni par amitié.*

XXXI. L'hiver qui suivit tôt aprés, obligea les chefs de ces deux partis de mettre leurs troupes dans les garnisons, & cependant chacun travailla à se fortifier d'amis & d'intelligences, & bien que Marseille se fut ouvertement déclarée pour la ligue, Vins qui ne croïoit pas d'être bien asseuré d'une Ville si importante, s'il n'élevoit aux principales charges des hommes de sa faction & tout à fait dépendans de sa volonté, fit tous ses efforts pour donner la charge de Consul à Charles de Casaulx, l'un des principaux arboutans de son parti dans Marseille, (qui doit joüer ci-aprés l'un des principaux personnages de cette Histoire, & dont le nom s'est rendu fameux par son infidélité, & par les maux qu'il a fait souffrir & aprehender à sa Patrie.) Besaudun qui en qualité de Viguier de Marseille avoit droit de nommer les Officiers, n'étoit pas un petit instrument pour cette Election. Mais ce dessein ne réussit point, & le Comte de Carces qui avoit conçû une grande jalousie contre Vins, le fit échoüer ne voulant pas qu'autre que lui fut le maître de Marseille. Et en effet le jour de la Saint Simon, (auquel comme nous avons dit l'on a accoûtumé de proceder à la création du nouvel état,) aprés qu'on eût fait celle des vingt-quatre Conseillers qui doivent élire les Consuls, & autres Officiers par la pluralité des voix & suffrages, ce Seigneur fit soûlever tous ceux de sa faction, qui composoit le plus grand nombre des Habitans à qui il avoit rendu Casaulx odieux ; en sorte qu'aïant pris les armes, ils se saisirent du corps de garde de l'Hôtel de Ville, & firent sçavoir à Besaudun qu'ils ne vouloient point d'autre Consul que Pierre de Caradet de Bourgougne, & que s'ils en élisoient un autre, ils mettroient en piéces ceux qui l'auroient élû : leur rage ne s'arrêta pas là, car ils mirent le feu à la porte de la maison de Ville, avec dessein de porter plus avant leur fureur, si on ne leur eût donné satisfaction : si bien que pour apaiser ce mouvement Bourgougne fut élû premier Consul.

XXXII. Mais le lendemain le peuple ne s'arrêta pas à des simples menaces : car sur le bruit qu'on séma que les Consuls qui sortoient de charge avoient fait faire quatre-vingts échelles pour trahir la Ville, & la mettre entre les mains du Duc de Savoïe, l'émotion fut si grande que les Habitans s'étant attroupés allerent dans la maison de Villecrose, qui devoit quitter sa charge de premier Consul dans deux jours, d'où ces
mutins

DE MARSEILLE. Liv. VIII. 382

mutins le tirerent avec beaucoup de violence, & aprés l'avoir conduit au quartier de S. Jean, ils le maſſacrerent malheureuſement; ce Gentilhomme étoit fort innocent, & le bruit n'avoit été ſemé que par ſes ennemis pour pouvoir exercer leur vengeance: ſous un pretexte ſi plauſible, ils s'efforcerent auſſi de faire un pareil traittement à François Amiel, & Jean Morlan ſes Collegues, mais ils eurent le loiſir de ſe retirer au quartier de Cavaillon, où leurs amis s'aſſemblerent & prirent les armes pour les garantir. L'innocence de Villecroſe fut bientôt manifeſtée: car François Savine, & un nommé Deliſle natif du Martigues, aïans été empriſonnés pour avoir fait faire des échelles, & quelques crochets, déclarerent dans leur audition, que Villecroſe ne leur avoit jamais parlé de cela, & que Vins leur avoit donné charge de faire faire ces échelles, dont il ſe vouloit ſervir en une entrepriſe qu'il ne leur avoit pas découverte.

La nouvelle de cette ſedition, & de la mort de Villecroſe aïant été portée au Parlement, il deputa à Marſeille pour en informer, Sommat & Dagar Conſeillers, & Laurens Avocat General du Roi: mais comme la confuſion regnoit en ce tems-là, & que ſon principal apui étoit le mépris de la Juſtice, & l'impunité des crimes, ces Officiers s'en retournerent ſans rien faire. Et bien que les Conſuls modernes n'euſſent rien contribué à cette action, ils leur firent néanmoins trouver bon de n'en dreſſer aucune procedure.

XXXIII.

Tome I.   Mmmm

HISTOIRE DE MARSEILLE, LIVRE NEUVIEME.

CHAPITRE I.

Charles de Casaulx favorisé de la Comtesse de Sault se rend maître de Marseille.

I. *Le Duc de Savoïe fait dessein sur la Provence.* II. *Il tâche d'aquerir Marseille.* III. *Ceux qui le traversoient condamnés à mort.* IV. *La Comtesse de Sault fait pourvoir le sieur de la Barben de la charge de Viguier.* V. *Les Consuls refusent de le reconnoître.* VI. *Arrivée à Marseille du Comte de Martinengue.* VII. *Mort du sieur de la Barben.* VIII. *Cornélio de Remezan élû premier Consul de Marseille.* IX. *Le Duc de Savoïe écrit aux Marseillois.* X. *Teneur de sa Lettre.* XI. *La Comtesse de Sault court hazard de sa vie.* XII. *Les Marseillois en armes les uns contre les autres.* XIII. *Casaulx se rend Maître de Marseille.* XIV. *Les Consuls de Frejus, d'Hieres, de Toulon, & de Saint Tropés écrivent aux Marseillois.* XV. *Le Duc de Savoie termine un different entre la Ville de Marseille & celle d'Arles.* XVI. *Le Duc de Savoïe est reçû à Marseille.* XVII. *Il en sort.* XVIII. *Aprés avoir fait visiter toutes les ruës, & carrefours.* XIX. *Casaulx fait députer au Roi d'Espagne au nom de la Ville.* XX. *Le Duc de Savoïe va en Espagne.* XXI. *Casaulx usurpe toute l'autorité sur les Consuls.* XXII. *Son procedé tirannique.* XXIII. *Le Duc est de retour d'Espagne.* XXIV. *Il s'excuse aux Consuls d'avoir fait entrer les Galeres dans le Port.* XXV. *Il ne peut s'asseurer de Marseille.* XXVI. *Les Florentins sont reçûs au Château d'If* XXVII. *La Comtesse de Sault est arrêtée* XXVIII. *Marseille tient son parti* XXIX. *La Comtesse se sauve vétuë en soldat.*

PENDANT que la France étoit déchirée par les guerres civiles que l'heresie y avoit produites, le Duc de Savoie n'oublia rien pour profiter de nos divisions: car il se rendit maître de tout le Marquisat de Salusses, ancien Fief du Dauphiné, qui étoit extrémement à sa bienseance. Et non content de nous avoir enlevé cette belle piéce, qui nous étoit restée de toutes nos guerres d'Italie, son ambition le porta à rechercher encore de se faire Comte de Provence. Il témoigna au commencement de n'avoir autre dessein que de secourir Vins contre la Valete, & de désirer seulement l'extirpation de l'heresie : mais comme la protection des grands Princes est dangereuse, à cause que n'agissans d'ordinaire que par les mouvemens de leurs interêts, ils devorent biensouvent ceux qu'ils font semblant de se défendre de la convoitise d'autrui : le Duc de Savoie avança fort heureusement sous cette aparence de protection le dessein qu'il avoit de se rendre maître de Provence, & comme c'étoit un Prince adroit & liberal, il n'oublia rien pour gagner les cœurs des plus aparens du Païs, du Comte de Carces, du sieur d'Anpus, & de Besaudun & de plusieurs autres : mais sur tout de Christine d'Aguerre Comtesse de Sault, dont le pouvoir étoit fort grand.

I.

Il avoit beaucoup travaillé pour se rendre Maître de Marseille, mais ce peuple témoignoit une grande haine pour sa domination qui avoit bien paru dans la mort de Villecrose, néanmoins ce Prince qui croïoit ne rien tenir dans la Province, tant que Marseille ne seroit pas dans sa disposition, fit joüer son grand ressort pour en venir à bout, & corrompit par argent les plus factieux, & tous ceux qui avoient quelque pouvoir sur l'esprit du peuple. La corruption pourtant ne fut pas si generale, qu'il n'y eût quelques-uns qui demeurerent fermes dans le service du Roi, & dans les interêts du public : mais leur nombre étoit si petit, & celui des adversaires si grand, qu'ils furent contraints d'abandonner leurs maisons, & de se retirer pour garantir leur vies : aprés s'être efforcés de chasser les partisans de Savoie, ils s'assemblerent le dixiéme Janvier en nombre de 25. & entre autres Cesar de Villages, le Chevalier son frere, des Pennes, d'Arene, Pierre & François de Vias freres, & Jean Olivier, qui pour émouvoir le peuple à conserver son ancienne fidelité, marcherent par la Ville tous ensemble, l'épée nuë à la main, en criant *Fore Savoiars* ; mais la faction contraire étoit si puissante qu'ils ne furent suivis que de fort peu de gens, & à la fin contraints de se sauver, aprés qu'ils eurent vû quelques-uns de leur parti étendus sur la place ; cela donna lieu à une Deliberation qui fut faite dans le Conseil qu'on mettroit des pieux dans le Port, où l'on fairoit des gueritès pour y loger des soldats qui prendroient soin d'empêcher que personne ne le passât.

II.

III. Cependant le Parlement qui avoit embrassé les interêts du Duc, dépêcha aussitôt le Président de Piolenc avec sept Conseillers à Marseille pour faire tôt le procés à ceux qui meritoient des recompenses; aprés l'information faite ils procederent par deffaut à la condamnation de mort contre les Auteurs de ce mouvement, ils firent saisir aussitôt trois hommes de basse naissance, qui avoient pris les armes à cette occasion pour le bien de la patrie, & les condamnerent à être pendus, dont deux furent executés; mais le troisiéme évita la mort d'une façon extraordinaire: car à mesure que le bourreau l'attachoit à la potence il fit passer avec beaucoup d'adresse pardessus la tête la corde qu'il avoit au col, & aprés se jetta de l'échelle, & se sauva sous la faveur du peuple qui lui fit jour, & empêcha qu'on ne le reprit.

IV. Ces executions ne donnerent pas le repos à la Ville, car comme il y avoit deux factions qui étoient apuyées par des puissances, aussi de tems en tems on y voïoit élever de troubles qui l'agitoient, quelquefois l'une emportoit le dessus, quelquefois l'autre; le Comte de Carces, dont nous avons parlé ci-devant, tâchoit de conserver la sienne, la Comtesse de Sault qui avoit embrassé les interêts de Savoye y en avoit formé une, qu'elle s'efforçoit de rendre plus forte & plus puissante, & pour cét effet elle eût moïen d'obtenir que le Parlement pourveut le Sieur de la Barben de la Charge de Viguier de Marseille, & qu'elle députât un Conseiller de la Cour pour le venir mettre en possession.

V. Le jour aprés l'arrivée de ce Commissaire les Consuls dés le matin convoquerent une grande assemblée dans l'Hôtel de Ville, où il fut résolu de ne reconnoître point le Viguier que la Cour avoit nommé, mais bien que le premier Consul porteroit le Bâton, ceux du parti de la Comtesse de Sault se prévalans de cette occasion pour pousser leurs adversaires, assemblerent au quartier de Cavaillon tous les seditieux, & sous ce prétexte aïant attiré partie du peuple ils décendirent environ une heure aprés midi, & vinrent surprendre les Consuls dans l'Hôtel de Ville, mirent en possession le Sieur de la Barben, & aprés ôterent le chaperon à Bourgougne premier Consul, & tout aussitôt l'emprisonnerent: Bourgougne se vit en un même jour premier Consul & Viguier, & enfin détitré de tous ces honneurs & emprisonné.

VI. Peu aprés le Comte Martinengue que le Duc de Savoye avoit envoïé en Provence, vint à Marseille accompagné du Sieur de la Barben & de Casaulx, ceux du parti de la Comtesse de Sault lui firent mille caresses, mais les autres qui aprehendoient que la Ville ne tombât dans l'esclavage, en furent affligés, s'ils eussent été assés puissans ils l'auroient fait sortir de la Ville.

VII. Le Sieur de la Barben ne joüit guéres de la Charge de Viguier; car il ne tarda pas de mourir; il fut regreté de la plus grande partie de la Ville, à cause que c'étoit un Gentilhomme accompli qui se conduisoit avec grande prudence, la Cour aprés sa mort lui subrogea son frere le Cadet.

VIII. Cependant le tems de l'élection des Officiers de police aprochoit, la Comtesse de Sault qui vouloit élever Casaulx au premier Consulat, fit

DE MARSEILLE. Liv. IX.

tous ses efforts pour en venir à bout, mais le Comte de Carces agit avec tant d'adresse qu'aïant gagné les voix de la plus grande partie des Conseillers, & par prières & par argent l'emporta sur elle, & fit élire premier Consul Cornelio de Remesan. Casaulx qui étoit dans la Ville, en fut si outré que le lendemain de l'élection il sortit de son logis accompagné de 30. ou 40. personnes de sa faction, à dessein d'attaquer ceux qui lui avoient été contraires, mais le corps de garde aïant été dressé en même-tems, il fut contraint de se retirer, & le lendemain il sortit de la Ville, & prit le chemin d'Aix.

Le dix-huitiéme Novembre le Duc de Savoïe fit son entrée à Aix, IX. où il fut reçû avec toute la magnificence qu'on se peut imaginer ; la Cour de Parlement par Arrêt lui mit en main toute l'autorité, & le commandement sur les armées, & Police de cette Province pour la conserver dans la Religion Catholique & à la Couronne de France. Le Duc en donna avis aux Marseillois, & leur écrivit qu'il n'avoit autre intention que de procurer le bien general de la Province, & particulierement de la Ville de Marseille, pour laquelle il avoit des grandes affections. Voici la teneur de la lettre.

Messieurs les Consuls, vous aurez ci-devant entendu la requisition X. *que Messieurs des trois Ordres de cette Province m'ont faite pour les venir assister & défendre des oppressions qu'ils souffroient des heretiques, leurs fauteurs & adherans, & combien que le tems fut assés incommode pour de si loin abandonner mes affaires & état, neanmoins prévoïant l'évidente perte qui s'en suivoit, & consequemment l'honneur & gloire de Dieu même a mépris, m'asseurant d'y être assisté de la Divine bonté, je me suis volontairement disposé pour y venir en personne avec les forces que je pense necessaires, m'estimant tres heureux d'exposer ma vie & moyens pour la defense d'une si sainte & juste querele, en quoi Messieurs de la Cour de Parlement reconnoissant ma bonne volonté, desirant me donner moyen de la mettre à execution, ont voulu à mon arrivée m'honorer de la charge & commandement general de l'état & police de cette Province, comme vous pourrez voir par l'Arrêt de mesdits Sieurs de la Cour, & ayant trouvé à propos de vous faire entendre leur intention & la mienne pareillement, que je vous prieray affectueusement de croire qu'elle n'a jamais tiré à autre but que la manutention de nôtre Religion Catholique, Apostolique & Romaine, comme je suis naturellement obligé, desirant maintenir cette Province, & icelle sous l'obeïssance & autorité de l'Etat Royal & Couronne de France, comme entre toutes les autres elle y a toûjours fait paroître une extreme constance, & particulierement Messieurs de vôtre Ville, afin que s'il se presente occasion où je vous puisse servir, vous en disposerez avec toute franchise, vous asseurant que je n'épargneray ni mes forces, ni mes moyens, voire ma personne propre pour avec un si digne sujet vous témoigner l'affection que j'ay d'aporter du repos & soulagement à cette tant désolée Province, comme je feray encore à tout ce qui concernera le general particulier de vôtre Ville, vous priant d'en faire asseuré état, & me tenir pour un de vos meilleurs & affectionnés amis, en cette vo-*

Tome I.   Nnnn

lonté, je prie Dieu, Messieurs les Consuls, vous vouloir en sa sainte & digne garde. D'Aix le 26. Novembre, &c.

Vôtre meilleur Ami EMANUEL.

On ne manqua point de lui faire réponse, & de le remercier : mais ce Prince étoit encore dans la méfiance, & n'osoit hasarder sa personne dans Marseille : Car bien que ses partisans y eussent beaucoup de pouvoir, néanmoins les Consuls, le Lieutenant du Viguier, & quelques autres des plus apparens tenoient encore pour le Roi. Pour le peuple il ne s'y fioit pas, sçachant que c'est une mer que le moindre vent agite, & qu'comme il aime sans choix & sans connoissance, on ne se peut promettre aucune fermeté de ses affections.

XI. La Comtesse de Sault qui étoit dans une étroite union avec le Duc pour appuyer ses intérêts, & lui préparer les voyes dans Marseille, vint en cette Ville accompagnée de Besaudun, & de quelques autres Gentilshommes de sa faction, sous prétexte du mariage de la fille de Casaulx avec Antoine Cadry ; d'abord qu'elle fut arrivée, elle travailla fortement au dessein, pour lequel elle étoit venuë. Mais elle n'agissoit pas si secrettement que les Consuls ne fussent avertis de toutes ses cabales ; aussi pour prévenir ce danger qui les menaçoit, ils assemblerent un Conseil secret un Vendredy vingtiéme Fevrier, dans lequel on délibera d'un commun consentement de couper la gorge la même nuit sur l'entrée de la nuit, à la Comtesse, à Besaudun, & à Casaulx, car elle avoit résolu de s'en retourner à Aix le lendemain qui étoit le Jeudi gras. François Velin qui avoit été apellé à cette assemblée se chargea pour executer cette entreprise d'avoir trois cens hommes armés de ses amis, qu'il tireroit du quartier S. Jean, pendant que les Consuls feroient aussi prendre les armes à ceux de leur faction. En effet il ne manqua pas à l'heure assignée de les venir trouver, & leur porta parole que tout étoit prêt, mais le courage aiant manqué à deux des plus apparens du Conseil, ils s'oposerent à cette execution, disant que sans effusion de sang ils empêcheroient bien que la Comtesse ne retourneroit plus dans Marseille, & que les affaires n'étoient pas si gâtées qu'il fallût avoir recours à des moiens si violens.

XII. Le lendemain, après que la Comtesse fut partie, on ne parloit par toute la Ville que du Duc de Savoye, & ses partisans disoient tout haut qu'il étoit necessaire que ce Prince vint à Marseille. Les Consuls au contraire, assistés d'un bon nombre des plus qualifiez Citoiens, protestoient qu'ils ne le souffriroient jamais : tellement que dans cette division tout le monde s'émeut, & l'on courut aux armes. Les Consuls pour demeurer les maîtres marchoient de ruë en ruë avec Benoît Lieutenant de Viguier, sollicitans le peuple de se joindre à eux, & de s'emploier genereusement, afin que la Ville ne tombât point entre les mains des ennemis du Roi & de la France : mais pendant que ces braves Magistrats faisoient ainsi leur devoir, Honoré Asquier Assesseur,

DE MARSEILLE Liv. IX. 388

& le Capitaine du corps de Ville, qui avoient été gagnés par le parti de Savoye, les abandonnerent, & se retirerent au quartier de Cavaillon, où Casaulx s'étoit cantonné avec la plus grande partie des Habitans qui étoient d'intelligence avec lui. Ce qui donna quelque étonnement aux Consuls, & leur fit prendre la résolution d'envoier Germain leur dernier Collegue vers Casaulx, pour sçavoir de lui ses intentions, & ce qu'il desiroit de faire ; mais Casaulx le retint sous bonne garde. Cependant quelques-uns de ceux qui accompagnoient les Consuls, soit qu'ils eussent pris l'épouvante, ou qu'ils eussent tourné casaque, se déroberent peu à peu, bien qu'ils eussent protesté de vouloir mourir avec eux pour le bien du public, ce qui fit que les Consuls qui s'étoient retirez à la maison de Ville, se trouverent enfin les plus foibles.

À l'entrée de la nuit Casaulx fit sonner le tocsin à la cloche du grand Horloge, & quelques heures après il descendit avec sa troupe en armes vers le quartier de corps de Ville, faisant tirer sa mousqueterie à diverses reprises, afin d'épouvanter ceux du parti contraire, qui faisoient aussi la même chose ; de sorte qu'on n'entendoit par tout que des bruits effroiables, qui portoient la peur au cœur des plus asseurés. C'étoit à la verité un spectacle bien horrible, de voir des Citoiens armés les uns contre les autres, & prêts à verser le sang de leurs amis & de leurs proches, & à tourner leur fureur & leur rage contre leur Patrie, pour la défense de laquelle ils étoient obligés de mieux emploier leurs vies : mis sur le point qu'ils devoient venir aux mains, Jean de Paulo, & Claude Soleri Chanoines de l'Eglise Majour, & le Pere Carbonassi Observantin se presenterent aux uns & aux autres, pour tâcher de les adoucir, & de les porter à quelque accommodement : leurs persuasions ne furent pas inutiles, & par leur entremise on fit une tréve, & cessation d'armes reciproque jusques au lendemain, qu'ils esperoient de conduire entierement le traité qu'on avoit proposé ; mais le jour venu Casaulx qui se voioit le plus fort, & que les Consuls étoient trahis & abandonnés, ne voulut entendre aucun accord, & fit avancer ses gens qui se saisirent de tous les quartiers, & se rendirent maîtres de l'Hôtel de Ville, d'où les Consuls avoient été contrains de déloger, voians que tout étoit perdu. Maumes second Consul, qui s'étoit caché dans une maison vers S. Iean fut découvert, & amené devant Casaulx qui ne lui fit aucun déplaisir : mais Remesan qui étoit premier Consul fit fort bien de ne se laisser pas surprendre, car on avoit conjuré sa mort : & la marque de la mauvaise intention des conjurés, & de l'ordre qu'ils en avoient mis, fut qu'ils crioient à tous coups, tué, tué, le Consul Remesan, la Ville étant tombée de cette sorte sous la main de Casaulx, il en donna nouvelle aussitôt au Duc de Savoie, & à la Cour de Parlement, qui commit & députa les sieurs de Flotte, & de Saint Marc Conseillers, de Lauziers, & Rabasse gens du Roi pour venir informer contre ceux de la faction contraire ; les députés décernerent prise de corps & adjournement personnel contre plusieurs de ce parti & même contre mon Aïeul, qui prévoiant cét orage s'étoit déja mis en lieu de seureté. Les Savoiars l'accusoient d'avoir beaucoup contribué aux résolutions que

Remesan son parent avoit prises contre Casaulx, & d'avoir dit tout haut que la consideration du mariage de la Fille de Casaulx n'obligeoit point la Comtesse de venir en cette Ville : mais que c'étoit pour le dessein qu'elle avoit de marier Marseille avec le Duc de Savoïe.

XIV. Peu aprés les Consuls de Frejus, d'Yéres de Saint Tropés, & de Toulon écrivirent aux Marseillois que le Duc de Savoïe témoignoit visiblement par les conquêtes qu'il faisoit en Provence, qu'il avoit des mauvaises intentions, & qu'ils avoient crû être obligés de leur en donner avis, & de trouver bon qu'ils s'assemblassent à Marseille pour aporter le remède necessaire à un coup si dangereux à toute cette Province. Casaulx leur fit réponse qu'ils interpretoient mal le dessein du Duc qui n'étoit entré en cette Province que par l'aveu du Duc de Mayenne, & du Parlement de ce païs que s'ils vouloient être de ce parti que Marseille les apuïeroit; Casaulx ne manqua pas d'en donner aussitôt avis au Parlement, & lui marqua par sa lettre qu'il avoit refusé de s'unir avec ces Villes, & qu'il avoit fait afficher un tableau dans l'Hôtel de Ville de Marseille où étoient écrits les noms, & surnoms de ceux qui avoient porté les armes pour le sieur de la Valete, ensemble de tous les adherans auxquels ils avoient interdit l'entrée de la Ville.

XV. En cette conjoncture le Duc de Savoïe termina le different qui étoit entre les Villes de Marseille & d'Arles, celle-ci se plaignoit que les Marseillois avoient arrêté des barques de la Ville d'Arles chargées de bled, les Marseillois disoient qu'il leur étoit permis de le faire par leurs Priviléges, ce Prince ordonna que le bled saisi seroit païé par les Marseillois, & qu'aprés que la Ville d'Arles seroit pourveuë de bled qu'on permettroit à la Ville de Marseille de se pourvoir aussi, & par ce moïen ce different fut terminé.

XVI. Il ne fut pas mal aisé aprés cela de persuader au Duc de Savoïe d'aller à Marseille; il fut même suplié au nom des Habitans de faire ce voïage, ensuite de la déliberation prise dans une assemblée qui fut tenuë le 25. Février pour ce sujet. Il vint donc le second jour de Mars en compagnie de la Comtesse; je ne m'amuserai point à faire la description des apareils de cette entrée, il me suffit de dire qu'il y fut reçû en Roi, il ne voulut pas néanmoins aller sous le Dais, qui fut porté dix pas devant lui, il tint toûjours le chapeau à la main le long des ruës, & salua le monde fort honnêtement, le lendemain de son arrivée il parcourut la Ville, & aprés en avoir consideré l'assiéte, il la loua beaucoup, & il dit que de sa vie il n'avoit rien vû de semblable, & en admirant le Port il tint ce discours. *Voila le plus beau Port du monde*, il ne faut rien épargner pour le faire curer : le même jour il monta sur une Galére, & alla reconnoître le Château d'If accompagné d'Alexandre Vitelli, & d'un Ingenieur avec lesquels il confera des moïens pour prendre cette Place, mais comme il n'étoit pas fort aisé aussi crût-il qu'il devoit tenter de l'avoir par traité plûtôt que par force : il fit pour cét effet sonder par le Comte Rut l'un de ses Gentilshommes, le sieur de Bausset qui la tenoit, & lui fit faire des offres que quoiqu'elles fussent fort avantageuses elles ne l'ébranlerent point.

Le

DE MARSEILLE Liv. IX.

Le Duc de Savoïe aprés avoir fejourné dans Marfeille jufques au XVII. huitiéme du mois s'embarqua pour paffer en Efpagne, & fans doute il y a fujet de s'étonner, de ce qu'aïant des grandes forces avec lui, & une faction puiffante dans la Ville, il ne s'en rendit pas le maître. Quelques-uns en attribuent la confervation à la Comteffe, difant qu'elle l'obligea par ferment avant qu'il y entrat, de ne rien attenter fur cette Ville qu'elle vouloit garder pour foi; mais en cela il n'y a pas grande aparence : car ce Prince n'étoit pas fort fcrupuleux, & fçavoit bien fe difpenfer d'un ferment, lorfqu'il s'agiffoit du bien de fes affaires. Mathieu en donne la gloire au Préfident Jeannin, & dit qu'il défabufa les plus aparens de la Ville des impreffions qu'on leur avoit données que le Roi d'Epagne, & le Duc de Mayenne défiroit que cette Ville tombât fous la puiffance de Savoïe, & qu'il leur fit connoître que l'intention de ce Prince n'étoit pas qu'on démenbrât de la Couronne une Ville fi importante. Ce qui fe trouve confirmé par des bons memoires que j'ai vû, qui difent que le Préfident Jeannin s'étant embarqué à Genes fur une Galere de Lomelin dans le deffein d'aller en Efpagne fans pourtant paffer par Marfeille, changea toutefois de réfolution aïant apris en chemin, par une voile qu'il eût en rencontre, tout ce qui fe paffoit en cette Ville : fi bien qu'il y alla aborder, & auffitôt qu'il en eût pris terre, il fut vifiter le Duc de Savoïe qui dans fon ame ne fut pas fort fatisfait de le voir; néanmoins diffimulant ce qu'il fe penfoit, il lui fit bon accueil, le fit loger dans l'une des plus belles maifons de la Ville, lui manda fon fouper, & le fit fervir par fes Officiers avec les mêmes ceremonies que fa perfonne propre : & durant trois jours que le Préfident Ieannin demeura à Marfeille, il parla à tous ceux qui avoient du pouvoir dans la Ville, afin de les affermir dans leur devoir, & d'empêcher un coup de cette importance qui auroit porté grand préjudice à tout le Roïaume.

Mais j'ai ouï dire à des perfonnes qui l'avoient apris de bonne part, XVIII que durant le fejour que le Duc fit dans Marfeille il vifita toute la Ville, parcourut toutes les ruës, & tous les carrefours avec le fieur de Ligny qui étoit chef de fon Confeil, & qu'aprés que ce Gentilhomme eût confideré meurement l'affiéte & l'enceinte de la Ville, & un nombre fi prodigieux d'Habitans, il dit à fon Maître, qu'il ne faloit plus faire deffein fur cette place, & qu'elle ne faifoit que pour un grand Monarque.

A fon départ le Duc publia hautement qu'il ne faifoit le voïage d'Ef- XIX. pagne, que pour obtenir un puiffant fecours de foldats & d'argent, afin de chaffer les heretiques de cette Province, & par le Confeil de Cafaulx remontra aux Confuls de Marfeille qu'il trouvoit neceffaire d'envoïer quelques-uns de la Ville pour aller avec lui implorer l'affiftance, & la protection de fa Majefté Catholique. Le Confeil ou de gré ou de force aprouva cét avis, & députa l'Affeffeur Saquier, François de Cafaulx Notaire frere de Charles, & François Ouilly, qui s'embarquerent fur la Galere qui portoit le Préfident Ieannin.

Lorfque le Duc s'embarqua tous les feditieux de la Ville qui s'é- XX. toient rendus fur le quay du Port pour le voir partir, lui embrafferent

Tome I.   Oooo

les genoux, il leur fit mille caresses, & se tournant vers Casaulx il lui tint ce discours *Adieu Capitaine Casaulx, je vous recommande les Bigarras.* Ces paroles étonnerent fortement tous ceux qui étoient de ce nombre, le Duc alla prendre Port à Barcelonne, & delà il s'acheminà à Madrid. L'importance de la Ville de Marseille le fit tellement considerer qu'on ne parloit de lui par toute l'Espagne, que comme d'un Alexandre & d'un Cæsar, & on disoit qu'il avoit fait ce que Charles-Quint n'avoit peu faire qui étoit d'avoir conquis Marseille: il fut fort bien reçû du Roi d'Espagne, qui néanmoins ne lui accorda pour toute assistance que mille hommes de pied, & cinquante mille écus en argent.

XXI. Le Président Jeannin parla aussi à ce Prince comme député du Duc de Mayenne, & après les députés de la Provence & de Marseille furent ouïs: l'Assesseur Saquier y fit un discours mal conçû, & dans la conclusion il demanda qu'il plût à sa Majesté de recevoir Marseille en sa protection, d'y envoier à son Port quelques Galeres pour deffendre la côte, & de leur permettre en païant la levée des bleds. Le Roi répondit qu'il étoit bien informé de l'importance de Marseille, & qu'il n'ignoroit pas que si elle eût suivi le parti de l'heresie qu'elle auroit porté grand préjudice aux Catholiques, qu'il lui sçavoit bon gré de ce qu'elle s'étoit maintenüe dans l'union, & quant à ses demandes que le Conseil y pourvoiroit. les députés ne raporterent rien de leur voiage qu'une chaine d'Or de trois cens écus qu'ils vendirent à Barcelonne. Mais revenons à Casaulx qui après le depart de ce Prince étant apuïé de quelques-uns de ses parens, & d'une infinité d'autres personnes de la lie du peuple, se rendit le Maître absolu de la Ville, & ne laissant aux Consuls que le nom, affoiblit tellement leur autorité, qu'ils n'osoient rien faire sans son consentement, de sorte qu'il commença dés lors même à jetter les fondemens de sa tyrannie, & prenant la qualité de vrai Catholique, se mit à persecuter furieusement sous pretexte de la Religion, ceux qui avoient traversé la faction de Savoie, auxquels il donnoit le nom de Bigarras, & les faisoit massacrer inhumainement. La vie de tous les gens de bien lui étoit suspecte, & parce qu'il commençoit de se défier de tout pour ne lui donner aucun ombrage, ils se tenoient cachés dans leurs maisons, de sorte qu'on ne voioit par la Ville que des criminels gens de sac & de corde, & d'une vie execrable qui commettoient impunément de nuit & de jour mille voleries, extorsions, & violences.

XXII. Ce tyranneau étoit ordinairement accompagné de cette canaille, contre laquelle on n'osoit informer la Justice n'aiant de force que contre les honnêtes gens, ils les faisoit accuser comme Bigarrats, & fauteurs d'heretiques, s'emparant ouvertement & de son autorité privée, des meubles, fruits, & biens de ceux qui s'étoient absentés pour garantir leurs vies, & pour donner quelque couleur à sa tyrannie, il disoit publiquement qu'il vouloit bien se servir du secours que le Duc de Savoie lui fourniroit, & reconnoître le Roi d'Espagne pour protecteur: mais qu'il vouloit toûjours demeurer le Maître, & conserver la Ville à un Roi très Chrêtien que les bons François éliroient, & ne permet-

DE MARSEILLE, Liv. IX.

tre point qu'elle tombât entre les mains d'une puissance étrangere.

XXIII. Le Duc de Savoie aiant eu nouvelles pendant qu'il étoit en Espagne, qu'en Provence ceux de son parti avoient été battus par la Valete, hâta son retour; il arriva à Marseille avec seize Galeres dont la plus grande partie étoient de Genes, on s'étoit déja preparé à le recevoir, on avoit toutefois deliberé de le suplier de n'entrer dans le Port qu'avec deux Galeres, & de laisser les autres aux Illes, en effet comme on eût apris qu'il n'étoit qu'à trois mille de la Ville, les Consuls furent vers lui sous pretexte de civilité & de compliment, & le conjurent de n'entrer qu'avec deux Galeres, il leur répondit qu'il n'avoit autre pensée que de leur donner contentement, & que s'ils le trouvoient bon il entreroit seul, ainsi les aiant renvoiés aprés qu'on eût fait tirer les canons de la Ville & l'escopeterie, il s'avança avec sa Galere & entra dans le Port, toutes les autres y entrerent ensuite, mais avec tant de vitesse qu'on n'eût pas loisir de se reconnoître; les Habitans lui donnerent en cette rencontre des preuves de leurs mauvaises volontés, car du corps de garde de Saint Jean, on tira dans sa Galere plusieurs coups de mousquets chargés à la bâle dont deux forçats furent blessés.

XXIV. On fut dans des grandes aprehensions lors que toutes les Galeres furent entrées dans le Port, les gens de bien croioient assurement que ce n'étoit qu'avec dessein de s'emparer de la Ville, aussi les Consuls lui allerent exposer que ce n'étoit pas ce qu'il leur avoit promis, il leur répondit en soûriant qu'il s'en étoit dispensé par quelques considerations, dont la principale étoit pour faire accroire aux Genois qui lui étoient mal affectionnés, qu'il étoit en fort bonne intelligence avec la Ville, & qu'il leur alloit donner contentement; en effet il fit à la même heure sortir les Galeres du Port, & le lendemain elles partirent & allerent à la Ciutat décharger six cens soldats, l'argent & les grains dont le Roi Philipe son beau-pere lui avoit fait present, ensuite elles prirent la route de Genes.

XXV. Il y a grande aparence que ce Prince se seroit saisi de Marseille s'il y eût trouvé les affaires disposées, mais il vit bien qu'il n'y avoit point de jour, & il eût même connoissance que les Deputés qui l'avoient accompagné, publioient tout haut qu'il se faloit donner garde tant du Roi d'Espagne que du Duc de Savoie, aiant reconnu pendant leur deputation qu'ils avoient dessein de se rendre maîtres de la Ville. Ce Prince n'oublia pas pourtant de sonder Casaulx, mais il reconnut que cet homme ne songeoit pas à dépendre de lui, qu'il pensoit à son établissement particulier, & que pour cet effet il avoit fomenté des ombrages dans l'esprit du peuple, dont il avoit trouvé les factions extremement chargées, comme il a été dit; il n'en fit neanmoins aucun semblant, & aprés avoir fait present de quelques milliers de ducatons aux seditieux & de grandes offres à Casaulx, & à ses adherans de leur faire venir des Galeres de Genes toutes les fois qu'il en auroit besoin, il alla à Aix, où il esperoit d'être reçû plus favorablement.

XXVI. Le 9. Juillet quatre Galeres de Florence tres-bien équipées & pourvûës de munitions necessaires, arriverent aux Illes de Marseille, elles portoient encore 12. canons, & quantité de pierre taillée pour la construction d'un Fort qu'on avoit résolu de faire sur la pointe de l'Isle du Château d'If: en effet on y laissa cent hommes pour y travailler, tout cela se faisoit de l'ordre & aux dépens du Duc de Florence, par l'entremise du Chevalier de Venerosi Pesciolini, que le Grand Duc avoit envoïé en cete Ville pour traiter avec Nicolas de Baussset Sieur de Roquefort Capitaine du Château d'If. Ce Prince pour venir à bout de son dessein, promit audit Sieur de Pesciolini une Commanderie de cinq cens ducats, & lui donna encore deux mille ducats pour faire present à Baussset, car il avoit d'aussi bonnes intentions que le Duc de Savoïe, & il eût bien voulu s'accommoder de quelque piece du débris de ce Roïaume, dont on croïoit la ruine inévitable: les Marseillois en furent extremement allarmez, & soupçonnerent aussitôt le Capitaine de Baussset, & même quand ils eurent apris qu'il y avoit reçû des soldats Florentins, & des munitions pour l'avituaillement de la place. Mais Besaudun qui étoit Viguier pour la seconde fois aïant été subrogé par la Cour en la place du Sieur d'Anpus qui avoit été tüé durant l'exercice de sa Charge en une entreprise contre Tarascon, comme aussi les Consuls & Casaulx étans venus en conference avec lui, leur découvrit ses intentions, & se justifia de telle sorte que tous les ombrages cesserent, leur aïant représenté que la necessité l'avoit contraint d'accepter ce secours, à cause qu'il étoit entierement dépourvû de toutes les choses necessaires à la conservation de cette Forteresse, mais qu'il s'étoit conduit en façon qu'il étoit toûjours le plus fort: il fut donc arrêté entre eux qu'ils tiendroient pour un Roi tres-Chrétien qui seroit élû, & qu'ils conserveroient ensemble avec toute sorte de liberté & de franchise; cét accord fut cause que les Marseillois rompirent le dessein qu'ils avoient fait de construire un Fort en l'Isle de Rotonneau pour brider le Château d'If.

XXVII. Jusques ici le Duc & la Comtesse avoient vécu dans une parfaite intelligence: mais après qu'elle eut découvert que ce n'étoit pas le seul zéle de la Religion, qui portoit ce Prince à faire la guerre en Provence, & qu'il avoit dessein de s'en rendre le maître, elle résolut de s'oposer avec vigueur à cette entreprise, & commença d'y travailler le plus secretement qu'il lui fut possible. Le Duc qui étoit sçavant en matiere d'intrigues, aïant reconnu qu'elle le traversoit, soit qu'il ne pût retenir son ressentiment, ou qu'il voulut faire un coup d'exemple, la fit arrêter prisonniere dans sa maison sous bonne garde avec le sieur de Crequi son fils, Fabregues, Guiran, & autres personnes affidées de la Comtesse, contre laquelle le peuple d'Aix étoit tellement animé, qu'il vouloit à toute force s'en défaire, & si le Duc ne se fut oposé en personne à cette violence, elle eut infailliblement perdu la vie, neanmoins il ne peut empêcher qu'elle ne reçût beaucoup d'affronts: car à toute heure des gens de peu venoient devant sa porte lui crier mille injures, & l'insolence de ces mutins alla jusques à ce point, que de lui rompre à coups de pierres les portes & fenêtres de son logis.

XXVIII. Dez qu'on eût reçû à Marseille les nouvelles de la détention de la

Comtesse,

DE MARSEILLE, Liv. IX. 394

Comtesse, Besaudun, les Consuls & Casaulx, suivis d'une grande troupe de peuple en armes allerent par la Ville, crians qu'il falloit être ennemis du Duc, à cause qu'il avoit dessein sur la Provence, & specialement sur Marseille; qu'on se devoit donner de garde de lui, & chasser tous ceux de sa faction. Après cela ils convoquerent une assemblée generale en l'Hôtel de Ville, où il fut résolu de ne recevoir dans Marseille personne qu'il leur peut donner tant soit peu d'ombrage, afin de la conserver pour un Roi Trés-Chrétien, tel qu'il plairoit à Dieu de donner à la France.

Cependant la Comtesse & le sieur de Crequi, quoy qu'on veillât XXIX. soigneusement sur eux, échaperent de leur prison, la nécessité qui est la mère des inventions, leur aïans fourni des moïens pour se mettre en liberté, la Comtesse se sauva habillée en soldat avec l'épée & la bandoliere, & son Fils vêtu en païsan, tous deux prirent à pied le chemin de Marseille. Il est vrai que Casaulx en ayant été averti, leur envoya deux chevaux, & leur fit ouvrir les portes sur la minuit. Cette désunion entre le Duc, & la Comtesse, rejouït extremement les Marseillois, & fit cesser l'aprehension, qu'ils avoient que cette Dame, qui étoit trespuissante dans la Ville, ne prit enfin résolution de la lui livrer.

CHAPITRE II.
Casaulx pour affermir sa tyrannie se fait élire Consul contre l'ordre du Reglement.

I. *Casaulx est élu premier Consul.* II. *Le Duc voulant r'avoir la Comtesse, surprend le Monastere St. Victor.* III. *Contre lequel la Ville fait joüer le canon.* IV. *Reddition de ce Monastere.* V. *Teneur de la lettre écrite au Sr. de Meolhon par le Duc.* VI. *On fortifie le Monastere St. Victor.* VII. *Le Sr. de Roquefort vient à Marseille, il loüe les Consuls.* VIII. *Qui envoient des Députés au Duc de Mayenne.* IX. *La Comtesse envoie secretement Besaudun au Sr. de de la Valete. Mort de ce Seigneur.* X. *Le Duc est contraint de quitter la Provence.* XI. *La Comtesse fait dessein d'aller en Languedoc pour conferer avec le Maréchal de Montmorency.* XII. *Casaulx établit un droit sur les marchandises qui entreront dans la Ville, il fait démolir les Fauxbourgs, & fortifier le Fort.* XIII. *Casaulx continuë en la Charge de Consul.* XIV. *Le Sr. de Lesdiguiere arrive en Provence, il prend quelques Villages.* XV. *Entreprise sur Marseille découverte.* XVI. *Arrivée de la Comtesse.* XVII. *Quelques-uns crient tout haut qu'il falloit chasser de la Ville la Comtesse, & Besaudun.* XVIII. *Elle en fait plainte à Casaulx.* XIX. *Qui se met dans une grande perplexité.* XX. *Il persuade à la Comtesse de sortir de la Ville.*

Tome I.   Pppp

HISTOIRE

XXI. Elle en sort avec Besaudun. XXII. Loüis Daix precede Casaulx. XXIII. Qui se fait confirmer dans l'exercice de sa Charge. XXIV. Il recherche les bonnes graces du Pape, & du Duc de Mayenne. XXV. Les Consuls écrivent à ce Seigneur.

I. NOUS avons vû au chapitre précedent que Casaulx jetta les fondemens de sa puissance tyrannique par la faveur de la Comtesse de Sault; mais voïant bien qu'il ne la pouvoit affermir tant qu'il demeureroit personne privée, parce que le peuple qui se paye d'aparence, & qui dans Marseille a grand respect pour les Officiers de police, se soûmet difficilement à ceux qui n'ont pas les marques exterieures de l'autorité, il fit tous ses efforts pour obtenir celle de premier Consul, & bien que dans les formes ordinaires, & selon le Reglement, dont nous avons parlé cy-dessus, il ne lui fut pas permis encore d'y prétendre, à cause que Pierre de Candole son beau-pere étoit du nombre des Conseillers, dans lequel le gendre & le beau-pere ne pouvoient pas avoir place en même tems, on trouva moïen de contenter sa passion, sans violer ouvertement la disposition de ce Reglement, car Candole y aïant renoncé par acte public, & sous le prétexte de sa vieillesse, Casaulx fut mis en sa place, & après élû premier Consul.

II. Cependant le Duc avoit un extrême déplaisir de l'évasion de la Comtesse, & aprehendoit, avec raison, le ressentiment d'une femme, dont la generosité lui étoit connuë, & qui sous les apparences d'un sexe fragile, cachoit un cœur de Lyon, & de fort hautes pensées: mais le lieu de sa retraite lui donnoit plus d'aprehension que tout le reste, & il n'ignoroit pas, qu'étant absoluë dans Marseille par le moïen de Casaulx, elle lui pouvoit susciter de grands orages dans la Province, où même elle avoit beaucoup d'amis & de créance. Ces considerations qui devoient obliger le Duc à ne rien entreprendre que bien à propos, le porterent néanmoins à des résolutions fort precipitées, & dont le succés lui fut extremement desavantageux, car pour obliger la Comtesse de sortir de Marseille, il fit en sorte que la Cour de Parlement donna contre elle un ajournement personnel, mais comme il faloit autre chose que du parchemin pour lui faire quitter une si seure retraite, le Duc n'emploïa cette voye, que pour interesser dans son ressentiment particulier le Parlement, & pour avoir un prétexte de venir à la force, croïant d'épouvanter les Marseillois, & de les porter à faire sortir la Comtesse de leur Ville. Il fit surprendre le Monastere S. Victor par le sieur de Meolhon, qui y entra par escalade, avec trois cens cuirasses le seziéme jour de Novembre environ la minuit.

III. Cette prise alarma chaudement toute la Ville, neanmoins Casaulx qui étoit entierement à la Comtesse, & qui vouloit tout hasarder, fit aussitôt monter six canons à l'Amiradour, lieu éminent & propre pour foudroyer les ennemis, après qu'on les auroit sommez de se retirer, & aïant assemblé les plus aparens de la Ville pour déliberer de cette affaire, de leur avis il députa vers Meolhon Jean Faudran, François Daix,

DE MARSEILLE. Liv. IX.

& Jean-Jacques Cordier, pour sçavoir de lui à quel sujet il avoit commis cét acte d'hostilité ; les Députez trouverent avec Meolhon les Conseillers Flotte, Vento & Villeneuve, & l'Avocat general de Laurens, qui leur declarerent qu'ils avoient été contraints pour soûtenir l'honneur de la Justice, d'en venir à la force, puis qu'on n'avoit pas voulu souffrir que les decrets du Parlement fussent executez ; les deputez repliquerent, que les Marseillois n'empêcheroient jamais le cours de la justice, pourvû qu'elle fut executée sans passion : mais que cette façon de proceder étoit trop violente, & que le Duc & la Cour y devoient avoir un peu mieux pensé, avant que d'en venir à cette extrémité. Aprés cela les députés leur dirent qu'ils avoient charge de les prier instamment de vuider le Monastere, qu'autrement ils feroient contrains, bien qu'à regrét, de faire joüer le canon, & de mettre tout en poudre : mais ils n'eurent autre réponse, si ce n'est qu'ils ne pouvoient quitter la place, que par le commandement du Duc & de la Cour ; les députés porterent cette parole aux Consuls, qui les renvoïerent par trois fois pour les sommer de sortir. Enfin Meolhon voïant la résolution des Marseillois, demanda délai jusques au lendemain, lequel étant échû sans qu'il fit semblant de déloger, les Marseillois élûrent douze Capitaines, & aprés la batterie commença de joüer, néanmoins on ne tira ce jour-là, que douze volées de canon : mais le lendemain une partie de la muraille du Monastere fut mise par terre, avec un corps de logis apellé l'Aumône, & la petite Chapelle S. Ferreol.

IV.

Les ennemis voians qu'on y alloit tout de bon envoïèrent un Trompette pour parlementer ; mais Casaulx ne voulut point écouter leurs propositions, & fit continuër la batterie plus fort que devant avec tant de chaleur, que le restant de la premiere muraille du Monastere fut rasé, & deux des plus belles cloches rompuës. Ce fut alors, que le fort Nôtre-Dame de la Garde, dont Meolhon étoit Gouverneur, commença de tirer contre la Ville ; toutefois avec fort peu d'effet, à cause que sa scituation est fort élevée. Le vingt-unième y aïant cessation d'armes d'un côté & d'autre, Etienne Gras Prieur de S. Victor envoïa prier les Consuls de lui permettre de venir conferer avec eux, ce qui lui aïant été accordé, il fut introduit dans la Ville, & leur fit des propositions qui furent fort facilement accordées, parce que Meolhon avoit reçû ordre du Duc de quitter la place, pourvû qu'elle demeurât entre les mains des Religieux. Aprés cela les ennemis abandonnerent le Monastere le même jour, & se retirerent sous la conduite du Comte de Carces, du Marquis de Trans, du Baron de Bar, des Comtes de Vincheguerre, & de Montruëil, qui y étoient entrés avec Meolhon. Voici la Lettre que le Duc écrivit sur ce sujet.

V.

Monsieur le Baron, aprés que le Comte de Montreüil m'a raporté l'état des affaires de delà, je suis allé au Palais pour communiquer le tout à Messieurs de la Cour, & par leur avis prendre une finale résolution, surquoi les choses bien débatuës, Nous avons trétous unanimement résolu, que pour demontrer au peuple de Marseille nôtre bonne intention en ceci, qui ne tend qu'à apuier & favoriser la Justice, &

prêter main forte que les Arrêts, & Ordonnances de la Cour soient exécutées, sans aucune autre passion ni prétention, quoique les malins leur puissent avoir figuré, & donné faussement entendre. Nous trouvons bon ce que ces Messieurs les députés & vous proprosates hier, de faire sortir les gens de guerre, qui sont à S. Victor, remettant le lieu entre les mains des Religieux, qui promettront de ne recevoir, ni de laisser entrer aucunes gens de guerre que ce soit. Et en outre qu'ils feront exécuter les Arrêts de la Cour, le tout pour éviter la ruine de l'Eglise, & les inconveniens qui s'en pourroient ensuivre au dommage d'icelle Ville, & s'il étoit possible d'avancer tant en cette affaire, nous trouverions fort bon, que le Monastere fut remis és mains & pouvoir du sieur de Roquefort, lequel avec les Religieux promettroient de le garder au nom de Monsieur le Duc de Mayenne, & des Princes de l'union, & de n'y laisser entrer personne, faisant exécuter les Arrêts, comme a été dit ci-dessus, ou bien nous nous contenterons que ledit Monastere soit remis entre les mains d'un des Consuls, pourvû qu'il ne soit à Casaulx; ou d'un des Prud'hommes avec les Religieux sous les promesses que dessus. En somme Nous désirons que les choses, s'il est possible, s'accommodent par la douceur pour les raisons susdites, & autres que vous sçavés trop mieux juger. Et nous assûrant que le tout réussira heureusement par vôtre sage & prudente conduite, ne vous ferons la présente plus longue, que pour vous dire que, ou cette voïe de la douceur ne puisse avoir lieu, après avoir tenté tous les moïens, ces Messieurs se pourront retirer à Aubagne, & laisser faire aux soldats, qui avec l'aide de Dieu se sçauront bien deffendre, & je m'aprocherai pour faire ce que conviendra, & sur ce faisant fin, je prierai Dieu, Monsieur le Baron vous donner en santé sa grace. D'Aix ce 20. Novembre 1591. Vôtre meilleur ami. EMANUEL.

VI. Après cét accord toutes les troupes se retirerent, & le soir on fit des feux de joïe dans la Ville; le lendemain qui étoit jour de Dimanche, il y eût Procession generale de tous les ordres, en laquelle assista la Comtesse de Sault conduite par le sieur de Crequi. Les Viguiers, & les Consuls porterent de flambeaux de cire blanche, entourés de laurier, & alors ils ordonnerent qu'il y auroit dans le Monastere une garnison de cent hommes, conduite par le Fils de Casaulx aux dépens de l'Abé, & pour cét effet on obligea Robert de Canigiani Gentilhomme Florentin d'en païer la solde, & les Fortifications encore qu'on fit faire à cette maison.

VII. Peu après le sieur de Roquefort qui étoit un Gentilhomme François, que le Duc de Mayenne avoit envoïé en ce païs, pour observer les actions du Duc de Savoïe, revint à Marseille, où il avoit été avant cette petite guerre, & dans l'Hôtel de Ville il loüa le Viguier, les Consuls & les Habitans de ce qu'ils s'étoient oposés au dessein du Duc de Savoïe, & les assura que le Duc de Mayenne en seroit très satisfait, cela fut confirmé par une lettre qu'ils reçurent de ce Prince, presqu'en même-tems, par laquelle il leur donnoit avis qu'il alloit faire lever le siége de Roüen, & les remercia des bons offices qu'ils avoient rendu à la Comtesse de

Sault

DE MARSEILLE. Liv. IX.

Sault & au sieur de Crequi, & leur témoigna qu'il étoit fâché de ce que le Duc de Savoïe leur avoit fait, qu'il lui en avoit écrit, & l'avoit prié de vivre avec eux en meilleure intelligence.

VIII. En ce même tems Besaudun, & Casaulx envoïerent des députés au Duc de Mayenne, afin d'obtenir de lui entre autres choses le rétablissement du Iuge-Mage à Marseille, qui auroit pouvoir de juger souverainement, c'étoit afin de se tirer de la Iurisdiction de la Cour de Parlement de Provence : les députés furent trés-bien reçûs de ce Prince, qui leur fit connoître qu'il trouvoit bon tout ce qu'ils avoient fait contre le Duc de Savoïe, & usa de ces termes *Dieu pardonne à son Altesse, il a gâté nos affaires.*

IX. Cependant la Comtesse envoïa secrétement à la Valete, le sieur de Besaudun, il partit de nuit de Marseille, & se jetta dans Pertuis sans être vû, le dessein pour lequel ce Gentilhomme fit ce voïage, n'étoit autre que de mettre la Ville de Marseille entre les mains du sieur de la Valete, le traité qu'ils firent ensemble pôrtoit que ce Seigneur lui assuroit au nom du Roi l'état de Viguier perpétuel de la Ville, & de Capitaine de la Porte Réale avec l'entretien de cinquante paies-mortes, le gouvernement du Château d'If, & de Nôtre-Dame de la Garde, ensemble deux cens cinquante mille écus d'Or, que le sieur de Besaudun prendroit sur l'entrée & sortie des Marchandises de la Ville, & cent cinquante mille écus païables par sa Majesté en certains tems, qu'on donneroit à Casaulx le gouvernement des Châteaux d'Yéres, & de Saint Tropés, & cinquante mille écus. Ce traité devoit être suivi du mariage du sieur de la Valete avec la Comtesse de Sault, mais l'exécution en aïant été différée à cause de l'entreprise que le sieur de la Valete avoit formé contre le Château de Nice, où étoit alors la femme du Duc de Savoïe, échoüa entiérement à cause de la mort de la Valete, qui fut tué peu après à Roquebrune, ce qui étonna extrêmement les bons serviteurs du Roi. La Comtesse de Sault, & Besaudun n'oserent pas témoigner leur affliction, & firent si bonne mine qu'ils aprouverent qu'on fit des feux de joïe dans Marseille, & une Procession generale, comme si on eût gagné quelque grande victoire.

X. La mort de la Valete releva le courage au Duc, qui avoit été bien abatu par le malheur qu'il eût d'avoir été mis en déroute, & batu devant Vinon ; néanmoins les affaires ne prospererent pas pour cela : car la plûpart des Villes de Provence lui tournerent le dos, en sorte qu'il fut contraint de se retirer.

XI. Peu avant le départ de ce Prince, la Comtesse de Sault projetta d'aller en Languedoc, pour conferer avec le Maréchal de Montmorency ; plusieurs de ses créatures tâcherent de la divertir de ce dessein, de peur qu'elle ne vint à donner des ombrages aux factieux de Marseille, ils lui representerent qu'encore bien qu'elle eût témoigné d'être en mauvaise intelligence avec le Duc de Savoïe, Elle avoit néanmoins grand interêt de faire voir qu'elle avoit toûjours ses inclinations pour la ligue, mais quoiqu'on sçût faire on ne la peut pas divertir, Elle s'assuroit tellement sur les obligations que Casaulx lui avoit, qu'elle s'imaginoit que

Tome I. Qqqq

cét homme ne l'abandonneroit jamais, & par ce moïen qu'il n'y avoit aucun dans Marseille qui la peut traverser, l'événement toutefois lui fit connoître qu'elle s'étoit trompée.

XII. En ce même tems il fut délibéré dans un Conseil, qu'on établiroit un droit pour une année d'un pour cent sur les Marchandises, tant des étrangers que de ceux de la Ville qui entreroient, & sortiroient à la reserve des grains, de l'argent & du betail ; Casaulx fit alors démolir tous les Fauxbourgs, & fit encore faire une barriere de paux au milieu, & tout le long du Port, pour être en plus grande seureté.

XIII. A peu de tems delà lorsqu'il falut faire l'élection des Officiers de Police, Casaulx qui avoit fini l'exércice de sa charge, fit semblant de la vouloir quitter ; mais l'Assesseur exposa au Conseil qu'il n'étoit pas à propos qu'il s'en démit, & pour le bien de la Ville, & pour la garantir des maux qui la menaçoient, qu'il étoit necessaire qu'il fut continué, puisqu'il avoit si bien conduit toutes les affaires, qui s'étoient présentées durant son année, qu'il avoit dissipé toutes les conjurations qui s'étoient formées contre la Ville, qu'on ne pouvoit mieux faire que de le réélire Consul encore ; au contraire Casaulx témoigna apparamment qu'il n'en étoit pas bien aise, & qu'il se contentoit de l'honneur qu'il avoit acquis dans l'exércice de cette charge ; mais les raisons de l'Assesseur joint au parti de sa Cabale le firent encore élire Consul ; & à la Place de ses Collegues on en mit d'autres.

XIV. En ce même tems on apella en Provence le Sr. de Lesdiguieres, pour être le Chef de ceux qui tenoient le parti du Roi, pendant que quelques-uns avoient député vers Sa Majesté Mesples & Escatavaques, pour la suplier de donner ce Gouvernement au Duc d'Espernon frere de la Valete. Lesdiguieres se rendit en Provence vers la fin de May, y assiegea & prit la Cadiére, Cuers, Signe, & autres Villages ; & delà voulant aller attaquer la Cieutat, contre laquelle il étoit animé, il en fut diverti par les prieres de la Ville de Marseille, qui l'avoit prise sous sa protection, & qui lui envoïa des députés pour ce sujet : il est vrai que la Cieutat fut obligée de païer vingt mille écus pour les frais de l'armée, le Sieur de Lesdiguieres traita gracieusement, & honorablement tous ceux qui se mirent sous la protection de Marseille, il le faisoit à dessein de porter la Ville à rejetter toutes les pratiques des étrangers, & à se ranger sous l'obeïssance de son Prince : Lesdiguieres aïant eu nouvelles que le Duc d'Espernon venoit en Provence pour y gouverner, se retira en Dauphiné. Ce nouveau Gouverneur emmena avec lui une armée de quatre mille cinq cens hommes de pied, de douze cens chevaux, & de trois cens carabins.

XV. Quelques mois avant l'arrivée de ce Seigneur, le Comte de Carces fit une entreprise sur Marseille, en haine de ce que Casaulx ne le vouloit point reconnoître, il consideroit qu'étant Chef des Ligueurs en Provence, cette Ville, qui est l'une des plus importantes lui étoit extrêmement necessaire pour l'avancement du parti, & pour cet effet il résolut de s'en rendre le Maître par surprise, lui étant impossible de le faire ouvertement, n'aïant pas assez de forces pour un si haut dessein ; l'execution devoit être favorisée de quelques-uns qu'il avoit pratiquez, mais l'entreprise fut découverte, & le cinquième Août vers la minuit, Casaulx en aïant été averti fit prendre les armes aux Habitans, & sur le point du jour fit sortir cinquante chevaux, & deux cens hommes de pied pour faire la découverte, ils rencontrerent à quatre ou cinq cens pas de la Ville trente ou quarante soldats, sept ou huit desquels étoient morts sur la place, & tellement rôtis & brûlez, que c'étoit chose hideuse à voir, les autres étoient encore en vie, mais toutesfois en mauvais état, & la plûpart estropiez. L'on n'eut pas beaucoup de peine à leur faire dire de quelle maniere cela étoit arrivé, & ils avoüerent que leur troupe composée de deux cens mousquetaires des plus déterminez, choisis sur six mille, avoient été mis en embuscade dans un petit clos ou ravelin, au quartier de Montiusieu, à cinq cens pas de Marseille sous la conduite du sieur de S. Roman, avec ordre de donner à la porte d'Aix sur les cinq heures du matin, & qu'ils seroient soûtenus par mille hommes de pied, & cinq cens chevaux, conduits par le Comte de Garons, accompagné du Marquis de Trans, du Comte de Suze, & de Grosses, mais qu'à trois heures après minuit leur Capitaine leur faisant distribuer les poudres, le feu s'étoit pris dans la caque par mégarde, en telle sorte que plus de cinquante soldats avoient été brûlez, & le reste s'étoit mis en fuite.

XVI. Peu de jours après cette entreprise, la Comtesse de Sault arriva à Marseille avec la Galere du Duc de Montmorency, elle y fut tres-bien reçüe par Besaudun & par Casaulx, mais non pas des factieux qui firent aussi-tôt dessein de la décréditer dans l'esprit du peuple, à qui ils travailloient d'imprimer cette créance, qu'elle n'étoit allée en Languedoc que pour remettre Marseille entre les mains du Duc de Montmorency, & après y introduire les Huguenots. Ces artifices sembloient avoir quelque vrai-semblance, à cause que les domestiques de la Comtesse parloient ouvertement en faveur du Roi, & d'ailleurs elle disoit aussi tout haut, qu'elle avoit veu en Languedoc le Duc d'Espernon qui étoit brave & galant, que ses troupes étoient belles, & que ce Seigneur donnoit de bonnes esperances de profiter au Païs.

XVII. Ces bruits qu'on sema par toute la Ville, décrediterent de telle sorte cette Dame, que plusieurs eurent le courage de dire hautement qu'il la faloit chasser avec Besaudun, & il y en eût même qui crierent en pleine Loge, *foüere Monsieur, foüere Madame, Huguenots & Bigarrats, & qui a parlé d'Espernon.*

XVIII. La Comtesse fut extrêmement étonnée de se voir traitée de la sorte, elle en fit des plaintes à Casaulx, & lui remontra que le voïage qu'elle avoit fait, avoit été de son mouvement, le conjura de se ressouvenir des obligations qu'il lui avoit, & de croire qu'il auroit toûjours la meilleure part en sa fortune.

XIX. Ces discours jetterent tant de confusions dans l'esprit de Casaulx, qu'il ne sçavoit à quoi se resoudre, car d'un côté la memoire des bienfaits qu'il avoit reçû de cette Dame, lui attendrissoit le cœur, mais d'autre part il apprehendoit de déplaire aux seditieux, & de les rendre ses ennemis.

XX. Loüis Daix qui en étoit le Chef nourrissoit ce desordre dans cette pensée qu'aprés que Besaudun seroit chassé, il auroit droit de commander comme étant Lieutenant de Viguier, si bien que pour venir à bout de son dessein, il exposa à Casaulx que s'il ne se laissoit vaincre il perdroit tous ses amis, & s'il donnoit les mains à chasser la Comtesse & Besaudun, il n'y auroit qu'eux deux tant seulement qui fussent les maîtres de la Ville; enfin l'ambition l'emporta sur le devoir & sur la justice, tellement que Casaulx conseilla à la Comtesse & à Besaudun de se retirer, & de ceder à la force, que c'étoit toutefois à son grand regret, mais qu'il ne lui étoit pas possible de l'empécher à moins que de se perdre.

XXI. La Comtesse & Besaudun arrétérent encore quelques jours dans la Ville, sous esperance qu'ils avoient que cét orage calmeroit, mais voïant qu'il se faisoit toûjours plus grand, & même que plusieurs de ceux du parti de Savoie avoient été chassés de la Ville, y revenoient & paroissoient en armes, ils résolurent d'en sortir; ils s'embarquerent donc sur l'entrée de la nuit, & firent voile vers Toulon, où à leur arrivée ils furent tres-bien reçûs du Duc d'Espernon, qui donna une Compagnie de cent chevaux legers à Besaudun.

XXII. Loüis Daix & Casaulx demeurerent par ce moïen les maîtres, celui-là precedoit son compagnon, à cause qu'il portoit le bâton de Viguier, toutefois il lui déferoit beaucoup, mais nous verrons ci-aprés que Loüis Daix l'emporta quelques fois sur lui.

XXIII L'année du Consulat de Casaulx étant expirée, il ne voulut pas déposer cette autorité qu'il s'étoit acquise avec violence, & aïant levé tout à fait le masque, il se fit aisément confirmer dans cette charge, contre l'expresse disposition des Reglemens, observés inviolablement jusques alors dans Marseille: mais aprés avoir fait ce passedroit pour sa propre personne, il en voulut encore faire un autre en faveur de Gaspar Seguin qu'il associa au Consulat, bien que depuis un an tant seulement il fut sorti du Conseil, qu'il n'y dût entrer que de deux ans, néanmoins sans avoir égard au Reglement, il le fit élire son dernier Collegue.

XXIV. Casaulx cependant pour mieux établir sa puissance, & l'affermir sur de solides fondemens, tâcha de gagner le cœur de Clement VIII. qui avoit été élevé depuis peu au Pontificat, lui témoignant par ses lettres qu'il n'avoit autre intention que de conserver cette Ville en la Religion Catholique, & d'empécher qu'elle ne tombât entre les mains des heretiques, il en fit autant envers le Duc de Mayenne, auquel il renouvelloit de tems en tems les offres de son obéïssance, & les protestations de vouloir vivre & mourir dans la sainte union. Sa Sainteté & le Duc selon l'humeur ordinaire des grands, qui sont bien aises d'entretenir commerce & amitié avec ceux qui ont en main quelque Place importante, & dont ils peuvent tirer de l'utilité pour leurs affaires, lui firent cét honneur que de répondre à ses lettres en des termes gracieux & obligeans: & même le Duc de Mayenne le convia particulierement de vouloir envoïer ses députés à l'Assemblée des Etats Generaux de la ligue, qu'on devoit tenir à Paris: ce que Casaulx ne manqua point de faire

faire, aïant fait député par le Conseil Iean de Paulo le plus ancien Chanoine de l'Eglise Majeur, Cosme Deidier Assesseur, & Iean-Iacques Cordier; de Paulo mourut en chemin, Deidier s'en revint, & Cordier assista aux Etats, où se trouva aussi le député de la Ville d'Arles, qui eût séance après les députés de la Ville de Marseille, ensuite du jugement rendu par le corps de la Noblesse assemblé aux deux Etats.

Archives de l'Hôtel de Ville.

XXV. Les députés ne furent pas plûtôt arrivés à Paris, que Casaulx & ses Collegues leur donnerent nouvelles, qu'ils avoient fait sçavoir l'état de leur Ville au Duc de Mayenne, à qui ils avoient écrit, & l'avoient prié de les favoriser de deux lettres, l'une pour obtenir du Duc de Savoïe qu'il ne prît plus leur betail & leurs vivres, pour les envoïer à Berre, que ce Prince tenoit sous sa main; & l'autre pour faire connoître à la Ville d'Arles, qu'elle ne faisoit pas bien d'empêcher le passage des barques chargées de bled, qui alloient à Marseille; qu'elle se devoit ressouvenir des bons offices, que les Marseillois lui avoient rendu, lorsqu'ils leur avoient donné secours au tems que les ennemis de la ligue la tenoient assiégée; que bien loin de les païer d'ingratitude, ils devoient demeurer bien unis, afin de se conserver dans la sainte union, état & Couronne de France; les députés furent chargés expressément de travailler envers ce Prince, afin qu'il leur écrivît de quinze en quinze jours, pour montrer ces lettres au peuple, & l'entretenir par ce moïen: ce fut en cette députation que Cordier obtint plusieurs beaux Priviléges pour cette Ville, entre autres l'établissement d'un grenier à Sel, à cause que Marseille étoit obligée d'en aller prendre ailleurs; que les Consulats pour la nation Françoise aux païs étrangers, ne seroient exércés que par des Marseillois, à la nomination des Consuls de la Ville; que les Consuls pour fait de Police pourroient condamner les contrevenans à l'amende de quinze livres pour chaque fois, au lieu de cent sols dont leur pouvoir étoit limité.

CHAPITRE III.
Etat de la Ville de Marseille sous la puissance des Duumvirs.

I. Les Consuls envoient des Députés au Duc d'Espernon, qui les reçoit fort mal. Il prend Aubagne, Oriol & autres petites Places. II. Il entreprend de se rendre Maître de Marseille, mais en vain. III. Casaulx soubçonné d'être d'intelligence avec lui. IV. Alarme donnée au peuple. V. Grande disette de vivres. VI. Le fort de la Garde avituaillé. VII. Le Duc de Savoïe écrit aux Marseillois. VIII. Conjuration contre les Duumvirs découverte, coûte la vie à ceux qui l'exécutoient. IX. Entreprise sur Saint Marcel. X. Chambre Souveraine à Marseille. XI. Amurat. III. Empereur des Turcs envoïe deux Capigis aux Marseillois. XII. Assemblée des Partisans

Tome I. Rrrr

de la ligue. XIII. *Les Duumvirs usent d'artifice pour avoir de l'argent.* XIV. *Le Duc d'Espernon s'ajuste avec les Marseillois.* XV. *le sieur de Lasin vient en Provence.* XVI. *Fort de la Garde surpris.* XVII. *Quelques-uns sont obligés de se rendre, & de sortir de la Forteresse.* XVIII. *Mort de Tornatoris.* XIX. *Le fort de la Garde & le Monastere S. Victor remis aux Fils de Casaulx, & au beaufrere de Louis Daix.* XX. *Droits imposés sur le commerce.* XXI. *Autre conjuration contre les Duumvirs ; qui chassent les femmes & les enfans des principaux de la Ville, & font emprisonner la Dame de Mirabeau.* XXII. *Le Duc d'Espernon écrit aux Duumvirs, qui ne tiennent point compte de ses lettres.* XXIII. *Ils administrent la Justice.* XXIV. *Louis Daix fait couper les oreilles au Trompete du sieur de Fresnos.*

I.　LE Duc d'Espernon offensé de ce que les Marseillois ne lui avoient pas rendu leurs devoirs à son arrivée en Provence, fit arrêter à Toulon un Vaisseau de Marseille, ceux qui y avoient interêt n'en eurent pas plûtôt appris la nouvelle, qu'ils priérent Casaulx de vouloir députer au Gouverneur, pour en obtenir le relaxement ; la chose fut fort débatuë ; & n'eût été que les interessés étoient fort confidens de Casaulx, ils n'en seroient pas venus à bout ; enfin la députation fut résoluë, mais sous cette condition que les lettres qu'on écriroit au Duc d'Espernon ne contiendroient aucune soûmission, & qu'on parleroit du pair sans user de ce mot de serviteur ; les députés donc s'acheminerent vers le Duc, qui les reçut d'abord fort mal, il lût tout haut les lettres des Consuls, & trouvant au dessous les mots suivans *vos bons amis les Consuls de Marseille* ; il se prit à rire, & dit à toute l'assemblée ; *j'ai bien dequoi me réjouïr, puisque j'ai des bons amis dans Marseille.* Cette raillerie fut suivie de quelques paroles piquantes, qui étonnerent fort les députes, mais en particulier il leur parla en des termes plus doux, & leur remontra que les Consuls de Marseille ne prenoient pas bien leurs mesures, qu'ils devoient considerer que leur Ville n'étoit pas République comme Genes, & Venise, qu'elle étoit membre de la Couronne ; & que si elle ne vouloit encore reconnoître le Roi, qu'aumoins ils ne devoient pas manquer de donner satisfaction ; à ceux qui leur étoient envoïés de sa part ; & se conserver en attendant la fin des guerres ; que si les Marseillois se déterminoient à ne favoriser pas la ligue, qu'il les aimeroit, & prendroit un soin particulier pour leur conservation, qu'il fairoit réponse aux Consuls, & qu'il relaxeroit le Vaisseau : pendant cette negociation ; le Vaisseau étant mal gardé, se prévalut du beau tems, fit voile, & s'enfuit en cette Ville. Le Duc en demeura tellement offensé qu'il délibera de se venger de Marseille ; ce n'étoit pas la seule Ville à qui il en vouloit, il étoit aigri contre Aix ; & contre quelques autres Villes de consideration ; mais parce qu'il n'avoit pas assés de force pour les attaquer ouvertement, il se contenta de les incommoder par la prise des petites Places voisines : en effet avant que faire dessein sur Marseille ; il se saisit d'Aubagne, d'Oriol, de Roquevaire, d'Alauch, & de quel-

DE MARSEILLE. Liv. IX. 403

ques autres Bourgs, dont les Habitans pour la plûpart avoient été contrains d'abandonner leurs maisons, & de prendre retraitte dans Marseille, où l'on faisoit compte de prés de dix mille refugiés. Ce qui incommoda davantage le païs circonvoisin, c'est que s'étant rendu maître de ces petites places, il envoia sa Cavalerie à la petite guerre sur les avenuës, qui s'avançoit quelques fois si avant, que le huitiéme Avril trois cens chevaux coururent jusques à la plaine de Saint Michel, où ils enleverent quelques personnes & du betail, qu'ils emmenérent à Aubagne.

L'an de Christ 1595.

II.

Cependant que le Duc d'Espernon étoit aux environs de Marseille, il fit une entreprise pour la surprendre, & s'y achemina la nuit du douziéme du même mois, accompagné de douze cens cuirasses, & de deux mille hommes de pied, étant arrivé à trois heures de matin à la porte d'Aix, il y fit joüer le petard qui l'enfonça, & par ce moïen lui donna l'entrée dans le Ravelin, aprés il en fit mettre un autre à la derniere porte, qui ne fit pas son ouverture si heureusement que le premier; car à peine un homme y pouvoit entrer de front. Besaudun à qui Casaulx avoit tourné le dos, comme nous avons veu, le Baron de Cauvisson, le Chevalier de Buous, & le Cadet de Mairargues, étoient ceux qui l'avoient apliqué, le Duc qui étoit avec eux demanda aussitôt un autre petard, pour briser entierement la porte, mais on ne le sçût trouver à l'heure même; si bien que l'entreprise fut rompuë; elle auroit reüssi fort facilement, n'y aïant que quinze hommes de garde sur les murailles; qui même ne firent pas leur devoir, un seul d'entr'eux aïant tiré son mousquet, & l'autre s'étant mis en devoir de faire le même sans aucun effet. Le Duc néanmoins fut contraint de se retirer, & prendre la route d'Aubagne, prévoïant bien ce qui arriva; car les Habitans qui avoient pris l'alarme sur le bruit du petard, & couru aux armes en même-tems, se mirent en état de lui resister: les troupes du Duc en se retirant, laisserent dans le terroir des marques du dépit qu'elles avoient conçû pour le mauvais succez de cette entreprise, & de la cruauté qu'on avoit preparée selon le bruit commun contre la Ville & les Habitans, si elle eût réüssi.

III.

Casaulx fut pour lors soupçonné d'être d'intelligence avec le Duc d'Espernon, & le bruit courut que son frere (qui dépendoit en quelque façon de luy, à cause qu'il commandoit une compagnie de la Garnison de Metz) l'avoit pratiqué; & qu'il étoit venu expressément de la part du Roi dans Marseille, où il étoit lors de cette entreprise. Par ce moïen Loüis Daix, qui jusques en ce tems-là n'avoit pas eu tant d'autorité, se servant de l'occasion, commença d'accroître son pouvoir pardessus celui de son compagnon, animant secretement le peuple contre Casaulx, & ouvertement contre son frere; qui de crainte d'être mal traité fut contraint de vuider la Ville. Aprés qu'il en fut parti Casaulx n'eut pas peu de peine d'effacer tous ces ombrages; mais comme il étoit patient & adroit, il recouuvra dans peu de tems sa premiere autorité. Le sieur de Brantosme dit que l'entreprise que ce Seigneur fit sur Marseille, fut attribuée à vanité par quantité de gens qui étoient alors à la Cour, puis qu'il avoit eu le courage de faire dessein avec si peu de force, de prendre une Ville qui du tems des Romains, & pendant les siecles suivans étoit reputée la plus renommée, & la plus forte Ville des Gaules; Que Charles de Bourbon, le Marquis de Pescaire, & Charles Quint n'avoient pû prendre; ce sont presque les mêmes paroles de cét Auteur; d'autres disoient qu'il en auroit été le maître, si le petard s'y fut trouvé.

Memoires de Brantosme en la Ville du Duc d'Espernon.

IV. Quoyque ce Seigneur eut failli son coup, il ne desespera pas toutesfois de pouvoir encore surprendre Marseille, & son armée, qui ne bougeoit des Bourgs circonvoisins, faisoit incessamment des courses sur le terroir des Marseillois; le voisinage de ces troupes obligea les Duumvirs à se tenir sur leurs gardes; & pour cét effet ils firent reparer les murailles, dresserent deux Compagnies de chevaux legers, & quatre de gens à pied, composées de cent hommes chacune, pour faire la découverte hors la Ville, & pour la seureté de ceux qui étoient contraints d'aller aux champs, soit pour faire dépaître leur bétail, soit pour les autres necessitez de leur ménage. Et neanmoins pour connoitre si le peuple dans une occasion se porteroit genereusement à la défense de la Ville, ils lui firent donner l'alarme en plein jour à l'heure de Vépres, & firent courir le bruit que l'ennemi s'étoit rendu le maître de la porte Roiale; & à l'instant une si grande quantité d'Habitans coururent aux armes, qu'on fit compte de plus de vingt mille hommes, qui témoignerent être résolus de se bien défendre.

V. Cependant la Ville se trouva dans une grande disette de vivres, n'y étant pas entré un grain de bled, ni par terre, ni par mer depuis le mois de Février; de sorte que le menu peuple fut contraint de se sustenter du ris, legumes, chataignes seiches, carrouges & autres fruits, qu'ils trouverent dans les magasins; plusieurs firent du pain du grain de millet, & de canarie, de vesses, orobes, ers, & autres, & le pain de froment étoit si rare, qu'à peine pouvoit-on empêcher que les pauvres gens ne le ravissent des mains de ceux qui le portoient, en sortant du four. Toutesfois en cette occasion la Ville de Marseille a fait experience d'une chose assez rémarquable, & éprouvé qu'en cas de siege ou de famine, quand même elle seroit dépourvûë de bled, on trouvera toûjours dans les boutiques & magasins, de legumes & grains de cette sorte, pour nourrir le peuple durant quatre mois.

VI. Pour remedier à cette necessité publique, Casaulx avoit envoié à Ligourne un Galion pour charger du bled, mais pour comble de disgrace, il fut pris aux Isles d'Yeres par deux Galeres des Turcs, ce qui obligea les Consuls d'offrir deux mille écus à ces Corsaires, pour leur faire lâcher ce Vaisseau; ces Barbares consentirent facilement à cette offre, & par ce moien ce bled fut porté à Marseille, ce ne fut pas toutesfois sans danger, car il courut encore hasard de tomber entre les mains de 19. galeres qui lui donnerent la chasse; mais il échapa enfin à la faveur du vent.

VII. En ce même-tems deux Galeres de Savoie, que le Duc envoioit pour ravitiailler le Fort Nôtre Dame de la Garde, aborderent aux Isles de Marseille, & bien que Meolhon qui y commandoit, ne fut pas en bonne ne intelligence avec la Ville, neanmoins on permit que toutes les munitions de guerre & de bouche qu'on avoit déchargé des Galeres, fussent portées dans la Forteresse. Le Duc prit cette occasion pour écrire aux Consuls de Marseille, leur témoignant le contentement qu'il recevoit de les voir perseverer dans le parti de la ligue, & particulierement de ce qu'ils s'étoient opozez au dessein du Duc d'Espernon, il joignit aussi les offres de les assister de tout son pouvoir.

VIII. Nous avons veu au chapitre précedent, comme le Comte de Carces s'efforça de se rendre maître de Marseille, en haine de ce que Casaulx qui lui étoit extremement obligé, ne l'avoit pas voulu reconnoître. Et bien que son entreprise n'eut pas réussi, il gardoit neanmoins toûjours dans son coeur tant de ressentiment, contre l'ingratitude de ce tiranneau qu'il ne pensoit d'ordinaire qu'aux moiens, ou de lui enlever cette bonne Ville, ou d'en dépêcher le monde. Pour cét effet, quatre Marseillois qu'il avoit attirez à son parti, s'embusquerent la veille de la fête Dieu dans un magasin d'une maison qui regardoit la place neuve, ils avoient dessein de décharger leurs arquebuses sur Daix & Casaulx, à mesure qu'ils se promeneroient sur ladite place, suivant leur coûtume: mais Dieu qui les reservoit à un autre tems, permit qu'ils fussent avertis de toute cette trame; si bien que ces conjurez furent aussitôt attaquez par leurs satellites, & après avoir défendu leurs vies durant quelque tems, & lâché leurs arquebuses; dont Iean d'Altovitis Gentilhomme de Marseille cousin germain de Casaulx fut tué, & quelques autres blessez, ou taillez en pieces. Cette conjuration jetta tant de fraieur dans l'ame de Daix & de Casaulx, que pour épouventer le monde, ils firent mettre sur la place neuve les cadavres nûs de ces pauvres gens, sanglans & percés de mille coups, & les y laisserent tout le lendemain, & même pendant qu'on faisoit la Procession generale, cét éfroiable objet de leur vengence étoit un spectacle d'horreur, qui faisoit fremir tous les gens de bien.

IX. Le Duc d'Espernon après avoir failli de prendre Marseille par surprise, résolut d'emporter la Ville d'Aix à force ouverte; pour cét effet il s'y alla camper avec son armée; mais ce second dessein n'eut pas meilleur succez que le premier. Pendant qu'il assiegeoit cette Ville, le sieur de Boyer qui avoit eu ordre de se saisir de Saint Marcel, où il y avoit un Fort avec une Garnison commandée par le Capitaine Carbonel, y alla mettre le petard, suivi de cinquante cuirasses & de deux cens Mousquetaires, ceux qui avoient commandement de l'apliquer, le firent avec tant d'imprudence, que le feu se prit à six autres petards qu'ils avoient portez pour s'en vouloir servir en cas de besoin; ce qui fit un tel ravage que dix soldats y perdirent la vie, & il y en eut plus de quarante de blessez. Nonobstant cela Boïer ne laissa pas de s'avancer dans le Ravelin avec le reste de ses gens: mais Carbonel éveillé par le bruit du petard, le chargea si vertement, qu'il le contraignit de sortir, & de se retirer.

X. Après la trêve des Etats generaux de la ligue, le Duc de Mayenne envoia à Marseille Pierre de Masparraute maître des Requêtes ordinaires de son Hôtel, sous pretexte d'y établir une Chambre souveraine ; mais son veritable dessein étoit de se servir de lui pour reduire la Ville en l'obeïssance du Roi, & afin de traiter sous des conditions plus avantageuses, aïant en main une Ville de telle importance. Il arriva en Provence accompagné des Députez de Marseille, qui s'étoient trouvez à l'assemblée, & qui portoient au Viguier, & au Consul des Lettres patentes, par lesquelles il leur étoit permis d'avoir chacun une compagnie de gens de cheval, & une de gens de pied, & de faire encore construire de Galeres. Masparraute fut arrêté à Aix par la Cour de Parlement, qui s'étoit déja rangée au devoir par l'entremise du Comte de Carces; mais l'aïant informée du sujet de son voïage, il fut relâché, & s'en vint à Marseille le 19. Janvier, où il fut receu en qualité de President en pleine assemblée. Il rendit à Daix & à Casaulx une lettre du Duc de Mayenne, par laquelle il leur marquoit qu'il étoit recherché de traiter avec le Roi, toutesfois qu'il ne concluroit rien, que ce ne fut de leur consentement, & de tous ceux de l'union.

An de Christ 1594.

XI. Mais quelques aparens respects que Casaulx rendit à Masparraute, il ne laissa pas d'entrer dans de grandes ménaces, & de veiller sur ses actions, connoissant bien qu'il n'étoit venu que pour les avantages particuliers du Duc de Mayenne, & pour disposer les Habitans à dépendre de lui, soit qu'il voulut perseverer dans l'union, ou qu'il fit dessein de se reduire à l'obeïssance du Roi, à laquelle les Marseillois étoient même exhortez par Amurat III. Empereur des Turcs, qui envoïa pour lors deux Capigis de la Porte, avec une lettre adressée aux Consuls, & aux principaux de la Ville, par laquelle il les invitoit de reconnoître le Roi pour leur vrai, naturel & legitime Prince, autrement que toutes leurs facultez & marchandises qui se trouveroient, soit dans l'étenduë de son Empire, ou sur la mer seroient confisquées, & les personnes mises à la chaîne. Voici la teneur de la lettre.

AUX VALEUREUX, ENTRE LES SEIGNEVRS DE LA NATION DU MESSIE IESVS, LES CONSULS ET APPARENS DE LA CITÉ DE MARSEILLE.

ARrivé que sera l'excelse & Imperial nôtre Seing, vous sera notoire que étant par cy-devant mort l'Empereur de France, & n'y aïant aucun plus proche de sa Couronne que le Roi de Navarre, à present Empereur de France lui a succedé à l'Empire, & neanmoins vous n'avez donné obeïssance & inclination à lui vôtre maitre, ains avez été obstinez, & en mauvaise opinion, & même avez été unis avec ses ennemis & les nôtres. C'est pourquoi les Leventis & autres Corsaires par tous les endroits où ils ont trouvé vos Vaisseaux les ont endommagez, & fait esclaves ceux qui vous appartenoient. Et aïant entendu qu'encore jusques à maintenant vous continuez en sinistre opinion & rebellion, ne rendant à votre maitre l'obeïssance & hommage que lui devez, ains êtes en guerre continuelle avec ses armées, nous vous invitons, & neanmoins enjoignons qu'étant arrivez les valeureux entre

DE MARSEILLE Liv. IX. 408

leurs semblables, Mehemet, & Mustafa Capigis de vôtre sublime porte vous incliviez, vos chefs, & rendiez obeïssance au magnanime entre les grands & tres puissans Seigneurs de la nation de Jesus, Henry Roi de Navarre, & à present Empereur de France, comme avez fait aux autres ses predecesseurs Empereurs. Et cas advenant que vous demeuriez en votre sinistre obstination, tant en nos regnes Imperiaux, que par la mer universelle, où se trouveront de vos Vaisseaux, hommes & facultez seront confisquées, & lesdits hommes faits esclaves sans aucune remission. Et pour nous émouvoir à compassion de vous, votre tres heureux Empereur, nous a plusieurs fois priez, & écrit en votre consideration, qu'il ne vous fut fait ni donné aucun trouble ni empêchement en vôtre trafic, mais que joüissiez paisiblement dá l'ombre de votre faveur selon nos desirs. Pourquoi si cette fois pour toutes, ne lui soyez fidelles & obeïssans, pour jamais ne ferons difference de vous à nos plus grands ennemis, & sçachez, que ne pourrez éviter un grand & amer châtiment. Aiant cependant concedé & accordé à l'Ambassadeur de France resident prés nous, nos tres-hauts & sublimes commandemens que portent nosdits Capigis ; à celle fin que vous autres rendans obeïssance & fidelité à vôtre tres-heureux Empereur, ils fussent par toute la Barbarie, & autres lieux de nôtre Empire, délivrer & mettre en liberté vos esclaves, & rendre toute vôtre faculté, & que de nôtre tems florissant vous puissiez trafiquer seurement comme d'ancienneté, sans qu'il vous soit fait ou donné aucun trouble ni empêchement par toute nôtre domination ; ains au contraire qu'alliez, veniez, & sejourniez en toute seureté sur la bonne foy, paches & conventions, & de ce ne doutez aucunement. & à mon sacré seing prestez entiere Foi. Ecrite en nôtre Imperiale Cité de Constantinople, aux premiers jours de la Lune sainte de Ramazan l'an mille & uniéme.

XII. Mais tant s'en faut que cette lettre obligeât les Duumvirs à se reduire sous l'obeïssance de Sa Majesté, qu'au contraire ils témoignerent d'y avoir moins d'inclination que devant. Et en effet ils convoquerent à Marseille une assemblée, où se trouverent tous ceux qui restoient des partisans de la ligue dans la Province, sçavoir le Sieur de Genebrard Archevêque d'Aix, le Comte de Suze, S. Roman, Alexandre Viselli, les Consuls d'Arles, du Martigues, de Salon, & de Berre, entre lesquels l'union fut encore unanimement concluë & jurée.

XIII. Aprés cela les Duumvirs ne penserent à autre chose qu'à se maintenir dans leurs autoritéz par toute sorte de voïes quelques violentes qu'elles fussent ; en effet se voïant dépourvûs d'argent, ils se servirent de l'artifice suivant pour en avoir, ils manderent appeller dix ou douze personnes des plus riches de la Ville, & leur firent accroire qu'ils le convioient à un Batême, mais comme ils faisoient semblant d'y aller, & qu'ils furent au devant du Palais, ils les firent entrer en prison où ils demeurerent environ un mois sans qu'on sçût la cause de leur detention ; enfin on leur déclara qu'on n'en vouloit qu'à leurs bourses, on les taxa donc à des grandes sommes, & à leur refus on les fit mettre dans de cachots, & si mal traiter que pour se tirer de cette opression, ils furent contraints de composer : les uns païerent quatre mille écus, les autres trois mille, & il y en eût qui donnerent moins.

XIV. Peu après le Duc d'Espernon qui avoit des grandes affaires à démêler en Provence, parce qu'il avoit en tête le Parlement, le Comte de Carcès & quantité de Noblesse, désira de s'ajuster avec Marseille, pour fortifier son parti contre cette puissance qui lui donnoit de la peine : ses adversaires firent aussi la même chose avec un pareil dessein, si bien que les Duumvirs étoient recherchés, & par les uns & par les autres : mais ils crurent qu'ils devoient preferer le Duc d'Espernon qui sembloit avoir le dessus, à cause du fort qu'il avoit fait construire devant la Ville d'Aix pour tâcher de s'en rendre le maître.

XV. C'étoit en ce tems que le sieur de Lasin arriva en Provence par ordre du Roi ; il avoit commission de terminer les differens qui étoient entre ceux qui s'avoüoient serviteurs du Roi, & comme ce Seigneur eût pris possession du fort qui étoit devant Aix, il désira d'aller à Toulon, il se vint embarquer secrétement aux mers de Marseille du côté de Séon pour passer au Château d'If, afin d'épier les actions des Duumvirs, qui aïant eu nouvelles de son embarquement firent sortir de Marseille une Galere qui lui donna la chasse : mais comme la fregate sur laquelle montoit le sieur de Lasin avoit trop d'avantage, aussi elle gagna bientôt le Château. Masparraute se servit de cette occasion pour le mander visiter secrétement, & lui témoigna qu'il n'avoit autre intention que de servir le Roi dans Marseille, mais il désiroit qu'on l'asseurât que les biens qu'il avoit à Paris lui seroient conservés : le sieur de Lasin lui accorda tout, lui promit de lui faire fournir trois cens écus tous les mois pour gagner les cœurs des mauvais garçons de Marseille, mais cela n'eût point d'effet.

XVI. Cependant Casaulx voïant que le fort Nôtre-Dame de la Garde lui étoit extrêmement necessaire, fit dessein de l'enlever à Meolhon, qui avoit autrefois commis la direction de cette place sous le titre de son Lieutenant à un Prêtre nommé Tornatoris Prieur de Saint Laurens homme déterminé, mais depuis quelque tems, soit qu'il ne fut pas satisfait de sa conduite, ou qu'il eût conçû des ombrages contre lui, ou même pour faire connoître au Duc de Savoïe, qu'il vouloit dépendre entierement de lui, il fit entrer dans la Place un Savoïar à qui il fit épouser une sienne sœur bâtarde, & lui mit en main toute l'autorité en son absence, l'aïant rendu le plus fort, & n'aïant laissé que l'ombre du pouvoir, & le nom de Lieutenant à Tornatoris ; ce Prêtre extrêmement ulceré de se voir déchû de ce qu'il avoit été autrefois, prit résolution de se rendre maître de la Place, étant favorisé de Casaulx, avec qui il avoit formé l'intelligence de son dessein, & pour en venir à bout il le communiqua à un Prêtre nommé Trabuc, à un affidé de Casaulx, & à un soldat, il se servit aussi d'un Prêtre des Accoules nommé Cabot, non pas qu'il le crût propre à tirer l'épée, mais parce qu'il le jugeoit utile à l'acheminement de l'entreprise, à cause qu'il alloit d'ordinaire dire la Messe en l'Eglise de la forteresse. Tornatoris donc se conduisit de

la

DE MARSEILLE. Liv. IX. 410

la sorte le jour qu'il avoit choisi pour l'exécution, Trabuc & Cabot se presenterent pour dire la Messe. L'affidé de Casaulx, & le soldat arriverent peu aprés portant du muscat, & du poisson pour dîner, disoient-ils, avec Tornatoris.

XVII. Comme aussitôt qu'on leur eût donné l'entrée dans la forteresse, ils remarquerent exactement la contenance du Savoïar, & de ses gens. Trabuc cependant qui portoit une cuirasse sous sa soûtane, dit la Messe, elle fut servie par Cabot, & aprés les deux Prêtres entrerent aussi dans ladite forteresse, & Cabot se retira à la chambre des armes, afin d'en empêcher l'entrée au Savoïar, & à ses gens; en même tems, Tornatoris & ceux de sa cabale se saisirent des pertuisanes qu'ils y trouverent, & chargerent le Capitaine Savoïar qui se deffendit bien durant quelque tems, ensorte que Tornatoris & l'affidé de Casaulx furent blessés, mais Trabuc se porta avec tant de valeur & de generosité, qu'enfin le Savoïar fut tué & quelques-uns des siens, & les autres furent contraints de se rendre, & de sortir de la forteresse.

XVIII. Tornatoris qui crût alors d'être le maître absolu, se va mettre sur un lit pour se reposer & se faire penser, mais voici des terribles Chirurgiens: Trabuc, & l'affidé de Casaulx se jetterent sur lui & l'assassinerent, afin d'être seuls les maîtres de la Place, & que personne qu'eux ne fut recompensé; ils éleverent aprés la banierre, & tirerent un coup de canon qui étoit le signe qui avoit été arrêté entre eux & Casaulx, afin de l'obliger à venir prendre possession de la forteresse.

XIX. Casaulx résolut aussitôt de s'y acheminer, & parce qu'il n'avoit pas communiqué son dessein à Loüis Daix, il ne fut pas peu en peine de lui en faire l'ouverture, de peur de lui donner de la jalousie; enfin avant que monter à Nôtre-Dame de la Garde, il lui déclara toute l'affaire, & quoique Loüis Daix témoignât d'être aigri de ce qu'il s'étoit caché de lui, néanmoins aprés que Casaulx l'eût assuré qu'il ne désiroit pas avoir cette Place, & Saint Victor qu'il lui dit de lui vouloir remettre entre les mains, il le rendit content & satisfait. Le jour même Fabio fils aîné de Casaulx entra avec une troupe de soldats dans Nôtre-Dame de la Garde, & le Monastere Saint Victor fut remis à un beau-frere de Loüis Daix, qui étoit Capitaine de la porte Roïale, laquelle fut alors donnée à Pierre de Libertat, qui dans quelque tems fut l'instrument de la liberté de sa Patrie. On donna encore à Libertat presque dans le même tems la Capitainerie de Nôtre-Dame de la Garde.

XX. Peu avant la fin de l'année, le sieur de Cornac Abbé de Chantilli envoïé par le Duc de Mayenne vers Daix & Casaulx, pour les asseurer de vive voix de son amitié, arriva à Marseille, où il sejourna quelques jours avec eux; à son depart ils le chargerent d'une dépêche vers ce Prince, par laquelle aprés l'avoir remercié de la faveur singuliere qu'il leur faisoit, ils le supplioient trés-humblement de vouloir autoriser deux déliberations du Conseil; dont l'une portoit, qu'attendu que les gabelles du vin, du Port, & de la doüane, ne pouvoient pas suffire aux excessives dépenses qu'ils étoient obligés de faire pour la conservation de la Ville, il avoit été imposé sous son bon plaisir, six pour cent

Tome I.

tant d'entrée que de fortie par mer & par terre, fur toutes les Marchandifes où denrées ; fçavoir deux pour cent pour la fubfiftance de deux Galeres qu'ils avoient fait conftruire & le reftant pour les extraordinaires ; & parce qu'ils prévoïoient que cette impofition fi exceffive obligeroit les Marchands d'abandonner la Ville pour aller negocier le long de la côte ; ils lui demanderent qu'il leur fut permis de faire défenfes à tous Marchands & domiciliés & refidens dans Marfeille, de tranfmarcher leur negoce autre part, à peine de confifcation de corps & de biens, & néanmoins que pour le païement de ce droit, ceux qui fe trouveroient fujets, feroient contraints par corps & par exécution fur leurs biens. L'autre déliberation portoit la continüation du Viguier & du Conful dans leurs charges ; le Duc qui voïoit bien, que Daix & Cafaulx le païoient de mauvaife monnoïe ; & qu'ils faifoient femblant de demander des chofes qui étoient à leur difpofition ; par le moïen de leurs Partifans & fatellites, pour fe conferver néanmoins quelque reputation, d'avoir un grand pouvoir dans Marfeille, & faire fa condition meilleure par ce fantôme d'autôrité, leur accorda tout ce qu'ils demandoient, & leur en envoïa leurs expeditions par un de fes domeftiques : il leur écrivit auffi qu'il étoit preffé de traitter avec le Roi, les conjurant de tenir bon fous cette affeurance, qu'il n'acheveroit rien que de leur confentement, & qu'ils ne fuffent compris dans le traitté.

XXI. Cependant on faifoit à tout coups des entreprifes contre la vie des Duumvirs, quoiqu'ils fuffent environnés ordinairement de douze foldats chacun, qui leur fervoient de garde ; & qui veilloient foigneufement pour la confervation de leurs perfonnes. Toutesfois ces entreprifes furent toutes découvertes, & coûterent la vie à la plus part de ceux qu'on avoit choifi pour les exécuter ; Dieu qui les refervoit pour un autre occafion le permettant ainfi : mais de toutes celles qui furent faites pour lors, il n'y en a qu'une dont j'ai trouvé à propos de faire mention en cét endroit, quoi qu'elle n'ait pas été approuvée des gens de bien, parce qu'elle traînoit avec foi les innocens & les coupables, & que pour ôter la vie à deux perfonnes, on ne faifoit pas confcience d'en faire perir quatre ou cinq mille ; d'ailleurs le tems & le lieu, où cette entreprife devoit être exécutée qui étoit le lendemain de la Fête de Noël, dans l'Eglife des Freres Prêcheurs, où tout le monde accourt d'ordinaire pour y adorer le S. Sacrement qu'on y expofe, la rendoit encor plus exécrable. Deux Religieux de l'Ordre de S. Dominique, foit qu'ils en fuffent les auteurs ou non, fe prepareront à l'exécution de cette forte. Ils mirent deffous les bancs qui font dans le chœur de cette Eglife ; & aux deux côtés du grand Autel des facs remplis de poudre, aufquels ils y joignirent une fauciffe qui venoit répondre à un trou de la muraille du Couvent ; ils la percerent avec des inftrumens de fer, & y enchafferent un canon de cane de la longueur d'environ fix pans, rempli de pulverin ; & d'où fans encourir aucun danger, ils avoient réfolu de mettre

XXII. le feu à mefure que Daix & Cafaulx auroient pris place fur les bancs : mais Dieu permit que le même jour de l'exécution à l'heure de Vêpres cette entreprife fut découverte ; & l'un des exécuteurs faifi & empri-

DE MARSEILLE Liv. IX. 4112

sonné. Ce Religieux nommé Frere Antoine d'Atria Calabrois, âgé de vingt-cinq ans, après avoir été pleinement convaincu par sa propre confession fut condamné le 9. de Janvier de l'an 1594. par la justice Souveraine de Marseille à être étranglé, puis brûlé, en conséquence de ce jugement il fut dégradé deux jours après, par Gilbert Geneboard Archevêque d'Aix & à même tems il fut exécuté, & le vingt-quatre du même mois on pendit un des complices : cette conspiration fut suivie de quelques autres dont les principaux de la Ville qui étoient absents pour ne souffrir tant de violence furent reconnus les auteurs. Si bien que Daix & Casaulx qui ne pouvoient exercer leur vengeance sur eux, résolurent de faire ressentir les effets de leur rage à deux qui leur apartenoient. En effet ils firent emprisonner Marguerite de Glandéves Epouse de Jean de Riqueti sieur de Mirabeau. Cette violence donna de l'effroi à toute la Ville ; Casaulx la fut voir en prison croïant d'en pouvoir tirer de l'argent, & pour venir à bout de son dessein il n'oublia rien pour l'épouvanter, & conclud enfin qu'il sçavoit le moïen de la sortir de ce lieu quand elle voudroit. Cette Dame pleine de cœur lui répondit hardiment qu'elle entendoit bien ce qu'il vouloit dire, & après lui avoir mis devant les yeux son infidélité & la grandeur de ses crimes, elle protesta qu'avant que de lui rien donner, elle souffriroit tout ce que sa tyrannie lui suggereroit de plus cruel ; & quoique cette constance inébranlable eût obligé ce tyranneau à lui donner la liberté, elle y fut détenuë jusqu'au jour de la reduction. Il exerça encore sa rage sur un bois de pin que le sieur de Mirabeau possedoit en un quartier du terroir de la Ville, qu'il fit couper de bout en bout pour s'en servir en la construction d'un fort, apellé le fort de Tête de More.

XXI.

XXII. Ces tyranneaux firent aussi emprisonner Dominique d'Andrea Seigneur de Vendelles, Pierre d'Hostagier, Jeanne de Bouquin épouse du sieur de Sincho, & quelques autres Dames, chasserent de Marseille le second Bouquier avec sa famille, Lazarin Doria âgé de quatre-vingts ans, & firent faire de cries publiques, portant que les femmes, les enfans, & les domestiques de ceux qui en étoient sortis pour se garantir de leur tyrannie, eussent à vuider la Ville en toute diligence, à peine d'être exposées à la merci des vagues dans un bateau sans rames ni timon. C'étoit une chose extrémement pitoïable, & qui tiroit les larmes des yeux de tout le monde, de voir abandonner à ce sexe fragile leurs maisons & leurs metairies, qui servoient de proïe aux satellites de ces tyrans qui s'en emparoient aussitôt, & en recueilloient les fruits & les rentes, comme s'ils en eussent été les vrais propriétaires. Le Duc d'Espernon passant par Aubagne fut prié par les exilés de leur écrire de se moderer, mais ils ne firent pas grand cas de ses lettres, non plus que de Masparraute qui s'éforça plusieurs fois de les divertir de ces violences, & après leur avoir été suspect au commencement, il se rendit tellement odieux, qu'ils le congedierent, & le contraignirent de se rétirer.

XXIII. Ces Duumvirs avoient si peu de respect pour la justice qu'ils arrêtoient l'exécution des jugemens que bon leur sembloit. Leur tyrannie étoit parvenuë jusques à ce point que quand quelqu'un étoit accusé d'avoir conjuré contre eux, ils le faisoient mener dans la maison de quelques-uns de leurs satellites, & de leur autorité privée ils le faisoient gêner si cruellement qu'ils lui faisoient dire tout ce qu'ils vouloient. Ils étoient d'ailleurs si hardis que d'user du droit le plus glorieux de la souveraineté, car ils donnoient grace à ceux qui étoient condamnés à mort; en effet Loüis Daix l'accorda au Comite de la Galere de Casaulx, qui avoit tué son cuisinier, à l'instante priere des quatre Capitaines de la Ville, après l'avoir refusée au sieur de Genebrard Archevêque d'Aix, & à Casaulx même, qui en cette occasion fit paroître son adresse, n'aïant pas voulu rompre avec son Collegue, qui s'étoit beaucoup emporté à son égard.

XXIV. Lorsque Loüis Daix fit cette action, le sieur de Fresnos arriva en Provence, le Roi l'avoit envoyé pour mettre d'accord ceux qui tenoient son parti, & l'avoit encore chargé de rendre un paquet aux Consuls de Marseille. A son arrivée il pria le Duc d'Espernon de lui donner un de ses trompetes pour le leur envoïer, le Duc en écrivit à Loüis Daix & à Casaulx, ceux-ci lui firent réponse qu'ils le prioient bien fort de ne permetre pas qu'aucun de ses gens fit cette commission, parce qu'il ne seroit pas bien traité, & leur témoigna qu'ils en seroient marris pour l'amour de lui. Le sieur de Fresnos fut donc contraint de prendre un trompete d'Aix, à qui il commanda de venir à Marseille porter ce paquet; ce trompete aïant rencontré en chemin Loüis Daix qui venoit de sa bastide, lui donna ce paquet; ce qui l'irrita si fort qu'il commanda aux Mousquetaires qui l'accompagnoient de prendre ce trompete; mais ceux qui étoient auprés de lui firent tout leur possible pour l'adoucir, & pour lui faire sauver la vie : enfin tout ce qu'ils purent gagner sur son esprit fut qu'il en seroit quitte pour les oreilles; il les lui fit couper à l'instant par deux Mousquetaires, & après le renvoïa. Le Sieur de Fresnos voïant revenir son trompete en fut extremement indigné, il en fit plainte à la Cour qui fit le procez à Loüis Daix; celui-ci le fit faire au Sieur de Fresnos par la justice souveraine de Marseille, qui decreta prise de corps contre lui, & ensuite le fit crier.

CHAPITRE IV.

Reduction de la Ville de Marseille en l'obéïssance du Roi.

I. Les Duumvirs esperent de se maintenir avec l'apui du Roi d'Espagne, le Prince de Melphe leur envoye du secours. II. Le Conseiller Bernard leur persuade de reconnoître le Roi. III. Mais en vain. IV. Arrivée du Duc de Guise en Provence. V. Les exilés font diverses entreprises. VI. Genereux dessein de Libertat. VII. Qui le communique à Dupré son intime ami. VIII. Lequel conçoit aussi un dessein. IX. Le Sieur de Bausset trouve cette entreprise difficile: l'ouverture

DE MARSEILLE. Liv. IX. 414

en est faite au Duc de Guise. X. Qui n'aprouve pas ce dessein. XI. Le Sieur de Boyer fait des courses jusques aux portes de la Ville. XII. Du jour qu'on avoit déliberé de se défaire de Casaulx, & du traité qu'on avoit fait sur ce sujet. Sa teneur. XIII. Le Duc de Guise vient à Marseille pour la prendre par escalade, son dessein ne réussit pas. XIV. Le Duc de Guise est dans le dessein de tenter une seconde fois l'escalade. XV. Mais inutilement. XVI. Le Sieur de Bausset persuade au Duc de Guise d'executer le dessein qu'ils avoient proposé. XVII. De quelle maniere l'entreprise se devoit faire. XVIII. Le Sieur de Lamanon arrive à Aubagne avec une Compagnie de Cavalerie; Le Marquis d'Oraison & autres Seigneurs y arrivent aussi. XIX. Libertat fait dessein de tuer Casaulx. XX. Les Sieurs de Beaulieu, de Lamanon & de Boyer tienent conseil de guerre à Aubagne. XXI. La Cavalerie se rend aux bastides pour y dresser les embuscades. XXII. Du Signal de l'entreprise. XXIII. Retardé. XXIV. De la cause de son retardement. XXV. Libertat fait reconnoître les embuscades. XXVI. Loüis Daix envoye querir Casaulx. XXVII. Et met Libertat dans une grande perplexité. XXVIII. Qui fait abatre le trebuchet de la Porte Royale. XXIX. Casaulx tüé par Libertat. XXX. Libertat se fortifie dans un corps de garde. XXXI. Jean Viguier publie hautement la mort de Casaulx. XXXII. Jean Laurens se joint aux troupes du Duc de Guise. XXXIII. Loüis Daix & le fils de Casaulx attaquent le corps de garde, mais sans effet. XXXIV. Le Sieur de Lamanon entre dans la Ville. XXXV. Action genereuse du President Bernard. XXXVI. Le Duc de Guise reçeu dans Marseille, met en fuite les Espagnols. XXXVII. Il jure la conservation des privileges de Marseille, & loüe hautement l'action de Libertat. XXXVIII. Le Fort de Tête de More remis entre les mains du Duc de Guise. XXXIX. De Casaulx & son extraction. XXXX. Assemblée generale dans l'Hôtel de Ville. XXXXI. Reduction du Monastere St. Victor. XXXXII. Et du Fort Nôtre Dame de la Garde. XXXXIII. Grande joie de Sa Majesté qui honore les Marseillois de ses lettres. XXXXIV. Teneur de la lettre écrite à Libertat. XXXXV. Ordonnance du Sieur de Valegrand pour arrêter les desordres qui étoient dans Marseille; les Marseillois députent au Roi. XXXXVI. Les Députés arrivent à Paris, & reçoivent du Roi toute la satisfaction qu'ils se pouvoient promettre. XXXXVII. Ils se rendent peu après à Amiens pour saluër sa Majesté. XXXXVIII. Teneur de la Harangue de l'Assesseur. XXXXIX. Réponse du Roi. L. Qui s'informe de l'état de la Ville de Marseille. LI. Donne audience aux Députés, & pourvoit à leur demande, Teneur de l'Edit de la reduction. LII. Les Députés prenent congé du Roi. LIII. Arrivée des Députés à Marseille & du Sieur du Vair en Provence. LIV. Chambre souveraine établie à Marseille. LV. De la mort de Pierre de Libertat & de ses funerailles, la Communauté fait ériger des statuës à sa memoire.

Tome I.   Vvvv

HISTOIRE

I. APRES que le Roi se fut converti à la Religion Catholique, & qu'il eut reçû l'absolution de Clement VIII. il ne restoit plus de prétexte à Daix & à Casaulx pour continuer dans leur rebellion, & les fautes passées étoient pardonables, s'ils eussent remis pour lors la Ville sous l'obeissance du Roi, à l'exemple des plus zelés ligueurs, à qui les armes étoient tombées des mains depuis cét heureux jour, auquel ce grand Prince inspiré de Dieu étoit revenu dans le giron de l'Eglise. Le grand Duc de Toscane en fit faire la proposition à Casaulx par le Chevalier de Venerosi Pesciolini, avec promesse de lui donner cent mille écus païables à Genes ou à Venise, le Gouvernement d'une Forteresse en ligne masculine, & quatre Galeres entretenuës par le Roi. Mais loin d'accepter cette offre il lui répondit qu'il se déferoit de sa personne s'il ne sortoit vitement de Marseille, à cause que le grand Duc avoit refusé de lui prêter cent mille écus. D'ailleurs ces Tirans aiant quitté la douceur du commandement, avoient pris d'autres visées, & ne songeoient qu'aux moiens de conserver l'autorité qu'ils avoient usurpée. Pour cét effet l'appui de quelque grande puissance leur étoit necessaire, & comme ils avoient subsisté jusqu'alors par les forces de la ligue, & par la correspondance qu'ils avoient avec les Chefs de cette faction ; l'affoiblissement extréme de ce parti, d'où le Duc de Mayenne avoit peine de se tirer avec honneur, joint encore le refus du secours que le grand Duc de Toscane avoit fait à Casaulx, fit qu'ils tournerent leurs pensées sur le Roi d'Espagne. Ce Prince qui leur avoit fort souvent offert sa protection, n'avoit garde de leur refuser un secours qui pouvoit lui faire la planche à une telle conquête : ce qui les confirma dans ce dessein, fut l'Archiduc Albert qui passant par les mers de Marseille pour aller en Flandres, traita fort civilement les Duumvirs & leur fit trouver bon de députer au Roi d'Espagne quelque Marseillois de leur faction, à quoi ils se disposerent, & firent choix du Docteur Mongin, de François de Casaulx Notaire, & de Nicolin David, qui passerent en Espagne sur des Galeres de Genes le 9. de Novembre de l'an 1595. pendant cette negociation quatre Galeres, chargées de quatre cens soldats, conduites par Carlo Doria fils de Jean-André Doria Prince de Melphes, aborderent à Marseille le 18. de Decembre suivant. Leur arrivée rejoüit extrémement les Duumvirs, qui ne manquerent pas d'en remercier aussitôt le Prince de Melphes par la lettre de la teneur suivante.

MONSEIGNEUR,

Il ne nous sçauroit arriver & à toute la Ville une plus grande joye & contentement, que d'avoir reçû le secours de quatre Galeres qu'il a plû à vôtre Grandeur nous envoier avec gens, munitions, & argent, & de plus nous honorer en icelles de l'assistance du Seigneur Carlo vôtre fils, lequel selon nôtre devoir avons reçû avec le plus d'honneur qu'il apartient à son merite, en quoy nous reconnoissons la parfaite démon-

DE MARSEILLE, Liv. IX. 416

stration d'amitié qu'il vous plaît nous porter, même pour être un secours donné à nôtre extrême besoin, & urgente necessité, dont ne sçaurions suffisamment l'en remercier, croians que vous nous avez, infiniment obligés de corps & d'ame: veritablement, cette oportunité de secours nous a du tout rejouis & fortifiez, en tant que lesdites Galeres serviront merveilleusement pour rembarrer nos ennemis, esperant que avec l'ayde celeste surmonterons le pernicieux dessein du Vendômois, vous suplians, Monseigneur, tout ainsi qu'il vous a plû nous obliger en si salutaire occasion, de prendre toute asseurance de nous que nos personnes & biens sont detous fort disposez, à vôtre service, ne souhaitant rien mieux que d'en rendre fidelle preuve, quand il vous plaira, nous honorer de vos commandemens, & en cette volonté demeurons,

MONSEIGNEUR,

À Marseille ce dernier jour de Decembre 1595.

Vos très-humbles, très-obeïssans, très-obligés serviteurs,

D'AIX, CASAULX.

Ce Seigneur leur fit réponse en ces termes.

Illustrissimi Signori,

Alla letera delle SS. VV. che ma portato il Contador Martin de Quixano, ho poco da respondere cosi, per essere risposta alatre mie, come per trovansi qui presente, Dom Carlo mio Figliolo, il quale suplira per me. Per non dara altro se non che con queste Galere mando 300 Italiani & altri 200. Partirano fra tre o quatre giorni. & como desideroso d'ogni loro bene, & della conservatione di quella Cita, non posso mancare di pregarli & exortarli de mirar & procedere con tempo à tuto quel che puo occurrere, per che molte volte succede, che quello che si dilata non si puoda poi esseguire, se bene si vuole. Con che finisco & à le SS. VV. mi offero, & recommando con tutto l'animo. Da Genoa li 4. di genaro 1596.

Al Servitio di S. V.
Gio ANDRE DORIA.

Mais parce que ce secours n'étoit pas assez puissant, le Prince de Melphes envoïa encore par deux fois sept Galeres chargées de munitions de bouche, & d'infanterie, entre toutes lesquelles il y avoit douze cens soldats bien aguerris, partie Italiens, partie Espagnols, que Casaulx fit loger aux maisons qui sont au delà du Quay. L'arrivée de ce secours étonna tellement le peuple, qu'il croïoit être bien-tôt la proïe de l'ennemi de la France, ce qui en effet étoit inévitable, si Dieu par sa bonté n'eût détourné ce malheur.

HISTOIRE

II. Ce fut en ce même-tems que le Duc de Mayenne envoïa à Marseille Etienne Bernard Conseiller & Garde des Seaux au Parlement de Bourgogne (dont le merite ne peut être assés loüé) pour exercer la Justice souveraine, à la place de Masparraute; & parce que ce Prince avoit déja traité avec le Roi, il lui donna charge de convier les Duumvirs à suivre son exemple. Bernard ne manqua pas de faire tout son possible de les persuader à reconnoître le Roi, jusques à leur offrir la carte blanche; mais ils se roidirent davantage dans leur damnable dessein. Fabio fils de Casaulx, à qui on avoit donné avis qu'un Borgne & qu'un Boiteux attentoient sur la vie de son Pere, & qu'il devoit bien veiller & en prendre grand soin, aprehendant donc quelque prodigieux changement en la fortune de sa famille, fit tous ses efforts pour persuader son Pere à embrasser le parti avantageux qu'on lui offroit; mais Dieu qui vouloit délivrer cette Ville par une voie extraordinaire, ainsi que je ferai voir ci-après, aveugla Casaulx de telle sorte qu'il ne soubçonna jamais Libertat qui étoit borgne, ni Dupré qui étoit boiteux.

III. Cependant les Duumvirs au lieu de remercier le Président Bernard du bon conseil qu'il leur donnoit, ils se sentirent tellement désobligés, qu'ils lui firent connoître qu'il ne devoit penser à autre chose qu'à s'en retourner.

IV. Le Duc de Guise arriva en Provence avec le Sieur d'Esdiguiéres; le Roi qui avoit revoqué le Duc d'Espernon, l'avoit pourvû de ce gouvernement: ce changement en aporta beaucoup d'autres; car la plus grande partie de la Noblesse & quantité de bonnes places se rangerent au devoir. Le Martigues fut l'une de celles qui se reconnurent, ce qui fâcha extrémement Loüis Daix & Casaulx, parce qu'elle importoit beaucoup à Marseille, outre qu'ils avoient donné charge aux députés de la Provence de promettre le Martigues au Roi d'Espagne pour lui servir d'ôtage: aussi peu de jours auparavant la Galere de Casaulx y étoit allée, afin d'exhorter les Habitans à courir la même fortune, ainsi qu'ils avoient toûjours fait.

V. Depuis l'arrivée du Duc de Guise, les exilés avoient fait plusieurs entreprises pour en venir à bout, mais elles avoient toutes échoüé dans l'exécution; celle qui réüssit, fut conduite de la sorte.

VI. Nous avons veu ci-devant que Pierre de Libertat avoit été fait Capitaine de la Porte Roïale par les Duumvirs, le même jour que le fort Nôtre-Dame de la Garde tomba entre leurs mains; c'étoit un brave & hardi Citoïen, de grande probité, & que le seul zéle de la Religion avoit entraîné dans le parti de la ligue, comme plusieurs autres; mais si-tôt que le Roi eût embrassé la Religion Catholique, & que le Pape lui eût donné l'absolution, il n'eût autre pensée que de garantir sa cheré Patrie, qu'il voïoit sur le bord d'un dangereux precipice.

VII. Il fit l'ouverture de son dessein à Geofroy Dupré Notaire son fidéle ami, homme judicieux & de bon esprit, qui loüa sa generosité, & lui conseilla de se servir en la conduite de cette entreprise du conseil & & de l'assistance du sieur de Bausset Avocat, offrant de faire les allées & les venuës pour la concerter, à cause qu'il s'étoit refugié à Aubagne,

après

DE MARSEILLE. Liv. IX.

après s'être sauvé de prison où les Duumvirs l'avoient fait mettre, pour l'avoir connu bon serviteur du Roi. Ce personnage doüé de belles & excellentes parties a exercé long-tems la charge de Lieutenant de Sénéchal à Marseille avec une très-grande reputation de savoir & d'integrité.

VIII. Dupré donc aïant eu son consentement, fut dire au sieur de Bausset que pour faire réüssir heureusement cette entreprise, il faloit que le Duc de Guise continuât à faire faire des courses tous les jours prés de la Ville, car comme à toutes celles qui avoient été déja faites depuis le tems qu'il avoit fait entrer ses troupes dans le terroir, Loüis Daix & Casaulx ne manquoient pas de sortir de la Ville, pour les faire reconnoître, il y avoit aparence qu'ils sortiroient aussi à l'avenir, & il seroit facile en ce cas de les mettre dehors, en abatant le trebuchet de la Porte Roïale, & ainsi on les livreroit au pouvoir de ceux qui seroient en embuscade, & en même tems Libertat monteroit sur la muraille, & gagneroit le corps de garde, que le Capitaine de la Ville y tenoit, afin que ceux de l'embuscade ne fussent pas exposés aux coups; & s'il étoit besoin il les fairoit entrer dans la Ville pour combattre Dom Carlo Doria, & les seditieux qui y étoient demeurés.

IX. On jugea aussitôt qu'il y avoit bien du danger à l'exécution de cette entreprise, à cause du petit nombre des conjurés; car on fit cette réfléxion que si Libertat venoit à être tué, que tout seroit perdu; on estimoit qu'il étoit plus facile que Libertat qui gardoit la porte du plan Fourniguier, fit entrer de nuit dans la Ville par cét endroit l'Armée du Duc de Guise, mais Libertat refusa cét expedient, soit parce qu'il crût qu'il auroit plus de gloire à acquerir, où le danger seroit plus grand, soit parce aussi qu'il considéra qu'il seroit impossible de pouvoir garantir la Ville du pillage, si les soldats entroient par cette porte.

X. Ce Prince ne goûta pas au commencement la proposition que Libertat lui fit faire, soit qu'il eût dessein de se rendre maître de Marseille par quelque autre voïe, & soit à cause que celui qui lui proposoit cette entreprise ne faisoit pas profession des armes; il promit néanmoins de faire tout ce qu'on désiroit, & lui en donna des asseurances.

XI. Cependant il fut ordonné au sieur de Boïer de se venir loger avec sa compagnie de chevaux legers, & son Regiment de gens à pied à Saint Julien, petit Village distant d'une lieuë de Marseille, afin que durant deux ou trois jours il fit de courses jusques aux portes de la Ville, pour obliger ceux qui demeuroient aux bastides, & aux jardins proche de la Ville de s'y retirer, de la même façon qu'avoit fait le Duc d'Espernon en l'entreprise du petard, & qu'on dresseroit les embuscades prés de la Ville, pour surprendre Daix & Casaulx en même tems qu'ils en sortiroient; & si le Duc de Guise vouloit s'y trouver, il le pourroit faire avec cinquante maîtres seulement, n'étant pas besoin qu'il y en eût davantage, afin que l'entreprise fut exécutée à peu de bruit.

XII. Le Duc de Guise promit de garder cét ordre, & il fut arrêté que le 17. de Février seroit le jour de l'exécution. Dupré fut instruit par le sieur de Bausset à une bastide du terroir prés de Saint Julien, de tout

Tome I. Xxxx

le contenu du traité qui avoit été fait avec ce Prince, & on lui mit en main la déclaration que Libertat avoit demandé, qui étoit comprise en ces termes.

Nous Charles de Lorraine Duc de Guise, Pair de France, Gouverneur & Lieutenant General en Provence, promettons en foi & parole de Prince, sous le bon plaisir du Roi, au cas que la Ville de Marseille soit reduite en l'obéissance de sa Majesté par le moïen du Capitaine Pierre de Libertat, qu'il sera Viguier de ladite Ville jusques au mois de Mai 1597. le sieur Ogier Riqueti premier Consul, Gaspar Seguin second Consul, Desiré Mostiers tiers Consul, Maitre Nicolas de Bausset Assesseur, Balthazar Arvieu Capitaine au corps de Ville, Bartholemi Libertat Capitaine au quartier de Blanquerie, Honoré de Rains Capitaine au quartier de Cavaillon, & au quartier de Saint Jean, Jean Viguier : ce qui sera exécuté aussitôt que sa Majesté sera reconnuë en ladite Ville de Marseille. Fait à Toulon le 10. Février 1596. signé, CHARLES DE LORRAINE, Et plus bas, BIGOT.

XIII. Le Duc de Guise promit encore de faire donner à Libertat cinquante mille écus ; mais quoique ce Prince eût demeuré d'accord de faire exécuter cette entreprise de la façon que nous avons dit, il en médita toutefois une autre ; & pour cét effet il s'achemina vers Marseille deux jours après, accompagné du sieur d'Esdiguiéres : il avoit résolu de prendre cette Ville par escalade, & s'étoit pourvû de quantité d'écheles qui lui furent pourtant inutiles, parce que son dessein fut éventé, ensorte que trois jours avant son arrivée, on disoit publiquement dans Marseille en quel jour, par où & de qu'elle sorte il devoit attaquer la Ville : mais il n'en vint pas si avant, car il tomba une si grande pluïe la nuit qui preceda le jour de l'exécution, que ses troupes furent contraintes de s'écarter avec tant de désordre, que les écheles se perdirent, & peu de jours après le sieur d'Esdiguiéres reprit le chemin du Dauphiné.

XIV. Cependant comme le sieur de Bausset aprehendoit que l'entreprise qu'il conduisoit ne vint à échouër, s'en retourna à Aix, où il remontra au Duc de Guise, que si on la diferoit davantage, il étoit à craindre qu'elle ne fut découverte ; de sorte qu'il le supplia très humblement de se résoudre à la faire promptement exécuter ; mais il fut bien étonné de trouver ce Prince dans la disposition, de tenter encore une fois l'escalade.

XV. En effet le 6. Janvier de l'an 1596. jour des Rois, il se rendit à la pleine de Saint Iulien, à une lieuë de Marseille, aïant avec lui mille chevaux & quatre mille hommes de pied, & sur la minuit il fit marcher toutes ses troupes vers la Ville de la façon suivante : ceux qui portoient les écheles étoient les premiers, ils étoient suivis par huit Marseillois exilés, qui devoient monter sur les murailles avant tous les autres ; puis venoient quatre cens Cavaliers, & ensuite pareil nombre des Mousquetaires. L'atraque devoit être faite à un bastion, par lequel on entreroit dans la Ville par une porte de fer, qui étant enfoncée par le po-

DE MARSEILLE. Liv. IX.

tard, leur donneroit moïen de se jetter dans le corps de garde de la porte d'Aix, & après qu'ils s'en seroient saisis, ils romproient la porte pour faire entrer toutes les troupes. Le Duc de Guise qui les conduisoit s'étant avancé prés du bastion, fut bien étonné quand il vit qu'il étoit découvert, & que le lieu étoit fort bien garni de soldats qui attendoient de pied ferme. Loüis Daix & Casaulx qui avoient été avertis de cette entreprise y avoient logé cent cuirasses, & deux cens Arquebusiers qui aussitôt qu'ils sentirent aprocher les échelles, allumerent une quantité prodigieuse de chandelles & de feux, & déchargerent leurs mousquets, en telle sorte qu'ils firent reculer leurs ennemis, qui s'obstinerent de s'aprocher des murailles jusques à trois fois ; mais enfin ils furent contraints de se retirer, comme ils virent que la Ville n'avoit pas pris l'alarme, & que l'ennemi étant si bien preparé ne pouvoit pas être surpris. Le lendemain les échelles furent trouvées contre la muraille, & portées à la loge.

XVI. Cette entreprise n'aïant pas reüssi donna sujet au sieur de Bausset de faire encore un voïage à Aix, pour échauffer le Duc de Guise à faire exécuter promptement celle qu'il lui avoit proposée, il lui remontra pour cet effet que ceux qui s'étoient engagés de chasser les tirans, se pourroient refroidir par le peu de soin qu'on prenoit de les assister ; mais ce Prince ne sçavoit comme quoi s'y resoudre, ne croïant pas d'être plus heureux en cette rencontre qu'aux autres, où il avoit tenté de surprendre la Ville ; si bien qu'il dit au sieur de Bausset qu'il faloit, avant que d'entreprendre cela, aller à Toulon ; puis assieger la Garde & netoïer tous ces quartiers. Ce voïage néanmoins ne se fit pas aussitôt, on le differa quelques jours, pendant lesquels le sieur de Bausset travailla à entretenir Libertat & tous les compagnons éventés, qui étoient dans le désespoir de ce qu'on les negligeoit ; ils apprehendoient avec raison que leur dessein ne fut découvert, car bien que Louis Daix & Casaulx eussent accoutumé d'aller tous deux tous les jours faire la découverte hors la Ville, l'un d'eux seulement y venoit quelquefois, & il s'écouloit même des jours entiers qu'aucun d'eux n'y alloit pas. Le sieur de Bausset extrêmement marri de voir que le Duc de Guise usoit de tant de remises le fut trouver encore, & en lui parlant se servit de remonstrances si fortes & si persuasives, que ce Prince, quoique engagé au siége de la Garde & au recouvrement des Isles d'Yéres, de Draguignan, & de Saint Tropés, qui s'étoient soustraites des mains du Duc d'Espernon, pour se mettre sous les siennes, lui promit enfin de faire exécuter ce dessein.

XVII. C'étoit le 10. de Fevrier qu'il en prit la résolution, jour de Samedi, & afin qu'elle eût son effet, il commanda au Sieur de Boyer de partir le lendemain avec sa Compagnie de chevaux legers, & quelques Compagnies de son Regiment, & de prendre à Alauch deux Compagnies de gens de pied, commandées par le Sieur Doria. Ce Prince resolut aussi de se trouver au jour de l'exécution, & que l'entreprise seroit conduite de la façon suivante ; sçavoir, que toutes les troupes destinées pour cela, arriveroient à Aubagne & à St. Julien le lundi, & partiroient le mardi au foir, pour faire la premiere courfe le mecredi matin, & les continüer le jeudi & le vendredi, & enfin le famedi qui feroit le 17. executer l'entreprife.

XVIII Le Sieur de Bauffet donna auffitôt avis à Libertat de tout ce qui avoit été réfolu, & il le fit affeurer par Dupré qu'on ne l'amuferoit plus. Néanmoins le lundi qui étoit le jour auquel le Sieur de Boyer fe devoit rendre à Aubagne, il n'y vint pas. Cela donna quelques aprehenfions & quelque foupçon qu'on ne tint pas parole, il eft vrai que le jour aprés qui étoit le mardi fur les quatre heures du foir on vit paroître le Sieur de Lamanon avec onze Compagnies de Cavalerie qui remplirent tout le Lieu. Ce retardement des troupes qui furent obligées de fe répofer toute cette nüit à Aubagne, fut caufe qu'on ne peut pas faire la premiere courfe le mécredi matin, ainfi qu'il avoit été réfolu ; le foir du même jour on fit partir d'Aubagne le Sieur Doria & le Capitaine la Baume qui conduifoient cent maîtres & cent moufquetaires, pour faire la premiere courfe : mais à peine furent-ils à une licüe d'Aubagne, qu'ils rencontrerent le Sieur de Valegrand Archevêque d'Aix, qui leur fit rebrouffer chemin pour l'accompagner jufques à Aubagne, tellement qu'on ne peut pas le lendemain faire la premiere courfe. Le foir du mécredi le Marquis d'Oraifon & le Sieur de Buous arriverent à Aubagne ; ils avoient rencontré à la montagne de l'étoile quatre vingts ou cent moufquetaires de la garnifon de Marignane ; qui furent tous taillés en pieces ; en même-tems les Compagnies des Srs. Doize, de Ramefort, & de Brandonvilliers arriverent auffi à Aubagne ; de forte qu'il y avoit dans ce Bourg fept ou huit cens chevaux, & à Caffis cinq cens Carabins commandés par le Sieur de Beaulieu.

XIX. Le lendemain qui étoit le jeudi, Libertat & fes collegues qui étoient huit en nombre, furent tellement étonnés de voir que les troupes ne venoient pas faire aucune courfe, qu'ils crûrent qu'on les avoit abandonnés : fi bien que dans la crainte qu'ils eurent qu'étans découverts, ils ne fuffent les victimes des Duumvirs, ils réfolurent de les tüer eux-mêmes, & de les aller daguer au mitan de leurs fatellites. Ils s'allerent coucher avec cette réfolution, & le lendemain qui étoit vendredi 16. Février, ils fe trouverent tous de bon matin en l'Eglife des Religieufes de Sion, armés chacun d'une bonne dague qu'ils portoient dans leur manchon : ils firent leurs prieres devant le St. Sacrement qui étoit expofé dans cette Eglife, & ils recommanderent leur affaire à Dieu, & comme ils étoient en cét état, ils entendirent un grand brüit qui s'épendoit par toute la Ville, qui les obligea de fortir pour voir ce que c'étoit, ils aprirent que quelques gens de cheval & de pied étoient venus courir jufques aux portes de la Ville, & avoient même tué quelques païfans, ce qui leur fit juger que le Duc de Güife avoit envoïé fes troupes à Aubagne, & que c'étoit le commencement de l'execution de l'entreprife : ils ne quitterent pas pour cela le deffein qu'ils avoient fait de tüer les tirans de la façon qu'ils avoient projetté, car ils réfolurent de pourfuivre leur pointe ; en effet ils fe rendirent à la porte réale, où ils trouverent Loüis Daix & Cafaulx : deux ou trois mille perfonnes qui y

avoient

DE MARSEILLE. Liv. IX.

avoient accouru pour voir les cadavres de quinze ou seize païsans qu'on portoit dans la Ville, & que les troupes du Duc de Guise avoient tué en la course qu'elles étoient venuës faire, empêcherent Libertat & ses compagnons de pouvoir prendre leurs tems pour tuer les tirans, ils firent sortir leurs Compagnies de chevaux legers avec cinq cens Espagnols qui allerent chercher les troupes du Duc de Guise, & les suivirent jusques à St. Julien; à leur retour ils traverserent la Ville tambour battant, enseigne déployée, ce qui fit naître une grande consternation dans les cœurs des habitans, à cause que ces étrangers les regardoient avec leur fierté naturelle.

XX. Le même jour Dupré reçût une lettre du Sieur de Bausset, qui lui marquoit que le Duc de Guise avoit dessein que l'entreprise s'executât, & qu'il s'étoit aproché pour ce sujet, & pour cét effet il étoit prié de sortir de la Ville dés le lendemain pour se trouver à une bastide, afin d'y conferer ensemble: cependant on tint conseil de guerre à Aubagne, où assisterent le Marquis d'Oraison, les Sieurs de Beaulieu, de Lamanon & de Boyer, où il fut déliberé qu'on choisiroit dix maîtres sur chaque compagnie pour composer le nombre de cent cinquante chevaux, & qu'on feroit semblant de renvoier tout le reste à l'armée pour amuser Loüis Daix & Casaulx, & leur imprimer cette créance que toutes les troupes n'étoient venuës là, que pour quelque autre dessein, & non pas pour eux; il fut aussi résolu que le Sieur de Beaulieu feroit décendre deux de ses Carabins le long des montagnes, qui sont entre Cassis & Marseille, pour se rendre à pied à la Pomme, qui est une hôtelerie dans le Terroir de Marseille, & distante d'une lieuë, où se rendroit aussi la compagnie du Sieur Doria, qui passeroit du côté d'Alauch pour s'y trouver.

XXI. La chose étant ainsi arrêtée, le Sieur de Boyer partit sur les quatre heures du même jour, & s'en alla à St. Julien, où il arriva sur l'entrée de la nuit; le Sieur de Bausset qui l'avoit accompagné, manda querir Dupré par six soldats, qui y étant venu, lui dit, que Libertat & ses compagnons étoient dans la résolution de se porter genereusement en cette entreprise, le Sr. de Boyer partit de St. Julien le même soir & sur les onze heures, nonobstant l'incommodité d'une grande pluïe qui dura toute la nuit, & arriva quelques heures après à l'hôtelerie de la Pomme. Il y trouva les Carabins du Sieur de Beaulieu, & les soldats du Sieur Doria, qui y étoient déja arrivés; il attendit là environ une heure la cavalerie, qui avoit ordre de s'y rendre; mais voïant qu'elle tardoit trop, le sieur de Boyer s'avança vers Marseille avec ses gens de pied, & trente maîtres de la Compagnie, il avoit aussi Dupré avec lui pour le conduire aux lieux où il faloit mettre les embuscades: le sieur de Bausset fut laissé à la Pomme pour y attendre le Marquis d'Oraison, Lamanon & autres qui conduisoient la cavalerie, qui ne tarda pas d'arriver, & comme elle eût apris que les gens de pied étoient fort avancés, elle se mit à les suivre, & étant arrivée à un ruisseau ou petite viére apellée Jarret, elle se divisa, & prit divers chemins pour se rendre aux deux bastides qu'on avoit choisi pour y dresser les embuscades.

Tome I.   Yyyy

Comme ils furent arrivés en ces lieux, on trouva qu'il n'y avoit que cent cinquante maîtres, & environ deux cens mousquetaires, parce que la plûpart de l'infanterie étoit écartée par les vignes & par les bastides, à cause de la grande pluïe qui étoit tombée : il arriva là aussi un beau-frere de Dupré apellé de Rains, qui donna beaucoup de joïe à ces troupes, leur disant qu'il avoit passé le port à la nage, par commandement de Libertat, pour les venir asseurer que les tirans s'étoient allés coucher sans aucun soupçon de l'entreprise.

XXII. Le jour du 17. Février ne commença pas plûtôt à poindre, qu'on mit des sentinelles, pour prendre garde lorsqu'on abatroit le trebuchet, qui étoit le signal qui avoit été arrêté : de Rains fut l'un de ceux à qui l'on donna cét emploi, & il fut logé à l'Oratoire qui étoit à la descente de la plaine Saint-Michel, & sur le chemin qui tire droit à Nôtre-Dame de Mont & assés prés de la Ville, ce qui pensa causer du desordre, parce que de Rains avoit eu ordre de Libertat de s'en venir au pied de la muraille de la Ville, pour lui porter un certain mot qui asseuroit si les embuscades avoient été mises ou non ; tellement que comme Libertat vit que de Rains ne paroissoit pas, il crût que les troupes n'étoient pas venuës, & ainsi aprés avoir attendu jusques à une heure de jour sans en avoir eu aucunes nouvelles, il s'alla coucher & manda son jeune frere pour se trouver avec ses gens à l'ouverture de la porte.

XXIII. Cependant ceux de dehors aïant veu que le jour étoit fort grand sans qu'on eût fait aucun signal, crûrent que l'entreprise avoit échoüé, & la plûpart des Chefs disoient en se moquant, qu'il y avoit trop de temerité de penser qu'on peut prendre Marseille en plein jour avec cent cinquante Maîtres, & deux cent mousquetaires.

XXIV. La cause veritable du retardement du signal provenoit de la mort de ces Païsans qui étoit arrivée le jour devant, ainsi que nous avons dit ci-dessus ; & pour cét effet on avoit ordre d'ouvrir la porte que le jour ne fût bien grand, pource que la pluïe qui étoit tombée la nuit en quantité divertissoit les Païsans d'aller à leur travail, mais le hannissement des chevaux & le bruit des armes aïant donné connoissance aux Peres Minimes, dont le Couvent n'étoit guere éloigné des bastides, où l'on avoit mis les embuscades, obligea l'un des Religieux de courir vers la Ville pour y porter cette nouvelle, & par bonne fortune ce Religieux s'adressa au jeune Libertat, & le chargea d'aller donner avis au Viguier & aux Consuls, qu'il y avoit prés de leur Couvent des troupes qui étoient en embuscade.

XXV. L'action de ce Religieux servit beaucoup à la conduite de l'entreprise, car elle donna lieu à faire ouvrir la porte plûtôt qu'on n'auroit pas fait, & fit connoître au jeune Libertat qu'il ne falloit pas douter que les embuscades ne fussent veritables, si bien qu'il envoïa aussitôt querir son frere aîné, & le Capitaine du quartier envoïa un soldat de Loüis Daix pour le faire hâter à venir faire la découverte & reconnoître les embuscades.

XXVI. Libertat se rendit promptement à la porte qu'il trouva déja ouverte, & peu aprés y arriva aussi Loüis Daix accompagné de ses mous-

DE MARSEILLE Liv. IX. 424

quetaires & de quelques-uns de ses satellites & mauvais garçons, & comme il vit Libertat, il lui tint ce discours. Il y a apparence que les troupes sont assés fortes & assés nombreuses; puisqu'elles soutiennent par un si mauvais tems; & après il apella un de ses gens à qui il parla de la sorte, allez dire à Monsieur le Consul Casaulx qu'il vienne promptement, afin de venir reconnoitre les embuscades, & qu'il fasse venir les Espagnols, pour leur donner la garde de la porte, ainsi que nous arrêtâmes hier ensemble.

Ce discours mit Libertat dans une grande perplexité, car d'un côté il eût souhaité d'attendre que Casaulx fût arrivé à la porte, afin de le mettre dehors avec Loüis Daix; & d'autre part il apprehendoit que l'arrivée des Espagnols ne lui ôtât le moïen de rien attenter.

Loüis Daix cependant commanda à ses mousquetaires d'aller reconnoitre les avenuës; les sentinelles des troupes qui étoient dehors s'en étant pris garde, cela donna sujet au sieur de Lamaston de commander au Lieutenant du sieur de Boyer de sortir avec quinze de ses compagnons pour les chercher, & donner jusques à la porte; mais comme les mousquetaires le virent venir, ils se retirerent au-dessus d'un des bastions qui joignoit une porte faite de gazons, & en même tems Libertat fit signe à son jeune frere d'abatre le trebuchet, ce qu'il fit aussitôt. Loüis Daix s'en étant aperçû, en revint droit à la porte, criant qu'il n'y avoit point de sujet de s'alarmer si fort, & que le danger n'étoit pas si grand; mais voïant qu'on ne lui répondoit mot, & qu'on ne lui ouvroit pas la porte, il commença à soubçonner ce qui en étoit; si bien qu'il se mit à courir le long de la côtriere pour gagner l'hôtel de Meolhon, qui étoit audelà du port, où étoient autrefois les Capucines, & où les Espagnols étoient logés; mais aïant veu sur la muraille du plan Fourmiguier un homme de sa connoissance qui faisoit construire un Vaisseau, il le pria de l'aider à monter, ce que celui-là fit, lui aïant jetté une corde avec laquelle il le tira sur la muraille, & par ce moïen il entra dans la Ville; le trebuchet ne fut pas plûtôt abatu que les sentinelles commencerent à crier que c'étoit le signal de l'entreprise, en même tems tous deux de l'embuscado sortirent, & prirent le chemin de la porte pour tailler en pieces les Duumvirs, & entrer dans la Ville pour assister Libertat; mais elles furent reçeuës de quantité de canonades qui leur furent tirées, tant du fort de Nôtre-Dame de la Garde, de la plateforme, que d'autres divers endroits de la Ville, & comme le Lieutenant du sieur de Boyer qui s'étoit beaucoup avancé, se voulut presenter à la porte on luitira encore plusieurs mousquetades du corps de garde qui étoit sur la porte, & du bastion où les mousquetaires de Loüis Daix s'étoient retirés; si bien que son Cornete fut si dangereusement blessé à la cuisse qu'il mourut peu de jours après; cela contraignit les troupes de rebrousser chemin, & de se retirer au plan Saint Michel en criant que la partie étoit doublée, & qu'on les avoit trompés; ils ajoûtoient qu'ils avoient eu tort de s'embarquer si temerairement sur la parole des gens qui n'étoient pas du métier, & peu s'en falut qu'ils ne l'immolassent à leur colere.

& peu après y arriva aussi Loüis D

XXIX. Si le deſſein de Libertat eût réuſſi de la façon qu'il avoit projetté, il auroit empêché que ceux du corps de garde qui étoient ſur la muraille, n'auroient pas tiré ſur les troupes : car il avoit réſolu de l'aller forcer en même-tems qu'il auroit abatu le trebuchet ; mais cela fut traverſé par un accident qui rendit l'exécution plus dangereuſe, quoique ce fut avec plus de gloire : car en même-tems que Libertat & Barthelemi ſon frere travailloient à fermer la porte aprés que le trebuchet fut abatu, Caſaulx y arriva environné de ſa garde, & ſuivi de pluſieurs de ſes ſatellites, armés de cuiraſſes & de halebardes, alors un ſoldat dit à Libertat *Capitaine voici Monſieur le Conſul Caſaulx* : à ce mot Libertat qui voïoit bien que cette entrepriſe n'avoit plus d'autre appui que celui de ſon bras & de ſon courage, mit la main à l'épée, alla droit à lui, & la lui plongea au travers du corps ; & comme elle portoit ſur ſa pointe, la liberté de ſa Patrie, auſſi elle terraſſa le Tiran qui l'avoit opprimée l'eſpace de cinq ans, & comme il lui reſtoit encore un peu de vie, le jeune frere de Libertat acheva de le tuër avec une demi-pique, de laquelle il lui donna un coup dans le col : les ſatellites pour le deffendre tirerent quelques mouſquetades contre Libertat, qui par un bonheur ſingulier ne fut point atteint, mais voïant que leur Maître étoit mort, & que Pierre Matalian avoit tué d'un coup de carabine le Sergent de ſes gardes qui avoit voulu faire quelque reſiſtance, ils perdirent courage & fuïrent lâchement dans la Ville, aprés qu'on les eût déſarmés.

XXX. En même-tems que Libertat attaquoit Caſaulx, Jaques Martin monta ſur la muraille de la Ville pour aller inveſtir le corps de garde qui y étoit ; un ſoldat ſe voulut opoſer à lui & l'arrêter ; mais Martin le prit au corps & le jetta du haut en bas des murailles & dans le corps de garde ; le Capitaine du quartier qui avoit le commandement de ce corps de garde, voïant que Caſaulx & ſon Sergent avoient été tués, & le furieux coup que Martin avoit fait, ne ſe fiant pas beaucoup à ſes ſoldats qui n'étoient que des artiſans, perdit courage, & demanda à Libertat ce que c'étoit, il répondit qu'il devoit reconnoître le Roi ; le Capitaine lui repliqua qu'il le fairoit moïenant qu'on lui donnât des aſſeurances, on les lui accorda auſſitôt, & enſuite il décendit, & Libertat commença à fermer les barrieres, & ſe fortifier dans ce corps de garde avec ſa petite troupe d'environ dix hommes, à ſçavoir trois Libertats, Jaques Martin, Baltazar Arvieu, Pierre Matalian, Jean Laurens, Jean Viguier, & deux autres, jugeant bien qu'il ne tarderoit pas d'être attaqué.

XXXI. Il eſt vrai que Iean Viguier qui étoit un de ceux qui avoient le plus diſpoſé l'eſprit de Libertat ſon couſin à embraſſer cette entrepriſe, s'en alla par ſon ordre vers les Galeres d'Eſpagne, & commença à crier en langue Eſpagnole. *Traîtres Caſtillans vous avés tué le Conſul Caſaulx, mais nous vous aſſommerons tous* ; ce diſcours mit ces gens là dans une peine extreme, car d'un côté ils craignoient ſous ce prétexte les amis de Caſaulx, & d'autre part ils ſçavoient que le peuple haïſſoit mortellement le tiran ; outre que le bruit couroit que la Cavalerie de Vendôme

DE MARSEILLE. Liv. IX. 426

me étoit à la porte de la Ville, si bien que dans ces incertitudes, ils crûrent que le plus seur étoit de se préparer de fuïr en cas qu'ils fussent pressés. Jean Viguier ensuite parcourut tout le quartier de Saint Jean, criant de ruë en ruë aux armes, & que Casaulx étoit mort, mais personne ne bougea.

En même-tems Libertat sur l'avis qu'il eût qu'on se preparoit à l'attaquer, fit sortir de la Ville Jean Laurens, qui monté sur un barbe courut à toute bride vers les troupes du Duc de Guise, les priant de s'avancer, & de ne laisser pas perdre une si belle occasion de servir le Roi, & que Casaulx étoit mort; ce personnage n'eût pas certes peu de peine à persuader ces gens là, à cause qu'ils croïoient d'être trahis, & sans le Sieur de Baussset qui loüa fort la probité de Laurens, & les pria d'y ajouter foi, il n'en seroit pas venu à bout; enfin les Sieurs de Lamanon, Boyer, Doria & Beaulieu se disposerent de retourner avec leurs troupes. XXXII.

Cependant qu'ils s'acheminoient vers la Ville, Loüis Daix avec le fils aîné de Casaulx qui avoient ramassé trois ou quatre cens hommes au corps de garde de la Loge, se mirent en devoir d'aller attaquer Libertat, & regagner la porte réale, & pour cét effet ils monterent sur la muraille, & passerent par la courtine, croïant d'y trouver encore en état le corps de garde qu'on y tenoit d'ordinaire, d'où ils seroient venus facilement à bout de leur dessein, & auroient assommé tous ceux qui étoient en bas, mais ils se trouverent bien étonnés de se voir chargés dans ce lieu étroit, où deux hommes se pouvoient défendre contre un grand nombre, par Libertat & par Matalian qui leur lacherent deux arquebusades, ce qui ralentit beaucoup leur courage; ils ne quiterent pas pourtant leur entreprise, mais ils rebrousserent chemin, & descendirent dans la Ville en intention d'attaquer le corps de garde de la porte réale par les trois ruës qui y aboutissoient, s'ils se fussent separés, & eussent attaqué en même-tems, ils s'en seroient rendus les maîtres; Dieu qui ne le vouloit pas, les aveugla de telle sorte qu'ils prirent seulement une ruë où l'on fait encore l'annonerie; alors les amis de Libertat qui les virent paroître de ce côté-là, pointerent un canon qui par bonne fortune se rencontra sur le lieu, & bien qu'il ne fut pas chargé, comme on faisoit semblant d'y mettre le feu, Loüis Daix & Fabio Casaulx en prirent tellement l'épouvante qu'ils se retirerent, aprehendans d'ailleurs les troupes du Gouverneur qui s'aprochoient de la porte, Loüis Daix gagna promptement le corps de garde de la Loge, où il fit contenance de se vouloir barricader. XXXIII.

ce lieu aïant changé de face par la nouvelle enceinte de la Ville & par la démolition des vielles murailles.

Libertat ouvrit alors la porte à trente maîtres & à quatre-vingt mousquetaires conduits par le Sieur de Lamanon, & la ferma aussitôt qu'ils furent entrés, n'en voulant pas davantage, il fit paroître en cela qu'il avoit autant de prudence que de valeur; car il aprehendoit que s'il en eût reçû un plus grand nombre, il n'eût pas pû arrêter la licence du soldat, & garantir la Ville du pillage. XXXIV.

Dés que Casaulx eût été tué le bruit en courut par tout; la plûpart de ceux à qui cette nouvelle étoit agréable, n'osoient témoigner leur joïe, craignant qu'elle ne fut pas veritable, & que Casaulx usât de ses arti- XXXV.

Tome I. Zzzz

fices ordinaires. Quelques jours auparavant il avoit fait commander au Président Bernard de vuider la Ville, où il n'avoit arrêté que pour quelque indisposition, laquelle n'empêcha pas pourtant que sur les nouvelles de cette mort il ne sortît de son logis avec sa soûtane, portant un mouchoir à son chapeau, & une demi-pique à la main, il fut suivi de Bourgougne, de François de Cabre, de Pierre de Ruffi mon Pere, de Boyer, de Guillaume de Saint Jacques, de Gaspar Belleror, & de quelques autres bons serviteurs du Roi, qui l'accompagnerent à la Place du Palais, crians *vive le Roi, vive France*. A ce cri il ramassa environ trois mille personnes, & ensuite prit le chemin de la porte Roïale, où il trouva le sieur de Lamanon, & la troupe qui entroient dans la Ville, & encore quatre ou cinq cens Habitans qui s'étoient rendus à ce corps de garde; tout le monde marcha vers le corps de garde de la loge, où Daix faisoit mine de se vouloir deffendre, mais voïant qu'on venoit à lui, la peur le saisit en telle sorte qu'il se jetta dans un batteau, & s'alla retirer dans le Monastere S. Victor, & Fabio & Jerôme de Casaulx fils du Consul au fort Nôtre-Dame de la Garde. Tous les factieux s'enfuirent en même-tems, & on n'entendoit par toute la Ville que crier *vive le Roi*, plus de deux mille portraits de sa Majesté, qui on tenoit auparavant cachés au fonds des coffres, parurent en public. Enfin il n'y avoit qu'acclamations de joïe pour un changement si heureux & si fort inopiné.

XXXVI. Le Duc de Guise qui étoit parti d'Aubagne après la minuit pour se trouver sur le point de l'exécution, aïant apris prés de la Ville de la bouche de Paul d'Imperial, qu'on lui avoit envoïé pour lui annoncer la mort de Casaulx, se hâta pour achever un si grand ouvrage, Il alla d'abord avec sa Cavalerie, & quelques troupes de Carabins, & d'Infanterie vers l'Hôtel de Meollion, pour en faire déloger les Espagnols, qui n'eurent pas le courage de l'attendre, mais tous en désordre se jetterent dans les Galeres, crians *corta el cable, N. vogà somos perdidos*. En effet elles sarperent en même-tems dans une si grande confusion que la Réale sortit la derniere, & comme elles se sauvoient à force de rames on leur fit essuïer quantité de mousquetades, qui leur furent tirées des fenêtres des maisons qui regardent le port. Et je puis dire pour la rareté du fait, que Claire de Ruffi épouse de Capitaine Pierre de Crouser, eût le courage de leur lâcher un coup de mousquet. Roquefort Capitaine du Chateau d'If, les salua aussi en passant à grands coups de canon.

XXXVII. Après que l'Espagnol se fut retiré, le Duc entra dans Marseille par la porte Roïale, il y trouva Libertat qui le pria de jurer la conservation des Priviléges de Marseille, ainsi que tous les Gouverneurs avoient accoûtumé de faire: ce Prince le fit aussitôt, & après il embrassa plusieurs fois Libertat, & loüa tout haut en présence de tout le peuple sa generosité & l'action glorieuse qu'il avoit rendu, delà il alla visiter tous les corps de garde qui avoient été abandonnés par les factieux, à la place desquels il les remplit des gens, dont il reçût la foi au nom de sa Majesté, & après il s'en alla à l'Eglise Majeur pour rendre graces à Dieu d'un si heureux succés, il avoit toûjours à son côté Libertat, le peuple qui l'accompagnoit & qu'il rencontroit en grand foule par où il passoit, faisoit retentir avec des pleurs de joïe, les cris de *vive le Roi, Monsieur de Guise, vive Libertat*. Le redoublement de ces cris étoit si grand qu'on n'entendoit pas le son des cloches.

Au sortir de l'Eglise on fit tirer le canon, & le Duc de Guise fut conduit par Libertat jusques à son logis, & par cinq ou six mille hommes ou environ, qui avoient tous l'écharpe blanche. De là Libertat alla donner ordre à la garde de la Ville, y aiant encore sujet de craindre, puisque les Galeres d'Espagne étoient auprés des Isles, & que les forteresses étoient occupées par les factieux; mais le même jour le nommé Mouton beaufrere de Loüis Daix, qui commandoit le fort de Tête de Môre, voïant qu'il n'étoit pas en défense, & qu'il n'avoit pas moïen de le garder, le remit entre les mains du Duc de Guise. Le corps de Casaulx fut dépoüillé, & livré à la fureur des femmes & des enfans, qui lui arracherent la barbe, les yeux & une partie du nés, & en cet état ils le traînerent au cimetiére de Saint Martin.

Voilà le succés veritable de cette heureuse journée, où les Espagnols perdirent en un moment tout le fruit de leurs soins & de leurs pratiques qu'ils avoient continué si long-téms & sur le point de le recueillir: c'est ainsi que cette importante Ville fut délivrée des maux qu'elle avoit soufferts sous la tirannie de Casaulx, & de ceux qu'elle aprehendoit sous la domination Espagnole; ce qu'il y a de plus remarquable est, que dans cette rencontre il y eut fort peu de sang répandu, car il n'y mourut d'une part que le Cornete de Boyer, comme nous avons déja dit, un Carabin du Sieur de Beaulieu, & un cheval leger du Sieur de Lamanon qui fut tué dans la Ville par un nommé Taron, de l'autre côté on ne tua que Casaulx & trois de ses satellites. Casaulx étoit fils d'un Marchand apellé Guillaume, dont le pere nommé Philipe, avoit été dernier Consul de Marseille en l'an 1538. il étoit décendu de Vidal de Casaulx Marchand de Gascogne, qui étoit venu habiter à Marseille, & s'y étoit marié l'an 1488. Je ne sçai s'il étoit de même tige avec un Cadet de Casaulx Gascon, duquel parle la Roche-Flavin, qui commit des crimes si énormes, qu'il fut condamné par Arrêt à avoir la langue percée, la tête tranchée, & à être mis en quatre quartiers. Casaulx portoit pour armes d'or à une bande d'azur, chargées de trois étoiles d'argent, & pour dévise une Licorne qui trempe son bois dans l'eau avec cette ame, *Servari, & servare meum est*. L'écusson surmonté d'une couronne de Comte, ainsi que je l'ai remarqué dans une des médailles d'or qu'il avoit fait fraper, dont voici la representation.

Les maisons d'habitation de Loüis Daix, & de Charles Casaulx furent pillées le même jour ; en telle sorte qu'à peine y laissa-t'on les portes & les fenêtres : cette journée finit par des feux que les Habitans firent pour marque de la grand-joïe qu'ils avoient du bonheur qui leur étoit arrivé. Casaulx avoit fait mettre le quatrain suivant sur la premiere pierre de sa maison.

Lorsque Bourbon faisoit la guerre à Guise,
L'un pour l'Etat, & l'autre pour l'Eglise,
Et que de tous côtés la France étoit ravie,
Par Charles de Casaulx je suis ici bâtie.

XXXX. Le jour suivant qui étoit un Dimanche, & le 18. de Février il y eût assemblée dans l'Hôtel de Ville, où quantité de gens de qualité se trouverent, & où par le commandement du Duc de Guise on fit la lecture du traité fait avec Libertat, que nous avons inseré ci-devant, & ce fut en presence des Sieurs de Valegrand & de Pericard. Cependant les exilés en nombre de deux ou trois mille entrerent dans Marseille, & furent reçûs avec grand-joïe, le prisonniers qui étoient environ cent cinquante sortirent des prisons par le secours de Guillaume de S. Jacques & de Gaspar Bellerot, on ressentit aussitôt les avantages que la paix a accoûtumé de produire, car comme le bled se vendoit douze écus la charge avant la reduction, le lendemain il ravala si fort qu'il ne se vendoit que cinq écus.

XXXXI. Le lundi environ les deux heures après midi on vit paroître douze Galeres qui venoient de Barcelonne, chargées de douze cens soldats & d'argent, pour renforcer la garnison de Marseille ; c'étoit le fruit de la negociation de Mongin, de François de Casaulx, & de Nicolin David députés vers le Roi d'Espagne, qui revenoient sur ces Galeres : mais aïant été avertis de ce qui étoit arrivé, elles se joignirent aux autres, qui étoient sorties le jour de la reduction de Marseille, & furent quelques jours en ces mers, où elles étoient plûtôt retenuës par la honte de leur fuite, que par l'esperance d'avancer quelque chose : François de Casaulx aïant apris la mort de son frere par des pêcheurs, il en mourut de déplaisir sur le champ, les Galeres le porterent à Genes, où il fut enseveli avec l'habit de l'Ordre de Chevalier de S. Jacques, qu'on lui avoit donné en Espagne avec trois mille écus de rente. La Ville ainsi reduite heureusement, l'Abaïe S. Victor ne tarda gueres de tomber sous la main du Duc de Guise ; car Loüis Daix, que les soldats regardoient de mauvais œil, aprehendant qu'ils ne le livrassent au pouvoir du Duc, se coula de nuit des murailles du Monastere en bas, par le moïen d'une corde qu'il y avoit attachée, & s'en alla à Nôtre-Dame de la Garde, où il esperoit d'être en plus grande seureté : mais les enfans de Casaulx ne le voulurent pas recevoir, quoiqu'ils les eût pressés vivement, & la larme à l'œil : si bien que ne sçachant où se retirer, il prit son chemin à travers des champs, & s'alla cacher dans une metairie ruineuse, scituée en un quartier du terroir apellé Montredon, où il demeura vingt-quatre heures sans boire ni manger, jusques à ce que aïant découvert un pêcheur au bord de la mer il s'en alla vers lui, & par le

moïen

DE MARSEILLE Liv. IX. 430

moïen d'une chaîne d'or du poids de cinquante écus, & d'une turquoise qu'il lui donna, qui étoient les restes de sa dépoüille, il fut reçû dedans son bateau & porté aux Galeres d'Espagne, le lendemain le Lieutenant de Loüis Daix s'étant pris garde qu'il s'êtoit évadé, rendit le Monastere au Gouverneur, qui y logea Pierre Capitaine de ses gardes, & peu après le remit entre les mains du Prieur des Religieux.

Il ne restoit plus pour la perfection de ce chef-d'œuvre que le fort XXXXII Nôtre-Dame de la Garde, qui avoit été investi deux jours après la reduction de Marseille par les Regimens de Montplaisir, Mony, Boyer, & le Chevailler de Soliers, qui s'étoient logés tout au tour : mais d'autant qu'on aprehendoit que cette place ne resistât long-tems, il fut jugé à propos de moïenner de l'avoir par composition ; & en effet elle fut offerte à Fabio Casaulx sous des conditions raisonnables : mais en aïant demandé de trop avantageuses, elles lui furent refusées ; & peu de tems après la garnison le mit dehors, & fit sa paix à ses dépens par la reddition de cette forteresse, ce qui arriva de cette sorte. Il y avoit dans la Ville un jeune homme apellé Darbon âgé d'environ vingt-deux ans, dont le pere étoit l'un des confidens de Fabio, & avoit même quelque charge dans la garnison ; ce jeune homme fut persuadé de vouloir disposer l'esprit de son pere à dresser une partie dans la place pour la reduire en l'obéïssance du Roi, sous promesse d'une abolition des choses passées, & de recompense, soit pour son pere, soit pour ceux qui l'assisteroient en l'execution de cette entreprise ; en effet on lui mit en main un traité en forme de créance, ensuite il se rendit à nôtre Dame de la Garde, où il publia d'abord qu'il s'étoit sauvé des mains de ceux de Marseille qui le vouloient faire mourir ; toutesfois en particulier aïant communiqué sa créance à son pere, & aux principaux de la garnison, qui voïoient bien qu'ils ne pouvoient pas tenir long-tems, il les fit resoudre à prendre le parti qu'on leur offroit, mais Fabio qui découvrit cette negociation se voulut asseurer de la personne de Darbon pere, & comme il se mettoit en devoir de le faire emprisonner, la garnison se souleva, & le mit dehors avec tous ses freres, arbora un étendard blanc, & tira un coup de canon ; à ce signe Libertat se rendit aussitôt au pied de la Forteresse, qu'on lui voulut livrer entre les mains, mais il se contenta de recevoir quatre des principaux en ôtage, & d'y mettre son jeune frere pour y commander jusques à l'arrivée du Duc de Guise, qui étoit parti de Marseille dépuis quelques jours pour combatre le Duc d'Espernon, qui ne vouloit pas quitter le gouvernement de cette Province, & qui étoit allé secourir la Citadelle de S. Tropés, que Mesples tenoit assiégée ; à son retour donc la place lui aïant été effectivement délivrée, il en donna le gouvernement à Libertat suivant l'un des articles de son traité. Quant aux enfans de Casaulx, comme on les eût chassés ils se mirent en fuite du côté de la mer ; mais ils tomberent entre les mains de Montplaisir, qui en tira trois cens écus de rançon, & leur laissa prendre la route de Genes.

Sur ces entrefaites le Roi aïant été averti de la reduction de Marseille XXXXIII. par un Courier exprès qu'on lui envoïa, en reçût une extréme joïe, &

Tome I.   Aaaaa

il y en a qui difent qu'il tint ce difcours, lorfqu'on lui porta cette nouvelle, *C'eſt maintenant que je ſuis Roi.* Vn Auteur Eſpagnol, dit que ce Prince en fut ſi joïeux qu'il leva les mains au Ciel, & rendit graces à Dieu pour un tel ſuccés, eſperant qu'il ſeroit ſuivi d'autres encore meilleurs; en effet il déſiroit avec tant de paſſion de reduire Marſeille ſous ſon obéïſſance, qu'au ſiége de la Fere, où Beringhen avoit fait une digue, par le moïen de laquelle, les aſſiégés furent contrains de capituler, & de ſe rendre voïant l'heureux ſuccés de cette invention, il dit à l'oreille au ſieur de Montigni, *Si j'en pouvois faire autant à la Rochelle & à Marſeille je ſerois abſolu Roi de France.* Sa Majeſté honnora les Conſuls & Libertat de ſes lettres, pleines d'affection & de reconnoiſſance. Voici la teneur de celle qu'il écrivit aux Conſuls.

Louis de Bavia en la quarte parte de l'Hiſtor. Pontifical. voici les mêmes paroles. *Coſa de que el ſe alegre tanto que levantado las manos al cielo, y dando gracias à Dios por eſte ſucceſſo conſidamente ſe prometria otros mas buenos.* Dupleix Hiſtoire de Henri IV.

Tres-chers & bien amez, Enfin vos loyautez, & courages ont répondu à nos eſperances: car jamais nous n'avons crû que vous duſſiez être autres, que bons François, tels que vous avez toûjours été. Et quand les deux traitres qui vous tirannifoient ſe ſont vantez de diſpoſer de vos volontés au deſavantage de nôtre Couronne, & au préjudice de nôtre honneur, nous avons toûjours eſperé, que la force manqueroit à leur audace, & que vôtre bon naturel épreuve de nos Rois nos predeceſſeurs en toutes occaſions, ſurmonteroit à la fin leur malice, comme il eſt avenu par la grace de Dieu & vôtre vertu, dont nous loüons la divine bonté, & vous remercions de tres bon cœur. Et comme vous avez rendu preuve en cette occaſion de vôtre fidelité & affection en nôtre endroit, nous vous ferons auſſi paroître par effet que vous n'eûtes jamais Roi, ni maître qui fut plus jaloux de vôtre bien & proſperité, ni qui eût plus de ſoin de la conſervation de vos privileges & libertés, que nous, ſuivant ce que nôtre tres-cher neveu le Duc de Guiſe, & nôtre Lieutenant general en nôtre Païs & Comté de Provence vous a promis en nôtre nom entrant en vôtre Ville, & recevant la Foi que vous nous avez donnée. De quoi nous avons ordonné les lettres & proviſions neceſſaires vous être expediées à l'arrivée de vos députés, eſperant que vous éprouverez bientôt à vôtre avantage & contentement, quelle difference il y a d'obeïr à ſon Prince naturel, & avoir à ſuivre ſes commandemens, au reſpect des autres, leſquels aſpiroient à la domination & uſurpation de vôtredite Ville, par la corruption & infidelité de deux traîtres, qui avoient trop long-tems abuſé de vôtre pieté, & bon zéle à la Religion, comme ils prétendoient faire encore de vos libertés, en vendant à nos anciens ennemis, & aux vôtres les biens & facultez qui vous reſtoient de leur raviſſement & avidité inſatiable, avec vos familles, perſonnes & honneurs: dont Dieu a voulu qu'ils aïent reçû le juſte châtiment qu'ils devoient attendre, à ſa gloire, & à vôtre honneur & utilité, non moins qu'à nôtre plus grand contentement, comme vous declarera plus particulierement de nôtre part nôtredit neveu le Duc de Guiſe, ſuivant les lettres que nous lui écrivons préſentement par le ſieur de Lamanon, par lequel il nous a donné avis de vôtre heureuſe declaration, de laquelle nous vous remercions derechef d'entiere

DE MARSEILLE. Liv. IX. 432

affection. Donné au camp de Rovy le sixiéme jour de May mil cinq cens nonante-six. Signé HENRY.

TENEUR DE CELLE QUI FUT ECRITE A LIBERTAT.

CHer & bien amé, Vous avez fait un acte si genereux pour la liberté de votre patrie & de vos Concitoïens, que quand nous n'y aurions aucun interêt, nous ne laisserions d'estimer & loüer votre vertu, par où vous pouvez croire ce que vous devez esperer du service que vous nous avez fait en cette occasion, qui est le plus grand & singulier que nous pouvions recevoir, non seulement de vous, mais aussi de nul autre de nos serviteurs & sujets ; au moïen dequoi nous vous asseurons, premierement que nous vous en sçaurons bon gré à jamais, & le reconnoîtrons envers vous & les vôtres éternellement. Secondement, que nous vous fairons joüir de tout ce que notre tres-cher neveu le Duc de Guise Gouverneur & notre Lieutenant general en notre Païs & Comté de Provence vous a promis & accordé en notre nom, dont nous vous en fairons dépêcher les lettres & provisions necessaires pour la confirmation & conservation des libertés & privileges de nôtre Ville de Marseille, & finalement que nous vous fairons servir d'exemple à un chacun, & de mémoire à la posterité de notre gratitude, comme de vôtre fidelité, en laquelle nous vous prions de perseverer. Donné au camp de Rovy le sixiéme May 1595.

Cependant la Ville se trouvoit plongée dans de grandes confusions, à cause que les violences qui avoient été exercées par les Dussmvirs, & leurs adherans sur les personnes & sur les biens des serviteurs du Roi, avoient tellement aigri les esprits, que les uns poursuivoient la reparation des injures, les autres la restitution des fruits & meubles qu'on leur avoit pris, & y procedoient à main armée ; pour remedier en quelque façon à tous ces désordres, qui pouvoient avoir des dangereuses suites, le Sieur de Valegrand Intendant de la Justice en Provence, ordonna qu'il seroit sursis à toutes recherches & poursuites jusques à ce que le Roi eût declaré sa volonté, & pourvû sur le cayer des tres-humbles supplications & remonstrances de la Communauté. Cette Ordonnance fut publiée & dans le siége de la Sénéchaussée, le sieur Intendant sçeant & à son de trompe, & par tous les carrefours, y assistant le Viguier, & les Consuls accompagnés de cent des principaux à cheval, ce qui n'adoucit pas le peuple ; mais pour donner à la Ville une parfaite tranquillité, il fut jugé à propos de députer au Roi pour recevoir de lui les ordres necessaires en cette conjoncture ; & en effet on convoqua une assemblée des plus aparens jusques au nombre de cent & davantage, où furent députés Nicolas de Bausset Assesseur, Jean-Baptiste de Fourbin sieur de Gardane, Jean-Baptiste de Villages sieur de la Salle, Marc-Antoine de Vente sieur des Penes, François de Paulo, Pierre d'Hostagier sieur de la Grand Bastide, & Geofroi Dupré Notaire Roïal & Secretaire de la Communauté ; la même assemblée choi-

xxxxiv.

xxxxv.

HISTOIRE

fit aussi quatre personnes de chaque quartier de la Ville, afin de dresser les instructions, & les memoires qui leur seroient necessaires.

XXXXVI. Les Députés se rendirent à Paris environ le 15. Mai, où ils trouverent tout le monde troublé par la perte des Villes de Calais & Ardres, que les Espagnols avoient prises, pendant que le Roi étoit occupé au siége de la Fere : de sorte qu'ils ne jugerent pas à propos de passer plus outre; mais bien d'écrire au Sieur de Fresnos Secretaire d'Etat, qui avoit la Provence dans son département, afin qu'il leur donnât avis si Sa Majesté auroit agreable qu'ils se rendissent au camp, ou de leur assigner tel autre lieu qu'il lui plairoit. Le Sieur de Fresnos leur fit réponse que le Roi les verroit tres-volontiers en quelque part que ce fut, mais parce que la capitulation de la Fere étoit signée, & qu'aussitôt que les ennemis en seroient sortis, il avoit résolu de visiter la frontiere de Picardie, sa Majesté trouveroit bon qu'ils s'arrêtassent à Paris, & remissent leur caïer entre les mains du Chancelier, pour le faire répondre en son Conseil, en tant qu'il pouvoit dépendre de sa connoissance ; & que pour ce qui pourroit requerir sa presence, elle leur assigneroit le lieu, où elle les pourroit oüir avec plus de commodité. Cependant sa Majesté pour un témognage de sa bonté, écrivit au Chancelier de répondre à leurs articles le plus favorablement qu'il seroit possible, ensuite le caïer fut raporté au Conseil, & les Députés en reçurent toute la satisfaction qu'ils pouvoient esperer, & n'y eût que quatre articles qui furent renvoiés à la personne du Roi, dont le principal tendoit à faire établir un Corps de Justice Souveraine dans Marseille. Nous avons veu ci-devant comme cette Ville ne reconnoissoit plus dépuis quelques années le Parlement de Provence, & que le Duc de Mayenne y avoit envoié Masparraute Maître des Requêtes, & après lui Bernard Conseiller & Garde des Sceaux au Parlement de Bourgougne, pour juger avec un nombre d'Avocats en dernier ressort toutes les affaires des Habitans, si bien qu'ils demandoient de joüir à l'avenir de ce même avantage, conformement à l'un des articles des chapitres de paix, faits entre leur Ville & Charles d'Anjou.

XXXXVII. Le Roi aïant visité la frontiere, & asseuré les Villes qui étoient dans une grande épouvante dépuis la prise de Calais, résolut d'aller à Amiens pour y dresser son Arsenal, & y faire tous les préparatifs necessaires à la reprise des places, que l'Espagnol tenoit, pour cét effet il manda à son Conseil de s'y rendre, & écrivit au Sieur de Fresnos de dire aux Députés de Marseille de s'y acheminer, ce qu'ils firent en même-tems, & y arriverent le même jour que le Roi, & le lendemain au matin le Sieur de Villeroy les conduisit dans le cabinet où étoit sa Majesté, avec tous les Princes & les Seigneurs qui l'avoient accompagné, & là les Députés s'étans mis à genous, le Sieur de Bausset parla de cette sorte.

XXXXVIII. SIRE,
Encore que vôtre Ville de Marseille soit des dernieres de vôtre Roïaume à se reconnoître, & à se venir jetter aux pieds de vôtre Clemence

DE MARSEILLE. Liv. IX. 434

ce, unique Autel de refuge à tous ceux qui vous ont offensé; toutefois la memoire de son ancienne fidélité, inviolablement conservée durant la continuation de tant de siecles, refraichie par plusieurs belles & genereuses actions, jointe la derniere résolution de mourir plûtôt bon François, que vivre sous une domination étrangere, peuvent assurer votre Majesté qu'elle sera à l'avenir la plus ferme, & constante plus disposée à votre obéïssance, & servira d'un roc & rempart de fermeté à cét état, contre lequel tous les flots d'Espagne & nations ennemies se rompront, & perdront leur violence, à quoi votre bonté les oblige plus particulierement ; puisque non seulement vous recevés en grace ceux qui meritoient de sentir les effets d'un juste couroux : mais montant au plus haut & suprême degré de votre douceur, sans attendre que nous nous presentions pour implorer les salutaires effets de votre Clemence, vous nous venés au devant les bras ouverts, & nous remerciés de ce que nous devons naturellement. C'est ce qui nous fera mettre à part toute sorte de crainte & de méfiance pour environnez des marques, & Enseignes de fidélité dont nous avons été ci-devant Illustres, nous presenter maintenant à vos pieds, & comme députés de votre Marseille vous offrir nos cœurs, nos fortunes, & nos vies, nous acquiter des soumissions & devoir, ausquels la nature nous oblige & faire en vos sacrées, & victorieuses mains en perpetuel & inviolable sermen de vivre & mourir vos bons & fidéles sujets, qui ont tellement gravé en leurs cœurs les fleurs de lis, & le nom de leur Roi, qu'on ne les sçauroit arracher avec leurs vies, qu'ils consacrent & leurs vœux & leurs armes au service de votre Majesté, laquelle nous ne prierons point pour la conservation de nos Privileges, franchises & libertés ; puisque prevenant nos trés-humbles supplications, nos Requêtes & nos vœux, il lui a plû d'elle même nous en promettre la manutention, & obliger tellement par un si sincere témoignage de sa bonté, nos courages & nos volontés, que desormais toutes nos prieres, nos intentions & nos vœux seront tournés à ce seul point, qu'il plaise à la divine bonté, l'image vivante de laquelle vous representés parmi nous, vous accompagner d'une aussi longue vie, que ce Roïaume en a de besoin, n'aians autre opinion de nôtre felicité que de vivre & mourir sous les loix & douce domination du plus grand, plus magnanime, plus clement & invincible Monarque de l'univers.

Le Roi aïant écouté attentivement ce discours répondit sur le même sujet, en termes qui faisoient connoître que c'étoit sans premeditation, & leur parla de cette sorte.

Messieurs si vous avés tardé ça été reculer pour mieux sauter. Le témoignage que vous avés rendus de vos affections à mon service le jour de votre reduction, est si glorieux que je ne puis douter que vous n'aïés toûjours perseveré dans vos ames en vos enciennes fidélités, & quand de mon naturel je ne serois pas si enclin à la Clemence comme je suis, une action si memorable m'en donne tant de sujet, que non seulement je suis obligé d'oublier la memoire des choses passées ; mais encore de vous remercier de ce que vous avés fait, & vous asseurer que vous n'eûtes

xxxix.

Tome I.   Bbbbb

jamais Roi ni maître, qui vous aimât à l'égal de moi, qui aurai toûjours un soin particulier de vôtre repos, & de la conservation de vos priviléges: vous avés veu ce que mon conseil à fait en vos affaires, s'il reste encor quelque chose pour vôtre parfait contentement vous me le ferés entendre, & j'y apporterai les coups de Maître & de bon Pere.

L. Après que les députés furent levés, le Roi s'informa particulierement de l'état de la Ville de Marseille, & aïant apris d'eux qu'ils en avoient aporté le plan, il leur commanda de le lui porter le lendemain à son lever, & parce que le même jour l'Evêque d'Evreux, (qui depuis a été Cardinal du Perron) lui avoit presenté une assension d'argent, où étoient enchassées quantité de Reliques que le Pape envoïoit à sa Majesté, elle la fit voir aux députés, leur disant ces mots: *Sa Sainteté m'aime comme fils aîné de l'Eglise, il ne donnera point de benediction au Roi d'Espagne contre moi*. Le lendemain les députés se trouverent à son lever, & lui presenterent le plan de Marseille, qu'il considera fort curieusement, & le fit voir à Bonnefons son Ingenieur en presence des Ducs de Montmorency connêtable, & de Boüillon Maréchal de France; les députés s'étant arrétés pour le voir dîner, sa Majesté apella l'Assesseur Baussee, & lui commanda de lui raconter de quelle façon Daix & Casaulx avoient vécu durant leur tyrannie, & sur tout de lui faire le recit au vrai de la reduction de Marseille: Baussee y satisfit aussitôt par un discours qui dura tout le long du dîner, & que l'assemblée écouta avec grande attention, & ne fut terminé que par ces paroles du Roi: *Voilà une action qui est sans exemple, & qui ne peut être assés loüée & recompensée*.

LI. A l'issuë du dîner le Roi apella les Députés, & leur dit que les affaires qu'il avoit eu durant le printems, l'avoient empêché de penser à sa santé, & que dans deux jours il s'en alloit à Monceaux pour se purger, & faire un peu de diéte: mais qu'il laissoit à Amiens le Connétable & le Chancelier avec son Conseil, ausquels il avoit commandé d'expedier leurs affaires, & les renvoïer contens, que s'ils avoient quelque chose qui requît absolument son autorité, ils le lui devoient promptement faire entendre; les Députés après l'avoir remercié tres-humblement du soin qu'il lui plaisoit de prendre de leurs affaires par une singuliere bonté, la supliérent de leur donner une audiance, ce qu'il leur accorda aussitôt, & en effet le lendemain à l'issuë de son dîner, ils furent introduits dans sa chambre, où se trouva le Sieur de Villeroy; sa Majesté après les avoir oüis durant deux heures, pourveut sur le fait de la Justice Souveraine: car il ordonna qu'il seroit envoïé à Marseille une Chambre pour y tenir séance durant deux ans, laquelle seroit composée de dix Conseillers du Parlement de Provence, & d'un Président étranger, les Députés lui faisant entendre que s'il lui plaisoit de leur donner le Sr. du Vair pour exercer la Charge de Président, ils le tiendroient à faveur, & à grace particuliere. Sa Majesté répondit que cette nomination lui étoit fort agréable, parce que c'étoit un personage capable, de grande probité, & son serviteur; & d'ailleurs qu'il étoit tel qu'il leur faloit: car

DE MARSEILLE Liv. IX. 486

puisqu'en Provence ils avoient la tête verte, il leur faloit envoier un Vair, & commanda aussitôt au Sieur de Villeroy de l'envoier querir pour dresser les expéditions, ce qui fut fait dans peu de jours, & même l'Edit de la reduction, dans lequel ce grand Roi après avoir discouru sommairement de la restauration de cette Monarchie, qu'il attribuoit à la seule providence de Dieu, qui l'avoit garantie des mauvais desseins des Princes étrangers, qui tâchoient par toute sorte de voïes de s'emparer des principales Villes, parle avec tant d'éloge de la Ville de Marseille, qu'il est à propos d'inferer ici les mêmes paroles. *Ce qui nous reste marqué en nôtre Ville de Marseille, laquelle aiant de tout tems rendu tant de claires & évidentes preuves de la fidelité qu'elle en avoit, qui le nom de pucelle de la France, il a été neanmoins du pouvoir de nosdits ennemis d'y entretenir une puissante faction sous l'injuste & tyrannique autorité de Louïs Daix Vignier, & Charles Casaulx premier Consul de ladite Ville* (& peu après il ajoûte) *nous avons aussi estimé à propos de déclarer que nous avons toûjours crû, que nôtredite Ville de Marseille aiant de tout tems été recommandée par un exemple & patroüil de fidelité, & singuliere affection au service de ses Rois, & le general d'icelle n'avoit jamais trempé en cette faction & desobeissance.* Voici les principaux articles qui sont contenus dans cét Edit.

I. Qu'il ne seroit fait aucun exercice de la Religion dans Marseille, & ne soit l'exercice que de la Catholique, Apostolique & Romaine.

II. Qu'il n'y auroit autre Gouverneur particulier dans Marseille que le Viguier & les Consuls, tant que Libertas exerceroit ladite Charge, & après luy les Consuls tant seulement, sous l'autorité du Gouverneur de la Province, & du Lieutenant general en son absence.

III. Que les Marseillois joüiroient pleinement, & paisiblement des franchises, exemptions, privileges, prérogatives, & immunités qui leur avoient été accordées par les Comtes de Provence, & par les Prédécesseurs de sa Majesté.

IV. Qu'on pourroit negocier dans Marseille avec la même franchise qu'on avoit pratiqué de tout tems concernant leurs affaires, & les renvoier contre...

V. Que la memoire de tout ce qui s'étoit passé dans Marseille, & son district depuis le commencement des troubles jusques au jour de sa reduction, demeureroit étrinte & abolie.

VI. Qu'une Chambre de Justice Souveraine seroit établie dans Marseille pour y juger & terminer en dernier ressort tous les différens des Habitans, & s'y demeurer tant que sa Majesté trouveroit bon.

Cét Edit & toutes autres expeditions aiant été scellées, les Députés allerent à Fontainebleau prendre congé du Roi, qui leur tint ce discours. *Recommandez moi à mes sujets de Marseille, dites leur qu'ils m'ont bien toûjours bons sujets, comme ie leur serai bon Roi, i'espere qu'ils auront ce contentement de le voir dans dix-huit mois, ie mets le terme un peu long, afin de ne manquer pas de parole, ce sera incontinent que i'aurai mis ordre aux affaires de Picardie, & m'asseure que mes sujets qui m'ont veu enfant, m'aimeront ainsi veu toûjours. Adieu.*

Les Députés étant de retour à Marseille, firent raport en pleine assemblée de ce qu'ils avoient traité & negocié en leur députation, & des témoignages d'affection qu'ils avoient reçû du Roi environ le 15. Decembre suivant, le sieur du Vair arriva à Aix où se rendit aussitôt à sa priere le Duc de Guise pour conferer sur l'établissement de la chambre : le Duc entra dans le Parlement avec le sieur du Vair, qui exposa les commandemens du Roi les chambres assemblées ; & ensuite la Cour ordonna, que les lettres Patentes portant établissement de la chambre souveraine seroient enregistrées, remit à la conference qui seroit tenuë entre les President & gens du Roi du Parlement & le sieur du Vair, qui s'assemblerent le même jour au logis du Gouverneur, où fut convenu du nombre des Conseillers qui devoient venir servir dans Marseille, parmi ceux qui étoient nommés dans la commission ; & pour les gens du Roi qu'ils serviroient alternativement, & de trois en trois mois, & fut pris jour pour le départ de la chambre.

LIV. Cependant le Gouverneur s'en retourna à Marseille, & mena avec lui le President du Vair : il fut reçû avec un grand applaudissement, car les Marseillois se promettoient toute sorte de bonheur sous sa conduite. Enfin la chambre arriva la veille des Rois ; elle étoit composée des Conseillers Officiers suivans, Antoine de Suffren, Boniface Bermond sieur de Pennefort, Claude Arnaud, Nicolas Emeniaud sieur de Barras, Pierre de Puget sieur de Tourtour, Pierre Dedons, Jean Pierre Olivari, Antoine Seguiran, Alexandre Guerin, Louïs de Monier sieur de Chateaudueil, & Aimard Avocat & Procureur General du Roi, Etienne Greffier, & le lendemain fut faite l'ouverture de la seance fort solemnellement en robes rouges, à laquelle assisterent le Gouverneur & l'Evêque de Marseille, & au bas sieges les Officiers de la Sénéchaussée, où après que la lecture eût été faite des lettres Patentes portant établissement de la chambre, & de l'Edit de la reduction, le sieur du Vair harangua avec tant d'éloquence, & d'érudition que tout le monde en demeura ravi, ensuite la chambre ordonna que tous les ans, à même jour que la Ville fut reduite en l'obéissance du Roi, seroit faite une procession generale de tous les Ordres, pour rendre graces publiques à Dieu, d'une si miraculeuse délivrance. En effet le 17. Février suivant, cela fut exécuté ; tous les ordres de la Ville se trouverent à cette procession, où assista Federic de Ragueneau Evêque de Marseille qui marcha tout auprés de la Chasse du chef de Saint Lazare qu'on y porta, le Duc de Guise & la chambre de Iustice y furent aussi, le President du Vair étoit à main droite, & le Prince à gauche, les Conseillers Officiers suivoient de rang en rang, & après eux le Viguier & les Consuls.

LV. Cette année fut fatale à Pierre de Libertat, il joüit fort peu de tems du fruit de l'action glorieuse qu'il avoit renduë pour sa chere Patrie dont il fut le restaurateur : car il mourut le onziéme Avril au matin entre dix & onze heures au grand regret des Marseillois : quelques-uns crûrent que ses jours lui avoient été avancés avec un bas de soïe empoisonné ; en effet la douleur qu'il souffrit aux jambes lui ôta la vie on l'enbauma aussitôt pour donner lieu à preparer les funerailles qui furent

DE MARSEILLE. Liv. IX.

furent faites le 16. d'Avril, toutes les compagnies des Penitens s'y trouverent, puis les Religieux de tous les Ordres, ensuite les Paroisses & après les soldats de la porte Roïale, & ceux de Nôtre-Dame de la Garde tous en dueïl, il y avoit aussi un homme vétu de dueïl, qui portoit le bâton de Viguier, huit Penitens qui portoient chacun un grand flambeau, & douze hommes encore qui portoient chacun le flambeau que la Ville avoit donné; & les autres six, ceux que la maison de Libertat avoit fournis, les quatre Capitaines de la Ville marchoient en dueïl, & suivant leur rang, le corps étoit ensuite porté couvert d'un grand poile de velours noir, dont les pendants étoient soûtenus par les Consuls & l'Assesseur, tous les Officiers de la chambre menoient le dueïl, le corps de Libertat fut enseveli à l'Observance; au retour du convoi & à la porte de sa maison, le President du Vair y fit une harangue funebre fort éloquente qui est imprimée parmi ses œuvres: après la reduction de Marseille Libertat fut fait Viguier, ainsi que nous avons veu, & bien que le traité dont nous avons inseré la teneur ci-devant, porte qu'il ne seroit en l'exercice de la charge que durant un an, il fut néanmoins confirmé pour l'année suivante & il joüit de cette charge jusques à sa mort, & Barthelemi de Libertat l'un de ses freres après lui, durant quelques ans Libertat fut aussi Capitaine de la Porte Réale, non pas seulement aux gages ordinaires de cét employ qui étoient deux cent écus, mais on les lui augmenta encore de deux cens avec pouvoir de mettre un Lieutenant en la porte dont il répondroit aux gages de cent écus, il eût aussi le fort de Nôtre-Dame de la Garde & le commandement de deux Galeres qui avoient été confisquées sûr Loüis Daix & Casaulx. Le Roi lui assigna à prendre un droit de deux pour cent qui fut imposé en cette Ville sûr toutes les Marchandises d'entrée, & de sortie la somme de soixante & seize mille écus en capital, & neuf mille écus de pension annuellement; ce droit fut établi & éxigé durant trois ans, & par Libertat & par ses heritiers qui en retirerent soixante seize mille six cens & onze écus; & comme ce droit divertissoit le commerce de cette Ville, & le transportoit à Toulon, à la Cioutat & autres lieux, la Ville de Marseille transigea avec Barthelemi de Libertat son frere & moïenant douze mille écus qu'elle lui donna, il se départit des pretentions qu'il avoit contre la Ville, la Communauté recompensa aussi ceux qui avoient eu part à la reduction; sçavoir le sieur de Bausset à qui l'on donna huit mille écus de gratification, on en donna cinq mille à Dupré, mille au Receveur Roux, & par ce moïen ce droit fut aboli, & bien que cela ne fut que quelques tems après, la liaison pourtant de la matiere m'oblige de le mettre en cét endroit. Outre cette reconnoissance d'interêt qui fut donnée à Libertat durant sa vie, la Ville de Marseille après sa mort voulut dresser un glorieux monument à ce fameux Citoïen, afin que la posterité fut informée de sa vertu; elle fit donc une déliberation expresse qu'on lui érigeroit une Statuë d'airain, ou de marbre aux dépens de la Communauté qui seroit placée en un lieu éminent de la Sale de l'Hôtel de Ville. Mr. Pierre de Cordier celebre Avocat qui avoit été Assesseur, & trois fois

Tome I. Ccccc

Juge de Marseille Aïeul de Mr. Joseph de Cordier qui a rempli les charges de Iuge & d'Assesseur, pendant plusieurs années avec beaucoup d'honneur & d'intégrité, composa pour lors l'inscription suivante pour être gravée sur le pied-d'estal de cette Statuë.

PETRO LIBERTÆ

Libertatis assertori,

Heroi malorum averrunco,

Pacis Civiumque restauratori,

Quòd ejus auspiciis ab infestissimâ

Casali tyrannide Patriam

Liberarit :

Actuarias Hispanorum Classes

è Portu expulerit.

Quòd tandem HENRICO. IV.

Regi Christianissimo ac semper

Augusto Urbem Restituerit ;

Et profligatis Civibus Libertatem

ominato nomine donarit.

Hoc insigne Statuæ trophæum

S. P. Q. M. decrevit.

A Nobili PETRO CORDERIO Massil. J. C.

CHAPITRE V.

Les Florentins surprenent le Château d'If. Arrivée de la Reine de Medicis à Marseille, sur laquelle l'Espagnol fait diverses entreprises. Le Roi Henri le Grand est assassiné. Etat des affaires de Marseille jusqu'à l'année 1622.

I. *Roquefort traite avec le Grand Duc de Toscane pour la seureté du Chateau d'If. II. Conditions de leur Traité. III. Le Château d'If est ensuite pourvû de munitions. IV. Les Florentins s'en emparent. V. Le Duc de Guise fait faire un Fort à l'Isle de Rotoneau. VI. Le Sr. du Vair parlamente avec les Florentins. VII. Le Fort de Rotoneau est avitüaillé. VII!. Les Florentins se mettent en devoir de le forcer. IX. Ruse du Corsaire Amurat Rais qui se garantit des embuches de ses ennemis. X. Reddition des Isles en l'obeissance du Roi. XI. Peste à Marseille. XII. La Reine d'Espagne y aborde. XIII. Mariage du Roi. XIV. La Ville de Marseille se prepare pour recevoir la Reine. XV. Le Roi y envoye un grand nombre de Seigneurs pour la recevoir. XVI. La Reine arrive aux Isles. XVII. Description de la Galere que la Reine montoit. XVIII. Elle est saluée de tous les canons de la Ville. XIX. Son entrée dans Marseille. XX. Des feux de joye. XXI. Contention entre les Galeres de Florence & celles de Malte. XXII. La Reine se fait voir au peuple. XXIII. Les Députés du Parlement & des Comtes lui font la reverence. XXIV. Le Roi consomme son mariage. XXV. Entreprise du Comte de Fuentes sur Marseille découverte. XXVI. Le Sieur de Buous est pourvû de la Charge de Viguier de Marseille. XXVII. Le Sieur de Boyer lui succede. XXVIII. On équipe deux grands Vaisseaux pour se defendre contre les Corsaires. XXIX. Trahison de Mairargues. XXX. La Communauté pourvoit à l'asseurance de la Ville. Arrivée de plusieurs Princes & Princesses. XXXI. Abus corrigé. XXXII. Le Sr. d'Autefort brûle les Vaisseaux des Turcs. XXXIII. La Duchesse de Mantoüe arrive à Marseille. XXXIV. Mort d'Henri le Grand. XXXV. La Cour de Parlement envoye des Commissaires à Marseille. XXXVI. Les Consuls vont au devant d'eux, ils arrivent de tard à Marseille, & s'en vont au Palais pour recevoir le serment des Magistrats. XXXVII. Ils vont à l'Hôtel de Ville. XXXVIII. Les Consuls font proclamer le Roi par tout Marseille. XXXIX. Les Commissaires vont à la Prevôté, delà ils vont à la*

Porte Royale, au Château d'if. XL. *Et à St. Victor.* XLI. *Les Marseillois travaillent à leur conservation.* XLII. *Teneur de la lettre que le Roi leur écrivit.* XLIII. *Teneur de celle de la Reine.* XLIV. *Le Comte de Carces arrive à Marseille.* XLV. *Funérailles du feu Roi.* XLVI. *Deux vaisseaux chargés de Grenatins arrivent aux Isles de Marseille.* XLVII. *La Ville fait armer trois Vaisseaux pour courir sur les Corsaires.* XLVIII. *Les Ambassadeurs de Venise passent à Marseille.* XLIX. *Le Roi Loüis XIII. confirme les chapitres de paix, la Ville dresse des Reglemens touchant la navigation.* L. *Leur teneur.* LI. *Le Sr. de la Marthe est député à Tunis.* LII. *Le Chevalier de Lorraine arrive à Marseille qui le reçoit magnifiquement, mort de ce Seigneur.* LIII. *La Ville envoye des Députés aux Etats.* LIV. *Le Sieur de Mantin fait offre à la Ville d'aller combatre les Corsaires.* LV. *Le Sieur de Vincheguerre sort de Marseille pour courir sur les Corsaires d'Affrique, il fait la paix avec ceux de Tunis, lesquels envoyent de Chaoux au Roi.* LVI. *Ceux d'Algers envoyent deux Chaoux au Roi.* LVII. *Arrivée du Duc de Guise à Marseille.* LVIII. *Et du Duc d'Aussone.* LIX. *On convoque les Etats au Monastere St. Victor.* LX. *La Ville envoye des députés à Constantinople.* LXI. *Les Députés d'Algers retournent à Marseille, & delà s'en vont à Paris, pour asseurer le Roi qu'ils garderont les capitulations & traité de paix.* LXII. *Le Duc de Guise leur accorde des traités, leurs teneurs.* LXIII. *La Ville défraie ces Députés.* LXIV. *Les Corsaires d'Algers prenent un Vaisseau de Marseille, émotion du peuple qui se rüe contre les Turcs.* LXV. *Ceux d'Algers députent à Marseille.* LXVI. *La Ville resout d'armer contre eux, mais sans effet. Le sieur de Beaulieu se prépare pour les aller combattre.* LXVII. *Il sort du Port de Marseille.* LXVIII. *Il leur donne la chasse.* LXIX. *Et leur coule un Vaisseau à fonds.* LXX. *De son retour à Marseille, il se met de nouveau sur la mer.* LXXI. *Il donne un combat qui fut assés opiniâtré.* LXXII. *Le Sieur de Mantin arme à Marseille trois Vaisseaux de guerre.* LXXIII. *Il se met en état de combatre cinq Corsaires. Il donne le combat, gagne la victoire, & entre dans le Port de Saragoce.* LXXIV. *Les Corsaires coulent à fonds un Vaisseau de Marseille.*

I. APRES cette miraculeuse reduction, la Ville de Marseille commença de respirer, & de joüir du repos que la generosité de l'un de ses Citoïens, lui avoit acquise : mais à peine en avoit-elle goûté les premieres douceurs, qu'elle se vit troublée en quelque façon, par un accident, qui toutefois lui causa plus d'aprehension que de mal ; car la perte du Château d'If que les Florentins surprirent peu après, fit aprehender aux Marseillois de retomber dans les confusions, dont ils ne faisoient que de sortir ; cette place étoit sous la direction de Nicolas de Bausset Sieur de Roquefort, qui après la mort de Henri III. voïant toute la France dans l'agitation des guerres civiles, de crainte que l'Espagnol ne prit son tems pour s'emparer de cette Forteresse extremement

DE MARSEILLE Liv. IX.

trémement dépourvûë de soldats & de munitions nécessaires à sa défense, rechercha la protection du grand Duc de Toscane par l'entremise de la grande Duchesse, de qui il étoit connu.

II. Ce Prince suivant la coûtume des Souverains écouta fort volontiers ses propositions, & le traité fut conclu, par lequel le grand Duc s'obligea de lui envoïer des soldats & des munitions, que Roquefort accorda de recevoir, à la charge que l'Isle & le Château seroient conservés pour celui qui seroit declaré & reçû Roi de France, & aprouvé par l'Eglise, & qu'il ne pourroit être contraint de le remettre entre les mains d'aucun autre Prince, ou personne, qu'à un Roi de France Catholique.

III. Ensuite de ce traité, le grand Duc envoïa de soldats, de vivres & de munitions, qu'il fit embarquer sur ses Galeres. Il fit agrandir la Forteresse du Château d'If, dont Roquefort demeura toûjours le maître avec ses soldats ; pendant que les Florentins gardoient le dehors, & le bas de l'Isle.

IV. Mais comme le dessein principal du grand Duc, avoit toûjours été de s'emparer de cette place, & de chasser Roquefort, en faisant semblant de l'assister, ceux qui commandoient ses troupes avoient long-tems épié l'occasion de le faire ; ils exécutèrent enfin leur entreprise le 20. d'Avril de l'an 1597. que Roquefort étoit allé à Marseille dés le matin, ce fut pendant que les soldats dinoient, que les Florentins tüerent les sentinelles, qui ne se défioient point d'eux, enfoncerent la porte d'un coup de canon, & donnerent l'escalade aux murailles ; si bien qu'ils se rendirent facilement les maîtres de cette place.

V. La Ville de Marseille fut fort alarmée de cét accident, le Duc de Guise néanmoins tâcha d'y apporter le remede qui lui étoit possible : car il fit faire aussitôt un fort en l'Isle de Rotonneau pour battre le Château d'If : mais pendant qu'on y travailloit, Dom Jean de Medicis frere naturel du grand Duc étant arrivé aux Isles accompagné de quatre Galeres, & d'une galiote, fit prendre nos fregates chargées de vivres pour l'avituaillement du Fort, & fit mettre tous les gens à la chaîne.

VI. Messire Guillaume du Vair President de la Chambre souveraine de Marseille, tâcha d'obtenir leur délivrance ; & pour cét effet il alla vers les Galeres, & representa à Dom Jean, qu'il ne devoit point traiter de la sorte les sujets du Roi, n'y s'emparer de ses forteresses : mais il n'eût autre réponse, si ce n'est que ces Isles apartenoient à son Altesse, & qu'il les vouloit garder pour son service, & en sa presence commença de faire travailler à un fort dans l'Isle de Poumegues, ce qui obligea le sieur du Vair d'y retourner le lendemain, pour lui remontrer encore qu'il devoit quitter ce dessein, & remettre le Chateau au pouvoir de sa Majesté : mais il ne peut rien avancer sur l'esprit de Dom Jean, qui lui declara qu'il nous permettoit d'avituailler nôtre Fort ; mais non pas de le garnir d'Artillerie.

VII. Le Duc de Guise ne pouvant souffrir cette bravade, arma promptement deux Galeres & douze Vaisseaux, & en même-tems prit la route du Fort ; les Galeres de l'ennemi le voïant venir le reçûrent à

Tome I. Ddddd

grands coups de canons: mais les nôtres firent si bien leur devoir qu'après un combat de cinq heures, en dépit des Florentins ils pourvûrent le Fort de Rotonneau de munitions de guerre, de bouche, & d'Artillerie, & y aïant laissé deux cens soldats ils s'en retournerent.

VIII. Le sieur de Beaulieu qui commandoit dans nôtre Fort pour se moquer des Florentins, fit le soir même attacher à trois ou quatre Asnes quantité de méches allumées, & de cette sorte leur fit faire divers tours dans l'Isle: si bien que les ennemis croïans que c'étoient des soldats, leur tirerent plus de deux cens canonades. Le lendemain sur l'entrée de la nuit, leur Fort apellé Cap d'Oriol tira contre le nôtre plus de vingt coups de canons, & peu après leurs Galeres aprocherent à la portée de leurs coursiers, dont ils firent plusieurs décharges s'efforçants d'y faire bréche: ensuite aïant mis leurs soldats à terre, vinrent donner l'assaut: mais ils furent repoussés par trois fois, & contraints de se retirer avec perte, par la resistance du sieur de Beaulieu, qui ne fit en cette occasion, que ce qu'on attendoit de sa generosité.

IX. Il y eût depuis cessation d'armes de part & d'autre. Elle fut négociée entre le Duc de Guise & Dom Jean par le Chevalier de Venerosi Pesciolini, qui porta une lettre du Roi à chacun d'eux, & encore une du sieur de Gondi à Dom Jean; il eût ordre de sa Majesté de retirer réponse de celle de Dom Jean, & de la lui porter aussitôt. Pendant cette tréve, un Renegat apellé Amurat Rais aborda au Port de Marseille avec quatre Galeres des Turcs aïant esquivé adroitement celles de Toscane: mais comme il y eût sejourné environ un mois, & qu'il en voulut partir il se trouva bien en peine, parce que Dom Iean qui croïoit que cette proïe ne lui pouvoit pas manquer, faisoit garder toutes les avenües avec tant de vigilance qu'il sembloit impossible de pouvoir éviter ses aguets. Toutefois ce ruzé Corsaire fit un tour de son metier, & usa d'un stratageme qui le garantit des embûches de ses ennemis: car pour endormir Dom Iean, il se mit souvent en état de partir, & fit même avancer ses Galeres en veuë des Isles: mais en même-tems qu'il voïoit qu'on se preparoit pour le combatre, il rebroussoit chemin & se retiroit; si bien que par ces feintes il asseura tellement les Florentins, qu'un jour que Dom Iean étoit descendu dans l'Isle du Chateau d'If, soit pour entendre Messe, soit pour se refraîchir du travail qu'il avoit pris la nuit precedente à guetter son ennemi; ce Corsaire après avoir fait démonter & ôter toutes les poupes à ses Galeres, cingla si à propos à la faveur du vent, qu'il se déroba bien-tôt de veuë à ses ennemis, qui furent extrémement étonnés d'une telle ruze, & sur tout Dom Iean en pensa crever de dépit: car il avoit souvent écrit au grand Duc, qu'il tenoit le renard dans ses piéges, & qu'il le lui ameneroit bien-tôt lié & attaché.

X. Cependant le sieur Dossat, qui depuis fut Cardinal, & qui avoit pour lors la direction des affaires de France en cour de Rome, traita par commandement du Roi avec le grand Duc de Toscane, & obtint la reddition des Isles de Marseille sous ces conditions.

Que l'Isle avec le Chateau d'If seroit délivrée à sa Majesté, dans quatre mois sans aucune démolition.

DE MARSEILLE Liv. IX.

Que le Duc pourroit faire emporter son Artillerie, armes, salpêtres, & autres choses qui lui apartenoient, laissant néanmoins tout ce qui étoit dans le Château lorsqu'il fut surpris par ses gens.

Et moïenant cela le Roi se declaroit débiteur de son Altesse de deux cens mil sept cens trente sept écus, & promettoit de lui donner assignation des meilleures & plus notables fermes de son Roïaume, pour en être païé à raison de cinquante mil écus par an jusques à entier paiement.

Il fut aussi convenu que son Altesse rendroit dans le même-tems de quatres mois l'Isle de Poumegues, & qu'il pourroit démolir le Fort ou Forts qu'il avoit fait bâtir depuis un an, sans toutesfois qu'il lui fut permis de gâter le Port, ni les autres lieux de l'Isle.

Voila les principaux articles de ce traité, qui fut fait à Florence au Palais de Pitti, le premier de Mai 1598. & souscrit par son Altesse & par le sieur Dossat.

XI. En la même année la Ville de Marseille se vit affligée de la maladie contagieuse qui ne fit pas néanmoins d'aussi grands ravages qu'elle avoit fait autrefois, car elle n'emporta que trois ou quatre mille Habitans : la Chambre Souveraine tenta de se refugier à Aubagne ; mais l'entrée lui aïant été refusée par ordre de la Cour du Parlement d'Aix, elle fut contrainte de se retirer en des bastides du terroir, où elle y fit même quelques Arrêts, & lorsque la Ville en fut délivrée, elle y retourna & continüa d'y siéger. Mais le premier de Février de l'année suivante, cette Chambre abandonna la Ville de Marseille, à cause que par des lettres patentes du Roi elle fut réünie dans le même corps, d'où elle avoit été tirée ; à la clôture de la Chambre, le Président du Vair y harangua avec son éloquence ordinaire, le curieux lecteur peut voir ce discours, si bon lui semble, qui est imprimé avec ses œuvres.

XII. Peu après Marguerite d'Austriche fille de Charles Archiduc de Grats ou Grets en Stirie, & de Marie de Baviere, qui alloit épouser Philipe III. Roi d'Espagne, aborda aux Isles de Marseille, accompagnée de quarante Galeres. Le Duc de Guise qui avoit eu commandement du Roi de lui rendre tous les honneurs dûs à une personne de cette qualité, lui alla faire la reverence, & lui offrit l'entrée de la Ville. Elle n'y voulut pas venir, ni André Doria non plus : mais bien l'Archiduc Albert, le Duc d'Aumale & plusieurs Seigneurs de sa suite, qui visiterent l'Abaïe Saint Victor, & furent traités fort civilement, sans qu'on leur témoignât aucun ressentiment du passé : les Consuls de Marseille accompagnés de quantité de personnes qualifiées de la Ville, saluërent cette Princesse, & lui firent present de pain, de vin, de volailles, & de confitures jusqu'à la valeur de cinq cens écus.

XIII. En l'an 1600. le Roi aïant conclu son mariage, avec Marie de Medicis, niéce de Ferdinand grand Duc de Toscane, dépécha Roger de Bellegarde grand Ecuïer de France, pour aller épouser en son nom cette Princesse ; Bellegarde accompagné de quarante Gentilshommes, & d'un bon nombre de Prelats, arriva à Marseille le 6. de Septembre, & le 13. suivant, il s'embarqua sur une Galere du Comte de Joigni General des Galeres de France qu'on apelloit alors le Sieur Dampierre, avec laquelle étant arrivé à Antibe, il y trouva sept Galeres de Toscane qui l'attendoient, de là il prit la route de Florence, où il arriva heureusement sur la fin du mois de Septembre.

XIV. Cependant la Ville de Marseille fit present au Roi pour survenir aux frais de son mariage de la somme de douze mille livres, & se prépara pour recevoir une si grande Reine, elle fit travailler aux arcs, statuës & autres choses qu'on a accoûtumé de faire en semblables solemnités, elle créa aussi par Deliberation du Conseil huit Capitaines outre les ordinaires, & un Mestre de Camp de l'Infanterie Marseilloise, qui fut Jean-Baptiste de Fourbin Sieur de Gardane, & comme l'on eût opinion que le Roi se trouveroit dans Marseille lorsque la Reine y arriveroit, on dressa pour cét effet du côté de terre cinq arcs triomphaux d'une belle & ingenieuse architecture, enrichis de chiffres & dévises de France & de Toscane: & du côté de la mer on mit sur les piliers qui sont à l'embouchure du port, des piramides & des figures, avec de tableaux le long de la muraille du ravelin de la tour de S. Jean. On dressa aussi sur le quay du port, au devant de l'Hôtel du Roi, un pont qui prenant depuis cét Hôtel, s'avançoit jusques au rivage de la mer, & venoit aboutir à une plate forme faite en façon d'une grande salle, & fabriquée sur deux grandes barques de ponton, en telle sorte qu'on étoit aussi asseuré là dedans qu'en terre ferme. Cette salle étoit ornée de belles peintures & autres magnificences.

XV. La Ville s'étant si bien préparée attendoit avec impatience l'arrivée d'un si grand Roi & d'une si grande Reine, mais elle fut privée du bonheur de recevoir le Roi : car après la prise de Montmeillan & du Fort sainte Catherine, ne pouvant venir à Marseille, il y envoia pour honorer l'entrée de la Reine son épouse, Henri Duc de Montmorency Connétable de France, Pompone de Bellievre Chancelier, & le sieur de Fresnes Forget, l'un des Secretaires d'Etat, qui avoit le département de Provence. Les Cardinaux de Joïeuse, de Gondi, de Giury & de Sourdis s'y rendirent pour le même sujet; comme aussi les Duchesses de Nemours, de Guise, Mademoiselle de Guise & la Duchesse de Ventadour. La rencontre de tous ces Seigneurs fit naître de la contention entre eux, parce que chacun vouloit avoir l'honneur de recevoir la Reine, lorsqu'elle mettroit pied à terre, & sur tout les Cardinaux, qui disoient que cela leur apartenoit, bien que le Duc de Guise leur representât que c'étoit à lui privativement à tout autre, puis qu'il étoit dans son gouvernement. Enfin cela fut reglé de la sorte; sçavoir que le Duc de Guise iroit faire la reverence à sa Majesté, dés qu'elle seroit arrivée aux Isles, & la recevoir comme entrant dans son gouvernement, & que lorsqu'elle descendroit de la Galere elle seroit reçuë par les Cardinaux.

XVI. Le troisiéme Novembre jour de Vendredi sur les onze heures du matin, le Fort Nôtre Dame de la Garde aïant fait signal, par lequel la Ville fut avertie de l'arrivée de la Reine aux Isles, chacun se disposa pour être en état lorsqu'elle entreroit : les douze Capitaines richement
couverts

couverts; en tête de deux cens hommes chacun des plus qualifiez de la Ville, qui étoient en très bon équipage commencerent à marcher sur le midi, pour aller prendre leur poste sous la conduite de leur Meftre de Camp. Les uns furent logez sur une éminence apellée Tête de More, & les autres à l'embouchure du Port. Cependant le Duc de Guise accompagné de la Noblesse de cette Province, monta sur sa Galere, & fut aux Isles rendre ses devoirs à la Reine, & après revint aussitôt pour se trouver au rang qui lui étoit assigné, quand Sa Majesté descendroit de la Galere.

XVII. La Reine arrêta aux Isles jusqu'à quatre heures après midi qu'elle prit la route du Port. Elle montoit une Galere la plus richement embelie qu'on eût jamais veu, elle avoit septante pas de longueur, & vingt-sept rames de chaque côté, elle étoit rouge dorée au dehors, & la Poupe, dont le bort étoit marqueté de cannes d'Inde, de grenatines d'ebene, de nacre, d'yvoire & de lapis, étoit couverte de vingt cercles de fer, enrichis de Topazes, d'Emeraudes, & autres pierreries, avec un grand nombre de perles pour les distinguer. Les armes de France composées de Diamans de grande valeur, & celles de Toscane de cinq gros Rubis, d'un Saphir, d'une grosse perle au dessus, & d'une grande Emeraude entre deux, étoient près du siège de Sa Majesté. Il y avoit outre cela une Croix de Diamans, & une autre de Rubis. Les chambres de la Galere étoient tapissées de draps d'or, les vitres de cristal, les rideaux de drap d'or à franges, les Forçats vêtus d'écarlate rouge avec leurs bonnets enrichis de Fleurs de Lys d'or. Cette Galere étoit accompagnée de six autres Florentines, de cinq du Pape, & de cinq de Malte.

Eloge des Dames illustres d'Hilaire de Coste.

XIII. Comme les Galeres furent en veuë de la Ville, & au lieu où elles ont accoûtumé de recevoir le salut, la Ville fit tirer toute son artillerie; les Galeres y répondirent de tout leur canon, & la Ville aïant rechargé le fit tirer pour la seconde fois. Lorsque Sa Majesté fut devant l'éminence de Tête de More, les Compagnies de gens de pied firent la salve de leurs mousquetades, qui fut redoublée par trois fois.

XIX. Cependant la Galere de la Reine s'étant avancée entra la premiere dans le Port, où elle fut encore saluée par le canon de la Ville & des Navires, & par l'escopeterie des compagnies qu'on avoit logées à l'embouchure. La Galere s'étant aprochée de la plate-forme dont nous avons parlé ci-dessus; la chiorme s'avança vers la poupe pour la faire abaisser, & la Reine habillée d'une étoffe verte parsemée de clinquans à l'Italienne avec des manchons d'argent, en sortit aussitôt, soûtenuë par le Duc de Bellegarde, & entra dans la plate-forme, où elle fut saluée par les Cardinaux; après cela le Viguier & les Consuls qui étoient à côté, vêtus de leurs robes d'écarlate s'avancerent & la reçûrent sous un daix de brocart bleu à franges d'argent; Cesar de Villages premier Consul lui presenta à genoux deux clefs d'or du poids de trois cens écus, qu'elle prit & donna au Sr. de Lussan Capitaine de ses Gardes: à mesure qu'elle s'avançoit dans la plate-forme, elle recevoit les hommages de ceux que le Roi avoit envoié suivant l'ordre qu'on avoit établi avant sa

Tome I. Eeeee

venuë, sçavoir du Connétable, du Duc de Guise, du Chancelier vétu d'une robe de velours fourrée de panne cramoisi, & d'une soutane de même couleur, de l'Archevêque d'Arles, d'un Conseiller du privé Conseil, de l'Evêque de Marseille, des sieurs de Fresnes, de Maisse, & de Calignon, de l'Archevêque d'Aix, de Paris, des Evêques d'Auxerre, de Vabres, de Lizieux, de Frejus, de Vence, & de Lavaur, les Duchesses de Nemours, de Guise, Mademoiselle de Guise depuis Princesse de Conty, la Duchesse de Ventadour, la Maréchale Dornano, la Marquise de Rhosny, la Marquise de Pisani, le Comte de Carcés, de Sault, & plusieurs autres illustres Dames lui firent la reverence. Estant arrivée à la porte de sa chambre, elle fut reçûë par la Marquise de Guercheville, & autres Dames qu'on avoit envoiées pour son service, qui la saluerent à genoux, & parce qu'elle avoit besoin de repos, aussitôt qu'elle y fut entrée on la coucha dans son lit, où l'on lui fit porter son souper.

XX. Cependant la milice de Marseille rentra dans la Ville, & passa au devant du Logis de Sa Majesté, où elle déchargea sa mousqueterie; mais il n'y eut rien de si beau que les feux d'artifice des Galeres, & comme elles appartenoient à divers Princes, il y avoit de l'émulation à qui faisoit mieux, & avec plus de largesse & de magnificence. Les Habitans y ajoûterent de leur part des feux de joie; le lendemain qui étoit un jour de Dimanche Sa Majesté entendit Messe, & dîna dans sa chambre, où elle fut visitée par les Princes, & les Princesses, & par les Seigneurs & les Dames de l'une & de l'autre Nation.

XXI. Le même jour le Conseil se trouva dans une grande perplexité pour un different arrivé entre les Galeres de Toscane, & celles de Malte. La Capitane de celles-ci avoit pris le premier rang, & s'étoit mise au lieu le plus honorable, dont la Reine fut fort outrée, disant qu'on lui étoit venu faire un affront dans sa propre maison, & qu'une action si hardie portoit coup sur l'honneur du grand Duc & de sa posterité. Si bien qu'elle vouloit qu'on tirât par force la Galere de Malte de son poste, mais le Conseil par le sentiment du Chancelier, ne trouva pas bon de rien ordonner, estimant que puis que toutes les escadres étoient venuës pour honorer & servir le Roi, il ne faloit mécontenter personne; ainsi les Galeres demeurerent dans le rang qu'elles avoient pris jusques à leur partance.

XXII. De tout ce jour la Reine ne sortit pas de sa chambre, mais le lendemain jour de Samedi elle se fit voir au peuple, qui en reçut un extrême contentement, car après avoir oüi la Messe aux Augustins elle dîna dans la grand-sale du vieil Hôtel de Ville, où les Duchesses de Toscane & de Mantouë dînerent avec elle; celui qui avoit dressé le couvert, avoit mis trois chaises, ainsi qu'on avoit accoûtumé durant toute le voiage, mais le sieur de Rhodes grand Maître des ceremonies en fit ôter deux, & mit en leur place deux escabeaux pour les Princesses, ce qui donna lieu à la grand-Duchesse de dire comme elle se mettoit à table, *loüé soit Dieu, me voici reduite au même état que j'étois lorsque la Reine ma Grand-mere vivoit.*

Le même jour sur les trois heures après midi, la Reine étant assise XXIII. sur un trône, qu'on avoit dressé pour ce sujet le Dais au-dessus, & le Chancelier aïant pris place derriere sa chaise sur un escabeau, sa Majesté reçût les trés-humbles obéïssances que les députés du Parlement lui vinrent rendre; & Messire Guillaume du Vair chef de cette compagnie y fit un fort beau discours, qui se trouve imprimé entre ses actions & traités oratoires; ensuite ceux des Comtes & tous les Ordres de la Ville en firent de même, & le lendemain les Marseillois lui firent present d'une magnifique plaque d'argent de la valeur de deux mille écus, sur laquelle paroissoit une mer undoïante à demi relief avec l'effigie du Roi, de la Reine & de Neptune, qui donnoit le Trident au Roi, pour lui ceder l'Empire de la mer. Le Dimanche la Reine ouït la Messe à l'Eglise Cathedrale, le mecredi elle entendit Vêpres aux Capucins, & le lendemain au Monastere S. Victor; elle sejourna à Marseille jusqu'au seize de Novembre, qu'elle en partit pour aller trouver le Roi à Lion, & les Duchesses de Toscane & de Mantouë, après avoir pris congé de sa Majesté avec beaucoup de larmes, reprirent le chemin d'Italie.

La Reine étant arrivée à Lion ne manqua pas d'y attendre le Roi, qui XXIV. y vint bien-tôt après consommer son mariage, il fut si beni de Dieu, que neuf mois après elle acoucha d'un Dauphin pour comble du bonheur de la France; en ce même tems sa Majesté fut visitée par plusieurs Princes qui lui envoïerent leurs Ambassadeurs, & entre autres, Mahomet III. Empereur des Turcs, lui dépêcha un renegat appellé Barthelemi de Cœur Marseillois, qui felicita le Roi de ses grandes victoires, & s'en retourna fort satisfait à Constantinople.

Cependant quoique l'Espagnol fut en paix avec la France, il faisoit XXV. néanmoins des entreprises sur Marseille; & pour en venir à bout le Comte de Fuentes Gouverneur du Milanois dressa une grande armée Navale, avec laquelle il croïoit pouvoir entrer dans le Port de Marseille, par la trahison d'un nommé Maurice de l'Isle qui avoit été de la faction de Casaulx, & qui après sa mort s'étoit retiré dans les Etats du Roi d'Espagne, où il avoit toûjours demeuré. Ce traître aïant souvent conferé avec le Comte de Fuentes des moïens qu'il devoit tenir pour faire réussir son entreprise, se rendit à Avignon, & delà pour ourdir sa trame il faisoit de nuit ses allées & venuës dans Marseille, de peur d'être découvert: néanmoins il ne sçût si bien faire, que ceux qu'il vouloit attirer à son parti, pour s'en servir en l'exécution de sa trahison, n'en avertissent le Gouverneur, & la Cour de Parlement, qui soudain le fit prendre dans Avignon, & conduire à Marseille, où la Cour se rendit aussitôt pour lui faire son procés. Ce miserable étant entré dans la connoissance de la grandeur de son crime, & de la punition qu'il meritoit, fit tout son possible pour se couper la gorge; mais il n'en eût pas le moïen, à cause que le couteau dont il se voulut servir, & qu'il avoit trouvé par hazard dans la prison, étoit tout roüillé & émoussé, de sorte qu'il ne lui fit qu'une legere plaïe, joint encore qu'il en fut détourné par quelques-uns qui s'en aperçûrent: le lendemain donc son procés lui aïant été fait, & se trouvant pleinement convaincu, il fut condamné à être demembré tout vif, & enfuite il fut exécuté le même jour, qui étoit le Jeudi Saint. Or bien qu'il femblât que par fa mort les Marfeillois n'euffent aucun fujet de rien craindre, néanmoins ils ne laifferent pas de penfer aux moïens qu'il faloit tenir pour la feureté de la Ville, voïant qu'en pleine paix les Espagnols ne laiffoient pas d'y faire des entreprifes. Et pour cét effet ils creérent cinq Capitaines à chaque quartier outre les ordinaires, & pour Meftre de camp Antoine de Fourbin fieur de Gardanne. Ces Capitaines fuivant leur rang avoient foin de faire bonne garde la nuit fur les murailles & dans la Ville. L'on arma auffi quelques bateaux qu'on faifoit avancer en pleine mer, pour faire la découverte, & l'on tenoit deux Vaiffeaux tous prêts pour les couler à fonds en cas de befoin vers l'embouchure du Port. L'on trouva bon encore de faire entrer tous les foirs un Capitaine avec fa compagnie dans le Monaftere S. Victor, qui avoit ordre d'y laiffer durant le jour dix foldats qui étoient entretenus aux dépens des Religieux ; fi bien que le Comte de Fuentes fe voïant découvert changea fon deffein, & licentia fon armée navale.

XXVI. En cette même année le fieur de Bethune, que fa Majefté envoïoit à Rome pour y être Ambaffadeur, arriva à Marfeille; la Ville après l'avoir bien reçû lui fit un prefent, & parce que Barthelemi de Libertat qui exerçoit en ce tems-là la charge de Viguier de Marfeille depuis la mort de Pierre de Libertat fon frere, vouloit continuër l'exércice de fa charge, on s'y oppofa fous pretéxte qu'elle étoit annuelle, fi bien qu'aïant été renvoïé au Roi, fa Majefté en pourvût Pompée de Ponteves fieur de Buoux, les lettres Patentes portant provifion de cette charge contiennent l'éloge de ce Gentilhomme, qui dans les occafions qui s'étoient prefentées avoit donné des marques d'une grande valeur, cét éloge eft d'autant plus remarquable que ce fut Henri le Grand qui le lui donna.

XXVII. Antoine de Boyer Gentilhomme ordinaire de la Chambre du Roi fucceda l'année fuivante à la charge de Viguier de Marfeille, dont il s'acquitta trés dignement ; car quoiqu'il y eût de la mefintelligence entre les Marfeillois pour l'adminiftration des affaires publiques, fa conduite néanmoins fut fi fage & fi prudente, qu'il fembloit qu'il y eût une veritable union entre tous les Habitans. Cela étoit fort neceffaire en cette conjoncture que la Ville étoit ménacée encore des deffeins de l'Efpagnol, ce motif & celui auffi que ce Gentilhomme, & André de Boyer fon frere avoient beaucoup contribué à la reduction de Marfeille, obligerent les Marfeillois à les recevoir eux, & leur pofterité Citadins de Marfeille par déliberation du Confeil.

XXVIII. Les Marfeillois en cette conjoncture reçûrent de grandes pertes fur la mer par les Pirateries des Corfaires Turcs & Anglois ; pour aporter remede à ce mal on députa à la Cour, & en Angleterre encore Ambroife Bonin dernier Conful de Marfeille, qui ne peut rien avancer, quoiqu'il fit tout fon poffible, à caufe que le tems n'étoit pas favorable, fi bien que l'année fuivante il fut réfolu d'équiper deux grands Vaiffeaux de guerre pour les envoïer au-devant des Vaiffeaux de Marfeille qui s'en retournoient, afin d'empêcher qu'il ne leur arrivat aucun
déplaifir

DE MARSEILLE Liv. IX. 448

déplaisir ; néanmoins il fut résolu qu'on ne se serviroit d'aucun Vaisseau moindre de quatre mille quintaux de port, lesquels iroient en flote, & ceux de sept mille quintaux pourroient aller seuls selon la teneur des lettres Patentes du Roi, qui furent verifiées en Parlement portant qu'aucun Vaisseau n'iroit en Levant, qui fut moindre de sept mille quintaux, que les bâtimens seroient bien pourvûs d'Artillerie, & de soldats à gages & pour animer ceux qui les monteroient à se bien défendre dans les occasions, il fut déliberé que s'il arrivoit qu'ils mourussent dans le combat ou qu'ils fussent estropiés, on donneroit à chaque Capitaine ou à leurs heritiers en cas de mort deux cens écus, 150. à chaque Nocher Pilote & écrivain ; aux gardiens Mariniers, Fadarin, Camerat, & Dépensier cinquante écus à chacun ; & aux Mousses quinze écus chacun, que ces sommes se prendroient à sol la livre sur les Marchandises : il fut aussi déliberé que tous les Officiers, & Mariniers préteroient serment pardevant le Lieutenant de l'Amirauté de se bien battre, & qu'on poursuivroit pardevant la Cour l'homologation de tous les articles, & qu'on demanderoit permission au Roi de faire bâtir des grands Vaisseaux pour l'assurance du commerce.

XXIX. L'entreprise du Comte de Fuentes dont nous avons parlé ci-devant, fut suivie d'une autre qui fut tramée en l'an 1605. par Louïs d'Alagonia sieur de Mairargues d'une maison Illustre originaire d'Italie, ce Gentilhomme s'étant laissé gagner à l'Espagnol promit de lui mettre Marseille entre les mains ; il croïoit d'en venir facilement à bout l'année suivante, à cause qu'il avoit parole de sa Majesté pour la charge de Viguier de Marseille : mais comme semblables conspirations ont d'ordinaire un succés malheureux, Dieu permit que ce Gentilhomme fut si imprudent, que de s'ouvrir à un Forçat dont il faisoit beaucoup de cas, celui-ci découvrit toute la trame au Duc de Guise, qui aussitôt en donna avis au Roi ; Mairargues qui étoit pour lors en cour, fut pris avec Bruneau Secretaire de Dom Balthazar de Zuniga Ambassadeur d'Espagne. On trouva sous la jarretiere de celui-ci des billets qui convainquirent l'un & l'autre ; de sorte que Mairargues fut condamné par Arrêt de la Cour de Parlement de Paris d'avoir la tête tranchée, & fut ensuite exécuté le 19. de Decembre mil six cens cinq : tous ses biens furent confisqués au Roi sauf à déduire trente six mille livres, appliquables un tiers aux pauvres, aux reparations du Palais, & à la reparation du Port & Havre de Marseille.

XXX. L'aprehension qu'on eût en l'an 1608. de l'armée que le Roi d'Espagne dressoit en Catalogne composée de soixante Galeres, & de six Galions, la Ville de Marseille se prepara à n'être pas surprise : car il fut déliberé que tous les Habitans iroient à la garde sans excepter personne, non pas même les Officiers du Roi. En cette même année les Princesses de Condé & d'Orange, le Duc de Mantoue qui venoit de la Cour, & le Duc de Nevers aussi vinrent à Marseille ; les uns & les autres y furent reçus par les Habitans avec l'honneur dû à leur naissance, & à leur dignité : ces deux Princes s'embarquerent ensemble sur quelques Galeres qui les porterent en Italie, le Duc de Nevers étoit

Tome I. F ffff

envoïé par le Roi, pour aller rendre en son nom au Souverain Pontife les devoirs de fils aîné de l'Eglise.

XXXI. Dans un Conseil qui fut tenu en la même année, à cause de l'abus qui s'étoit glissé entre quelques Consuls, qui en faisant des reparations publiques y mettoient leurs armes, il fut déliberé que ces armes seroient effacées, & qu'on mettroit à leur place les armes de la Ville.

XXXII. L'avis qu'on donna que les Corsaires de Tunis preparoient quelques Vaisseaux à la Goulete, pour courir sur les nôtres, la Ville de Marseille qui en eût aprehension traita avec le sieur d'Autefort Lieutenant du sieur de Beaulieu qui moïenant une recompense de cinq cens écus qu'on lui promit s'obligea de les aller brûler ; il fit donc le voiage avec le Vaisseau du sieur de Beaulieu, & comme il fut arrivé proche de la Goulete il se mit dans une barque avec cinquante soldats & beaucoup d'artifices à feu, & nonobstant grande quantité de coups de canon & de mousquets qui lui furent tirés du fort de la Goulete, ils brûlerent vingt trois batimens qui étoient sous cette forteresse, & même une Galere qui n'en étoit éloignée que de la portée du pistolet, & comme Autefort fut de retour, la Ville lui donna la somme qu'on lui avoit promis. Mais comme il y avoit encore d'autres Corsaires qui faisoient de grands ravages, il fut déliberé que nos Vaisseaux iroient de trois en trois & de quatre en quatre.

XXXIII. Eleonor de Medicis fille de François Grand-Duc de Toscane, & femme de Vincens de Gonsague Duc de Mantouë & de Montferrat, arriva à Marseille, elle étoit accompagnée de Dom Jean de Medicis son frere naturel, elle venoit de la Cour, où elle avoit fait le Bâteme de Loüis Dauphin de France son neveu, qui fut depuis Loüis XIII. du nom, dit le juste & de très glorieuse memoire ; elle fut reçûë par les Marseillois avec toute la pompe qui étoit dûë à sa naissance, & à l'action qu'elle venoit de rendre ; les Consuls de Marseille allerent au-devant d'elle, les quatres Capitaines y marcherent en armes, & tout le canon de la Ville tira. Huit jours après, elle partit de Marseille avec cinq Galeres, & fit voile en Italie.

XXXIV. Le dix-huitième de Mai de l'an 1610. on eût en Provence la triste nouvelle du malheureux & détestable assassinat commis en la personne du Roi Henri le Grand. Le Sieur de la Verdiere qui la porta par le commandement de la Reine, se rendit dans trois jours & demi en la Ville d'Aix, & alla descendre au logis de Messire Guillaume du Vair, premier Président au Parlement de cette Province, qui la reçût avec l'affliction telle qu'un si funeste accident meritoit ; mais comme il avoit un courage extremement relevé, & une ame preparée à toute sorte d'évenemens, il fit paroître sa constance en cette conjoncture ; car en même tems il prit résolution de pourvoir & de donner ordre à tout ce qui pouvoit alterer le repos de la Province, & deux heures avant le jour aïant mandé apeller les Présidens, il leur fit part de cette malheureuse nouvelle, & les pria de la tenir secrete, & ensuite il dépécha divers Courriers aux forteresses frontieres & aux places fortes, afin que ceux qui en avoient la direction pourvussent à leur seûreté ; il écrivit aussi

DE MARSEILLE Liv. IX. 450

au Marquis d'Oraison, & aux Gentilshommes voisins de se rendre en la Ville d'Aix en toute diligence, le lendemain il fit lire en plein Parlement la lettre de la Reine, & aiant fait entrer la Noblesse & les Procureurs du païs, il commença à leur parler sur le sujet de cette désolation publique : mais à peine eut il le loisir de dire cinq ou six périodes que les larmes & les soupirs lui ôterent toute la liberté de la parole, & ce fut lorsqu'il commanda aux Huissiers d'aller aux fenêtres de la grande sale du Palais, & crier tout haut au peuple que le Roi étoit mort, & de même suitte crier, *Vive le Roi Louis XIII. de ce nom, fils de Henri IV. Roi de France & de Navarre.* Après cela il s'adressa encore à la Noblesse & aux Procureurs du Païs, & leur parla si éloquemment, que toute l'assemblée en demeura ravie.

XXXV. Mais comme son principal soin regardoit la conservation de la Ville de Marseille, à cause des factions dont elle étoit agitée, pour le maniment des affaires publiques, il écrivit de bonne heure au Lieutenant & aux Consuls de chercher toute sorte de moiens pour réunir les volontés, & les affections d'un chacun ; & pour les mieux persuader, il leur marqua que leur Ville étoit menacée de quelque dangereux accident, sans toutefois s'expliquer d'avantage. Le lendemain il leur fit une autre dépêche portant que le Roi avoit été blessé, mais qu'on esperoit qu'il en releveroit. Enfin le jour suivant il leur écrivit qu'il étoit mort, & en même tems la Cour délibéra de faire partir Laurens de Coriolis President, & Antoine de Seguiran Conseiller pour faire prêter le serment de fidélité aux Habitans : cette funeste nouvelle qui désola toute la Ville fit une si grande force sur les esprits des principaux, qu'ils étoufferent toutes leurs haines & s'étant rendu dans l'Hôtel de Ville, par une conversion admirable & extraordinaire s'embrasserent étroitement, & les larmes aux yeux protesterent de vivre à l'avenir dans une parfaite amitié, & de ne penser qu'au service du nouveau Roi & à la conservation de la Ville ; en effet au même instant les Consuls accompagnés de deux cens des plus aparens firent le tour par toutes les Places & carrefours, afin de prendre garde si personne bougeoit, & pour faire voir au peuple qu'il n'y avoit qu'union & qu'intelligence.

XXXVI. Les Députés du Parlement se mirent en chemin le même jour, & prirent la route de Marseille. Marc-Antoine de Vento premier Consul qui en fut averti, monta à cheval accompagné de vingt-cinq ou trente Gentilshommes, & fut au-devant d'eux ; il les rencontra à une lieuë loin, où il mit pied à terre, & les Commissaires aussi ; & après les avoir harangués, les Consuls & les Commissaires s'en allerent à Marseille, où ils arriverent de tard. Ils entrerent au Palais accompagnés de Nicolas de Bausset Lieutenant principal, de Nicolas de Vento Lieutenant particulier, de Guerin, & d'Espagnet Avocats, & Procureurs du Roi, & firent lire leur Commission dans la Chambre du Conseil, où le President dit entre autres choses, *Que la plus infernale frenesie d'un abominable parricide auroit ravi à la France d'une main sacrilege & parricide le plus grand, le plus juste, le plus clement, & le plus valeureux Monarque qui fut ; & qui ne sera jamais Henri IV. Roi de*

France & de Navarre celui qui avoit restauré la Religion, & l'Etat. Ensuite tous les Officiers du Senéchal, & des Sumissions prêterent le serment. Delà les Commissaires allerent à la Chambre de l'Amirauté, où le Lieutenant & le Procureur du Roi prêterent le même serment.

XXXVII. Cela fait, les Commissaires accompagnés des Consuls vétus de leurs robes de damas cramoisi, se rendirent en l'Hôtel de Ville, où ils trouverent un grand nombre d'habitans, entre lesquels étoient toutes les personnes qualifiées. Le Président remontra à cette assemblée qu'il reconnoissoit bien aux yeux, & au visage de tout ce peuple que le sujet de sa venuë étoit le plus triste & le plus déplorable qui se fut jamais présenté; à peine le Président eût-il exposé le dessein pour lequel ils étoient venus en cette Ville, que tous ceux de l'assemblée leverent la main pour marque qu'ils reconnoissoient le Roi Loüis XIII. & protesterent d'être ses tres-fidéles Sujets, & obéissans serviteurs, de vouloir vivre, & mourir sous la sujection & l'obeissance, & ensuite ils crièrent tous, *Vive le Roi Loüis, vive le Roi*. Sur quoi leur aiant représenté que ce n'étoit pas assés qu'ils eussent témoigné par une même voix le zéle qu'ils avoient pour le service du Roi, qu'il faloit encore que le Viguier, les Consuls, & les Capitaines, & autres principaux assistans vinssent jurer sur les Saints Evangiles au nom de tous les autres Habitans, ce qui fut ensuite fait, & aprés le Sr. de Vias Assesseur requit qu'il en fut fait verbal, dont l'extrait est inseré rière les archives de l'Hôtel de Ville, afin de faire voir à la posterité qu'ils s'étoient toûjours maintenus inviolablement en la fidelité, & tres-humble obeissance des Rois de France, leur Princes naturels.

XXXVIII. Aprés cela le Viguier & les Consuls revétus de leurs Robes Consulaires monterent à cheval accompagnés des principaux & des plus aparens de la Ville, & firent proclamer *Vive le Roi* par tous les coins de Marseille.

XXXIX. Le lendemain les Commissaires s'étants transportés dans la sale de la Prévôté, le Prévôt & les Chanoines de l'Eglise Catédrale leur prêterent le serment de fidélité. Delà ils allerent à la Porte Roïale, l'une des mortes-païes que le Roi tenoit en cette Province, où Antoine de Libertat Capitaine de cette porte, son Lieutenant, & tous les soldats firent la même chose. L'aprédîné ils furent à l'Isle du Château d'If, où ils firent prêter le serment à Pol de Fortia Seigneur de Pilles, Baron de Baumes, Conseiller du Roi en son Conseil d'Etat, Mestre de Camp de sa Cavalerie Legere & étrangere, Gouverneur pour le Roi aux Isles de Marseille, & de la Ville & Citadelle de Berre.

XXXX. Le Prieur & les Religieux de l'Abaïe S. Victor vinrent prêter le serment en la maison des Commissaires, comme encore Honoré de Serre Trésorier General de la Marine de Levant, Loüis de Capris Lieutenant du fort Nôtre-Dame de la Garde, & Sernin Commissaire de l'Artillerie.

XXXXI. La passion que les Marseillois avoient de conserver leur Ville au Roi, & par ce moïen de faire avorter les desseins que l'Espagnol y avoit fait étoit si grande, qu'ils ne donnerent leurs soins qu'à établir les ordres

dres neceſſaires pour cela ; en effet ils firent faire des cries publiques, que tous les Habitans euſſent à ſe rendre, où il leur ſeroit commandé.

Ils firent auſſi faire des défenſes de s'injurier, de ſe quereller & de tenir des diſcours tendans à la ſedition.

De ne s'attrouper qu'avec les Magiſtrats.

De paſſer & repaſſer le Port aux étrangers.

Les Vagabonds & gens ſans aveu furent commandés de vuider la Ville.

On défendit aux cabaretiers des Faux-bourgs de loger perſonne la nuit ſans permiſſion des Conſuls, & tous les hôtes generalement tant des Faux-bourgs que de la Ville, eurent ordre de ne recevoir que ceux qui auroient pris leur billete à la Porte Réale : on établit aux dépens de la Ville cinquante ſoldats pour garder les Conſuls.

Il fut déliberé que tous ceux du Bureau, c'étoit en ce tems-là le Conſeil particulier des Conſuls, s'informeroient de tous ceux qui auroient querelle dans la Ville, afin de les faire reconcilier.

On établit des ſurveillans à chaque quartier pour prendre garde ſi on n'y faiſoit point d'aſſemblée, & ſi on y tenoit des diſcours ſeditieux.

Les Prud'hommes eurent ordre d'avertir tous les Pécheurs de ſe rendre dans la Ville au premier coup de canon qui ſeroit tiré de la Tour Saint Jean, ou du grand Horloge.

On ferma toutes les portes de la Ville à la reſerve de la Porte Roïale & de la porte d'Aix.

Ceux du Bureau étoient obligés de ſe trouver deux fois le jour à l'Hôtel de Ville ; ſçavoir le matin à ſept heures, & l'aprédiné à deux, à peine de ſix écus toutes les fois qu'ils y contrevenoient ; c'étoit pour y déliberer de tout ce qui étoit neceſſaire.

Toutes les nuits un Capitaine avec ſes ſoldats étoit en garde hors de la Ville, afin de veiller ceux qui voudroient aprocher, & pour y viſiter les hôteleries ; on arma deux fregates aux dépens de la Ville, qui ſortoient en mer tous les ſoirs & alloient fort avant, & y demeuroient toute la nuit pour faire la découverte, ſi l'armée d'Eſpagne paroiſſoit, & pour aprendre des nouvelles où elle pouvoit être.

Ils élûrent encore Meſtre de Camp Antoine de Fourbin Seigneur de Gardane, & des Capitaines de cruë outre les ordinaires qui eurent ordre de faire chacun d'eux la viſite de toutes leurs centaines pour voir quelles armes il y avoit, & pour en diſtribuër à ceux qui n'en avoient point, & pour cét effet il fut déliberé d'acheter deux mille mouſquets, deux mille piques, & mille demi piques.

On fit inventaire de toutes les armes des Habitans du terroir, à qui on donna ordre de ſe trouver aux lieux aſſignés ſous la conduite des Capitaines & des Lieutenans de la Ville.

On établit quatre corps de garde pour y être durant tout le jour, l'un à la Loge, l'autre à la chaine du Port, le troiſiéme à la Porte Réale, & le quatriéme à la Porte d'Aix ; il y avoit la nuit ſept corps de garde aux lieux ſuivans à la Loge, à la porte d'Aix, à la Porte Réale, deux à la chaine, un à la maiſon des Prud'hommes, à la Tour Saint Jean, à la tuerie, & au plan Fourniguier qui étoit au lieu où est aujourd'hui l'Arcenal.

Il y avoit deux hommes établis l'un à la Porte Réale & l'autre à la chaine, pour écrire le nom de ceux qui entroient dans la Ville.

La place Neuve fut assignée pour le lieu de rendés-vous en cas d'alarme, & où se devoient trouver les Consuls & le Mestre de Camp, afin d'y donner les ordres necessaires.

Les murailles de la Ville furent garnies des canons qu'on tira des Vaisseaux.

On prit quatre Canoniers à gage fort experimentés.

Il fut fait défenses par cri public de ne tirer pas la nuit, aprés que les corps de garde seroient posés. Cette déduction que je viens de faire des ordres, que les Marseillois établirent en cette rencontre pour la conservation de leur Ville, est un témoignage invincible de leur zéle au service du Roi & de leur prudente conduite; aussi sa Majesté & la Reine, qui étoit Regente de sa personne & de ses Etats, en aïant été pleinement informés, les honorerent des lettres suivantes.

TENEUR DE LA LETTRE DU ROI.
DE PAR LE ROI COMTE DE PROVENCE.

Tres-chers & bien amés, comme nous recevons chacun jour des nouvelles assurantes de vôtre affection, fidelité & obéissance en nôtre endroit par le recit qui nous a été fait de tous ceux qui viennent de nôtre Ville de Marseille, aussi nous voulons qu'en continüant en cette devotion vous preniés toute asseurance du contentement que nous avons de vous, & qu'aux occasions qui s'offriront nous aurons particulierement soin de ce qui sera de vôtre repos, & conservation, & de vôtre bien & soulagement. A Paris le 29. jour de Juin 1610. Signé LOUIS.

Et plus bas, PHILIPEAUX. *Et au repli. A nos tres-chers & bien amés les Consuls, Manans & Habitans de nôtre Ville de Marseille.*

TENEVR DE LA LETTRE DE LA REINE.

M*ESSIEURS,*

J'ay eu tant d'asseurance de vôtre fidelité & d'affection au service du Roi mon fils, tant par les lettres que vous nous en avez écrites, que parce qu'il m'en a été raporté par tous ceux qui sont venus de ces quartiers de delà, qui m'ont témoigné particulierement les preuves que vous en avés rendües dépuis ce dernier accident, que je n'ai voulu laisser partir le Sieur Vassal Capitaine de ma Galere, qui s'en retourne pre-

DE MARSEILLE. Liv. IX.

sentement, sans le charger de celle-ci pour vous asseurer du contentement particulier que le Roi mondit Sieur & Fils & moi avons de vous & de ma bienveillance en vôtre endroit, de laquelle je vous fairay ressentir les effets en toutes occasions qui se presenteront pour vôtre bien & utilité, & pour le repos de la Ville de Marseille, ainsi que ledit Sr. Vassal le vous pourra representer particulierement de ma part, sur lequel me remettant, je prie Dieu Messieurs vous avoir en sa sainte garde. Ecrit à Paris le 29. jour de Juin 1610. Signé MARIE

Et plus bas PHILIPEAUX. Et au repli. A Messieurs les Consuls, Manans & Habitans de la bonne Ville de Marseille.

XLIV. Peu après la mort du Roi, le Comte de Carces qui avoit été pourveu de son vivant de la Charge de Lieutenant de Roi de cette Province, & qui avoit été reçû par le Parlement, vint faire son entrée à Marseille accompagné de toute la Noblesse du Païs, il fut reçû par les Marseillois avec toute la pompe, & la magnificence qu'ils ont accoûtumé de faire en semblable rencontre. Les Consuls accompagnés des plus aparens de la Ville, monterent à cheval, & allerent au-devant de lui jusqu'au lieu, où ils vont recevoir les Gouverneurs : tout le canon de la Ville tira, les Capitaines des quartiers prirent les armes, & firent une haye de soldats dépuis la maison du Roi jusques à la porte réale, il fut regalé le soir de son arrivée dans l'Hôtel de Ville avec vingt-cinq ou trente de sa suite. Quelques jours après il fut à l'Hôtel de Ville, où l'assemblée étoit grande, & là il fit un beau discours, par lequel il exhorta les Marseillois à conserver leur ordinaire fidelité, & leur fit offre de les assister dans leur besoin au peril de sa vie. Le Sieur Jaques de Vias Asseseur, qui porta la parole pour la Ville, lui témoigna la douleur qu'elle avoit eu de la mort du Roi, & de la joie qu'elle avoit d'être sous l'Empire de Loüis XIII. qu'ils ne manqueroient jamais de rendre tous les devoirs d'obéissance & de fidélité qu'ils étoient obligés ; la Ville fit present à ce Seigneur de deux beaux mulets, & de quelques chevaux barbes.

XLV. Cependant on fit les funerailles du feu Roi par toutes les Villes de la Province, & particulierement à Marseille ; elles furent faites dans l'Eglise Catédrale, où se fit durant trois jours un service solemnel : tous les Officiers, & les Magistrats tant de la Justice, que de la Police y assisterent en dueïl : la Messe fut celebrée par l'Evêque avec trois chœurs de musique, & l'Oraison funebre fut prononcée par François Deolieres Capiscol, qui s'en acquitta fort bien, les Consuls prétendoient que toutes les dépenses des funerailles de Sa Majesté fussent faites par l'Evêque. Ce Prélat s'étant trouvé dans l'Hôtel de Ville en cette rencontre, les Consuls lui dirent qu'il étoit obligé de le faire, & que le Roi le lui avoit ordonné par la lettre qu'il lui avoit écrit.

XLVI En la même année deux Vaisseaux Flamans aborderent aux Isles de Marseille, chargés de mille Grenatins, tant hommes que femmes & enfans, ils s'embarquerent à Seville par commandement du Roi d'Espagne qui les avoit chassés de ses Etats, un de ces Vaisseaux fit naufrage aprés leur débarquement, ils furent logés la plûpart aux infirmeries vielles, & parce qu'il en mouroit tous les jours quelques-uns, & qu'on aprehendoit que cela ne causât la peste, on résolut de les congedier, on loüa quelques Vaisseaux qui les porterent à Bonne, à Tabarque, & à d'autres ports de Barbarie.

XLVII. Mais à cause qu'il y avoit quantité de Corsaires qui menaçoient de ruiner le negoce, on accepta l'offre que Simon Dancer Flamand fit à la Ville d'armer trois de ses Vaisseaux pour faire la course, il ne demanda que cinq ou six mille écus pour les équiper, cét armement qui en coûta plus de dix mille, qu'on tira du droit de deux pour cent établi d'entrée sur les marchandises, ne réussit pas, parce que Dancer tomba entre les mains des Turcs, aïant été trahi à la Goulete par un Turc apellé Carrosoman, à qui il s'étoit confié, mais les Vaisseaux furent garantis, & ne furent pas la proïe des Infidelles ; comme les Bâtimens furent de retour, la Ville les équipa encore, & en ajoûta un quatriéme pour aller chercher les Corsaires, mais je n'ay pas trouvé qu'ils ayent rien fait de memorable.

XLVIII. Environ ce tems-là deux Ambassadeurs de la République de Venise, qui venoient de la Cour pour s'embarquer à Marseille, & delà faire voile à Venise, arriverent en cette Ville ; les Consuls à la recommandation du Duc de Guise, qui avoit écrit en leur faveur, monterent à cheval, & furent au devant d'eux hors la Ville, & après ils les défraïerent aux dépens du public durant leur séjour & jusques à leur embarquement, & parce que par un statut particulier & municipal de cette Ville, il est porté que tous les Vaisseaux qui entreroient dans le Port, donneroient une arbaléte à la Ville, comme depuis le tems que cette sorte d'armes avoit été hors d'usage, au lieu d'une arbaléte on faisoit un present aux Consuls & aux Surintandans des vivres ; il fut délibéré que à l'avenir on n'en fairoit plus, mais que chaque Vaisseau donneroit un mousquet à la Communauté.

XLIX. En cette même année le Roi Loüis XIII. de glorieuse mémoire confirma les conventions, chapitres de paix & privileges de Marseille, où dans une assemblée qui fut tenuë pour ce sujet, on représenta que les maux que souffroient les Marseillois, ceux de la côte & d'autres sujets du Roi, venoient des Corsaires de Tunis, & des autres Villes d'Affrique, à cause que les navigations n'étoient pas faites avec ordre & avec conduite, soit parce que les Vaisseaux n'y alloient pas en flote, ou bien parce que quand ils y alloient, ils se separoient aussitôt à la moindre rencontre, ils ajoûtoient que depuis peu cela étoit arrivé à deux Vaisseaux, l'un nommé Saint Victor, & l'autre Saint Vincens, qui étoient tombés entre les mains des Corsaires pour s'être separés au grand préjudice de la Ville de Marseille, & au grand avantage des Corsaires, qui s'étoient rendus par ce moïen plus forts & plus puissans, si bien qu'il fut résolu de dresser un Reglement sur ce sujet, dont voici les principaux articles.

L. Que toutes les années on fairoit trois flotes de vaisseaux de quatre en quatre mois, dont la moindre seroit composée de six Bâtimens, qui ne

DE MARSEILLE Liv. IX. 456

se pourroient point séparer, soit en allant ou en retournant, sous quelque prétexte que ce fut, à peine de punition corporelle contre les coupables, & principalement contre les Capitaines, qui seroient declarés indignes de commander, & des charges publiques.

Que pour éviter la jalousie de la préséance, chaque Escadre auroit un Chef, & Capitaine general bien experimenté & capable, qui seroit pris du nombre des Capitaines des Vaisseaux, & choisi par les Députés du Commerce, à qui les autres seroient obligés d'obeïr, qu'on lui donneroit aussi un Lieutenant, qui en cas de mort auroit la conduite de l'Escadre.

Qu'en cas de combat & autres accidens, le Capitaine general ne pourroit rien entreprendre sans l'avis des Capitaines particuliers desdits Vaisseaux.

Que tous les Vaisseaux de chaque Escadre seroient bien munis, & d'hommes & d'armes pour se bien défendre.

LI. Les Corsaires d'Affrique continüerent à courir sur nos Vaisseaux, & sur ceux de tous les François, le Roi à qui cela avoit été souvent representé, commanda au Duc de Guise de députer en ce Païs-là un Gentilhomme pour conferer avec le Viceroi de Tunis, & les Ministres du Grand Seigneur. Jean de Fourbin Sieur de la Marthe fut choisi pour cét effet, il fit ce voïage, & à son retour il fut voir le Roi pour lui en rendre compte; mais parce qu'il étoit necessaire qu'il retournât encore en Affrique, le Roi écrivit aux Marseillois de païer une partie de la dépense qu'il fairoit, & Sa Majesté païa le reste; cette négociation n'aiant servi de rien, fut cause que l'année suivante, les Marseillois traiterent 1612. avec Téodore de Mantin un des plus grands hommes de mer de ce tems là, qui promit de servir la Ville avec ses Vaisseaux durant six mois moïenant huit mille écus.

LII. L'année suivante François Paris de Lorraine Chevalier de Guise arriva à Marseille le 27. de Mars; les Consuls accompagnés de douze 1613. Chevaux furent au devant de lui jusques à la vigne blanche, qui est à une lieüe de Marseille; c'étoit au tems que la France aprés avoir demeuré paisible depuis la mort de Henri le Grand commençoit d'être troublée par la retraite du Prince de Condé, des Ducs de Vendôme, de Nevers, & du Maréchal de Boüillon, & de quelques autres Seigneurs, qui prenoient le pretexte de la confusion des affaires sous la régence de la Reine, des alliances d'Espagne, & de la trop grande puissance du Maréchal & de sa femme sœur de lait de la régente: ce Prince rendit aux Consuls des lettres du Roi, de la Reine & du Duc de Guise, elles exhortoient les Marseillois de continüer à servir le Roi, & de de-
1614. meurer dans leur ordinaire obeïssance & fidélité, & de recevoir le Chevalier de Guise en la charge de Lieutenant de Roi avec les mêmes honneurs qu'ils avoient rendus à son frere; ce Prince demeura à Marseille jusqu'au dix d'Avril, qu'il en partit pour aller faire son entrée dans Aix accompagné du second Consul, de l'Assesseur, & de plus de cent Gentilshommes de Marseille, il y retourna trois jours aprés & y fit son entrée: Theocrenes de Glandeves sieur de Cuges, Benoit de Monier,

Tome I. Hhhhh

François Blanc Consuls furent encore au-devant de lui accompagnés de deux cens chevaux, & le reçûrent au même endroit, où ils l'avoient reçû la premiere fois. Le sieur de Vias Assesseur lui fit un beau discours, les quatre Capitaines de la Ville l'attendirent à la plage d'Arenc avec deux mille & huit cens soldats, qui le saluërent de tous leurs mousquets, ce que la Ville fit aussi en des tems qu'il en approcha : car toute l'Artillerie dont on avoit garni les murailles tira à son arrivée : à la Porte Réale, on lui presenta un Dais qu'il refusa, il alla descendre au devant de l'Eglise Majeur, où il trouva l'Evêque de Marseille revêtu de ses habits Pontificaux qui le reçût, & lui fit un beau discours avant qu'il entrât dans l'Eglise, où le *Te Deum* fut chanté, on avoit fait à la Porte Réale de la Ville un Arc de triomphe orné de belles peintures avec ce distique, écrit en caractere d'or.

Ingredere auspicio felix, avibusque secundis,
Percipe quos Patria, & quos Rex concessit honores.

On en avoit dressé un autre à la Loge, sur lequel étoit representé un Heros, couronné de laurier, de palme, & de myrte dans un chariot trainé par deux Eléphans, dont l'un étoit chargé d'un trophée d'armes, & l'autre d'un trophée d'amour, avec ce vers.

Ibis idumeas olim sic victor ad urbes,
Guisiadum dextras ista trophea decent.
Non raptis belli spoliis, nec ab hoste triumphas,
Urbis sed victo corde triumphat amor.

Et comme on lui eût expliqué les vers, qui portoient qu'il iroit comme ses Aïeuls à la conquête de la terre Sainte, il répondit qu'il ne feroit jamais cette entreprise. Le lendemain de son arrivée on lui donna le bal dans l'Hôtel de Ville, où toutes les Dames s'étoient assemblées, douze jeunes garçons vêtus de satin bleu & de toille d'argent y danserent un ballet. La Ville fit present à ce Prince de deux beaux chevaux barbes, il ne vécut que deux mois après, au bout desquels il fut tué à de Baux par l'éclat d'un canon, qui se creva dez qu'on y eût mis le feu. Les Marseillois eurent une grande douleur de sa mort, & lui firent faire de belles funerailles, on lui dressa une magnifique Chapelle ardente dans l'Eglise Majeur, toutes les cloches des Paroisses sonnerent pendant trois jours, toutes les boutiques de la Ville furent fermées le matin du jour des funerailles, les quatre Capitaines firent un convoi general par toute la Ville, les Consuls y porterent le dueïl, & l'Assesseur fit l'Oraison funebre dans l'Hôtel de Ville avant que d'aller à l'Eglise.

LIII. En cette même année les Etats Generaux furent convoqués à Paris, la Ville députa pour y assister Theocrenes de Glandeves sieur de Cuges premier Consul, Balthazar Vias Assesseur, & Leon de Valbelle, qui eurent cinq cens écus pour ce voïage.

LIV. En l'an 1615. sur l'avis qu'on eût qu'il étoit sorti de la Goulete quatre Vaisseaux Corsaires montés par des Anglois, qui avoient fait dessein de courir sur nos voiles, le sieur de Mantin qui commandoit alors les Vaisseaux du Roi, s'offrit de les aller combatre, pourvû qu'on lui fit trouver la somme de six mille livres, dont il païeroit le change, ou si non qu'on lui fut caution de cette somme, il fut délibéré que le commerce cautioneroit pour lui.

En l'an 1616. les Corsaires d'Affrique prirent tant de voiles sur la Ville de Marseille dans sept ou huit mois ou environ, que la perte égala la somme de quinze ou dix-huit cens mille livres; pour remedier à un si grand mal, on résolut d'armer & d'aller faire la course contre eux, pour cét effet on équipa cinq grands Vaisseaux & deux Pataches chargés de quinze cens soldats, le commandement en fut donné à Jacques de Vincheguerre Chevalier de l'Ordre de Saint Jean de Jerusalem, il fit voile le cinquiéme de Mars de la même année, mais avant que de partir il assista à une Messe celebrée par l'Evêque de Marseille, qui benit l'Etendart de France, & le donna aux Consuls qui le lui remirent entre les mains: il prit sa route, & fut accompagné de sept autres Vaisseaux chargés de Marchandises, il fut de retour à Marseille le quatre de Septembre aprés avoir fait la paix avec ceux de Tunis, amenant avec lui un Chaoux, que la Ville de Tunis avoit député, ceux d'Algers en envoièrent deux : ces Chaoux aprés avoir demeuré quelque tems à Marseille furent trouver le Roi, afin d'obtenir la confirmation de la paix que le sieur de Vincheguerre avoit faite, & sa Majesté la confirma, & ordonna que les Esclaves Turcs seroient rendus aux Chaoux sur la parole qu'ils donnerent de délivrer les François qu'ils detenoient ; les Turcs furent ensuite mis en liberté, & comme ces Chaoux furent arrivés à Marseille, le Comte de Joigni General des Galeres de France voiant que l'ordre qu'il avoit eu de passer en Affrique, pour ravoir les Esclaves avoit été revoqué par sa Majesté, qui lui avoit écrit qu'à cause de la guerre que les Espagnols faisoient en Piémond, il trouvoit bon qu'il ne bougeat pas de Marseille, afin de garder la côte ou pour secourir ses Alliés, fit députer à la Ville les sieurs de Glandeves & de Berengier pour aller à Algers, & Benoit de Monier à Tunis pour retirer les Esclaves, afin que si les Turcs ne tenoient pas la parole qu'ils avoient donné de les délivrer & venoient encore à violer le traité qui avoit été fait, sa Majesté peut avoir un fondement incontestable d'en faire porter plainte à la porte par son Ambassadeur ; il fit encore faire l'acte public de tout ce qui s'étoit passé, & dont nous venons de parler, auquel assista un autre Chaoux, qui se rencontra alors à Marseille que le grand Seigneur envoioit à Fés & à Marroc, afin qu'il fut témoin de la promesse que les Chaoux de Tunis & d'Algers avoient faite de délivrer les Esclaves François, & de garder inviolablement la paix, ce que les Chaoux confirmerent encore par cét acte, la Ville fit present au Chaoux de Tunis de sept cens piastres, & à ceux d'Algers de douze cens livres.

L'année suivante ceux d'Algers qui avoient violé le traité, faisant semblant de se repentir de ne l'avoir pas observé, le Bacha & le Divan de la Ville envoièrent deux Chaoux au Roi pour se jetter à ses pieds, lui en demander pardon, & pour lui donner des asseurances qu'ils ne l'enfreindroient plus à l'avenir, ils firent le voiage de la Cour, & à leur retour la Ville leur fit present de huit cens piastres, & presque en ce même-tems une Polacre de Tunis aiant été contrainte à cause du mauvais tems de venir relâcher à la Tour de Bouc, elle y fut prise, mais les Marseillois en obtinrent du Roi le relaxement, & la renvoïerent à Tunis pour obliger les Turcs de garder la paix.

LVII. A deux ans delà, le Duc de Guise après avoir demeuré cinq ans en Cour, revint en Provence, puis à Marseille, où il faisoit son séjour ordinaire, il alla descendre à la Floride, qui est une metairie de plaisance hors la Ville, où il dîna, il entra dans Marseille sur les quatre heures du soir du 8. Juillet ; cette entrée fut l'une des plus belles & des plus magnifiques, qui ait jamais été faite à un Gouverneur de la Province, le Viguier & les Consuls accompagnés de trois cens chevaux l'allerent recevoir jusqu'à la Floride ; les Capitaines des quartiers en tête, & une milice fort nombreuse ; Pierre de Ruffi mon Pere qui étoit Capitaine de Corps de Ville, avoit parmi ces troupes cent piquiers armés d'armes blanches ; les autres Capitaines, sçavoir, Pierre de Monier Capitaine de Blanquerie, Lazarin Doria Sr. de Soutournon Capitaine de St. Jean, avoient aussi une suite & un équipage tres-honorable, Antoine de Bausset Assesseur y harangua dignement.

LVIII. L'année d'après Dom Pédro Giron Duc d'Aussone arriva à Marseille avec sept Galeres, il venoit de Naples, où il avoit exercé la Charge de Viceroi pendant quatre ans, le Roi d'Espagne qui avoit conçû quelque jalousie contre ce Seigneur, à cause de la subtilité de son esprit, le rapella ; il demeura quelques jours à Marseille, & après il fut contraint de poursuivre son voïage par terre avec quatre cens Espagnols qu'il avoit assemblés, parce que Octavio d'Aragon General des Galeres qui l'avoit porté jusqu'à Marseille, fit voile en cachete sur la minuit, il en fut tellement en colere qu'il ne peut se tenir de dire que si ce Seigneur avoit fait cela par ordre du Roi, il prendroit patience, mais que si c'étoit de son mouvement, il le tueroit. Pendant son séjour à Marseille, on lui fit voir les vers suivans tirés de Nostradamus qui parlent de lui & de son voïage en termes exprés.

Un Chef d'Aussone aux Espagnes ira,
Par mer fera arrêt dedans Marseille,
Avant sa mort un long-tems languira,
Après sa mort on verra grand merveille.

Ce Seigneur ne fit pas grand cas de cette Prophetie, qui néanmoins fut en quelque façon veritable, car il ne fut pas plûtôt en Espagne qu'il fut mis en prison par ordre du Roi.

LIX. En la même année les Etats de la Province furent convoqués à Marseille au Monastere Saint Victor, où il y eut contention entre le Comte de Carces en qualité de Grand-Sénéchal, & les Marquis de la Province qui prétendoient de le préceder ; mais le Duc de Guise renvoïa les parties au Roi, & cependant il adjugea par provision la séance au Grand Sénéchal pardessus les Marquis, ce qui fut ensuite confirmé par Sa Majesté.

LX. Le Roi envoïa l'année suivante à la Porte Philipe de Harlay Seigneur de Cezy en qualité d'Ambassadeur. La Ville de Marseille qui en eut avis, députa Loüis de Savournin & Henri de Bernier, afin de traiter

ter avec lui pour la supression d'un droit de deux pour cent, qui avoit été établi sur toutes les marchandises, pour le défraïer de toutes les dépenses qu'il pouvoit faire dans cét emploi, & moïenant quinze mille livres de pension qu'on lui promit annuellement, & cent pistoles pour ses Secretaires; ce droit fut aboli.

LXI.

Les Députés d'Algers retournerent à Marseille cette même année pour aller encore vers le Roi, afin de l'asseurer de la part du Bacha, du Viceroi, & de la milice d'Algers, qu'ils n'avoient autre intention que de garder inviolablement les capitulations faites avec le Grand Seigneur, & ensemble les traités particuliers qui avoient été faits avec eux, & de faire cesser toutes courses, ravages & actes d'hostilité, dont on avoit usé jusqu'alors; le Duc de Guise qui étoit à Marseille en ce tems-là, & à qui les Députés se présenterent, leur dit qu'il en avertiroit sa Majesté. Ces députés eurent après la permission d'aller vers le Roi, qui les aïant oüis, les rénvoïa au Duc de Guise, & ils demeurerent quelque tems dans la Ville, sans que ce Prince leur dit la volonté du Roi; enfin il leur representa que sa Majesté après avoir été informée du sujet de leur voïage, lui avoit écrit qu'elle trouvoit bien difficile de prendre aucune asseurance sur leur foi & sur leur parole; puisqu'ils avoient si mal observé & les traités faits avec eux, & les capitulations qui avoient été faites avec leur Empereur, dont ils avoient aussi méprisé les commandemens; & ainsi voïant que la foi & la parole si solemnellement donnée, & si souvent réiterée, ne pouvoit les obliger à se contenir; qu'elle avoit résolu d'emploïer ses forces contre eux, & les mettre à la raison; que néanmoins ce grand Prince qui étoit plein d'une singulière douceur, lui avoit remis la conduite de cette affaire, pour déliberer ce qu'il trouveroit à propos, & ainsi qu'ils devoient bien penser aux asseurances qu'ils pourroient donner pour ôter tout soupçon à sa Majesté, & lui faire voir qu'ils n'ont autre pensée que de garder leur foi, & ne retomber plus dans les mêmes fautes qu'ils avoient faites; ces députés répondirent que sur les plaintes que le Baron d'Alemagne, qui s'étoit trouvé en Affrique, avoit fait au Bacha & au Divan, de ce que quelques Rais & quelques Capitaines de Vaisseaux & de Galeres avoient violé la paix par leurs pirateries, il avoit été résolu dans cette assemblée de faire cesser à l'avenir toutes ces violences & actes d'hostilité, & de rendre la paix stable & asseurée; & pour cét effet qu'ils avoient été députés pour en venir donner toutes les asseurances qu'on pouvoit désirer avec raison; que si bien par le passé la paix qui est entre les deux Empires, & les traités particuliers n'avoient pas été si bien observés, ils suplioient ce Prince de croire que cela ne procedoit pas de l'intention du Bacha ni du Divan, ni du commun d'Algers, mais de quelques armateurs particuliers qui s'étoient attribués trop d'autorité, & que cela n'arriveroit plus à l'avenir, que maintenant ce gouvernement étoit plus reglé, & que la déliberation de cette paix avoit été faite d'un consentement universel, avec des formes & des solemnités, qui obligent tellement le public & le particulier, qu'il n'étoit pas permis de l'enfreindre, ni d'y contrevenir en aucune façon, que ce Prince, le General de la

Tome I. Iiiii

Ville & tous les sujets de sa Majesté n'en devoient plus douter.

LXII. Le Duc de Guise aprés les avoir oüis, & vû les Capitulations faites entre les deux Monarques, & les traités particuliers qui avoient été faits avec ceux d'Algers, toutes choses bien consideréés dans l'esperance qu'il avoit, que ce qui seroit arrêté entre les députés seroit observé & entretenu à l'avenir, accorda ce qui suit sous le bon plaisir de sa Majesté.

Premiérement que les Capitulations accordées entre les deux Monarques pour la paix & le commun repos de leurs Etats, seroient exactement, & sincerement observées, sans que de part ou d'autre il y fut contrevenu directement ou indirectement.

Que toutes courses, ravages, & actes d'hostilité cesseroient, sans qu'à l'avenir les Corsaires du Roïaume d'Algers, rencontrans les navires & les barques des François tant de Levant que de Ponent, & autres negocians sous la banniére de France, puissent visiter, prendre ni toucher aux personnes, Vaisseaux, robes & Marchandises ni autre chose leur apartenant, quand bien il se trouveroit qu'ils fussent aux ennemis de la porte du grand Seigneur, & conformément aux Capitulations où ces mots sont expressément specifiés & déclarés, même sous pretexte qu'ils eussent combatu; puisque la paix d'Algers ne comprend pas toute la barbarie, & qu'on peut être incertain dequel lieu est le Corsaire.

Et afin que l'on soit assuré que les particuliers Armateurs ne contreviendront point à ce traité, il ne sera permis à aucuns Vaisseaux, Galeres ou fregates de course de sortir des Ports, & Havres du Roïaume d'Algers, sans donner au préalable caution de ne prendre aucuns François, ni leur faire aucun dommage, & moins les porter & conduire autre part hors du Roïaume.

Qu'il ne seroit permis aux Corsaires des autres païs, & Roïaumes de porter à Algers & à sa côte aucuns François, & en cas qu'il y fut mené il leur sera donné à l'instant liberté avec restitution de leurs barques, navires & facultés.

Comme aussi sa Majesté ne permettra point que dans le Port & Havres soient armés aucuns Vaisseaux, pour courir sur ceux d'Algers, & en cas que ses sujets se missent au service d'autres Princes, & fissent la course sous leur banniere, sa Majesté les désavouë, & n'entend leur donner aucune retraite dans ses ports pour y conduire les Turcs, & si tant est qu'ils y abordassent les mettre semblablement en liberté avec les navires & facultés.

Tous les François tant de cette côte, que de Languedoc, Guienne, Normandie, Picardie, Bretagne, & generalement tous les sujets de sa Majesté, qui auroient été pris sous la banniere de France seroient délivrés, & mis en liberté avec restitution de leurs navires & facultés, qui se trouveroient en état dans trois mois, comme aussi tous les Turcs du Roïaume d'Algers, qui seroient dans les Galeres du Roi, ou qui se trouveroient dans ce Roïaume de France, seroient mis en liberté, & délivrés ez mains des Consuls de cette Ville de Marseille, pour les y faire conduire : les Italiens & les Espagnols domiciliés & residens en Fran-

DE MARSEILLE. Liv. IX. 462

ce, qui sont tenus & réputés comme sujets du Roi, seroient traités à l'égal des originaires François.

Et pour plus de seureté de ces conventions & du present traité, le trés Illustre Bacha & Divan envoïeront deux d'entre eux personnes de qualité, qui resideront en cette Ville de Marseille par forme d'hôtage, & pour entendre sur les lieux les plaintes, qui pourroient arriver sur ces contreventions, ausquels sera fait ici toute sorte de bon traittement; comme aussi le Consul des François faira le même office de pardelà, & auquel sera rendu tout le respect & honneur qui est dû à un Officier, qui represente la personne d'un si grand Monarque.

Et en cas qu'à l'avenir il arrivât de part ou d'autre quelque action qui peut être prise pour sujet de contrevention, il ne sera pas pour cela permis à celui qui se croira offensé d'user de force & d'hostilité, mais il en viendra demander raison sur le lieu, & si on refuse de lui faire justice il lui sera permis de recourir à la force, & pour tout le surplus on s'en remetoit aux Capitulations de paix, qui sont entre les deux Empires. Monsieur de Guise remontroit aux députés que les traités devoient être comme sacrés à leurs sujets, les exhortans à ces fins de les garder de bonne foi, ensemble le present traité, afin que sa Majesté n'eût plus occasion d'emploïer ses armes invincibles, pour tirer raison des torts & des oppressions qui seroient faites à ses sujets; qu'il ne souffroit jamais; ce que les députés promirent solemnellement au nom du Bacha, du Divan & de la Milice d'Algers. Ces députés furent défraïés par la Ville pendant le séjour qu'ils y firent, on leur donna ce qu'ils pouvoient dépenser jusques chés eux, & on leur fit encore present de huit cens piastres, Iacques de Mostiers fut député pour aller faire autoriser tous ces Articles à Algers, mais le Divan s'en excusa sous pretexte qu'on lui devoit rendre deux canons, qui avoient été pris sur eux.

LXIV. L'année suivante un de ces Chaoux revint pour les demander encore au Roi, il fut trouver sa Majesté qui les lui accorda; comme il étoit sur le point de s'ambarquer pour s'en retourner, on eût nouvelle à Marseille, que les Corsaires d'Algers avoient pris un Vaisseau de Marseille commandé par le Capitaine Drivet, ils y avoient tué tout l'équipage à la reserve d'un Mousse qui s'étoit caché, & après avoir pillé le Vaisseau ils l'avoient abandonné. Ce Mousse aïant découvert que c'étoient ceux d'Algers qui avoient fait cette mauvaise action, les gens de la Ville qui apartenoient à ceux qu'on avoit égorgés, en furent tellement outrés, qu'ils résolurent de se defaire des Turcs, qui étoient dans Marseille. Le Chaoux d'Algers étoit de retour de la Cour, où le traité avoit été conclu, & quoique cét Ambassadeur & quarante cinq Turcs qui étoient avec lui se défendissent vigoureusement, ils furent taillés en pièces, malgré tous les soins que mirent les Consuls pour l'empêcher. La Cour de Parlement députa aussitôt des Commissaires pour informer contre ceux qui avoient attaqué les Turcs, dont les uns furent condamnés à la mort, & d'autres à diverses peines.

LXV. Ceux d'Algers aïant eu nouvelles de la mort de leur Chaoux, & de toute sa suite envoïerent à Marseille un Scherif ou député, pour sçavoir de lui la verité de la chose il fut reçû fort favorablement, & après avoir été bien informé comme tout s'étoit passé, il s'embarqua & fit voile vers l'Affrique, mais il fut pris en chemin par les Galeres de Toscane & emmené à Livourne, les Marseillois en aïant eu avis écrivirent au Roi, qui à sa priere obtint son relaxement.

LXVI. Cependant le Duc de Guise qui voïoit bien qu'on ne pouvoit prendre aucune assurance avec ces Barbares, entra dans un conseil qui fut tenu à Marseille le huitiéme Novembre de l'an 1620. il y fit resoudre d'armer contre eux, la Ville fit offre de contribuër pour cela jusques à la somme de nonante mille livres, mais cét armement ne fut pas exécuté, à cause que Mr. le Duc de Guise fut obligé de faire un voïage. Les Consuls à son absence, qui eurent nouvelles que les Corsaires continuoient de faire des prises, s'adresserent à Loüis de Prévôt sieur de Beaulieu vaillant Capitaine, qui commandoit la Galere du Duc de Guise, pour aller courir contre ces Barbares.

LXVII Cette demande aïant été accordée à nos Consuls, il prepara sa Galere avec tant de diligence, que dans un jour elle fut prête, il sortit & alla à Portecros, où il séjourna neuf jours, & le dixiéme connoissant le tems propre pour conduire trente cinq barques, qui étoient à Portecros, & autant à Breganson, il envoïa au sieur de Gasqui Gouverneur de cette forteresse de les faire partir la nuit, après quoi il se mit entre les Isles d'Yéres & la terre ferme, mais le vent ne lui étant pas favorable, le contraignit d'amainer, cela donna lieu à une barque des Corsaires d'Algers commandée par un renegat de S. Tropés, qui étoit mélée avec cette flote de barques, de prendre le bort au large à dessein de se sauver.

LXVIII. Mais le sieur de Beaulieu qui s'en aperçût lui donna la chasse, quatre renegats François, aïant pris la peur se saisirent de la lanche pour se sauver à terre, mais ils furent pris par un bateau du sieur de Beaulieu, qui prit aussi la barque où il y avoit vingt-huit Turcs, & quatre Chrétiens de Zelande.

LXIX. Aprés cette prise, le Sieur de Beaulieu rebroussa à Toulon, à cause que sa Galere faisoit eau, & dans quatre jours il en sortit pour aller chercher les Corsaires, & pour les découvrir il mit des gardes dans les Isles & dans les éminences voisines, qui firent découverte d'un Vaisseau fort peu éloigné de Porqueiroles, & à six ou sept mille loin de terre; il tourna contre ce Vaisseau, qui pour mieux fuir abandonna sa lanche, qui fut prise par le bateau du Sieur de Beaulieu, lequel s'étant aproché du Vaisseau à la portée du mousquet, il fit joüer son canon. Ce combat dura six heures, & le jour commençoit à manquer, le sieur de Beaulieu qui avoit peur de le perdre, fit si bien pointer son canon, qu'il le fit couler à fonds; ce Bâtiment étoit du port de six mille quintaux, il avoit douze canons & quarante-cinq personnes, dont il ne s'en sauva à la nage que vingt-deux, & le reste se nia, le Capitaine étoit un Rochelois Renegat.

LXX. Le Sieur de Beaulieu ayant consumé la plus grande partie de ses munitions de guerre, retourna à Marseille, où il emmena la barque qu'il avoit

DE MARSEILLE Liv. IX. 464

avoit prise ; toute la Ville en eût une grand-joye, mais aprés s'être reposé quelques jours, il se mit en mer, & étant arrivé à Portecros, il découvrit un Vaisseau qui n'en étoit pas éloigné, il fit voile contre lui, & lui ayant gagné le vent, il l'obligea de tirer à terre, mais comme il étoit vivement poursuivi, il parut une Galere qui donna sujet au sieur de Beaulieu d'aprehender quelque embuscade, ce qui le fit retenir dans le dessein qu'il avoit d'aller attaquer la Galere ; mais il reconnut à la banniere que c'étoit une Galere de Genes ; cependant le Capitaine du Vaisseau, qui étoit un Renegat originaire d'Arles, alla investir terre ; ce Vaisseau étoit du port de quatre mille quintaux, il avoit huit canons, & portoit quarante hommes, y compris quatre Esclaves Chrétiens.

LXXI. Le sieur de Beaulieu s'en étant rendu Maître, il eût avis un jour aprés qu'on avoit découvert un autre Vaisseau qu'on croyoit être Marchand, cela l'obligea de s'aprocher de lui pour lui offrir son assistance, il étoit alors à la rade, & comme il vit venir la Galere, il coupa son cable, se mit à la voile, & rendit son bord sur la Galere, sur laquelle il fit une salve de toute une bande de ses canons, dont il en portoit 20. & d'autant que celui qui le commandoit, avoit combatu une fois avec quatre Galeres d'Espagne, & une autre fois avec trois ; il crût de pouvoir bien venir à bout de cette Galere. Mais le sieur de Beaulieu qui le reconnut se disposa à le bien recevoir, car s'étant aproché de lui à la portée du canon, il lui en fit essuyer trente coups tout de suite, si bien qu'il lui abatit son grand mat avec toutes ses voiles, & lui brisa en deux pieces un canon de la proüe, lui démonta un autre, & tua le canonier ; ce combat dura jusqu'à l'entrée de la nuit, que ce Vaisseau fut coulé à fonds vers le Cap de Saint Tropés, il portoit cent & quinze hommes, dont on n'en recouvra que cinquante qui vinrent prendre à la nage les rames de la Galere, & le reste fut tué au combat. Le Sieur de Beaulieu fut contraint de se retirer à Marseille, parce qu'il n'avoit plus de munitions de guerre, & que sa Galere avoit été brisée en plusieurs endroits ; mais en deux mois de sejour qu'il fit en mer, & dans la plus mauvaise saison de l'année, il diminua les forces d'Algers de cinq-cens trente Turcs qu'il avoit pris, tués ou noiés, & delivré vingt Esclaves Chrétiens.

LXXII. On fit ensuite un armement de trois Vaisseaux, qui furent commandés par Téodore de Mantin Vice-Amiral des mers de Levant, dont nous avons parlé ci-dessus ; Philipes d'Estampes Seigneur de l'Isle d'Hôtel, étoit son Lieutenant ; ces Vaisseaux devoient accompagner les Vaisseaux marchands de Marseille, mais le Sieur de Mantin aïant été contraint par la tempête de se separer d'eux, eût en rencontre devant Saragosse cinq Corsaires Turcs qui vinrent l'aborder.

LXXIII. Le Sieur de Mantin pouvoit gagner facilement Saragosse, & se mettre en lieu de seureté, mais quoy qu'il fut pressé de le faire par quelques-uns de son bord, il répondit neanmoins, que quand toute la Barbarie viendroit l'attaquer, elle ne l'obligeroit pas à fuir. C'étoit à l'entrée de la nuit que ces Vaisseaux furent découverts. Le Sieur de Mantin avoit avec lui un Vaisseau marchand commandé par Delestrade de

Tome I. Kkkkk

Marseille, à qui il dit de se sauver à Saragosse, mais il ne le peut faire que jusqu'au lendemain qu'il fit voile à la pointe du jour, & fut suivi par deux Vaisseaux. Comme le vent étoit bon, & que le Sieur de Mantin se mit entre lui & les Corsaires, il eût moïen de se mettre en seureté dans Saragosse ; cependant les autres Vaisseaux s'aprocherent du Sieur de Mantin : un de ceux qui portoit quarante-six pieces de canon, & qui étoit le Vice-Amiral, commandé par un Capitaine nommé Edoüard, demanda d'où étoit le Vaisseau, le Sieur de Mantin lui fit répondre qu'il étoit François ; c'étoit toûjours en marchant, les uns & les autres continüoient leurs fanfares, jusqu'à ce que du Vaisseau du Sieur de Mantin on lâcha un coup de mousquet.

Ce fut alors que le combat commença, car ce Vaisseau s'étant mis pair à pair de celui du Sieur de Mantin, il lui fit décharge de toute l'artillerie d'un côté, & le Sr. de Mantin de même fit tirer contre lui toute la batterie haute, le vent n'étoit guere frais, ce qui étoit cause que la fumée couvroit l'air de telle sorte qu'on ne se pouvoit voir ; dez que le broüillard fut dissipé, la mousqueterie fit sa décharge de part & d'autre, les Turcs jettoient de grands cris, & les Marseillois ne disoient mot.

Ce Bâtiment s'étant retiré pour recharger son artillerie, l'Amiral qui portoit quarante-quatre pieces de canon, & qui étoit commandé par un Chrétien renegat apellé Sanson, s'aprocha du Sieur de Mantin de la longueur de deux piques ; ce Vaisseau étoit tout neuf & tres-beau, & avoit la poupe dorée, il déchargea tout un côté, & le sieur de Mantin fit tirer contre lui sa batterie basse, c'étoient des coleuvrines de vingt-quatre livres de bale, la mousqueterie fit aussi sa décharge, les Turcs ne cessoient jamais de crier, & les Marseillois gardoient le silence pour entendre mieux le commandement.

Aprés que ce Vaisseau se fut retiré, le troisiéme Bâtiment commandé par Roumadan Rais vint à son tour donner la passade au sieur de Mantin, il portoit quarante pieces de canon, & étoit fort haut de bord, il fit mine de le vouloir aborder, mais il n'eût pas le cœur de le faire, neanmoins la décharge fut plus furieuse que celle des autres, car ayant tiré son canon, & le sieur de Mantin le sien, il combatit durant demi heure pair à pair; enfin il fit retraite comme les autres pour aller recharger son artillerie.

Edoüard revint à l'attaque, mais non pas de si prés que la premiere fois, car il avoit éprouvé qu'il y faisoit chaud, il fit de nouveau toute sa décharge avec des cris les plus épouvantables du monde, Sanson fit de même, & Roumadan Rais encore le suivit, & continüa le combat plus long-tems que les autres, ainsi qu'il avoit fait la premiere fois, il fut plus mal traité, car son Vaisseau fut ouvert d'une grande brasse auprés de l'eau, & quatorze de ses gens furent emportés d'un coup de canon.

Ce combat fut tellement furieux que toutes les voiles & les cordages du sieur de Mantin furent mis en pieces, dépuis ces deux attaques ces Corsaires qui avoient été extremement maltraités, ne combatoient

DE MARSEILLE. Liv. IX.

plus avec tant de fureur, ils se contentoient de s'aprocher de la poupe du sieur de Mantin, contre laquelle ils tiroient en se retirant, la poupe fut si mal traitée qu'on y fit une ouverture de la largeur d'une grande porte, ceux qui étoient postés dans la galerie, furent presque tous emportés par les coups de canon des ennemis.

Enfin ces Corsaires qui avoient experimenté qu'il leur étoit impossible d'avoir le sieur de Mantin à vive force, se contenterent pour le miner de lui tirer quantité de coups de canon chargés de balles à chaine à pointe de carreaux d'acier, afin de le briser & l'obliger à se rendre; le Cap Mestre des Canoniers lui fut emporté d'un coup de canon, ce qui fut une grande perte pour lui : car sa batterie ne fut plus si furieuse, & ce qui leur donna encore du courage fut le retour de deux Vaisseaux, qui avoient donné la chasse à de Lestrade qui vinrent tous frais, & qui déchargerent tous leur canon; enfin ces Vaisseaux firent dix-huit passades chacun, & le combat dura depuis la pointe du jour jusques à deux heures après midi, aussi le Vaisseau du sieur de Mantin étoit percé comme un crible, toutes les couvertes étoient remplies de claie, il reçût plus de six cens coups de canon, les mousquets pour avoir trop tiré étoient si chauds qu'il les falloit mouiller, & il y eût un soldat qui vuida trois fois sa bandoliere, mais quoique ce combat fut si furieux, il n'y eût nul des principaux Chefs de blessés, Dieu les aïant regardés de son œil de misericorde : les ennemis furent enfin lassés du combat après avoir perdu quantité de gens, & aïant jugé qu'il leur seroit impossible de pouvoir prendre le sieur de Mantin, ils se retirerent tous en désordre.

Ce combat fut fait à cinq mille de Saragosse en presence de tout le peuple, qui s'étoit mis à genoux sur les murailles de la Ville avec la Croix, & qui faisoient des vœux, afin que Dieu donnât la victoire au sieur de Mantin; toutes les cloches sonnerent incessamment, & comme il entra dans le Port il salua le Château & la Ville de tout son canon, qui lui répondirent aussi de la même sorte : il fut visité par le Gouverneur, & loué de tous les Habitans qui étoient ravis de lui avoir veu rendre une action si glorieuse.

Les Vaisseaux Marchands de Marseille eurent aussi en rencontre des Corsaires qui les attaquerent, nos Marchands combatirent genereusement, à la reserve d'un seul qui ne bougea point, le sieur de l'Isle qui étoit avec eux fit tout ce qu'on pouvoit souhaiter de sa generosité, mais il ne peut empêcher qu'un Vaisseau de Marseille apellé Sainte Catherine après avoir combatu genereusement durant quelque tems, ne fut coulé à fonds; ce fut une grande perte pour Marseille, à cause que ce Vaisseau étoit fort riche pour être chargé de quantité de bales de soie : le sieur Dupont qui le commandoit, fit en cette rencontre tout ce qu'un homme de cœur pouvoit faire.

LXXIV.

HISTOIRE

CHAPITRE VI.

Le Roi Loüis XIII. vient à Marseille où il est reçû fort magnifiquement. Recit de diverses affaires concernant le negoce de cette Ville. Naissance du Roi Loüis XIV.

I. La Ville envoïe des Députés au Roi Loüis. XIII. Marseille est déchargée de la taxe qu'on avoit imposé sur toutes les Villes de France. II. Mort du I. Consul. III. Preparatifs pour la reception du Roi Loüis XIII. IV. Description de son entrée. V. Les Consuls vont au devant de lui. VI. Les Officiers du siége y vont aussi. VII. Sa Majesté arrive à la plaine de S. Michel. L'Assesseur lui porte la parole ; les Officiers du siége, & le Grand Vicaire de l'Eglise Cathedrale lui font la reverence. VIII. Sa Majesté entre dans la Ville, & jure les Chapitres de paix. IX. De divers Arcs de triomphe. X. Le Roi va à l'Eglise Majeur. XI. Il visite diverses Eglises, & va à la pêche des Tons. XII. Aiant reçû la nouvelle de la défaite des Huguenots fait chanter le Te Deum à l'Eglise Majeur, & aprés il part de Marseille. XIII. Sanson Napolon est député à Constantinople, comme aussi les Sieurs de Glandeves, & de S. Pol. XIV. Le Duc de Guise équipe une armée Navale à Marseille, qui a grand soin de sa conservation. XV. Les côtes maritimes contribuent aux frais des armemens XVI. Du retour à Marseille de Sanson Napolon, qui amene deux Chaoux : la Ville leur fait quelques presens. Trois Galeres de Tunis abordent aux Isles de Marseille. XVII. Sanson Napolon travaille à faire la paix avec les Turcs. XVIII. Il va à Algers XIX. Il est introduit dans le Conseil des Turcs. XX. La paix est concluë sous des Articles. XXI. Leur teneur. XXII. Un Corsaire d'Algers prent une barque de Marseille. XXIII. Sanson Napolon la fait restituër. XXIV. La Duchesse de Guise, & son fils arrivent à Marseille qui est affligée de peste. XXV. Les Marseillois pourvoient à leur conservation. XXVI. Les Habitans se refugient au terroir XXVII. On établit des Boulangers pour la subsistance du peuple. XXVIII. Les Consuls previenent les désordres qui pourroient arriver. XXIX. On tint comte de tout ce qui étoit porté aux infirmeries. XXX. De l'ordre qu'on gardoit dans le terroir. XXXI. En quel tems on commença d'y vendre des denrées, la peste fait des grands ravages. XXXII. Le Roi d'Espagne équipe une belle Armée Navale, Marseille en a aprehension. XXXIII. Les Consuls donnent le signal de l'aproche de

cette

DE MARSEILLE. Liv. IX.

cette Armée. XXXIV. *Les Habitans s'assemblent aux environs de Marseille.* XXXV. *La communication des Habitans cause la mort à plusieurs.* XXXVI. *Le Roi est trés satisfait de l'effort que la Ville avoit fait en cette occasion.* XXXVII. *Les Consuls font vœu de faire bâtir une maison aux Filles Repenties.* XXXVIII. *Le Duc de Guise va à Florence. Le Marquis de Vitri vient à Marseille.* XXXIX. *Il fait une seconde entrée à Marseille. Les Consuls ont pouvoir de condamner jusques à dix livres d'amande.* XXXX. *La Ville n'est point comprise dans les charges du Païs.* XXXXI. *Le Marquis de Saint Chaumont vient à Marseille.* XXXXII. *Prise des Isles de Saint Honoré, & de Sainte Marguerite par les Espagnols. Henri de Seguiran vient à Marseille pour aviser aux moiens de les reprendre.* XXXXIII. *Une Armée Navale des ennemis vient mouiller sous la Montagne de Marseille-Veire, elle donne l'alarme à la Ville.* XXXXIV. *Elle est exempte des droits de francsfiefs.* XXXXV. *Naissance du Roi Loüis XIV.*

I. LE Roi Loüis XIII. de glorieuse memoire étant descendu dans le Languedoc pour faire la guerre aux Huguenots qui s'étoient rebellés; comme la Ville eût nouvelle de son arrivée, elle députa Honoré de Riqueti sieur de Mirabeau, & Melchion de Monier premier & second Consuls, & Claude Rainaud Assesseur, qui allerent rendre à sa Majesté leurs trés-humbles devoirs, & comme ils s'étoient mis à genoux le Roi les fit lever, le Duc d'Espernon qui étoit prés de sa personne lui dit, qu'il n'y avoit que les Gentilshommes qui parlassent de bout, sa Majesté lui répondit en ces termes, *les Consuls de ma Ville de Marseille sont Gentilshommes.* Pendant cette guerre on avoit envoïé quantité de soldats de l'armée qui avoient été blessés, & qui furent reçûs à l'Hôpital & traités avec grand soin; sa Majesté leur témoigna le bon gré qu'il leur sçavoit de cette action. Ce fut alors que toutes les Villes de France furent taxées pour subvenir aux frais des armées que le Roi étoit obligé de tenir sur pied, la Ville de Marseille qui fut de ce nombre, se fit décharger par Arrêt du Conseil en vertu de ses conventions & de ses Priviléges, & néanmoins comme elle n'a jamais manqué dans les occasions de donner des témoignages du grand zéle qu'elle a eu de tout tems, pour le service de ses Souverains, elle contribua trés volontiers de sa part, & fit present au Roi de la somme de trente-huit mille livres.

II. Le 30. d'Octobre de cette année Honoré de Riqueti sieur de Mirabeau premier Consul déceda un jour avant que l'année de son Consulat fut accomplie, c'étoit même aprés l'élection de son successeur, la Ville fournit trente six flambeaux pour ses funerailles, les quatre Capitaines avec leurs Officiers, & les soldats d'équipage marcherent en duëil; le corps fut couvert de sa robe d'écarlate rouge avec sa toque de velours noir, & l'épée au côté. Six Consulaires marchoient à côté de la biere, & tenoient le poile; les Consuls venoient aprés en habit de duëil. Il fut enterré dans l'Eglise de l'Observance, qui fut

Tome I. LLIII

tendüe de noir, où le corps fut exposé sous une Chapelle ardente.

III. A quelque tems de là le Siège de Montpellier fut levé, & sa Majesté qui avoit dompté les rebelles, voulut visiter la Provence; les Marseillois aïant été avertis qu'il devoit venir dans leur Ville, après qu'il auroit visité la Sainte Baume, firent dresser à la Plaine St. Michel un Téatre à deux montées, paré des plus belles tapisseries qu'on peut trouver, la Chaise où Sa Majesté se devoit asseoir fut logée au milieu du Téatre avec un dais de velours bleu, couvert de passemans d'argent.

IV. On dressa dans la Ville trois arcs de triomphe, aïant chacun deux façades magnifiquement travaillées, parsemées de Fleurs-de-Lys avec des emblêmes, des dévises, & des inscriptions qui avoient du rapport aux sujets représentés par les portraits qu'on y avoit mis: le septiéme ou le huitiéme de Novembre qui fut le jour de l'arrivée de Sa Majesté, les petits enfans donnerent le commencement à la joïe publique, car ce furent eux les premiers qui sortirent de la Ville, aïant chacun à la main une banderole d'armoisin blanc & bleu en chantant des chants d'allegresse, ils allerent au-devant de Sa Majesté jusques à la plaine Saint Michel, toute la milice des Habitans de la Ville en sortit après, elle étoit en tres bon ordre, conduite par les quatre Capitaines ordinaires de cette année-là, sçavoir Pierre de Moustier, Loüis de Monier Sieur d'Aiglun, Clement Ripert, & Baltazar de Cipriani Seigneur de Cabriés, & encore par les huit Capitaines de crüe, Mathieu de Leon, Laurens Gilles, Jean-Baptiste de Villages, Jean Philipes Dieudé, Bernard Grousson, Loüis Ovili, Lazarin Doria Sieur de Soutournon, & Baltazar de Beissan Sieur de Saint Savournin, tous les Capitaines avoient pour Mestre de Camp Marc-Antoine de Vento Sieur des Pennes.

V. Jean de Boniface Sieur de Cabanes, Joseph de Begue, Antoine Gasquet Consuls, Iean de Riqueti Assesseur, tous quatre vétus de robe d'écarlate rouge, montés sur des chevaux barbes richement harnachés avec leurs housses de velours, aïant à leur côté droit André Marquis d'Oraison qui exerçoit la Charge de Viguier cette année, sortirent de la Ville precedés de huit Trompetes, & de quatre valets de livrée, & à leur suite les Notaires & Secretaires du Conseil, & tous les Gentilshommes, & grande quantité des plus notables Bourgeois de la Ville.

VI. Les Officiers du Siége y allerent à cheval accompagnés des Procureurs, des Huissiers, & des Sergens; le Siege étoit alors composé de Nicolas de Bausset Lieutenant General, de Nicolas de Vento Lieutenant particulier, de Iean d'Athenosi, & Elfias d'Oraison Conseillers, de Paul Æmille Darene, & Pierre de Blanc Avocats & Procureurs du Roi: le Clergé s'y achemina en Procession Generale, les Dignités & les Chanoines de l'Eglise Majeur y parurent revêtus de leurs chapes de brocard & de leurs plus beaux ornemens, tous les Religieux y furent aussi.

VII. On ne vit pas plûtôt paroître sa Majesté à la plaine St. Michel, qu'on oüit incessamment retentir l'air des cris de Vive le Roi, & comme il fut monté sur le Téatre, les Compagnies de la Milice cesserent de faire battre leurs tambours & de tirer, le Roi s'assit, & aussitôt le grand Prevôt de France aïant fait fendre la presse, les Consuls y monterent & se mirent à genoux devant Sa Majesté; l'Assesseur y porta la parole, & s'en acquita fort dignement; les Officiers du Siége, & le Grand Vicaire de l'Evêché de Marseille se présenterent ensuite, & se mirent à genoux, & lui firent leur harangue.

VIII. Discours de l'entrée du Roi, par Henri millé Notaire, & Secretaire de la Ville.

Tous les Ordres de la Ville passerent devant le Théatre, & aprés que le Roi eût reçû tous les complimens de la Ville il monta sur une haquenée blanche suivi des Ducs de Montmorency & d'Espernon Comte de Schomberg, & autres Seigneurs pour s'acheminer à la porte Roïale, sitôt qu'il fut arrivé en veuë de la Ville, & vis à vis du moulin à vent qui étoit à la plaine Saint Michel, tous les bâtimens qui étoient dans le Port, tirerent leur Artillerie. Le Roi fut tellement satisfait de voir le Port qu'il témoigna à ces Seigneurs qui étoient auprés de lui, qu'il ne croïoit pas qu'il y en eût un semblable en toute l'Europe, & s'étonant de voir tant de gens, il dit qu'il croïoit ou qu'il n'étoit resté personne dans la Ville ou qu'elle étoit à proportion aussi peuplée que Paris. Le Duc d'Espernon lui répondit que ce n'étoit rien au prix de ce qu'il verroit quand il seroit dans la Ville; à mesure que le Roi s'approchoit tout le canon qui étoit sur les murailles tira, & en même tems qu'il fut arrivé à l'entrée de la Porte Réale, le sieur Pierre de Libertat qui en étoit Capitaine, & qui se tenoit dehors avec son Lieutenant & ses soldats reçût sa Majesté, & s'acquita trés-bien du devoir de sa charge. Le Roi étant arrivé dans le corps de garde de cette porte y trouva les Consuls, qui se mirent à genoux. Le premier lui rendit au nom de la ville ses trés-humbles actions de graces de l'honneur qu'il avoit plû à sa Majesté leur faire de les venir visiter, & aprés lui en avoir presenté les clefs qui étoient d'or du poids de cent pistoles, & artistement travaillées, il supplia trés-humblement sa Majesté de croire, que Marseille aïant toûjours eu en partage la fidélité & l'obéïssance pour ses souverains, qu'elle ne manqueroit jamais à ce devoir, & ensuite il lui demanda encore avec tout le respect, & la soûmission qu'il devoit à sa personne Sacrée, de vouloir à l'exemple de ses predecesseurs jurer de la conserver dans ses conventions, & priviléges qui étoient contenus dans un livre qu'il tira d'un sac de velours bleu tout couvert de passemens d'argent ce que sa Majesté lui accorda, & en même tems les canons qu'on avoit logé sur les tours, & sur les boulevars de la porte Roïale tirerent encore pour marque de la joïe que les Habitans en avoient, on fit encore joüer les haubois, Clairons, Trompetes, & autres instrumens qu'on avoit mis en cét endroit. En même tems que le Roi entra dans la Ville on n'entendoit qu'acclamations de joïe, il alloit sous un riche dais à six bâtons portés par le Viguier, par les trois Consuls, & par l'Assesseur & par Melchion de Monier Consul de l'année precedente, celui-ci avec le Viguier étoient en manteau & les Consuls en robes d'écarlate rouge, ainsi que nous avons dit.

IX.

Comme le Roi fut à la petite porte des Augustins, il y trouva un Téatre magnifiquement paré, & à côté un jardin où il y avoit quantité d'oiseaux dont le gazoüillement étoit extrémement agréable ; de ce jardin sortirent des jeunes Bergers, & des nimphes habillés de toile d'argent, qui à genoux & à la cadence des violons saluérent sa Majesté, ce ballet étoit suivi d'autres personnages, qui firent si bien que sa Majesté y prit grand plaisir : à la place neûve, on avoit fait un Arc de triomphe sous lequel le Roi passa ; les chapiteaux des colomnes étoient à la dorique, on y avoit mis quantité d'inscriptions & d'emblêmes trés curieuses : à la Loge il y avoit un autre Arc de triomphe plus magnifique où l'on avoit mis le portrait du Roi couronné de raïons ; c'étoit pour faire voir qu'à l'exemple du Soleil il avoit dissipé les nuages de la France, il tenoit à sa main droite un globe celeste & à la gauche un terrestre ; sous ses pieds étoient des furies infernales qui representoient l'héresie, cét Arc étoit soûtenu par huit colomnes, & à chaque portique on avoit dépeint les sept planetes, & au Frontispice les armes de sa Majesté ; on avoit logé au dessus un excellent corps de Musique, qui ravissoit par la délicatesse de ses voix, & par la doucce harmonie des instrumens qu'on y avoit entremêlé, ceux qui les entendoient ; on n'y chantoit que les loüanges, les vertus, & les conquêtes de sa Majesté, qui eût la curiosité de s'y arrêter un peu de tems : les Habitans avoient pris grand soin à étaler par toutes les ruës où le Roi passa tous les beaux tapis de Turquie, les plus belles tapisseries qu'ils eussent, mais sur tout à la ruë de la Loge où l'on voïoit tout ce qui étoit de plus exquis & de plus rare, presque toutes les Dames de la Ville s'étoient assemblées en ce lieu ajustées à leur avantage & parées de toutes leurs pierreries.

X.   Le Roi fut conduit dans ce même ordre à l'Eglise Majeur où l'on fit tirer le gros canon de campagne, & les coleuvrines qu'on y tenoit autrefois avant que la Citadelle fut construite & qui défendoit la mer ; le Chapitre reçût sa Majesté aussi solemnellement, & avec toutes les ceremonies accoûtumées en semblable rencôntre : au sortir de l'Eglise le Roi passa à son retour à la ruë Saint Jean pour aller à son Hôtel, & alors tous les bâtimens qui étoient dans le port, & la Tour Saint Jean déchargerent leur Artillerie, & comme il fut arrivé à son logis, il se mit à une des fenêtres qui regardoient le Port, & n'en boûgea point que les douze Capitaines avec leur Milice qui étoient de retour de la plaine Saint Michel n'eussent passé au devant de son Hôtel : il prit grand plaisir de voir que les soldats y étoient bien rangés, que leurs armes étoient belles & riches, mais ce qui lui donna plus de satisfaction fut de voir qu'il y en avoit d'habillés en Sauvages, en Ameriquains, en Indiens, en Turcs & en Mores, & quelques-uns étoient mêmes armés de toutes piéces, ils ne déchargerent point leurs mousquets que bien loin du logis de sa Majesté où il étoit seulement permis de battre le tambour.

XI.   Le lendemain sa Majesté fut entendre la Messe en l'Eglise des Accoules, qui est la Paroisse de son Hôtel où il y eût une excellente Musique, & l'aprédîné il fut visiter le fort Nôtre-Dame de la Garde, & ensuite le Monastere S. Victor. Elle y fut reçûë solemnellement, & prit grand plaisir de voir les belles Reliques qui reposent dans cette maison, le jour suivant ce Prince fut au Port de Morgils pour y voir la péche des Tons :

les

DE MARSEILLE Liv. IX. 472

les Prud'hommes des pêcheurs de Marseille, ausquels le lieu & l'enceinte de ces poissons apartient, lui presenterent un trident d'argent surdoré, avec lequel il tua plus de vingt-cinq tons ; mais avec tant d'adresse qu'il ne manqua jamais un coup, & toutes les fois qu'on tiroit en haut le ton qui avoit eu cette gloire de mourir de cette main Roïale, la trompete sonoit, l'air & la mer retentissoient du cri *de vive le Roi*, ce divertissement dura presque jusqu'à la nuit, & sa Majesté dit souvent qu'il n'avoit rien vû durant son voïage qui lui fut si agréable.

XII. Le 10. de Novembre qui étoit le troisiéme de l'arrivée du Roi, Sa Majesté reçût nouvelles de la bataille navale que le Duc de Guise avoit donné au devant de la Rochelle contre les Huguenots, sur lesquels il avoit remporté une mémorable victoire, Elle en eût tant de joïe, qu'elle entra en même-tems dans son Oratoire pour en remercier Dieu, & aprés Elle monta à cheval, accompagnée du Comte d'Harcourt, des Ducs de Montmorency & d'Espernon, de Schomberg, & autres ; il se rendit à l'Eglise Majeur, où le *Te Deum* fut chanté ; comme Sa Majesté fut de retour, & qu'Elle arriva à la porte de son Hôtel ; les Consuls lui presenterent trois beaux chevaux barbes, qui coûterent huit cens cinquante écus, leurs harnois étoient de damas bleu, il trouva ce present plus beau que des tapis de Turquie, & autres gentillesses du Levant, aussitôt Elle s'alla mettre à table, & aprés diné partit, & alla coucher à Aix, delà Elle alla à Avignon, & aprés en Dauphiné, & ensuite Elle prit la route de Paris.

XIII. L'année suivante Sanson Napolon fut envoïé par le Roi en Constantinople porter les plaintes au Grand Seigneur des opressions que le Bacha de Tripoli faisoit contre les Sujets du Roi qui y alloient negocier. On députa en ce même-tems à la Cour Iean-Loüis-Antoine de Glandeves premier Consul, Loüis de Cabre sieur de Saint Pol, pour se plaindre aussi de ce que les Corsaires venoient ravager nos mers jusques aux Isles d'Yeres, & demander au Roi qu'il lui plût faire revenir les Galeres en ce Port, & que le Parlement y vint tenir les grands jours ; & parce qu'en cette conjoncture les Marchands Armeniens qui venoient en cette Ville vendre leur soïe, & autres marchandises, portoient aprés chez eux l'argent qu'ils en avoient tiré, la Cour par Arrêt leur fit défenses de le faire, leur permettant de convertir cét argent en Marchandises, & ensuite le Roi fit expedier des lettres Patentes portant la même chose.

XIV. Ce fut en cette année que le Duc de Savoïe aïant fait ligue avec le Roi & les Venitiens, pour procurer la paix à la Valteline, que les Espagnols troubloient, fit dessein de faire la guerre aux Genois, le Duc de Guise eût ordre d'équiper à Marseille une armée Navale, comme elle fut prête & qu'il fut sur le point de partir, il entra dans le conseil assemblé en l'Hôtel de Ville, & representa à tous les assistans qu'il étoit sur son départ, & qu'en cette conjoncture on devoit prendre grand soin de garder la Ville au Roi, & par ce moïen continuër de donner des témoignages de leur ordinaire fidélité, & de l'amour qu'ils avoient toûjours eu pour leur Souverain ; aïant fini son discours il en sortit, & fut

Tome I. Mmmmm

accompagné par les Consuls jusques à son logis, ensuite le Conseil s'étant rassemblé fit une cruë de cinq Capitaines en chaque quartier outre les ordinaires, & de Blaise Doria pour Mestre de Camp ; durant cette guerre il y eût quatre Capitaines qui garderent la Ville, on fit aussi un Bureau composé de six Habitans pris de chaque quartier de la Ville, qui avec les Consuls & les Sindics s'assembloient le mardi & le samedi de chaque semaine, pour y déliberer de ce qu'on jugeroit necessaire pour la garde de Marseille ; on fit encore élection d'un Capitaine en chaque quartier du terroir, qui pour exercer les Habitans qui demeurent à la campagne, vinrent un jour de Dimanche avec leurs troupes tout au devant des murailles, en un lieu qu'on appelloit *le Grand Caire*, où est maintenant le cours, où ils s'assemblerent pour éveiller le monde, & se mettre en état de combattre s'il en étoit besoin.

XV. En ces entrefaites la Ville obtint divers Arrêts tant des Cours de Parlement, & des Comptes de ce Païs, que du Conseil, par lesquels les Villes maritimes de la côte, furent condamnées à contribüer aux fraix des armemens qu'elle avoit fait contre les Corsaires, ces frais furent reglés à cent dix mille livres de capital, & dix mille livres des dépens, ceux de la côte témoignoient de se pourvoir en cassation des Arrêts, mais enfin ils transigerent avec Marseille, & païerent ce qui fut convenu.

XVI. En l'année suivante Sanson Napollon retourna de Constantinople, 1626 où il étoit allé ainsi que nous avons vû ci-devant, il emmena avec lui deux Chaoux pour traiter la paix avec ceux d'Algers, la Ville fit present au premier de deux vestes, au second d'une, elle en donna aussi une autre à leur truchement, & fit encore quelques petits presens à ceux de leur suite. L'année après trois Galeres de Tunis aborderent aux Isles ; les Marseillois pour le bien du commerce, & pour obliger 1627 les Turcs d'accorder le traité de paix, que Sanson negocioit, fit present au general des Galeres apellé Issoudan de la valeur de 1200. liv.

XVII. Sanson par ordre du Roi travailla durant quatre ans à faire cette 1628 paix : sa Majesté avoit écrit au Duc de Guise d'achever les traités, & comme ceux d'Algers demandoient la délivrance des Turcs, qui étoient aux Galeres de France, & encore deux canons que le Capitaine Dancer, dont nous avons parlé en autre part, leur avoit pris, le Roi ordonna que toutes les côtes maritimes de son Roïaume interessées à cette paix y contribueroient ; la Ville fournit pour ce sujet soixante mille livres d'un côté, & douze mille livres de l'autre, qu'elle donna à Sanson pour s'équiper ; il fit ce voïage l'année suivante avec deux Vais- 1629 seaux qu'elle lui fit aussi preparer : pour le païement de toutes les sommes on établit un droit qu'on apelloit *Cotimo* sur les bâtimens, qui venoient du Levant, d'Italie, de Sicile, du Ponant & de Caillari.

XVIII Sanson arriva à Algers le 17. de Septembre de l'an 1628. le lendemain ceux du Conseil de la Ville qu'ils appellent Divan, envoïerent vers lui un Officier du Conseil étroit, & un autre du grand Conseil, ils avoient ordre d'être toûjours auprès de sa personne pour lui servir d'ôtage, & d'assurance du traité de paix qu'on devoit faire : le jour après le Divan s'assembla, où se trouverent le Viceroi le Mofti qui est

DE MARSEILLE. Liv. IX. 474

le défenseur de la Loi ; le Cadi qui est le chef de la justice, le Diffiniteur des points de la Loi, le General de la Milice accompagné de quantité des personnes qui avoient passé par toutes les charges des escadres ; le General des Galeres y fut encore, & avec lui douze Capitaines ou commandans des bâtimens ; & enfin plusieurs Capitaines des Vaisseaux de guerre, & la plûpart des principaux de la Ville d'Algers.

XIX. Sanson fut introduit & reçû avec honneur dans cette assemblée, il y presenta l'ordre du grand Seigneur, qui leur commandoit de faire la paix avec les François, il leur rendit ensuite une lettre du Roi, & une autre du Duc de Guise : tous ceux du Conseil résolurent d'executer l'ordre du grand Seigneur ; mais parce que les Esclaves François, qui étoient au pouvoir de la Milice, avoient été pris au tems que la guerre étoit déclarée, & qu'ils avoient été achetés, il fut résolu que ceux qui les avoient, seroient remboursés du juste prix de leur achet, sans pouvoir rien pretendre davantage, & quant aux Esclaves François, qui étoient au pouvoir des Juifs & Mores, qu'ils seroient mis en liberté sans rien donner.

XX. Sanson fit tout son possible pour obtenir, premierement la délivrance de tous les Esclaves, & pour cét effet il loüa la puissance du Roi, qui leur pouvoit beaucoup nuire s'ils étoient ses ennemis, & au contraire que son amitié leur porteroit de grands avantages ; il n'oublia pas d'ailleurs de les faire ressouvenir des caresses que les Marseillois leur avoient fait l'année précedente qu'ils étoient à Marseille ; mais quoy qu'il sçût faire, il ne peut avancer autre chose ; si bien que la paix fut concluë de la sorte : en voici les Articles.

XXI. Que tous les Esclaves Turcs qui se sauveroient des mains des Princes Chrétiens, où ils étoient detenûs, & se refugieroient en France, y seroient reçûs, & on leur donneroit libre passage & moyen de se retirer en Algers.

Lorsque les Bâtimens d'Algers auroient eu en rencontre l'un des François, aprés s'être reconnus, ils se donneroient des nouvelles reciproques comme vrais & bons amis, sans que ceux d'Algers pussent entrer dans lesdits Bâtimens François, pour y prendre ni charger quelque chose que ce soit, ni menacer, ni battre nul de ceux qui seroient dans ledit Bâtiment.

S'il se rencontre que les François aïent chargé des marchandises pour le compte des ennemis du Grand Seigneur, aprés que la chose sera bien éclaircie, soit par les polices ou par le raport des Capitaines, Ecrivain, ou Mariniers : lesdits Bâtimens François seront conduits à Algers, où on leur faira païer les nolis, & ensuite on leur donnera congé pour aller où bon leur semblera ; si les François aprés avoir reconnu ceux d'Algers, veulent combatre, s'ils sont vaincus ils seront Esclaves, ne pourront ceux d'Algers prendre aucuns garçons François pour les faire renier par force ; les tailler, ou les menacer ; il est vrai que si quelque François se veut renier volontairement, il sera conduit au Divan, & là il lui sera permis de declarer volontairement & franchement quelle Religion il veut embrasser.

HISTOIRE

Que si quelque Rais des Bâtimens d'Algers rencontre quelques Bâtimens François, qu'ils soupçonnent avoir chargé pour le compte des ennemis d'Algers, si les François soûtiennent que cela n'est point veritable, on les conduira à Algers, où dans le Divan, ils seront interrogés de la verité, & s'ils persistent, que lesdites marchandises sont à eux, ils seront aussitôt reclamés, & lesdits Rais seront punis de peine arbitraire.

Ceux qui seront originaires des Etats des ennemis d'Algers, étant domiciliés & mariés en France, ne pourront pas être faits Esclaves.

Les François qui seront passagers dans les Bâtimens des ennemis d'Algers, ne pourront pas non plus être reduits dans l'esclavage, pourvû qu'ils soient sujets du Roi.

Que nul Officier ni encore aucun de la milice ne pourront entrer dans la maison du Consul des François pour quelque prétexte que ce soit ; que s'il se rencontre quelqu'un qui ait quelque pretension contre lui, il le faira apeller avec respect pardevant l'Aga du Divan, afin que la Iustice soit faite, & que le Consul vive en paix, & soit traité civilement & avec honneur.

Ceux qui enfreindront cette paix seront punis de mort cruëlle. Ce sont les articles de ce traité de paix qui ne fut guere bien observé.

XXII. Peu aprés qu'elle eût été concluë, on faillit à la rompre par un contre-tems qui arriva ; car un Corsaire d'Algers aïant eu en rencontre une Barque de Marseille commandée par le nommé Sousribe, qui avoit 25. hommes sous lui, & chargé ce bâtiment de nonante-cinq bâles de soïe, & de plusieurs autres marchandises qui venoient du Levant, il le prit & le mena à Algers.

XXIII. Sanson n'eût pas pû à faire à procurer sa délivrance ; car le Corsaire disoit qu'il avoit armé pendant la guerre, qu'il avoit rencontré cette barque en un tems qu'il n'avoit pas connoissance de la paix, & d'ailleurs qu'elle avoit commencé la premiere à combatre, & ne s'étoit renduë qu'à l'extremité ; mais ce qui rendoit la chose difficile étoit, que les principaux du Divan étoient interessés en cét armement ; enfin Sanson en vint à bout, aïant persuadé au Capitaine de la barque de lui donner une partie du fonds.

XXIV. L'année suivante la Duchesse de Guise avec le Prince de Ioinville son fils vinrent à Marseille, où l'on leur fit entrée : les Consuls monterent à cheval, & allerent hors de la Ville au-devant d'eux, & les Capitaines encore avec leur milice en armes ; Marseille fut peu aprés dans une grande aprehension à cause de la peste, qui avoit été portée en Provence par une armée composée de neuf ou dix mille hommes de pied, & de huit cens chevaux ; elle étoit conduite par le Marquis d'Uzel, qui eût ordre en ce tems-là de passer en Italie, mais s'étant dissipée pour n'y avoir pû passer, les soldats à leur retour infecterent la Ville de Lion, & delà la peste fut portée en Languedoc, & en Dauphiné, & aprés à Digne, & ensuite peu à peu dans la Ville d'Aix : les Marseillois qui la voïoient si proche firent tout leur possible pour tâcher de se garantir.

XXV. L'ordre qu'on mit encore alors dans Marseille pour se mettre à couvert de ce fleau de Dieu, étoit fort bon, & sans la division des Habitans

DE MARSEILLE. Liv. IX. 476

tans, qui n'avoit autre motif que celui de l'administration des affaires publiques, on l'auroit pû éviter; mais cette division fit relâcher du soin qu'on prenoit à se précautioner, si bien que la negligence fut cause que la peste y fut portée dans des bales de laine.

En même-tems qu'elle y fut découverte, qui étoit le 22. de Février, elle donna tant d'épouvante aux Habitans, que dans trois jours il sortit de la Ville plus de cinquante mille personnes, qui se refugierent, partie aux bastides qui sont à son Terroir, & partie aux Villages circonvoisins: mais avec tant d'empressement que les portes de la Ville n'étoient pas assés grandes pour leur donner issuë; on ne voïoit que la tristesse peinte sur les visages des personnes, beaucoup de femmes, & même quelques-unes qui étoient qualifiées portoient leurs enfans entre leurs bras, & sortoient à pied de la Ville pour se garantir de la communication, & se refugier promptement à leurs bastides: on donna quinze jours de tems pour entrer dans la Ville & pour en sortir, aprés quoi les Corps de garde furent établis aux chemins pour empêcher la communication, ce qui n'est pas beaucoup difficile, à cause que toutes les avenuës sont bordées de murailles d'une hauteur proportionnée.

XXVI.

Il resta dans la Ville environ quinze mille personnes, & la plûpart Artisans, dont les uns ne pûrent pas sortir, & les autres ne le voulurent pas, la Communauté leur donna dequoi subsister jusqu'à ce que la peste y eût cessé, on établit en divers endroits des Boulangers pour y paîtrir le pain necessaire, qui leur étoit distribué par des Religieux, on mit deux cens soldats à chaque porte de la Ville, & le même nombre dans l'Hôtel de Ville, où les Consuls demeurerent accompagnés de quelques personnes de qualité, & d'autres encore qui voulurent servir leur patrie en cette rencontre.

XXVII.

De trois Consuls dont on faisoit alors élection annuëllement, comme nous verrons dans le cours de cette Histoire, il n'y eût que Leon de Valbelle Sieur de la Tour, & Nicolas de Gratian premier & second Consuls, qui demeurerent dans la Ville; la severité & la generosité de celui-là avec la bonté d'esprit de celui-ci contribuërent beaucoup à contenir le peuple à prévenir les desordres qui arrivent souvent en des semblables conjonctures, car il se porte quelquefois à piller les maisons de ceux qui se sont absentés; pour petit que fut le crime, ceux qui en étoient atteints, étoient punis rigoureusement; mais leur prudente conduite ne fut pas rétrainte à ce seul point, elle s'étendit generalement à tout ce qui étoit necessaire au bien public.

XXVIII.

On tint un compte exact de tout ce qui fut porté dans l'infirmerie par ceux qui étoient atteints du mal, & on trouva que cela montoit environ cent mille livres, car il y en alloit fort peu qui n'eussent avec eux de l'argent, des bagues, de chaines d'or & d'argent, & non seulement on y mettoit ceux de la Ville qui étoient pris du mal, mais encore beaucoup de personnes qui se trouvoient atteintes dans le Terroir. Aprés que la peste eût fini on rendit à chacun de ceux que la providence avoit garanti de la mort, & aux heritiers des autres qui étoient decedés, ce qui leur apartenoit.

XXIX

Tome I. Nnnnn

XXX. L'ordre qui fut établi au terroir pour la conservation de ceux qui s'y refugierent étoit trés bon, aussi il avoit été observé avant cela en de semblables conjonctures: les Consuls creérent en chaque quartier des Capitaines qui avoient sous eux des Lieutenants, & des Intendants qui surveilloient toutes les personnes de leur détroit pour leur mettre des gardes, afin d'empêcher qu'ils ne communicassent point avec ceux qui étoient en santé, ou bien les envoïer à l'infirmerie s'il en étoit besoin, & pour cét effet ils avoient un Rôle qui contenoit le nombre des Bastides, & des Bouchers qui vendoient la viande qu'on prenoit avec precaution; on faisoit la même chose pour le poisson, & l'on prenoit l'argent avec le vinaigre.

XXXI. Un mois aprés la fuite on commença de vendre en divers endroits du terroir, du bled, des legumes, de chair salée, des étoffes que quelques Vaisseaux avoient déchargé aux rades sans entrer dans la Ville, de sorte que par cette abondance de toutes choses, le terroir sembloit une trés grande Ville; la peste fit si peu de progrés au commencement qu'il sembloit qu'elle étoit étouffée, ce qui donna sujet au peuple de murmurer contre les Magistrats de ce qu'ils avoient permis, que la Ville eût perdu l'entrée, & que le negoce eût été rompu, mais à la fin de Mars elle s'alluma beaucoup, & ont vit alors mourir les femmes grosses, & les personnes cacochimes; en Avril les foibles & les plus mal nourris; & aux mois suivans, les hommes les plus robustes étoient emportés; les vieillards & les femmes échapoient plus aisément: cette fureur du mal dura jusqu'au mois d'Août, que selon la coûtume la peste perd sa force, parce que les vendanges purifient l'air, & la chassent entiérement.

XXXII. Le jour de Saint Jean-Baptiste que cette maladie étoit la plus allumée, les Consuls furent avertis par une barque venuë exprés de Barcelonne en toute diligence, qu'il y avoit au port de la Ville trente Galeres, & cinq galions bien équipés de munitions de guerre & de bouche, & de quantité de gens de guerre entre lesquels il y avoit beaucoup de Noblesse: ces preparatifs avoient été faits pour porter l'Infante en Allemagne où elle alloit épouser l'Empereur, & parce qu'il faloit necessairement que cette armée passat en veuë de Marseille, comme on sçavoit le pitoïable état dans lequel elle étoit reduite, il étoit à craindre qu'on ne fit dessein de la surprendre.

XXXIII. Sur le point que les Galeres s'approchoient, les Consuls firent tirer le canon qui étoit sur le grand Horloge pour avertir par ce signal tout le terroir de se preparer & se mettre en état & de marcher vers la Ville, ensuite les cloches de toutes les Chapelles du terroir sonnerent incessamment, si bien que dans un quart d'heure tout le terroir fut en alarme.

XXXIV. Les Capitaines des quartiers rassemblerent toutes leurs compagnies aux lieux assignés. Elles étoient composées de ceux qui étoient refugiés au terroir, & des Païsans sous les armes; elles marcherent toute la nuit, & se vinrent rendre en ordre de guerre sur le point du jour aux environs de Marseille: cette Milice faisoit le nombre de douze mille hommes bien résolus de défendre la Ville, & les lieux du terroir propres à la descente; ils demeurerent en cét état jusques à huit heures du matin, qu'on fut assûré que toute cette armée Navale avoit passé, elle parut fort prés du Château d'If, dont il fut facile de compter le nombre des voiles qui la composoient; les Consuls sortirent de la Ville à cheval, & se rendirent au plan Saint Michel, pour voir toutes les troupes qui passerent au devant d'eux en bel ordre, elles avoient résolu d'entrer dans la Ville pour la défendre jusqu'au dernier soupir, en cas que l'Espagnol eût donné.

XXXV. Les Consuls avoient fait munir l'embouchure du Port, & tout le long des murailles de la Ville, qui regardent la mer & jusqu'à l'Eglise Majeur de quantité des canons qu'ils avoient tiré des Vaisseaux, ceux qui étoient resté dans la Ville, & qui s'étoient enfermés dans leurs maisons furent obligés d'en sortir en armes pour la défense du Port, & des murailles, mais comme ils furent contraints de se méler avec des personnes infectes ils porterent le mal chés eux, ensorte que plusieurs en moururent, qui sans cela auroient été conservés.

XXXVI. Le Roi qui étoit alors à Lion à cause des affaires de Mantouë prit grand plaisir d'apprendre l'effort que le terroir de Marseille avoit fait d'avoir mis sur pied douze mille hommes en armes, ce qui fit concevoir au Cardinal de Richelieu qui possedoit alors l'autorité du Ministere, & à la Cour encore une grande estime pour Marseille; puisque cette Ville dans l'état où elle étoit, avoit fait dans si peu de tems ce que de grands Princes ont quelque fois peine de faire dans plusieurs mois: cette peste fit mourir environ huit ou neuf mille personnes, partie dans la Ville, & partie au terroir ou aux infirmeries.

XXXVII. Pendant le tems que cette peste y étoit échauffée les Consuls firent le vœu suivant, pour fléchir le courroux de Dieu.

Dieu tout puissant Seigneur & Maître de nos vies, nous Consuls, Gouverneurs, Protecteurs & Défenseurs des privileges, franchises & libertés de cette Ville de Marseille faisons vœu au nom de toute nôtre Ville à vôtre Divine Majesté à l'honneur de la Glorieuse Vierge Marie & de Saint Jean-Baptiste, de faire faire une Communion generale (à laquelle nous desirons tant que nous pouvons d'obliger tous) mais principalement les Chefs de famille un mois environ selon que sera avisé aprés l'entiere santé renduë à nôtre Ville affligée, & de plus faisons vœu de donner commencement à une Maison des Filles Répenties, donnant pour une fois tant, où tous les ans quelque chose pour l'établissement d'icelle, selon la volonté du Conseil, & faisons ces vœux, afin qu'il plaise a Sa Divine Majesté fléchir par les priéres de la Vierge, & de Saint Jean-Baptiste de détourner la juste colere que nos pechés ont merité de dessus nôtre Ville, & faire cesser par les douces entrailles de ses misericordes la peste qui nous afflige, & comme nous le demandons instamment; aussi esperons nous de vôtre infinie Bonté l'enterinement de nos humbles priéres. Ainsi soit-il. Le 24. Juin 1630. dans la Maison de Ville audit Marseille durant la Messe en laquelle les Consuls ont communié.

XXXVIII. L'année suivante le Duc de Guise qui n'étoit pas d'intelligence avec le Cardinal de Richelieu qui étoit alors le tout puissant dans l'esprit du Roi, & qui gouvernoit les affaires du Roïaume, fit équiper sa Galere sur laquelle il monta, & s'en alla à Florence trouver le grand Duc: trois mois aprés son départ le Roi envoïa en ce païs Nicolas de l'Hôpital Marquis de Vitri premier Maréchal de France, & Lieutenant General pour le Roi en Brie pour y commander en absence du Duc de Guise, il vint à Marseille où il fut reçû de la même façon qu'on avoit reçû le Chevalier de Guise.

XXXIX. L'année aprés il fut pourvû de la charge de Gouverneur, & en cette qualité il fit encore une entrée dans Marseille, où il fut reçû comme Gouverneur : en la même année les Marseillois obtinrent des lettres Patentes du Roi, portant pouvoir aux Consuls de condamner jusqu'à dix livres d'amande ceux qui contreviendroient au Reglement de Police, & particulierement ceux qui fairoient fraude aux poids, & aux mesures, lesquels en cas de recheute ils le pourroient condamner au carquant. 1632

Archiv. de l'Hôtel de Ville.

XL. En cette même année il y eût Arrêt donné au Conseil du Roi portant que la Ville n'entre point dans les charges du païs, & n'est point comprise dans le corps des terres Adjacentes.

XLI. En l'an 1633. Melchior Mille de Chevrieres, & Marquis de Saint Chaumond fut pourvû de la charge de Lieutenant de Roi, il fut reçû à Marseille en cette qualité & en absence du Maréchal de Vitri qui avoit fait un voïage à la Cour. 1633

XLII. A un an delà l'Espagnol se rendit maître des Isles Saint Honoré & Sainte Marguerite ce qui alarma la Provence, on élût en même tems dans Marseille pour Mestre de Camp Jean Loüis du Mas de Castellane Baron d'Allemagne, & des Capitaines de cruë & à la Ville & au terroir, aussitôt Henri de Seguiran premier President en la Cour des Comtes, & Lieutenant General du Cardinal de Richelieu, comme grand Maître des mers, vint en cette Ville pour aviser aux moïens de les reprendre avant que l'ennemi s'y fut fortifié, il venoit de faire le tour de la côte pour l'obliger à contribuër tous les bâtimens qu'elle pourroit pour servir à reprendre les Isles, la Ville de Marseille promit de fournir six Vaisseaux, deux Polacres & deux barques, parce qu'alors il n'y avoit autre bâtiment que ceux là dans le Port. 1635

XLIII Sur la fin de cette année, & au 20. Decembre treize Galeres de l'ennemi qui passoient d'Italie en Espagne furent contraintes par le mauvais tems de moüiller sous la montagne de Marseille-Veire, n'aïant osé aborder aux Isles à cause des Forteresses, la Ville de Marseille qui en eût avis, en prit l'alarme chaudement ; quelques-uns croïoient que ce n'étoit que l'avantgarde d'une armée considerable, tous les Capitaines de la Ville tant en Chef que de Cruë se rendirent à leurs places d'armes ; les Consuls diviserent les troupes, & pour la garde de la Ville, & pour le Terroir ; ils envoïerent à l'embouchure de l'Huveaune quelques compagnies pour empêcher la descente, mais comme les Galeres n'avoient autre dessein que de faire le voïage, elles ne s'arrêterent gueres, & firent voile la nuit suivante. 1635

Quelques

XLIV. Quelques mois avant cela il y eût un jugement donné en la Chambre des Francsfiefs & nouveaux Acquêts, par lequel il est porté que Marseille n'est point tenuë au païement des droits des Francsfiefs & nouveaux Acquêts, & par cét effet il fut fait main-levée des rentes saisies par les Fermiers.

XLV. 1638.
En l'année 1638. le Roi tres-heureusement regnant aïant été donné à la France par un bonheur singulier, aussitôt que la Ville de Marseille en eût nouvelles, elle fit faire une procession generale le 4. Septembre jour de la Sainte Croix, pour remercier Dieu de la grace qu'il avoit fait à toute la France, de lui donner un Dauphin; la chasse de Saint Lazare y fut portée, & le *Te Deum* chanté en l'Eglise Majeur avec deux chœurs de Musique, on fit tirer tous les Canons qui étoient du côté de la mer avec un grand nombre de Boëtes; il n'y avoit alors que cinq Galeres dans le Port, qui déchargerent toute leur artillerie, comme firent aussi tous les Vaisseaux, tant François qu'Etrangers; la Ville étoit toute en feu par les feux de joïe qu'on y fit, dont le principal representoit un Dauphin.

FIN DE LA PREMIERE PARTIE.

De l'Imprimerie de Henri Martel Imprimeur-Libraire
de la Ville;
Au Nom de Jesus prez la Loge.

* *

M. DC. XCVI.
AVEC PRIVILEGE DU ROI.

PREUVES DE LA GENEALOGIE DES VICOMTES DE MARSEILLE.

E Magno Chartario Sancti Victoris folio 22. Ego Willelmus Vicecomes Massiliensis, dum jacerem in lectulo meo in infirmitate quam mihi idem Dominus dederat, circunsteterunt me Fratres Monasterij beati Victoris, Wifredus scilicet præpositus ipsius Monasterij, à Domino Abbate Garnerio constitutus, ac reliqui Fratres, Et sicut mos est servorum Dei, ceperunt insurgere, quatenus Secularem militiam relinquerem, & Deo militarem, multa de Sanctis Scripturis nunciantes. Ego autem sermonibus eorum compunctus, gratia Dei comam capitis deposui, Et secundum regulam Sancti Benedicti habitum Monachalem suscepi, Et supra ea quæ in sanitate mea jam olim eidem Monasterio Beati Victoris Martyris dederam, id est Villam Almis, cum omnibus adjacentiis ac terminis suis. Nunc etiam pleno sensu ac plena memoria propter remedium animæ meæ, facio hanc donationem omnipotenti Deo, ac sancto Victori, & Abbatibus ac Monachis in eodem loco servientibus. De ipsa Villa quam vocant Campanias, de ipsa scilicet medietate mea, quam ego propter vestitionis causa ibi habeo, vel habere debeo, cum integritate & absque ulla diminutione, &c. Facta Carta donationis hujus in Massilia civitate Anno Incarnationis Dominicæ millesimo quarto, Regnante Rodulpho Rege, Ego Willelmus, qui hanc donationem fieri jussi & manu mea roboravi, Dominus Pontius Episcopus firmavit, Guillelmus frater suus firmavit. Fulco firmavit. Aicardus firmavit. Ermingarda mulier Domini Willelmi firmavit.

Ex eodem, per sacrum judicium constat paginibus librorum &c. Factum est ut Monasterium S. Victoris olim præcipuum ac famosissimum fuerat adnullatum & pene ad nihilum est redactum, quousque bonæ memoriæ Dominus Guillelmus & Dominus Honoratus prefatæ civitatis Episcopus, ac frater ejus Dominus Guillelmus Vicecomes, filiusque suus, Dominus Pontius Præsul, qui eidem in avunculo suo in Episcopatum successit &c. Hoc etiam inserere placuit mihi Pontio Episcopo, ac fratribus meis Domino Guillelmo & Domino Fulconis.

Ex eodem f. 21. omnipotentis Dei inspirante clementia, & ejus benignissima semperque expetenda opitulante suffragia, Pontius Præsul Civitatis Massiliensis, ejusque genitor Willelmus, ejusdem Civitatis Vicecomes. Nos fideles Christi quod diu optavimus impleri. Cernentes videlicet ut quandocumque, in Beati Patronis nostri Martyris Christi Victoris Monasterio, qui nostræ adjacet civitati, servos Dei aggregatos videremus. Qui eidem Martyri, ac sociis ejus, aliisque quamplurimis Sanctis, qui in eodem loco tumulati esse noscuntur deservirent &c. Facimus donationem de ipsa medietate quam habemus in villa quam vocant Almes &c. Facta donatio ista in mense Decembris Anno ab Incarnatione Domini 1001. Regnante Rodulpho Rege Alamanorum seu Provinciæ, Dominus Pontius Episcopus fieri jussit, & manu sua firmavit, Dominus Willelmus Vicecomes fieri jussit, & manu sua firmavit. Willelmus filius suus firmavit. Fulco firmavit. Ermingarda supra scripta fieri jussit, & firmavit. Astruda filia sua firmavit.

Ex eodem. Ego Billielis fœmina, filia quæ fui quondam willelmi Vicecomitis Massiliensis, donator sum Domino Deo & Sanctæ Mariæ, Sanctoque Victori Martyri Monasterij Massiliensis, allodem meum proprium quem habeo in valle de Trectis. Hoc est ipsam tertiam partem quam habeo in Castro de Porcillis in ipso jam dicto Castro tenet Gaufridus nepos meus de Sinna.

Ex eodem. Ego willelmus Massiliæ Vicecomes, dono omnipotenti Domino, &

Tome I.   Ooooo

Sancto Victori Martyri, ejusque Monasterio, ubi sacrum corpus ejus requiescit; apud Massiliam civitatem fundato aliquid de hæreditate mea, quæ mihi forte divisionis contigit, & à progenitoribus meis willelmo Vicecomite Massiliensi, & Belielde ejus uxore mihi jure hæreditario provenit. Et hæc omnia sunt, in Comitatu Aquense, in valle quæ vocatur Tritis, primo in villa quæ vocatur Porcillis, de ipsa tertia parte quam tenebat frater meus Dominus Pontius Episcopus, quæ nobis advenit ex parte genitoris nostri manifestum est; quia ipsam tertiam divisimus inter nos frater meus Fulco & ego, & venit de illa tertia, medietas illi & medietas mihi ipsam ergo medietatem quæ mihi advenit, sicut superius resonat, dono omnipotenti Domino Sanctoque Victori & Abbatibus ac Monachis ibidem servientibus, in villa ergo quam vocant Podioneroni similiter in villa quæ vocatur Ollaria similiter, in locum qui vocatur Sancti Andeoli similiter, sed in Comitatu Forojuliensi idest in fraxeneto, in villa quam vocant Admollam, &c. Facta donatio hæc anno Incarnationis Dominicæ 1014.

Ex Eodem f. 16. vers. Ego Guillelmus & Fulco frater meus Dei gratia Vicecomites, & uxores nostræ Aissalena & Odila & filij mei; domnus videlicet Pontius Massiliensis Episcopus, Guillelmus & Aicardus, Fulco & Gaufredus donamus Deo & S. Victori Martyri Monasterij Massiliensis Ecclesiam quæ est dedicata in honorem S. Mitrij Martyris, & S. Martini, & S. Laurentij, in Comitatu Massiliensi & in territorio quod dicitur Albania &c.

Ex eodem f. 23. Ego willelmus, Vicecomes Massiliensis, & filij mei Pontius Episcopus, willelmus necnon Aicardus, Fulco sive Josfredus facimus donationem pro remedio animæ uxoris meæ Accelenæ matris supranominatorum filiorum, omnipotenti Domino ac S. Victori Martyri de octava parte quædam villæ quæ vocatur Cathedra, quæ sita est in pago Provinciæ in Comitatu Massiliensi prope mare, facta donatio hæc, anno Incarnationis Dominicæ, millesimo decimo nono, regnante Rodulpho Rege Allemanorum seu Provinciæ, ego willelmus cum filiis meis præfatam villam, cum omni integritate prædicto Monasterio dedimus, manibusque nostris firmavimus. Stephana uxor ejus. sir. Pontius Episcopus sir. willelmus sir.

Ex Archi. Reg. Aquens. Dilecto atque fidelissimo nostro Lamberto sive uxori sua Austrudis necnon & filiis & filiabus corum qui de te nati sunt. Ego Dominus Fulco Vicecomes Massiliæ necnon & uxor mea Vicecomitissa Odilia donamus ad fidelem nostrum Lambertum fratrem nostrum & ad uxorem suam & ad proles corum in Comitatu Aquense in castro quod nuncupatur turribus &c.

Ex eodem: In nomine Domini Jesu Christi Salvatoris nostri ad notitiam præsentium necnon etiam hominum sequentium cupientes pervenire & ad Dei scientiam volentes villa quæ Carvillianus dicitur, & quæ antiquitus à nobilissimo viro Sigofredo cum Exlemba uxore sua Chartis & indiciis evidentissimis, pro suarum redemptione animarum S. Monasterio Victoris oblata in elemosinam traditur. Iterum longo tempore destructo Monasterio, ab eodem loco sancto subtracta & à quibusdam hominibus injuste diu possessa, modernis temporibus qualiter Deo auxiliante & nobilissimis viris willelmo & Fulcone frater ejus zelo Dei accensis id agentibus eidem sancto loco sit restituta, his scriptis videre statuimus. Quadam itaque die tempore quadragesimæ, quando homines qui Christiano censentur nomine sola religio nominis hujus non modo suadere solet pravis ab actibus quin imo ab ipsis rerum terrenarum communibus temperare curis residentibus hujusce causa Religionis supradictis principibus altero juxta sedem Massiliæ, altero in Monasterio S. Victoris, quidam fratres Monasterij cœperunt mutuo loqui, quid licentiam à Deo nobis collatam loquendi apud Principes negligimus præsertim cum reliquo totius anni tempore non superet facultas, requirantur ergo Chartæ, quæ continentur in Sacrariis & videamus si forte qui reperiatur in iis de terris sanctuarij, quod diu subtractum à jure altaris possideatur ab hominibus secularibus, quodque cum adjutorio Dei omnipotentis & eorum prudentibus consiliis possit restitui viris altaris, quod ita favente Deo factum est, nam quædam antiqua Charta inventa est in qua continebatur, quod supradictus vir nobilissimus Sigofredus & uxor ejus Exlemba prædictam villam, pro redemptione animarum suarum dederant Monasterio S. Victoris temporibus Hlotarij Imperatoris qua perlecta in auribus Principum & eorum clarissimarum conjugum laudaverunt virum qui tantum Monasterio contulerat donum, & promiserunt se pro amore Dei & S. Victoris ipsos homines prius instituturos quam inde colligerent fructus venturos. Tertio namque die ante festivitatem S. Joannis Baptistæ ijdem homines qui se dicebant Allodiarios, ante potestates, fidejussores dederunt ut transacta S. Apostoli Petri festivitate redderent aut defenderent ; quibus visum est quasi deliramentum, nec curaverunt illud attendere plenimentum unde illum transgredientes terminum, petierunt sibi aliud spatium in quo possent facere exagium, quo peracto Dei judicio contra se videntes recesserunt dolentes, adhuc aliud præsumentes, quandam mulierculam assumentes jurare fecere dicentes quod prædium justius esset illis possidentibus quam advocatis S. Victoris requirentibus sed quod illa juratio non fuerit juxta mox probavit manus mulieris exusta ; sed illi aliud viderunt, aliud retulerunt, & post S. Victoris solemnitatem placitum mutaverunt atque in ipsam terram se ituros dixerunt, ibique eam deffendere aut reddere promiserunt, Monachi vero ut audierunt arcam S. Victoris illuc detulerunt, & tribus diebus totidemque noctibus illic cum ea manserunt, sed supradicti homines quod promiserant non attenderunt : Dominus ergo Episcopus civitatis audito de monachis ad revertendum induratis Consilio utriusque potestatis perrexit ad eos causa charitatis, & cum eis loquutus est blande satis, Quid fratres mei hic statis ? mandat vobis willelmus potens, & Dominus Fulco frater ejus cras horâ primâ diei reducite arcam martyris in Domum Dei, & vobis revertentibus finietur causa hujus rei quod ita & factum est, Igitur causa tantisper dilata & post festa S. Mariæ est translata ; verum S. Mariæ mox celebrata nativitate monachi abierunt in civitatem interpellantes de hoc utramque potestatem, qui hominibus vocatis locuti sunt ad eos durè satis. Inimici veritatis quousque servos Dei fatigabitis, si verè est vestra possessio hæreditatis, jam reddite in manu Abbatis. Quidam autem eorum in præjudicium veritatis cognoscentes se injuste eam possedisse, satis continuo dereliquerunt eam in manu Abbatis, sed alij in obstinatione perdurantes abierunt fidem dantes in crastino se non defensuros defensantes. Monachi vero altera die matutinis celebratis mox tulerunt arcam Victoris Beati & venerunt ante civitatem in medium prati duoque secum advocati, Chartam ipsius allodij deffendere parati ; cum ecce plurima multitudo ipsius civitatis utriusque sexus mixtis turbis venerunt ad martyris Arcam poplitibus curvis. Tunc ita Dominus willelmus Vicecomes allocutus est ad illos allodiarios. Homines admoneo vos ut servos Dei ultra non fallatis, aut vestra calliditate decipere cupiatis, ne forte iram Dei incurratis, & in conspectu ejus cadatis. Similiter Domina Stephania uxor ejus & Domina Odila uxor fratris ejus, fideles S. Victoris agebant omnimodis quatenus stabilis esset Charta donatoris. Dominus Fulco non poterat adesse propter alias causas quæ erant fieri necesse, sed Dominus Vvillelmus frater illius propter se & propter illum regebat S. Victoris vexillum, nec multi pendebat magnum ac pusillum quia cupiditas non vicerat eum. Cumque homines furibundi viderent se à potestatibus retundi, timerentque virtute martyris retundi accedentes ad arcam S. Victoris tremebundi reddiderunt ipsum Allodem verecundi, sed duo adhuc obsistebant pestilentes qui videbantur plus agrestes. Hi itaque contra Dei judicium nitentes conquirere sibi adminiculum quod eis magis fuit in periculum cunctisque audientibus ingens excitant ridiculum, tulerunt sibi de plateis unum parvulum, quem resticula vincientes projecerunt in stagnulum, at ubi eum viderunt in aquam non receptum, cognovere se utique deceptos, & mox reddiderunt ipsum allodem retentum quem diu tenuerant per contemptum, Adhuc autem pars maxima ipsius Allodis captiva remanebat, quam etiam vulgus S. Victoris, non Episcopalem esse dicebat, pro qua interpellavimus Dominum Episcopum Civitatis, & tunc utique non fuit ejus voluntatis, ut redderet eam juri libertatis, sed per paucos dies hujus interpellationis porrexit ad Monasterium causa vigiliæ, & Orationis, illuscecente vero mane ipsius Dominicæ Resurrectionis, post acceptam sportam suæ peregrinationis, ob Religionem piæ devotionis, venit in medium congregationis, ibique coram omni fraternitate ex Canonica auctoritate quidquid infra ipsos terminos continetur, de Monasterij hæreditate totum reddidit cum omni integritate, & absque ulla diminutione pro animæ suæ, & parentum suorum redemptione ; atque hanc Chartam guirpitoriam fieri jussit sua præceptione ; de duabus autem partibus est ipsa possessio terminata, & editio tradit vulgata, & resonat in ipsa ante qua Charta idem, à parte Meridiana ipsorum montium Cacumina, & ex altera parte Uvelnæ in quam delabuntur cæterorum fontium flumina, de aliis vero duabus partibus erat dubia terminatio donec eam fecit certam divina miseratio per indicium aquæ & ignis manifestissimis signis. Hoc enim à parte Orientali ab ipsa ripa fluviali ubi videntur antiquitus fundati Mausolei Saxa ingentia, adhuc in quadrum jacentia; quæ composuit gentilis amentia, linea recta per loca Arentia, usque in ipsum Montis Cacumina eminentia, ex altera vero parte ab ipsa ripa fluminis ubi vocant Albareta, quasi stadio uno contra Meridiem linea recta, deinde flectitur paululum contra Solis ortum itemque dirigitur contra Meridiem usque ad illum locum ubi vocant Cotes usque in ipsos montes; si quis igitur ullus homo vel fœmina, &c.

EX ARCHIVIS MONASTERII SANCTI VICTORIS.
Sponsalitium Fulconis & Odilæ.

OMnipotens Deus quatuor elementis mundi condidit hominem quem ex quatuor litterarum elementis Alpha & Delta, & iterum Alpha & Mi. Ei nomen imponens vocavit Adam, quem intuens alterius egentem solatio ex latere ipsius dormientis formavit Evam, quæ æstimatur cunctarum viventium hominum quam illi sociam dedit. Tali igitur causa copulationis mox in orbem inolevit terrarum ut ad solatium quisquis vir habeat uxorem, quod non voluptatis causa sed potius amore filiorum exigere volens, Ego Fulco Desponso mihi juxtà legem meam Romanam Odila dans illi causa primi osculi per sponsalitium presens in Comitatu Tolonensi in villa quæ vocant solarios similiter & in Comitatu Massiliense, in villa quæ vocant Cæsaresta, dono tibi similiter, & in villa quæ nuncupant Cugia, dono tibi quantum ibidem habeo in valle Tretensi in villa quæ dicunt Olarias. Quantum ibi habeo dono tibi, & in supra dono tibi servos quorum hæc sunt nomina Dominica cum filiis suis, & filia sua unde id est ex omnibus supra scriptis rebus quamdiu vixerit se mota omni inquietudine habeat potestatem tenendi & possidendi hæredibusque, qui de me in illa procreati fuerunt derelinquendi. Si quis autem hoc sponsalitium futuris inquietare voluerit temporibus quod tentaverit non vindicet sed componat cui litem intulerit auri libras quinquaginta. Postea inconcussum obtineat auctum publice septimo Kalendas Maij anno Dominicæ Incarnationis millesimo quinto indictione septima signum Fulconis qui hoc Sponsalitium scribi & firmari rogavit, &c. Ego Fulco dono supradictæ Conjugi meæ Odilæ per hujus testamenti dotem sicut lex Romana jubet ex omnibus quæ per Sponsalitium suæ dotalitium ei concedo firmissimam dominationem & insuper ex omnibus quæ & presenti die & deinceps habere se ut Deo adjuvante acquirere potuero. In mancipiis videlicet in auro & argento in pecodibus etiam & jumentis, & in omni re mobiliari quæ dici possunt medietatem tribuens ei ex his omnibus potestatem habendi & possidendi hæredibus quæ qui de me in illa procreati fuerint derelinquendi, si quis autem hanc dotem futuris inquietare voluerit temporibus quo tentaverit non vindicet sed componat cui litem intulerit auri libras quinquaginta, & postea hæc conscriptio inconvulsum obtineat vigorem. Auctum publice septimo Kalendas Maij anno Dominicæ Incarnationis millesimo quinto indictione septima signum Fulconis qui hanc dotem scribi & fir. rogavit manu sua firmat: firmat Pontius Episcopus; Vvillelmus firmat; Garinus; fir. Pontius Juvenis fir. alius Pontius firmat; fir. Lambertus.

Acardis Presbiter scripsit mandante Deodato Cancellario Massiliæ Urbis.

Ex eodem: Ut plena careat cognitione quod à Dei fidelibus geritur, scribimus donationem quam seci Deodatus Tolonensis Episcopus, donans Monacharum Monasterio, quod in honorem Dei genitricis Mariæ infra muros Massiliæ situm est, Ecclesiam S Mariæ in territorio de Solario, in bello loco cum omni Ecclesiastica possessione quæ ad prædictam pertinent Ecclesiam, hujus rei testes fuerunt, Bandolicus præceptor, Joannes Aula, Stephanus Aribertus; prædictam autem donationem fecit Dominus Deodatus Consilio & præcibus D. Vvillelmi Grossi Vicecomitis Massiliæ qui de sua proprietate ibidem prædictæ Ecclesiæ donavit undique secus hortos Ferragineique duorum stadiorum spacium. Facta est præscripta donatio Anno ab incarnatione Domini. 1031.

Ex

Ex eod. f. 41. verso. Ego Vvillelmus & frater meus Fulco cum uxoribus nostris Stephana scilicet atque Odila, ac filiis meis Domino Pontio Episcopo & fratribus ejus Vvillelmo, Aicardo, Josfredo, Stephano quoque atque Bertranno sive Petro, &c.

E Magno Chartario S. Victoris. f. 23. Ego Petrus Saumada cognominatus, Vvillelmi Vicecomitis filius, peccatis meis facientibus ipsius seculi laqueis irreptus, compulsus necessitate, Domino Abbate Bernardo presente, &c.

Ex eodem. Ego Petrus filius Guillelmi Vicecomitis, & uxor mea Oddoara & filij mei Guillelmus & Hugo & Fulco & Iratus & Bertrannus omnipotenti Domino & S. Mariæ, & S. Victori Martyri, & Abbati Bernardo, & Monachis in Monasterio Massiliensi Domino servientibus, tam præsentibus quam futuris, propter redemptionem animarum nostrarum, & parentum nostrorum, in villa quæ vocatur Belgenciacus, totum quod ibi ad nos pertinet, &c. Facta donatio ista Calendis Januarij anno ab Incarnatione Domini 1066.

Ex eodem. Ego Petrus, Guillelmi quondam Vicecomitis filius, & uxor mea Theucia, & filij mei Vvillelmus, Jofredus, & alij duo qui non sunt regenerati ex aqua & spiritu Sancto. Donamus atque vindicamus aliquid de Alode nostro, Domino Deo & S. Andreæ pro remedio animarum nostrarum, & est iste Alodis in Comitatu Forojuliensi in territorio Velcastri quod vocitant Ramatuela. Facta hæc donatio anno 1056. indict. 7.

Ex eod. f. 37. Nos Vvillelmus Amelij, & Hugo de Podio, atque Gaufredus Iras fratres, filij Petri Saumada, audientes & recognoscentes, quod Avus noster dedit Monachis Massiliensibus de Monasterio S. Victoris Martyris ad Alodium quidquid in honore suo adquirere possent, ab iis etiam qui ad senum per manum illius suam terram tenebant, quam donationem nos infringere nolumus, damus quoque Domino Deo & Beatæ ejus genitricis Mariæ, necnon S. Victori Martyri, atque venerabili Ricardo Abbati ejusdem Monasterij, simulque Monachis quidquid in honore nostro in terminis videlicet Massiliæ, in terminis castri de S. Marcello, quid adquisierant vel in infinitum adquirere poterunt, Accipimus autem ab eis in pretium, centum solidos Melguoriensis monetæ, si vero frater noster Fulco & Bertrannus redierint sub fidei attestatione, policemur ut illam eos donationem laudare & confirmare faciamus, &c. Facta hæc Carta 18. Calend. Septemb. anno Domini 1097. Ego Vvillelmus Amelij & uxor mea Sarazina donamus & confirmamus. Ego Ugo de Podio, & uxor mea Garcina & filij mei Petrus & Gaufredus & Fulco donamus & confirmamus, ego Gaufredus Iras, firmo & uxor mea Aiglina & filij mei Guillelmus . . . . donant & firmant.

Ex eodem f. 34. vers. Ego Vvillelmus filius Guillelmi Vicecomitis Massiliæ, uxorque mea nomine Adalgarda ac filij mei Guillelmus atque Fulco, Donamus aliquid de hæreditate nostra Deo omnipotenti Sanctoque Martyri Victori suoque Monasterio apud Massiliam fundato, omnibusque Monachis ibi manentibus, futuris ac præsentibus, videlicet sextam partem de villa quæ vocatur Greascha in campis, vineis, &c. Facta donatio hæc anno Domini 1035. regnante Domino nostro Jesu Christo, Ego Guillelmus & Hugo & Pontius, & Gaufredus fratres mei donamus & Guirpimus omnia supradicta.

Ex eod. f. 33. Ego Gosfredus & fratrer meus Guillelmus juvenis, & uxores nostræ cum filiis nostris, & nepte nostra filiæ Aicardi fratris nostri, &c. Donamus Deo & S. Victori Monasterij Massiliensis & S. Mariæ Sanctique Cassiani & Abbatibus atque Monachis, præsentibus & futuris, Castrum quod nominant Baidum & alio vocabulo Guandalbertum ab integro cum omnibus ad se pertinentibus, &c. anno ab Incarnatione Domini 1065. indict. prima, Epact. 6.

Ex eodem f. 32. vers. Ego Gaufredus Accelæ quondam filius, cum uxore mea Richisenna & filiis meis donamus Domino Deo & S. Victori Massiliensis Monasterij, Monachisque ejusdem loci, tam præsentibus quam futuris videlicet Ecclesiam S. Mariæ à Sallo, in territorio de Porrerias. Cum sua altaria & omnibus pertinentiis suis, &c. anno ab Incarnatione Domini 1065. regnante Henrico Rege, Dominus Gausfredus & Rixendis uxor sua filiique eorum donaverunt & firmaverunt.

Ex eodem f. 14. verso. Ego Gofredus Vicecomes Civitatis Massiliæ, filiique mei Aycardus Civitatis Arelatensis Archiepiscopus, Jofredus, Hugo, Raimundus, Pontius, Fulco, Petrus, necnon & frater meus Guillelmus cum filiis suis, Pontio Malnerio, Jofredo, Petrus Saumada cum filiis suis, Hugone & Guillelmo, justis Domini promissionibus incitati. Simul & etiam nostrorum peccatorum immunitate tractanda, omnipotenti Deo ac S. Mariæ Sanctoque Victori Martyri glorioso, & præclaro fundatori Cenobij Massiliensis Cassiano, Dominoque Abbati Bernardo, sive etiam Abbatibus ac Monachis præsentibus & futuris summo Deo famulantibus, donationem facimus de aquæ ductu qui vocatur Vvelna, cum omnibus fontibus in eadem aqua descendentibus, omnemque scilicet terram per quam itura est ex apprehensione ipsius aquæ, quæ est ad Ecclesiam S. Melne, & omnem piscationem ipsius aquæ sine ullius hominis interpellatione usque ad descensum ejus in mare, hoc summopere firmantes & statuentes, ut nulla quælibet persona masculus aut fœmina eam deviare aut retorquere præsumat, aut molendinos vel quelibet alia artificia & instrumenta in eadem vel de eadem aqua, vel impediendum vel retardandum ejus cursum construere vel facere præsumat sed sicut Dominus noster Jesus Christus de nihilo eam firmavit & ex profundo abissi ad utilitatem hominum manere jussit, ita recto cursu per intercessionem & merita sanctorum inibi quiescentium, & emendationem vel ablationem inibi Deo servientium Monachorum ipso donante & operante perveniat. Acta hæc donatio in solemnitate S. Victoris in cœtu omnium hominum illic astantium. Episcoporum, Presbiterorum, Abbatum Monachorum, ex diversis Provinciis congregatorum, Altare S. Petri Principis Apostolorum; in hoc ardentius & instantius laborante & insudante Reinaudo præposito ejusdem cœnobij patre, id fieri acclamantibus, assentientibus, Clericis & laicis, in præsentia Archiepiscopi S. Ecclesiæ Arelatensis, ad perfectum pervenire optantibus & exorantibus omnibus. Si quis vero hanc donationem irrumpere tentaverit Dei omnipotentis Sanctorumque omnium iram incurrat, damnatus etiam in perpetuum maneat, atque à regno Dei alienus existat, solvens in præsenti decem libras argenti donatione hac inconcussa manente tempore hoc & omni. Ego Jofredus & filij mei hanc donationem scribere feci, & hanc testes firmare rogavi. Facta donatio hæc anno Incarnationis Dominicæ 1079. indict. Epacta 15. & concurrente primo circulo Lunæ 14 regnante Domino N. Jesu Christo. Gaufredo & Fulcone.

Ex eodem. Ego Gausfredus Vicecomes Massiliensis donationem facio de ipsa parte quam habeo in Castro vel in villa quæ vocatur, SEXFURNIS, vel in ejus tenemento cum consensu & voluntate uxoris meæ Rixendis & filiorum meorum quorum nomina hæc sunt Gausfredus, Aicardus, & Hugo, Raimundus, Pontius, Fulco, Petrus, omnipotenti Domino, & Monasterio Massiliensi quod est constructum prope ipsam civitatem in honorem S Dei genitricis Mariæ & S. Victoris, &c. Hæc autem donatio facta est jure hæreditario pro duobus filiis meis Fulcone & Petro quos omnipotenti Domino offero ut & in professione & habitu Monastico regulariter serviant in supradicto Cœnobio, &c.

Ex eodem. Ego Raimundus filius Gofredi Vicecomitis Massiliæ, dono Domino Deo & S Mariæ & S Victori Martyri & Monasterio Massiliensi aliquid de Alode meo, &c. Videlicet Ecclesiam S. Victoris, quæ est in Castello quod dicitur Porcilis, & omnes Ecclesias quæ sunt in territorio ejusdem Castelli supradicti. Scilicet Ecclesiam S. Martini & aliam Ecclesiam S Salvatoris aliam quoque S. Perpetuæ cum sponsalitiis suis & omnibus rebus ad easdem Ecclesias pertinentibus, &c.

Ex Chartario Arelatensi f. 75. Ego Guillelmus Vicecomes Massiliensis prospexi molem meorum peccaminum, & prospexi peccata patris mei & matris ut Dominus Jesus Christus mihi & illis dignetur dimittere omnia peccata nostra mihique & uxori meæ filiisque meis dignetur dare vitam & sanitatem in hoc sæculo & in futuro sempiterna præmia. Dono Deo & Ecclesiæ Sanctæ pretiosissimi Protomartyris Stephani in qua requiescit Trophimus Apostolus almus: Et ejus Canonicis in unū manentibus; in præsentia D. Raïambaldi præclarissimi antistitis aliquid de meis beneficiis quæ jacenin civitate Arelatensi in suburbio ejusdem civitatis: Hoc est Ecclesiam S. Petri de Galignano cum serio quæ Rostagnus tenet, &c.

E Magno Chartario S. Victoris f. 128. Ego Willelmus cognomento juvenis & uxor mea nomine Adalgarda & filij mei Fulco, Gausfredus, Pontius, Aicardus, donamus & reddimus Domino Deo & S. Victori Martyri Massiliensis & Monachis tam

DES VICOMTES.

præsentibus quam futuris quartam partem Villulæ, quæ vocatur Burnis, cum omnibus adjacentibus sicut omnino continetur in eadem Charta quam sororius meus Franco jussit fieri. Anno 1067.

Ex eodem Bonæ memoriæ Dominus Isarnus Abbas Monasterij S. Victoris ut Villam recuperaret dedit Franconi filio Franconis Vicecomitis Forjuliensis. Pro medietate ipsius villæ Caballum unum.

Ex eodem f. 56. Ego Pontius Malnerius & uxor mea Salome simulque filij nostri Guillelmus & Fulco, &c. Guirpimus atque donamus Domino Deo & S. Dei genitrici Mariæ necnon S. Victori Martyri & Domno Ricardo Abbati Monasterij Massiliensis atque successoribus ejus & Monachis ibidem Deo servientibus tam præsentibus quam futuris, quidquid in honore nostro & ditione prædicti Cœnobij Abbate & Monachis quoquo modo à quibuscumque personis. Ubi acquisierunt vel in futurum similiter adquirere poterunt, propter sola capita castrorum nostrorum sed & castra Olerias & Bulcodenos cum omibus eis ex integro pertinentibus libere adquirere dimittimus. Et si aliquid nobis tam in iis quam in aliis jure competebat. Nihil nobis retinentes omnino Deo in jam dicto Monasterio condonamus, &c. actum hoc est anno ab Incarnatione Domini 1094. signum Pontij Malnerij & uxoris suæ Salomæ, signum filiorum Pontij Willelmi & Fulconis qui laudant & confirmant, signum Raimundi Episcopi Massiliensis.

Ego Petrus Gaufredi Aquensium Archiepiscopus & Monasterij Massiliensis Beatæ Mariæ Sanctique Victoris Martyris licet peccator Monachus servus & filius dono ipso Monasterio Ecclesias Parrochiales S. scilicet Jacobi de Sparrono & Sanctæ fidis de Artigua, &c.

Ex eod. f. 104. verso. Quoniam Religionis seu peregrinationis iter agredi nullatenus expedit, nisi primum quis malè quæsitis & illicite detentis renunciaverit idcirco notum sit hominibus præsentibus & futuris, quod Ego Hugo Gaufredi & uxor mea Dulcelina ut Divina miserante gratia, nostrorum mereamur consequi veniam peccatorum Hierosolymam ituri, Massiliensis Monasterij capitulum cum quibusdam militibus nostris & amicis intravimus, & tertiam partem de Sexfurnis quam . . . . . dispositione paterna euntes peccatis nostris exigentibus per aliquantulum temporis injuste detinueramus. Domino Deo & S. Mariæ & S. Victori martyri & Monachis ibi Deo servientibus præsentibus & futuris sine retentione aliqua reddimus cum duobus filiis suis Fulcone & Petro pro salute animæ suæ eidem venerabili loco jam prædicto donaverat. Huic itaque paternæ dispositioni sicut prædicimus ulterius contra ire nolentes jam dicti Castelli portionem integram restituimus, &c. Anno ab Incarnatione Domini 1110. indict. tertia.

Senhors diray vos gesta
De compliaa rason
Del gentil & Jauffre
Lo Senhor de Tolon
Cavalier pros e savi
E de gran lealtat
S'amava en son cor
Diou e Sant Honorat.
   Donar voli la filia
De la molher premiera
Que avia nom Sibilia
Ambe mot gran verquiera
A un noble Donsel
Cassian lo cortes
Son paire era adoux
De Marselha Marques.
   Mais uga quera moulher
De Jauffre lo Baron
Si pansset en son cor

Una gran tracion,
Car mandet al Donsel
Per Messagier celat
Que Sibilia per cert
A consentit putage.
   Que no la prenques,
Si tot li som lausada
Que un jove Scudier
La via despucellada.
Quan lo Donsel o saup
Mandet al Cavalier
No so tenques à mal
Que el no volia molher.
   Empero per las Plassas
E per las Salas contava
Que la Donsela fes drut
Perque la soamava
Quant la nouvella vene
Saber a en Jauffre,

Mot nac grant marriment
E fes venir à fi
   La falsa sa molher
Et demanda com es:
Na huga li respont
Senher veritat es
Que vostro filha es
Vilment vituperada,
Un Scudier la ten
Don en su mot yrada
   Ben vos agra dich
Quant conoc lo barat
Mas grant paor avia
Non fossas corrossat
Per los sans Evangelis
Tou say la veritat
Senher perdonas mi
Car vos o ay contat.
   Ar ac mortal dolor,
Lo noble Cavalier
Mantenent fes venir
Vailles & Scudies
E fes gitar Sibilia
Fora de son ostal
E dis que om li fassa
Carce perpetual.
   La Donsella suffri
Lonc temps dolor e laynha
En la carce obscura
Sens nulla companha
Mais en grant paciensa
Suffria sa pauretat
Souvent pregava Diou
E lo bon Sant Honorat.
   Ay glorios cors Sant
Que en pietat fina
As en greous jujamens
Salvat tanta mesquina
E delieuriest tan ben
Nagalborx la Princessa
La dona de Beslanda
Del fuoc hont lavian messa.
   Car yeu suc condemnada
A tort e a pecat
A tu comant mon drech
Senher Sant Honorat
De bon cor ti prometi
Que si suc deslivrada
Daquesta malvestat
De que man accusada.
   Que yeu fassa cascun an
Em volontat complida
Lo viagi de l'Isla
Tos los tems de ma vdia
Mas Diou de Majestat
Entendent la rason
E lo glorios cors Sant

Vi sa devotion.
   Quand Jauffre accampet
Cavaliers e parens
E fes una gran cort
Oni ac grandreu de gens
Cant los Barons si foron
Tos assis à manjar
La molher de Jaufre
Commenset à cridar
   Accourrez mi Senhors
Per Dieu omnipotent
Quel bar Sant Honorat
M'ausira mantenent
Car la sieua Sibilia
Accusiey à grand tort
Accourez mi Senhors
Car prés suc de la mort.
   Non fasia mas cridar
E, dira sa malautia
E, Jauffre ac vergonho
E, a tantost demandat,
Donnas bonas & dignas,
E dis lur mantenent
S'en vagan à la carce
Et que diligentment.
   Regardon de Sebilia
Si son an corrumpuda
Tornon sent quant auran
La veritat saupuda,
Las Donnas fan ubrir
La carce mantenent
Ben & complidament
An fach lo mandament.
   Tornan sen à las cors
E van dire à son paire
Tant vergi es Sibilia
Com' auc nasquet de maire
E, nans à Cassian
Que era malaut de mort
Apparet lo cors Sant
E dis li que à tort.
   Accuset om Sibilia
Anc malvestat non fes
Anet sen à Tolon
Per molher la pres
E si nom o fasca
Saupessa sens doptansa
Que non scaparia
Daquella mala nansa.
   An morria per cert
Car lavia deffamada
Si denffra quinze jours
Non lavia sposada
Lo Donsel respondet
Al cors Sant, mantenent
Que faria de bon grat
Trastot son mandament.

En

DES VICOMTES. 489

En l'hora d'aquel jorn
Que la Donna cridava
Cassian de Marselha
Dins lo Palais stava,
Nahuga li disia
Sapias per veritat
Qu'yeu accusiei Sibilia
A tort e à peccat.
 Quant Cassian ausi
Que à grand traction
Fom blasmada Sibilia
E messa en la Prison
E, Huga la rasona
Que l'avia accusada
Las Donnas à tressins
Que l'avian regardada.
 A la prison s'en van
De triguar non an cura
E giteron Sibilia
De la carce obscura
En gauch e en baudor
La menon al Autar
En nom de Jesu-Christ
La li van spousar.
 A Marselha la mena
Dins sa nobla maison,
A l'Isla cas cum an
Anava al pardon
Rendre gracis à Dieu
E al glorios Sant

Que deshonret Sibilia
De desonor tant grant.
 Dont pregueron à Dieu
Los Moines de Lerins
Cassian de Marselha
Que vers Dieu es enclins
Que resses noblamens
Lo Monastier delà
Juxta lo Port de Marselha
Que era Sant Cassian.
 Aras es appellat
Lo Monestier Sant Vetor,
Al qual cel de Lerins
Feron far tal recors
Qu'ero agut dissipat
E tos par malas gens,
E feron leur ressar
Ben e degudament.
 E quant foron finis
Si feron soterrar
Senssra auquel Monestier
Que avian fach sagrar
Cassian e sa molher
Sibilia de Tolon
A qui Sant Honorat
Rendent tal quisardon.
 Perque totas las Donnas
En devon Dieu lausar
E lo glorios cor Sant
Servir Sant Honorat.

Ex Archivis Ecclesiæ Massiliensis. Dominus Pontius de Podio Nigro Vicecomes Massiliæ & uxor ejus Guerreiada, à Bertrando Episcopo Massiliensi vinculo Anathematis secundum sententiam Domini Papæ . . . . . . pro se filiisque Aicardo, & Gaufrido &c. Anno ab incarnatione Domini 1121.

Ex Archivis Ecclesiæ Arelatensis. Ego Raimundus S. Egidij Comes fragilis, & multipliciter reus peccator de ineffabili misericordissimi Dei Benignitate confisus,&c. Hoc testamentum factum est apud montem peregrinum in Syria, &c. præsentibus honestis personis Clericis & laïcis videlicet Aymino Tolon. Ecclesiæ Episcopo, Aicardo de Massilia, Raymundo de Balthio, &c.

Ex Arch. S. Victoris, anno Domini 1140. Hoc Scriptum est Abbate Monasterij Petro Solomonis; Principe Massiliæ Gauffrido filio Gariadæ.

Ex Archivis Ecclesiæ Massiliensis. Notum sit omnibus hominibus tam præsentibus quam futuris, quod ego Raimundus Gauffridus Vicecomes Massiliæ una cum Dulcelina matre mea dono & laudo, condaminam quæ est ultra fluvium Gerrenum, quam Aicardus Archiepiscopus avunculus meus in testamento obitus sui donavit. &c. Anno ab incarnatione Domini 1130.

E Chartario S. Victoris: notum sit omnibus præsentibus & futuris, quod Abbate Massiliensis Monasterij & Monachis conquerentibus, in curia Domini Raimundi Berengarij Barchinonensis Comitis, de Raimundo Gaufrido eo quod tertiam partem Castelli de Sexfurnis Massiliensi Monasterio auferret, & in duabus partibus reliquis ipsius Castelli, quæ siquidem duæ partes sine contradictione aliqua prædicti Monasterij juris sunt, in possessionibus plurimis infestaret, assensu utriusque partis electi sunt de curia tres viri sapientes & discreti, videlicet Rostagnus de Tarascho, Hugo Sacrista, Berengarius Bertrandus, quorum arbitrio prædicta querimonia decideretur. Asserebant itaque Monachi quod illam tertiam partem de qua questio erat Gaufridus

Tome I.   Qqqqq

Vicecomes Massiliensis præfato Monasterio donaverat pro remedio animæ suæ, & pro hæreditaria portione duorum filiorum suorum videlicet Fulconis & Petri, quod ex affectione devotionis eidem Monasterio monachandos obtulerat, hanc si quidem tertiam partem Hugo Gaufridus prædicti Gaufredi Vicecomitis filius, contra dispositionem patriam veniens per quoddam temporis spacium abstulerat, iturus vero jerosolimam instrumento & testibus idoneis monstratum fuit in curia quod illam tertiam partem prædictus Hugo jam dicto Monasterio restituisset, deinde testes alij ab iisdem Monachis producti sunt qui jurejurando prestito affirmarent se post restitutionem illam vidisse Massiliense Monasterium prædictum Castellum de Sexfurnis totum integrum possedisse & habuisse, allegabatur præterea de hac injuria quam super his jam dictus Gaufridus eisdem Monachis faciebat, iterum atque iterum diversis temporibus querimoniam ante Comitem factam esse, ceterum licet hæc & alia per Monachis facerent, & Raimundum Gaufridum gravare judicio forsitan possent supradicti tamen prudentes viri gravitate & modestia sua quieti Monasterij Consulentes pro bono pacis memorato Abbati & Monachis pro arbitrio dixerunt, ut medietatem quam Monasterium habebat in Castello Deoleriis, & tertiam quam habebat de Bulcodenis præfato Raimundo Gaufrido donarent, & è converso idem supra nominati viri pro arbitrio mandaverunt Raimundo Gaufrido quod illam tertiam partem de Sexfurnis quam jure sive injuria possederat (de qua Monachi conquerebantur) integre eis donaret & restitueret, & quidquid ibi tenuerat vel possederat ex toto derelinqueret. Cum igitur ea quæ transactionibus finiuntur non minoris authoritatis habeantur rebus judicatis, & juris equitatis ratio persuadeat. Quod inter partes conveniunt sine retractatione perpetuo custodiri. Eapropter anno Incarnationis Dominicæ 1156. Ego Raimundus Gaufridus & uxor mea Poncia & filij mei donamus seu restituimus Domino Deo & S. Mariæ, & S. Victori, & Monasterio Massiliensi, & tibi Guillelmo Abbati & successoribus tuis, quidquid habuimus vel habemus vel possidemus in castro de Sexfurnis, & accepimus à te & à Monachis tuis, propter hoc prædictæ Guillelmæ Abbas titulo permutationis supradictam dimidiam partem quam habetis in Oleriis & tertiam quam habetis in Porcilis & quod habetis in Castellario & in Rosseto & in Bulcodenis, &c.

Ex Archivis Ecclesiæ Massiliensis hæc est memoria de . . . . . & desamparatione quam fecerunt Hugo Gaufridi & Bertrandus Gaufridi fratres Vicecomites Massiliæ & Dñi Trictis, filij videlicet Raimundi Gaufridi & Dominæ Pontiæ Raimundo Massiliensi Episcopo de choris omnibus . . . . . infra ambitum Massiliæ constructis de quibus, &c. præsentibus istis Bertrando de Aquis Canonico & Petro Bremundo, &c.

Ex iisdem hoc est translatum cujusdam Chartæ per Alphabetum divisæ cujus tenor talis est. In nomine Domini nostri Jesu Christi tam præsentibus quam futuris pateat hominibus, quod de controversiis seu querimoniis quæ inter Petrum Massiliensis Ecclesiæ Episcopum & inter Vicecomites Massilienses scilicet Hugonem Gaufridi & Bertrandum fratrem ejus & inter nepotem eorum Hugonem Gaufridi filium Gaufridi de Massilia, &c.

E. Parvo Chartario S. Victoris. Cecilia mater Guillelmi Grossi & Roncelini Vicecomitum Massiliæ, &c.

Ex Archivis Massiliæ anno Domini 1193. Ego Hugo Gaufridus Dominus Trictis, Dominus Massiliæ & Vicecomes, obligo pignori tibi Guillelmo Vivaudo & tibi botino Judeo quartam partem meam totius portus Massiliæ pro viginti millibus solidorum regalium coronatorum quos integre pro me in redemptione Massiliæ persolvistis, &c.

Ex iisdem. Aladazia Vicecomitissa Massiliæ filia Hugonis Gaufridi Domini Trictis & uxor Raimundi de Baucio, Rostagnus de Agouto, Raimundus Gaufridus & Gaufridus fratres filij dicti Hugonis Gaufridi Domini Trictis.

Ex Archivis Massiliæ, & Ecclesiæ Massiliensis & ex parvo Chartario S. Victoris, Geraldus Ademarij & Mabilia ejus uxor filia Guillelmi Grossi Vicecomitis Massiliæ.

E. parvo Chartario S. Victoris, Incarnationis Dominicæ, anno 1188. notum sit cunctis tam præsentibus quam futuris, quod Guillelmus Grossus Massiliæ Vicecomes diem suum obiens, duo millia solidorum regalium reliquit Monasterio Massiliensi, de quibus ipsi Monasterio honor emeretur aut redimeretur, & de reditibus ipsius honoris certo die Conventui fieret annua procuratione ita honorifice ficut in anniverfario Abbatis fieri confueverunt. Et idem Conventus memoriam ipfius & parentum ejus fingulis annis ultimo die Maij facere teneretur, ita folemniter ficut in anniverfario quoque Abbatis fieri confuevit, itaque fciendum eft quod Conventus ipfius Monafterij, honorem S. Petri de prædicta pecunia redemptum, nec vero hortum Monafterij qui tibi eft Dominis Maffilienfibus tam præfentibus quam futuris obligaverunt, ut de reditibus in eo provenientibus per dictum anniverfarium honorifice celebraretur, &c.

Ex Archivis Ecclefiæ Maffilienfis. Manifeftum fit omnibus quod nos Geraldus Ademarij Dominus Montilij & Vicecomes Maffiliæ, & Mabilia ejus uxor Domina Montilij & Vicecomitiffa Maffiliæ, cum hac publica Charta approbamus, laudamus, confirmamus vobis Petro Maffilienfi Epifcopo, & Hugoni Maffilienfi præpofito, compofitionem jamdudum factam inter Petrum Maffilienfis Ecclefiæ Epifcopum ex una parte & inter Vicecomites Maffiliæ, fcilicet Hugonem Gaufridi Dominæ Mabiliæ avum & Bertrandum fratrem ejufdem Hugonis, & Hugonem Galfridi Sardum nepotem ejus & filium Galfridi de Maffilia ex altera, &c.

Ex Archivis Artecellæ. Ego Willelmus de Pennis, vendidi bona fide & jufto venditionis titulo Bermundo priori & monialibus de Arcellis duo millia folidorum novorum regalium, mediatatem caftri de pennis & alterius mediatatis quartam partem cum territorio culto vel inculto, &c. volens itaque venditionem iftam Monafterio de Artacella Priori & dominabus omni firmitate in perpetuum conftare, in præfentia Barrali Maffiliæ Vicecomitis vicem Ildefoffi illuftris Regis Aragonum in Provincia gerentis, juri proprio abrenuntians, quod quid habeo vel teneo in caftro de Pennis & ejus territorio, totum in jus Monafterij de Arcella Prioris & dominarum libere transfero, omni exceptione fublata, ut autem omnis iniquæ factionis fufpicio de medio tollatur, & omnis calumniæ fomes procul abfcedat, omnia quæ hujus tenor exprimit inftrumentis, tactis Sacrofanctis Evangeliis me falvaturum promifi. Ego Barralus Maffiliæ Vicecomes vicem Domini Ildefoffi Regis Aragonum in Provincia gerens, in cujus præfentia factus eft hujufmodi contractus venditionem iftam laudo & concedo, & figilli noftri impreffione confirmo, factum eft autem hoc inftrumentum, anno Incarnationis 1190. &c.

Ex Archivis Ecclefiæ Maffilienfis, manifeftum fit quod nos Hugo de Baucio & Domina Barrala ejus uxor, approbavimus & laudamus & confirmamus, vobis Petro Maffilienfi Epifcopo, & Hugoni Maffilienfi propofito compofitionem jamdudum factam inter Petrum Maffilienfis Ecclefiæ Epifcopum, ex una parte & inter Vicecomites Maffiliæ, fcilicet Hugonem Gaufridi dictæ Barralæ avum, Bertrandum fratrem ejufdem Hugonis, Hugonem Gaufridi Sardum nepotem eorum filium Gaufridi de Maffilia ex altera in manu Domini Raimundi Arelatenfis Archiepifcopi, &c. Anno Incarnationis 1210.

Ex iifdem. In nomine Domini noftri Jefu Chrifti. Amen. An. Incarnationis ejufdem 1214. notum fit cunctis præfentibus & futuris, quod ego Hugo de Baucio Dominus & Vicecomes Maffiliæ, & ego Barrala ejus uxor Domina & Vicecomitiffa Maffiliæ, nos duo bona fide laudamus & concedimus & confirmamus, nunc & in perpetuum pro falute animarum noftrarum & parentum noftrorum, Ecclefiæ B. Mariæ fedis Maffiliæ quod Petrus Bremundus quondam propofitus dictæ Ecclefiæ donavit, &c.

Ex Chrifofto. Henriq. Reverendiffimo Guidoni Dei difpofitione Cifterienfis Abbati, univerfoque fanctorum Patrum capitulo, Raimundus Gaufredi cognomento Barralis ejufdem gratia Vicecomes Maffiliæ, indeficientem in fancta profeffione lætitiam, quoniam (Tefte humani generis Redemptore non habent opus fani medico fed qui male habent) multis & immenfis peccatorum depreffus gravaminibus, divina favente gratia remedia à potentibus fubveniendi expoftulo, fi quidem ab omnipotenti Dei ineffabili bonitate, ingenti impietate & iniquitate mea longe factus, nifi forte in eo dixerim effe mecum quod gratia ipfius iniquitatem meam ego cognofco, & peccatum meum coram me eft femper, ad ejus afferfores & collaterales atque ipfo teftante amicos, id eft ad vos orationum veftrarum fuffragia implorando confugio, de veftri ergo ordinis abundanti charitate confifus. Abfens licet corpore præfens tamen mente inftanti devotione depofco, ut me in fratrem & fidelem recipiatis : &

pro anima bonæ memoriæ fratris mei Guillelmi Grossi jugés domino preces fundatis, & utrumque omnium bonorum vestrorum participem faciatis, atque ingens missarum debitum quod pro eo teneor persolvere intuitu charitatis si placet ex parte revelare curetis, ut à nobis semper impleatur quod Apostolus præcipit, alter alterius onera portate, Ego enim qui spiritualia à vobis requiro non quidem indignum sed parvum duco, cum temporalia vobis porrigo, hoc tamen concedo, laudo & jure perpetuo confirmo, quod sicut Abbates vestri ordinis qui mihi vicini sunt, ita & omnes longe & prope positi liberi & securi ab omni exactione in urbe Massilia & per omnem terram meam eant & redeant vendentes & ementes quæcumque sibi fuerint necessaria.

Ex Archivis S. Victoris. Ego Raimundus Gaufredus Dei gratia Dominus & Vicecomes Massiliæ, dono, laudo, concedo Deo & Luminariæ Beatæ Mariæ de Puilobier, & tibi Pontio priori dictam donationem accipienti quandam seraginem meam &c. Et Ego Domina Marchesia uxor Domini Raimundi Gaufredi prædictam donationem amore Dei & pro salute animæ meæ laudo, approbo, &c. Actum est in domo Domini Raimundi Gaufredi apud Massiliam, testes vocati & rogati sunt Magister Raimundi Casanova Arbaudus Hugo, Rainaudus & Andreas Ruffus & Ego Bertrandus de Turre publicus Notarius Massiliæ &c.

Ex iisdem Anno 1213. Notum sit omnibus quod Ego Gaufridus Reforciatus Vicecomes & Dominus Massiliæ, donationi & cessioni factæ à Burgundiono fratre meo Monasterio Sancti Victoris consentio & promitto tibi Petro Atanulfo & Ademario de cade Monachis & Berengario de Rocadu Massiliæ Notario, ad hoc Abbate & Conventu missis nomine Monasterij vobis stipulantibus me omnia supradicta sicuti promissum est & juratum à fratre meo Burgundiono firma tenere & observavere & contra non venire, &c. Post hæc in ipso die Ego Raimundus Gaufridus Vicecomes Massiliæ & Dominus Trictis, Pater Burgundioni & Gaufridi Reforciati, bona fide donationi & cessioni factæ à Bergundio filio meo à me emancipato de castro de Sexfurnis expressim consentio &c. Actum in villa de Trictis in Parlatorio ante Ecclesiam S. Andreæ, testes sunt Bertrandus Lestaro, Petrus Vedianus, Petrus Laurentius, Fulco Ruffus, Petrus Richier, Guillelmus de Fos, Raimundus Alani, Jacobus Pomeza de Brinonia, Stephanus Ruffus Sacerdos, Guillelmus Volvera, Joannes Marinus & Ego Berengarius de Rocadu publicus Notarius Massiliæ &c.

Ex Archivis Massiliæ. Ixmilla uxor Domini Raimundi Gaufredi Massiliæ Vicecomitis & mater Gaufredi Reforciati & Burgundionis.

E Parvo Chartario S. Victoris & ex tom. ulti. oper. Innoc. III. Edit. à Bosqueto clarissimo viro, Ebredunensi Archiepiscopo & Uticen. Apostolicæ sedis Legat. & Regen. Episcop.

Absolvit Roncelinum Vicecomitem Massiliæ monasticæ Disciplinæ desertorem, eique patrimonij sui curam ex Abbatis venia permittit.

Cum Roncelinus qui habitu monachali rejecto Massiliensis civitatis Dominium sibi temere usurpat, propter apostasiam, perjurium & incestum nec non rapinas & quædam alia dudum à nobis & post modum à te frater Regen. Et bonæ memoriæ magistro Miloni Notario nostro tunc Apostolicæ, sedis Legatis excommunicatus extiterit, tam à civitate Massiliensi quam universa terra ipsius Ecclesiastico supposita interdicto, Sano Concilio tandem ductus Aladasia nobili muliere dimissa rejectum habitum reasumpserit humiliter & devotè, ac à te frater Uticen. Excommunicationis & interdicti sententias petierit relaxari, tu sufficienti ab ipso cautione recepta in civitate Massiliensi relaxasti, sententiam interdicti eidem Roncelino firmiter injungendo & per se ipsum vel per fidelem nuntium si forsan infirmitate vel alia justa causa personaliter ad nos accedere non valeret nostro se curaret conspectui presentare, Apostolicæ benignitatis misericordiam petiturus, qui humiliter tuis mandatis obtemperans laborem subijt ad sedem Apostolicam veniendi, sed tam propter viarum pericula quam propter invalitudinem corporis præpeditus procedere non potuit ultra Pisas, propter quod exinde dilectos filius Petrus de Montelauro Aquensis Archidiaconus & Cellarius Monasterij S. Victoris, & Willelmum Canonic. Massilien. Procuratores suos ad nostram præsentiam destinavit, per quos fuit nobis humiliter supplicatum, ut & absolutionis beneficium dicto Roncelino faceremus impendi & patrimonij sui curam habere permitteremus eumdem, tam tuis frater Uticen. & Metropolitani ac Abbatis sui quam

venerabili

DES VICOMTES. 493

venerabilis fratris nostri Episcopi, Capituli ac militum & universi populi Massilien. necnon & aliorum quam plurium Prelatorum nobis super hoc litteris præsentatis, qui nos ad hoc triplici præcipue ratione inducere satagebant, cum enim nullus præter ipsum in domo sua masculus sit superstes, si terræ suæ hominibus qui eundem sinceriffime diligunt non preesset Ecclesiis piis locis & aliis gravia possent dispendia provenire, cum etiam multas violentias commiserit & rapinas & magna subierit hactenus onera debitorum, si prohiberetur eidem provisio terræ suæ vix quisquam inveniretur qui satisfaceret de prædictis, & multi multipliciter non absque gravi scandalo suis judiciis fraudarentur, quoniam igitur sacrosancta Romana Ecclesia nulli humiliter redeunti gremium suum claudit, nos illius exemplo qui non vult mortem peccatoris sed ut potius ut convertatur & vivat, cum majus gaudium sit Angelis Dei super uno peccatore pœnitentiam agente quam supra nonaginta novem justos qui se credunt pœnitentia non egere, de jamdicti Roncelini pœnitentia exultantes qui diu fuerat in vanitatibus sæculi evagatus venerabili fratri nostro Pisano Archiepiscopo dedimus in mandatis, & ipsi juxta formam Ecclesiæ beneficium absolutionis impendat & injungat. Eidem ut mandatis vestris humiliter pareat, que super prædictis ipsi duxeritis facienda, porro super patrimonij sui cura ita duximus ex benignitate Apostolica providendum, ut idem R. cum participibus suis prius dividat totam terram infra civitatem & extra & de portione quæ ipsum de jure contigerit cum Abbatis sui conniventia & assensu, eidem cœnobio aliqua congrua portio designetur, de residuo vero R. ejusdem Abbatis consilio pro prædictorum omnium satisfactione disponat ut melius videbitur expedire, portionis vero Monasterio designandæ provisio propter necessitatem urgentem & evidentem utilitatem eidem R. à suo committatur Abbate, ita quod ipse ad gratiam tibi factam novæ conservationis studio se reddere studeat omnibus gratiosum tam in habitu quam in aliis nihil prorsus attentans contra Monasticam honestatem, quo circa discretionis fraternitatis vestræ per Apostolica scripta mandamus, quatenus juxta formam præscriptam in ipso negotio sublato appellationis obstaculo præcedatis contradictores censura Ecclesiastica compescendo. Datum Laterani 2. nonas Augusti Pontificatus nostri anno 14.

Ex Archivis S. Victoris, anno Incarnationis 1212. Manifestum sit omnibus quod Ego Roncelinus Vicecomes & Dominus Massiliæ, &c. do Domino Deo & Monasterio S. Victoris Massiliæ & tibi Guillelmo Abbati totum Dominium & jus & rationem quod vel quam habeo vel habere debeo in Massilia & in portu Massiliæ & in eorum toto tenemento, &c.

Ex Arch. Ecclesiæ Majoris. Compositio inter præpositum Beatæ Mariæ, & Rocelinum Comitem, anno 1205. mense Julij indictione 7. Ego P. Præpositus Ecclesiæ Sedis Massiliæ assensu Capituli quod ego Rocelinus Comes & Dominus Massiliæ concedimus nomine accapiti quandam aream.

Ex Archivis Barchinoniæ. Omnibus innotescat hominibus quod ego Giberga Comitissa, dono tibi Dulciæ filiæ meæ omnem honorem quem ego habeo, vel habere debeo quocumque modo, Comitatum videlicet Provinciæ, & Gavaldanensis, & Carlatensis, & illum honorem qui est in Comitatu Rutenensi, quæ omnia advenerunt mihi voce parentum meorum, & largitione viri mei Giberti Comitis, Patris tui. Præscriptum quoque honorem sicut habeo, & possideas omnibus vitæ tuæ sine blandimento alicujus personæ, & de meo jure trado tuo dominio, & potestati, ut facias exinde quidquid tibi placuerit. Hanc autem donationem meam si quis in crastinum disrumpere præsumpserit, nil valeat, sed reintegratis & compositionis omnibus scriptura hæc perenne robur obtineat. Quod est actum Kal. Feb. anno 4. Ludovici Regis Regni. S. Gerbergæ Comitissæ, quæ hanc donationem feci & firmavi, testibusque subscriptis firmare rogavi. S. Gaufredi Porcelleti. S. Bernardi Bertrandi. S. Olleberti de Canillac. S. Raimundi Avirici. 1. Fevrier 1112.

Ad cunctorum notitiam hominum deducere volumus quod ego Gerberga Comitissa Arelatensis, trado tibi Raimundo Berengarij Comiti, filiam meam in conjugium, nomine Dulcem, cum omni honore meo, & cum illo honore qui fuit Gilberti Comitis, Patris Puellæ, ut habeatis & possideatis vos & filij vestri Progenies atque Posteritas vestra omni tempore absque alicujus contrarietatis obstaculo, nominatim Provinciam, quod ibi habeo & habere debeo, & Comitatum Gavallanensem, & Vicecomi-

Tome I.   Rrrrr

tatum Cardadensem, & omnem honorem quem habeo in Comitatu Rutense, sicut fuit Gilberti Comitis, & habuit, & habere debuit, & Ego Comitissa Gerberga habeo & habere debeo. Advenerunt autem mihi Comitissæ Gerbergæ præscripta omnia partim voce Parentum meorum, partim largitione viri mei Gilberti Comitis. Hanc nimirum largitionem si quis disrumpere temptaverit, non valeat, sed componat in duplo prælibata omnia & hoc semper maneat in convulsum. Actum est hoc 3. nonas Februari, anno 4. Regnante Ludovici Regis. S. Gerbergæ Comitissæ quæ hanc donationem feci & firmavi. Testibusque subscriptis firmare Rogavi. S. Gaufredi Porcelleti. S. Bernardi Bertrandi. S. Olleberti de Canillac.

3. Febr. 1112.

Quod justum est ideo literis commendari debet, ne gestorum veritas oblivione deleatur. Unde Ego Dulcia Barcheonensis & Provinciæ Comitissa per hanc scripturam omnibus innotescere volo, qualiter tibi venerabili Comiti Raymundo quem Dei dispositio mihi justo Matrimonio copulavit, dono atque concedo totum meum honorem, quem habeo vel habere debeo per paternam sive maternam hæreditatem, vel alio modo in Provincia & in Ruteñi Comitatu, vel ubicumque sit, & in tuam potestatem omnino trado, ut liberè & sine ulla diminutione mecum quamdiu vixero habeas, post nos soboles quæ ex nobis utrisque superstes fuerit, vel si forte post obitum meum Deus te vivere concesserit, totum ipsum honorem quietè & liberè absque ulla contradictione habeas, possideas quamdiu vita tibi Comes fuerit. Hanc itaque donationem quam tibi grato & libero animo facio, si quis disrumpere temptaverit, si nostræ dominationis fuerit in potestatem tuam cum pluribus quæ habuerit redigatur ; si vero alienus, eorum quæ auferre molitus fuerit dupla emendationis pœna satisfaciat. Actum est hoc Idus Januarij, anno Dominicæ Incarnationis M. C. XII. S. Dulciæ Comitissæ. S. Bernardi Bertrandi de Amiot. S. Raymundi de Balcio. S. Guiberti Arelatensis. S. Guillelmi de Bolbo S. Decani de Poscheres. S. Petri de Tarascon. S. Guillelmi Renardi. S. Berengarij Bernardi. S. Umberti de Basilia. S. Berengarij de Frexano. S. Berengarij de Cheralt. S. Petri Albarici.

Ex Archivis Cartusiæ Montisfrivij. Notum sit omnibus tam præsentibus quam futuris, quod ego Guillelmus de Vallebella habui placitu cum cohæredibus meis Drogone & cæteris de Vallebella, tandemque illud placitu versum esse in amorem; & definitum est à Raimundo Massiliensi Episcopo & cæteris; & concessum est in manu ejusdem Episcopi quod Guillelmus de Vallebella & fratres ejus in pace donarent, & concederent medietatem Vallisbellæ habitatoribus Montisfrivi, & ut idem Guillelmus & fratres ejus partirent; & præfati Religiosi acceperunt *De ves las Agullas*. Hujus definitionis sunt testes Reimundus Massiliensis Episcopus, Guillelmus de Signa, Gaufredus filius ejus, Remundus de Torreves, Petrus Exigui, Guillelmus Cornuti, Joannes Prior Montisfrivi & Procurator ejusdem Domus guide, & Aycardus & cæteri Fratres.

TESTAMENTUM NOBILIS BERENGARIJ DE BULBONO.

Ex scripturis publicis. Anno 1360. 28. Junij

EGO Berengarius de Bulbono Miles Civis Massiliæ, & etiam habitator testamentum meum ultimum nuncupativum facio & ordino in hunc modum ; in primis recomendo animam meam, &c. Eligens sepulturam quocumque me mori contigerit in Ecclesia FF. Prædicatorum Civitatis Massiliæ. Item lego pro amore Dei & pro anima mea in redemptione peccaminum sorori Theodoræ Grassæ alias vocatæ Posceletæ Congregationis Dominarum Beguinarum de Robaudo Civitatis Massiliæ omnes redditus, proventus, trezena, fructus, Gausitas, & obventiones, alias quascumque omnium universorum & singulorum censuum, hospitiorum, possessionum omnium bonorum meorum quæcumque habeo, teneo sive possideo in civitate Massiliæ & suo territorio ad vitam ipsius sororis Theodoræ, tamen ita quod de his omnibus ipsa vivente redditus ipsos omnes proventus, trezena, fructus, Gausitas & obventiones alias prædictas percipiat, & de eis faciat pro libito voluntatis tanquam suos, suas, & sua & census ipsos, possessiones & bona mea alia quæ ut supra habeo in Massilia & suo territorio ipsa vivente ut supra teneat, & coli faciat, & cum majori directo dominio, & senhoria ipsorum censuum in laudimiis interponendis , percipiendis trezenis quotiescumque proprietates pro quibus preſtant alienari de persona in personam quod jus interponendi laudimia & trezena percipiendi. Lego etiam ut supra ipsi sorori Theodoræ ad vitam suam, ut supra dum taxat præfata tamen soror Theodora à rebus humanis exempta volo, & jubeo prædicta legata omnia per me ut præmittitur sibi facta reverti, & devolvi ad hæredem meum infrascriptum exceptis quinquaginta florenis auri de quibus ipsa soror Theodora testari possit, & valeat in extremis diebus suis pro salute animæ suæ tam de fructibus quam proprietatibus bonorum meorum, exceptis etiam quinquaginta libris regalium censualibus, de censibus meis quos habeo in Massilia, & suo territorio, quas quidem quinquaginta libras regalium censuales lego pro duabus Capellaniis instituendis incontinenti post mortem dictæ sororis Theodoræ in predicta Ecclesia S. Jacobi dicta de Frucharia prope domum habitationis meæ duobus Capellanis qui ibidem in dicta Ecclesia perpetuo singulis diebus indesinenter celebrent, & celebrare teneantur uterque Missam, nisi sit aliquod Canonicum quod obsistat pro anima mea in redemptione meorum peccaminu videlicet cuilibet illorum libras viginti quinque annis singulis & perpetuo quas quidem duas Capellanias ex nunc ut ex tunc instituo, ego idem testator in Ecclesia supradicta jure tamen paternitatis ipsarum Cappellaniarum, & electionis ac presentationis ipsorum Capellanorum meo infrascripto hæredi & suis hæredibus eidem succedentibus remanente perpetuo quod ex nunc ut ex tunc eis do, & ordino & decerno juribus interponendis laudimia, & percipiendis trezena meo hæredi, & ipsius remanentibus dictorum censuum: Item tactus conscientia ego dictus testator lego uni Capellano qui Missas celebret anno quolibet in singulis diebus perpetuo in dicta Ecclesia S. jacobi de Frucharia pro anima Domini Antonij Isnardi quondam Presbiteri & servitoris mei à quo hæres institutus fui, bona & census subscriptos jure tamen patronatus & electionis ipsius Capellani & Capellaniæ illius nec non jure interponendi laudimia, & percipiendi trezena ipsorum censuum hæredi meo subscripto & suis hæredibus sibi & supra succedentibus remanentibus bona & census sunt hæc. Primo viginti quatuor solidos quos servit Rostanus de Mayronis. Item triginta solidi & decem denarij quos servit Guillelmus Garreta. Item viginti septem solidi, & novem denarij quos servit Bertrandus Terrutij. Item quindecim solidi quos serviunt Guillelmus & Aycardus Rebelli. Item triginta solidi quos servit Poncius Torma; summa censuum dicti Domini Antonij septem librarum quindecim solidorum & quatuor denariorum. Item quadraginta solidi quos servit Bertrandus Rodulfi Sabaterius pro uno hospitio scito in Sabateria S. Martini. Item unum hospitium in aurivelario in omnibus vero aliis bonis meis mobilibus, & inmobilibus instituo, & nomino mihi hæredem universalem, & in solidum ore proprio dilectum mihi nobilem Joannem de Monteolivo de Arelate filium nobilis Raimundi de Monteolivo quondam consanguinei mei germani filij Dominæ Borbonæ de Borbono quondam Amitæ meæ & suos. Cum tamen conditione subscripta videlicet quod idem hæres meus solvere teneatur & expedire infra unum annum à die obitus mei numerandum omnia legata me per me in presenti meo testamento ut supra facta personis & loci quibus ipsa legavi de pecunia habenda incontinenti me mortuo de bonis meis mobilibus quæ omnia bona mobilia incontinenti vendi volo & inmediate, & ubi dicta pecunia habenda de dictis bonis mobilibus meis sufficere non poterit ad satisfactionem integram legatorum ipsorum volo, & ordino quod de aliis bonis meis distrahendis & vendendis. Præterea ubicumque fuerint dicta satisfactio impleatur, & compleatur ita quod fiat sine defectu infra dictum annum mei obitus ut præfertur. Si vero idem hæres meus aut sui si ipse tunc non viveret recusaret, seu recusaverit vel ultra dictum tempus distulerit, seu distulerint solvere legata ipsa ut præmititur dicto casu ipsum hæredem meum & suos ex nunc, ut ex tunc destituo ab hæreditate mea prædicta, & casu ipso ac tempore advenire post dictum annum dicti mei obitus instituo & ore meo proprio nomino mihi hæredem universalem in dictis bonis meis omnibus, & in solidum Dominam Reginam Joannam scilicet Jerusalem. Rogans ego dictus testator vos viros infrascriptos ore proprio de presenti meo testamento fore testes, & te Antonium Lurdi Notarium etiam rogans ut adveniente casu meæ mortis de meo presenti hujusmodi testamento & omnibus supra hic ordinatis pro me personis ac locis quorum interit publicum, & publica facias instrumenta. Actum Massiliæ in Domo habitationis dicti Domini Berengarij de Borbono testatoris, &c. testes Iacobus de Caureis, Raymundus Fulconis, J. Rote, Bartholomeus Novelli Mercatores, Frater Antonius de Curtibus Ordinis Prædicatorum, Antonius Mercaderij Notarius cives Massiliæ, & Arnaudus de Missono de Montealbano & Antonij Lurdi publici Massiliæ quondam quoà rebus humanis aducto ejus cartularia omnia mihi Petro Amelio Notario publico Massiliæ & collata fuere cujus Antonij Lurdi quondam manu de prædictis in uno protocollorum suorum notam comperi & requisitus, & rogatus. Ego dictus Petrus Amelij Notarius à dicto nobili Ioanne de Monteolivo de nota ipsius testamenti hoc publicum instrumentum ad instar dictaminis in similibus quo dictus quondam Antonius Lurdi utebatur dictavi, & scribi feci hicque me subscribens signo meo proprio & consueto signavi, hoc testamentum extractum fuit ex cartulariis Guillelmi Barbani Notarij publici civitatis Massiliæ ubi fuit juridice abscriptum.

Presentatio Rectoris dictarum Capellaniarum cum assignatione quinquaginta florenorum regalium ad voluntatem dicti nobilis Berengarij de Bulbono testatoris, anno 1390. Ex scripturis Stephani Venaissini.

Revers du Sceau du Roi René, qui doit être mis à la page 266. à la place de celui où il y a tout autour, *Actibus immensis*, &c.

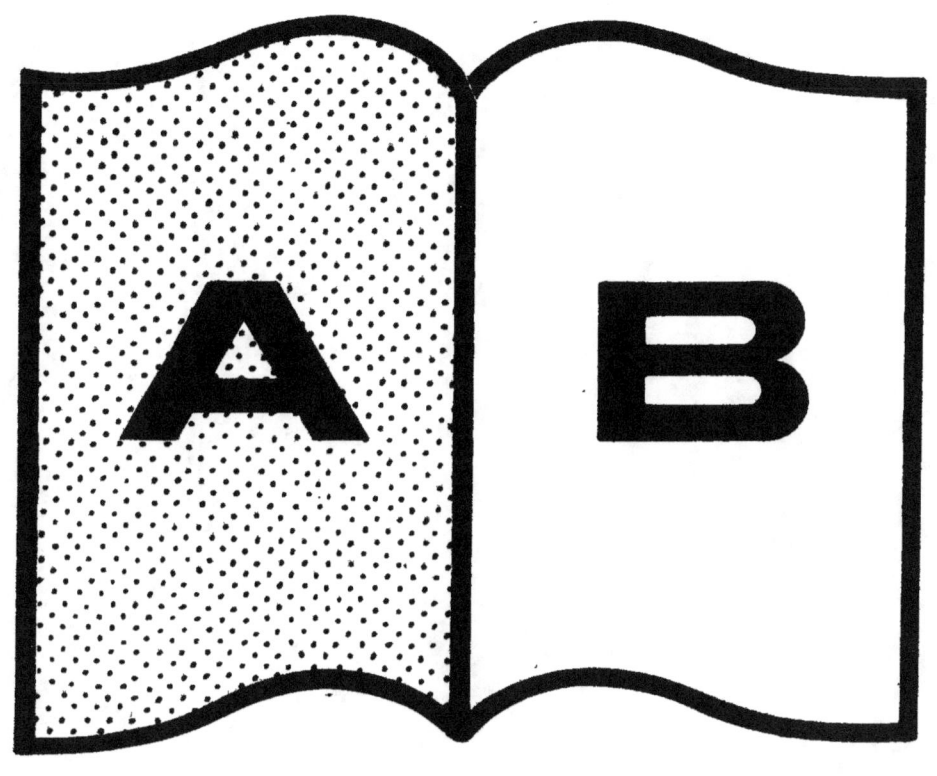

Contraste insuffisant

NF Z 43-120-14

www.ingramcontent.com/pod-product-compliance
Lightning Source LLC
Chambersburg PA
CBHW051135230426
43670CB00007B/813